芥川龍之介編『近代日本文芸読本』と「国語」教科書　教養実践の軌跡

武藤　清吾

溪水社

序文

芥川龍之介編『近代日本文芸読本』があった。優れた作品群が、一人の精神によって秩序を与えられていた。この『読本』は近代日本の文学史を書き換える意図で編まれた『文芸史』のようでもある。珠玉の作品を並べて「これが文学だ」と主張している『文学論』のようでもある。また、あまりにも個性的な編集であるので「教科書」ではないようでもある。青少年を読者として定めた啓蒙書のようでもあった。史料としての価値の高さは分かるのだが、それは、なぜ、どのような意味で文学史の面と国語教育史の両面から評価されるのであろうか。「いったいこの『読本』の輝きは何でしょうか。」というのが、武藤清吾氏の「問い」であった。そして武藤氏の胸内に深く沈み、大きく膨らんでいった。

採録された作品の題材と文体に注目して考察していくと、第一集には、家族や故郷に関する作品が多く集められており、第二集では、戦争や軍隊を扱った作品、日本と西洋の比較など労働や社会問題を扱った作品を採録している。武藤氏は、第五集までの作品とその配列の思想を究明し、芥川が中学生に何を〈体験〉させ、どのように感じさせ、考えさせたかったか、について明らかにしている。そして武藤氏はここに芥川の文学体験重視の「文芸的教育論」を支える「文芸鑑賞論」を見いだしたのである。

芥川は、同時代の文芸雑誌、同人誌、週間新聞などからいまだ評価の定まっていない作品を積極的に選んでいる。当時反社会的な作家と見なされ、文部省の検定には通らないであろうと言われていた有島武郎の「小さきものへ」や武者小路実篤の「仏陀と孫悟空」を採録している。芥川は、詩・短歌・俳句に関しても自己の詩的センスと見識に依拠して子規・藤村・啄木などの定評のあるものとともに、犀星・空穂・碧梧桐など新人の作品を発掘している。文芸運動の成果をさまざまな角度から集約し編集したのである。武藤氏は、芥川が検定を受けないであえて『読本』として出版した経緯を明らかにし、若い読者の文芸意識を掘り起こし、育てていこうとした芥川の試みを追跡している。新しい文学創造への水先案内となっていた編集者としての芥川像を浮かび上がらせた。私たちは、作家であると同時に時代状況に棹さして苦闘した編集者としての芥川像に感動する。そして、私は、芥川の「他者」へのまなざしを追って「西洋文化」・「怪異なもの」・「紀行」に注目した武藤氏の文学センスと探索への情熱と迫力に感心した。

大正期後半から昭和前期の中等学校『読本』や教科書の編集は、我が国の中等学校教科書づくりの頂点をなす時期であった。この期の垣内松三編『国文学大系　現代文学』・『国文選』・『国文新選』、芥川編『読本』、西尾実編『国語』がその後の教科書編集のカノンとなっていったからである。武藤氏は、垣内松三及び西尾実の教科書づくりが、芥川・菊池・「赤い鳥」の教養実践及び文芸実践と同質の方向を目指していたことを明らかにしている。例えば、垣内の『国文選』では、「トロッコ」・「杜子春」・「蜘蛛の糸」が採られ、『国文新選』では、「或日の大石内蔵助」が採られている。武藤氏は、垣内松三・芥川・西尾の教養観に注目し、「他者としての世界」・「自由と想像力」に開かれていた教養観がやがて「自己の完成」にいたる流れをたどって成果を上げている。

菊池寛は、『新文芸読本』の編集によって、執筆者と読者を発見し、育て、新しい再創造者を生み出していった。芥川や菊池の『読本』編集を開かれた共同行為である教養実践及び文芸実践として定義し、日本型教養の形成の問題と絡み合わせて追求している。本研究の成功の要因の一つは、学校教育の域内にとどまらず、「当時の文学状況と『国語』教育状況とを交差させて」考察していった方法にある。学校教育に限定するこれまでの国語科教育研究は、小国語教育研究と言うことができようか。それに対して武藤氏の方法は大国語教育研究と言うことができよう。

学校の国語科教育は社会の国語教育に支えられて発展している。本書は、国語教育と国語科教育との相補関係を明らかにしていく研究の必要性を私たちに示唆している。

二〇一一年一月二五日

神戸大学名誉教授
元・早稲田大学教授　浜本純逸

序

武藤清吾君は、浜本純逸先生が早稲田大学教育学部の特任教授として赴任したとき、浜本先生を慕って早稲田大学大学院教育学研究科の博士後期課程へ入学した。早稲田の教育学研究科では複合履修といって、あまりに狭い専門領域に閉じこもらないように博士後期課程の一年時に所属ゼミのほかに関連研究領域のなかでもうひとつ演習授業を選択、履修することを義務づけている。武藤君がその複合履修の科目として私の授業を登録したところから、私は武藤君と知り合うことになった。武藤君はすでに芥川龍之介の童話についての論考を「日本児童文学」などへ発表している少壮気鋭の研究者であった。

浜本先生からヒントを得て、武藤君が選んだ研究課題は芥川龍之介編『近代日本文芸読本』の研究というものだった。私は芥川の『近代日本文芸読本』が全巻翻刻されていることは知っていたが、文学研究の立場からそれをどう料理してよいかまったく見当もつかなかった。武藤君からどのように進めていったらいいでしょうかと相談されても、ウームそうだね、まず一篇一篇を丁寧に読んで、それらが何時どこに発表されたものか丹念に調べてゆく以外ないのでは、などと至極当たり前で、あたり障りのないことをいってお茶を濁していた。

浜本先生は二〇〇八年三月に早稲田大学を定年退職されることになったが、武藤君のドクター論文はいまだ完成していなかった。浜本先生は退職するにあたり、武藤君の指導教員を私に引き継いで欲しい旨の希望を語られ、武藤君もそれを望んでいるということだったので、お引き受けすることにした。それから間もなくのことだった。これまでに書いたドクター論文の草稿だという大部な原稿の束が、ドンと自宅へ送られてきた。

武藤君の研究は決してスマートではない。あくまで正攻法で押しに押しまくっている。しかし、これまで文学研究からも国語教育研究からも黙殺に近いかたちで放置されてきた芥川龍之介の編集した『近代日本文芸読本』や菊池寛編の『新文芸読本』に着目して、これほど意義深い多くの成果をあげた研究もないだろう。武藤君の研究の特色が文学研究と国語教育研究とのあいだに大きな橋を架けわたすところにあることはいうまでもないけれど、それは文学研究と国語教育研究との両分野にまたがって研究を進めてきた著者の幅広い視点をもつことではじめて可能になったものだ。

本書は、まさに芥川龍之介編『近代日本文芸読本』の精読によって近代日本形成の基盤となった教養そのものを血肉化した著者が、そこから大正期から昭和期への旧制中学校の「国語」における〈教養実践〉をたどるという構成になっている。垣内松三や西尾実の国語教育に関する論も、芥川龍之介や菊池寛の編集した文芸読本や鈴木三重吉の「赤い鳥」における綴方実践という文学史的なコンテクストを補助線とすることによって、国語教育研究という狭い研究分野で論じられる場合とはおのずから大きく異なった側面をもつことになる。

戦後の「国語」教育において文学教育が偏重される傾向が非常に強くなった。戦前の旧制中学校の「国語」教科書の変遷をたどり、それらに大きな影響を及ぼした文壇作家たちによる副読本としての文芸読本の編集や綴方実践のあり方を通して、生徒に求められていた日本型教養の質を問い直すことは、国語教育が曲がり角に差しかかっている現在きわめて有意義なことである。今日、直面しているような国語教育の問題を、その長所と歪みとを歴史的検証のなかで再検討することはぜひ必要なことである。国語教育の実践家として著者には、二十一世紀にふさわしい国語教育の展望をぜひとも切り拓いていって欲しいものと思う。

二〇一〇年一二月

早稲田大学教授　千葉俊二

目次

序文 ……………………………… 神戸大学名誉教授　浜本純逸 …… i

序 ………………………………… 元・早稲田大学教授　千葉俊二 …… iv

序章　研究の目的と方法

第一節　研究の目的と課題 …………………………………………… 4
第二節　研究の方法 …………………………………………………… 14
第三節　構成の概要と研究の意義 …………………………………… 28

第一章　芥川龍之介編『近代日本文芸読本』と文芸実践

第一節　『近代日本文芸読本』というカノン ……………………… 32
第二節　第一集の特徴 ………………………………………………… 73
第三節　第二集の特徴 ………………………………………………… 122
第四節　第三集の特徴 ………………………………………………… 156

第七節 『近代日本文芸読本』の教養実践 …… 254

第二章 文芸読本と文芸実践

第一節 文芸実践家 菊池寛と芥川龍之介 …… 278
第二節 菊池寛編『新文芸読本』の文芸実践 …… 305
第三節 『赤い鳥』実践の教養観 …… 320

第三章 垣内松三の「国語」読本

第一節 垣内松三「創造的読方」論と「国語」読本 …… 348
第二節 垣内松三編『国文選』の特色 …… 366

第四章 岩波編輯部編『国語』の教養実践

第一節 西尾実の教養論と教材論 …… 384
第二節 岩波編輯部編『国語』の特色 …… 411
第三節 松尾芭蕉の教養実践に学ぶ認識的実践論の意義と課題 …… 481
第四節 教養実践としての紀行と叙景 …… 499

viii

結章　研究の総括と展望

第一節　研究の総括……520
第二節　研究の展望……535

あとがき……551

初出一覧……557
対象文献一覧……560
参考文献一覧……561
資料編……575

1　芥川龍之介編『近代日本文芸読本』総目次、収録作家と作品名、収録作品の主題、縁起・序・凡例、初出と梗概
2　菊池寛編『新文芸読本』総目次、収録作家と作品名、文種別収録数、菊池寛編『現代文章軌範』総目次、序文、収録作家と作品名
3　垣内松三編『国文学大系　現代文学』（改訂七版・初版）総目次、「例言」及び「目次」（改訂七版・初版）、作家と作品一覧（改訂七版・初版）
4　垣内松三編『国文選』総目次、作家と作品一覧（現代文・古典）
5　岩波編輯部編『国語』総目次
6　一九世紀・二〇世紀前半の「国語」読本、副読本一覧

【凡例】

・表記は、原則として現代仮名遣いに改めた。また、旧字体は適宜新字体に改めた。引用文のルビは、読解上必要な語にかぎり、そのほかは省略した。
・著書と雑誌名は『　』、作品名、論文名は「　」で表記した。ただし、引用文中は、このかぎりではない。
・文献名は、著者、文献、収録紙誌、出版社、出版年月日の順に記載した。
・人名については、ご存命の区別なくすべて敬称を省略した。また、苗字のみ、名前のみに略記した場合も少なくない。
・引用文中の外国人名は表記のままとした。そのため不統一を生じている場合がある。（例　ストリントベルグ、ストリントベルク、ストリントベリ）
・註釈は各節末に置いた。引用参考文献は、その都度提示した。そのうち主要な参考文献は、註釈では触れなかった文献も含めて、本論文末尾に「参考文献一覧」として掲出した。また、読本の引用頁は、煩雑さを避けるため省略した。
・各章の関係を明確にするため、前章までに既出している同内容の註釈を繰り返し記した場合がある。
・元号併記は、煩わしさを避けるため本文中のみとした。
・引用にあたり、段落改行部からの引用の場合は一字下げとし、段落途中からの引用の場合は一字下げとしなかった。
・芥川龍之介の文芸評論等の引用は、『芥川龍之介全集』（岩波書店、一九九五年一一月八日～一九九八年三月二七日）による。註記では全集記載の初出も明示した。
・引用文中には、現代の目から見て人権上穏当を欠く表現が一部あるが、発表当時の時代の反映及び著者の見解と捉えて、原文のままとした。

芥川龍之介編『近代日本文芸読本』と「国語」教科書　教養実践の軌跡

序章　研究の目的と方法

第一節　研究の目的と課題

一　読本と文芸実践

本書は、一九二〇年代から三〇年代にかけて刊行された旧制中学校文芸読本、「国語」読本に示された教養観を分析して、日本型教養形成の基盤が二〇世紀前半の「国語」教育やその周辺の文化構造でどのように実践的に生成されてきたかについて考察することを目的としている。[1]

日本の近代「国語」教育制度が整備拡充され始める一九〇〇年頃から三〇年前後にかけて、旧制中等学校「国語」読本や副読本、文芸読本が多数刊行された。[2]「国語」読本は、教育法令上の「国語講読」に規定された教材としての「国語」教科書である。「国文学」や現代文学が主要な教育内容となるに従い、現代文学学習の便宜を図った副読本や文芸読本も刊行された。

これらの背景として、中学校制度の拡充された一九二〇年代に在籍中学生数が大幅に増加したこと、[3]一九一九（大正八）年の中学校令及び施行規則の改正によって「国語」読本が現代文中心に編集されるようになったことをあげることができる。[4]同時代の多様な文学作品を収録した「国語」読本の普及、充実が図られたのである。その直接の読者、学習者である中学生は、これらの文学作品を読み、そこに表現された内容を吸収していった。中学生の多くは引き続き旧制高等学校などの高等教育機関へと進学し、高い教養を身につけた高等教育修了者として社会の中堅的存在となっている。[5]

その典型的な事例は、第一高等学校長の新渡戸稲造を中心とした教育者たちに育てられた学生が日本型教養の担い手として活躍したことである。和辻哲郎のように、二〇世紀の重要な思想家として後代まで広く影響を与えた者まで輩出した。その意味で、旧制中等教育は日本型教養形成過程の出発点の位置にあったと考えることができる。

「国語」読本が現代文中心になっていった要因として最も大きいのは、文芸同人誌や出版ジャーナリズムによる雑誌を舞台に活発な文芸創作が展開されたことである。

芥川龍之介編『近代日本文芸読本』や菊池寛編『新文芸読本』は、これらの文芸創作を集大成した選集として編集された副読本である。龍之介と寛は第四次『新思潮』の同人だけでなく、『新小説』の編集顧問、『新思潮選』の共同編集も行っている。龍之介は、寛の創刊した『文藝春秋』に「侏儒の言葉」の巻頭連載を続けた。また、龍之介は寛が読者向けの企画として『文芸講座』、『文芸創作講座』などを順次刊行した際にも積極的に寄稿した。こうした事実を踏まえて、『近代日本文芸読本』や『新文芸読本』に収録された文芸作品を見ていくと、彼らが行った編集そのものが一つの文芸運動であるとさえ思えてくる。文芸運動に学びさらに新たな文芸創造へと向かう実践としての読本であったと評価できるのである。

龍之介や寛の編集した読本が影響力を持つ背景には、彼らの文学者としての存在の大きさがある。たとえば、龍之介は夏目漱石が「鼻」を高く評価したことが縁で文壇にデビューしている。その後も、新進作家としてさまざまに批評されながら、しだいに文壇での地位を確立していく。新進作家から著名な作家へと成長するにつれて、若い多くの読者に支持されていったのである。

そうした読者の一人であった加藤周一は、『羊の歌』[6]で中学生時代に龍之介の文学から強い影響を受けたことを語っている。彼は、女学校に通う小説好きの幼友だちから龍之介の作品を借りて読んだという。彼女は「馬鹿ねえ、芥川を読んだことがないの」、「あなたに向くかどうかわからないけど」と言って龍之介の小説を貸したそうである。彼にとって龍之介は、「退屈で耐え難い私の現実」、「私自身に対するやり切れなさの由来と意味を」、「私に語りかけてきた最初の文芸家」であったと述懐する。そして、「私はかつて自殺を考えたことはなかったが、芥川竜之介の文章に感動した」と述べ、次のように書いている。

> 私はその短篇小説にも感心したが、それ以上に「侏儒の言葉」におどろいた。「軍人は小児に似ている……」と芥川が書いたのは、一九二〇年代である。しかし私はそれを三〇年代の半ばに、同時代人の言葉として読んだのである。学校でも、家庭でも、世間でも、それまで神聖とされていた価値のすべてが、眼のまえで、芥川の一撃のもとに忽ち崩れおちた。それまでの英雄はただの人間に変り、愛国心は利己主義に、絶対服従は無責任に、美徳は臆病か無知に変った。私は同じ社会現象に、新聞や中学校や世間の全体がほどこしていた解釈とは、全く反対の解釈をほどこすことができるという可能性に、眼をみはり、よろこびのあまりほとんど手の舞い足の踏むところを知らなかった。遂に渋谷の古本屋で芥川全集十巻をもとめ、耽読して倦まず、そこに引用されている無数の文芸家の名まえまで、ほとんどみな覚えてしまった。そうして中学校の第四学年に達したときの私は、小説好きの女友だちから借りることのできる本はすべて読みつくしていたし、美竹町の自分の家ばかりでなく、祖父の家にあった内外の小説を読み漁ることにも熱中していたのである。

当時の加藤は文学に夢中になっている場合ではなかった。「高等学校の入学試験は近づいていた。しかしその準備のために必要最少限度以上の時間を使おうという気は全くなかった」と身辺事情を述べて、龍之介をはじめとする文学の影響力の大きかったことを語っている。これはただ加藤のみの経験ではないことはもちろんである。こうした影響力を持った龍之介や寛が編集した読本は単なる文芸読本ではなく、作家による編集という点で当時の中等学校生らに大きな影響を与えていった。

また、ケーベルを敬慕してその教えから深く学んだ垣内松三も、当代の文芸作品を多数収めた読本を刊行している。彼は青年期に日本型教養を担った人々から学び、教育者となってのちに西洋の教育事情を視察して、日本の「国語」教育と教養形成に重要な役割を果たした人物である。垣内の編集した旧制高等学校教科書『国文学大系　現代文学』、旧制中学校「国語」読本の『国文新選』や『国文選』と龍之介の編集した『近代日本文芸読本』には強い類似性がある。

本書では、このような特質を持った文芸創作とその批評を文芸実践と呼ぶ。これは、特定の個人あるいは集団が、文芸を創造し享受することで、さらにその後に生み出される再創造への可能性に自覚的になっていく実践を指している。また、その一連の過程で実行される精神的な営為のもとでの、未評価の作品を評価して共有しようとする提案的な実践と言ってもよい。具体的には、文芸実践によって生み出されてきた文学作品を鑑賞、評価して、編集と普及という、さらなる文芸実践によって享受していこうとする実践である。

このような考え方は特異なものではない。外山滋比古が、菊池寛について述べたなかで「編集者の仕事は、すぐれた執筆者をさがし、望ましい読者をさがし、両者の橋渡しをすることにある。執筆者も読者もどちらもころがっているものではなくて、さがし求め、発見しなくてはならないもので、編集は二つの仕事を負わされていることになる。それを二つながらになしとげたときに、編集は完成するのである[7]」と述べている。寛についても「菊池寛が読者を発見した編集者であったというのは、自身が作家だっただけに、天才的なエディターであった証拠になる」と言っている。こうした編集の過程では、執筆者、編集者、読者のそれぞれの実践が念頭に置かれていることは言うまでもない。

文芸実践の場合は、執筆者は文字どおり書き手である作家やその志望者であり、読者は文芸読本を読む中等学校生ということになる。古典やすでに鬼籍に入った作家の作品を選ぶことも執筆者をさがすことと同義である。読者も漠然と存在するのではなく、一二歳から一六歳くらいまでの前期青年期にいる子どもたちである。この読本が学校教育で使われれば、読者には指導者の教師や保護者も加わることになる。また、当然のことながら、読者には現存する作家たちも入る。これらは、目の前で具体的に共同するということよりも、互いの想像や共感によって、ときには黙殺や批判によって共同するという実践である。「国語」読本を編集することも、その意味では同じ性格の実践である。

本研究の第一の課題は、こうした文芸実践によって生み出された文芸読本、「国語」読本を編集することで、どういう日本型教養が目指されたかを考察することである。

二　『赤い鳥』実践

「国語」読本が現代文重視へ移行した背景には、一九一〇年代から二〇年代にかけての児童文学の隆盛があった。多くの文壇作家が童話や児童文学も手がけ、『赤い鳥』、『金の星』などの雑誌が次々と誕生して、全国の中流階層の家庭に届けられた。中流階層の形成は、質の高いものを求めるエリート文化を誕生させる土壌となっていった。良質な児童文学が期待され、それを生み出す場としての童話雑誌、児童文学雑誌が誕生した。児童文学の隆盛は、文学読者層を形成し、多くの文芸読本を受容していく契機となったのである。

なかでも『赤い鳥』はその先駆的雑誌としての役割を果たした。多くの文壇作家が作品を寄せるだけでなく、読者に文芸を創作し鑑賞する具体的なすがたを示した。また、読者である子どもたちは、多数の綴方、自由詩、自由画を寄せた。投稿してくる子どもたちのなかには、少なくない中等学校生らもいた。一三歳から一六歳ぐらいの青少年が学校教育での模範綴方とは別に『赤い鳥』での指導を求めて投稿してきたのである。掲載した綴方には鈴木三重吉、自由詩には北原白秋、児童画には山本鼎が選評を添えた。『赤い鳥』は、「児童文学の文学性の確立、唱歌を批判した創作童謡運動、形式主義を排した自由創造指導、童話童謡作家の育成、新童話雑誌刊行機運の醸成」を特質とした実践であった。[8] また、「「創作童話」「創作童謡」ということばを意識的に使い」、「芸術・文学・創作・純麗を価値意識とする「文学運動」を、推進しようとした」のである。[9]

本書では、綴方や自由詩、自由画の創作は、さきの文芸実践と同様に創作実践と呼ぶ。作家志望者による文芸実践と同じく、子どもたちによる自覚的な創作と鑑賞の実践を指している。

『赤い鳥』の発行部数は最盛期で三万部を越えたくらいであった。[10] しかし、その影響は部数だけでは計り知れないものがある。『赤い鳥』の創刊に刺激されて類似の童話童謡誌が多数刊行された。[11] 教員を含めた多くの大人読者のあいだで積極的に回覧された。掲載作品に刺激された読者は、大人も子どもたちも積極的に応募した。『赤い鳥』は、作家から読者に一方通行で作品を届けるメディアではなく、年代、性別を越えた文芸実践と創作実践の共同の場となっていったのである。『赤い鳥』を舞台にして行われたこれらの文芸実践や創作実践を総称して『赤い鳥』実践と呼んでいきたい。

『赤い鳥』は、主要には「国語」教育の場で学ばれた読本ではない。しかし、一時期を除いてほぼ毎月刊行され、子どもたちに届けられた文芸雑誌であり、そこを舞台に指導者による文芸実践が展開されたという点では、文芸読本や「国語」副読本と同じ役割を果たしたと言えよう。そこで目指された日本型教養が何であったかを考察するのが第二の課題である。

三　「国語」教育実践

一九二〇年代の「国語」教育の転換が教育現場に浸透していくにはまだ時間が必要であった。一九二四（大正一三）年、吉田弥平編『中学国文教科書』で学んだ井上敏夫は、苦労して編集された「国語」読本、教科書も、実際の教室では未熟な使用のされ方であったことを次のように述懐している。[12]

> 高浜虚子の「柿二つ」を読んだとき、その主人公の生活にかなり心うたれ、正岡子規という人物について、何らかの話が聞かれるものと期待して教室に臨んだが、それについて一言も耳にすることのできなかった残念さは、今も記憶に残っている。（中略）名簿順に音読させ、段落に区切って、段落の大意をのべ、その段落内での難語句の質疑応答を行い、あともう一度音読して、最後に半紙四つ切れ紙に、書取一〇問を聴写して提出する、というのが、常に変わらない教科書学習の方式であった。（中略）文章を読んで、何を思索し何を感得するかなどということは、各人が教室外で自由に行うべきことであり、学校ではそのための基礎的学力を徹底的に習得させればよいのだと考えられていた。

この述懐は、文学の隆盛や文芸読本、「国語」読本の充実、読者層の形成が、「国語」教育方法の開拓に先行するかたちで進行してきたことを示している。

その後、「国語」教育に変化が起こるのは、一九三五（昭和一〇）年前後の「国語」教育の充実である。その画期となったのが岩波編輯部編教科書『国語』である。『国語』の作品選択に見られる教養主義は、当時この教科書で学んだ中学生に強い影響を与えた。たとえば、大岡信は「私の同級生たちは異口同音に、中学に入った年に習った『国語』のすばらしさを今でもたたえる」、「『国語』の何ともいえずコクのある先見性と愛情と非妥協性に支えられた教科書の風姿は、時代を越えて輝かしく脳裡に棲みついているのだろう[13]」と回想している。編集の中心になった西尾実は多くの「国語」読本や文芸読本を参照し、全国的に高い採択率の教科書を編集したのである。芥川龍之介編『近代日本文芸読本』も『国語』に影響を与えている。『国語』は教授用資料も充実させ、遅れていた「国語」教育方法の開拓にも力を入れた。各地で豊かな教育実践がこれに学んで展開された。

現代文中心に編集された「国語」読本にもとづく教育実践は、当時の青年たちの教養形成に影響を与えた。ハルオ・シラネは「旧制中学・新制高校の教科書は、（中略）帝国大学の指導的教授たちによって編纂されており、カノンがどのようにして制度的権力・権威によって形づくられたかを如実に示している[14]」と述べ、教科書教材のカノン化を指摘する。青年期の教養形成に影響を与えた教科書編纂は、教養形成の面から時代を束ねていくカノン（正典）として機能していったのである。そこで形成された、あるいは目指された日本型教養の特質を探るのが第三の課題である。

日本の「国語」教科書は、「読本」という名称が示すように、文学作品を「読む」という「国語」教育の素材になってきた。「国語」教育が「読む」教育を中心に行われた史的背景はここにあり、のちに教養を担った人々も青年期にここから巣立ったことで、読んで得た知識を中心に教養を形成したことになる。「読む」ことが中心になれば、「国語」教育の場では、演劇や口演、弁論、映画を教材とするというような、知識の獲得だけを主眼としない教育活動は疎かになる。また、『赤い鳥』で展開された創作実践も「国語」読本による教育実践では不可能ということになる。

しかし、本当にそうした可能性はなかったのか。文芸読本、「国語」読本による教育実践、文芸実践に新しい実践の可能性を示唆するものはなかったのか。これらの読本に示された教養の特質を考察することで、その可能性の萌芽を探りたいというのが本書の第四の課題である。

註

（1）「国語」と表記するのは、教科としての「国語」が一九世紀から二一世紀前半にかけて日本近代社会で歴史性・思想性を帯びた教科名として使用されたことを明確にするためである。なお、本研究で扱う岩波編輯部編「国語漢文」科教科書『国語』は、岩波編輯部編『国語』、または『国語』と表記する。

（2）その全体像は、巻末の資料編に「一九世紀・二〇世紀前半の「国語」読本、副読本一覧」として掲出した。

（3）谷口琢雄「大正昭和前期の中学校」（『学校の歴史　第三巻、中学校・高等学校の歴史』第一法規出版、一九七九年五月二五日）によると、中学校数、在籍生徒数は、一九〇三年には二四九校、九八〇〇〇人であったのが、一九二八年には五四四校、三四三七〇九人へと、学校数で二・一八倍、生徒数で三・五一倍に拡大した。数字の出所は『文部省年報』である。

（4）橋本暢夫「国語教材史略年表」『中等学校国語科教材史研究』（溪水社、二〇〇二年七月三〇日）によれば、一九二一年に、中等「国語」教材が現代文中心となった。芥川龍之介の「蛙」「沼地」が教材化され、久松潜一『女子新読本』に掲載された。「蜘蛛の糸」「尾形了斎覚え書」などは翌々年に登場して、夏目漱石「夢十夜」も採録された。さらに、この年から旧制高等学校入試問題に現代文が出題された。「国語」学者で、当時の「国語」科教育学建設のリーダーであった西尾実は、一九一〇年頃から一九三〇年頃までを「国語」教材史上「現代文学進出期」と位置づけている。一九一〇年代から一九三〇年代にかけて、坪内雄蔵、上田万年、芳賀矢一、佐々政一、藤村作、吉田弥平、小原要逸、松井簡治、垣内松三、藤井乙男、島津久基らが現代文を多く採用した「国語」読本を編纂した。

（5）谷口前掲論文によると、中学校卒業後の進路である「就職」、「進学」、「その他」の比率は、それぞれ三〇％、四〇％、三〇％である。その他の多くが「受験準備ノモノ」であることを考えると、少なくとも卒業者の半数程度は高等教育機関への進学者であったと想像される。

(6) 加藤周一『羊の歌』岩波書店、一九六八年八月二〇日、九八～九九頁。

(7) 外山滋比古「見つけて育てる」『外山滋比古著作集4　エディターシップ』みすず書房、二〇〇二年二月一八日、一七四～一七五頁。

(8) 福田清人「『赤い鳥』総論」『『赤い鳥』復刻版　解説・執筆者索引』日本近代文学館、一九七九年二月一〇日、一～一一頁。

(9) 滑川道夫「『赤い鳥』の児童文学史的位置」、日本児童文学学会編『赤い鳥研究』、小峰書店、一九六五年四月一五日、二九頁。

(10) 一九二〇年一月二一日付小宮豊隆宛鈴木三重吉書簡。

(11) 『赤い鳥』は、『おとぎの世界』(文光堂、一九一九年四月創刊)、『金の船』(キンノツノ社、一九一九年一一月創刊)、『童話』(コドモ社、一九二〇年四月創刊)などの「競合誌」を生んだ。現在どれも復刻されており、容易に目にすることができる。また、それらとは異色であるが、綴方に視点がおかれ、『赤い鳥』の実質的な有力「競合誌」として成長した『鑑賞文選』、『綴方読本』、及び相補関係にあった教師向け『綴方生活』の存在は無視できない。中内敏夫監修『復刻鑑賞文選・綴方読本』(緑陰書房、二〇〇六年一〇月～二〇〇七年九月)が刊行され、そのほぼ全貌が明らかにされている。

(12) 井上敏夫編『国語教育史資料第二巻　教科書史』東京法令出版、一九八一年四月一日、二九一頁。

(13) 大岡信「文学のひろば」『文学』一九八九年一月号、岩波書店、四四～四五頁。

(14) ハルオ・シラネ(衣笠正晃訳)「カリキュラムの歴史的変遷と競合するカノン」、ハルオ・シラネ、鈴木登美『創造された古典――カノン形成・国民国家・日本文学――』新曜社、一九九九年四月三〇日、四一五～四一六頁。

第二節　研究の方法

一　教養実践

本研究の考察対象は、芥川龍之介編『近代日本文芸読本』、菊池寛編『新文芸読本』、『現代文章軌範』、垣内松三編『国文学大系　現代文学』、『国文選』、岩波編輯部編『国語』、鈴木三重吉主宰の『赤い鳥』とその実践である。これらの実践を総称して教養実践と呼ぶ。文芸・「国語」読本の文芸実践、『赤い鳥』実践、「国語」教育実践というそれぞれの実践は、実践知としての教養を提示している。それらは相互に影響しあいながら、またそのほかの実践に示された教養も吸収して、さらに新たな実践を展開した。その意味で、これらの実践は個々の実践の領域を超えた教養実践として展開したと考えることができるのである。

そうした実践から生み出された日本型教養を考察するために、読本に収められた文芸作品の成立や評価を十分に踏まえたうえで、それぞれの実践が持った意味を考察していくことにした。個々の読本にどんな教材が収められたかを見ているだけでは、その読本の性格を表面的に理解するにすぎない。重要なことは、それぞれの文芸作品を選んだ際に、その作品のどういう点に主眼が置かれたかということである。つまり、読者であった中等学校生らに身につけさせようとした教養をどういう基準で考えていたかということである。

それぞれの編集者は、その作品の出自や評価を考慮しながら個々の作品を選んでいく。そして、それを全体的な計画のもとに配置するとき、さらにその作品が持つ文脈形成の資質を配慮していく。この時点で、個々の作品を選んだときには見えなかったものが顕在化してくる。これが、教材としての作品の持つ魅力である。この魅力を見出す行為が実践である。

こうした実践の具体的なすがたを浮かびあがらせるために、それぞれの実践に固有な主題と共通する主題を交差させながら叙述した。たとえば、個別の主題としては、芥川龍之介が編集したことによって読本が持つことになったカノン性、共同して実践した芥川龍之介と菊池寛の文芸実践、垣内松三の「国語」教育理論の基底にある鑑賞論や解釈論が読本編集に与えた影響、古典に学び「国語」教育理論を構築した西尾実の編集した読本の特徴、『赤い鳥』を舞台に展開された読者との共同実践の考察があげられる。

また、共通する主題としては、読本や雑誌を編集刊行することで見えてくる編集者や実践家の教養観の分析が中心となる。それは、読者、学び手である子どもたち、媒介した教師たち、あるいはともに文芸を生み出していった同志としての作家や読者、それを流通させたジャーナリズムが共同して生み出していった教養観でもある。

日本における「教養」という語は、すでに中村正直訳のサミュエル・スマイルズ『西国立志編』に見える[1]。その第十一篇「みずから修むることを論ず、ならびに難易を論ず」の序文で「人おのおの二個の教養あり。一は他人よりこれを受け、一は自己にこれを倣すことなり、二者のうち、みずから教養すること最要なり」というエドワード・ギボンの言を引き、「みずから教養すること」、「みずから教育すべきこと」の意義を述べている[2]。この翻訳からも、教養が実践と不可分の関係にあることがわかる。しかし、この『西国立志編』に訳された「教養」という語は、現代まで使用されている「教養」の語義とは同一のものではない。というのも、日本における教養概念の確立は、やはり日本型教養の成立を待たねばならなかったからである。

筒井清忠によると、大正教養主義は明治後期の修養主義から出立して大正中期に学歴エリート文化として展開したという。[3] 教養の語意と理念を修養から区別して使った最初は和辻哲郎であった。[4] 新渡戸稲造の旧制第一高等学校文化圏、漱石やケーベルの門下生、西田幾多郎らの京都学派、白樺派文学者らが具体的な日本型教養の当初の担い手であったと考えてよい。また、加藤周一は、教養主義は、古典の重視、自由と想像力という特質ゆえに異文化と接触することで自国文化を相対化して、「世俗的な水準で、社会と人間のありかたの全体に係っていた」[5] と述べている。

竹内洋は、「「教養」は大正時代から昭和初期にかけて正規カリキュラムと課外読書などのエクストラ・カリキュラムのなかに存在した学歴貴族文化だった」[6] とする。また、その担い手について、文学部生の出身を調査して、教養主義は「刻苦勉励的農民的エートスにささえられたものだった」[7] ことを明らかにして、「文学部卒業生のありうる未来のほとんどが中等学校をはじめとする中学教師であった」[8] ことを指摘する。その彼らが読んだ雑誌が、『中央公論』や『改造』などの総合雑誌であった。

これらの研究の本研究への示唆は次の点である。一つは、「国語」読本や文芸読本に収められた多くの作家が日本型教養の形成者であり、その中心思想が古典の重視、西洋文化への強い関心、自由や想像力への憧憬であったということである。二つは、児童雑誌や総合雑誌、学校教育で日本型教養を身につけた担い手が、再び中等学校で教養を形成する役割を果たしたということである。彼らは雑誌文化になじんでおり、初中等学校生らが読んだ雑誌の内容に興味を持ち、子どもたちと雑誌との媒介者となって自身も文芸実践家となっていく場合もあったということである。

ここに日本型教養と呼称してよい独自の実践性を見ることができるのである。筒井は、フランスにおける「教養人」の倫理・態度が、教育内容の変更や支配的階級の交代があったにもかかわらず、「振る舞い方」「態度物腰」としてエリート層に存続したというピエール・ブルデューの論を引き、逆に「「軽蔑」「蔑視」されたのは、

「努力」「習得」「学習」「手仕事」「技巧」など、要するに「習得」または獲得されうるものの俗悪さ」であった」と述べている。筒井は、「日本で生じた事態はそれとは全く反対であった」として、「「努力」「習得」による「人格の完成」に高い価値がおかれており、その点でそれは大衆文化の中核的エートスと何の差異もなかったのである」とする。ここに、日本型教養が「文化の享受を通しての人格の完成」という意味での「教養」の観念として近代日本で成立して、大衆文化を含めた幅広い実践をとおして普及していったということになる。本書が、日本型教養の実践としてあえて教養実践という語で議論を括ろうとするのはそのためである。

しかし、これから考察していくように、そこで展開された教養実践の具体的な内実は、「文化の享受を通しての人格の完成」という定義から逸脱して、逆に「人格の完成」とは無縁の実践も多かったことはまず指摘しておきたい。

二　他者との共同による実践

本書では、読本編集という見方を超えて、実践という視点を強調することで、それらの実践が他者との共同行為であることを理解しようとした。

ここでは、教養実践の意義について、教養実践の生涯をおくった芭蕉を例に考えてみたい。

芭蕉は、一六四四（寛永二一）年、伊賀上野に生まれた。芭蕉は、早くに当時の流行文芸であった俳諧に手を染める。後年になって、彼は「笈の小文」冒頭で次のように語っている。(9)

百骸《ひゃくがい》九竅《きうけう》の中に物有。かりに名付て風羅坊といふ。誠にうすものゝかぜに破れやすからん事をいふにやあらむ。かれ狂句を好むこと久し。終に生涯のはかりごとゝなす。ある時は倦で放擲せん事をおもひ、ある時はすゝむで人にかたむ事をほこり、是非胸中にたゝかふて、是が為に身安からず。しばらく身を立む事をねがへども、これが為にさへられ、暫ク学で愚を暁ン事をおもへども、是が為に破られ、つひに無能無芸にして、只此一筋に繋る。

迷い多き人生であったことを語る芭蕉であるが、俳諧が彼の生涯の友であり、支えであったことを隠さない。その芭蕉が曾良とともに江戸深川から「おくのほそ道」の旅に出たのは、一六八九（元禄二）年の三月二七日であった。八月二〇日過ぎに大垣に着くまでの五か月に及ぶ長旅である。芭蕉の旅は、名所、旧跡の地を歩き、自然と人事、歴史、人との出会いについての感慨を記す紀行であった。

芭蕉は、旅の途次、「風景」を発見する。しかし、その「風景」は眼前の風景ではない。たとえば、「夏草や兵どもがゆめのあと」について、ハルオ・シラネは、「ここでの旅人には、修羅物におけるワキの雰囲気が漂っている。つまりかつての戦場地を訪ね、そこで、あたかも夢の中でのように、討ち死にした武士たちの亡霊がその戦場におけるもっとも悲劇的な瞬間を再現するさまを目の当たりにする」[10]と述べている。原テクストである李華「弔古戦場文」（『古文真宝』）の世界が芭蕉によって「夢」の発句として再構成された風景として立ち上がっているという。ハルオ・シラネは、「夢」に着目して「芭蕉の発句における「夢」とは、過去を、他者の夢を束の間垣間見た訪問者たちの夢でもある」と述べ、この句の意義を鮮やかにしている。他者とは、同時代を共有する他者だけではない。過去との邂逅が新たな他者との出会いとなるのである。

同時代の他者の例もある。名取川を渡った芭蕉は、端午の節句の前日、軒にあやめを挿す日に仙台に入った。ここで画工加右衛門と出会う。地元の歌枕の調査や整備をしている人物であった。古歌にある宮城野、薬師堂、天満宮を案内してくれたあと、松島、塩釜の景色を描いた絵、紺染めの緒をつけた草鞋を二足餞別にくれた。芭蕉は「風流の道のただ者ではない」と思い、「あやめ艸足に結《むすば》ん草鞋の緒」と詠んだ。彼は、大淀三千風門下の高弟であった。同時代の新しい他者との出会いが味わい深いものとなるのも、俳諧という共通の道があったからである。

芭蕉の旅は、知の獲得によって内在化したものを歌枕に支えられた紀行のなかで確かめていくという一つの教養実践の性格を持っていた。こうした芭蕉の人生は教養実践の生涯であったのである。芭蕉がめざしたのは、俳諧を通じて他者と共同することであり、他者との出会い、対話であった。そこには俳諧的な知に根ざした想像力が必要であった。また、それは漂白の人生を歩む自由に支えられた実践でもあった。

芭蕉は、俳諧という場で連句という実践知によって他者と共同する実践から、俳諧、俳文という文化を創出していった。私たちは、俳諧や俳文を読むことで実践の意味を考察する。さらに教養という実践知を増幅させていく。

たとえば、「おくのほそ道」の「田一枚植て立去る柳かな」で考えてみたい。これは、西行の「道のべの清水流るゝ柳陰しばしとてこそ立ちどまりけれ」（新古今和歌集）の歌枕である那須野で芭蕉が詠んだ句である。また、柳は謡曲「遊行柳」としてもよく知られている。芭蕉が、これが西行の立ち寄った柳かと感懐に耽っているうちに、農民たちが一枚の田植えを終えていた、そろそろ自分も夢から覚めて立ち去ろう、という幻想的な句である。私たちは、柳という語の醸し出す幻想性に支配される。柳の柔らかな緑と田一面の緑との対比も鮮やかである。また花を愛した西行の柳への思いにもいたる。柳の一語から、私たちの前にはさまざまな風景が立ちあがってくるのである。柳の下に佇む芭蕉から西行に心を寄せ、農民たちの日々を想像する。鮮やかな緑の向こうがわに繰りひろげられた哀歓に心は動いていく。

実践思想である教養は、その形式と内実を持っている。形式とは、教養実践が行われる場における人やものの関係のあり方、共同の仕方、共有のされ方のことである。また、実践の結果として獲得される教養の内実である実践知は人々を結びつける条件となる。文化は、その教養実践の結果生み出された形式として示される。

また、芭蕉の実践を支えていたのは言葉である。しかし、この言葉は単なる読み書きの道具ではない。芭蕉が、西行、柳、農民、田、那須野、同行の曾良という他者と共同して実践した知を私たちにつなぐ働きをしている。この言葉が貧しいとき、何者かによって管理、支配されているとき、実践の内実は伝わらない。実践知が機能するためには、言葉を豊かにする他者への想像力が重要であり、何者にも支配されない自由が必要である。

芭蕉の実践は、教養実践とは深い沈黙と身体への記憶に根ざした思想実践であり、他者とともに得たものが温め育まれるのを待つことを繰り返す過程そのものであるのだと教えている。

教養は他者との共同による自由に裏づけられた実践思想であり、そのために必要となる知識である実践知を内在させていた。

なお、ここで言う「他者」とは、単なる他人のことではない。自己という人格と対等、平等な他者を「他者」と呼ぶのである。「他者」は人格そのものである必要はなく、場合によっては認識としての「他者」もありうる。ハルオ・シラネが言うような「つわものども」に去来する認識もまた「他者」と呼ぶことが可能である。

したがって「共同」も、単に二人以上の人格の「共同」のみを指すのではなく、ほかの認識との「共同」もあり得ることになる。しかし、権力や権威を背景にすると、そこに対等な立場が崩壊しているので「他者」との「共同」と呼ぶことはできなくなる。

三　教養形成と中等教育

これまで旧制中学校「国語」読本は、初等教育に比較して十分には研究対象となってこなかった。それにはいくつかの要因が考えられる。初等教育の場合は、一九〇〇（明治三三）年の「国語科」成立以来、国定教科書としての「国語」読本であったため、目標論や内容論など「国語」教育各領域の政策展開や指導のあり方を考察しやすい環境にあった。しかし、中等教育の場合は、多数の文芸読本、「国語」読本が刊行されたうえに、取りあげられる教材としての文学作品も、童話、小説、随筆、紀行文、戯曲、評論、詩、短歌、俳句、古文、ときには翻訳が加わるという多様さであった。

また、こうした教材の多様さ以前の問題もあった。日本型教養の研究が社会学や思想史学分野で行われる一方で、教育史は教育学、「国語」教育は教科教育学で研究されてきたからである。[11] 内容的にも、「国語」教育分野では文学作品や評論は教材論として扱われる傾向にあるため、その成立には触れても思想史、文学史にまで位置づけることは難しかった。

本研究では、この壁を乗り越えるために、その媒介として旧制中等学校生徒向けに刊行された『近代日本文芸読本』をおき、その比較対象というかたちで、文学史、教育史の分野と「国語」教育の分野で共有できる教養形成の課題を探る研究方法をとることにした。『近代日本文芸読本』は、文学、哲学、思想分野の多彩な作品を収録した教養の宝庫である。この読本と当時の「国語」読本を比較することで、哲学、思想、「国語」、文学分野の架橋が可能となる。その基礎作業として一九一〇年代から三〇年代にかけて流通した「国語」教科書である「国語」読本の全体像を可能なかぎり一覧化し、「国語」読本、文芸読本の内容を分析するという方法をとることにした。

なお、これらの研究を進めるうえで、教養論、解釈学、国民国家論などの問題がより大きな背景として横たわっていることが自覚された。しかし、これらの課題にまで深く入り込んでいくと、本研究の目的である「国語」読本や文芸読本に見られる教養実践の特質を考察することから逸脱していくおそれが生じてきた。そのため、本書ではこれらの課題については目的遂行に必要な範囲でのみ言及して抑制的に陳述するにとどめた。

四　考察の対象と先行研究

本書で考察の対象とする文芸読本、「国語」読本は以下のとおりである。

・芥川龍之介編『近代日本文芸読本』興文社、一九二五年一一月八日。全五集。
・菊池寛編『新文芸読本』文献書院、一九二六年一二月二三日。全五集。
・菊池寛編『現代文章軌範』非凡閣、一九三九年九月二〇日
・鈴木三重吉創刊『赤い鳥』『赤い鳥』社（のち赤い鳥社）、一九一八年七月一日～一九三六年一〇月一日
・垣内松三編『国文学大系　現代文学』尚文堂、一九二一年九月一三日初版、一九二六年一一月五日改訂七版
・垣内松三編『国文選』明治書院、一九三〇年六月二六日初版、同年一一月二五日訂正再版。全一〇巻。
・岩波編輯部編『国語』岩波書店、一九三四年八月五日初版。全一〇巻。訂正再版同年一二月二〇日、同年一二月二六日文部省検定済。改訂版は、一九三八年七月四日初版、一二月一八日訂正再版、一二月二一日文部省検定済

また、次のような垣内松三、西尾実の「国語」教育論を参照した。

・垣内松三『国語の力』有朋堂、一九五三年八月二〇日（初版『国語の力』不老閣書房、一九二二年五月八日）
・垣内松三『国語教授の批判と内省　言語形象性を語る』明治図書出版、一九七三年二月一日
・西尾実『国語国文の教育』古今書院、一九二九年一一月二四日
・西尾実『西尾実国語教育全集』教育出版、一九七四年一〇月二〇日

『近代日本文芸読本』に関する先行研究には、関口安義「『近代日本文芸読本』解説」、橋本暢夫『中等学校国語科教材史研究』、滑川道夫『解説国語教育研究　国語教育史の残響』がある。[12] 関口のものが比較的まとまっているが、あくまで概説として書かれており、本格的に論じたものはない。このほか、鈴木秀一・三上勝夫『文学作品の読み方教育論』[13]の「文学教育の歴史からの教訓」の章にもやや詳しい言及がある。いずれにせよ、管見のかぎりでは、『近代日本文芸読本』収録作品の出典や評価についての詳細な研究としては本書が最初である。また、菊池寛の『新文芸読本』も、その詳細な分析と紹介は初めてである。

垣内松三の読本については、前掲の橋本暢夫『中等学校国語科教材史研究』で、『国文新選』の詳細な内容紹介と分析が行われており、先行研究として多くのことを学んだ。橋本の研究は地道な事実の集積を基礎としており、「国語」教育史研究の進展にとって大きな寄与があったと評価できる。

『国文学大系　現代文学』については、『国語の力』と『国文学大系　現代文学』との関係を考察した野地潤家の秀逸な研究がまとまっている。[14] 垣内の「国語」教育論全体と『国語の力』各章を密接に関連づけており、垣内が国内外の文芸理論、解釈理論を積極的に吸収していった状況をつぶさに学ぶことができる。書誌、解題も含みこんだ膨大な研究であり、垣内の「国語」教育論の考察ばかりでなく、二〇世紀前半の「国語」教育史研究には不可欠の先行文献である。『国文学大系　現代文学』収録作品の詳細な考察は本書が事実上初めてである。ま

た、『国文選』についても、それを踏まえた研究として本書が初めての紹介となる。

岩波編輯部編『国語』については、これまでも、その概略、刊行の経緯と意義、学習指導書である『国語　学習指導の研究』の「緒言」で西尾実が述べた「素読・解釈・批評」、「主題・構想・叙述」の研究方法や教育方法論を考察した先行研究がある。なかでも、桑原隆『言語活動主義・言語生活主義の探究――西尾実国語教育論の展開と発展――』は、西尾の「国語」教育論の精緻な研究にもとづき『国語』の分析と考察を行っている。『国語』の教材編成の特徴、収録教材の教材観の考察は、貴重な研究である。本書では、これらの先行研究に学び、『国語』の内容を収録作品個々の評価にまで立ち入って論じることにした。

このほか、旧制高等女学校の「国語」読本研究に眞有澄香『「読本」の研究　近代日本の女子教育』がある。[15]高等女学校「国語」読本変遷史として貴重な研究成果であり、児童文学にも言及した目配りの良さが研究の幅を広げている。

対象とした「国語」読本の考察にあたっては、検定申請本（見本本）ではなく、実際に授業で教材として用いられた供給本を確認したが、一部初版で確認しなければならない場合もあった。「国語」読本については、中村紀久二が『検定済教科用図書表　解題』で、現存している「国語」読本には、「検定申請本（見本本）」、「検定合格本」、「供給本」、「「不認定」、「無効却下」図書、その他」の四分類があると指摘している。[16]そのため、「国語」読本の考察にあたっては、「申請本と検定済本とを比較すると、検定済本には教材の削除訂正あるいは挿入の変動があり、内容に大きな差異が認められるものがある。検定教科書の研究・収集には、申請本と、学校現場で実際に使用された検定済本との鑑別が肝要である[17]」と注意を喚起している。

余郷裕次も、この中村の指摘をもとに岩波編輯部編『国語』の見本本と供給本との比較考察を行っている。その結果、『国語』の見本本と供給本とでは、収録教材の差し替え、削除、表記の変更、訂正が数多くあったと報告している。そして「内容に相違がある以上、岩波『国語』の研究にあっては、検定出願用や宣伝用の見本本と実際に教室で使用された供給本とは、それぞれを区別して扱うべきと考えられる」[18]と結論づけている。眞有澄香も、佐々政一の編集した『女子国文教科書』[19]の訂正再版から訂正版、修正版の刊行経緯を調べて、「初版発行以降順調に版を重ねているかのようにみえる」[20]が、一部の修正版は検定で修正の指示を受けて、新たに次の版が検定に追願されたことを述べている。そして、「教科書は文芸書と異なり、「供給本」として広く使用されるものの方が、その影響力などを考慮して遥かに価値は高い」ことを考慮するべきであると主張する。実際には見本本、供給本の違いを突き詰めていくのは容易ではなく、眞有の言うように検定の仕組みをよく踏まえたうえで、学習者の手に渡った読本かどうかを慎重に吟味しなくてはならない。

　本書でも、中村と余郷、眞有の考察に学んで、国立教育政策研究所教育図書館などに所蔵されている読本を調査して、文献に記録されている読本が見本本、検定不認定本、供給本のどれに該当したものかを明らかにする基礎資料を作成した（一九世紀・二〇世紀前半の「国語」読本、副読本一覧、資料編6）。しかし、まだ調査の不備もあり、今後も精査が必要である。また、先行研究については、その研究が見本本や供給本などの区別を意識した研究であるかどうかも考慮して参照することにした。

　ただし、これらの指摘は、「国語」教育史、教材史研究の視点からのものである。一方で、編集者の教材選択基準を考察して、その教養観を問題にする場合は、教科書検定通過前の「検定申請本（見本本）」に見られる編集者の具体的教材選定の実際を見ることも重要である。初版本は検定以前のものであり、まだ検定者の意見が入る余地はない。それを編集するにあたって示される編集者独自の文芸観や教養観は、その当時の思潮、文芸動向を映し出している。また、「不認定」、「無効却下」図書も、検定不認定理由を考察することで、当時の教育政策との齟齬や矛盾のありようを見ることもできる。したがって、本書では、編集者が教材として採用しようとした事実を見る場合には、検定本にこだわらず初版も含めて確認する。また、必要に応じて見本本や供給本を比較して、その変更点なども見ていくことにする。

註

（1）齋藤希史『漢文脈と近代日本　もう一つのことばの世界』日本放送出版協会、二〇〇七年二月二五日、二〇三頁。
（2）サミュエル・スマイルズ・中村正直訳『西国立志編』一八七一年六月。引用は、講談社学術文庫版一九八一年一月一〇日、四〇一頁。
（3）筒井清忠『日本型「教養」の運命』岩波書店、一九九五年五月三〇日。
（4）筒井は、和辻が『中央公論』一九一七年四月号で「「教養」とはさまざまの精神的の芽を培養することである」と述べた個所を紹介している。筒井前掲書、八八～八九頁。
（5）加藤周一「教養とは何か」、加藤周一、ノーマ・フィールド、徐京植『教養の再生のために――危機の時代の想像力』、影書房、二〇〇五年二月一〇日、四〇～四七頁。
（6）竹内洋『日本の近代一二　学歴貴族の栄光と挫折』中央公論新社、一九九九年四月二五日、二八七頁。
（7）竹内洋『教養主義の没落』中央公論新社、二〇〇三年七月二五日、一七〇頁。
（8）右に同じ、九五頁。
（9）井本農一他校注「笈の小文」『新編日本古典文学全集71　松尾芭蕉集②』小学館、一九九七年九月二〇日。
（10）ハルオ・シラネ（衣笠正晃訳）『芭蕉の風景　文化の記憶』角川書店、二〇〇一年五月三一日、一七〇頁。
（11）筒井清忠『日本型「教養」の運命』、竹内洋『日本の近代一二　学歴貴族の栄光と挫折』など。これらの研究が旧制大学や高等学校を対象にしていることもあり、旧制中等学校での研究や教科教育領域の研究との親和性を持ちえていない。
（12）関口安義「『近代日本文芸読本』解説」復刻版『近代日本文芸読本』第五集、日本図書センター、一九八一年一〇月二五日。のち『芥川龍之介の復活』（洋々社、一九九八年一一月二八日）に再録。同『芥川龍之介とその時代』（筑摩書房、一九九九年三月二〇日）。橋本暢夫『中等学校国語科教材史研究』溪水社、二〇〇二年七月三〇日。滑川道夫『解説国語教育研究　国語教育史の残響』東洋館出版社、一九九三年八月一七日、一二三頁～一二四頁。

(13) 鈴木秀一・三上勝夫『文学作品の読み方教育論』明治図書、一九八六年二月。

(14) 桑原隆『言語活動主義・言語生活主義の探究――西尾実国語教育論の展開と発展――』東洋館出版社、一九九八年七月一五日。

(15) 野地潤家『野地潤家著作選集　第一一巻　垣内松三研究――「国語の力」を中心に――』明治図書、一九九八年三月。関連論考「『国語の力』の成立過程　その一――何を如何に読むかを中心に――」の初出は広島大学教育学部国語科光葉会『国語教育研究』(21)。

(16) 眞有澄香『「読本」の研究　近代日本の女子教育』おうふう、二〇〇五年六月二六日。

(17) 中村紀久二『検定済教科用図書表　解題』芳文閣、一九八六年一月一五日、二五～二六頁。

(18) 右に同じ。三六頁。

(19) 余郷裕次「中等国語教材史研究――見本本と供給本との比較考察――」『大阪教育大学紀要　第V部門』第三八巻第二号、一九八九年一二月、二二七頁。

(20) 佐々政一編『女子国文教科書』光風館、一九一二年三月一八日、訂正再版。眞有によれば、一九一八年一月一〇日発行の修正六版まで供給されたという。

(21) 眞有前掲書、一一四～一一六頁。

第三節　構成の概要と研究の意義

一　構成の概要

第一章では、『近代日本文芸読本』に収められた作品の特徴を分析した。芥川龍之介が読本編集をとおして実践した文芸実践の特質を考察した。

第二章では、龍之介とともに文芸実践家として活躍した菊池寛の文芸実践を考察した。彼の編集した『新文芸読本』と『近代日本文芸読本』とを比較して、寛の文芸的教育の意義を明らかにした。寛の文芸実践が持っていた教育性は「国語」教育の視座から再評価される必要があり、他者との共同による文芸実践の軌跡として重要な意義を有していることを確認した。

また、鈴木三重吉が創刊した『赤い鳥』を舞台に展開された中等学校生らの教養実践の特質を明らかにして、綴方実践、自由詩実践、自由画実践が持った意義を考察した。

第三章では、『国語の力』の刊行によって二〇世紀前半の「国語」教育に大きな影響力を持った垣内松三の「創造的読方」論の意義と問題点を明らかにした。また、彼が編集した『国文学大系　現代文学』と『国文選』に収められた作品を分析して、その編集が寛の文芸論にも学び、龍之介の『近代日本文芸読本』の編集にも影響を与えたことを明らかにした。

第四章では、垣内松三に並んで二〇世紀前半の「国語」教育に影響を与えた西尾実の『国語国文の教育』に見る教養論と教材論を考察した。また、彼が中心となって編集した岩波編輯部編『国語』の特色を明らかにして、そこに収められた作品とその教養観を考察した。

二　研究の意義

第二節でも述べたように、中等「国語」教材史研究はまだ緒についたばかりである。中等「国語」教育史研究では、山根安太郎『国語教育史研究』、飛田多喜雄『国語教育方法論史』、野地潤家『中等国語教育の展開——明治期・大正期・昭和期——』など重要な研究成果がまとまっている。また、浜本純逸の雑誌連載「中等国語教育一三〇年の歩み」が「一斉授業」と「自学自習の思想」との拮抗、中等「国語」科教育の目標・内容・方法・評価の考察を課題に一八七二年の『学制』頒布から現代の「国語」教育まで豊富な資料を駆使して論じている[1]。こうした先達の成果は見られるものの、初等教育に比較して中等「国語」教育史研究もさらに資料の収集と分析を主とした研究段階にあることは否めない。また、旧制中等教育における教養形成の実態研究も、旧制大学や高等学校での研究に比較して進展が見られている状況ではない。

こうした研究の実状を踏まえて、本書では中等「国語」教材史を構想しながらそこに目指された教養の諸相を考察することで中等「国語」教育研究の進展を図ろうとした。しかも、研究の素材として『近代日本文芸読本』を位置づけることで、当時の文学状況と「国語」教育状況を交差させて論じていく研究方法を開拓しようとした。そのことで、ややもすると狭くなりがちな「国語」教育研究に閉じこもらない方法論を提示したいと考えたのである。

野地潤家は、「近代国語教育史研究において、その研究・実践の史的展開の系譜をたどろうとする場合」、「1

基礎研究の系列、２　実践研究の系列、３　関連・隣接部門の系列」の三系列が考えられるとしている。[2]本書は、この第三の系列の研究として位置づいている。研究対象が、文芸読本、「国語」読本であることから、第一の系列にも踏み込んでいることを自覚して研究にあたりたいと考えた。

註

（1）山根安太郎『国語教育史研究――近代国語科教育の形成――』溝本積善館、一九六六年三月二〇日。飛田多喜雄『国語教育方法論史』明治図書出版、一九六五年三月。野地潤家『中等国語教育の展開――明治期・大正期・昭和期――』溪水社、一九九八年三月。浜本純逸「中等国語教育一三〇年の歩み」『月刊国語教育』二〇〇六年六月号～二〇〇九年二月号（連載）、東京法令出版。

（2）野地潤家「近代国語教育の系譜――三つの系列を中心に――」、倉沢栄吉ほか『近代国語教育のあゆみⅠ――遺産と継承――』新光閣書店、一九六八年一一月、二九二頁。

第一章　芥川龍之介編『近代日本文芸読本』と文芸実践

第一節　『近代日本文芸読本』というカノン

一　『近代日本文芸読本』の再評価

日本の近代「国語」教育制度が整備拡充される一九〇〇年頃から一九三〇年前後にかけて、旧制中等学校「国語」読本や副読本、文芸読本が多数刊行された。「国語」読本は、教育法令上の「国語講読」に規定された教材としての「国語」教科書である。国文学や現代文学が教育内容の中心を占めるに従い、現代文学学習の便宜を図った副読本や文芸読本も多く刊行される。そして、副読本や文芸読本も実際に「国語」教室で使用され、「国語」読本よりも積極的に活用されたものもある。

そうした文芸読本のなかに芥川龍之介編『近代日本文芸読本』全五集がある。当時の「国語」読本や副読本が東京帝国大学や高等師範学校の「国語」国文学者の手によって編集されていたのに対して、『近代日本文芸読本』は作家芥川龍之介による編集であった。また、彼は東京帝国大学で英文学を専攻し英文学者夏目漱石の高い評価によって文壇に登場した人気作家でもあった。

その意味で、『近代日本文芸読本』は、中学生向けに刊行された「国語」副読本などのなかできわめて個性的な存在であった。しかも、内容的にも、ほかの読本が同時代の文芸に関心を寄せる一方で、国民国家形成期の人間形成をめざした教養主義的な傾向を持たざるを得なかったのに対して、『近代日本文芸読本』は当時の文芸運動を集大成するかたちで登場してきた意義は大きい。

『近代日本文芸読本』は、編者による発刊の経緯が示すように、検定を受けずに自由な編集を貫いた。この読本は文部省の検定を受けたほかの読本とは異質な読本として評価される必要がある。

文芸運動の集大成という視点で『近代日本文芸読本』に収録された文芸作品を見ていくと、彼が行った編集そのものが一つの文芸運動であるとさえ思えてくる。文芸運動に学びさらに新たな文芸創造へと向かう文芸実践としての読本と評価できるのである。また、その文芸実践の背景には、龍之介の文芸論や文芸教育論があった。

二　『近代日本文芸読本』の発刊の経緯

1　検定本とならなかった読本

『近代日本文芸読本』は、一九二五（大正一四）年一一月八日に興文社から発行された。各集それぞれ三一〇頁前後、菊判、背布装で、定価は一円七〇銭であった。編者である芥川龍之介の「縁起」、「序」を冒頭に、目次と本文、附録から成っている。総目次に掲げたとおり、収録されたのは、明治大正の小説、随筆、日記、戯曲、詩歌、評論、翻訳一四八篇である。複数の作品が採られた作家もあったので、作家数にすると一二〇名になる。龍之介は、「「近代日本文芸読本」縁起」の前半で、次のように書く。

> 僕は大正十二年九月一日、即ち大地震のあつた当日に友人神代種亮氏の紹介により、書肆興文社の石川氏から「近代日本文芸読本」を編纂してくれろと言ふ依頼を受けた。何でも石川氏の計画によれば、明治大正の諸作家の作品を集めた副読本用の選集を出版したいとか言ふことだつた。僕は格別この仕事を大事業とも何とも思はなかつたから、やつて見ても好いと返事をした。しかしこれはとりかかつて見ると、漫然と僕の

想像してゐたよりも遥かに骨の折れる仕事だつた。僕は実際どうかすると本職も碌に出来ぬのに驚き、何度もこの仕事を抛たうとした。

きめ細かな仕事をする龍之介にとって、編集は「骨の折れる仕事だつた」と説明している。現代文学の歴史的継承と同時代の作家たちの横断的俯瞰の試みは、小説制作の「本職も碌に出来ぬ」ほどであったのである。編集は蒲原春夫が手伝っている。蒲原は、一九一九（大正八）年に龍之介が寛とともに長崎を訪問したときに面識を得て、一九二二（大正一一）年に上京し、田端の芥川家の傍に移住して龍之介に師事した。その助力があっても、創作のかたわらの編集は大変だったわけである。

興文社から依頼された当初は、中学各学年対応副読本として編集され、文部省検定を受けるはずであった。龍之介は、その事情を「縁起」に続けて書く。

「近代日本文芸読本」は始は文部省の検定を受け、学校用副読本になる筈だつた。けれども検定を受ける為には有島武郎、武者小路実篤両氏の作品を除かなければならぬ。（中略）しかし「近代日本文芸読本」は「近代日本文芸読本」にしたかつたから、やはり両氏の作品は保存することに決定した。が、この時にも石川氏は快く僕の意見を容れ、「では検定を受けないことにしませう」と即座に初志を撤回した。

検定合格のために、有島武郎、武者小路実篤の作品を除かなければならないことが条件となったというのである。今日の読者の目から見れば、両氏の作品がないと文学史上重要な作家の作品が欠落しているという印象を受ける。武郎、実篤の作品が検定上問題になることについて、関口安義は、「心中した作家と「新しき村」での社会主義実践作家の作品は、当時の文部省のお役人の眼鏡にかなわなかったというわけか[1]」と述べている。

武郎が軽井沢三笠山の別荘浄月庵で『婦人公論』の記者、波多野秋子と心中したのは、一九二三（大正一二）年六月九日であった。縊死した二人が発見されたのは一か月後の七月七日のことである。当時センセーショナルな姦通事件として報道されたことは言うまでもない。

一方の実篤は、一九一八（大正七）年七月に『新しき村』を創刊して、九月には日向への移住運動を始める。「新しき村」の建設を始めたのである。実篤も「新しき村」で飯河安子を妊娠させたことが原因で妻房子と別れ、その一か月後に安子と再婚する。安子は長女新子を出産する。一九二三（大正一二）年八月のことである。実篤も男女の乱れた関係を世に知られることとなった。しかも、「新しき村」という人生の理想を求めた実践とは矛盾する。さらに、武郎の心中について「俺のずぶとさの／爪のあかでもやりたかつた／武郎さんに」と日記に書きつけていたほどである。彼らの行動が社会的に納得されるはずもなく、このような社会道徳に反した作家たちの作品が「国語」読本に掲載されることを当時の文部省が認めるわけもない。

『白樺』同人の武郎は、実篤にあてた書簡の形式で「武者小路兄へ[2]」を『中央公論』に寄せた。その書簡で、武郎は金に支配された資本主義制度を批判して「新しき村」の運動への賛意を示している。そして、「金の洪水から人間を救い出す為めに力を尽さなければならない時が来ました。姑息な弥縫をして、一時を凌いではゐられない回転期が到来して」おり、「実際生活の改造に着手された事を私は尊い事だと思ひます」と語っている。さらにイプセン、トルストイ、ドストエフスキー、ロダン、セザンヌなどの芸術家が実生活に与えた影響を論じて、「未来を嗅ぐに鋭敏な鼻を有するものは芸術家です。彼等は未来を直覚します。現在のやうな時代の回転期に当つて、芸術家の見地が重く見られるのは当然です」と、芸術家の存在の重要性を説いていく。そうした重要性がありながらも、こうした芸術家の運動は往々にして失敗に終わるものだとも語り、「あなたの企てが如何に綿密に思慮され実行されても失敗に終ると思ふ」と失敗を予見する。しかし、「失敗は失敗ではありません」と述べて、「失敗にせよ、成功にせよ、あなた方の企ては成功です。それが来るべき新しい時代の礎になる事に於ては同じです」と運動の進展を期待している。また、自身も「私も或る機会の到来と共に、あなたの企てられた所を何等かの形に於て企てようと思つてゐます。而も存分に失敗しようと思つてゐます」と決意を披瀝している。実際、武郎も一九二二（大正一一）年に北海道狩太の私有地を小作人に解放することを宣言する。そして、翌年七月一五日に有限責任狩太共生農園として発足させる。(3)

こうして、武郎と実篤は、一般的には反社会的反道徳的行為と見なされる男女関係を持ちながら、一方では資本主義を乗り越えようとする新しい時代に向けた主張と行動をとったのである。反社会的行為という点ではもちろん、中国大陸での戦争準備に突き進んでいこうとする一九二〇年代の時局での検定という点でも、二人の作品を検定読本に掲載許可することは承認されるはずのないものであった。

実際、有島武郎『小さき者へ』の一節はいったん『中等国文』に収録され検定に掛けられたが、残された公刊の資料を見るかぎり、検定教科書となった形跡がない。つまり検定不合格となった可能性が高いのである。(4)武者小路の場合は、わずかではあるが、ほかの「国語」読本に作品が採られている。実篤の「仏陀と孫悟空」が『新定国文読本』に掲載されている。また、このほかにも実篤の「花咲爺」が『新制中等国語読本』に、「子供とその父」が『中等国文』に、「箱の親子」が『改訂中等新読本』にそれぞれ収録されている。(5)実篤の事例は『近代日本文芸読本』発行以後であることも注意する必要があるが、龍之介の「検定を受ける為には有島武郎、武者小路実篤両氏の作品を除かなければならぬ」という説明は実篤にかぎって言えば辻褄の合わないものである。

当時は「国語」教育制度が確立してくる時期であるから検定制度自体も緩やかなものであった。(6)実際の授業では、帝国大学の文学博士が編集した硬い検定「国語」読本とともに現代作家の作品が積極的に掲載された検定外の副読本が使われる傾向にあった。副読本にも、検定を受けた場合とそうでない場合があった。龍之介らはこういう検定の事情も経験的に知っていたであろう。しかし、龍之介は検定を受けない立場を選択した。結局、彼らの事情をすべて承知のうえで、武郎「小さき者へ」を第二集に、実篤「仏陀と孫悟空」を第一集に、「人類愛について」を第三集に、「彼が三十の時」を第五集にそれぞれ収めたのである。

　これらのさまざまな状況を判断すると、龍之介は自分の編集した読本が検定という制度的枠組みに納まるのを嫌った拒否表明をしたということである。その態度表明を「検定を受ける為には有島武郎、武者小路実篤両氏の作品を除かなければならぬ」という表現で行ったのである。

　また、龍之介が読本を編集する以前に、武郎と実篤の作品が教科書にわずかでも収録されている事例が仮にあったとしても、この二人の作家を入れることを理由に検定を拒んだのであるから、事実として検定拒否表明であることには違いない。

　読本での龍之介特有の説明は、ほかの検定読本とは異なり『近代日本文芸読本』が武郎や実篤の作品を積極的に掲載していることの自負とその宣伝であった。ほかの読本の場合は、武郎や実篤の採用は少数にとどまっているのであるから、一般的に二人を積極的に採用するのには躊躇があったと考えられる。この点でも、『近代日本文芸読本』はほかの読本とは大きく違っていると宣言しているのである。

2　芥川の「文芸的教育」論

　こうして検定制度から自由になって『近代日本文芸読本』を編集することにした龍之介は、学校用副読本ではなく文芸読本として一般に流通する道を選択した。あわせて、学校教育の場で中学生が手にすることを期待して『近代日本文芸読本』の凡例で次のようにも述べている。

> 三　「近代日本文芸読本」に収めた作品は大体中学の一学年から五学年に至る学生諸君の読書力に準じて配列したものである。（しかし念の為に注意すれば、勿論容易に読み得るのは容易に味はひ得るのと同じことではない。）

中学各学年対応副読本として編集したことを強調している。一般書籍として流通させる一方で、各学年に応じた読みを中学生に期待しているのである。

「「近代日本文芸読本」縁起」では、「編者は唯この読本が在来の文芸読本よりも若干の長所のあることを信じ、併せて文芸的教育の上にも多少の貢献を与へることを期待してゐるのに過ぎない」と遠慮がちに学校教育への期待を述べている。さらに「学生諸君の読書力に準じて配列した」という序文の配慮の文言に加え、「しかし念の為に注意すれば、勿論容易に読み得るのは容易に味はひ得るのと同じことではない」と読むことと鑑賞することの違いを前提にした発言もしている。この発言の持つ意味は、彼の文芸論、鑑賞論と深く関わっている。その議論を見る前に彼の「文芸的教育」論を「縁起」で見ておきたい。

まず「縁起」では、この読本の基本的編集姿勢が述べられる。

> 「近代日本文芸読本」は明治大正の諸作家の作品中、道徳、法律、社会的慣例等に牴触せず、しかも文芸的或は文芸史的に一読の価値のある作品を百四十八篇（短歌や俳句は数首或は数句を一篇とし）収めたものである。しかしこの読本に収めた諸作家の外に必しも作家のない訣ではない。現に編者は種種の事情により、明治初葉の諸作家――たとへば河竹黙阿弥を割愛した。のみならずこの読本に収めた作品は各作家の面目の一斑は示してゐるにもせよ、その又面目の全貌を示してゐるかどうかは疑問である。若しこの読本を目する

のに近代日本文芸選集を以てするならば、それは編者を誤るばかりではない、恐らくは明治大正の諸作家にも（この読本に洩れたると否とを問はず）累を及ぼすことになるであらう。編者は唯この読本が在来の文芸読本よりも若干の長所のあることを信じ、併せて文芸的教育の上にも多少の貢献を与へることを期待してゐるのに過ぎないのである。

龍之介は、作品収録に際して「明治大正の諸作家の作品中、道徳、法律、社会的慣例等に牴触」しない作品、「文芸的或は文芸史的に一読の価値のある作品」という二つの基準を設けている。

ここでは「道徳、法律、社会的慣例等」を十分踏まえて、と言わずに「牴触せず」という表現にとどめていることに注目しておきたい。文学は、作家の個性によっては時として「道徳、法律、社会的慣例等」の社会規範を逸脱して表現される特性があることを認めたうえで、それに「牴触」しない程度には配慮して編集したことを注意深く述べている。これは、後に見るように彼の「文芸的教育」論に関係している。

また、「文芸的或は文芸史的に一読の価値のある作品」という記述は、彼の教材観を示している。読本に示された文芸を学ぶことによって、何か具体的な利益が得られたり、人格が向上したりするようなことを基準にしているのではない。文芸的に一読の価値がある、あるいは文芸史的に一読の価値があるということは、つまりその文芸が味わうに値する作品であること、また学校教育の場で味わうにふさわしい作品であることを示しているのである。凡例に書かれた「学生諸君の読書力」に応じて味わうことのできる作品であることが基準となっているのである。

凡例には「（しかし念の為に注意すれば、勿論容易に読み得るのは容易に味はひ得るのと同じことではない。）」という断り書きもあった。これも彼の「文芸的教育」論として重要である。現代の「国語」教育では、読む能力と味わう能力が違うことは認めやすい考え方である。しかし、「国語」教育制度が確立してまもなくの時期に、文学を読むことに関わる重要な問題を明確に指摘していることは確認しておいてよい。
このように見ると、次に述べられる彼の「文芸的教育」論も「国語」教育にとっての大切な論点を提示していて興味深い。

文芸的教育の特長は今更多言を費さずとも好い。唯編者の一言したいのは文芸的教育の「特短」である。文芸的教育は特長と共に時には「特短」をも説かれぬことはない。しかしその「特短」とは何かと言へば、薄志弱行に陥るとか、偸安姑息に傾くとか、いづれも文芸的教育とは直接に縁のないことばかりである。薄志弱行の輩や偸安姑息の徒も尚且文芸を愛するであらう。がそれは偶彼等の園芸をも愛するのと同じことである。よし又文芸を愛した為に悪徳を学んだものがあるとしても、一を以て他を律するとすれば、我等は日射病を予防する為にもやはり日輪を打ち砕かなければならぬ。編者がこの読本を編したのは勿論文芸的教育の「特短」を認めてゐない為である。けれども万一この読本にさへ毒せられるもののあつた時には、編者は決して教育家諸君や年長老諸君や青年諸君の「特短」を認めるのを辞せないであらう。

龍之介は、「文芸的教育の特長は今更多言を費さずとも好い」と、「文芸的教育」の「特長」には触れないでいる。これは、「特短」つまり特に短所となることを示し、それに反論することで「文芸的教育」の「特長」を考察させようという狙いがあったと考えられる。
彼が示す「特短」は、「薄志弱行に陥るとか、偸安姑息に傾く」ということである。つまり、文芸に親しむと意志が弱く実行力がない人間になったり、一時的な安楽をむさぼりその場しのぎの人間になったりすることを

「特短」と言うのである。

龍之介は、これに対して「いづれも文芸的教育とは直接に縁のないことばかりである」と述べる。その根拠を「薄志弱行の輩や偸安姑息の徒も尚且文芸を愛するであらう」し、「それは偶彼等の園芸をも愛するのと同じことである」と説明する。文芸や園芸は誰でも親しむことができるものであり、親しんだからと言って人間がだめになることはないと断言しているのである。これは、当時一部で喧伝された文芸は人をだめにするという議論を念頭に置いている。そして日射病の事例を持ち出して、この議論がいかに非科学的なものかを説いている。

この「特短」への反論は、文学に親しむことで人間が良くなったり悪くなったりすることなどないことを示している。「文芸的教育」は、文芸に親しみ文芸を愛することを教えるのであって、人間を良くすることにその目的を求めてはいないと言外に言っているのである。もし、「文芸的教育」が人間を良くするために為されるものであると彼が確信していたら、「特短」への反論で、文学に親しむと人間が良くなる、人が変わると言うはずである。しかし、そうは説明していない。

つまり、龍之介の「文芸的教育」論は、教育の場で文芸を読むことはその作品に親しみ、その作品を味わうことを教育することだというものである。中学生が文芸を読んだことで、人格的に向上するとか、社会規範を身につけるとかいうような功利的なこと、道徳的なことが「文芸的教育」の目的ではないことを示唆しているのである。これは、今日の文学教育に関わる重要な論点そのものであるが、今はここでは深入りせず、一言だけ付言しておきたい。文学が人格形成や道徳教育のための教材か、文学鑑賞のための教材であるのかという問題は、「国語」科教育学の未解決の問題であり、この議論はその解決のための糸口となる可能性がある。歴史的に「国語」科教育を縛ってきた自己涵養論への有力な反論となるのである。

3　読本の編集姿勢と龍之介の文芸論、鑑賞論

ところで、龍之介の「文芸一般論」及び「文芸鑑賞講座[7]」は、彼の「文芸的教育」論を考察するうえで重要である。

「文芸一般論」は、「文芸と言ふものを出来るだけ平易に考へて見たい」という立場から、主に文芸の内容について論じられている。龍之介は、まず文芸を「言語或は文字に依る——言語或は文字を表現の手段にする或一つの芸術である」と定義して、概略次のように述べている。言語は意味と音を具えている。音は、聴覚的効果であり、その効果を比較的重んじない形式が散文で、重んじるのが韻文である。また、文字は形を具えており、それは視覚的効果である。この言語の意味と音、文字の形の三要素により、生命を伝える芸術が文芸である。

次に文芸の内容は「言語の意味と言語の音との一になつた全体であり」、「作品を支配する或構成上の原則」による形式と「不即不離の関係に立つもの」である。その内容は、情緒的方面と認識的方面を具えており、文芸の種類により、その変化も異なる。抒情詩や短歌は、情緒的方面が勝った文芸、小説や戯曲は、認識的方面が勝った文芸である。文芸は、この二つの方面が、作品や時代によってさまざまに色をつけ、多種多様の内容を産むのである。作品評価にあたっては、文芸的価値と技巧（或内容を表現する手練）、思想による文芸的前提としての感銘が重要である。以上が、龍之介の「文芸一般論」である。内容と形式を押さえたきわめて明快な文芸論である。

次に「文芸鑑賞講座」であるが、「文芸上の作品を鑑賞する為には文芸的素養がなければなりません」から書き起こす。そして、創作と同様に鑑賞も相当の訓練が必要であることを述べ、その訓練の結果、鑑賞の程度が深くなり鑑賞の範囲が広くなると、それ自体が「人生を豊富にすることは事実であり」、また「いろいろのものが味はえればそれに越した幸福はありません」と論じ、「創作上にも少からぬ利益を与へる」と書いている。さら

に「素直に作品に面」して「心構へを生じ」ず、「出来るだけ丹念に目を配つて」鑑賞することが大切であると強調する。「何を書いたかを捉へる」には、「種々の教養も必要でありますが、何よりも心得なければならぬことはその作品の中の事件なり或は又人物なりを読者自身の身の上に移して見ること。――即ち体験に徴して見ることであ」るとする。これは「「文芸一般論」の「内容」の条にも通ずること」であると言う。そのうえで、古来の傑作を鑑賞し、「批評家よりも寧ろ作家の書いた文芸上の議論が有益」であると述べている。

「文芸一般論」の文芸の内容と形式、「文芸鑑賞講座」の鑑賞の意義と方法は、そのまま「文芸的教育」論と言ってよい。中学生が、具体的な作品を味わいながら、文芸について学ぶのはこういうことである。

『近代日本文芸読本』は、「文芸一般論」「文芸鑑賞講座」の文芸論、文芸鑑賞論を背景にした「文芸的教育」論にもとづいて編集されているのである。これから述べる『近代日本文芸読本』の特徴は、それぞれにこの議論の具体化であるとわかる。ほかの「国語」読本などと違って、各集に一〇人前後の歌人、俳人、詩人の短歌、俳句、詩を紹介する、戯曲も各集に数篇収める、一人の作家の小説と評論、戯曲、翻訳を収めるなどの配慮がなされている。

たとえば、上田敏は評論「幽趣微韻」（第三集）と翻訳詩「落葉」（第四集）、小山内薫は翻訳「大判半裁紙」（第一集）、戯曲「ベテスダの池」（第二集）、小説「不思議」（第三集）、正岡子規は俳句「「麦畑や」其の他」（第二集）、短歌「「上野山」其の他」（第三集）、評論「歌よみに与ふる書」（第五集）、島崎藤村は詩「椰子の実」（第一集）、小説「トラピスト」（第二集）、北原白秋は随筆「植物園小品」（第一集）、短歌「「鬱蒼と」其の他」（第三集）、詩「公園の薄暮」（第四集）という具合である。この他にも、先に見た武者小路実篤をはじめ、岩野泡鳴、木下杢太郎、菊池寛、久米正雄、久保田万太郎、佐藤春夫、谷崎潤一郎、高浜虚子、長塚節、二葉亭四迷、室生犀星、森鷗外などの作家、詩人が複数の作品を収録されている。

同じ作家の場合でも、龍之介の言う「情緒的方面」と「認識的方面」のバランスをとっていることがわかる。

4　文体への注目

『近代日本文芸読本』には、「文芸一般論」で述べられた文芸の「内容と形式」に気づかせる工夫がなされている。各集には、長文の各集同内容の「序」に加え、各集別の短い「序」が添えられている。次に、その全文を掲出する。

第一集の序

この集に収めた作品中、坂本四方太の「向島」は正岡子規に端を発した写生文の一例を示すものである。尚又斎藤緑雨の「新体詩見本」は必しも批評家斎藤緑雨の作品を示す為に収めたのではない。寧ろ明治以後の日本には少い擬似詩（Parody）の一例を示す為に三篇の見本を選んだのである。

第二集の序

この集に収めた作品に就いては特に記したいことは一つもない。若し強ひて記すとすれば、――如何に強ひて記すとしても、やはり特に記したいことは一つもないと言ふことだけである。

第三集の序

この集に収めた作品中、森田思軒の「ルイ・フィリップ王の出奔」は森鷗外、二葉亭四迷等の散文翻訳の外に日本の小説に影響を与へた散文翻訳の一つである。思軒の文章は文法上の規則を無視した場合も稀ではない。が、編者は奇峭を極めた原文の面目を保存する為に一語も改竄を加へぬことにした。

第四集の序

この集に収めた作品中、饗庭篁村の「与太郎料理」は明治中葉に軽妙を誇つた所謂根岸派の作風を窺はしむるのに足るものである。これは又この読本に収めた作品中でも、明治初葉を渡つて来た江戸末期の小説の反響を与へる唯一の作品にもなつた訣であらう。

第五集の序

この集に収めた作品中、樋口一葉の「みづの上」は小説家樋口一葉の作品を示すのに足るものではない。が、小説家樋口一葉の生活を示すのに足るものである。或は又当時の文壇の一瞥を示すことにもなるかも知れない。編者は一つには読本の中に日記体の文章も収めたかつた為に特に「みづの上」を収めることにした。

「第二集の序」を除いて、写生文、擬似詩、散文翻訳、根岸派の作風、日記体の文章と説明がなされ、近代文学成立期の文体の特徴に気づかせようという意図が働いていることが窺われる。「文芸一般論」で述べた、内容と不即不離の関係にある形式、あるいはそれを生み出す手練としての技巧に編者の注意が向いている。

「第二集の序」についても、漱石の小品、虚子の写生文的小説、眉山の硯友社系紀行文、叙景短歌など多彩な文体が収められており、実際はありすぎて書ききれないというのが龍之介の思いであったと想像される。

文体や作風への気づきを、中学生に対する「文芸的教育」の課題とする教材観がなくては、こうした編集にはならない。この編集姿勢は、「国語」教育史、「国語」読本史から見て早期に属する意義あるものであった。

結局、龍之介の「文芸的教育」論の核心は、作品を鑑賞して、文芸的・文芸史的一読の価値あるもの、つまり文体、表現を味わうに足る内容と形式に気づき、鑑賞の訓練を通じた文芸的素養によって人生を豊かにすることを学ぶことにあったということが明らかになった。

さらに、龍之介が「文芸鑑賞講座」で述べたように、鑑賞は創作へとつながることや読者の体験に徴して鑑賞することは、後に詳論する文芸実践論への重要な着眼であることも付言しておきたい。

「序」には、最後に次の文面が見える。

> この読本の成つたのは勿論編者の力の外にも高作の掲載を許された諸氏、殊にこの読本に掲げる為に高作の全部或は一部に加筆の労を吝まれなかつた有島生馬、佐藤春夫、広津和郎、上司小剣、長田幹彦、藤森成吉、久米正雄等の諸氏の好意に待つ所の多いものである。更に又この読本の編纂の上には泉鏡花、鈴木三重吉、久米正雄、久保田万太郎、菊池寛、広津和郎、室生犀星、小島政二郎、佐佐木茂索等の諸氏も便宜を与へられたことは尠少ではない。いづれも礼を失するのを避けず、編者のここに深謝の意を表したいと思ふ所以である。

前半では、掲載許可をした作家へのお礼とともに、加筆をした作家への感謝を述べている。また、後半は、編纂にあたって便宜を受けたことへの感謝の弁である。

この読本の作品の出自を調査すると、初出や初版収録された作品に手が加わったものが散見される。前半は、その作家へのお礼である。また、検定を受けたほかの読本と違い、自由な編集ができたため長文が収録しやすかったとはいえ、各集三〇〇頁程度の枠で先程のような「文芸的教育」の意図を実現するために抄録した作品も出てきた。後半は、抄録を許してくれた作家たちへのお礼である。

たとえば、第三集の鈴木三重吉「小鳥の巣」は、彼の長編小説『小鳥の巣』の全二一章のうち七章の後半と八章の前半を抄録している。第五集の久保田万太郎「陰影」は、もともと「Prologue」（後篇）に「（陰影）」の副題で掲載されたもので、その副題を収録作品名にしている。また、冒頭にも一部改変がある。

龍之介は、この読本がこうした作家の共同による編集によって成ったことも丁寧に記していったのである。

5　芥川龍之介の自信作

龍之介は「縁起」の末尾でさらに自戒を込めて次のように続ける。

> 今編纂を終るのに当り、この縁起を記したのは啻にBook-makingの男児一生の大業たることを世間に広告する為ばかりではない。同時に又如何に安請け合ひの自他ともに苦しめるかを僕自身末代までも忘れざらんことを期する為である。

この言説は、多忙な小説創作の傍らに日本の近代文芸を眺望する読本を編集する大業に身を投じてしまったことを悔いているかのように受けとれる。しかしこれまで見てきたように、龍之介は一貫した文芸論、鑑賞論を背景にした「文芸的教育」論にもとづく編集に努力を重ねてきたのである。その彼の本心は「Book-makingの男児一生の大業」となったことへの納得であったとしてよい。「Book-making」とわざわざ英語表現を用いるのも意図的である。この編集の意味を読者に強く印象づける狙いがある。つまり、この読本が近代日本の文芸運動の集大成としての編集となったことに対する編者龍之介の思いを汲みとらせようという意図が働いているのである。

三　文芸叢書と『近代日本文芸読本』

1　多彩な文芸叢書刊行と「国語」読本

「国語」読本、副読本が多く発行されたこの時代は、一方で文芸叢書刊行が続いた時期でもある。紅野敏郎は、大正期に叢書が刊行される背景について次のように述べている。[8]

> 「大正」という時代には、漱石・鷗外はじめ幸田露伴も泉鏡花も活躍していたし、一葉や独歩などの見なおしの機運もあった。北村透谷も「民衆」誌上で彼を偲んでの特集号が編まれていた。さらに明治四十年代の作家に注目すると、田山花袋・島崎藤村・岩野泡鳴・正宗白鳥・中村星湖らや、永井荷風・谷崎潤一郎・近松秋江・長田幹彦らや、小川未明・上司小剣らも、大正期に入ってもその作家活動はさらにさかんになっている。従って、「明治」以来の文学者もあわせ視野に入れた「叢書」が、企画される。つまり明治の代表的な作家と、大正期の新人、中堅作家と、昭和文学への橋わたしを演ずる作家の三重奏が、このたびの「叢書」のなかに圧縮されていたのである。
>
> この「大正」の時代には、まだ完全な個人全集がほとんど刊行されていなかった。改造社のいわゆる「円本」に代表されるような総合全集も、まだ刊行されていなかった。その間隙を縫って、時代とかかわらせつつ企画されたのが、これらの多量にして多彩な「叢書」であり、然るべき特色を持ちつつも、読者にできるだけ廉価に、普及本として刊行されたのである。

大正期の文学者は、とくに短編小説に関心を示し、それが私小説や心境小説と重なりあうかたちでのエッセイ、小品文を多く書いている。また戯曲活動にも大きな関心を寄せていたし、泰西文学の移入、翻訳活動もさかんに行われた。しかも戯曲専門の人は少数で、小説を書きつつ、戯曲をも、という人たちが多かった。翻訳も重訳あり、梗概もあり、やがて山内義雄らの「仏蘭西文芸叢書」のように、原語からというふうに進展していく。内外の文豪の評伝を適切に要約してみせる「叢書」も生まれてくる。それらはすべて時間を経ての作業ではなく、いま動きつつある現在を敏感にキャッチし、生きのよいものを提供する姿勢を持っていた。名作として読みつがれていく古典的作品もあるが、忘れ去られた作家や作品もまじっている。従ってこれらの「叢書」を俎上にのせ、再検討していけば、再評価される砂金のような作品も、実は多く見出されるのである。

「明治の代表的な作家と、大正期の新人、中堅作家と、昭和文学への橋わたしを演ずる作家の三重奏」が叢書の特徴であり、短編小説、エッセイ、小品文、戯曲を書き、泰西文学の移入、翻訳活動にも関心を寄せたことが大正期の文学者の個性であると述べている。これは、『近代日本文芸読本』と重なる特徴と個性である。

文芸叢書は、当代の文学者による文芸実践として豊かな実りを生み出していったことがよく理解できる。またそれに加えて、印刷技術の向上や出版産業の確立によって小説が大量に生産されるようになり、全国に読者も存在するようになった。また、文学者の短編志向や多面的な創作活動を背景にした文芸叢書が刊行される。その後、改造社の『現代日本文学全集』の成功を契機に文学全集や選集も継続的に発行されるようになる。

これらの出版動向は、「国語」教育の世界にも影響を与えた。一九二〇年前後に特に集中して多くの「国語」読本、副読本が生まれてきた背景には、こうした文学動向があった。読本の編集には、紅野の言う「いま動きつつある現在を敏感にキャッチし、生きのよいものを提供する姿勢」を持った文芸叢書のスタイルが取られるようになったのである。

　また、この時期は、童話、児童文学の隆盛期でもあった。多くの文壇作家が童話も手がけ、文学、童話の隆盛は文学読本を多く生み出す土壌となった。『赤い鳥』など童話雑誌の相次ぐ出版は、地方での文芸読者層を広げていった。幼い文芸読者が育てられ、『赤い鳥』などが提供した口語自由詩実践の舞台で活躍していく。小学生向け読本の分野でも『近代日本文芸読本』を出す同じ興文社から、常々「国語」教科書に不満を抱いていた菊池寛の編集による『小学童話読本』が全八巻で刊行されている。この読本は、三か月も満たない間に六刷を売り上げるという好評を博した。これだけの好条件だけでも興文社は『近代日本文芸読本』の成功を確信していたに違いない。

2　カノン化への恐れ

　ところが、『近代日本文芸読本』は発売当初から不幸な出来事に見舞われた。関口安義は、菊池寛「芥川の事ども」や徳田秋声の回想「弱い性格」を参照して、『近代日本文芸読本』への転載許可などの手続き問題に端を発し、印税で書斎を建てたという風評が立った龍之介に疑惑を抱く作家も出てきたことなど、『近代日本文芸読本』をめぐる不幸なできごとの内容を紹介している。そしてその後も複雑な経緯をたどり再版されず予想通りの流通を見ずに終わったと説明している[9]。関口によると、特に徳田秋声の怒りが激しく、龍之介への悪意を露骨に示したようである。菊池寛も、これが龍之介の死の遠因ともなったと指摘する。

　ところで、徳田秋声が『近代日本文芸読本』に無断収録されたと龍之介を批判する背景には、若い世代の人気作家龍之介が、文壇の長老をはじめとする作家の作品を読本に選定するという行為への批判があった。『近代日本文芸読本』を手にした作家たちは驚いたであろう。『白樺』、『帝国文学』、『早稲田文学』、『アララギ』など、同時代の文芸結社や同人誌、商業雑誌、新聞などから文芸作品が採られたうえに、「縁起」や「序」で明示された彼の文芸論、鑑賞論に裏打ちされた作品が、当代の文芸叢書に比肩して劣らぬかたちで収録されていたのである。同時代の文学者が、古典と並んで時折収録された程度の検定「国語」読本や副読本とは違い、人気作家芥川龍之介の手によって編集された読本が発する、当代の新味な文芸作品の魅力を味わおうという強いメッセージを受けとったはずである。

龍之介は、一般文壇だけでなく、「国語」読本や副読本の世界でも人気作家であった。野地潤家「大正後期における「現代文」教授[10]」は、当時の「現代文」教材を概観した中野伝一「中学読本の現代文を概観す」を紹介している。それによると、大正後期の中等「国語」教科書によく採用された作家について次のように述べられている。

> 先づ第一人者は菊池寛氏である。寛が文壇に重きをなしたのは歴史小説らしいが、教科書にも『恩讐の彼方に』『形』『笑』『忠直卿行状記』『蘭学事始』『俊寛』等が入っている。これらには近代人的な人生が描かれ軽い道徳的批判がほのめかされているので、現代の若い人々の胸に響く所が多い。
> 竜之介氏はよく寛に似よっている。やはり『或る《ママ》日の大石内蔵之助』『鼻』『太郎』『俊寛』等の歴史物が教科書に入っている。童話『蜘蛛の糸』も方々に出ている。

この指摘にも窺えるように、一般文芸界だけでなく、「国語」教育の分野でも、龍之介は寛に並んで収録の頻度の高い作家であったのである。

影響力の強い作家によって編集された副読本のもたらす効果は大きく、龍之介が、これからの読者層として有望な中等学校生徒向けに、多くの文壇作家の作品を選定することが、どういう意味を持つかは明らかである。有力な作家が認定する作品群は、カノン（正典）としての意味を持ち始め、それが流通することで、その時代を束ねる規範になる。文壇の長老が、怒りまでいかなくとも何らかの不安を覚えることは十分に想像される。秋声の怒りは、表面的には無断収録への批判であったのだが、実のところは、このカノン化への抵抗であったと考えられる。

教育法令上も、一九一一（明治四四）年の「中学校教授要目改正」で、「国語及漢文」科が「国語講読・漢文講読・作文・文法及習字ノ五分科トス」と定められ、そのうち毎週四時間配当の「国語講読」の内容と目標、教材を、例えば第一学年では「読本ハ尋常小学読本トノ連絡ヲ図リ現代文ヲ主トシ口語文・書牘文ヲ交ヘ間々韻文ヲ加ヘテ組織セルモノタルヘシ／但シ現代文・口語文ノ種類ハ記事文・叙事文トス」と規定して現代文に関心が向き始めている。

そして、一九一九（大正八）年の「中学校令」の改正でその目的として「特ニ国民道徳ノ養成ニ力ムベキモノトス」が追加され、その結果、中等読本の内容が現代文重視の方向へ推移していった。

橋本暢夫によれば、一九二一（大正一〇）年には、中等「国語」教材が現代文中心に推移した。龍之介の「蛙」、「沼地」が教材化され、久松潜一『女子新読本』（至文堂）に掲載された。「蜘蛛の糸」、「尾形了斎覚え書」などは翌々年に登場し、漱石「夢十夜」も採録された。さらに、この年から旧制高等学校の入試問題に現代文が出題されることとなったという。[11] 西尾実は「大正初期から昭和四、五年頃までを、中等「国語」教材史上「国民生活表現教材期」のうちの「現代文学進出期」であると時期区分をしている。[12]

ハルオ・シラネは、古典日本文学の近代におけるカノン化について次のように述べている。[13]

教科書が最大のインパクトを持つ公教育の制度を通じてなされた、古典日本文学の近代におけるカノン化には、戦前の中学校教科書（戦後の高校および大学一、二年の教養課程の教科書に相当する）と戦後の高校教科書を見ることによって、最もよく展望することができる。これら旧制中学・新制高校の教科書は、かならずしも当時の一般的な嗜好ないし当時最新の学問研究を反映したものではないにせよ、多くの場合、帝国大学の指導的教授たちによって編纂されており、カノンがどのようにして制度的権力・権威によって形づくられたかを如実に示している。

この指摘は、「国語」読本や副読本に同時代文学（近代文学）が多く採用されていった事実を読むうえでも有効である。制度上も整備が進みさまざまな教育実践も試みられるようになった中学校の教科書や副教材に同時代文学が登場し始め、「国語」教育における同時代文学のカノン化が強くなった。『近代日本文芸読本』をめぐる事件は、こうした「国語」教科書の動向と大いに関係していたのである。

四　『近代日本文芸読本』の特徴

1　作品収録の概要

『近代日本文芸読本』の第一集から第五集の各集は、それぞれ中等学校各学年に対応して編集されている。作品収録数も中等学校生徒の発達段階を意識した作品収録がなされている。

例えば、小説の収録数が、第一集一二篇、第二集六篇、第三集九篇、第四集八篇、第五集八篇、随筆の収録数が、第一集六篇、第二集五篇、第三集二篇、第四集と第五集なしであるのに対して、評論は第一集なし、第二集二篇、第三集四篇、第四集五篇、第五集五篇である。学年進行に伴い、評論が増える一方で小説や随筆の作品数は減少している。

収録作品の頁数は、小説では、最長頁数が、第一集二八頁、第二集二八頁、第三集三六頁、第四集三二頁、第五集四一頁と発達段階に応じて少しずつ長編化している。随筆や評論も、第一集六頁、第二集一二頁、第三集七頁、第四集一一頁、第五集一六頁と対象学年の進行に対応して長文化の傾向にある。学年進行に従って長文を読み味わう力を身につけてほしいと考え、あえて長文を大胆に収録したと考えられる。

一頁の字数が四二字一八行で、四百字詰め原稿用紙に換算すると約二枚分であるから、最も長いもので、約八〇枚の原稿量であった。

2　作品収録の特徴

収録された作品の内容を見ると、この時期のほかの「国語」読本や文芸読本の追随を許さない作品選択の幅の広さと文芸思潮の奥深さがある。大まかにその特徴を列挙すると次のようになる。

(1)　家族、親子、兄弟に関する作品の収録

第一集には、祖母の死から家族のことを思い起こす二葉亭四迷「平凡」、父親の失敗と挫折を温かい目で見る家族のようすを描く加藤武雄「薬草の花」、少年と家族との関係を示す龍之介自身の「トロッコ」、父と私との関係に焦点があてられた宇野浩二「父の記憶」、父子関係を描く戯曲、岡本綺堂「入鹿の父」、養子縁組を描く大町桂月「練馬の一夜」がある。

第二集では、母との確執を描く倉田百三の戯曲「布施太子の入山」、親の愛情を語る有島武郎「小さき者へ」、長女も自分の分身であると感ずるという高浜虚子「興福寺の写真」、父の血の受け継ぎを描く森田草平「輪廻」、

みずからの出自を語る父親を描く坪内逍遥訳のシェークスピア「テムペスト」が印象に残る。

第三集には、母親を亡くした幼い日々を追憶する鈴木三重吉「小鳥の巣」、祖母を見つめる温かい筆致の加能作次郎「祖母」、兼通・兼家の確執を幻想のなかに描く「大鏡」の翻案、谷崎潤一郎の「兄弟」、兄弟の遺産争いを描く中村吉蔵「地震」、妄想に取り憑かれた兄を気遣う弟の優しさを戯曲化した菊池寛「屋上の狂人」、家族のない少年の口上を信用しようとする巡査の葛藤を描く中村星湖「林野巡査の一日」が収録された。

第四集は、親が手放した絵を買い戻そうとする男を描く泉鏡花「国貞ゑがく」、下級官吏の二人娘の姉と妹の女房としての人生を描く尾崎紅葉「二人女房」、弟殺し問題を扱う森鷗外「高瀬舟」など、大人でも高度な判断の要求される問題を描く作品が目立つ。

第五集は、落第しそうな中学生を義兄と家庭教師が援助する久保田万太郎「陰影」、解体する旧家を描く正宗白鳥「入江のほとり」、妻との確執も飾りなく表現する武者小路実篤「彼が三十の時」、藤原道長の娘彰子の男子出産にまつわる戯曲の谷崎潤一郎「誕生」、農耕生活の厳しさと父娘の近親相姦を軸に展開する長塚節「土」、生母を訪ねた私の心境を抑制された筆致で描く徳田秋声「感傷的の事」、家族の愛情を死と関わって描く鷗外「仮面」と多彩である。

このように、家族や故郷に関する作品が圧倒的に多い。家族の問題は、中学生が自分の体験として考えやすい。ここにも、彼の「文芸的教育」論を支える文芸鑑賞論の「文学体験」重視の姿勢が表れている。

(2) 学校を含む社会問題言及作品の積極的採用

第一集に国木田独歩「非凡なる凡人」、第二集に菊池寛「出世」という立身出世の物語がある。第一集では、北海の労働現場を描く長田幹彦「漁場より」、労働への真摯な姿勢を描く厨川白村「小泉先生」も興味深い。

第二集では、日本近代化論の生田長江「現代の欧羅巴と日本と我々と」などの社会、思想についての評論も採られた。また、二葉亭四迷の翻訳によるガルシン「四日間」、長田秀雄「塹壕の内」が戦争や軍隊を描く。落第の思い出を語る久保田万太郎「握手」もある。

第三集には、高山樗牛の政治評論、上田敏の美学論に加え、ヤスナヤ・ポリヤナに居を構えていたトルストイをたずねた訪問記、徳冨健次郎（蘆花）の「初対面」が載る。

第四集では、和辻哲郎「日本は何を誇るか」、安倍能成「人生の熱愛者」が日本文化、人生と芸術を論じている。

第五集には、大正教養主義の代表作とされる阿部次郎『三太郎の日記』の第二篇から「思想と実行」が採られた。日本の伝統的芸術の理解を示す小宮豊隆「能楽に就いて」も阿部に並び第五集に登場する。

(3) 人道主義的な問題群の提示

キリスト教関係では、第一集の佐藤春夫「最もよき夕」、第二集の小山内薫「ベテスダの池」、島崎藤村「トラピスト」、第四集の内田魯庵「切支丹迫害」、第五集の木下杢太郎「絵踏」、与謝野寛の短歌がある。魯庵の論は、近世の権力による宗教弾圧を論じているが、彼の日常的な政治批評の立場からすると、これは当時の権力への批判ともなっている。魯庵のような論は、通常の検定「国語」読本には掲載されない。その意味でも、この読本の持つ意義が見えてくる。

第三集には、「新しき村」の理論と実践を人類愛の角度から紹介する武者小路実篤「人類愛について」、第五集には、人種差別の根深さを問題にする水上滝太郎「昼——祭の日——」も載る。

(4) 怪異や幻想を描いた作品群

一九世紀末から二〇世紀初めにかけて、国際的な心霊学の流行や神秘科学の隆盛を反映して、国内でも自己像幻視や分身、怪異や変身、幻想を描く小説が続出した。

龍之介自身も、江戸の情緒や風情を残す東京下町で育ったこともあり、幼少期より怪異や幻想的な説話にも慣れ親しみ、それらの話材を好んで収集していた。こうした彼の性向も『近代日本文芸読本』の編集に影響しており、この読本には怪異や幻想を描いた作品が多数収録されている。これは、ほかの読本に比較してこの読本の著しい特徴と言ってよい。

第一集には、源博雅の超能力を描く室生犀星「笛を合はす人」、父と鬼の踊る姿を描く宇野浩二「父の記憶」、少年期の不安を幻想的に描いた戯曲、秋田雨雀「雪女」がある。

第二集には、長編小説を抄出した森田草平「輪廻」が載る。第一高等学校三年生の主人公が、道三塚の松を切り倒し発狂して死んだ祖父の血と、易者にその祟りだと言われた寝たきりの父の血を受け継いでいることを思い、「さうだ、俺は祖父の血を承けて狂人になるか、それでなければ、父のやうに……おゝ！」と、幻覚と祖父の遺伝に怯え嘆く物語である。

第三集は、地蔵が化身する久米正雄「地蔵教由来」、急速に都市化した町に生きることへの不安を描いた豊島与志雄「霧」、日蝕の日の気味悪さを描く小川未明「病日」に特徴がある。

第四集では、主人公が母親の形見を取り戻すまでを描く泉鏡花「国貞ゑかく」に、金沢の情景と見世物や大道芸人の幻想的な描写とが重ねて描かれている。死を知りたい女が媼に手引きされ死の門「羅生門」で蝙蝠に血を吸わせ死ぬという内容の戯曲、吉井勇「嚢の女」は、龍之介自身の「羅生門」を想起させる。ヴェネチアのゴンドラに乗って見聞した幻想的な西洋の風物を描いた有島生馬「ゴンドラの一夜」、西洋への憧憬を圧倒的な迫力で描いた高村光太郎「雨にうたるるカテドラル」の二篇は、西洋を幻想的に描いたところに興味が湧く。

第五集では、近代化から取り残された片田舎に住む旧家の人々の奇怪な行動を描いた正宗白鳥「入江のほとり」の幻想的な描写は、ユーモラスな筆致でもある。また、三木羅風「帆綱[14]」が幻想のなかに自己の揺らぎを見ているのもこの時代の人々の心象風景を強く印象づける。木下杢太郎「絵踏」は、殉教の侍と亡霊となった僧が悲惨な切支丹弾圧を語りあう作品である。

(5) 生と死に関わる作品群

第一集には、軍隊での生死が描かれた二作品が載る。山田美妙「嗚呼広丙号」は、軍艦広丙号が台湾海峡で沈没した事件について、乗船していた海軍仕官の見聞を作者が記した形式で描いている。また、森鷗外の翻訳「老曹長（デトレフ・フォン・リリエンクロオン）」は、独立戦争の頃、ナポレオンの連隊で曹長を拝命した人物が、老年になり生涯の戦役を省みながら亡くなったのを目撃した兵士たちが彼の家族を探すことにした話である。

第二集も、戦場での生死を扱った二葉亭四迷の翻訳「四日間」と長田秀雄「塹壕の内」が特徴的である。「四日間」は、ロシアの小説家ガルシンの原作である。生身の人間の死との直面、生死をさまよった四日間を描いている。また、「塹壕の内」には、軍隊内部での上下関係の醜い腐敗的状況が原因で戦死する中尉が描かれる。

第三集には、豊島与志雄「霧」が載る。一一月のある晩に霧の濃い町で友人二人と歩いていた「私達」が、何かおそろしく大きなもののような気がして近づいてきた一匹の犬を殺してしまったという話である。

第四集では、長与善郎「項羽と劉邦」、上司小剣「紫の血」、坪内逍遥「桐一葉」、田山花袋「死」、内田魯庵「切支丹迫害」、吉井勇「嚢の女」、森鷗外「高瀬舟」が、それぞれ人間の生と死を題材にしている。また、葛西善蔵「馬糞石」は動物の死、島村抱月「現代喜劇の経過」は主人公の死を描き、逆に日夏耿之介「炎」は死の対極の生を詠う。

第五集には、生と死の境界の曖昧さに言及した志賀直哉「城崎《ママ》にて」、ある偶然から発狂する里見弴「不幸な偶然」、次男の不意の死を悼んだ島木赤彦「逝く子」、結核を患った医師と学生のやりとりを描く森鷗外「仮面」がある。

(6)　近代日本の風物の紹介

第一集に小石川植物園の風景を描く北原白秋「植物園小品」、第二集に旅を扱った川上眉山「ふところ日記」、硯友社同人の交流を描く広津柳浪「片瀬の回顧」、旅情を誘う土屋文明の短歌、四季の風物を描く正岡子規や松瀬青々の俳句、与謝野晶子の短歌、第三集に日本の自然美を独特な視点から描く永井荷風「日本の庭」がある。

(7)　近代短歌・俳句・詩史を俯瞰する作品配列

第一集に、小沢碧童、高浜虚子の俳句、石川啄木、尾上柴舟、窪田空穂の短歌を載せている。詩の分野でも、岩野泡鳴「植ゑ忘れた百合の赤芽」、島崎藤村「椰子の実」、土井晩翠「夕の星」、千家元麿「曙」が並ぶ。

第二集に、土屋文明、与謝野晶子の短歌、正岡子規、吉井勇、松瀬青々の俳句が並ぶ。

第三集に、木下杢太郎の詩「両国」や村上鬼城、若山牧水、荻原井泉水、北原白秋の短歌や俳句がある。また、「竹の里歌」から採った正岡子規の短歌もある。

第四集には、ヴェネチアのゴンドラに乗り見聞した幻想的な西洋の風物を描く有島生馬「ゴンドラの一夜」がある。また、高村光太郎「雨にうたるるカテドラル」や上田敏「落葉」は、西洋文化への憧憬を強くにじませた詩である。

第五集には、「歌よみに与ふる書」の正岡子規に続く『アララギ』一門の歌人が並ぶ。『比牟呂』を創刊、のちに『アララギ』と合同する島木赤彦、『あらたま』の斎藤茂吉、伊藤左千夫の短歌がある。

さらに万葉学者佐佐木信綱の「大和懐古」の短歌、文語定型詩の確立の先頭にいた薄田泣菫「ああ大和にしあらましかば」、蒲原有明の『マンダラ』による「ひとしづく」、中塚一碧楼の自由律俳句と多彩な収録である。

近代韻文史に残る詩歌が多数収録されたのも、ほかの「国語」読本とは違う特徴である。文芸結社の文芸実践から生み出された多くの短歌や俳句、詩が収録されたのも、先に見たように、中学生に「情緒的方面」への深い理解を促す目的があったのである。

ただ、寺田寅彦（吉村冬彦）の随筆については、『近代日本文芸読本』には収録されなかった。互いに漱石山房に出入りしていたわけであるから意外な感もぬぐえないが、寅彦が龍之介の自死に際して寄稿した「芥川龍之介君」[15]で、龍之介の「顔を見たのはわずかに三度か四度くらいのもの」と記述しているので知己ではなかったようだ。しかも、寅彦が記憶しているのは、雑司ヶ谷での漱石七回忌での龍之介のようすと、ある歌人の歌集刊行記念会でテーブルスピーチした龍之介の言葉である。寅彦は、雑司ヶ谷では「ひどく憔悴した艶のない蒼白い顔色をして外の人の群れから少し離れて立っていた」龍之介の姿、記念会では「沈痛な顔をして立ち上がって、自分は何もここで述べるような感想を持ち合わさない。ただもし強いて何か感じた事を述べよとならば、それは消化器の弱い自分にとって今夜の食卓に出されたパンが恐るべき硬いパンであったという事である」と言って席に就いた姿を記録している。そして、「それが今度の不慮の死に関する一つの暗示ででもあったような気がしてならない」とまとめている。

龍之介の側には、全集を見るかぎりでは寅彦に関する記述はいっさいない。こうしたところから、両者の接点はほとんどなく、龍之介がもし収録を考えたとしても、寅彦の随筆が科学的な事象を扱った文章が多かったこともあり、文芸という枠外に認識して読本に収録しなかったと思われる。のちに見る垣内松三や西尾実の「国語」読本には複数の随筆が採られていることと対照的である。

(8) 古典に話材を拾った作品の配置

第一集には『宇治拾遺物語』に材を得た室生犀星「笛を合はす人」、第三集には藤原兼通・兼家の確執を幻想のなかに描く『大鏡』の翻案、谷崎潤一郎の「兄弟」、第四集は『古事記』による山本有三「海彦山彦」、長与善郎「項羽と劉邦」、第五集には「西行妻の尼に逢ふ事」（『撰集抄』）をもとにした幸田露伴「二日物語」、『栄華物語』『紫式部日記』に取材した、彰子の男子出生を喜ぶ道長を描いた谷崎潤一郎「誕生」がある。古典収録を目的としなかったこともあり、古典に材を得た作品を積極的に採用した跡が窺える。

(9) 各集の大まかなテーマ設定

以上のような読本全体を横断するテーマ性とともに各集も大まかなテーマで括られている。

第一集では、新しい家族を扱った作品とあいまって、近松秋江の「郊外小景」や真山青果の「雀の巣」など、郊外を描いた作品も積極的に採られ、家族と郊外が大きなテーマとして浮かびあがる。郊外の問題が、この時期の重要なテーマであったことは、川本三郎の指摘[16]に詳しい。

第二集は、家族の問題も多いが、宗教や労働の問題を積極的に打ち出している。

第三集は、社会、労働、幻想をテーマにした作品が目立つ。

第四集は、戯曲と演劇論に特徴がある。西洋演劇と日本の伝統演劇の融合をめざす試みが、実践と理論の両面で紹介されている。また、これが意図的であったかどうかは疑問ではあるが、結果として死の問題が全体の半分近くにも及ぶ編集となっている。

第五集は、思潮と文芸に傾斜した編集で、五年生になった中学生がじっくり読み深められる文章が並んでいる。

(10) 文芸や文体に関する作品の紹介

すでに見たように、表現や文体に注目するのもこの読本の特徴である。

第一集では、坂本四方太「向島」を龍之介が「写生文」の一例、斎藤緑雨の「新体詩見本」を「日本には少い擬似詩（Parody）の一例を示す」ために載せたと「序」で述べている。

龍之介が「序」で特に何もないと言っていた第二集には、「山鳥」「柿」「火鉢」という漱石自身「小品」と称した味わいのある作品が特徴的である。師である漱石の小品について編者の立場から言及することへのためらいが「何もない」という表現になったのであろう。

第三集には、龍之介が「散文翻訳の一つ」という森田思軒の「ルイ・フィリップ王の出奔」、「読み本体」の坪内逍遥「桐一葉（第七幕）」、第四集には、これも龍之介の言う「所謂根岸派の作風」の饗庭篁村「与太郎料理」、第五集には、「日記体の文章」の樋口一葉「みづの上」が載る。

また文芸の面では、第三集に、山路愛山とのいわゆる「人生相渉論争」の過程で執筆された明治文学史を構想した「明治文学管見」の一部である北村透谷の「精神の自由」、日本近代の舞台芸術の理論と実践の理解を示す島村抱月「現代喜劇の経過」、第五集に、漱石の大学講義を記した「スヰフトと厭世文学」がある。

⑾ 読本採用の多い著名「国文学」者の作品を除外

著名な「国文学」者は、それぞれ「国語」読本を編集していた。また、彼ら自身の論説文もお互いの読本に収録された。しかし、龍之介は、これらの「国文学」者の作品を収めることはしなかった。例外は、落合直文の短歌、竹柏会の歌人佐佐木信綱の短歌を収めたことである。前者の場合は、あさ香社を結成して短歌革新運動に乗り出し、与謝野鉄幹、尾上柴舟らを育てた歌人であること、後者の場合は、龍之介自身の短歌が掲載された『心の花』の主宰者であり、龍之介の知己の木下利玄を短歌の系譜に位置づけるために必要な歌人であった。龍之介自身は、英文学出身ということもあり、国文学の系列の影響から自由であったこともあろう。しかし、より本質的にはハルオ・シラネの指摘するような中等教育の制度的権威（カノン）に与するような編集姿勢を持とうとしなかった結果、中等教育に強い影響力を持つ「国文学」者の評論などの作品を収めなかったのである。

つまり、龍之介にとって、文芸読本編集にあたって有島武郎や武者小路実篤の作品を不当に低く扱うことができないのと同等に、可能なかぎりの文学ジャンルを文脈化した文芸世界を中学生に示し味わわせるには、彼の考える「文芸的教育」の特長が失われてしまうような教育の世界の権威的なにおいを消し去ることが必要であったと見ることができるのである。

興文社の石川氏から『近代日本文芸読本』の編集を依頼されたときは、「格別この仕事を大事業とも何とも思はなかつた」龍之介であったが、「とりかかつて見ると、漫然と僕の想像してゐたよりも遥かに骨の折れる仕事だつた」と「縁起」に記していたことは本節冒頭で紹介したとおりである。龍之介にとって、その編集も「骨の折れる仕事」だったが、文芸読本が具体的に読まれる舞台のひとつである「国語」教育の現場の事情を見ると、同時代の作品を読本にただ並べればことが済むということではないと気づいたに違いない。だから編集後に「この仕事を大事業とも何とも思はなかつた」と述懐して、読本編集がいかに大事業であったかを回想的に述べているのである。

彼が具体的に編集を始めるときに、ほかの「国語」読本や副読本を参照したことは十分予想できる。事実、『近代日本文芸読本』にもほかの読本に多く登場する二葉亭四迷「平凡」や坪内逍遥「桐一葉」、国木田独歩「非凡なる凡人」や土井晩翠「夕の星」（『天地有情』所収）などを収録している。また、垣内松三編『国文学大系　現代文学』[17]とは収録作家が多数共通している。これなどは、編集時期から見ても参考にした可能性が高い。

龍之介がそれらの「国語」読本で目にしたのは、中等教育に制度的権威として存在する「国文学」系列の帝大や高等師範の文学博士たちの名であった。表紙や中表紙に読本名と変わらぬ大きさの文字で「東京帝大教授○○文学博士篇」と大書された読本も少なくない。そして、目次や本文には、自分自身の名前や作品、ほかの同時代の作家や作品が並んでいる。この光景を目にした龍之介が、これらの読本に「国文学」者の編集によるカノン化を感じても不思議ではない。

このように考えてくると、『近代日本文芸読本』に「国文学」者をわずか二人しか登場させなかった背景には、「国文学」の潮流によるカノン化への龍之介なりの心理的抵抗があったという推測も十分成立するのではなかろうか。

五　文芸実践としての読本編集

1　『近代日本文芸読本』と「国語」読本

滑川道夫は、『解説国語教育研究　国語教育史の残響』[18]で、『近代日本文芸読本』について「近代文学の組織的選集として好評を博したが、副読本としてよりは、むしろ一般文芸書として普及していった。ことに近代文学の若い研究者たちの関心をひいた」と、この読本受容の実際を体験的に述べている。さらに「副読本としては、高価にすぎて多量に採用されたとは考えられないが、ここに収録された作品が、以降の中学国語読本（検定教科書）にしだいに登場することになるから、大きな影響をあたえたといわなければならない。（中略）戦後の中等学校国語教科書（検定本）にも文学教材が多様に採用されることになる。その背景に近代文学研究と文学教育思潮の興隆が支えているが、この読本の果たした役割は大きかった」と指摘する。

関口安義も、「それまでの読本に登場せず、芥川が『近代日本文芸読本』ではじめて採用した作品が、以後の教科書や副読本に姿を見せるという例も多い[19]」と指摘する。

『近代日本文芸読本』を直接の出典と明記しているものもある。第一集の近松秋江「郊外小景」は「竹と芭蕉」と題され、第二集収録の長田幹彦「漁場より」は同題名で、『新選中等国文』（藤村作・島津久基編、至文堂、一九二八年八月初版）に収録されている。また、龍之介自身の「トロッコ」、志賀直哉の「城崎にて」をはじめ、『近代日本文芸読本』に収録された作品がのちの「国語」読本に次々と収録されている[20]。

たとえば、本多秋五は、『志賀直哉（上）』[21]で次のように述べている。

> 蟻の死骸の転がっている光景は、谷崎潤一郎が『文章読本』（昭和九年）で適切に褒めちぎって以来、よく知られている。
>
> 谷崎潤一郎の文章は、『城の崎にて』の声価を決定的なものにしたとはいえるだろうが、もうそのころ『城の崎にて』が名作であることは、文壇人の間では暗黙の定説になっていたと思う。
>
> 『佐々木の場合』は、発表当時に時評の対象に取り上げられたが、『城の崎にて』は発表当時に問題にされた形跡がない。時がたつうちに、いつの間にか定評が出来上がったのである。
>
> 私のおぼろげな記憶では、芥川龍之介がこの短編を褒めていた。新聞に載った小さな文章である。興文社の『近代日本文芸読本』に関係した文章であったような気がする。もっと不確かな記憶では、ここには「詩がある」という意味の言葉があった気がする。全集にも載っていないし、心あたりの二、三人の人に聞いてもわからないので、証拠をあげることができない。しかし、芥川龍之介がこの名作の最初の発見者であったということは、可能性のあることである。

龍之介は、書肆からの依頼でみずからの「文芸的教育」論に従って『近代日本文芸読本』を編集したのである。しかし、彼の文芸実践がほかの読本や教科書にさまざまに影響していったという事実は、恐らく龍之介の予想を超えていたであろう。

では、こうした工夫を凝らした文芸読本を手にした当時の中学生は、どのような感想を持ったのであろうか。

復刻版『近代日本文芸読本』の案内パンフレット（日本図書センター）に文芸評論家の徳永康元前関西外国語大

学教授が書いている「『近代日本文藝読本』のこと」がその一端を知る資料として貴重である。徳永は次のように言う。

> 芥川龍之介編『近代日本文藝読本』は、大正末期に中学生だった私たちの世代には大変なつかしい本なのだが、近年は古書街でも、めったに見かけなくなった。（中略）私がこの『近代日本文藝読本』を母親に買ってもらったのは、ちょうどこの本が出版された年、中学一年の時だったが、芥川龍之介という名前を覚えたのもこの文集からだったと思う。／この本によってはじめて文学というものの魅力に目覚めた少年時代の私にとって、その翌年の芥川の自殺はよほど大きな衝撃だったのだろう。避暑地の茅ヶ崎で彼の死のニュースを知った夏の一日のことは、半世紀を過ぎた今でも、まるで昨日のことのように思い出される。

当時この読本を手にした中学生たちは、これを契機に文学の魅力を感じ始めたことが想像される。

2　文芸実践としての読本編集

これまで、『近代日本文芸読本』が単に作家芥川龍之介が編集した読本ということにとどまらない意義があることを述べてきた。「一　『近代日本文芸読本』の再評価」で指摘したように、この読本は今日再評価される必要がある。本節の最後に、この読本が刊行された今日的な意義についてまとめておきたい。

『近代日本文芸読本』に収録された作品の出典は、主要には当時の文芸雑誌、同人誌、新聞連載などである。これらは、近代文芸の豊穣を支えた舞台であった。しかもこの舞台は、当時の文芸運動の機関紙誌、同人紙誌、結社の叢書であったのである。

たとえば、第一集の真山青果「雀の巣」は、第二次『早稲田文学』一九一〇（明治四三）年七月号、第二集の岩野泡鳴「小僧」は、『サンデー』一九二三（大正一二）年五月四日号（第二二四号）に発表された。後の単行本には未収録である。つまり、龍之介がこれらの文芸誌、週刊新聞から直接採用していることになる。

第五集の水上滝太郎「昼――祭の日――」は、『人間』一九二〇（大正九）年五月号に掲載され、一九二六（大正一五）年刊の『花袋秋声五十年記念「現代小説選集」』に収録されている。与謝野寛「「ためらはず」其の他」の短歌は、復刊された『明星』掲載後、その一部は彼の個人歌集に入り、一九三三（昭和五）年二月刊の『与謝野寛短歌全集』（明治書院）に収録された。単行本に収録される前に、龍之介が『明星』や個人歌集から『近代日本文芸読本』に採用したのである。

また、第四集の山本有三「海彦山彦」は、『女性』一九二三（大正一二）年七月号に発表された後、一九二四（大正一三）年四月、守田勘弥、沢村宗之助の一座によって大国座で初演されている。その後、一九二五（大正一四）年『現代戯曲全集』第一三巻（国民図書）に収録されている。「海彦山彦」のように、戯曲については、初出誌掲載後に実際に上演された戯曲を読本に収録している場合が多いのである。しかも、「海彦山彦」のように、その後に単行本に収められたことを考えると、小説だけでなく戯曲についても、龍之介が初出誌掲載時からいかに関心を寄せていたかがわかる。

さらに、武者小路実篤の戯曲「仏陀と孫悟空」の場合も興味深い。『雄弁』一九二〇（大正九）年九月一日（第九号）に掲載の後、一九二一（大正一〇）年一月二五日に新しき村出版部廣野社から発行された『土地』に収められた。一九二二（大正一一）年一二月には有楽座で初演を迎えている。「仏陀と孫悟空」は、文芸運動の成果そのものである。白樺派の文芸運動から生み出され、かれらの同人叢書で世に問われ、舞台でいのちを吹き込まれて後世に伝えられたのである。

ここで、『近代日本文芸読本』収録作品の発表舞台となった、これらの雑誌や同人誌、機関紙誌がどういう性格の刊行物であったかを見ておきたい。

坪内逍遥創刊の『早稲田文学』は、日本近代文学の歴史そのものである。第二次は、島村抱月が編集して金尾文淵堂、東京堂が発行した。自然主義文学運動の牙城となり、『文章世界』、『太陽』や読売新聞文芸欄とともに早稲田文科の名声を高めていく。

『サンデー』は、一九〇八（明治四一）年一月創刊の週刊新聞である。大衆的な総合雑誌の趣があった。後期には、堺利彦や岩野泡鳴が活躍する時期もあり、龍之介はその事実をよく見ていたのであろう。『サンデー』に載った泡鳴の小説を読本に収めた。

『人間』は、里見弴、吉井勇、久米正雄らによって一九一九（大正八）年一一月に創刊され、一九二〇年代の有力な文芸誌に成長していった。『白樺』の人道主義や台頭しつつあった社会主義に対して「人間」そのものを打ち出そうという運動であった。『スバル』『三田文学』『新思潮』の同人や稲門の作家が多数寄稿し、各文芸運動の垣根を越えた交流の場となった。龍之介もたびたび寄稿した。

『明星』は、与謝野寛が主宰する文芸雑誌である。東京新詩社機関誌として一九〇〇（明治三三）年四月に創刊され、短歌革新運動、ロマンチシズム文芸運動の活躍舞台となった。

『女性』は、一九二二（大正一一）年五月創刊の婦人雑誌、文芸雑誌であるが、新劇運動の高まりのなかで創作戯曲が多数掲載されたことで有名である。

『雄弁』は、一九一〇（明治四三）年二月創刊の弁論雑誌、総合雑誌である。大日本図書、大日本雄弁会講談社が発行した。大正文学の主な担い手たちが活躍した。

ここに紹介した発表紙誌を眺めるだけでも、若い作家たちが台頭してくる二〇世紀初頭の文学の清新な息吹を感じることができる。発表された作品には、まだ十分な評価を得ていないものも多数あったに違いない。龍之介は、当時の文芸運動の機関紙誌、同人紙誌、結社の叢書などから、そうした文芸作品を直接積極的に読本に収録し、若い読者に紹介する労を惜しまなかったのである。

その一方で、龍之介はすでに評価の定まった文芸作品も丁寧に紹介する。島崎藤村「椰子の実」、土井晩翠の「夕の星」（『天地有情』）の詩、正岡子規の俳句や短歌、評論「歌よみに与ふる書」、石川啄木の短歌、国木田独歩「非凡なる凡人」、二葉亭四迷「平凡」、幸田露伴「二日物語――彼一日――」（『長谷詣で』）、森鷗外「高瀬舟」、尾崎紅葉「二人女房」の小説、坪内逍遥の戯曲「桐一葉」、夏目漱石の小品や文学論、樋口一葉の日記文学など今日まで親しまれてきた作品も多いのである。

北原白秋『桐の花』の「植物園小品」、永井荷風『紅茶の後』の「日本の庭」、萩原朔太郎『青猫』の「騒擾」、阿部次郎『三太郎の日記』の「思想と実行」、佐藤春夫『殉情詩集』の「なみだ」、上田敏『海潮音』の「落葉」など、それぞれの作品を収めた初刊本自体が著名なものも少なくない。これらの作品も、もともとは、文芸雑誌や同人誌、新聞などに発表され、後に初刊本に収められたものである。その意味では、二重の評価をくぐっているわけであるが、文芸運動と文芸出版のなかから生み出された文芸実践の成果なのである。

このほか、岡本綺堂『綺堂戯曲集』の「入鹿の父」、和辻哲郎『偶像再興』の「日本は何を誇るか」のように、初出誌がなかったり不明であったりするものもある。これらは、単行本自体が著名となったことで龍之介が読本に収めたのであろう。

このように見てくると、『近代日本文芸読本』は、文芸運動の成果をさまざまな角度から編集し集約した読本であると評価することができる。文芸運動は、同じジャンルや違うジャンルの運動の成果を吸収し、さらに新しい文芸的な成果を生み出していく運動である。この運動は、創作から批評、さらなる創作、さらなる批評と積み上げられていく。この繰り返しのなかで、作家の創作能力は育てられ鍛えられていく。読者の側も、作品を味わい、批評することで、読者としての読む力を獲得していく。なかには、受け取るだけでは納得できず、逆に創作の側に身を置くものも出てくる。作者も、時には良き読み手として別の作者の作品を味わうことになる。このような作者と読者の文芸作品をめぐる往還が、文芸実践である。明治中期から大正期にかけて盛んになった文芸誌、同人誌の運動は、まさにこうした文芸実践であった。

文芸実践の定義については、すでに序章の第一節「研究の目的と課題」で述べたが、ここで再度確認をしておきたい。文芸実践とは、特定の個人あるいは集団が、文芸を創造し享受し、さらにその後に生み出される再創造への可能性に自覚的になる一連の過程で実行される精神的な営為を指している。未評価の作品を評価して共有しようとする提案的な実践である。また、文芸実践によって生み出されてきた文学作品を、編集と普及という、さらなる文芸実践によって享受していこうとする実践である。

『近代日本文芸読本』は、その意味で文字どおりの文芸実践であった。また、これまで見てきたように、文芸叢書などを特徴とする文芸実践と現代文による萌芽的文芸教育実践をその内部に位置づけ始めた「国語」教育が交差する地点に『近代日本文芸読本』はカノンとして存在することになった。

しかし、自分の営為が検定を通じて国家の教育秩序に組み込まれていくことを忌避した彼は、文芸形成期の「文芸的教育」をめざした文芸実践として読本を編集したのである。

教科書とカノンとの関わりについて、旧制中学・新制高校の教科書の多くが帝国大学の指導的教授たちによって編纂され、カノンが制度的権力・権威によってかたちづくられたとハルオ・シラネは指摘した。そのカノン化のさきがけとなったのが、同時代文芸を青年に届けた一九二〇年代の「国語」読本、副読本の隆盛であった。「国語」読本、副読本が帝大教授らの編集によってつくられた制度的なカノンであるとしたら、『近代日本文芸読本』

は著名作家芥川龍之介による文芸実践としてのカノンとして位置づいていったと評価することも可能であろう。

註

（1）関口安義「『近代日本文芸読本』解説」復刻版『近代日本文芸読本』第五集、日本図書センター、一九八一年一〇月二五日。のち『芥川龍之介の復活』（洋々社、一九九八年一一月二八日）に再録。同『芥川龍之介とその時代』（筑摩書房、一九九九年三月二〇日）。

（2）有島武郎「武者小路兄へ」『中央公論』一九一八年七月号、引用は、『有島武郎集』現代日本文学大系35、一九七〇年九月一五日、筑摩書房、三六三〜三六四頁。

（3）山田昭夫編「年譜」『有島武郎集』現代日本文学大系35、一九七〇年九月一五日、筑摩書房、四二五頁。

（4）『中等国文』（広島高等師範学校附属中学校国語漢文研究会編、六盟館、一九二三年八月二八日初版）は検定不認定となったようである。しかし、『中等新国文（訂正）』（同研究会編、六盟館、一九二六年九月）は検定本である。

（5）『新定国文読本』（東京高等師範学校附属中学校内国語漢文研究会編、目黒書店、一九二八年三月）も検定本である。『新制中等国語読本』（開成館編輯所編、開成館、一九二一年一一月初版）、『改訂中等新読本』（藤村作編、大日本図書、一九二五年一一月初版）は検定本である。『中等国文』は前記注のとおり。

（6）現在の検定制度と比較すると微細なことまでの言及は少なかったであろう。しかし、巻末の「一九世紀・二〇世紀前半の「国語」読本、副読本一覧」に見るとおり、検定不合格の読本は予想以上に多かったようである。

（7）「文芸一般論」「文芸鑑賞講座」は、初出『文芸講座』一九二四年一〇月〜一九二五年五月。引用は、『芥川龍之介全集』第一一巻、岩波書店、一九九六年九月九日、二六七〜三一〇頁。

（8）紅野敏郎『大正期の文芸叢書』雄松堂出版、一九九八年一一月二〇日、四〜五頁。

（9）関口安義、前掲「解説」、一一頁。菊池寛「芥川の事ども」『文藝春秋』一九二七年九月号。

（10）野地潤家「大正後期における「現代文」教授」『広島大学教育学部研究紀要』一九六八年九月。引用は、『中等国語教育の展開――明治期・大正期・昭和期――』溪水社、一九九八年三月。紹介された中野伝一の論文「中学読本の現

代文を概観す」は、『国語教育』一九二五年三月号、第一〇巻第三号、四二～四三、四八頁。

(11) 橋本暢夫『中等学校国語科教材史研究』溪水社、二〇〇二年七月三〇日、五二七～五三四頁。

(12) 西尾実『西尾実国語教育全集』第二巻、教育出版、一九七四年一二月二〇日、二九〇頁。初出は、『教育学辞典』岩波書店、一九三七年二月五日。

(13) ハルオ・シラネ（衣笠正晃訳）「カリキュラムの歴史的変遷と競合するカノン」、ハルオ・シラネ、鈴木登美『創造された古典――カノン形成・国民国家・日本文学――』新曜社、一九九八年四月三〇日、四一五～四一六頁。

(14) 三木露風は、当初「羅風」と名乗った。詳細は、第五集収録作品の考察で見る。

(15) 吉村冬彦「芥川龍之介君」『思想』岩波書店、一九二七年九月一日初出。引用は、『寺田寅彦全集』第二巻、岩波書店、一九九七年一月九日、二二一～二二二頁。

(16) 川本三郎「序　なぜ郊外か」『郊外の文学誌』新潮社、二〇〇三年二月二五日、二一～二二頁。

(17) 垣内松三編『国文学大系　現代文学』尚文堂、一九二一年九月一三日。

(18) 滑川道夫『解説国語教育研究　国語教育史の残響』東洋館出版社、一九九三年八月一七日、一二三頁～一二四頁。

(19) 関口安義、前掲「解説」、一二頁。

(20) 「城崎にて」は、おそらく旧制中学校教科書『国文新選』（垣内松三、野村八良、斎藤清衛、平林治徳、鈴木敏也との共編、明治書院、一九二五年一月一七日訂正）が最初の収録であると思われる。しかし、龍之介は『国文新選』など垣内松三の編纂した教科書を参照しているようであり、最も早い時期の収録であることは間違いない。

(21) 本多秋五『志賀直哉（上）』岩波書店、一九九〇（平成二）年一月二二日、二三五頁。

第二節　第一集の特徴

一　第一集収録三三作品について

『近代日本文芸読本』第一集には、三三篇の作品が収録されている。分野別では、小説・童話一三（翻訳一を含む）、戯曲三、随筆六、詩六、短歌三、俳句二篇である。短歌と俳句は、作家ごとに四、五首ずつ収録された。

第一集には、親子、兄弟、祖父母などの家族を描いた作品が多数収録されている。この傾向は全五集にわたって見られるものである。読者である中等学校生にとって家族の話題は最も身近な関心事である。龍之介がこのことを意識して家族を描いた作品を読本に多く収めるよう努めていたことがわかる。

第一集では、郊外や時代の風物、自然を描いた作品も目立っている。これらは、中学校低学年では写生文や叙景文の学びが求められていたこともあり、写生や叙景を得意とした自然主義系の作家が比較的多く採録されていることと関係している。五集に収められた作品がすべて年代順に並べられているわけではないが、第一集には、一二、三歳という読者の年齢も考慮して、写生文や叙景文、童話、童話劇を中心とした読みやすい作品が選ばれている。

このほかにも、中等学校の生徒が関心を示しやすい作品として、少年や追憶をテーマにしたもの、歴史ものも多く見られ、さらに時代の反映として労働者やそれを運ぶ鉄道、軍隊に関わる小説も入れられている。

また、第一集の特徴として、巻頭に佐藤春夫の「最もよき夕」、巻末に森鷗外の翻訳「老曹長（デトレフ・フォン・リリエンクロオン）」を置いたことが指摘できる。「最もよき夕」は、龍之介も深く関心を寄せたキリストを素材にその霊性を扱っている。鷗外の翻訳「老曹長」は、小山内薫の「大判半裁紙（ストリントベルグ）」とともに翻訳文体を紹介するための収録である。同じく斎藤緑雨「新体詩見本」も「新体詩抄」を模した文語詩を紹介しており、近代日本の文体が西洋の作品を翻訳する過程で形成されてきたことを学ぶ例文として示されている。

なお、第一集だけでなく、全五集の各巻末に附録として採録各作家の生年、没年、出身地、著書及び訳書名の情報が示され、当時の中学生のための読書案内となっている。

本書では、より詳細な作家情報を把握するために資料編の表1・4（五九七〜六四九頁）に掲載順に各作品の初出紙誌の調査結果を記している。一部初出不明の作品もある。また、龍之介が該当作品を読本に収録した理由を考察する目的で内容素材別の作品分類を行った。その基準として、家族、学校、追憶、幻想、歴史、宗教、労働、鉄道、軍隊などの項目を設定している。

以下、第一集に収録された作品ごとにその特徴を見ていきたい。

二　主題や内容から見た収録作品の特徴

1　家族

石川啄木「「己が名を」其の他」

第一集に収められた家族を描いた作品のうち、最初に収録されたのが啄木の短歌というのも象徴的である。啄木の短歌は読者である子どもたちに新鮮な感動を与えたことが予想される。収録された短歌は次の五首である。

前の三首が『一握の砂』から、後の二首が『悲しき玩具』から採られている。[1]

　己が名をほのかに呼びて／涙せし／十四の春にかへる術なし
　しめらへる煙草を吸へば／おほよその／わが思ふことも軽くしめれり
　真剣になりて竹もて犬を撃つ／小児の顔を／よしと思へり
　かなしきは我が父！／今日も新聞を読みあきて／庭に小蟻と遊べり
　すつぽりと蒲団をかぶり／足をちぢめ／舌を出してみぬ誰にともなしに

　このうち「かなしきは我が父！……」が直接家族を主題としている。「己が名を……」など、このほかの四首とともに少年期の追憶を扱っている。この歌について、岩城之徳は「宝徳寺の住職を罷免されて以来、ろくろくとしてなすところのなかった父一禎のわびしい境遇を歌ったもの。父親はこの歌の作られた二週間後の九月三日に再び家出して、北海道に次女の山本トラを頼った[2]」と解題している。少年期の追憶の項でさらに見たい。

龍之介は、「文芸的な、余りに文芸的な[3]」で、「詩歌は散文のやうに僕等の全生活感情を盛り難い」が、「石川啄木が僕等に残した仕事」は「かう云ふ試み」であったと啄木の業績を評価している。また、一九二七（昭和二）年五月、改造社『現代日本文学全集』の宣伝講演旅行で仙台、岩手から函館近郊の湯の川温泉に滞在した際に、小穴隆一宛書簡に、「啄木は今はあらずも目なぐもる岩手の山に鳥は啼きつつ」という歌も添えた。この手紙には、「あひ変らず憂鬱夜々同時に死ぬる支度をして休みをり」とも記されており、啄木を詠んだ歌にも、精神的に追い詰められていた龍之介の悲哀と若くしてこの世を去った啄木の姿が重ねられていて、読む者の心を打つ。

野上弥生子「飼犬」

家族を描いた作品のなかには、新しく生まれてきた郊外の家庭も描かれている。「飼犬」には、飼犬と主人公の曾代子との愛情ある日常風景が描かれている。

郊外の家庭で犬が飼われ始めた事情については、川本三郎が興味深い指摘をしている。[4] 川本は、「日本の近代は、郊外住宅地抜きにしては語れない。大正から昭和にかけて『ノンちゃん雲に乗る』のお父さんのような都市中間層が生まれ、社会の中核になったとき、その居住地として郊外が選ばれていった。そして、そこに生きる小市民の暮しが、日本人の典型的なライフスタイルになっていった」と述べたうえで、「そこには、中産階級のささやかな幸福がある。過去のムラ社会的なしがらみから自由になった若い夫婦が小さな家庭を作る。その家庭では子供たちが大事にされる。庭には花が植えられ、どこの家にも犬が飼われている。家の周囲にはまだ麦畑が広がり、その向うには鎮守の森や雑木林が見える。「武蔵野」の古層の上にほどよく「郊外住宅地」が作られてゆく」と、郊外に新しい家庭が誕生していくようすを具体的に説明している。

「飼犬」に出てくるスコッチ・コリー種犬の名前がLuathであることからも、弥生子の描いたものが中流階層での暮らしぶりであることがわかる。

近代家庭は二〇世紀初頭に成立した家族の形態である。日本資本主義が発達するにつれて、企業勤めをする都市中間層が形成され、彼らの移動手段としての鉄道網が整備されたことや、関東大震災後、都市の再開発が進行したことが背景にある。こうした動きのなかで、今日の核家族の原型である中流階層の家族形態である家庭が誕生してきた。『近代日本文芸読本』の読者対象である中等教育学校生は中流階層の子どもたちであり、中等・高等教育を受け、次代を担う教養形成を果たすことを期待された者たちであった。第一集では、こうした読者が関心を寄せやすい郊外の家庭を舞台にした作品が多数掲載された。

また、「飼犬」は、龍之介の童話「白」[5]のモチーフと重なっていて興味深い。

真山青果「雀の巣」

巣をかける鳥のようすに心動かされる日々をユーモラスに描いている。二階の縁側に雀が巣をかけたので、周囲のものが気遣って過ごしている。しかし、なかなか上手に子育てができなくて、そのうちに巣が壊れてしまう。しかし、また次の日からせっせと巣を作っている雀を興味深く眺めているという内容の随筆である。

野村喬は、真山青果の小品について「従来、単行本に収められていないにせよ、注目すべき〈小品〉とされるものは「海辺より」という共通する総題または副題を有する文章であった。発表誌も『新潮』『新小説』『新文壇』『早稲田文学』とことなっているが、東京を去って国府津海岸に母と共に移住してからの小品群である[6]」と述べている。「雀の巣」も野村の言うように自然に対する思いと家族への愛情が重ねられた佳品である。雀の親子を語りながら、人間の家族にも思いを寄せている。動物や植物の世話も郊外には欠かせない日常であった。

加藤武雄「薬草の花」

何をやってもうまくいかない父が薬草栽培を始めたけれども、結局これも失敗する。しかし、たくさん花が咲き、その種をとった息子は、良き父、愛すべき父からの贈り物をもらったと思ったという小説である。父親の失敗と挫折を温かい目で見る家族のようすを描いている。新潮社で『文章倶楽部』の編集に携わりながら、自然主義系から新現実主義へと表現を求めた作家らしい世界である。

龍之介は、「羅生門の後に[7]」で加藤武雄について書いている。「羅生門」の「発表後間もなく、自分は人伝に加藤武雄君が、自分の小説を読んだと云ふ事を聞いた」と書いたうえで、「褒めたと云ふ事を聞いたのではない、けれども自分はそれだけで満足であった。これが、自分の小説も友人以外に読者がある、さうして又同時にあり得ると云ふ事を知った始である」として、加藤武雄という読者の存在に作家としての出発を勇気づけられたことを述べている。

窪田空穂「愛しげに」其の他

窪田空穂は農家に生まれ、近代的農法に関心を持った篤農家の父から感化されていたという。代用教員などで苦労した若い時代に与謝野鉄幹に認められ新詩社社友となり、東京専門学校文学科に再入学して文学の道を本格的に志していく。新聞記者などをして文筆活動を続け、早稲田大学教授として和歌講座の担当、短歌研究を行った。こうした苦労のあとを「若かりし日を思い出でて」と題して詠んだ次の五首が収められている。

愛しげに我を見つつも此を見よと節高き指を示しませり父は
いかなればただ一人我のさみしきや夕食うれしみ食ぶる家びと
さみしさのまぎるるべくは肥桶のきたなき擔ぎ畑にも行かむ
我を見てものいはぬ母はうれはしさ堪ふるに余り涙こぼさす
稲倉の峻しき山路のぼりつつ青草の上に汗ごしたり

農業に誇りをもって生きる父、年老いて病弱になった母への深い愛情、食卓を囲む子どもたちへの思い、重労働であった畑仕事や稲刈りを詠んでいる。次の土岐善麿による作者略歴を知ると、これらの内省的な短歌に込められた空穂の心情が伝わってくる。[8]

大正七年『土を眺めて』がまとめられた。前年四月、四十一歳のとき、妻の急死に直面する。作者は九歳と四歳の愛児をかたわらにして、悲嘆と困惑におちいる。二児を母に托して、ひとり旅館の一室に暮らしながら、新聞社に通う。その担当は「身の上相談」欄に寄せられる投書の整理と回答を主とするものであったが、まもなく辞任を決意し、二児の母として亡妻の妹を迎え、居を郊外に移す。こうした一年のあいだは作歌にも遠ざかっていたが、やや静平な心にかえると、悲痛な追想の情は、たちまち奔流のようにあふれて、おびただしい長歌となり短歌となった。いわば私小説的な散文の世界が韻律のことばとなったわけである。いったい長歌という形式は、万葉以来、久しくすぐれた作者を得なかったものであるが、ここに「近代小説的」主題の表現手法として援用したことは、それまでの深い古典研究が、新しい「挽歌」の創成を促したともいえるのではあるまいか。

龍之介は、妻亡きあとに、母や子どもの世話をする空穂の心情を中学生に理解してほしいという期待から収めたのであろう。現代の「国語」教育でも学びたい歌である。

宇野浩二「父の記憶」

宇野浩二は、近松秋江や広津和郎らと交流した後期の自然主義系の作家である。「父の記憶」は、父と私との関係に焦点があてられている。「歳月の川」の四小品のうちの二篇である。「父の記憶」二篇と「博多の城」は博多で過ごした幼児期の回想、「神戸の山」は、少年期の神戸時代の回想である。数え年四歳で死別した父の記憶を夢のなかでたどろうとしていたある日、父が鬼と一緒に踊っている姿を、幻覚とも夢とも判然としないまま見るようになったという内容である。

龍之介は、一九一九（大正八）年七月に開かれた江口渙『赤い矢帆』の出版記念会で宇野浩二と知りあっている。[9] それ以降、二人は親しく交際を続け、翌二〇年一一月には、菊池寛らも伴い京阪の講演旅行に出かけ、その帰途に信州にも旅行した。龍之介は、そのときのようすを江口渙、小沢碧童、佐佐木茂索らに手紙で知らせている[10]。龍之介の宇野浩二評価は常に高く、「大正八年度の文芸界」では、「本年度の新進作家として、しかもその雄なるものとして、この派に新な光彩を与へえてゐるのは、実に宇野浩二氏であ」り、「多士済々たる新早稲田派の右に出で得るものは、殆ど一人もないであらう[11]」と述べている。また、文壇の一部にその作風を非難する声が上がったときも、「文壇の楽屋には、宇野君の小説はふざけてゐるとか云ふ事で、存外悪く云ふ連中もあるやうである。が、あの程度のふざけ方を非難するとなると、苟くも小説を書く以上、小説家は皆儀容を正しくして、義理にも治国平天下の経綸が胸中にあるやうな顔をしなければならない」と宇野を全面的に擁護している。

たしかに、「父の記憶」も少年が探し求める父親の姿を軽妙な筆致で書き記している。主人公である「私」が、二階の座敷で無心でぼんやりしていると、「角の生えた鬼の恰好の者たちが四五人、鉦をたゝいて、変な足取で躍りながら左手から右手に向つて進んで行く」不思議な光景が見え、「その鬼たちのまん中に眼鏡をかけた私の父が、やはり彼等と同じやうに躍りながら歩いてゐる」のも「何の不自然な感じもしない」で見えたと語られている。「幻覚といふのか、夢といふのか、何だか知らないが」、いつも同じ光景が毎日目の前に浮かんできても「私にはそれがちつともをかしく考へられなかつた」とある。「何故鬼と一緒だといふことも、何故躍つてゐるかといふことも」わからなかったが、ある日その不思議な話を疑うようになったら、その光景に接しなくなってしまったと締めくくられている。この場面で話を終えることが「ふざけてゐる」ように言われるのであろうが、夢か幻覚かわからない光景が「父の記憶」として「私」の無意識の奥深くに沈潜していることを読むことができる。こうした小説は、当時の「国語」教科書には掲載されなかったであろうが、龍之介は宇野浩二の文学を高く評価して読本に収録したのである。

岡本綺堂「入鹿の父」

綺堂は、面作り師夜叉王を描いた史劇「修善寺物語」で注目を浴びて以降、多くの史劇を書いた。「入鹿の父」もそのうちの一つである。仏教の加護を背景に権勢を振るった蘇我蝦夷と入鹿親子の滅亡を描いた史劇である。綺堂は、蝦夷に「おれは書物のお庇で偉いものになつたが、又その書物が今はおれを苦しめる種ともなつた」と語らせて、「三国誌」の記述にある「逆臣」が蝦夷、入鹿父子とそのまま重なることにおびえる蝦夷の姿を描いている。息子の入鹿が宮中で中臣鎌足らに殺害され、蝦夷は「親も逆臣……子も逆臣……執念ぶかい幽霊のやうに、長年おれを悩ましてゐた、逆臣とか逆賊とかいふおそろしい悪名が、たうたうおれ達の上に降つて来た」と語り、「所詮逆臣の名を取つて亡ぶるからは、五つの庫にたくはへた和漢古今の貴き書物をことごとく焼き尽して、日本の知識の世界を暗やみにするのぢや」と言って、五つの庫に火をつけて自害した。「大化の改新」と記録される蘇我一族と鎌足ら反蘇我勢力との一連の権力闘争を蘇我蝦夷の側から描いている。『日本書紀』が蘇我氏を滅ぼした中臣鎌足や中大兄皇子らの立場で記述されているのに対して、綺堂は逆臣と決めつけられ権力闘争に敗れていった蘇我氏の立場から描いているのが興味深い。

綺堂家に書生として入り、のちに養嗣子となった経一が「入鹿の父」を回想して、「六月本郷座の「入鹿の父」も左団次一座に嵌めて書きおろした。（中略）その当時、かういう芝居をやるのは左団次一座に限られてゐた。それだけに批評家も好意のある評を下してゐる」[12]と述べている。

龍之介は、綺堂の芝居を観た感想をいくつか記している。劇評として残されているのは、明治座で二代目市川左団次が演じた「信長記」[13]、同じく左団次一座の十八番である新富座での「番町皿屋敷」[14]、帝国劇場で上演された近松門左衛門原作の「雪女五枚羽子板」[15]についてのそれぞれの批評である。「入鹿の父」を観劇した記述はないが、二代目左団次の歌舞伎革新運動に賛同して筆を執っていた綺堂の史劇にかける情熱はよく理解していたであろう。

大町桂月「練馬の一夜」

書き出しは、「冬の初めつ方、雨痕、路上の泥濘に残れる日なり。」である。まだ漢文脈にあることがよくわかる。甥と一緒に姪の嫁いだ練馬の家に出かけたときの話題を書いた随筆である。二〇年前には兄嫁と出かけたが、今回は兄も亡くなり練馬に里子に出した縁で訪ねた。それぞれの家族の身の上を聞くと、やさしい家族のことや早死にしている家族のことなどが身につまされる。養子縁組という複雑な家族のありようを描いている。文章末には、「古鐘楼外夕陽残。風帯蒼煙晩更寒。墜葉縮紛黄満地。公孫樹上鶏声酸。」の七言絶句が掲げられている。

桂月の文学は、龍之介の少年時代の愛読書であった。龍之介は、「愛読書の印象」で「僕にも「文章倶楽部」の「青年文士録」の中にあるやうな「トルストイ、坪内士工、大町桂月」時代があった[16]」と述べている。その語り口は自嘲気味ではあるけれども、当時の青少年が桂月の文学を愛読していた事実がそこから見えている。「国語」教育の場でも、桂月は、特にその紀行文が文範として活用された。

二葉亭四迷「平凡」

新聞連載の二回途中から七回までを抄録している。祖母の死をきっかけに、家族のそれぞれのようすを思い起こす人物を描く。若後家で男勝りの祖母、心の丸い父、働き者の母に囲まれて育った幼少期を追憶する。家では威張っているが外ではいじめられていた平凡な私が、やさしかった祖母の死を悲しむ場面を収めている。『平凡』は大別して三部構成で、平凡な生活と社会のこと、愛犬ポチの話、半生の回顧で構想されている。四迷は「平凡」創作の動機を次のように語る[17]。

今度の『平凡』と来ちゃ、人間そのもの、性格なんざ眼中に無いんさ。丸ツきり無い訳ではないが、性格はまア第二義に落ちて、それ以外に睨んでゐたものがある。一言すれば、それは色々の人が人生に対する態度だな……人間そのものではなくて、人間が人生に対する態度……といふと何だか言葉を弄するやうな嫌ひがあるが、つまり具体的の一箇の人ぢやなくて、ある一種の人が人生に対する態度だ、而してその一種の人とは即ち文学者……必ずしも今の文学者ばかりぢやなく、凡そ人間在つて以来の文学者といふ意味も幾らか含ませたつもりだ。

中等学校教科書には早くから登場してきており、特に愛犬とのやりとりを童話風に仕立てた場面が、「ポチ」という題で収録されることが多い。龍之介は、ポチの場面ではなく、凡人の平凡な生活を描いた箇所を採っている。

2　少年期と追憶

家族の問題とは相対的に区別される主題として、少年期の心理の問題を描いた作品も収められている。

芥川龍之介「トロッコ」

みずからの作品収録は、五集のうち「トロッコ」のみである。「トロッコ」は、「小田原熱海間に、軽便鉄道の工事が始まったのは、良平の八つの年だった。良平は毎日村外れへ、その工事を見物に行つた。工事を——といつた処が、唯トロッコで土を運搬する——それが面白さに見に行つたのである」と書き出される[18]。工事現場で働く労働者の息遣いも加えながら、少年と家族との関係、少年期の自立することへの不安を描いた作品である。また、トロッコに乗せてほしいと言う良平にやさしそうに対応した土工が最終的には無責任な対応をするのに対して、良平を厳しく扱った土工が責任ある態度であったことが最後になってわかる構図も鮮やかである。

「トロッコ」は、その後も書き継がれた追憶を主題とする作品の主調音となっている。龍之介が数多くの自作品から「トロッコ」を採ったのは、この作品のみずからの文学における位置づけを自覚していたからである。

龍之介の作品は、一九一〇年代の「国語」教科書に「蜘蛛の糸」、「戯作三昧」、「或日の大石内蔵之助」などが掲載され始めた。一九二〇年代になると作品選択の幅も広がり、「鼻」、「黄粱夢」、「蜜柑」、「尾形了斎覚え書」、「俊寛」、「枯野抄」、「西郷隆盛」なども収録されるようになった。そうしたなかで、「トロッコ」は、千田憲編『新編国文読本』（右文書院、一九二七年一一月訂正再版）、垣内松三編『国文新編』（文学社、一九二七年二月訂正再版）、同編『国文選』（明治書院、一九三〇年六月初版）に掲載された。さらに西尾実が中心になった岩波編輯部編『国語』に掲載されてから、いっそう多くの教科書に登場するようになる[19]。

石川啄木「己が名を」其の他

「己が名をほのかに呼びて／涙せし／十四の春にかへる術なし」は、少年期を懐かしく振り返る。「しめらへる煙草を吸へば／おほよその／わが思ふことも軽くしめれり」は、「梅雨の頃」と題される歌の冒頭にある。梅雨どきの陰鬱な思いを描いている。「真剣になりて竹もて犬を撃つ／小児の顔を／よしと思へり」は、真剣に竹で犬を打つ子どもに熱い情熱を見ている。「かなしきはわが父！／今日も新聞を読みあきて／庭に小蟻とあそべり」は、少年の目から父を見ている。「すつぽりと蒲団をかぶり／足をちぢめ／舌を出してみぬ、誰にともなしに」は、「足をちぢめ舌を出してみぬ」というユーモラスな動作に哀愁を感じる。啄木は、悲哀や自嘲、鼓舞や情熱が混在して、少年期のとらえどころのない自己凝視を三行に分かち書きした歌に掬い取っていく。龍之介は、啄木の鮮やかな詩的精神を読者である中学生と共有するために『一握の砂』と『悲しき玩具』から五首を選定しているのである。

岩城之徳は、「明治終焉の年に二十七歳で死んだ石川啄木のイメージはいつまでも若々しく、その文学は明治の青春の記念碑として日本人の間に永く親しまれている[20]」と述べている。龍之介も同じ思いであったことは、家族の項で見たように「文芸的な、余りに文芸的な」で詳論しているとおりである。岩城が『一握の砂』と『悲しき玩具』をその代表作として、「この二つの歌集によって近代短歌の芸術的可能性を保証し、真に短歌を大衆のものとした」と文学史的意義を述べている点も共通した評価としてよい。

また、千葉俊二は「追憶文学の季節[21]」で、「日露戦後の文学の底流にはたしかに追憶文学の流行ということがあった」とし、白秋の『思ひ出』前後の明治三九年から四四年にかけて中村星湖「少年行」、永井荷風「狐」、谷崎潤一郎「少年」、二葉亭四迷「平凡」など多数の作品をあげている。そして、追憶文学の生み出された背景について「追憶ということが常に一面においては過去による現在の相対化という事実から結果することであり、日露戦後の追憶文学の流行には、他面時代閉塞の外圧に抗しながら、原初的な無垢を堡塁に時代の理性が個人の感受性を抑圧するような世界を空洞化し去ろうとする意志がはたらいていたことも見逃してはならないだろう」と述べている。この第一集に多く見出される追憶は、こうした動力が作用した結果と考えられる。

3　立身出世と学問

国木田独歩「非凡なる凡人」

「非凡なる凡人」は、立身出世の夢を実現するために刻苦勉励した若者を描いている。龍之介は、その全文を収めている。武士の子であった桂正作が、父親の事業の失敗で落ちぶれるものの、『西国立志編』を読んで、工業学校から横浜の会社に就職して念願を果たす。かつて身分制社会の頂点にいた人物が、運命に翻弄され貧困に喘ぎながらもみずからの意思で目標を達成するイデオロギーを読むことができる。

龍之介は、「文芸的な、余りに文芸的な」の「二十八　国木田独歩氏」でまとまった独歩論を書いている。「独歩は鋭い頭脳を持つてゐた。同時に又柔かい心臓を持つてゐた」と述べて、「前者は彼の作品の中に「正直者」、

「竹の木戸」等の短編を生じ、後者は「非凡なる凡人」、「少年の悲哀」、「画の悲しみ」等の短編を生じた。自然主義者も人道主義者も独歩を愛したのは偶然ではない」としている。さらに、前者の「鋭い頭脳」によって「「山林に自由存す」の詩は「武蔵野」の小品に変らざるを得ない」とも述べて、「広いロシアを含んだ東洋的伝統の古色を帯びてゐる」ことが蘆花の「自然と人生」との好対照となり、「「武蔵野」を一層新らしくした」と指摘している。最後に、独歩の小説のなかで「正直者」や「竹の木戸」が「最も完成したもの」であるが、「最も調和のとれた独歩を――或は最も幸福だつた独歩を「鹿狩り」等の小品に見出してゐる」、「自然主義の作家たちは皆精進して歩いて行つた。が、唯一人独歩だけは時々空中へ舞ひ上つてゐる」[22]と、この稿を結んでいる。生垣を隔てて物置同然の小屋に住む二家族が見せる、貧窮の生活ゆえの精神的確執を描いた「竹の木戸」も、表面では正直者と見られた男の屈折した内面を描いた「正直者」も、世間知に長けた現実人間の内面をよく描き秀逸である。その一方で、鹿狩りに連れて行ってくれた叔父のユーモラスな人格に共鳴する主人公の温かい心情が綴られる「鹿狩り」も、素朴な心で現実に向きあう主人公の姿が印象的であり、「非凡なる凡人」と共通したものが描かれている。

「非凡なる凡人」の独歩の文学における位置について、山田博光が人物像に注目して述べているのも龍之介の見方に共通するものがある。山田は、「中期の作品のなかで、「酒中日記」「女難」「運命論者」の系列とは別に、「非凡なる凡人」「日の出」「馬上の友」の系列がある。前者には、意志薄弱な破滅的な主人公が出てくるのに対し、後者には明るい向日的な人間が出てくる」と述べている。そうした二系列の作品が生まれてくる背景には、「「中学世界」という少年向けの雑誌を意識したとも考えられるが、独歩自身にこのような一面があることも見逃せない」として、「独歩の手がけた『少年伝記叢書』の一冊に、『フランクリンの少壮時代』があるが、フランクリンに代表されるような、市民社会初期の明るい健康なモラルは、独歩の共感するものであった」と解説している。そして、「非凡なる凡人」は、「見方によれば平凡な立身出世物語である。しかし、独歩はこの人物に生気を吹き込み、魅力ある人物にしたてている[23]」と評価している。

こうした立身出世の思想は当時の日本人が教育に期待した主要なイデオロギーであった。そのため、「非凡なる凡人」も多くの「国語」教科書に収録された。『少年伝記叢書』が独歩による編集とされたというのは『欺かざるの記』の記述によっている。勝尾金弥は、独歩がその叢書の大半を翻訳、翻刻した背景には、彼の「『伊太利建国三傑』を読む」(『青年文学』一八九二年一一月)に見られるような西欧人伝記への共感、「小学生徒」(『家庭雑誌』一八九三年二月)に代表される少年に対する強い関心があったことを指摘している[24]。そして、その背景には、彼のキリスト教への深い信仰心があったとする。したがって、「非凡なる凡人」も立身出世イデオロギーという側面だけで見るのではなく、『西国立志編』との関わりからより広く西洋への関心として読む必要があるのである。

二〇世紀初頭の「国語」教科書に、「武蔵野」、「逗子の冬」が収録されるようになり、一九二〇年代には、「たき火」、「日の出」、「忘れえぬ人々」、「空知川の岸辺」などの短編、「山の声」などの詩が収録された。「非凡なる凡人」が収録され始めるのは、副読本の八波則吉編『現代文学新選』(東京開成館、一九二八年九月初版)からである。教科書では垣内松三『国文選』(明治書院、一九三〇年一一月訂正再版)が最初であり、その後多くの教科書に収録された。このように「非凡なる凡人」が教科書に掲載されてくる端緒は『近代日本文芸読本』への収録であった。

久米正雄「競漕」

久米は、龍之介の第一高高等学校時代以来最も親しくしてきた同級生の一人である。龍之介、菊池寛、松岡譲、成瀬正一らと第四次『新思潮』を始める。彼は、龍之介たちよりも早くに、『新思潮』(一九一四年三月)に載った社会劇「牛乳屋の兄弟」で劇作家としての名声を得ていった。「競漕」や「受験生の手記」を収めた『学生時代』、漱石の長女をめぐって松岡譲と争い失恋した経験をもとにした『破船』などで知られる。

「競漕」の内容は、大学春季競漕会での、農科との大事な一戦を前に欠員を生じた文科がかろうじて選手を決め、合宿や学習院との競漕会で力をつけ、いよいよ農科との戦いで勝利をしたというものである。

漱石は「競漕」を褒めて、「「競漕」はあれ以上行けないのです。又あれ以上行く必要がないのです」と龍之介と久米両者宛の書簡（一九一六年九月一日付）にしたためている。

龍之介は、失恋問題から立ち直り、新婚生活に入った久米に祝意を示して、「久米はもう弱気ではない。そしてその微苦笑には、本来の素質に鍛錬を加へた、大いなる才人の強気しかない」と激励して、久米のことを「新しい時代の浪漫主義者《ロマンチスト》」であると呼んだ。久米と龍之介はそうしたことが言いあえる親密な友人であった[25]。一九二七（昭和二）年六月、自死を決意した龍之介は、久米正雄に「或阿呆の一生」の原稿を託した。その原稿の前書には、「僕のこの原稿を特に君に托するのは君の恐らくは誰よりも僕を知つてゐると思ふからだ」と記されており、龍之介死後に遺稿として発表された『改造』（一九二七年一〇月）には久米の「遺志に依り、私は此処にこの原稿を発表する。時期も場所も、最も自然な状態だと信じて[26]」という一文が添えられている。

「競漕」は、一九二〇年代の「国語」教科書に、同題名か「ボートレース」の題名で比較的多く収録されている。スポーツを題材とした小説が教科書に掲載されたことの教材史上の意義は大きい。中学生の教養のなかに、スポーツと文学という領域が位置づけられたのである。

4　宗教

信仰の世界のありかたや心のありようについて、日本の近世及び近代社会に強い影響を与えた宗教であるキリスト教と仏教を描いた文芸を収めている。

佐藤春夫「最もよき夕」

第一集の巻頭に置かれた童話である。読本全五集の始めが聖書の翻案であるところに、この読本の個性が現れている。初出原題は、「どうして魚の口から一枚の金が出た⁉といふ神聖な噺」である。作品冒頭には、「馬太伝第十七章二四以下」として原話が掲げられている。旧新約聖書マタイ伝福音書の第一七章後半の場面で、イエス、ペテロ、ヤコブ、ヨハネがガリラヤからカペナウンに来たときの出来事であった。春夫は、この二百字余の原話を約二万字の童話に仕立てている。原話は、カペナウンという町の役人がイエス・キリストに税金を求めたので、イエスが「世界の王たちは税および貢を誰より徴《とる》か己の子よりか他の者よりか」とペテロに尋ね、ペテロが「他の人より徴《とる》なり」と答えたところ、イエスは「然らば子は与《かかは》ることなし」と言って「然れど彼等を礙《つまづ》かせざる為めに爾海に往《ゆき》て釣を垂れよ初につる魚を取てその口を啓《ひら》かば金一《きんひとつ》を得べし其をとつて我と爾の為めに彼等に納めよ」と語ったというものである。

「最もよき夕」は、この原話を「むかしむかし、」から始めて「めでたし〱」で終わる昔話形式にしている。内容も、冒頭の部分では、イエスの予言、ペテロとのやりとりはそのままではあるが、役人の徴税にあわせて貧乏人に高利貸しする男、海に落ちてきた金貨を飲み込んでしまった魚、魚を釣ったものの金貨がなくて困っているシモン、金貨を飲み込んだ魚を釣り上げた別の漁師の話を織り込み、多角的な目でイエスの予言を描いている。

春夫自身は、「僕はもうずい分久しく神を思ったことがない。もともと無信仰の僕である」が、「バイブルは常に机辺にあり、事ある毎に念頭に浮ぶ。愛読書だから当然の事であろう」と書いている。また、聖書の読み方については、「聖書のなかから愛の教を汲み取る以上に詩の方を多く発見し、キリストをも神の子としてよりも人類最高の詩人と思ひ、それ故、聖書をこの最高の詩人の言行録として愛読する」、「僕は云はば聖書の自由な愛読者なので、宗教のワクにはめて読まない」[27]とも書く。「最もよき夕」は、教会やキリスト教研究にとらわれてはいないものの、その教義の持つ意味を解釈しようという誠実な翻案といえる。聖書を題材にした作品としては、「酒の酒」、「雉子の炙肉」という短編もある。龍之介と同じく聖書に関心を持ち続けた作家であった。

支配者がイエス・キリストらの活動を忌み、彼らにも課税してその自由な思想に何らかの規制をかけようとすることや、高利貸しが行政の動向を察知して自己利益の拡大を図る、あるいはシモンが漁をしてその労働の対価としての金貨を納めるという物語設定はすぐれて近代的である。こうした視点は、龍之介自身も常に創作の対象としてきただけに、春夫が谷崎潤一郎や龍之介との交流も深く共通した文体を持っていたことを考えると、第一集の巻頭に登場させた意味もよくわかる。

龍之介と佐藤春夫は江口渙を通して知りあいになり、春夫は龍之介の『羅生門』出版記念会を発案して、開会の挨拶を述べている[28]。会は一九一七（大正六）年六月二七日に開かれ、北原鉄雄、岩野泡鳴ら二三名が出席している[29]。春夫は、この日のことを「芥川龍之介を憶ふ」で「自分は迚も希望のない自分の文学的生涯を考え乍ら、颯爽として席の中心にゐる芥川を幸福だと思つた」[30]と書いている。また、「自分は芥川に会ふと多少気に入らないことがあつてもすぐにそれを忘れて了つて急に親愛の感じの方が先に湧く。（中略）芥川の場合に限っては、彼に会ひさへすれば自分はその間だけ何の濁つた感じもなしに、素直な親しみを感じられるのであつた」と記して、「都会人芥川の社交性」を指摘している。龍之介は、「佐藤春夫氏の事」で「佐藤春夫は詩人なり、何よりも先に詩人なり」、「佐藤の詩情は最も世に云ふ世紀末の詩情に近きが如し。繊婉にしてよく幽渺たる趣を兼ぬ」と述べている[31]。また、「大正八年度の文芸界」では、「春夫氏は一面に於て極めて繊細な感覚の所有者であると共に、他面に於ては又文壇稀に見る話上手の作家であった」とも評価している[32]。

武者小路実篤「仏陀と孫悟空」

「仏陀と孫悟空」には、高慢で自己中心的な孫悟空と慈悲の心の仏陀とのやりとりが描かれている。孫悟空は仏陀のもとから去ろうとするが、結局は仏陀の掌にいるという内容の戯曲である。

『近代日本文芸読本』が検定を受けなかった事情のところで見たように、実篤の作品は、二つの理由で事実上「国語」教科書から排除されていた。トルストイやキリスト教の影響を受けて、『白樺』を創刊し、社会主義的な実践として「新しき村」運動を組織したこと、前妻と別れる前に新しい女性と生活をともにするという倫理的問題が掲載不可の理由とされたのである。しかし、龍之介は「私の文壇に出るまで」で「武者小路氏のものも殆ど全部読んだと思ふ」と述べて、実篤を高く評価している。[33]彼の楽天的な自我肯定と自然賛歌については、「あの頃の自分の事」で「その頃は丁度武者小路実篤氏が、将にパルナスの頂上へ立たうとしてゐる頃だつた。従つて我々の間でも、屢氏の作品やその主張が話題に上つた。我々は大抵、武者小路氏が文壇の天窓を開け放つて、爽な空気を入れた事を愉快に感じてゐるものだつた。恐らくこの愉快は、氏の踵に接して来た我々の時代、或は我々以後の時代の青年のみが、特に痛感した心もちだらう」と語っている。[34]

「国語」教科書には掲載されにくい実篤ではあったが、掲載された作品がまったくないわけではなかった。東京高等師範学校付属中学校内国語漢文研究会編『新定国語読本』（目黒書店、一九二八年一〇月訂正再版）には、この「仏陀と孫悟空」が掲載されている。わずかな事例ながらも『近代日本文芸読本』の影響を確認することができる。

5　幻想

室生犀星「笛を合はす人」

「笛を合はす人」は、犀星が「十訓抄」（十ノ二十）に材を得て再話したものである。冒頭には、「月の美しい晩である」から書き出された、やや長めの前書きが置かれている。「私」は、「或る詩人」が雑誌に書いていた「美しい月と白い帆」と同じものを「今夜の月の光」に感じたと書く。こうした「月が皓皓として照りかがやいてゐる」「我我のゐるところの地上」を「見ることができたら」、新しいものが「見えるかも知れない」と言い、「空想的なものからも我我のはかないこの世の暮し向きが、ときとすると非常に愉しくなることがある」と、空想や幻想を礼賛する思いを述べている。

本文はこの前書きに続いて、「むかし博雅といふ三位がゐた」と書き出されていく。「月の美しい晩」、「かがやくやうな晩」、博雅は朱雀門で「己れの影を愛した」。朱雀門を尽きたところで、博雅は「も一人の三位装束の直衣姿が、同じい笛声をもたらしながら、月の落ちてゆく方を向いてあるいてゐる」のを目撃する。しかも、その音色は「己れに増して美し」かったのである。「いまの世に己れひとりのみが笛吹きといふ自信」を持つ博雅は動揺する。しかし、心を落ち着かせ「へいぜいの笛声を吹きならすことができ」、博雅と「も一人の三位」である「その人」は「いづれが形とも影ともわからぬやうに歩い」た。それから、博雅は月の明るい晩になると朱雀門で「その人」と笛合わせをした。あるとき、博雅は笛を貸してほしいと頼む。すると「その人」も「おん身のもの」を貸してほしいと言う。博雅と「その人」は「月下にその笛をたがひに右と左とに分つ」て吹いた。博雅は、その笛に「呼吸が軽いほど吹きよい古さと枯れ」を感じた。その翌晩から、博雅は「その人」に出会うことはなかった。博雅の死後、その笛は宇治殿に収められたが誰一人吹く者はなかった。笛には葉が二枚ついていたが、一枚は朱く、もう一枚は青かった。青い葉は朝ごとに露を置くと言われた。

この話には、後日談がある。後になって、博雅以来の笛の名人と言われていた浄蔵が、朱雀門で月夜に博雅の笛を吹くことを願い出た。容れられた浄蔵は三位直衣姿で笛を吹いた。「ほとんど己れを忘れて」しまう音色であった。しかし、その笛を翌朝見た浄蔵は驚く。青い葉は枯れ、朱い葉は落ち、どちらも露の置く気配もなかったのである。

これで前書きの意味もより鮮明になる。「笛を合はす人」は、月夜の晩にもう一人の自分に出会う物語であった。龍之介が犀星の多くの作品から「笛を合はす人」を選んだ理由の一つは、この作品が龍之介も関心を示し続けていたドッペルゲンゲルの話だったことにある。[35]

龍之介がこの作品を読本に収めた理由はもう一つある。それは、犀星と龍之介の深い交流ゆえの理由である。犀星は龍之介と田端で深く交友関係を結んだ。田端には、多くの作家たちが居住した。そこは、田端文士村と呼ばれ、彼らは作家活動だけでなく、趣味や日常生活の瑣事も含めた深い交流をしていた。

一九〇九（明治四二）年三月、龍之介は田端に移住した。犀星との交流は、そのときから関東大震災後に犀星が郷里金沢に移住するまで続いた。彼らの深い交流は、犀星が金沢に移住したあとも継続していく。龍之介は、一九二四（大正一三）年に金沢に滞在して犀星との再会を果たしている。後に犀星宛の書簡で「金沢にありし日多幸なりしを思ふ事切なり」（一九二七年五月二四日付）と書き送ったこともあった。龍之介自死のちょうど二か月前である。犀星が金沢に移ることを決めたのは、長男豹太郎を亡くしたことであったとされている。長男夭折の翌年には長女が誕生するが、その直後に関東大震災が起こった。二重の痛手に遭って金沢行きを決意したのである。

犀星は、「笛を合はす人」以外にも、「龍の笛」、「篳篥師用光」、「笛吹く人」など笛に関する作品をいくつか残している。[36]犀星の笛に関する作品について、黒崎真美は「大正十年五月六日に長男豹太郎が誕生していることと少なからず関係がありそうである」として、犀星の「笛と太鼓」に「国の母から小包がとどき、ひらいてみると、小さい太鼓と笛とが入つてあつた」という一文に注目する。[37]この随筆には、この書き出しから始まり、犀星の母親も犀星自身も長男の誕生を喜んでいる記述が続いている。黒崎は「ところが大正十一年六月二四日に豹太郎が夭折し、これによって犀星にとっての〈笛〉の意味づけに変化が生じたと推測される」と書いている。たしかに笛に関する作品は、長男を失ってから書かれたものが多く、しかも童話が大半である。犀星は、長男を失った悲しみを笛を描いた童話の世界に表現したのである。

田端で交流を続けていた龍之介は、この犀星の悲しみを受けとめて、読本に「笛を合はす人」を採用したのである。さらに第二集には犀星の詩「つれづれに」を収めた。この詩が収められた『忘春詩集』[38]には、長男を亡くした前後に詠んだ詩が集められている。「つれづれに」は長男が生まれた五月に発表されているとはいえ、六月に長男急死に直面することになった犀星への慰めの意味が込められていたことは間違いない。

秋田雨雀「雪女」

雨雀は、島村抱月の推挙で『早稲田文学』に小説を書き始め、藤村の紹介で小山内薫の『新思潮』の編集を手伝っている。それらが縁で自由劇場会員となり、抱月の芸術座創立にも参画する。『赤い鳥』にも創刊から同人として参加して、「白鳥の国」などの童話数篇を寄せた。

「雪女」は、遊んで遅く帰る子どもをつかまえて、乳を飲ませて大男に変えてしまう恐い雪女の夢を見た子どもの話を一幕二場に仕立てた戯曲である。龍之介の「トロッコ」と同じく、親から離れ自立していく少年期の不安を幻想的に描いている。

6　叙景と紀行

吉田絃二郎「千住の市場」

吉田絃二郎は、自然主義後期の作家として活躍した。早稲田大学で講師として英文学を講じたこともあった。

「千住の市場」は、青物市場の賑わいとそこに出入りする人々のようすを描いている。彼が得意とした身辺雑記に近い内容である。『島の秋』、『清作の妻』など多数の小説がよく読まれた。「千住の市場」など三〇篇を収めた『小鳥の巣』は随筆集であるが、これも多くの版を重ねて好評であったという。絃二郎の文学について、「大正八年度の文芸界」に「谷崎精二、相馬泰三、吉田絃二郎の三氏は、その纏綿たる情味に富んでゐる」[39]という龍之介の評がある。

「国語」教科書には、『小鳥の来る日』から「寂人芭蕉」、「真人間となるまで」などが採られている。

谷崎精二「朝の散歩」

広津和郎、葛西善蔵ら早大文科関係者で創刊した雑誌『奇蹟』に拠った作家である。龍之介らの第四次『新思潮』に対して「新早稲田派」とも言われた。ガルシンの『赤い花』を翻訳したことでも知られる。ガルシンは、第二集に二葉亭四迷訳による「四日間」が収められている。のちに、早稲田大学文学部での学究生活に入り、第三期『早稲田文学』を主宰する。「朝の散歩」は、朝の散歩に出た主人公が、そのなかで以前住んでいたK町に足を向け、昔のことを懐かしく思い出すという内容である。

岩野泡鳴「植ゑ忘れた百合の赤芽」

『自然主義的表象詩論』をもとにさまざまな詩形を試みた詩人である。この詩の場合も、「しツとり　降る春さめ　に　まんべん　は　ない」と書き出された分かち書きである。自然主義的表象詩論は泡鳴独特の象徴論である。泡鳴も、上田敏や蒲原有明らの象徴主義の潮流にいたのである。この短い詩にも、ひな菊の赤白の小さな花、さくら草のもえぎ色の葉、百合の赤い芽などの色彩表現が目立つ。内容は、人の留守を訪問したしるしに買ってきた百合の一根を植え忘れていたが、芽を出して、その人のことを思い出したというものである。

龍之介は、岩野泡鳴が提唱した一元描写論に関心を持ち、泡鳴が主宰する十日会で議論したり、「大正八年度の文芸界」で、「一元描写論の要点は、作者が作中の一人物となり切る事が、人生の芸術的再現には、絶対的必要条件だと云ふのにある」と書いたりしている。ただ、その論は「泡鳴氏の信仰に立脚してゐる観があるが」、「泡鳴氏の短編は、一元描写論の正否に関らず、存外佳作に富んでゐたやうである」と評価している。[40] 今や忘れられた感がある泡鳴の詩が龍之介の手によって残されているのは貴重である。

近松秋江「郊外小景」

東中野へ移住した家で、庭に嫩竹、芭蕉、柿、雁来紅を植え育てる思いを綴る。芭蕉の項では、次のような表現がある。

> 私はその芭蕉を夏日の慰めとしてよりも、来る秋の雨夜の楽しみとして植ゑたのである。此の間は今年はじめてのひどい野分がした。まだ残暑きびしいといっても郊外の夜はもういくらか涼味を覚えるやうになつて、夜の掻巻の肌触り心地よく、折から時雨の音《ママ》づれる声にふと眼を覚ますと、雨戸のすぐ外なる芭蕉の葉に降りそゝぐ雨が聞えるのてあつた。
>
> 　野分して盥に雨を聴く夜かな
>
> の古句の味のしみ〴〵と思はれるのもこの頃である。

郊外の暮らしに季節の移りかわりを感じさせる描写にすぐれた随筆である。紅野敏郎は、「時事新報」夕刊に掲載されたのちに、『秋江随筆』の名で「随筆感想叢書」（金星堂）の一冊として刊行されたことを紹介して、その叢書の広告文で「秋江氏は夙に随筆家として名を為せる人である。真に日本人的な、純粋な、清雅な興趣は、本書に収めた氏のもの寂びた紀行、随筆のうちに、掬めども尽きぬものがある」と紹介されていることに注目する。そして、「まずトップに、「東京及関東」、つづいて「京都及関西」の紀行文が据えられている。秋江の随筆・随想にみえる「紀行文」の価値がここでも明白となる。しかし「紀行文」といっても、「郊外より」といった文も含まれている。自分の住んでいる郊外の周辺を歩いて、眺めて、感じた、一節である」と秋江随筆の特質を述べている。[41]「郊外小景」も「郊外より」と同様、郊外の周辺を散策して見聞した風景がきめこまかく描写された佳品である。

「国語」教育では、叙景文や紀行文を重視する学びが期待されていた。滋味のある秋江の随筆は、自然を見る目を育てる文章としてふさわしい。

北原白秋「植物園小品」

小石川の東大附属植物園での早春の風景を描いている。この植物園は、徳川幕府の薬草園を起源としている。「植物園」という文化も、若い世代には新鮮であったと想像される。冒頭に「25.Ⅲ.10.」と一九一〇年三月二五日の日付が記されている。和名に混じって西洋種の植物が登場する。表現の仕方も白秋らしく、単なる観察日記ではない。シュロラン、キミガヨラン、ハリエニシダ、迎春花、沈丁の花、サンシュユ、ツタウルシ、トベラノキ、サンザシ、ヒヤシンス、金銀木などの名が出てくる植物や樹木の色彩表現に加えて、鳥のさえずり、女がやさしく砂を踏む足音、下町の夕べのとどろき、豆腐屋のラッパ、小さく聞こえる汽笛、新築中の槌の音なども描写される。このほか、ヒヤシンスの芽のにおい、カンバスに絵を描く少年の油絵具のにおいも表現されている。

龍之介は、白秋のこうした詩的精神に強い影響を受けていることを「僕等の散文が詩人たちの恩を蒙つたのは更に近い時代にもない訣ではない。ではそれは何かと云へば、北原白秋氏の散文である。僕等の散文に近代的な色彩や匂を与へたものは詩集「思ひ出」の序文だつた」[42]と書いている。

堀口大学「遠き薔薇序詩」

「序詩」がつけられた『遠き薔薇』は、『月光とピエロ』、『水の面に書きて』、『新しき小径』の三詩集から抜粋して編集したものである。「序詩」は、「云ふ可くは遠き薔薇か／はたまた近きまぼろし」で始まる。私の歌はあるのかないのかはっきりしておらず、ありありと眼には見えないが、風が吹けば、匂いはゆれるほどの存在だという内容である。

この序詩は、石上好古（日夏耿之介）編『堀口大学選集「遠き薔薇」』の序として書かれたものである。ほかのどの詩集にも収められなかった[43]。耿之介は、「小引」で「編纂者はやむなき作者の依頼に基き」、詩集『月光とピエロ』、『水の面に書きて』、『新しき小径』から選んで編んだものであると説明している。この三篇は、一九一九（大正八）年から二一（同一一）年にかけて出された大学の第一詩集から第三詩集である。詩作を始めた一八歳から二〇歳代の作品が中心である。大学は、吉井勇の短歌に触れたことがきっかけで、与謝野寛、晶子や永井荷風の知遇を得て詩作に入った。佐藤春夫との親交も始まり、その文学的な環境は整う。春夫との縁で慶應義塾に入学して、荷風らの教えを受け『三田文学』に詩を寄稿した。その後、外交官の父親の勧めでメキシコ、ベルギー、スペインなどを外遊する。外遊中はフランス語を徹底して学び、フランス詩翻訳の基礎を培った。その時期の作品には外遊中の経験が反映しており、一九一八（大正七）年には訳詩集『昨日の花』を刊行している。これを荷風が「西詩の翻訳いかに難しとするとも君が手によりてこれをなさばなどか其のまゝの面影をつたへずと云ふことあらんや」と評した。龍之介は、こうした大学の翻訳詩人の才を見抜いて、しかも大学の出発をなした詩選集の序詩を選んだのであろう。

坂本四方太「向島」

マサちゃんと向島に出かけ、両国から一銭蒸気で百花園へ行ったときの写生文である。言問に入り、端艇をする学生を横目に団子屋で団子を食べたことや、マサちゃんが都鳥を鳩と間違えたことなどのエピソードを添えている。

四方太は、高浜虚子、河東碧梧桐の手ほどきを受けたのち、子規庵で写生文を学んだ。龍之介は、「文芸的な、余りに文芸的な」の「六　僕等の散文」の章で、「書くようにしゃべる」作家だった漱石の写生文について「先生の散文が写生文に負ふ所のあるのは争はれない」と書き、「ではその写生文は誰の手になつたか？　俳人兼歌人兼批評家だつた正岡子規の天才によつたものである」、「かう云ふ事実を振り返つて見ると、高浜虚子、坂本四方太等の諸氏もやはりこの写生文の建築師のうちに数へなければならぬ」と四方太の功績を讃えている[44]。龍之介が「第一集の序」で「坂本四方太の「向島」は正岡子規に端を発した写生文の一例を示すものである」と述べたのは、こうした四方太の写生文にかけた情熱と才能を評価してのことだったのである。

以上の作品のほかに、家族の項ですでに見たとおり、季節の移りかわりのなかで雀の巣作りを詳細に描写した真山青果「雀の巣」がある。

7　短歌と俳句

短歌、俳句では、時代の風物や季節を叙景した短歌と俳句が採られている。また、各作家の作品を季節の順にならべていく配慮もされている。

小沢碧童「「冴え返る」其の他」

小沢碧童は一九二〇（大正九）年に小穴隆一の紹介で龍之介と知己になり、創作や俳画などで頻繁な交際が続いていた。龍之介の短篇「魚河岸」[45]には、「露柴《ろさい》」の号で登場している。龍之介は、「わが俳諧修業」[46]で横須賀の海軍機関学校教官を辞して「東京に帰りし後は小沢碧童氏に鉗鎚を受くること一方ならず」と書いている。次の高浜虚子で見るように、それまでは虚子の「ホトトギス」で句作を続けていた。

冴え返る深川に来て海の端
「《ママ》草庵春興
花もはや板屋楓の芽のほぐれ
旅持の行李なつかし土用干
今朝冬や格子から来る朝日影
婚礼の鯛の御用や年の暮

深川、板屋楓、土用干し、格子、年の暮れと、江戸の風情を季節の移ろいのなかに詠っている。「冴え返る」、「今朝冬」などの季語も、下町での落ち着いた暮らしぶりまでも写し出されていて情趣がある。このうち「今朝冬や」は、龍之介が『中央公論』に取り次いだ『最中集』の「震災後句録」からの収録である。当時、龍之介の影響もあって碧童が自由律から定型へと句作の姿勢を変えていくなかで、発表舞台を失っていった碧童の発表機会を龍之介みずから作っていたのである。

高浜虚子「遣羽子や」其の他

虚子は、中学時代に同郷の正岡子規を知り俳句の指導を受けるようになった。子規の俳誌『ホトトギス』を継承した虚子は、子規没後、新傾向俳句運動を進めた河東碧梧桐に対して、定型と季題趣味を守る立場を表明していく。その後、客観写生と花鳥諷詠を重視するようになった。収められたのは次の五句である。

遺羽子やかはりの羽子を額髪
薄氷の草を離るる汀かな
山の上の涼しき神や夕参り
雞の空時つくる野分かな
蠣量る水の寒さや升の中

かはりの羽子、草を離るる、夕参り、時つくる野分、蠣量ると、新年から冬までの一つひとつの景色を切りとって自然に生きる人々の息遣いを感じさせている。

龍之介は、「わが俳諧修業」で「海軍機関学校の教官となり、高浜先生と同じ鎌倉に住みたれば、ふと句作をして見る気になり、十句ばかり玉斧を乞ひし所、「ホトトギス」に二句御採用になる。その後引きつづき、二三句づつ「ホトトギス」に載りしものなり。但しその頃も既に多少の文名ありしかば、十句中二三句づつ雑詠に載るは虚子先生の御会釈ならんと思ひ、少々尻こそばゆく感ぜしことを忘れず」と書いている(47)。

龍之介が本格的な句作に乗り出したのは、横須賀の海軍機関学校教官時代に虚子と出会い、虚子に推挙されて自作が『ホトトギス』に掲載されてからである(48)。我鬼の署名で「熱を病んで桜明りに震へ居る」、「冷眼に梨花見て轎を急がせし」の二句が載った。『近代日本文芸読本』第二集には、「写生文的小説」と評される「興福寺の写真」を収めている。

尾上柴舟「「青麦の」其の他」

尾上柴舟は、あさ香社で落合直文に学び、一九〇二（明治三五）年に金子薫園と『叙景詩』（新声社）を出版して、明星派を意識した叙景詩運動を進めている。読本には、青麦の初夏から松の秋までの四首の短歌が収められている。

夏の初甲斐の国を過ぎて
青麦の穂尖光らせ風ふけどいまだ散らざる山桐の花
一の宮にて
くろぐろと浜を埋めて干す魚の匂に夏も近よれるらし
長瀞にて
初秋の日射曇れば水に添ふ巌の皺のまさやかに見ゆ
飯能にて
さわらかに松より透ける秋の日に乾きてならぶ山の岩かな

甲斐の国で見た青麦の穂先と山桐の美しい花、「一の宮にて」は甲斐一宮と思われる。浜に干される魚の匂いがするという浜は、笛吹川の川辺のことを指しているのであろう。名勝地長瀞の石畳の皺までくっきり見える澄みわたる初秋の景色、秩父山系の松と岩の秋が詠まれている。どれも名勝地を叙景した紀行の歌である。

また、柴舟は一九一九（大正八）年五月、中等学校教員検定試験委員（「国語」、習字）となり、この制度が終るまで委員を続けている。(49)

収められた短歌には、このほかに家族の項で見た窪田空穂「「愛しげに」其の他」がある。

8　詩

詩の分野でも、「叙景と紀行」の項で見た岩野泡鳴「植ゑ忘れた百合の赤芽」、「文体」の項で見る斎藤緑雨「新体詩見本」のほかに次の詩が収められている。

島崎藤村「椰子の実」

第一集に詩の領域の最初に掲載されている。藤村の第一詩集『若菜集』は日本近代詩の黎明をもたらした。「椰子の実」は、『新小説』に発表されたのち藤村の第四詩集である『落梅集』に収められたものだが、広く人口に膾炙しており、藤村の代表的な詩としてふさわしい。名も知らぬ遠き島より流れよる椰子の実に、みずからの流浪の思いを重ねた定型文語詩である。一九三五（昭和一〇）年七月にNHKの国民歌謡として放送され、親しく口ずさまれるようになったが、その事実は一九二七（昭和二）年にみずから命を絶った龍之介のあずかり知らぬことである。しかし、龍之介が藤村の多くの詩のなかから「椰子の実」を選んだことの意義は再確認しておいてよい。「われもまた渚を枕／孤身の浮寝の旅ぞ」、「新なり流離の憂」に人生を流浪の旅になぞらえ、「激り落つ異郷の涙」、「いづれの日にか国に帰らん」に異郷への憧憬、望郷の念を込めている。その思いは、「名も知らぬ遠き島より／流れ寄る椰子の実一つ」を胸にしたときに想像されたものであった。ここには、流れゆく時代に身を任せながらも、ふと立ち止まって「椰子の実一つ」にさえ「名も知らぬ遠き島」という他者を想う詩精神がある。藤村は、『市井にありて』[50]で「本質に対する感じを新鮮ならしむることによつて、それを直接に私達の生命からつかんでくることによつて、僅かに言葉の魂を甦らせることが出来やう」と書いている。ささやかな事物から本質をつかむ言葉を大切にする制作（創作）思想が見られる。

藤村は、詩、紀行文、感想・評論、童話、小説とさまざまな作品が「国語」教科書に掲載され続けてきた。橋本暢夫によれば、詩では、「晩春の別離」、「千曲川旅情の歌」、「椰子の実」、「舟路」、「春の曲」、「春の歌」、「暁の誕生」の順に採用が多い[51]。紀行文では、「千曲川のスケッチ」、「フランスだより」、「海へ」、感想・評論では、

「飯倉だより」、「市井にありて」、「春を待ちつゝ」、童話では、「をさなものがたり」、「幼きものに」、小説では、「嵐」、「夜明け前」という作品が多く採用されてきた。詩に限ってみても、「春の曲」、「春の歌」、「潮音」は『若菜集』、「晩春の別離」、「暁の誕生」は『夏草』、「千曲川旅情の歌」、「椰子の実」、「舟路」は『落梅集』に収められた詩である。各教科書がそれぞれの詩集所収の詩を収録することで特色を出そうとしていたことがわかる。[52]

二〇世紀後半の中学校、高校の「国語」教科書にも、これらの作品が多数収められてきた。新たに「夜明け前」、「嵐」、「初恋」も加えられ、多彩な藤村の文学が学ばれてきた。しかし、二〇〇〇（平成一二）年度版になると、その収録数はきわめて少なくなっている。[53]「千曲川のスケッチ」、「藤村詩集序」、「夜明け前」、「初恋」、「小諸なる古城のほとり」、「潮音」、「逃げ水」、「椰子の実」が、それぞれ数社の教科書に一、二篇ずつ収められている程度である。「小諸なる古城のほとり」がかろうじて八社一〇種類の教科書に収められているものの、「椰子の実」は、一社の教科書に「歌詞」として収められているぐらいである。

現代の「国語」教育ではこれまで以上に創作が重視されてきている。そのことを考えると、「小諸なる古城のほとり」に加えて、『飯倉だより』所収の「文章の道」、「初学者のために」などの制作（創作）論、紀行文「千曲川のスケッチ」、小説「夜明け前」などがせめて収録されていくことが望ましい。

土井晩翠「夕の星」

藤村と同じ時期に叙事的な表現で詩人として活躍した晩翠の代表作である。漢語漢文脈に精通した晩翠は、強い調べの詩を得意とした。高山樗牛後の『帝国文学』の編集にも従事しながら詩人として活躍した。「夕の星」は、天空の一つの星に、天体に詳しかったカルデア人も見たという歴史の悠久を重ね、みずからの世の争いに疲れ、幸福の遠いのを嘆いている。第一集の藤村に続く掲載である。対比的な編集がされている。

村松剛は、「晩翠と藤村」で二人の詩人を比較して「藤村と晩翠とは、そのころ詩壇の双璧」であり、「藤村の詩は纏綿《てんめん》とした恋情をうたったものが多く、いわば女性的だが、それにたいして晩翠の詩は「星落秋風五丈原」にせよ、「万里長城」にせよ、男性的である」と説明している。[54] また、「晩翠は、新体詩を詩の国民的なスタイルにまでたかめたいと念願していたようである」が、「漢文脈をもりこんだ彼の新体詩型は、その主題そのものをせまく限定した」こともあり、「藤村の場合のような、大きな影響力をもた」ず、日露戦争後には「詩人としては過去の存在」となっていったと書いている。

龍之介は、「詩壇の双璧」であった藤村と晩翠を対比させて学ばせる編集をしている。中学生に近代詩の黎明を体得させたいという龍之介の思いが伝わる。

千家元麿「曙」

人気のない寂しさと静かさが溢れている夜明けの町を事務員らしき女性が都会の方へゆっくり歩いていく様子を観察的に描いている。実篤とならぶ白樺派の代表的な詩人として口語自由詩で庶民の生活を描いた。「曙」には、彼の代表作である『自分は見た[55]』と同じ世界が描かれている。

9　文体

森鷗外「老曹長（デトレフ・フォン・リリエンクロオン）」

フリードリヒ二世下のプロイセン軍で軍人だった人物が、独立戦争でやってきたナポレオンにフリードリヒ大帝のことを尋ねられたり、老年になって朦朧とする意識のなかで生涯の戦役を省みながら亡くなったのを目撃したプロイセン軍の兵士たちが彼の家族を探したという話である。

「老曹長」は、元軍人詩人のリリエンクローンが唯一成功した小説である。雑誌『東亜之光』に掲載されたのちに、『十人十話』[56]に収められた。小堀桂一郎によると、この頃の鷗外は翻訳に興が乗ってきた時期で、一九一一（明治四四）年に九篇、一九一二（明治四五）年に一五篇、一九一三（大正二）年に一六篇、一九一四（大正三）年に五篇という多くの翻訳を行っている。[57] 小堀は、『十人十話』の意義について、「生涯の訳業の頂上をなす四年間の業績から『十人十話』『諸国物語』『蛙』といふ三点の翻訳小説集が生れ」、「その第一に当る『十人十話』は明らかに漫然たる集積ではなくて意識してなされた編集の所産であ」り、「十人の作家が各人一作をそこに提供し」た「「独墺短編集」とでも言ふべき」「ドイツ語文化圏の産物の邦訳である」と述べている。[58] 龍之介がドイツ語圏文学の翻訳を紹介する意図で採録していることがわかる。

龍之介が鷗外の翻訳「老曹長」と小説「高瀬舟」を収めたことの意味は重要である。というのも、龍之介はすでに中学時代に「森さんのものも大抵皆読んで[59]」おり、東京帝国大学時代にも、鷗外の『分身』、『走馬燈』、『意地』、『十人十話』などを読みつづけていた。[60] また「山椒大夫をよんでしみじみ鷗外先生の大手腕に感服しました[61]」と書簡にも書いている。こうした龍之介の一連の発言から「漱石ほど明瞭な証跡は存在しないが、芥川の鷗外への私淑は疑う余地のないものだったと言われている[62]」というのが大方の評価である。その鷗外の「西洋文学の先達としての意義は余りにも偉大で、芥川が身近に親炙していた薄田泣菫や北原白秋をさらにもう一段遡れば直ちに鷗外に行き当たる」というわけである。そのように強く意識した鷗外の作品から歴史ものを選んだのである。「老曹長」も「高瀬舟」も、歴史に材を得ており、死を象徴的に描いた作品である。鷗外の作品のなかから、この二作を選んだところに龍之介の鷗外観が出ているとも言える。

小山内薫「大判半裁紙（ストリントベルグ）」

小山内薫は、第一次、二次『新思潮』の編集をする一方で、西洋近代劇研究をすすめ新しい演劇を主張して自由劇場を市川左団次と結成した。小山内は、すでに一九〇七（明治四〇）年には柳田国男、長谷川天渓、田山花袋らとイプセン研究会を始めた。そうした動きのなかで、スウェーデンのストリントベルグの短編も翻訳したのである。

「大判半裁紙」の内容は、家財道具をすべて片付け引越しする男が一枚の大判半裁紙を発見する。そこには、彼の一生に起こったできごとが記載されていたというものである。

ストリントベルグは龍之介の回想記や随想に頻繁に登場する。たとえば、「愛読書の印象」では、「ストリントベルグなどに傾倒したのはこの頃[63]」と高等学校卒業前後にストリンドベルグをよく読んだことを述べている。また、「あの頃の自分の事（削除分）」にも「読んだ本の中で、義理にも自分が感服しずにゐられなかつたのは、何よりも先ストリントベルグであつた[64]」とあり、龍之介に大きな影響を与えたことが窺える。作品としては、「手巾」の冒頭で「東京帝国法科大学教授、長谷川謹造先生は、ヴエランダの籐椅子に腰をかけて、ストリントベルクの作劇術を読んでゐた[65]」などと描写されている。

晩年になると、龍之介はストリントベルグに言及することが多くなった。たとえば、「河童」には、「これは我々の聖徒の一人、——あらゆるものに反逆した聖徒ストリントベリイです。（中略）この聖徒の我々に残した『伝説』と云ふ本を読んで御覧なさい。この聖徒も自殺未遂者だつたことは聖徒自身告白しています」とある[66]。「侏儒の言葉（遺稿）」でも「ストリントベリイは「伝説」の中に苦痛か否かと云ふ実験をしたことを語ってゐる[67]」と同じ趣旨が語られる。また、「文芸的な、余りに文芸的な」では、「「芸術家として」のストリントベリイは僕等の愛読に値してゐる。しかし「人として」のストリントベリイは、——恐らくは僕の尊敬する批評家XYZ君よりもはるかにつき合ひ悪いことであらう」とあり、「歯車」でも「僕は丸善の二階の書棚にストリンドベルグの「伝説」を見つけ、二三頁づつ目を通した」と書き記している。このほかにも、「明日の道徳」、「西方の人」、「闇中問答」、「或阿呆の一生」などでストリントベルグへの関心を記録している。よく知られているように、龍之介のストリントベルグへの関心は、当時の青年層のストリントベルグへの熱狂に加えて、彼の神秘主義や抵抗精神への共感が背景にあった。それは、幼児期に母を失い、青年期には社会批判を高める一方で病的な精神状態に陥りながら『令嬢ジュリー』、『地獄』、『伝説』などを発表していったストリントベルグへの傾倒であった[68]。

「新富座劇評」には、新富座で市川荒次郎、米左衛門が演じた岡本綺堂作「番町皿屋敷」を鑑賞して、「もし僕が小山内氏だつたら、次の自由劇場にはこの二人にストリントベルグの「ユリア」をやらせるがなと考へた」とある。その理由が面白い。「この二人程西洋人じみた、非凡な風采容貌は稀多にない」ので、「彼等を歌舞伎の世界にのみあらしめるのには、善く云へば彼等に気の毒である」と書いている。ここにも、小山内薫によるストリントベルグ受容の評価を見ることができる[69]。

山田美妙「嗚呼広丙号」

軍艦広丙号が台湾海峡で沈没した事件を乗船していた藤木海軍仕官の見聞を美妙が記した形式を採っている。塩田良平は「作者の又ぎきの話であるが、文章も簡潔で美妙の作品中では小さいものながらも佳品と称せられてゐる。発表当時も評判がよかつた[70]」と解説している。硯友社出身の美妙は、欧文の修辞法を積極的に取り込んで言文一致の小説を書いていった。「嗚呼広丙号」も言文一致の事例として採録されている。

山田美妙のひ孫にあたる山田篤朗が『山田美妙[71]』で『近代日本文芸読本』のことに触れている。龍之介は、読本がすでに刊行されたにもかかわらず、いまだ掲載の了承が取れていない作家やその遺族に連絡を取ろうとしていた。編集を手伝っていた蒲原春夫に宛てた手紙では「お手紙拝見。いろいろ御苦労さま。三人となると、三人だけのこすのは残念な心もちもする。乙字は碧童さんにこちらから問ひ合せやう。美妙、篁村、わかる方法なきや。それから加能君から借りた本、訂正をすませたら、加能君へ返却してくれ給へ[72]」と書き記している。おそらく掲載された作家一二四名のうち、連絡できていないのは三名になったということのようである。

山田篤朗は、「しばらくして、おそらく蒲原から美妙の長男旭彦は連絡を受けた。その挨拶のため旭彦は昭和二年七月二十四日に芥川家を訪れた。ところが、その日の朝、芥川は自殺し旭彦は倉皇として帰宅せざるを得なかった」と書いている。そして、「二度のスキャンダル・廃嫡と、自分で蒔いた種とはいいながら続けざまに最悪の事態に追い込まれ、その後の経済状態も逼迫していた美妙が、よく自殺を図らなかったなと思い、その自殺をしなかった理由とは何だったのだろうかという視点から美妙を見直そうと考えた」と書き、「それは芥川自殺当日の旭彦も同じ事を思ったのではないか」と添えている。

「二度のスキャンダル・廃嫡」とは、言文一致運動で活躍しながら、浅草の「茶屋女」との金銭トラブルとそれに対する逍遥の批判、嫁姑間の諍い中の「歌奴」との同棲、妻の死去、姉の孫による山田家の相続と「続けざまに最悪の事態」に遭っていたことを指している。龍之介は、美妙のことはほとんど何も書き残していない。わずかに『近代日本文芸読本』の第一集に「嗚呼広丙号」を入れて、美妙の文学を後世に伝えようとしたことはたしかである。

斎藤緑雨「新体詩見本」

「新体詩抄」で新詩型を提唱した外山正一、「国文学」者の上田万年、読売新聞の鳥居選「懸賞募集軍歌」を模して作詩した。新しい時代の詩を現代語で作りだした文語詩である新体詩を紹介するとともに、「明治以後の日本には少い擬似詩（Parody）の一例を示す為に三篇の見本を選んだのである」と、龍之介が「第一集の序」で述べていたことは四方太の項で見た。その一節の「外山調」を引いてみる。

火鉢の上に鉄瓶が

落ちて居るとて無断にて
他人の物を持ち行くは
取りも直さず泥坊で
泥坊元来不正なり。
雲を霞と逃ぐるとも
早く縄綯ひ追駆けて
縛せや縛せ犯罪人。

龍之介の言うように鋭い批評精神がある。ただ単に外山調として模しただけではない。世間の常識としての「犯罪」概念をうまく裏返して、たとえば国家権力による収奪のような、もっと大きな「犯罪」を批評して笑いを誘う妙味がある。「火鉢の上に鉄瓶が落ちて居る」という言いがかりを付けていく体質を問題にしているのである。

花田清輝は、「笑いの仮面」で緑雨のこの詩を取りあげて、「緑雨の「新体詩」にたいする批評は――或いはまた、そこから生れる笑いは、たしかに詩の領域にだけ向けられたものではないかのようだ。自明の理、同意語反復、陳腐な言葉の羅列――にも拘らず、当時のどの「新体詩」よりも新しい。かれはするどい批評眼をもっていた」[73]と評している。清輝は、現実の世界の虚偽がしばしば芸術の世界の真実となることを述べて、芸術の批評性を論じているのである。新体詩が開化期の啓蒙的、教訓的な色彩を帯びていたなかで、緑雨の新体詩は、新体詩自体が負わされた歴史的性格を逆に暴きだす批評性も持ちあわせている。龍之介は緑雨のそうした批評性に着目する中等学校生の学びを期待したのである。

その一方で、龍之介は「斎藤緑雨は右に森先生の西洋の学を借り、左に幸田先生の和漢の学を借りたものの、畢に批評家の域にはいつてゐない。（しかし僕は随筆以外に何も完成しなかつた斎藤緑雨にいつも同情を感じてゐる。緑雨は少くとも文章家だつた。）[74]」と書いてもいる。しかし、この言及を含んだ「文芸的な、余りに文芸的な」の「三十二　批評時代」を注意深く読むと、「彼の批評を「批評」と云ふ文芸上の或形式に完成する力を持つてゐる」「「真の批評家」の出現することを望む」という立場からのものであることがわかる。また、「批評家鷗外先生の当時の「専門的批評家」を如何に凌駕してゐるかを知つた。同時に又かう云ふ批評家のない時代の如何に寂しいものであるかを知つた」という表現もある。緑雨が力のある文章家であることをよく見つつも、鷗外や露伴の文学から多くのものを学びながら、いまだ我々創作家の期待する批評家に育ちきれておらず、批評家として「「批評」と云ふ文芸上の或形式に完成する力」を持った真の批評家になってほしいという期待の表明であることがわかる。

三　各作家のどんな作品が収録されたか

龍之介の採録した作品が、それぞれの作家のなかでどう位置づいたものであるかを見ていくと、大別して次の四種に分類される。

1　作者の代表的な作品、出世作品

国木田独歩「非凡なる凡人」は、新文学の代表的作品集として、独歩の名を高めた第三小説集『運命』に収められている。藤村の「椰子の実」、晩翠「夕の星」はともに代表作である。

2　作家の創作第一集所収作品

啄木の『一握の砂』は第一歌集であり、第二歌集『悲しき玩具』は彼の遺稿集でもある。白秋の「植物園小品」は、『創作』（一九一〇（明治四三）年五月一日）に原題「春のsuggestion（暗示）——植物園スケッチの一——」で掲載されたのちに、白秋の第一歌集『桐の花』に収められた。

3　文学史上重要な意義を持つ作品

空穂の「「愛しげに」其の他」は彼の文学的転機となった作品集『土を眺めて』から採られている。妻の死後創作を通して立ち直っていく空穂の記念碑的な作品集である。

鷗外の「老曹長（デトレフ・フォン・リリエンクロオン）」は鷗外の訳業の重要な時期に発表された作品であり、鷗外の翻訳文体の具体的なすがたを紹介するうえで文学史上重要なものである。

同じく、小山内薫「大判半裁紙（ストリントベルグ）」は、西洋演劇研究の成果である。

4　発表当時に評価の高かった作品

山田美妙「嗚呼広丙号」は、塩田良平の解説にあるように「発表当時も評判がよかつた[75]」ということである。こうした事実は、各作家の代表作を読者に読ませたいという意図で編集されていることがよくわかる。作家の側に視点をあてれば、文壇に登場するきっかけとなった作品や転機となった作品を収録することで、各文壇作家への配慮をしていたということも言えるであろう。

四　第一集が現代の「国語」教育に示唆するもの

第一集が読者対象として想定しているのは中等学校一年生である。これから文芸を学ぶ子どもたちに文芸への親しみを持たせる入門的な配慮がある。その第一集が現行の「国語」教育に示唆するものとして、主に次の四点を指摘しておきたい。

1　家族と少年期の追憶

第一集には家族を主題とした作品が多く収録されていた。家族の話題は読者である中等学校生にとって最も身近な関心事である。それは当時も現代も変わらない。また、郊外や時代の風物、自然を描いた作品も多かった。このほか、少年や追憶をテーマにしたもの、中学生らが関心を示しやすい歴史ものもあり、全体として読者年齢を考慮した龍之介の配慮がよく見えている。

現代の「国語」教育でも、家族の問題を積極的に取りあげていくことは重要である。労働形態の変化や生活スタイルの変容にあわせて家族のあり方もずいぶん変わってきた。しかし、子どもたちにとって家族は最も心安らぐ場所であり、明日への希望を語りあえる大切な成長の場である。その話題を抜きにして子どもたちの学びや成長もない。そうした作品が多く学ばれる機会を積極的に作っていく「国語」教育でありたい。

第一集収録作品のなかでは、現在でも学ばれる龍之介の「トロッコ」や啄木の短歌にならんで、二葉亭四迷の「平凡」も再度学びたい。また、独歩の「非凡なる凡人」も時代と若者のすがたを考えるうえで重要な教材である。

2　写生文と叙景

「第一集の序」には、「坂本四方太の「向島」は正岡子規に端を発した写生文の一例を示す」ために収めたとあった。虚子も子規の弟子として写生文を描いた。子規は『日本』に「叙事文」を載せ、それに触発されて虚子は『浅草寺のくさ〴〵』を「ホトトギス」に載せている。これが「写生文」の始まりとされている。短歌でも、尾上柴舟の甲斐から秩父を紀行した叙景歌を収めている。

　第一集では、写生文に関わった坂本四方太の「向島」と虚子の俳句、柴舟の短歌を載せ、写生文の実際を文章と俳句、短歌のそれぞれから示している。

　また、坂本四方太「向島」の項で「第一集の序」の「正岡子規に端を発した写生文の一例を示すもの」とあるのを見た。また、斎藤緑雨の「新体詩見本」では、「明治以後の日本には少い擬似詩（Parody）の一例を示す為に三篇の見本を選んだ」という注記をしていた。これは、新しく生み出されてきた文体を若い読書世代に伝えようとしているものである。現代の「国語」教育で、こうした文例に写生文の歴史を学び、言語表現としての写生の意義を自覚していくことは、学び手自身の表現力を育てるうえでも重要である。

3　幻想

　現代の「国語」教育でも少なくない幻想的な作品が学ばれている。そうした作品のなかに、犀星の「笛を合はす人」や雨雀の「雪女」も古典に材をとった文体や戯曲の学習とも重ねて学ぶ機会があることを期待したい。また、宗教を扱った佐藤春夫の「最もよき夕」や実篤の「仏陀と孫悟空」も中学生には興味が持てる作品である。幻想的な場面や霊性を読む小説も中学生は関心を持つであろう。このような象徴的な作品を多数収めているのが、龍之介の読本の大きな特徴である。

4　文体

藤村の「椰子の実」と晩翠の「夕の星」が抒情詩と叙事詩の文体比較として、「国語」教育で学ばれることを期待したい。現代の「国語」教育では、詩の学びの位置づけが不明確になっており、十分な詩の指導ができる指導者も多くない。しかし、朝の読書の時間などで詩を読む生徒も少なくない。そうした現状を踏まえて、再度詩の学びを文体の視点からも考えてみるべき時期にきている。

また、晩翠は、当時の中学校、高等学校校歌・寮歌の作詩家として夙に有名であった。旧制一高の寮歌だけでもいくつもあるという。村松剛によると、「晩翠の詩は、当時の中学、高等学校の校歌、寮歌の、原型的存在となった。旧制一高だけを例にとっても、「人生意気に感じては」（「星落秋風五丈原」）とか、「嗚呼跡ふりぬ人去りぬ」（「万里長城の歌」）とか、「青鸞《せいらん》花を啄《ついば》みて」（「ミロのヱーナス」）とかの詩句が、——そのままではないまでも——寮歌に借用されている」という。[76] こうした話題なども織りこんで、近代詩の黎明を築いた二大詩人の詩を深めていきたい。

また、文体という点では、桂月「練馬の一夜」の文体は、漢文脈の色彩の濃い文体である。日本文学における漢文脈の問題も高校「国語」教育で扱いたい。

翻訳文体については、鷗外「老曹長（デトレフ・フォン・リリエンクロオン）」と小山内薫「大判半裁紙（ストリントベルグ）」があった。緑雨の「新体詩見本」とならんで、日本の文体形成という観点からも教材化できることが望ましい。

註

（1）『一握の砂』東雲堂書店、一九一〇年一二月一日。『悲しき玩具』東雲堂書店、一九一二年六月二〇日。

（2）岩城之徳『啄木歌集全歌評釈』筑摩書房、一九八五年三月二五日、三八五頁。

（3）「文芸的な、余りに文芸的な」『改造』第九巻第五号、一九二七年五月一日。『芥川龍之介全集』第一五巻、岩波書店、一九九七年一月八日、一六三頁。

（4）川本三郎「序　なぜ郊外か」『郊外の文学誌』新潮社、二〇〇三年二月二五日、二一～二二頁。

（5）「白」『女性改造』第二巻第八号、一九二三年八月一日。『芥川龍之介全集』第一〇巻、岩波書店、一九九六年八月八日、一一七～一三一頁。

（6）野村喬「解題」『真山青果全集』補巻五、講談社、一九七七年七月一〇日、七一三頁。

（7）芥川龍之介「私の踏んで来た道／『羅生門』の後に」『時事新報』一九一七年五月五日。表記題名は『羅生門』（阿蘭陀書房、一九一七年五月二三日）巻末に収められた際のものである。『芥川龍之介全集』第二巻、岩波書店、一九九五年一二月八日、一一〇頁。

（8）土岐善麿「解題」『窪田空穂全集第1巻　歌集1』角川書店、一九六五年二月一〇日、四四一～四四二頁。窪田章一郎「窪田空穂全著作解題」（『窪田空穂全集別冊　窪田空穂資料』角川書店、一九七八年三月三〇日、三〇二～三〇三頁）には、「愛妻の死を悲しむ挽歌集であるとともに、在りし日を偲ぶ相聞歌集となっている。上・下二篇にわかち、長歌は近代短歌史上に類のないもので、万葉集の型式を再生させている」という解題がある。

（9）『芥川龍之介全集』第五巻、岩波書店、一九九六年四月八日、三二八頁。「注記」に、宇野浩二『芥川龍之介』（河出書房新社、一九五三年一〇月）では、二人が知りあったのは一九二〇年としているが、これは宇野の記憶違いと指摘されている。

（10）『芥川龍之介全集』第一九巻、岩波書店、一九九七年六月九日、一一七～一一九頁。

（11）「大正八年度の文芸界」『毎日年鑑（大正九年、一九二〇年版）』大阪毎日新聞社・東京日日新聞社編纂、一九一九年一二月五日。『芥川龍之介全集』第五巻、岩波書店、一九九六年四月八日、一九一頁。

（12）岡本経一編『綺堂年代記』青蛙房、二〇〇六年七月一〇日、一六〇～一六一頁。

（13）「九年一月明治座評」『東京日日新聞』一九二〇年一月一六日、原題「明治座劇評」。『芥川龍之介全集』第五巻、岩波書店、一九九六年三月八日、二八九頁。

(14)「新富座劇評」『東京日日新聞』一九二〇年六月一五日。『芥川龍之介全集』第六巻、岩波書店、一九九六年四月八日、二三四頁。

(15)「十年一月帝国劇場評」『東京日日新聞』一九二一年一月二〇日、原題「帝劇々評」。『芥川龍之介全集』第七巻、一九九六年五月八日、一八〇～一八一頁。

(16)「愛読書の印象」『文章倶楽部』第五年第八号、一九二〇年八月一日。『芥川龍之介全集』第六巻、岩波書店、一九九六年四月八日、二九九頁。

(17) 二葉亭四迷「私は懐疑派だ」一九〇八年二月。畑有三・安井亮平注釈『日本近代文学大系第四巻、二葉亭四迷集』角川書店、一九七一年三月一〇日、四五一頁。

(18) 引用は『近代日本文芸読本』第一集、二〇八頁。『春服』（春陽堂、一九二三年五月一八日）に収録された本文を定本とする『芥川龍之介全集』第九巻（岩波書店、一九九六年七月八日、四七頁）とは一部表記に異同がある。

(19) 橋本暢夫『中等学校国語科教材史研究』溪水社、二〇〇二年七月三〇日、四一五～四二二頁。芥川龍之介と垣内松三の「国語」教科書との関連、岩波編輯部編『国語』との関連については、第三章及び第四章で考察する。

(20) 岩城之徳「歌集解題」『啄木歌集全歌評釈』筑摩書房、一九八五年三月二五日、三九三頁。

(21) 千葉俊二「追憶文学の季節」『白秋全集月報36』岩波書店、一九八七年一二月、一二～一六頁。

(22)「文芸的な、余りに文芸的な」『改造』第九巻第五号、一九二七年五月一日。『芥川龍之介全集』第一五巻、一九九七年一月八日、一九四～一九七頁。

(23) 山田博光注釈『日本近代文学大系第十巻　国木田独歩集』角川書店、一九七〇年六月一〇日、四五八頁。

(24) 勝尾金弥『伝記児童文学のあゆみ――一八九一から一九四五年――』ミネルヴァ書房、一九九九年一一月五日、三四～五一頁。

(25)「久米正雄――傚久米正雄文体――」『新潮』第四〇巻第一号、一九二四年一月一日、原題「人間随筆（其二）――最近の久米正雄氏」。『百艸』（新潮社、一九二四年九月一七日）に表記題名で収録。『芥川龍之介全集』第一〇巻、一九九六年八月八日、二五三頁。

(26)「或阿呆の一生」『改造』第九巻第一〇号、一九二七年一〇月一日。『芥川龍之介全集』第一六巻、岩波書店、一九九七年二月一〇日、三七、三五一頁。

(27) 佐藤春夫「聖書の愛読者」『ニューエイジ』第四巻第三号、一九五二年三月一日。引用は、『定本　佐藤春夫全集』第二四巻、臨川書店、二〇〇〇年二月一〇日、八九～九〇頁。

(28) 佐藤春夫「芥川龍之介を憶ふ」（『改造』第一〇巻第七号、一九二八年七月一日）に「羅生門の会と云ふものをやらうと云ふ考へはどうも僕が最初に思ひ付いたものらしい」とある。引用は、『定本　佐藤春夫全集』第二〇巻、臨川書店、一九九九年一月一〇日、一五七頁。

(29) 関口安義『芥川龍之介とその時代』筑摩書房、一九九九年三月二〇日、二四五～二四七頁。

(30) 佐藤春夫「芥川龍之介を憶ふ」『改造』第一〇巻第七号、一九二八年七月一日。引用は、『定本　佐藤春夫全集』第二〇巻、臨川書店、一九九九年一月一〇日、一五七～一六一頁。

(31) 「佐藤春夫氏の事」『新潮』第三〇巻第六号、一九一九年六月一日。原題は「何よりも先に詩人」。『芥川龍之介全集』第四巻、岩波書店、一九九六年二月八日、二六〇頁。

(32) 「大正八年度の文芸界」『毎日年鑑（大正九年、一九二〇年版）』大阪毎日新聞社・東京日日新聞社編纂、一九一九年一二月五日。『芥川龍之介全集』第五巻、岩波書店、一九九六年四月八日、一八六～一八七頁。

(33) 「私の文壇に出るまで」『文章倶楽部』第二年第九号、一九一七年九月一日。副題は「初めは歴史家を志望」。原題は「私の文壇に出るまで――文壇諸家立志物語（4）」。『芥川龍之介全集』第二巻、岩波書店、一九九五年一二月八日、二二七頁。

(34) 「あの頃の自分の事」『中央公論』第三四年第一号、一九一九年一月一日。『芥川龍之介全集』第四巻、岩波書店、一九九六年二月八日、一二七頁。「我々」は、第四次『新思潮』同人の成瀬正一、久米正雄、松岡譲、龍之介の四人。

(35) 拙稿「芥川龍之介童話論――神秘と自己像幻視の物語――」『両論』第二九号（一九九九年四月五日）、第三〇号（一九九九年九月二日）、第三一号（二〇〇〇年三月一五日）、神戸大学発達科学部浜本研究室「両輪の会」。

(36) 「龍の笛」『コドモノクニ』（一九二二年八月）、「篳篥師用光」『赤い鳥』（一九二四年九月）、「笛吹く人」『女性』（一九二四年九月）。

(37) 黒崎真美「〈笛〉をめぐる作品群（一）――「龍の笛」「笛を合す人」の考察――」『室生犀星研究』第二八輯、室生犀星学会、二〇〇五年五月、一〇七～一一四頁。「笛と太鼓」は『中央公論』一九二二年一一月。

(38) 室生犀星『忘春詩集』新潮社、一九二二年一二月。

(39)「大正八年度の文芸界」『毎日年鑑（大正九年、一九二〇年版）』大阪毎日新聞社・東京日日新聞社編纂、一九一九年一二月五日。『芥川龍之介全集』第五巻、岩波書店、一九九六年四月八日、一九〇頁。

(40)「大正八年度の文芸界」『毎日年鑑（大正九年、一九二〇年版）』大阪毎日新聞社・東京日日新聞社編纂、一九一九年一二月五日。『芥川龍之介全集』第五巻、岩波書店、一九九六年四月八日、一八五～一八六頁。

(41) 紅野敏郎「秋江文学と「随筆」の意味」『近松秋江全集第七巻』八木書店、一九九三年八月二三日、一一頁。以下、紅野の紹介を要約する。「時事新報」夕刊は、一九二二（大正一一）年九月一四日～一六日付である。『秋江随筆』は、一九二三年（大正一二）年六月に刊行された。『随筆感想叢書』は、『三筋街より』（久保田万太郎）、『芸術を生む心』（藤森成吉）、『文藝春秋』（菊池寛）、『芸術家の喜び』（佐藤春夫）、『点心』（芥川龍之介）、『文芸夜話』（宇野浩二）、『朱き机に凭りて』（里見弴）、『人間雑話』（久米正雄）、『塵労』（山本有三）の一〇冊である。「一家一巻、各独自の色彩と主張を持つて、読者をして宛も著者その人に面接する感あらしむ。近来創作物よりも売行熾なる叢書は是也」と広告にうたわれている。

(42)「文芸的な、余りに文芸的な」『改造』第九巻第五号、一九二七年五月一日。『芥川龍之介全集』第一五巻、一九九七年一月八日、一六一頁。拙稿「芥川龍之介と北原白秋――童心と神秘の視角から――」『名古屋近代文学研究』第一六号、一九九八年一二月二〇日、八八～一〇八頁。

(43)『日本の詩　堀口大学』（ほるぷ出版、一九七五年一二月一日）所収の編者（平田文也）注による。六一頁。また、彼の経歴も同「人と作品」による。『堀口大学選集「遠き薔薇」』は、新潮社、一九二四年五月一七日。

(44)「文芸的な、余りに文芸的な」『改造』第九巻第五号、一九二七年五月一日。『芥川龍之介全集』第一五巻、一九九七年一月八日、一六〇～一六一頁。

(45)「魚河岸」『婦人公論』第七年第九号、一九二二年八月一日。『芥川龍之介全集』第九巻、岩波書店、一九九六年七月八日、一八五～一八八頁。

(46)「わが俳諧修業」『俳壇文芸』第一年第六号、一九二五年六月一日。『芥川龍之介全集』第一二巻、岩波書店、一九九六年一〇月八日、二四二頁。

(47) 右に同じ。

(48)『ホトトギス』第二一巻第八号、一九一八年五月三日。『芥川龍之介全集』第三巻、岩波書店、一九九六年一月一〇日、二〇二頁。
(49) 藤原幾太「尾上柴舟年賦」『尾上柴舟全詩歌集』短歌新聞社、一九六八年一二月一五日、三八四頁。
(50) 島崎藤村『市井にありて』岩波書店、一九三〇年一〇月二〇日、引用は『島崎藤村全集』第一三巻、筑摩書房、一九六七年九月一〇日、九頁。
(51) 橋本暢夫『中等学校国語科教材史研究』渓水社、二〇〇二年七月三〇日、一五四～一六三頁。
(52)『若菜集』春陽堂、一八九七年八月。初出はすべて『文学界』。『夏草』春陽堂、一八九八年一二月。『落梅集』春陽堂、一九〇一年八月。「小諸なる古城のほとり」は『明星』創刊号（一九〇〇年四月）に「旅情」の題で発表された。
(53) 中河督裕ほか調査・作成『高等学校の国語教科書は何を扱っているのか』京都書房、二〇〇〇年一月一〇日。
(54) 村松剛「詩人の肖像」『日本の詩歌2』中央公論社、一九六九年三月一五日、三七九～三八二頁。
(55) 千家元麿『自分は見た』一九一八年五月。
(56)『東亜之光』第七巻第一号、一九一二年一月一日、『十人十話』実業之日本社、一九一三年五月二八日。
(57) 小堀桂一郎『森鷗外――文業解題　翻訳篇』岩波書店、一九八二年三月三〇日、八六～八七頁。
(58) 右に同じ、七八～七九頁。
(59)「私の文壇に出るまで」『文章倶楽部』第二年第八号、一九一七年八月一日。『芥川龍之介全集』第二巻、岩波書店、一九九五年一二月八日、二二七頁。
(60) 広瀬雄宛書簡、一九一三年八月一九日付。『芥川龍之介全集』第一七巻、岩波書店、一九九七年三月一〇日、一二八頁。
(61) 江口渙宛書簡、一九一七年三月八日付。『芥川龍之介全集』第一八巻、岩波書店、一九九七年四月八日、九二～九三頁。
(62) 野山嘉正『改訂版　近代詩歌の歴史』放送大学教育振興会、二〇〇四年三月二〇日、二一五頁。
(63)「愛読書の印象」『文章倶楽部』第五年第八号、一九二〇年八月一日。『芥川龍之介全集』第六巻、岩波書店、一九九六年四月八日、三〇〇頁。
(64)「あの頃の自分の事（削除分）」『中央公論』第三四年第一号、一九一九年一月一日。『芥川龍之介全集』第四巻、岩

波書店、一九九六年二月八日、一四五頁。のちの単行本に未収録のため、「別稿」として扱われてきた。「削除分」という表記は岩波版全集に従う。

（65）「手巾」『中央公論』第三一年第一一号、一九一六年一〇月一日。『芥川龍之介全集』第一巻、岩波書店、一九九五年一一月八日、二六五頁。

（66）「河童」『改造』第九巻第三号、一九二七年三月一日。『芥川龍之介全集』第一四巻、岩波書店、一九九六年一二月九日、一五四頁。

（67）「侏儒の言葉（遺稿）」『文藝春秋』第五年第一〇号、一九二七年一〇月一日。『芥川龍之介全集』第一六巻、岩波書店、一九九七年二月一〇日、七四頁。

（68）金子明雄「ストリントベリ」『芥川龍之介新辞典』翰林書房、二〇〇三年一二月八日、三三五～三三六頁。

（69）「新富座劇評」『東京日日新聞』一九二〇年六月一六日。『芥川龍之介全集』第六巻、岩波書店、一九九六年四月八日、二三四頁。

（70）塩田良平「美妙の時事・世話小説に就いて」『美妙選集』上巻、立命館出版部、一九三五年一〇月二五日、一四頁。

（71）山田篤朗『山田美妙』勉誠出版、二〇〇五年一二月二〇日、二四九～二五二頁。

（72）蒲原春夫宛書簡、一九二六年二月九日付。『芥川龍之介全集』第二〇巻、岩波書店、一九九七年八月八日、二一九～二二〇頁。

（73）花田清輝「笑いの仮面」『花田清輝著作集Ⅰ』未来社、一九六四年六月一五日、二二四頁。

（74）「文芸的な、余りに文芸的な」『改造』第九巻第六号、一九二七年六月一日。『芥川龍之介全集』第一五巻、岩波書店、一九九七年一月八日、二一〇頁。

（75）塩田良平、前掲書、一四頁。

（76）村松剛「詩人の肖像」『日本の詩歌2』中央公論社、一九七〇年三月一五日、三八二頁。

第三節　第二集の特徴

一　第二集収録二九作品について

『近代日本文芸読本』第二集には、二九篇の作品が収録されている。その内訳は、小説八（翻訳一を含む）、小品一、戯曲四（翻訳一を含む）、評論二、随筆四、詩三、短歌五、俳句二篇である。そのうち、短歌と俳句は、各篇に五首、五句ずつが収録された。

第一集に続き、家族を扱ったものが多くなっている。しかし、第一集と異なり、郊外を描いた作品や少年や追憶をテーマにしたものは少ない。同じ家族を扱うにしても、さまざまな人間関係を抱えこんだ家族が描かれている。

また、新たに社会、思想、労働に関するものが目立つ。軍隊を描いた小説もある。

「第二集の序」には、「この集に収めた作品に就いては特に記したいことは一つもない。若し強ひて記すとすれば、――如何に強ひて記すとしても、やはり特に記したいことは一つもないと言ふことだけである」とある。しかし、それは龍之介特有の言いまわしであって、第二集にも、第一集の森鷗外と小山内薫の翻訳文体を受けるかたちで二葉亭四迷と坪内逍遥の翻訳が紹介されている。また、漱石の小品もあり、「一つもない」ではなく「ありすぎて書ききれない」という思いが言外に隠されていると理解したほうがよい。

二　主題や内容から見た収録作品の特徴

1　家族

家族を素材としたもののうち、母親を中心に描かれたものが四篇、父親中心のものが三篇、郊外や夫婦を扱ったものが一篇ある。龍之介自身もみずからの出生に関わって、終生母親の問題に関心を寄せた。このことも家族の問題を扱う作品を多く採用した理由の一つとも考えられる。

藤森成吉「春」

藤森成吉は、蘆花の「謀反論」に感動して社会問題に関心を深め、ツルゲーネフ「うき草」を読み文学の世界に踏み込んでいった。『帝国文学』編集員になって龍之介の「ひよつとこ」を推挙している。のちに、日本社会主義同盟、『種まく人』との接触が多くなり、プロレタリア作家として活躍する。

「春」は、郊外にいた頃買った記念の木瓜が枯れかけたのを見て、これまでの人生の感慨にひたる小説である。私は引越しのときに持ってきて放っておいた木瓜がつぼみを出したのを目撃する。自分たちも貧乏と迫害と病気と孤独で随分苦労してきたが、目に見えない確かな運命でこうして子どもまで育てていけ、春の喜びを味わっていると実感する。木瓜もほかの植物も同じだ。「すべてのものの春だ！」という記述で終わっている。

龍之介は、成吉について「氏は鈴木三重吉氏に師事した人であると云ふが、その抒情味には三重吉氏の如き、繊巧を極めた所がない。その代り自然の氣息のやうな、素朴な清新さが流れてゐる」(1)と書いている。「春」も「素朴な清新さ」の評にふさわしい小説である。

倉田百三「布施太子の入山（第一幕）」

民衆によりよい布施をするために、太子が永遠なる生を求めて修行に出るという内容である。太子は、檀特山の阿周陀という聖人に会い教えを乞う。そして、道を求め、死に打ち勝つ智恵を得るために、太子の位を捨て修行に出る。ところが、母の王妃は太子を独占的に愛そうとする。母を棄てるのかと詰問する王妃に対して、太子は「真実の報恩に適ふ道である」と説き出立しようとする。結局、王妃は息子の願いを聞きいれ「母の悲しみと誇りを同時に感じます」と語る。布施をする太子は旅立ちに際して、東宮倉庫のものすべてを民に布施するよう命じていくという展開である。個の内的な成熟として、他者との向きあい方や歩み方に重心が置かれている。龍之介は、こうした道を求める太子たちの思想を中等学校の生徒に紹介しているのである。

鈴木範久は、百三に登場する人物は「いわば献身的、利他的な生涯を送った人々であ」り、そうした人々の生き方は「青年期から倉田にとって理想の生涯であった」と述べている。そして「それは容易に実行できるものではない。では容易に実行できない弱い人間にはたして存在理由はあるのか、それとも自己を捨てるのみでなく、自己をいかす道はないのか、これらの課題の探究が、倉田の求道の人生をよんだ」と解説している[2]。

百三は、龍之介、菊池寛、久米正雄らと第一高等学校文科の同級生であったが、一年後に法科に転じた。しかし、西田幾多郎の『善の研究』[3]に出会い、「唯我論を脱することが出来た」（『愛と認識との出発』[4]）として再び文科に戻っている。結核で一高を退学して郷里広島で静養後、京都の一燈園に入る。『生命の川』に発表した「出家とその弟子」が岩波書店から刊行されて注目され、龍之介も「クラタの出家とその弟子をよんで感心したよ」と書いている[5]。一九一八（大正）七年三月には『白樺』に戯曲「俊寛」第一幕を発表して、その後「俊寛」全三幕を一九二〇（大正九）年刊行の『歌わぬ人』に収録した[6]。寛と龍之介は、百三と競うかたちでそれぞれの「俊寛」を発表している[7]。龍之介は、「澄江堂雑記」で、近松門左衛門の「俊寛」を観た感想を交えながら三人の「俊寛」を比較して、「倉田、菊池両氏の俊寛は、俊寛のみを主題としてゐる。鬼界が島に流された俊寛は如何に生活し、又如何に死を迎へたか?――これが両氏の問題である」と書いている。百三は「苦しめる俊寛」、寛は「苦しまざる俊寛」を描いたが、「僕の俊寛もこの点では、菊池氏の俊寛の蹤を追ふものである。唯菊池氏の俊寛は、寧ろ外部の生活に安住の因を見出してゐるが、僕のは必しもそればかりではない」などと、それぞれの「俊寛」を批評している。[8] 百三の誠実な思索と実践に呼応した文芸実践として興味深い。

百三は福岡での療養中に武者小路実篤の「新しき村」運動に共感してその福岡支部を自宅に置いた。また、有島武郎とも交流があり、こうした事実が影響したのか、「国語」教科書には、ベストセラーとなった『出家とその弟子』が数種類の読本に抄録されている程度である。

岩野泡鳴「小僧」

書簡形式の小説である。大阪から郊外の目黒へ犬の小僧と引っ越してきて半年経過したときの近況報告である。小僧は、米屋の若い衆に鼻を怪我させせられた以外は相変わらず元気で皆からかわいがられている。十日程前、魚屋の親父にかみついてしまったので、かわいそうだが、口輪をしたり鎖でつないだりするようになったと語られている。第二節で、郊外の家庭で飼犬が飼われていたという川本三郎の指摘を見た。[9] 第二集でも、飼犬を扱った「小僧」が採られている。第三集以降にも犬に関わる作品がある。これも、動物を家族が飼うという新しい家庭像に龍之介の関心があったことを示している。

有島武郎「小さき者へ」

自分の子どもたちに語る形式をとっている。「お前たちは去年一人の、たつた一人のママを永久に失つてしまつた」という表現で、ママが出産後の結核でわが子に会えなくなってしまった事情を「子を思ふ親の心は日の光世より世を照る大きさに似て」というママの詠んだ歌とともに語っている。「小さき者よ。不幸な而して同時に幸福なお前たちの父と母との祝福を胸にしめて人の世の旅に登れ。前途は遠い。而して暗い。然し恐れてはならぬ。恐れない者の前に道は開ける。／行け。勇んで。小さき者よ。」という一節は、読む者の脳裏に親の愛を強く印象づける。

「小さき者へ」は、妻を亡くした有島が三人の遺児に知と愛で自立を促した小説である。妻の死を題材にした『死と其前後』や『惜しみなく愛は奪ふ』、『カインの末裔』、『平凡人の手紙』、『生まれ出づる悩み』が続けて書かれた武郎の絶頂期の作品のうちの一作である。

龍之介が読本の「縁起」で「検定を受ける為には有島武郎、武者小路実篤両氏の作品を除かなければならぬ」と書いて、検定拒否の姿勢を貫いたことは第一節で見たとおりである。しかし、その説明に比較して、武郎の作品が一篇しかないというのも妙な感じがする。実篤の場合は、「仏陀と孫悟空」、「人類愛について」、「彼が三十の時」の三篇である。『カインの末裔』の抄録ぐらいはあってもいいようなものである。龍之介も検定を拒みはしたものの読本そのものの売れゆきは気になるはずである。版元の興文社の助言もあり、武郎と実篤とでは、教科書検定に微妙な温度差があることを考慮したのかもしれない。

落合直文「緋縅の」其の他

短歌では、落合直文の「かへれとはのたまはねども母君のをりをりものをおぼす時あり」「病む母のまくらべちかくさもらひて今宵も聞きつあかつきの鐘」の二首が採られている。病床の母を見舞う思いにあふれた歌である。短歌の項で詳しく見たい。

一方、父と子を素材にした作品も興味深い。

高浜虚子「興福寺の写真」

写生文と小説との区別の難しい作品である。長女に興福寺の写真を持っていないか尋ねられたことをきっかけに、過去に自分も興福寺に関心を持ったことがあったことを思い出し、長女も自分の分身であるように感じたという小説である。まだ子どもと思っていた長女が十二の年になって興福寺の写真をもとに談話を交換するという ので、幽かな驚きと寂しいような興味を呼び起こす。維新の前、父が荒廃した古寺や古宮に血汐を湧かした、その同じ血汐が流れていることを思って、奈良の地に自分の墓を作りたいと考えていたこともあり、より哀愁を覚えたというのである。

山本健吉は、「晩年には、明かに小説と目すべき作品をも、写生文の名で呼ぶことが多かった。かつて明治から大正へかけて、明かに小説を書こうとする意図で執筆したものも、彼は後には写生文の名で呼ぼうとする。そのことは、彼が自分の試みた散文は終始一貫して写生文であったと思いたい希望的認識あるいは執着が彼にあったことを物語っている」としている。そして「たとえ同じく写生的態度に終始していても、作者の構えあるいは文体にある重みが感じられる時、それは単に写生文であるばかりでなく、写生文的小説なのである」と、虚子の「写生文的小説」の意義を解説している。[10] 内容的な面白さに加え、文体的な工夫も見られる。子規門で培った虚子の写生へのこだわりを感じさせる。

森田草平「輪廻」

長編小説「輪廻——Die Metempsychose——」の一篇である。連載二五回のうちの第三回を抄出している。主人公迪也は、第一高等学校三年生の設定である。道三塚の松を切り倒した祖父の血と、その祟りだと易者が言った寝たきりの父の血を受け継いでいることを思い、「さうだ、俺は祖父の血を承けて狂人になるか、それでなければ、父のやうに……おゝ！」と嘆く。これも、血の繋がりを問題にする話である。なお、草平は実子ではないという疑惑を持っていたことも本作を読むうえで参考になる。

草平は、「擱筆の辞」[11] で次のように創作意図を述べている。

「輪廻」もこゝに二十五回、原稿紙にして一千有余枚、書き出してから二年有半、思へば遠く来たものです。／が、最初の構想から云へば、まだ終つたとは云はれませぬ。私はこれ迄の所で、、《ママ》子を通じて親の時代を描かうと思つたのです。この後に、子の時代、即ち子は親から離れて、自己の道を歩まうとするが、いろいろもがいている間に、結局同じ道を辿るやうになる。何処まで行つても同じことだ！　さう云う所を描いて、それに依つて「輪廻」の意にかなはせやうとしたのです。が、実の処その腹案はまだ始終動いています。（二四・一〇・二四）

この「輪廻」も親子の問題を主題にしている。新しい道を模索するも、父と同じ道を歩むことになるという思いがにじみ出ている。その思いには、自由に生きたいという当時の青年の願望が背景にある。草平も百三と同じく漱石門下生として日本型教養に関心を寄せた一人である。個の内面を凝視しながら、社会的にいかに自由に生きるのかを問うている点が出色である。龍之介は、「「輪廻」読後」で「僕は「輪廻」を読み終つた後、勿論迪也に憐憫を感じた。が、かれの両親には更に一層の憐憫を感じた。かれ等はかれ等自身のためには終始一言も弁じてゐない。けれども僕はかれ等の姿に或最も人間的な欲望――わが子の理解と同情とを求める親ごころを感ぜずにはゐられなかつた[12]」と書いている。この親の欲望を「東洋的な、骨身にこたへて来るさびしさ」とも表現している。

家族を主題にしたものとしては、これらのほかに逍遥訳シェークスピア「テムペスト」がある。実弟に騙され娘とともに島流しにあった公爵の話である。逍遥のシェークスピア研究の一つであり、その翻訳文体については文体の項で見たい。

以上が家族に関する作品である。父と母では内容的な扱いの違う作品が採られている。母を素材にした作品では包み込む愛情が描かれ、父を素材にした作品では血の繋がりを気にする親子が出てくるのである。

2　立身出世

菊池寛「出世」

第二集の冒頭は、龍之介の一高時代の友人菊池寛の「出世」である。第一集には、主人公が苦労して立身出世していくさまを描いた国木田独歩「非凡なる凡人」があった。この集でも、中学を出て上京し高校、大学に進学するものの就職が決まらず、生活を維持することで苦労した主人公譲吉のようすを描く。十二年後の今、ようやく安定した生活ができるようになり、かつての思い出の場所である上野図書館を訪ねる。彼は、当時翻訳の原稿をなくし、探し回ったあげくに上野の図書館にたどり着いたことがあった。平素のひどい草履を履いていたため下足番に札をもらえず、いやな思いをした。彼は一生をここで過ごす下足番は卑屈なのだと思う。そんな思い出の図書館である。しかし、その下足番は出世して、窓口できれいな閲覧券を扱う職務になっていた。譲吉はどんな境遇にも望みがあると思い、何とも言えない嬉しい心持がしたという内容である。この物語では、下足番の出世と譲吉の安定した生活の二つの出世物語が描かれている。

3　労働

長田幹彦「漁場より」

島崎藤村「トラピスト」が労働の一つの典型を描くとしたら、長田幹彦「漁場より」も、北の海、岩内港の鰊漁という厳しい労働の現場を描いている。「はじめはのんびりした漁唄であったが、それが漸次と急調な木遣りに変つてゆく。それは陸にゐるものに大漁を知らせる一種の信号なのであつた。／漁場はそれを聞くと鼎のように湧き立つた。その劇的（ドラマチカル）な光景！　私は未だにその夜の壮大な光景を忘れることが出来ないのである」という表現や、岩内町長梅沢氏の案内で見学した「私達」が大漁を祝って「一番鶏の唄う頃」「漁場を守る守護神の神座の前でごろごろ雑魚寝をしてしまつた」という描写は、真剣で快活な労働者の機微を見るようで力強い。小林多喜二「蟹工船[13]」を連想させる。

幹彦は、兄秀雄とともに白秋や杢太郎らのパンの会や『スバル』に関わったが、のちに放浪生活を続け、東北から北海道へと移り、炭鉱夫などに従事する。「漁場より」は初出不明であるが、その体験がもととなっていると思われる[14]。

厨川白村「小泉先生」

「小泉先生」は七章立ての随筆である。冒頭に「（近刊の講義集を読む）」と記されている。「一　ラフカディオ・ヘルン、二　講義の上梓、三　その特色、四　おもひで、五　教室にて、六　教師と文筆、七　専門家」の各章から成っている。読本では四から六の全文を掲載し、章立てを一から三としている。

「小泉先生」は労働を直接描いているわけではない。しかし、そこに紹介される八雲の仕事ぶりから、労働への真摯な姿勢を読みとることができる。この場合の労働は、学問や学生を相手にする知的労働である。それゆえ、学問に対する誠実な態度が要求される。労働者がみずからの労働内容に誇りを持つことと何ら変わりはない。小泉先生は、「教師は蒲鉾である」という揶揄に見られるように、ノートや黒板にしがみつくことなく、そらで話されたという。また、「年々歳々新らしい題目で新しい講義をせられた」うえに、「勤勉努力の人であつた先生は非常に几帳面で、欠勤なぞは滅多にせられなかつた。講義の時間なぞもきつしりと守つて、鐘《ベル》が鳴ると間もなく、重さうな風呂敷包に美しい装幀の詩集や文集を幾冊も入れたのを提げて、あたふたと教室に遣つて来られる」という実直さであった。

龍之介は、『学生版　小泉八雲全集』の「内容見本」に「小泉八雲をかく語る」の総題で市河三喜、内田魯庵、土田杏村らとともに推薦文を寄せている。そこでは「小泉八雲先生の仕事は西洋人に日本を教へられたばかりでなく、我々日本人自身にも日本を教へられたことにあると思ひます。少なくとも小生などは大分そのおかげに預りました」と書いている。[15] こうした評価であれば、なぜ小泉自身の文章を採用しなかったかという疑問が湧いてくる。しかし、「小泉先生」が教え子である厨川自身の学ぶ姿勢も含めた記述であり、教え子の目から見た小泉先生の働く姿を客観的に明らかにできると考えた結果であると思われる。白村の「小泉先生」は、保科孝一編『大正国語読本』[16]をはじめ多くの「国語」教科書に収録されていたことも影響している。八雲の文章は第四章でみる岩波編輯部編『国語』に掲載されている。

龍之介の八雲への関心は早くにあった。龍之介は、一九一五（大正四）年八月、東京帝国大学の学年末休暇を利用して恒藤（井川）恭の故郷である松江に滞在している。恒藤とは第一高等学校時代に同級生として出会い、それ以来無二の親友として交流しあってきた。恒藤は、高等学校を卒業後、京都帝国大学の法科に進学したが、二人の交流は続いた。松江では、恒藤は龍之介のためにかつて志賀直哉が書斎としていた部屋を借りてくれた。そこから八雲の旧居を訪ねている。帰京後、龍之介は、恒藤宛の手紙で、「荒川重之助（？）の事蹟を知る事は出来なからうか。酒のみで天才だと云ふ事だけは君からきいた。あれとヘルン氏とを材料にして出雲小説を一つかきたい。松江の印象の薄れない内に」、「ヘルンが石地蔵を見た話は知つてゐる　かかうと云ふ気にはその話からなつたのだ」などと書き送っている。[17] それ以前にも、龍之介が恒藤の出身地である松江を二人のあいだで話題にしたであろうし、そのときにも八雲のことを語りあったことは十分に想像できる。

労働については、このほかに土岐善麿「「䁱として」其の他」の三行短歌五首がある。一日の仕事を終えて家路を急ぐ労働者が描かれている。短歌の項でほかの短歌とともに見たい。

4　社会・思想

第二集では、第一集には見られなかった社会、思想についての評論などが採られている。

生田長江「現代の欧羅巴と日本と我々と」

長江は、漱石の縁で上田敏らの『芸苑』に草平と参加した。自然主義論などの評論を手がけ、のちに阿部次郎や安倍能成らと個人や社会の問題で論争したこともあった。

本編も日本の近代化について論じている。日本の欧化は、日本それ自身を超越することである。また、欧化は欧羅巴文明に征服しに来られるのではなく、欧羅巴文明を征服しに行くものでなくてはならない。その欧化の大精神は、五箇条の御誓文に表白されている。それは個人主義実証主義を摂取することであるという内容である。

徳富蘇峰「感激」

「感激」という言葉を今日の私たちが使う文脈とは違うかたちで表現している。自身のうちに用意された内的充実があって、外界からの刺激がその充実を外的表象とするという視点は、芸術論、思想論としての面白さがある。本論も『国民之友』所収ではないかと思われるが、初出不明である。蘇峰のイデオロギーが前面に出るような評論を収録しないところが龍之介らしい。

5　宗教

第二集では、宗教に関するものとしては主にキリスト教が扱われている。しかも、その内容はキリスト教そのものの理解に関わっている。

小山内薫「ベテスダの池」

第一集の佐藤春夫「最もよき夕」に続く、聖書の翻案である。場所は、エルサレムの羊門付近のベテスダの池である。ヨハネ福音書五章の記述をもとに、救済の意味が問われる。さまざまな病魔に冒された者や盲人、足の悪いものが、池の周りに集まる。池の水面が動いたら一番に飛び込むと病が治るという風評が立ったのである。皆お互いに自分の病の重さを競うかのように場所取りを争っていると、そこにキリストが現れ、三八年間病んでいる者を治す。周りの者は、この病人は「気違い」になったと言う。「気違い」のキリストがこの病人に「気違い」をうつしたと語りあうという内容である。ここには、信仰と救済の問題が描かれている。

島崎藤村「トラピスト」

「二十年近く東京の下町に住むといふある田舎漢《もの》が、山の手から訪ねて来たチャキ〱の江戸ッ子に向つて、斯う話し出した」から書き起こされた語りの文体の短編小説である。市谷の中村さん、本郷の三上さん、中野の鈴木さんと「私」が鳥屋の二階で近頃の話題を紹介しあうことになり、「私」は北海道から帰った美術家の土産話を紹介することにしたというものである。函館のはずれに煉瓦造りの建物のトラピストの村があり、フランスの僧侶たちが切り開いた修道院だという。まず墓を作り、無言の行と烈しい労働を守る僧侶に、「私共の生活の光景をごく簡単に形に表はして見せて呉れるやうな気も致しました」と「私」が語るのである。

藤村は、キリスト教の洗礼を受け、秋骨、禿木、透谷、胡蝶らとの交流が始まり、彼らが創刊した『文学界』に参加する。最初は詩人としての成功をおさめていくが、『破戒』によって自然主義作家としての記念すべき出立をする。「トラピスト」は、『時事新報』に連載されたのちに、『春』、『家』、『藤村集』に続く短編集である『食後』に収められたものである。[18]

6 軍隊

ガルシン「四日間」（二葉亭四迷訳）

一九二〇年代は、国内外で労働運動や政治活動が活発化した時期である。また、その動きを阻止するための権力的な弾圧や法規制が行われた時期でもある。一九二一（大正一〇）年には普通選挙促進大会への数万人参加、日本初のメーデー、堺利彦、大杉栄らによる日本社会主義同盟の結成、二二年には日本共産党創立、二三年には初の国際婦人デー集会、二四年には婦人参政権獲得期成同盟の結成、二五年には農民労働党の結成（即日禁止）というように労働者、農民、市民の運動が高まった。その一方で、二三年九月の関東大震災を契機に朝鮮人迫害、河合義虎、大杉栄、伊藤野枝らの殺害、二五年には治安維持法の成立、普通選挙法の成立、中学校以上の学校で現役将校による軍事教練の開始と戦時体制への地ならしが進行していった。

こうした階級間の闘争が激化した時代に戦場を描いた作品を読本に収録するのは勇気がいったはずである。そうした時代状況のなかで、戦場での死を描いた作品を登場させたのは大胆な編集であった。ロシアの小説家ガルシンの「四日間」のように、英霊として表現されるのでなく、生身の人間の死との直面、生死をさまよった四日間というモチーフの紹介はかなりな覚悟を要する。ガルシンについては、「ツルゲーネフ、ドストエフスキー以後の天才、二葉亭の手に成りたるもの以外邦訳極めて乏しく珍とするに足る。『四日間』は実に其傑作」と『二葉亭全集』第三巻[19]に坪内雄蔵ら編集者の紹介がある。また、中村融は「当時の人民派の大雑誌、「祖国時報」誌に発表されて異常な評判を博し、鬼才ガルシンの文名は初めてひろく世に知られるに至った。そしてこの一作によって彼の文壇的地位が確立されたことも疑いないところだった」と解説している。[20]物語は、主人公である「俺」が森の中で敵と出くわし、負傷して動けなくなる場面から始まる。その後四日間生死の境をさまよい救出される。その間何も食べずにいたが、敵の水筒の水を飲んでいた。手術後、脚を一本失ったことを伝えられたという内容である。「俺」の動作が細かく描写され、それにともなう感覚的な表現も多い。戦場での恐怖感や飢餓感が実感として伝わってくる作品である。中村は、『四日間』がトルストイの影響が認められる作品であるとして、特に『戦争と平和』に登場する戦場で負傷したアンドレイ公爵の場面に類似性を見ている。龍之介は、読本に「四日間」全文を収めた。この読本が龍之介の戦いの所産であると感じるのはこういう作品を目にするときである。四迷の翻訳文体については、文体の項で坪内逍遥の翻訳とあわせて見ることにする。

長田秀雄「塹壕の内」

軍隊内部での上下関係の醜い腐敗状況を描いている。軍隊という組織に対する批判的な目がある。内容は、軍隊内部で、出たらまず死ぬことになる斥候に誰を出すかでもめるというものである。中隊長が松山中尉に将校斥候を命令するが、中隊長お気に入りの内田少尉は自分が行くと言ってきかない。しかし、中隊長はお気に入りの部下に死を覚悟した斥候には出したくない。結局、松山中尉が斥候に出て戦死してしまうというものである。

7　叙景と紀行

硯友社同人の柳浪と眉山の紀行日記を収録している。

広津柳浪「片瀬の回顧」

「片瀬の回顧」は、硯友社同人や紅門、春陽堂主人、博文館など、明治の文壇の状況が垣間見えて興味深い。片瀬の水蔭君の家へ硯友社同人が遊びに行ったときの記録である。尾崎紅葉、巌谷小波、石橋思案に筆者、紅門の鏡花、風葉、春葉の三人が集まって投網の川狩りをしたと書き残している。初出不明であるが、『柳浪日記』ではないかと思われる。

川上眉山「ふところ日記」

一八六六（明治二九）年からの放浪の旅の記録である。朝遅く目覚め急いで旅に立ち、途中で藁屑を籠にした薄幸の少女に出会い、寒さしのぎに一升を提げ荒井の城址を尋ねつつ行ったという内容である。水蔭宅に寄留して三浦半島を紀行した日記として名高く、樗牛、桂月とならぶ明治期の美文と評価が高い。「ふところ日記」は、多くの教科書に収録された人気教材であった。

8　短歌、俳句

土岐善麿「「曠《ぼう》として」其の他」

善麿は、金子薫園の白菊会に入り、早大の先輩窪田空穂の『まひる野』に文学的影響を受けた。第一歌集『NAKIWARAI』をヘボン式ローマ字三行書きで刊行した。啄木と交流して新雑誌刊行をめざしたが、啄木の病没で中断する。その後啄木の遺志を継いで『生活と芸術』を創刊する。啄木の第二歌集『悲しき玩具』の生前刊行にも努力するが間にあわず、その後も遺族の生活を助けていった。

曠として／耳遠くなり、灯ともりぬ、／この忙がしき一隅の椅子。
すとうぶのぬくみの、膝に消えやらぬ、／たそがれの街を、／かくてかへるなり。
めづらしく／この冬ぞらの、ほのぼのと／いまだあかるき家にかへりつ。
指をもて遠く辿れば、水いろの／ヴオルガの河の／なつかしきかな。
むづかしき主筆の顔の、／わが顔のまへに、／大きくひろがりぬ。——いつか眠れり。

三行に分かち書きした短歌である。一日の仕事が終わり、たそがれの街を家路へと急ぐ労働者が描かれている。めずらしくまだ明るい家にたどり着き、楽器を奏でてヴォルガの河の歌を弾くという情緒的表現が印象的である。眠るときになって、今日言い争った主筆のむずかしい顔が目に浮かぶけれども、そのまま眠りに落ちるという表現が巧みである。当時の労働者を描き説得力がある。

与謝野晶子「「山ざくら」其の他」

晶子は、一九〇〇（明治三三）年の『明星』創刊とともに新詩社に入り、翌一九〇一（明治三四）年に『みだれ髪』で歌壇に新風を起した。

山ざくらやや永き日のひねもすを仏の帳の箔すりにけり
やや黄ばむあぶら菜の先見るごとく夕月にほふかつらぎの山
ほととぎす東雲どきの乱声に湖水は白き波たつらしも
ふるさとを夢みるらしき花うばら野風の中におもかげすなれ
ぬりごめやかよひの奴婢のひとつづつ酒器もてくなる薄雪の庭

叙景と紀行の歌五首である。山ざくらの咲く寺院、あぶら菜のような夕月を観る葛城山、早朝のほととぎすの乱声の響く湖水、花うばらに故郷を思い出す旅先でのひととき、塗籠の屋敷で古代の人も見た薄雪と紀行の先で景色を詠んでいる。色彩と音の組み合わせた表現に抒情性がある。ここに収められたのは、一九〇五年から一〇年にかけての作品で初期の激しい旋律や抒情が影をひそめ、落ち着いた叙景歌となっている。

落合直文「「緋縅の」其の他」

落合直文は、一八九三（明治二六）年にあさ香社を結成して短歌革新運動を行った。その門下生に与謝野鉄幹、尾上柴舟、金子薫園らがおり、鉄幹の『明星』、薫園の白菊会へとつながる土壌を形成した。龍之介が読本に収めた国文学者は、直文と竹柏会の佐佐木幸綱の二人だけであったが、ともに短歌の歴史をたどるうえで不可欠な歌人として採用している。龍之介は、「本所両国」で萩寺の「落合直文先生の石碑を前にした古池の水も渇れ〴〵になつてゐるのは哀れだつた」と書いている。[21] 号を萩之家としていた直文の「萩寺の萩おもしろしつゆの身のおくつきどころことさだめむ」の歌が詠まれた碑であるのに残念なことであるという思いが示されている。

緋縅のよろひをつけて太刀はきて見ばやとぞ思ふ山ざくら花
門よりは柳は高くなりにけりさしていくらの春もへなくに
かへれとはのたまはねども母君のをりをりものをおぼす時あり（年久しく朝鮮にある弟のもとに）
病む母のまくらべちかくさもらひて今宵も聞きつあかつきの鐘
病みつつも三年は待たむかへり来てわが死なむ時脈とらせ君（久保猪之君の独逸へ行くわかれに）

「緋縅の」は、「緋縅の直文」の異名をとった歌である。武士的な教養が背景にある。また、死が意識され、生を直視する歌でもある。四三歳の病没後まもなくして遺稿集『萩之家遺稿』[22]が出版された。直文は、鷗外らと作った新声社で訳詩集『於母影』を刊行し、また「阿蘇の山里秋深けて／ながめさびしき夕まぐれ」で始まる「孝女白菊の歌」によって新体詩界に新風を吹き込んだ。

直文は、一九〇六（明治三九）年から『中等国語読本』（明治書院）という「国語」教科書を編纂した。この教科書は、新訂、修訂、改訂版が続いた人気教科書であった。直文自身の歌や随筆も多くの「国語」教科書で採られている。一九八二（明治一五）年に創設された東大古典講習科に入学したが、同級生には、同じく「国語」教科書の編纂に尽力した池辺義象、萩野由之、関根正直らがいた。

吉井勇「「悲しみて」其の他」

吉井勇は『明星』から出発した。新詩社に入り、杢太郎、白秋を知る。『五足の靴』として記録された九州紀行後、白秋や杢太郎と『明星』を脱退して、画家の山本鼎らと合流して「パンの会」を結成する。

龍之介は、山本喜誉司に宛てた書簡で勇の第一歌集『酒ほがひ』を読むことを薦めて「酒ほがひを御貸し申します　中でい丶と思つた歌に色鉛筆でしるしをつけて置いて下さい」と頼み、のちの書簡では「此の頃僕は吉井勇氏が大好きになつた」、「えらいとはちつとも思はないがなつかしい人だと思ふ[23]」と書き送っている。当時『スバル』で活躍していた勇の『酒ほがひ[24]』を愛読していたのである。

悲しみて破らずと云ふ大いなる心を持たず悲しみて破る
遠つ代かはた近つ代かわかぬ日のなかに住む子は筑紫路に入る
われは練る昨日は都大路また今日は柑子のかんばしき道
佐渡に来て蹈鞴ヶ峯の朝かぜに冬を知るてふ旅びとあはれ
朝かぜに雲曼荼羅を描くとき経塚山はありがたきかも

彼の歌風は、耽美的、頽唐的とされる。『酒ほがひ』から採られた短歌三首にはその傾向が窺える。悲しみに浸りきるさま、歴史の迷宮にいる女性への思い、都大路、柑子のかぐわしい道を練り歩くようすが詠まれている。佐渡の二首は、抒情的な紀行の歌である。厳しい冬の朝風、神秘的な経塚山にかかる雲曼荼羅を描いている。

土屋文明「声ひそめ」其の他

文明は、左千夫門下で茂吉や千樫と知己になる。第一高等学校の寮では山宮允と同室であり、第三次『新思潮』に参加して菊池寛、久米正雄、山本有三らと小説を書いた。『アララギ』の選者になり、歌風が写生風になった。『ふゆくさ』に収められた歌が叙景的であるのは、そうした彼の歌道の歩みによる。

大井浜

声ひそめなぎたる海の面ふくれ光れる潮のわれにせまり来

寒潮

造り岸さむざむ浸しよる潮のかわける道にあふれむとする

富士見高原

かたむける麓の原の二つ家立ちひくく土につきたり

夏

夕づく山日かげ日むきのひだしげくあざやかにして夏さりにけり

碓氷嶺

暑き日は傾きにけり山の影坂本町にとどかむとする

凪の海に潮が迫る大井浜、岸による寒潮、富士見高原原村の立ちが低い家、夏の終り、山影が届く碓氷嶺の坂本と、太井浜、富士見高原、坂本碓氷嶺の叙景で旅情を誘う。

正岡子規「「麦畑や」其の他」

子規は、俳句を月並俳句の伝統から解放して文学の水準に引き上げた。月並宗匠のもとでの芭蕉の神格化と俗化し固定化した趣味俳諧の世界から、写生を提唱することで俳句革新に乗り出した。

子規は、『俳諧大要』[25]で「第一俳句の標準」として「俳句は文学の一部なり。文学は美術の一部なり。即ち美の標準は文学の標準なり。文学の標準は俳句の標準なり。即ち絵画も彫刻も音楽も演劇も詩歌小説も皆同一の標準を以て論評し得べし」と、俳句が文学の一分野であることを述べている。また、「叙事文」の項では「実際の有のままを写すを仮に写実といふ。又写生ともいふ。写生は画家の語を借りたるなり」と写生の定義をしている。さらに『病床六尺』[26]では、「写生といふ事は、画を画くにも、記事文を書く上にも極めて必要なもので、此の手段によらなくては画も記事も全く出来ないといふてもよい位である。（中略）然るに日本では昔から写生といふ事を甚だおろそかに見て居つた為に、画の発達を妨げ又文章も歌も総ての事が皆進歩しなかつたのである」として、写生の重要性を訴えているのである。

麦畑や刻みあげたる春の山
五月雨や榛の木立てる水の中
馬蝿のわれに移る山の道
梅檀の実ばかりになる寒さかな
　　草庵
薪をわるいもうと一人冬籠

麦畑、五月雨、蝿、梅檀、冬籠を題材にした俳句を並べている。子規が一八九二（明治二五）年以後の俳句革新運動の基盤を確立した時期の『寒山落木』から採られている。生成期の近代俳句を四季にしたがって紹介している。

松瀬青々「「のうれんの」其の他」

青々は、『ホトトギス』に投句を始め子規に認められ、虚子の勧めで『ホトトギス』編集員になる。のちに大阪朝日新聞社に入社して「朝日新聞」に「俳句」欄を開いてみずから選者も務めた。無中心論を説き季節感の薄い散文作風を主張する碧梧桐との論争で、俳句をとおして自然美を鑑賞する季節感覚を尊重する態度を主張した。

のうれんの横日静かに燕哉
蜂の巣に尻出す蜂や俄雨
すが〳〵と打水したり門の柴
薬買ふて人ちり〴〵や露の中
さむしろにむしり捨たり曼珠沙華

燕、蜂、打水、露、曼珠沙華と、春から秋への季節にしたがって配列されている。各句にわずかな動きを重ねて詠んだ表現が巧みである。

9　詩

野口米次郎「障子」

野口は、一八九三（明治二六）年一九歳で単身渡米して放浪生活を経験したのちに新聞記者となった。ポー、ホイットマン、キーツ、芭蕉に学び、英語で詩を書き、第一詩集『Seen and unseen』を出版して英米文壇でヨネ・ノグチの名で人気を博した。一九〇四（明治三七）年に帰国後も母校慶應義塾大学英文科教授となって著作活動を続け、日本語の詩も書き、国際詩人とも称された。

この「障子」という詩の題名にも異文化の意識が見えている。私の思想が煙となって私の顔となった。障子の向こう側の一匹の蝶が障子の紙をぱりぱりさせて私の顔を苛立たせた。自分の思想の深さを探ってみたという内容である。障子と蝶は日本と西洋、向こう側は意識と国境を示唆している。ぱりぱりする感覚に苛立つ自分の思想に日本と西洋を受けとめるだけの深さがあるかを探ろうとしている。

室生犀星「つれづれに」

犀星と龍之介とのやりとりは第一集の「笛を合はす人」のところで見たとおりである。

「つれづれに」は、「その一」「その二」の二章立ての短い詩である。その内容は次のとおりである。日差しがいつのまにか暖かくなり、わが門のあたりはうららかである。桜がつぼめる。日だまりに「支那人」が陶器に金焼きを入れ、砕片をつけている。静まって心を込める姿であると詠っている。すべてが静寂のうちに流れていく。その思いがあふれている詩である。

この詩は『忘春詩集』に「忘春」（一八篇）、「我が家の花」（一三篇）、「古き月」（八篇）、「かげらふ」（一〇篇）、「帰り花を見る」（九篇）、小説（一八篇）が収められたうちの二篇である。[27]『忘春詩集』は、一九二二（大正一一）年六月二四日に亡くした長男豹太郎を悼んだ詩集として評価されてきた。その評価に立って、「つれづれに」を読んでみると、長男誕生で賑やかになった我が家も、長男を失った今、再び静かな日々になってしまったという悲しみに満ちているかのように受け取れる。しかし、「つれづれに」が「新潮」誌に発表されたのは一九二二（大正一一）年五月であり、長男を失くす前のことである。三浦仁は、「『忘春詩集』全体を愛児の死以後に書かれた詩との前提で論ずる評家が多い[28]」と指摘する。

三浦は、萩原朔太郎の早とちりがその要因の一つとなったとしている。朔太郎は、「忘春」の一篇である「桃の木」の「いつの日、わが子の／この桃の木のもとを歩まん」を「もはや死せる我が子は桃の木の下を歩むこともないとの嘆きの言葉と解し、「無量の悲嘆が含まれてゐる」（「室生犀星の詩」）と評した」が、長男生前の詩であるので「我が子の成長を思い描いての詩行と解すべきで」あったと述べている。

冒頭の「忘春」一八篇の大半は、「桃の木」、「つれづれに」と同じく『新潮』一九二二（大正一一）年五月号に発表されており、それ以外にも、小説や童話の多くは長男急死前の発表である。つまり、『忘春詩集』は、長男が亡くなった前後の「今年三月から十一月までの作」（『忘春詩集』「巻尾に」）が収められた詩集であったのである。犀星は、「忘春詩集序言」で「この詩集のなかで、自分の子供を亡くしたといふよく有り触れた境致に、さういふ人生の真実に何時の間にかに触れたといふことに、私は始めて驚いた」と、当時の心境を控えめに書いている。龍之介は、犀星の転機になった詩を選ぶことで、犀星の新しい人生への励ましとしたのである。

佐藤惣之助「匂ひと響き」

惣之助は、『テラコッタ』、『エゴ』という詩誌を刊行して、千家元麿、高村光太郎、武者小路実篤らと交流する。『白樺』の人間性に影響されながら試作を続け、感覚的な詩を生み出していった。のちに萩原朔太郎と『日本詩人』の編集をするのもうなづける。

詩の内容は次のようなものである。藪とすももいっぱいの花の中を歩くと、そのうすい感じと影がとびかって僕を魅了する。藪のひそやかな響き、真昼のうすい月の色香、色とも水ともつかない薫に無名の生気の大きい蒸気に沈むように心動かされる。色彩と匂いにあふれた感覚の詩である。

惣之助は龍之介に『琉球諸島風物詩集』を贈っている[29]。龍之介は、それがずいぶん気に入ったと見え、その礼状に「空にみつ大和扇をかざしつつ来よとつげけむ「みやらび」あはれ」という歌一首を添え、さらに、「澄江堂雑詠」、「時折の歌」、「八宝飯」、「短歌」でもこの詩集について言及している。[30] また、詩人としての評価として「野人生計事」で浅草を詠んだ詩人として、久保田万太郎、谷崎潤一郎、室生犀星に加えて佐藤惣之助を挙げている。[31]

10　文体

夏目漱石「「山鳥」其の他」

「山鳥」、「柿」、「火鉢」は小品である。長編小説に対して、随筆と小説の中間的作品として区分する。小説としての結構は弱く、随筆的に流しているが、小説的な物語展開があり登場人物の動きもよく見える。何よりも内面描写に作者の顔が見えてくるような味わいがある。これらは、『東京朝日新聞』、『大阪朝日新聞』に「永日小品」と題して連載された一五篇のうちの三篇である。[32] 新聞連載では、ほかの小品をあいだに挟みながら、「火鉢」、「柿」、「山鳥」の順に掲載されている。龍之介が、季節の移ろいに合わせて順序を変えたことも考えられる。

「山鳥」は、初対面の青年が一羽の山鳥を提げてきたことから始まる。ちょうど集まっていた五六人でその山鳥を羹にして食べたことが縁で、その青年がたびたび訪ねてくるようになった。ある夏の日、再び青年がやってきて、友人が急病に罹ったので金を貸してほしいと言って渡辺崋山のものらしき掛け軸を担保に二〇円の借金をしていった。二週間で返すという約束だったが、その約束を過ぎても来る気配もなく季節は秋になった。金を用立てたいという長塚を青年の家に行かせたところ、細君が刺繍をして本人は病気で惨憺たるものだと言って帰ってきた。翌日青年から、嘘を詫びる葉書が来た。冬になりしばらくすると、青年から山鳥といっしょに借金の返済を約する手紙が来た。山鳥を再び五六人で羹にして食べたあと、青年に礼状を書き、先年の金子の件御介意に及ばずという句を添えたというものである。

「柿」は、「喜いちゃんと云ふ子がゐる」で書き出される。家が銀行の役人で、そこいらの子どもと遊ぶな、そら稽古だと言われて育てられている。その喜いちゃんの楽しみは、裏にある五六軒の長屋の暮らしぶりを覗くことであった。職人が酒を飲み、焼き芋を食べ、手斧を磨ぐことが面白かったのである。そこに与吉という少年がいて、三度に一度ほど話をするが、当然話は合わず、いつも喧嘩になる。与吉が喜いちゃんのことを「蒼ん膨れ」と言うと、喜いちゃんは与吉を「鼻垂らし小僧、貧乏人」と軽侮む。挙句の果てに与吉は物干し竿でつつく、護謨毬を返さない。ある日、喜いちゃんが赤い柿をやると与吉に持ってきた。与吉は「なんでえ、其んなもの要らねえや」と言えば、喜いちゃんは「要らないの、要らなきや、御廃しなさい」とやりあう。そんなことを四五回繰り返し、喜いちゃんが柿を落とすと、与吉は泥のついた柿を拾いがぶりと食いついた。そのとき、与吉の鼻の穴が震えるように動き、柿を一片吐き出し、賢明の憎悪を瞼の裏に萃めて、「渋いや」と言いながら柿を喜いちゃんに投げつけた。

「火鉢」は、雪の降る寒い一日のできごとを書いている。寒くて泣きやまない子ども、金の相談に来た男、身の上話をして泣く男と、ただでさえ寒いのに心が冷えてくることばかりが続いた一日の夜、湯に入り、妻が蕎麦湯を持ってきてくれて、火鉢の切炭のぱちぱち鳴る音に耳を傾け、囲われた灰のなかで仄かに揺れる火の色に初めて一日の暖か味を覚えたという内容である。

三編ともどこにでも起こりそうなできごとのなかに、人と人との交際の妙を描いていく。そこには、不意に訪れた青年、隣同士の少年少女、家族のやりとりや人事を穏やかに見つめる作家の眼がある。

漱石の小品について、庄野潤三は次のように書いている。(33)

最後の十行あまりで、読んでゐる方は思ひがけない幸福を味はふのである。たしかにこの小品には、一つの世界があつて、私たちはその世界の中で主人公とその家族とともに生きて来たことを知る。こんなに短い枚数で、それだけの経験を与へられるので、「火鉢」がも早や小品といふ名前で呼ぶのは何か間違つてゐるやうな気がするほどである。／しかし、さういふことを考へるのは窮屈な物の見方で、文学が有難いのは、われわれが好きな作家のすぐれた小品を読んで、「これは傑作ではないか」と思ひ、いつまでもそれを忘れず、いはば自分の一生の財産のやうに考へる、さういふ喜びが神様から与へられてゐるからではないだらうか。／「永日小品」には、珍重すべき作品がほかにもいつぱいある。いちばん初めに出て来る「元日」といふのもいい。上等のヒユーマーといふのは、かういふものだといふ気がする。「蛇」もいい。これは、「夢十夜」に通ずるものがある。小品であつて、重い。「柿」もなかなかいい。

庄野潤三の評言は、文体上の味わいを中等学校生徒に伝えようとする龍之介の思いを代弁するものである。

龍之介自身も、「永日小品」の「蛇」の書き出し、「木戸を開けて表へ出ると、大きな馬の足迹の中に雨が一杯溜つてゐた」について、「これ丈けの一句で以て、実際雨の降つてゐる田舎道といふ感じが能く出てゐる」と書いている。[34] また、「風が高い建物に当つて、思ふ如く真直に抜けられないので、急に稲妻に折れて、頭の上から斜に舗石迄吹き卸ろして来る。自分は歩きながら、被つてゐた山高帽を右の手で抑へた」という、同じく「永日小品」の「暖かい夢」の描写も「稲妻形の風に大都市の往来を浮かび出させてゐます」と「一字を知るものは一篇を知るもの」の例としてあげている。[35] 龍之介が読本に入れた三篇も、現代の文章表現の学びの素材として役立てられる好例である。

坪内逍遥「テムペスト（シェークスピア）」

坪内逍遥は、名古屋県英語学校でシェークスピアの講義を受け関心を持ち始める。開成校入学後高田早苗を通じて研究へと誘われていく。「テムペスト」もシェークスピア研究の一環として行った西洋古典劇の翻訳である。現代口語訳された口調も人物背景に合わせてあって興味深く読める。『沙翁全集――逍遥訳シェークスピヤ全集』第七巻、『テムペスト』（全五幕九場）のうち、第二幕一場を抄出している。[36]

ミラン国の公爵プロスペロが信頼を寄せていた実弟アントニオに欺かれ、ネーブルス王と結んだアントニオに島流しにあい、娘のミランダと不遇の生活を送るという内容である。一二年後、その島に王の子ファーデランド一行が漂流してきた場面までを採っている。

逍遥は『沙翁全集――逍遥訳シェークスピヤ全集』の「附録」で「訳本「テムペスト」の読者の為に」を書いている。

> シェークスピヤの作を仮に三十七篇と限つて見て、さて其の中で、「ハムレット」と「ジュリヤス・シーザー」とを除いたとすると、此「テムペスト」ほど種々の問題になつた作はないといつてよい。此作ほど縷々批判され、縷々評論されたのは他にないやうに思はれる。といふのは、此作が、例の作者の死後、其未亡人と友人達とによつて発刊された二折本版全集の巻頭第一に、如何にも其壮年期の傑作か若しくは最も主要な作でゝもあるかのやうに掲載せられて、自然と後の沙翁研究家連の注意を惹いたといふことも一つの原因であらうが、私が此訳の緒言中に説明しておいたやうな理由があつて、どうやら此れがシェークスピヤの絶筆らしく思はれ、随つて何等か特別の意味か価値かを有してゐる作らしく思はれるといふ点、及び此作者の作の中で、これが不思議にも最も引締つた且つ最も短い脚本であつて、――其最も長い作、「ハムレット」なぞに比べると、三分の一以上も短いので――解釈の対象とするに頗る手頃だといふことも、或は其一

原因であらうかと思ふ。それぱかりではない。此作は、その劇詩としての内容の価値からいつても、立派に沙翁傑作中の随一に算へることが出来る。（中略）次に、此劇の極めて著名な特徴は、仮面劇の挿加である。（中略）「テムペスト」は沙翁劇中で、明かに仮面劇を利用した唯一の作であるといへる。これも此作の一特徴である。

龍之介は、「テムペスト」がシェークスピアの脚本のなかでは「最も引締つた且つ最も短い脚本」であり、しかも「仮面劇」であることから、中学生が興味を持って読みやすいと考えたのであろう。

三　各作家のどんな作品が収録されたか

1　作者の代表的な作品、出世作品

有島武郎「小さき者へ」は、彼の最盛期の作品で、子どもに自立を呼びかける内容は多くの読者を得た。また森田草平「輪廻」も『煤煙』に並ぶ彼の代表作である。川上眉山「ふところ日記」は、明治期の美文の代表作として名高い。

土岐善麿「「曹として」其の他」掲載の『黄昏に』(37)は、ローマ字書きの第一歌集に対して、三行書き短歌を確立していく最初の歌集である。その冒頭には、「この小著の一冊をとつて、友、石川啄木の卓上におく」と記されている。

犀星「つれづれに」の収められた『忘春詩集』は、先に述べたとおり、震災前に長男を亡くした前後の時期の作品を集めたものである。犀星の転機になった詩集であった。

2　作者の創作第一集からの採用

『明星』から出発した吉井勇の短歌三首は、第一歌集『酒ほがひ』から採られた。『酒ほがひ』については、作者自身が「『酒ほがひ』の一巻は私にとつて忘れることの出来ない歌集であると同時に、歌としての芸術的価値もさう低くないといふだけの自信もある」と述べている[38]。

3　文学史上重要な意義を持つ作品

正岡子規「「麦畑や」其の他」は、子規の一八九二（明治二五）年以後の俳句革新運動の基盤を確立した時期の『寒山落木』から採られている。生成期の近代俳句を四季ごとに並べて紹介しているのである。

また、漱石の小品は、虚子の「興福寺の写真」のような写生文的小説と並び、写生文体として文学史上重要である。

四　第二集が現代の「国語」教育に示唆するもの

1　家族と子どもの自立

第二集でも家族を描いた作品が多く収められている。なかでも、妻亡きあとの遺児に呼びかけた有島武郎「小さき者へ」や血縁や家族のことを気に病む森田草平「輪廻」は、子どもたちの自立を考える小説として参考になる。

2　さまざまな労働のかたち

第二集では、さまざまな労働のかたちが登場している。菊池寛「出世」には図書館職員、厨川白村「小泉先生」の大学教員、島崎藤村「トラピスト」の修道院での戒律的な労働、長田幹彦「漁場より」の漁業労働者と多様な労働が描かれている。

現在の「国語」教育にも労働が描かれる作品は少なくないが、比較するかたちで労働が提示される工夫はあってもよい。

3　社会・思想・学術

第二集が想定している学年が中学二年生ということもあり、まだ本格的な評論というほどの文章は多くない。しかし、徳富蘇峰「感激」や生田長江「現代の欧羅巴と日本と我々と」のような思想とは何かを問いかけ、西洋と日本との関係のあり方を考える文章は興味深い。

また、野口米次郎「障子」は、詩人に独自な詩の位置づけがある。すでに見たように単身で渡米した野口は、ヨネ・ノグチの名で米文壇で人気を博し、日本語の詩も書き国際詩人とも称された。その詩人の詩は感覚的な表現に理知を感じさせるものである。「障子」という名に異文化を感じさせ、障子と蝶が日本と西洋を表象して、障子の向こう側の一匹の蝶が障子の紙をぱりぱりさせるという感覚表現から理性的な認識を呼びこもうという文体は面白い。現在の「国語」教育が国際的に開いていく材料として重要である。

4　軍隊

二葉亭四迷「四日間（ガルシン）」と長田秀雄「塹壕の内」が軍隊を描いている。ともに軍隊に対して批判的な目を持っている。二〇世紀以降の文学が戦争と平和の問題を続けて扱ってきたという事実の重さを実感させたい。

5　文体

日本の文体では、写生と叙景、紀行と日記という視点から文学史上も重要な作品が多く並べられている。漱石の小品、虚子の写生文的小説という写生の系列、広津柳浪「片瀬の回顧」と川上眉山「ふところ日記」の硯友社系の紀行文体に加えて、短歌や俳句の叙景や抒情の文体を系統的に学ぶことの意義が鮮明になる配列である。

短歌では、落合直文「「緋縅の」其の他」の「あさ香社」から『明星』の与謝野晶子「「山ざくら」其の他」、そして吉井勇「「悲しみて」其の他」へとつながる叙景と抒情の作品群、同じく直文、金子薫園から土岐善麿「「曙として」其の他」の抒情的な生活詠、正岡子規「「麦畑や」其の他」（ここでは俳句）からつながるアララギ系の土屋文明「「声ひそめ」其の他」の旅情を誘う叙景短歌との対比がある。

俳句では、俳句革新運動の正岡子規「「麦畑や」其の他」、『ホトトギス』から高浜虚子「興福寺の写真」（ここでは小説）、松瀬青々「「のうれんの」其の他」の季題と定型俳句を重視する俳風が収められている。

これらも現在の「国語」教育では学びの意義が薄らいでいる感は否めない。ただ文学史を学ぶための単調な短歌や俳句の配列ではなく、叙景、抒情、叙事の表現と文体の学びの場として再生する道を模索したい。

翻訳文体では、二葉亭四迷「四日間（ガルシン）」、坪内逍遥「テムペスト（シェークスピア）」とイギリスとロシアの作品が翻訳されている。第一集では、森鷗外「老曹長（デトレフ・フォン・リリエンクロオン）」（小説・ドイツ）、小山内薫「大判半裁紙（ストリントベルグ）」（小説・スウェーデン）であった。第三集以降も作品が掲載されており、それぞれの文体を日本文学と社会がどのように吸収して創造していったか学ぶことが求められている。

註

（1）「大正八年度の文芸界」『毎日年鑑（大正九年、一九二〇年版）』大阪毎日新聞社・東京日日新聞社編纂、一九一九年一二月五日。『芥川龍之介全集』第五巻、岩波書店、一九九六年四月八日、一九三頁。

（2）鈴木範久「解題」復刻版『倉田百三選集』第一〇巻　戯曲篇三、日本図書センター、一九九四年七月二五日、一～二頁。

（3）西田幾多郎『善の研究』弘道館、一九一一年一月三〇日。

（4）倉田百三『愛と認識との出発』岩波書店、一九二一年三月二三日。

（5）倉田百三「出家とその弟子」『生命の川』一九一六年一一月～一九一七年三月（第四幕第一場まで掲載）。『出家とその弟子』岩波書店、一九一七年六月一〇日。芥川龍之介書簡は池崎忠孝宛、一九一七年七月一八日付。『芥川龍之介全集』第一八巻、岩波書店、一九九七年四月八日、一二二頁。

（6）倉田百三『歌わぬ人』岩波書店、一九二〇年六月二〇日。

（7）菊池寛「俊寛」『改造』一九二一年一〇月。芥川龍之介「俊寛」『中央公論』一九二二年一月。

（8）「澄江堂雑記」『新潮』第三六巻第四号、一九二二年四月一日。『芥川龍之介全集』第九巻、岩波書店、一九九六年七月八日、九八～九九頁。

（9）川本三郎「序　なぜ郊外か」『郊外の文学誌』新潮社、二〇〇三年二月二五日。

（10）山本健吉「解説」『定本高浜虚子全集』第五巻、毎日新聞社、一九七四年五月三〇日、五一四頁。

（11）森田草平「擱筆の辞」『女性』第五巻第二号、プラトン社、一九二四年二月一日。

（12）「「輪廻」読後」『東京日日新聞』一九二六年三月八日。『芥川龍之介全集』第一三巻、岩波書店、一九九六年一一月八日、一九九頁。

（13）小林多喜二「蟹工船」『戦旗』一九二九年五・六月号、一九二九年三月三〇日。

（14）「初出不明」は『北海道文学全集』第二巻（立風書房、一九八〇年二月一〇日）「解説」（和田謹吾）による。

（15）『芥川龍之介全集』第二四巻、一九九八年三月二七日、三五五頁。海老井英次は、『学生版　小泉八雲全集』は、第一書房より一九三〇年一〇月から三一年三月にかけて刊行され、「芥川の没後に発行されたもののため、生前に書かれたものの再録であるとも思われるが、未確認である」と「後記」で記している。

(16) 保科孝一編『大正国語読本』育英書院、一九一六年一二月一五日修正再版。

(17) 三月一一日、二四日付井川恭宛書簡。『芥川龍之介全集』第一八巻、岩波書店、一九九七年四月八日、一三〜一四頁。

(18)『時事新報』一九一一年九月二九日〜一〇月一日。『食後』博文館、一九一二年四月一八日。

(19)『二葉亭全集』第三巻、東京朝日新聞発行所、一九一二年七月一日、二頁。

(20) 中村融「ガルシンの生涯」「作品解説」『ガルシン全集』青娥書房、一九七三年一〇月一五日、四〇五〜四〇六、四一二頁。

(21)「本所両国」『東京日日新聞（夕刊）』一九二七年五月一五日。『芥川龍之介全集』第一五巻、岩波書店、一九九七年一月八日、二二頁。

(22)『萩之家遺稿』明治書院、一九〇四年五月。

(23) 一九一一年二月一四日付、一九一〇年一〇月五日付。山本は府立三中時代の親友である。

(24)『酒ほがひ』昴発行所、一九一〇年九月七日。

(25) 正岡子規『俳諧大要』ほととぎす発行所、一八九九年一月。

(26) 正岡子規『病床六尺』、『日本』に一九〇二年五月五日〜九月一七日連載。

(27) 室生犀星『忘春詩集』新潮社、一九二二年一二月一〇日。

(28) 三浦仁『室生犀星——詩業と鑑賞——』おうふう、二〇〇五年四月二五日、一一九頁。

(29)『琉球諸島風物詩集』京文社、一九二二年一一月。

(30)「澄江堂雑詠」『文芸日本』第一巻第一号、一九二五年四月一日。『芥川龍之介全集』第一二巻、岩波書店、一九九六年一〇月八日、二二八頁。「琉球語に娘子を「みやらび」と言ふさうである」、「みやらび」と言ふ言葉は美しい」、「何でもこの「みやらび」どもはしんとんとろりと佐藤君に見られたやうに聞き及んでゐる」と書いている。「時折の歌」『橄欖』二月号、一九二三年二月一日。「八宝飯」『文藝春秋』第一年第三号、一九二三年三月一日。『芥川龍之介全集』第九巻、岩波書店、一九九六年七月八日、二七九頁、二八九頁。「短歌」『梅・馬・鶯』新潮社、一九二六年一二月二五日。『芥川龍之介全集』第一三巻、岩波書店、一九九六年一一月八日、二七九頁。

(31)「野人生計事」『サンデー毎日』第三年第三号。『芥川龍之介全集』第一〇巻、岩波書店、一九九六年八月八日、二六八頁。
（32）「永日小品」一九〇九年一月一日～三月一二日。「柿」一月一七日、「火鉢」一月一八日、「山鳥」二月一日（上）、二月二日（下）。
（33）庄野潤三「火鉢」『漱石全集』月報1、岩波書店、一九六五年一二月、七頁。
（34）「眼に見るやうな文章――如何なる文章を模範とすべき乎――」『文章倶楽部』第三年第五号、一九一八年5月一日。『芥川龍之介全集』第三巻、岩波書店、一九九六年一月一〇日、一五四～一五五頁。
（35）「文芸鑑賞講座」『文芸講座』第五号、一九二四年一一月三〇日。『芥川龍之介全集』第一一巻、岩波書店、一九九六年九月九日、三〇五頁。
（36）『沙翁全集――逍遥訳シェークスピヤ全集』第七巻、早稲田大学出版部、一九一五年四月二五日、一～一三頁。
（37）土岐善麿『黄昏に』東雲堂、一九一二年二月一八日。
（38）吉井勇『現代短歌全集　吉井勇編』改造社、一九二九年九月。

第四節　第三集の特徴

一　第三集収録二九作品について

『近代日本文芸読本』第三集には、二九篇の作品が収録されている。その分野別分類は、小説一〇（翻訳一を含む）、戯曲三、評論四、随筆二、詩四、短歌四、俳句二篇である。短歌と俳句は、北原白秋の短歌六首、木下利玄の短歌四首以外は、第一、二集同様、各篇にそれぞれ五首、五句ずつが収録された。

第三集には、反自然主義の二潮流である耽美派、白樺派の作家の作品が多く採られる一方で、自然主義思潮の影響下にあった作家の作品も収録され、同時代の文芸実践がよくわかる編集がなされている。

社会問題や思想、学術を主題とした透谷や樗牛、蘆花の評論、実篤の「新しき村」実践論も載せられており、新しい時代を作ってきた思潮が紹介されている。西洋との関係でも、蘆花のトルストイ訪問記や思軒によるユゴーの翻訳、ポール・ベルレーヌなどの西洋詩人を引用しながら述べた上田敏の象徴文学論など水準の高い文章が続いている。

散文では、第一、二集に比較して、本文が一・五倍から二倍の長さになっている作品が多い。読みの力が確立しつつある中学三年生に内容でも文章量でも読みごたえのある作品を提供するという編者の配慮が見られる。

二　主題や内容から見た収録作品の特徴

第三集も、第一、二集に続き、家族を扱った作品が目につく。

1　家族

中村吉蔵「地震」

三兄弟の遺産争いを描いている。勝治、利平の兄弟二人が親の遺産相続を争うところに、学生の末弟豊吉が帰郷してくる。豊吉は分け前を次兄の利平に譲ると言ったことがもとで、兄二人が喧嘩になり、勝治は打ちどころが悪く死んでしまう。利平夫婦は警察に自首する。そして意外な結末を迎える。全財産が末弟豊吉のもとへ転がり込むことになった。

松本克平は「吉蔵戯曲の転換点になった作品だといわれている」と紹介して「彼の社会劇の系列の最後の作である」と書いている。[1] 松本は、「大劇場演劇は或意味でロマンチックな「酔はせる」基調の劇であることが、その必要条件の一つであって、所謂近代的な「醒ます」基調の劇は、小劇場の舞台の上でのみ取扱ふべきものゝやうに考へられる」とする吉蔵の言を紹介したうえで、「ありふれたテーマを作者は自然主義的な正攻法で憶面もなく堂々書いている。常套的であるに拘らず彼が芸術座に提供した名作『剃刀』『飯』その他の社会劇より一層分り易く喰いつき易い大劇場向きの戯曲になっている。そこには「酔はせる」と「醒ます」二つの基調が調和統一されて、彼の目ざした意図がハッキリ現われている。果たして『地震』は成功であった。同年九月、菊五郎、宗之助らによって市村座で上演され、大好評であった」と評している。

この戯曲なども現代の中学生や高校生が学ぶにふさわしい内容を持っている。家族の遺産をめぐる争いやそれぞれの思いがすれ違ってしまうことが人間関係をさらに複雑にする内容は、現代でも変わらない。

中村星湖「林野巡査の一日」

家族のいない少年の口上を信用しようとする山の巡査が、後になってその話の怪しいことに気づく話である。巡査の小野瀬は盗伐者を取り締まっている。M――山に登ったとき、四五人の盗伐者が逃げる。その一人の小倅を捕まえたところ、両親もなくお婆に育てられたという。貧しそうな感じがしたので同情して逃がそうとするが、よく考えてみると、その話も怪しいと気づき、捕まえたまま山を下りることにしたという内容である。かつては、どこにでもありそうな話で、貧しい日本社会を生きる人間の心理を描く。自然主義作家の一端が窺える作品である。

加能作次郎「祖母」

祖母を見つめる温かい筆致が印象的である。岡本は、妻の房子のお産の看護を房子の実家の祖母に頼んだ。房子の母はすでに亡くなっており、祖母はすぐにやってきた。無邪気な性格の祖母であったが、岡本たちの家が気に入ったのか房子の出産後もあれこれと世話を焼いては長らく滞在した。房子の父の急用で帰った祖母は、二年後に他界した。岡本は、かつて味わったことのない悲しみに打たれたという内容である。

『読売新聞』（一九一八・一〇・三～一二・四）に連載した「世の中へ」で文壇的地位を確立したのちに、精力的に書いた短編のうちの一つである。それらは自身の周辺に材をとった私小説であるが、好評を博したという。生後まもなく母と死別して継母や叔父のもとで不本意な少年時代を過ごしたことが、のちの文学のもととなった。その後、早大予科に入学して自然主義思潮の影響を受けていき、田山花袋に師事する。「祖母」にもそうした作風の影響が見られる。

鈴木三重吉「小鳥の巣」

母親を亡くした十吉、万千子の幼い日々を追憶して描く。母親代りをする伯母のことや、祖母のこと、家に巣をかけた燕の巣立ちのようすを織りまぜる。三重吉自身は、「私の作篇等について」で、「今から言へば、燕につながる一二の部節を除いて、あとは全部削除してよい愚作である」[2]と言うものの、中篇の「桑の実」を除くと唯一の長編と言ってもよい。三重吉が「燕につながる一二」と語った箇所を龍之介は採録した。龍之介は三重吉宛の書簡で「小鳥の巣」の該当部分の抄録の許可を求めている。

> 冠省先達は御親切なお手紙を頂き難有く存じます。又早速作品の掲載を御許し下すつて難有く存じます。扨高作は勿論全集によりましたが、十吉が万千子と喧嘩をして外へ出てかへつて来る、それを万千子がむかへに出る所をとつたのですが、あすこには全集にも「のい十さん、屋根の燕がのい」という言葉があります。小生は昔よりあの一段を愛読し、今日もなほ愛読してゐます。どうか今度は小生の我侭を通させ、あの一段にさせて下さい。あの一段は小生の過去の記憶がまとひついてゐるせいか、どうも割愛する気になりません。（以下省略[3]）」

龍之介は三重吉が創刊した『赤い鳥』に「蜘蛛の糸」、「杜子春」などを寄稿して積極的に協力した。「どうか今度は小生の我侭を通させ」というくだりは、文芸実践家としての同志的交流の深さをよく示している。

広津和郎「U君とエス」

第三集にも「犬」を話題とする作品が二作ある。本作と豊島与志雄の「霧」である。銃猟者仲間で有名なエスという名の犬を持っていたU君から聞いたのを書きつけたという形式を採っている。猟犬のエスが飼い主のU君になついて、いかに従順であったかという話を語っている。飼い主と犬との家族的な交流を描き、中学生の関心を呼ぶ小説である。内容は以下のとおりである。青森まで船で猟に出かけた。船酔いで嘔吐物をすまなさそうに食べるエスは僕の唯一の家来、親友であった。永年の道連れの真心を感じる。Kという質朴な海岸で猟をしたとき、猟がうまくいかず、いつになく腹立った僕はエスの首を締めてしまった。驚いたエスは、そのまま姿をくらました。不安になった僕は、探しながら宿に戻った。するとエスはすでに宿で待っていた。犬を家族の一員として扱うやさしさがにじみ出ている。

菊池寛「屋上の狂人」

第四次『新思潮』に載った菊池寛初期の戯曲である。『新思潮』創刊号には「暴徒の子」を掲載して、つづいて「屋上の狂人」を初めて本名で載せた。毎日屋根に登り妄想に取り憑かれている兄の奇行と、それを気遣う弟のやさしさを描く。義太郎は生来の「気違」で、毎日屋根に登って妄想にとらわれている。父親の義助は注意するが、屋根から下りない。藤作の紹介で巫女が怪しげな祈祷をする。そこに弟の末次郎が帰ってきて止めさせて言う。兄は屋根の上で喜んでいる。世界中に一人しかいない幸せ者で、正気になると自分の「片輪」に気づいて不幸になる。巫女は捨てぜりふを言って立ち去る。義太郎はまた屋根に登り、夕日に染まっているという内容である。

谷崎潤一郎「兄弟」

「大鏡」の短い記述をもとに翻案された。兼通、兼家の確執を幻想のなかに描き、読みごたえがある。兄の堀河大臣兼通と弟の東三条兼家卿の確執を描く。何かにつけて兄の先をいく兼家にいつかは先に太政大臣に昇りつめ自分の存在を高めようとする兼通の物語である。物怪の跋扈する描写などは時代の空気をよく映し出している。第五集にも、「栄華物語」、「紫式部日記」の翻案である「誕生」が収録されている。

龍之介は「谷崎潤一郎論[4]」で「小説家中森鷗外先生を除き谷崎潤一郎君の如く日本の古典に通ぜる人は恐らく

1人もなかるべし」と書いている。読本に二篇とも歴史の翻案を入れたのはこうした評価が背景にあるからであろう。長野嘗一は、「兼通・兼家兄弟の権力争いを、それだけ表面に浮上させず、兼家女超子をヒロインのごとき位置におき、彼女に短き生涯を語るに似せて、父と伯父との争闘をその中に塗りこめた」と述べて「谷崎のいわゆる「王朝物」の中では異色ある一編」と評している[5]。

2　立身出世・学校

久保田万太郎「握手」

龍之介の小中学校の先輩にあたり、浅草に住み続けながら荷風の影響を受けて小説、戯曲、俳句を書いた万太郎の小説らしい作品である。同窓会という場の設定が浅草の人情をかもし出している。

中学三年に落第した苦い思い出を語る。落第が決まり、急遽慶應義塾に入ってから一四、五年の歳月が経過する。当時の中学の同級の寄合があり、自分を落第させた教師も来ていた。挨拶したが、彼は記憶にないと言う。多数の生徒を相手にする教師と一つの出来事に左右され続けた一生徒の心情の乖離という悲哀が読む者の心の襞に染み込む佳品である。

龍之介は「久保田万太郎氏」で、「君の微笑のうちには全生活を感ずることなきにあらず。微苦笑とは久米正雄君の日本語彙に加へたる新熟語なり。久保田君の時に浮かぶる微笑も微苦笑と称するを妨げざるべし。唯僕をして云はしむれば、これを微哀笑と称するの或は適切なるを思はざる能はず[6]」と書く。この評は「握手」によく当てはまったものである。

厳格な学校体制への批判とともに落第を題材としており、検定副読本として申請していたら議論となったことが想像される。

3　社会・思想・学術

第三集には、評論・論説が多く採用されている。対象年齢が中学校三年生であり、本格的な評論へと誘う編者の意図が見える。内容は、社会、思想、学術に関するものである。

高山樗牛「空腹高心」「其の他」

斎藤信策と姉崎正治は、「著者をして永遠なる人生の理想を完全に実現するは不可能の事にして、人はその一端の実現に満足すべく、而して此は社会生活の中に発見せらるべきを明かにしたるにあり。著者はこの観想を抱いて仙台に入り、その間学校教育の実務に当り、且つ「中等倫理教科書」を著はしたれば、その思想は漸く明白に国家主義の実際倫理説に傾くに至れり」[7]と解説している。

樗牛は、「日本主義を賛す」で、国家思想の新雑誌『日本主義』を評価して日本の新しい道徳的原理を主張する。第三集には、「空腹高心」、「道義亡国」、「何ぞ思はざるの甚しき」、「心に会するもの只是れ心」、「何ぞ人の異を妨げむ」、「千万言唯意のま、のみ」、「吾は永く吾たらむ」、「一九世紀文明の王冠」、「笑はむ乎、狂せむ乎」、「吾をして詩人たらしめば」、「言論畢竟人物のみ」の十一項目にわたる樗牛の主張がまとめられている。たとえば、「空腹高心」は「己れ能く先人に若かむと欲せば、亦同じく先人の学びたる所を学ばざるべからず。何ぞ今の青年輩の空腹にして高心なるや」と、現代青年がまず無心に先人の学んだことを学べとよびかける。「吾は永く吾たらむ」は、「人はニーチェを言ふ、唯願わくは吾をして永く吾たらしめよ。ニーチェは天才、望むべくして即くべからず、千歳に独歩せしめて可也」も収めてあり、樗牛のニーチェへの傾倒を示している。「美的生活を論ず」と同じく、人間的真実が何であるかを論じている。

龍之介は、「樗牛の事」で、中学三年の春休みの読書用に漱石の『虞美人草』とともに『樗牛全集』を五冊買い求めたと書いている。[8]しかし、その読後感について「始めて樗牛に接した自分は、あの名文から甚だよくない印象を受けた」と記しており、その理由に『わが袖の記』などの「美しい文章」に「好い気になつて流せる涙を、ふんだんに持ち合せてゐたやうな心もち」、「文章の上だけで臆面もなく滂沱の観を呈し得たやうな心もち」がしたことをあげている。こうした印象について、「樗牛と自分との間には、まだ何かが挟まつてゐる。それは時代であらうか。いや、それは唯、時代ばかりであらうか」と自問する。「雑筆」の草稿にも、「詩歌は絵画を学ぶべきものではない。詩歌の本質は動にある」という樗牛の言を名言だと思ったが、実は「樗牛は余り考察も加へず、「ラオコオン」を祖述してゐた」に過ぎず、西洋と東洋の写生が区別されていないと手厳しい[9]。

樗牛の文章は、「国語」教科書に頻繁に掲載された。「世界の四聖」、「平家の都落」、「日蓮上人」、「月夜の美感」、「わが袖の記」、「平家雑感」、「平重盛論」、「死と永生」、「滝口入道」などが、一九〇一年頃から一九四〇年代まで途切れることなく大半の教科書に収められている。樗牛とのあいだに越えられない何かを感じていた龍之介としては、通常の「国語」読本に載せられた樗牛の文章をあえて掲載せず、樗牛の人生訓がよく認識できる文章を選んだと思われる。

上田敏「幽趣微韻」

日本近代詩文芸における美のありようを論じている。敏は、西洋における近世以降の美術史、文芸史を振り返り、しだいに色の重要性に気づき、陰影や濃淡を創作上の課題にし始めたと述べている。そして、ピエル・ロティやポール・ベルレーヌ、ボードレールの言を引きながら、文芸における、世相自然の幽趣微韻を窮めつくしていくことの重要性を説いた。敏は、「近世の美術は偉大宏壮の点に於て、典雅なる古代の作品に翰する所無しとせざれど、幽趣微妙なる韻致を捉へ得たるに至つては、遥に前代を凌ぎたりといふべし」と近世美術が「幽趣微妙なる韻致」を見出したことに着目している。その中心点は、「茲にまた一歩を進めて野花芳草の香を詞章の間に伝へ、「形」にあらず「色」にあらず、はた「影」にあらず幽趣微韻溢るゝばかりなる「香」を捉へむと欲するものはなきか」ということである。

「ヴェルレーヌの「色彩を望まず、ただ陰影《ニュアンス》を」との姿勢、あるいはボードレール散文詩に言う「幽趣縹渺、捉ふべからざるの陰影」を重視した敏は、かつて樗牛らが批判した新体詩の曖昧模糊とした詩風にこそ、近代人の複雑繊細となった感情や神経の反映を見、美の極みに現われる近代的〈幽玄〉を見た[10]」と評されるのも納得がいく。

敏は、象徴主義に関する文芸論を『帝国文学』に発表していった。矢野峰人は、敏の議論について「希臘文芸より文芸復興期にと、興味が移つて行つた当時の先生が、はやくも所謂「澆季文学」に関心を寄せ、深い理解を示すに至つた経路を示す必読の文字である」と説明している[11]。こうした近代詩における象徴主義や美の問題を中等学校生が学ぶことは、現代の「国語」教育においても重要な意義を有している。

「国語」教科書には、敏の『文芸論集』から「細心精緻の学風」、「典雅伏静の美」、「直観と美術」、「詩文の格調」などが収録されている。「細心精緻の学風」は、文学研究の基本的な態度を記したもので、「国語」教科書に繰り返し収められた。「国語」副読本を編集したことがある菊池寛は、京都帝国大学文学部英文科在学中に上田敏の講義を聞いている。そこで、寛が終生の文学観の基礎となる読者論を獲得していることも「国語」教材史では重要である。

第四集の「落葉（ポオル・ヴエルレエヌ）」も、敏の文芸論とともに訳詩集『海潮音』[12]で翻訳紹介されたものであり、『近代日本文芸読本』に収められた作品のなかで、象徴主義文学という主要な構成部分を担っている。

徳冨健次郎「初対面」

ヤスナヤ・ポリヤナに居を構えていたトルストイを訪問した時の記述である。「年譜[13]」によれば、一八歳でキリスト教を受洗した蘆花は、一八九〇（明治二三）年、二三歳の時に『国民之友』に「露国文学の泰斗トルストイ伯」、二四歳には、「トルストイ伯の飲酒喫煙論」を発表し、二六歳には、トルストイの『アンナカレニナ』を買い求め、しだいにトルストイの諸作に親しむようになる。三〇歳で、一二文豪中の第一〇巻として『トルストイ』を民友社から刊行する。そして一九〇六（明治三九）年、トルストイ訪問を思い立ち、書を寄せ、四月四日、一人逗子を出発する。横浜、神戸、門司、上海、香港、コロンボ、スエズ、カイロ、エルサレム、コンスタンチノープル、バルカン諸国、キエフを経て、六月三〇日、モスクワ近郊のヤスナヤ・ポリヤナに到着する。五日間滞在した後、モスクワ、ウラジオストックを経由して、八月四日敦賀に入った。

「初対面」では、「土を耕し他の力に頼らずして生活する者が国の力也」というトルストイの持論を紹介している。蘆花は、言葉通りの素朴な彼の生活を好意を持って見つめた。トルストイは七十八歳であった。彼は日本の政況、農業や経済の状況を問い、農業が国の力であると持論を述べた。そして、百姓ボンダレフの「労働」という小冊子を紹介したという。

武者小路実篤「人類愛について」

『中央公論』に発表された後、新しき村曠野社発行の『新しき村叢書』全一六篇の第五篇『愛に就て』に収録された。この叢書は、実篤、周作人、木村荘太などの「新しき村」会員、唯一の会員外の長与善郎らによって執筆された。第一篇から第六篇までは、武者小路の筆になり、「新しき村」の提唱、理念、使命などが縷々述べられたものである。

まず人類愛という言葉の二つの解釈が示される。個人が人類を愛する意味、人類が個人を愛する意味である。そしてこの二つの意味を生かすには、外部的に人類を見ること以上に内部的に見たり感じたりする必要がある。実篤は、この点で社会主義者の目的と同じであると述べる。しかし、それはとくに真に人類の為に働くためには、個人の独立が大事であると主張する。しかも、「自分は殊に個人の自由を認めない傾向のある社会主義にはあまり厚意《ママ》はない。むしろ無政府主義の方が自分の趣味にちかい。しかしそれは無秩序を意味しない。個人の独立性、及びその資格を意味する。そして全体としての大調和を暴力なしに獲得することを理想とする」と論じている。ソ連邦や東欧諸国の政権交代劇を目撃した今日、あらためて社会主義と個人の自由の問題を考える手がかりとして、その先見性が認められる。

なお、「人類愛について」を収録して、この読本を検定副読本にすることを拒んだ理由としたことは本章第一節で述べた。

北村透谷「精神の自由」

明治文学史を構想した「明治文学管見」の一部である。山路愛山とのいわゆる「人生相渉論争」の過程で執筆された。蘆花、実篤とならび、自由民権運動に挫折しながらも、明治的実世界の拘束を破り普遍的に自由な人間性を求めていった透谷を取り上げたのは、本集の白眉となっている。

概要は以下のとおりである。生は有限であるが、精神の自由は無限である。夢、想像力、理想は、我々の羅針盤である。人間の覚醒は精神の覚醒である。人生はその精神の自由の為にある。希望は愛にあり、進歩は愛に萌すのである。

4　怪異と幻想

第三集では、幻想的な内容を持つ作品も目につく。

小山内薫「不思議」

本来不思議を演ずるはずの奇術師が、自分の奇術を観客が不思議がるのを不思議だと感じるという、とぼけた妙味のある作品で読ませる。

梗概は次のとおりである。玉天斎の高座前の奇術は不思議でも何でもない。客に書かせた望みの品物の紙に隠し持っていた紙片を混じらせる。それをあたかもあたったかのように見せかけ、暗い空間から品物を出させ客に配る。客はそれを不思議がる。ところが、玉天斎はこれが不思議だった。その後、彼にとってまた不思議なことが起こった。人形町の小屋ではどういうわけか客が薄い。方々で評判を取るのだが、ここでは客のないのが不思議でならないという内容である。

豊島与志雄「霧」

当時、急速に都市化した町に生きることへの不安を描いた作品の一つである。豊島にはすでに「都市の幽気」という都市論がある。彼の初期の短編で、かわいがっていたはずの子犬を強い衝動で殺すというものである。十一月のある晩、霧の濃い町で友人二人と歩いていた「私達」は一匹の犬に気づくが、何かおそろしく大きなものがくるようで、とうとうその犬を殺してしまったという不気味な内容である。「犬」を扱っているが、「U君とエス」のような犬との交流というぬくもりはない。「犬」自体が不気味な生あるものとして表象されており、豊島の得意とする表現である。「生命」、「魂」という表現も目につき、一九二〇年代の「生命主義」との関連も注目される。

小川未明「病日」

日蝕の日の気味悪さを描く。一七年前の日蝕のことを今でも昨日のことのように思い出す「私」は、その日蝕のことに重ねて、出入りの魚屋で、熱心な御嶽教信者、高橋乾二のことを目に浮かべると語る。乾二は、普通の魚屋と違わないが、彼の二階の部屋には、神棚に榊や御幣がいくつも建てられ、いろいろな御札や御守が隙間なく貼りつめてある。この日蝕の日も、乾二は「私」の家に来ていた。「私」は熱を出して床に寝ていたが、母と日蝕を見に外に出た。しかし、乾二は火鉢の前で何か唱えていただけだった。こうしてその日の日蝕は金峰山の一角に沈んだ。あんな病んだ大日輪を見たことがない。そういえば、乾二からもらった峻嶺の霊山金峰山の萬年草をなくしてしまったこともあった。「私」の熱病もその日から快方に向かった。その時「私」は、十一歳であったと思う。乾二は、その後気が狂って死んだ。これが「病日」の梗概である。未明らしい幻想を描き出す佳品である。

「病日」は、『定本小川未明小説全集』[14]では「日蝕」という題名である。「第三集の序」には未明との交渉は記載されていないが、第三集収録にあたって未明が題名変更をしたことが考えられる。ただし未明生存中に編まれた『小川未明作品集』第一巻[15]には「日蝕」の題名が使用されている。

久米正雄「地蔵教由来」

『中央公論』に初めて掲載された久米の戯曲である。内容は、博打に負けた博徒たちが一芝居打って村人から金をまきあげようとして失敗したので、地蔵の化身が現れると嘘を言ったら本当に現れてしまったという落ちのあるものである。

このほか、家族の項で見た谷崎潤一郎「兄弟」が、兄の藤原兼通と弟の藤原兼家の確執の話のなかに物怪がうごめくさまを描いている。

5　叙景

永井荷風「日本の庭」

第三集冒頭に置かれた。荷風は、父が官吏であった良家の期待を裏切り、広津柳浪門に入ったのをきっかけに文芸の世界にのめりこんでいく。民間での活躍を見込んでの父親の命で出向いたアメリカやフランス勤務での経験が新時代の個性的な作家と見識を育てることになった。『あめりか物語』、『ふらんす物語』、『冷笑』などで、主流だった自然主義の文壇に耽美主義の新風を起した。一九一〇（明治四三）年二月、森鷗外と上田敏の推挙で慶應義塾大学教授に就任して、『三田文学』を創刊する。(16)

「日本の庭」を収めた『紅茶の後』(17)は、『三田文学』に連載した同名随筆などを集めたものである。「乱雑な花鳥日記」と荷風は言うが、蘭、桜、木蘭、山吹、牡丹、蝙蝠、蟬、秋の七草、赤蜻蛉、椿のそれぞれを作者独自の視点で眺めている。筆者のみずみずしい感興のある筆致である。

梗概は以下のとおりである。四季のたびに小さな古い日本の庭を訪れる。そこには、植物学者の採集箱に入れられそうな蘭、天真爛漫な桜、懐しい寂しい芸術美の木蘭、日本晴れの青空のもとで光に照らされた国民的色彩の山吹、総て絢爛眼を奪うような芸術の牡丹、「蝙蝠が出てきた川の夕涼み」と歌われた蝙蝠、ピエル・ロティが「驚くべき蟬の合奏」と言った蟬、言い知れぬ寂しさの秋の七草、揃って来て去る赤蜻蛉、総括して赤い垣根に椿が陳列されている。

「見慣れた暗い夜のみをこゝに迎へて、異つた新しい暁をのぞむまい」、「平和なる日本の古庭に雪の降る昼過ぎほど、自然が人工的の美を恣にする時はあるまい」、「汚くて厭だが、柴折戸をくゞつて、すこし外の世界を歩いて見よう」などの表現に日露戦争、大逆事件の影響を認めることができる。発表は一九一一（明治四三）年一〇月であった。

6　短歌、俳句

木下利玄「「のびあがり」其の他」

利玄は、学習院で同級となった武者小路実篤や志賀直哉らと『白樺』を創刊して短歌を発表する。収められたのは、第二歌集『紅玉』所収の四首である。

のびあがり倒れんとする潮波蒼々たてる立ちのゆゆしも
まさやかに沈透く小石のゆら〳〵に見え定まらず上とほる波
もろ向きににはとこの枝ひろがれり新ふと青芽あまねくもちて
昼山の松吹く風の音澄めりあかるき道を一人しあゆむ

『紅玉』の「集の末に」で、二人の男子を失ったことをきっかけに夫婦二人で山陰から九州を旅行することになったいきさつを述べている。[18]

その歳の暮に、九州別府に着いたが、この地で翌年六月二九日に長女の夏子が生れたので、満一箇年をここに送ることになつた。この子はかなり丈夫だったので、吾吾は安心して愛を投げかけてゐたのに、自分が、妻の母と共に旅行してゐる間に、風邪にかかり、それが肺炎になつた。（中略）急ぎ帰り、一心に看護してゐる妻に力を合せたけれども、子供は助からなかつた。妻の悲嘆は見るに堪へられなかった。何故にかく人間の子供は育ち悪いのであらうかと思はれた。／吾吾は今でも時々この旅行の時の事共、殊に別府で、子供を持つてゐた時の事を語り合つて、感懐に堪へないのである。／この集の歌の大部分は、その旅の作である。

採られた短歌が、どれも明るくのびやかなものであるのは、子を思いやる利玄の悲しみに触れた龍之介の心遣いでもあろう。大きく立ち消えゆく波、波に見え隠れする小石、にわとこに広がる青芽、澄んだ松風の音と、動きのある表現に特徴がある。

正岡子規「「上野山」其の他」

子規は、「歌よみに与ふる書」[19]で写実写生の短歌革新論を主張した。同論は第五集に収録されている。

　　森

上野山夕越え来れば森暗みけだもの吠ゆるけだものの園

　　藤の花

瓶にさす藤の花ぶさみじかければたゝみの上にとどかざりけり

　　行春

夕顔の棚つくらんと思へども秋まちがてぬ我いのちかも

いちはつの花咲きいでて我目には今年ばかりの春ゆかんとす

　　山吹

小縄もてたばねあげられ諸枝の垂れがてにする山吹の花

子規の病床にあった句で、子規の第一遺稿集『竹の里歌』に収録された歌である。「瓶にさす」、「夕顔の棚」、「いちはつの」は、現代の多くの「国語」教科書にも収められている。「いちはつの」は、斎藤茂吉が「正岡子規」でその歌風を一瞥する試みとして選んだ一〇首のうちのひとつである。

なお、「瓶にさす」は若き龍之介に模倣の作がある。失恋の痛みを胸に手紙のやりとりが続いていた井川恭に宛てた一九一五（大正四）年五月一三日付けの手紙に「枕辺の藤の垂花ほのぼのと計温表にさき垂りにけり」、「人妻の上をいぬびて日もすがら藤の垂花わが見守るはや[20]」とある。

若山牧水「「すずめ子の」其の他」

牧水は、叙景詩の運動を進めた尾上柴舟の車前草社に前田夕暮とともに参加した。一九一〇年代には、第三歌集『別離』によって自然主義歌人として名声を博した。

すずめ子の一羽とまりて啼く見ればあをき細枝に朝日ゆらげり
夏草のなびける山に真向ひて今朝をさびしく歩み居るかも
花ぐもり昼は開けたれ道芝につゆの残りて飯坂とほし（飯坂温泉にて）
わが庭の竹の林の浅けれど降る雨みれば春は来にけり
吹きすぎし風のたえまにほつとりと日の匂ひこそ身によどみたれ

紀行文作家でもあった牧水の一九一七（大正六）年頃の作品である。早大高等予科時代に、国木田独歩の『武蔵野』を愛読した牧水の歌らしい紀行と自然が巧みに詠まれている。現代の「国語」教科書にも、『別離』所収の「白鳥は哀しからずや空の青海のあをにも染まずただよふ」、「幾山河越えさり行かば寂しさの終てなむ国ぞ今日も旅ゆく」がよく採られている。

北原白秋「「鬱蒼と」其の他」

白秋は、一九〇六（明治三九）年新詩社に入り、与謝野寛、晶子、吉井勇、石川啄木、高村光太郎と知りあい、さらに森鷗外や上田敏らに認められ、まず詩人として『明星』新人の代表的存在となった。一九〇九（明治四二）年、第一詩集『邪宗門』、一九一三（大正二）年、第一歌集『桐の花』を出す。一九〇七（明治四〇）年夏、鉄幹、杢太郎、勇らと九州旅行に出かけ、『東京二六新聞』に「五人連れ」の署名で「五足の靴」として連載した。この旅行後、勇、杢太郎らと新詩社を脱会して「パンの会」を結成する。一九一八（大正七）年七月、鈴木三重吉が『赤い鳥』を創刊するにあたり、童謡を担当して児童自由詩の選者となる。『赤い鳥』との関係については、第二章で詳論する。

　水辺の午後
鬱蒼と楊柳かがやくまさびしき遠き入江に日の移るなり
　山中秋景
木々の上を光り消えゆく鳥のかず遠空の中にあつまるあはれ
　雀子嘻遊
飛びあがり宙にためらふ雀の子羽たたきて見居りその揺るる枝を
　野ゆき山ゆき
香ばしく寂しき夏やせかせかと早や山里は麦扱きの音
　蛍
昼ながら幽かに光る蛍一つ孟宗の藪を出でて消えたり
　山家抄
奥山の山の狭間にふる雪のほのぼのつもり夜明けぬるかも

「鬱蒼と」と「木々の上を」は、第二歌集『雲母集』、そのほかの四首は、第三歌集『雀の卵』に収められた。木俣修は、『雲母集』、『雀の卵』の時期の白秋について、「苦恋による失意から居を相州三崎に移し、新生を望んだ唱明的な作品」、「海溝遍満の海辺における生活の中で、自然児のように光明を礼賛し、法悦境に浸り、その果てに賛仏的な境地に達している」（『雲母集』）、「貧窮の生活における人間的苦悩を訴えた境地から、自然に随順し、芭蕉風の閑寂境に迫り、「さび」の近代的境地に達する過程を示している」（『雀の卵』）と評している。[21]「鬱蒼と」、「木々の上を」には、海辺の遠景に新しい人生の光りを重ねている。そのほかの四首は、かすかな動きや音に生命と神秘を見つめる叙景歌である。

村上鬼城「「鏈して」其の他」

鬼城は、子規の写生説に共鳴して新聞『日本』に投稿を始める。その後、虚子に認められ『ホトトギス』同人となった。

鏈して小舟つなげる夜寒かな
五月雨や起き上りたる根無草
せきれいの波かむりたる野分かな
小春日や石を噛み居る赤蜻蛉
老ぼれて眼も鼻もなし榾の主

「小春日や」は、一九一四（大正三）年一月号『ホトトギス』雑詠欄の巻頭を飾った。鬼城は一九一六（大正五）年四月号までに一一回も巻頭を飾り大正俳壇の有力者となった。「老ぼれて」をはじめ、どの句も人生の境涯を詠んでいる。大須賀乙字は、『鬼城句集』の「序」で、「古来境涯の句を作った者は、芭蕉を除いては僅かに一茶あるのみで、其余は多く言ふに足らない。然るに明治大正の御世に出でて、能く芭蕉に追随し、一茶よりも句品の優つた作品がある。実にわが村上鬼城其人である」[22]と述べている。また、虚子も「進むべき俳句の道」で「不具、貧、老等に深い根ざしを持つて」いると評している。聴力に難じたところのあった鬼城は、そのため進路の変更を余儀なくされてきた。また、貧窮の生活も味わうこととなり、彼の俳句人生の根には、人生をぎりぎりのところで生きてきた鋭さがある。鬼城はそうした境涯を「小舟」、「根無草」、「せきれい」、「赤蜻蛉」、「梢」という小さきもの、植物、小動物などに詠んだのである。

荻原井泉水「「傾きし」其の他」

井泉水は、河東碧梧桐の新傾向俳句運動に参加する。自我の覚醒や個性の重視が主張され、井泉水も季題と定型にとらわれない自由律を主張して実践した。碧梧桐や乙字らを同人に雑誌『層雲』を発刊するが、季題の扱いなどをめぐって碧梧桐や乙字が離れていった。

傾きし藁家の美しい雉ら
野いちごの日のぬくみ舌にとける
何とさびしい村の唐黍の赤い毛
夕雲の寒さ美しさを窓を閉づ
音といふ音の浪音の中に日は落つ

井泉水は、句の魂として自然の光と力を重視する。これらの句には、自然の持つ象徴的な光が描かれている。ゲーテやシラーに学んだという井泉水の句には西洋風な感覚がある。

7　詩

木下杢太郎「両国」

杢太郎は、東京帝大医科大学在学中の一九〇七（明治四〇）年に長田秀雄の紹介で新詩社の『明星』に参加した。白秋の項に記したように、後に「五足の靴」としてまとめられた九州旅行を契機に杢太郎が発表した『南蛮寺門前』所収の「絵踏」は第五集に収められている。その経緯については第六節で述べる。

「両国」は、旗亭（レストラント）二階から得られる両国橋付近の眺望を描いている。「両国の橋の下へかかりや／大船は檣を倒すよ、やれそれ船頭が懸声をするよ。」で始まり、まだ肌に冷たい五月五日の川風を受けて、灘の美酒、菊正宗の杯をもって旗亭の二階から眺める入日の空の美しさに見入っているのが窺える。両国橋の下を通る船頭の掛け声の大船、波にもまれる蝶々、国技館の屋根を越えて飛ぶ夕鳥を描いている。

「両国」が収められた『食後の唄』[23]は、杢太郎の第一詩集であり、「パンの会」時代の詩を収めている。白秋の『東京景物詩及其他』、吉井勇の『酒ほがひ』と並ぶ耽美詩集である。

西条八十「胸の上の孔雀」

八十は、早大在学中に、三木露風、川路柳虹らと季刊詩誌『未来』に参加する一方、日夏耿之介らと『仮面』を創刊した。卒業後、日夏耿之介、堀口大学、山宮允らと『詩人』を創刊して、一九一九（大正八）年六月に第一詩集『砂金』を尚文堂より私家版で出す。「胸の上の孔雀」は、この『砂金』に収められている。また、鈴木三重吉の依頼で一九一八（大正七）年七月に創刊された『赤い鳥』に童謡を寄せ、一一月号の「かなりあ」が成田為三に作曲されて、最初の芸術童謡として絶賛された。

「胸の上の孔雀」の内容は、昼寝の夢に月が昇り沈むのを見るように、過去の追憶や思い出が、青麦畑の幽かにそよぐあばらの疲れきった身体をよぎっていくというものである。

八十は『砂金』の「自序」で、「をりをりに書きつけてを《ママ》いた作が、いつかこれだけ溜った。明治四五年頃から今日に至る約八年間の仕事である。(中略)「胸の上の孔雀」に於ては、肉体の疲労に伴ふ霊性の揺曳を記して置かうと企てた」[24]と語っている。

萩原朔太郎「騒擾」

「騒擾」は、初出『詩歌』から第一詩集『青猫』、第二詩集『蝶を夢む』、『定本青猫』と朔太郎の三詩集に収められた[25]。収録にあたってそのつど改作、改題された。題名は、初出『詩歌』では「深酷なる悲哀」、『青猫』では「月夜」、『蝶を夢む』では「騒擾」である。『青猫』に収められていた「騒擾」を含む八篇が、『蝶を夢む』に「なぜ採録されたかの理由はつまびらかではないが、のちの『定本青猫』(昭和十一年三月、版画荘)には、「夢」を除いた七篇はすべて再々録されているのをみれば、朔太郎が、それらによせたものが、なみなみならぬものであったことが想像されよう」という馬渡憲三郎の指摘[26]がある。

重たい大きな羽をばたばたして/ああなんといふ弱弱しい心臓の所有者だ/花瓦斯のやうな明るい月夜に/白く流れてゆく生物の群れをみよ/そのしづかな方角をみよ/この生物のもつひとつの切なる感情をみよ/明るい花瓦斯のやうな月夜に/ああなんといふ悲しげな　いじらしい蝶類の騒擾だ

この詩に典型的に見られるように、旋律としてのリズムを大事にしながら感情を表出する自由詩、象徴詩をめざした。背景には三木露風らの朦朧体象徴詩批判がある。一九二五(大正一四)年には、九か月のあいだ田端に居住して龍之介や犀星と交流している。

川路柳虹「欣求」

柳虹は、河井酔茗主宰の詩草社機関詩『詩人』第四号（一九〇七年九月）に初めて口語詩「塵溜」を載せて口語自由詩の隆盛を作り出した詩人である。

「欣求」は二章で構成されている。一章は三連構成で「讃美のこゝろには／塵つもる花瓶も美しい。／青空は空からきて／汚いその表を磨いてゐる。」から起され、わたしの眼に映る美しい現実と悲しい現実があることを知らせている。二章は二連で、「手にのせた林檎は美しく、／口に入れた林檎は時に苦い。／わたしは酔つた眼で見やうか、／それとも、たゞ悲しく嘆かうか。」と迷いの心を吐露して「わたしはほんとに与えられるものをば待つ」と決心を述べて締めくくっている。

一九二二（大正一一）年に刊行された『現代詩人叢書』の一冊『預言』に収められた。

8　文体

森田思軒「ルイ・フィリップ王の出奔」

ヴィクトル・ユーゴーの翻訳である。民衆の蜂起を逃れてルイ王がパリの王宮からイギリスへ脱出する。第一集の森鷗外「老曹長（デトレフ・フォン・リリエンクロオン）」（小説・ドイツ）、小山内薫「大判半裁紙（ストリントベルグ）」（小説・スウェーデン）、第二集の坪内逍遥「テムペスト（シェイクスピア）」（戯曲・イギリス）、二葉亭四迷「四日間（ガルシン）」（小説・ロシア）の翻訳に続き、思軒によるユーゴーの翻訳である。

「第三集の序」に、「この集に収めた作品中、森田思軒の「ルイ・フィリップ王の出奔」は森鷗外、二葉亭四迷等の散文翻訳の外に日本の小説に影響を与えた散文翻訳の一つである。思軒の文章は文法上の規則を無視した場合も稀ではない。が、編著は奇峭を極めた原文の保存する為に一語も改竄を加えぬことにした」と記している。

思軒は、「十五少年漂流記」など多くの翻訳を遺し、外国文学の紹介に多大な功績があったことは言うまでもない。翻訳文体がどのように確立し、近代日本語として定着していったかを学ぶ単元構成には欠かせない。

『近代文学研究叢書』第三巻の「第三巻の成立」には、森田思軒の項に「翻訳が政治家の余技をはなれて、文学者の仕事に移ったのは森田思軒の卓抜した翻訳技術に負うところが大きい。和漢洋の該博な素養による神采的文章力と、周密文体は画期的な業績である[27]」と紹介されている。また、同書「凡例」では、「「探偵ユーベル」その他を公にして周密文体という逐次訳の先鞭をつけ翻訳界に画期的業績を遺し、人口に膾炙された「十五少年」を出した森田思軒[28]」とも紹介されている。

三　各作家のどんな作品が収録されたか

1　作者の代表的な作品、出世作品から

木下利玄「「のびあがり」其の他」は、第二歌集であり、利玄の作風をよく示す代表作であることは短歌の項で見た。

久米正雄「地蔵教由来」は、「菊池寛氏の「時の氏神」、久米正雄氏の「地蔵教由来」、久保田万太郎氏の「雨空」は、夫々大正期の名作として有名な作品である。（中略）「地蔵教由来」は久米正雄氏の最も初期のものに属し、今日では氏の代表作とさえ認められるる程の高名な作である。菊池氏が最も影響を受けたとされる愛蘭土劇の作風が、作風の違う久米氏のこの作に却って濃厚に現われていて、我が国の新劇創作勃興時代のある面影がよく現われていて興味深い。[29]」と評される作品である。

小川未明「病日」（「日蝕」）は、未明が文壇に本格的に登場することになった『惑星』の冒頭の作品である。

定本全集第一集の「解説」で、山室静は次のように述べている。(30)

> この二冊の作品集（引用者注――第一短編集『愁人』と姉妹篇『緑髪』のこと）は、「霰に霙」などの秀作もあるが、それはむしろ例外で、概して短いスケッチ、時には童話風やエッセイ風の小品が大部分で、秀作期の産物としてよい。小説家未明の出発は次の『惑星』（明治四十二年）の諸作からとするのが、より適当かと思う。ついで『闇』（四十三年、同年にまた第一童話集『赤い船』）、四十五年『少年の笛』と『物言はぬ顔』を出す頃は、新浪漫主義の第一人者として文壇の第一線に立っていた。

未明が『新小説』に載った「霰に霙」などで、文壇で認められ、習作を抜け出て、実力のある作家として立った本格的作品集の冒頭に収められた作品が「病日」（「日蝕」）であった。

2　作者の創作第一集からの採用

西条八十「胸の上の孔雀」は、第一詩集『砂金』から、杢太郎の「両国」は第一詩集『食後の唄』から採られている。ともに第一詩集であり代表作である。朔太郎「騒擾」も、初出『詩歌』から第一詩集『青猫』、第二詩集『蝶を夢む』、『定本青猫』と彼の三詩集に収められた詩である。

正岡子規の場合は、一九〇四（明治三七）年に子規自身の歌稿によって伊藤左千夫、長塚節らの編集した「子規遺稿第一篇竹の里歌」から採られている。この「竹の里歌」は、「歌よみに与ふる書」発表後に本格化した子規の作歌を集めた子規の第一歌集であった。しかし、この歌集は「その後所在不明となり、種々の巷説を生むに至ったのみならず、斎藤、古泉をはじめ全集編輯者も子規生前に歌の発表された刊行物によって撰集する労を重ねなければならなかった[31]」と土屋文明が語る近代短歌史上、興味ある第一歌集でもあった。

3　文学史上重要な意義を持つ作品

菊池寛「屋上の狂人」は、『新思潮』創刊号に「暴徒の子」を掲載したのにつづいて、初めて本名で載せた作品である。実力が認められた後年になって評価されるようになった。

北原白秋「「鬱蒼と」其の他」は、白秋が恋愛問題でつまずいた人生を打開するために転居して新生を求めた時期の作品である。

森田思軒「ルイ・フィリップ王の出奔」は、日本における翻訳文体の生成という文学史上の意義を有している。

4　発表当時に評価の高かった作品

加能作次郎は新聞連載した「世の中へ」で文壇での実力が認められ、「祖母」はその後精力的に書いた短編の一つで発表時に好評を博したという。

村上鬼城「「鏈して」其の他」は、鬼城が『ホトトギス』雑詠欄巻頭を飾り、大正俳壇の新星として認められた作品である。

四　第三集が現代の「国語」教育に示唆するもの

1　他者との共同文芸実践で生まれた同時代文芸

第三集には一九二〇年代の活発な文芸活動が反映している。文芸雑誌、同人誌の刊行が相次ぎ、さまざまな文芸潮流が誕生した。第三集には、そのうちの主な潮流であった自然主義と反自然主義の作品が併置され、さらに耽美派や白樺派の拠点誌で活動した作家からも多くの作品が採られている。

反自然主義の潮流では、耽美派の『三田文学』、第二次『新思潮』、『スバル』、人道主義の『白樺』の作家が目立つ。『三田文学』の永井荷風「日本の庭」、小川未明「病日」、久保田万太郎「握手」、それに荷風に高く評価された谷崎潤一郎「兄弟」、龍之介とともに同人であった第三・四次『新思潮』の久米正雄「地蔵教由来」、菊池寛「屋上の狂人」、豊島与志雄「霧」、『スバル』の上田敏「幽趣微韻」、小山内薫「不思議」、木下杢太郎「両国」、『白樺』の武者小路実篤「人類愛について」、木下利玄「「のびあがり」其の他」などである。対する自然主義では、中村星湖「林野巡査の一日」、加能作次郎「祖母」、若山牧水「「すずめ子の」其の他」、広津和郎「U君とエス」が収められている。

このほかにも、木下杢太郎「両国」や西条八十「胸の上の孔雀」の事例があげられる。

杢太郎の場合は、すでに見たように、与謝野寛、北原白秋、吉井勇、平野万里とともに行った『五足の靴』としてまとめられていく文芸紀行があった。この旅行を契機に、杢太郎が発表した『南蛮寺門前』所収の「絵踏」は龍之介も高く評価しているが、その背景には彼らによる共同の文芸紀行があったことを認めているのである。また、八十の場合もすでに見たように、早大在学中に、三木露風、川路柳虹らと季刊詩誌『未来』を、日夏耿之介らと『仮面』の共同文芸実践がある。卒業後も、日夏耿之介、堀口大学、山宮允らと『詩人』を創刊している。童謡の分野でも、三重吉の依頼で『赤い鳥』に童謡を寄せ、芸術童謡詩人としての地位を築いていく。

現代の「国語」教育で学ばれている近代の文芸作品の多くは、こうした文芸実践によって生み出されてきたものである。これらは、当時の文芸実践が同人誌や雑誌によっていたという時代背景はあるけれども、他者との共同による文芸実践であったことに注目しておきたい。また、彼らの年齢という点でも一〇代半ばから後半より共同の文芸実践に参加していることも重要である。これらが「国語」教科書に入れられ学ばれるとしたら、現代では読者となるのが中学生や高校生である。時代は異なるが、同じ年齢の者たちが、すでに文芸の世界で活躍していたことを学ぶのである。彼らが行った文芸創作に挑み、文芸実践を重ねたいという夢を持つ学び手が生まれてきても不思議ではない。『近代日本文芸読本』を編集した龍之介も、その当時の学び手にそのことを期待したはずである。

もちろん、現代の「国語」教育で同じことができるわけではなく、その模倣は意味がない。しかし自分の意思で他者と共同して文芸の世界に入っていく環境を生み出していく実践思想が必要である。これは、制度上の規程や要求でできるものではなく、日々の細やかな実践のなかから醸成されることは当時の文芸実践からも窺える。演劇の場合も同様である。第一集の綺堂戯曲が左団次一座と、また第三集の吉蔵戯曲が芸術座との共同によって生み出されてきたこともすでに見たとおりである。また、翻訳でもひとりの言語力で構想されたものではない。多数の言語力の集成によって初めて翻訳が可能になった。

こうした生成の場としての文芸実践を創出するためには、これまでの文芸実践が創作と鑑賞という事実をどのように作り出してきたかを、生まれてきた作品の検討をとおして再度検証していくことが肝要である。そして、そこに認められた他者への想像力と自由な空間を「国語」教育の場に生み出していく思想が必要となる。

2　思想

第三集では、徳富健次郎によるトルストイ訪問紀行である「初対面」の収録が重要である。当時の「国語」読本にトルストイが収められることはまず考えられない。トルストイの思想についても紹介されることは困難であった。しかし、龍之介は読本編集に際して国際的な視野で民主主義思想を吸収することの意義を意識していたと考えてよい。

実篤「人類愛について」と透谷「精神の自由」の収録も同じ考え方であろう。国内の動向にばかり目を奪われるような狭い視野からではなく、国際的な議論の焦点となっていた自由や平和の問題を中学生に学ばせる配慮がある。荷風「日本の庭」や上田敏「幽趣微韻」も直接は日本の美意識を問題にしているが、その背景には西洋における美意識と日本のそれとの対比が意識されている評論である。こうした評論に触れて広い視野での議論になじませていく指導観がある。

3　詩・短歌・俳句

詩では、口語自由詩の川路柳虹、象徴詩の萩原朔太郎、西条八十、耽美派の木下杢太郎の詩がバランスよく配されている。当時の詩壇の香りを学ぶにふさわしい。

短歌では、第二集の落合直文と与謝野晶子をうけて、『明星』の北原白秋と虚子門下の自然主義歌人若山牧水、それに木下利玄と正岡子規が配されている。牧水は紀行文作家らしい叙景の歌、子規の歌も現代の「国語」教科書にも収録される「藤の花」など、どれも写生の妙味が生きている。

俳句では、碧梧桐門下の荻原井泉水と虚子門下の村上鬼城が配されている。どれも、抒情、叙景を学ぶのにふさわしい作品が収められた。

4　文体

第三集では、第一集の森鷗外「老曹長（デトレフ・フォン・リリエンクロオン）」、小山内薫「大判半裁紙（ストリントベルグ）」、第二集の坪内逍遥「テムペスト（シェイクスピア）」、二葉亭四迷「四日間（ガルシン）」に続き、思軒によるユゴーの翻訳が収められている。続く第四集には、上田敏「落葉（ポオル・ヴヱルレエヌ）」が収められている。

翻訳は、第一集から四集までに小説四篇、戯曲一篇、詩一篇の翻訳が紹介された。地域も、ドイツ、フランス、イギリス、スウェーデン、ロシアと細かく配慮されている。また、それぞれの作家が対象とした作家や詩人を適切に取りあげている。翻訳文体ができあがってくる具体的なすがたを学ぶことができるように配置された編集である。

また、日本文学のなかでは、口語自由詩の紹介が目につく。口語自由詩の隆盛を作り出した詩人、川路柳虹「欣求」や自由詩の精華とも言うべき詩を数多く生み出した北原白秋「「鬱蒼と」其の他」がともに収められており、詩を学ぶうえで二人の詩人が近代詩において果たした役割や自由詩という文体の魅力を学ぶいい機会となっている。白秋はまた、三重吉の『赤い鳥』童謡を担当して児童自由詩の選者となり、与田準一、巽聖歌、藤田圭雄、木俣修など『赤い鳥』から多くの詩人、歌人を育てた。彼らが生み出した詩や童謡には、現代でもよく知られたものも多く、文化の継承という点でも、自由詩の学習のなかで取りあげていきたい。

註

（1）松本克平「解説」『土のふるさとの文学全集12』臼井吉見他編、家の光協会、一九七六年一二月二〇日、五四三～五四四頁。

（2）鈴木三重吉「私の作篇等について」『明治大正文学全集』第二八巻、春陽堂、一九二七年一〇月一五日、二頁。

（3）鈴木三重吉宛書簡、一九二五年五月一三日付。『芥川龍之介全集』第二〇巻、岩波書店、一九九七年八月八日、一五四～一五五頁。

（4）「谷崎潤一郎論」『芥川龍之介全集』第四巻、岩波書店、一九九六年二月八日、二〇六頁。

（5）長野甞一『谷崎潤一郎と古典　大正続・昭和篇』勉誠出版、二〇〇四年一月一〇日、八九、九一頁。

（6）「久保田万太郎君」『新潮』第四〇巻第六号。『芥川龍之介全集』第一一巻、岩波書店、一九九六年九月九日、一一七頁。

（7）斎藤信策・姉崎正治「解説」『樗牛全集』第四巻「附録」、一九一六年九月五日、三二頁。

（8）「樗牛の事」『人文』第四巻第一号、一九一九年一月一日。『芥川龍之介全集』第四巻、岩波書店、一九九六年二月八日、一五一～一五六頁。

（9）「雑筆（草稿）」『芥川龍之介全集』第二一巻、岩波書店、一九九七年一一月一七日、三一五頁。『人間』（一九二〇年九月～二一年一月）掲載の「雑筆」の草稿と推測されている。引用箇所は『人間』には掲載されなかった。

（10）嶋岡晨『詩とは何か』新潮社、一九九八年九月三〇日、四三頁。

（11）『明治文学全集31　上田敏集』筑摩書房、一九六六年四月一〇日、四〇五頁。

（12）上田敏訳『海潮音』本郷書院、一九〇五年一〇月一三日。

（13）『蘆花全集』第一八巻、蘆花全集刊行会、新潮社、一九三〇年四月一八日。

（14）『定本小川未明小説全集1』講談社、一九七九年四月六日。

（15）『小川未明作品集』大日本雄弁会講談社、一九五四年六月二五日。

（16）『あめりか物語』は一九〇八年八月、『ふらんす物語』一九〇九年三月、ともに博文館。『冷笑』は、漱石の依頼で「朝日新聞」に一九〇九年一二月一三日から一九一〇年二月二八日まで連載した。

（17）永井荷風『紅茶の後』籾山書店、一九一一年一一月二五日。

（18）木下利玄「集の末に」『紅玉』一九一九年七月三日、玄文社。引用は、『木下利玄全集』臨川書店、一九七七年九月一〇日、三五一頁。

（19）「歌よみに与ふる書」新聞『日本』一八九八年二月一二日～三月四日、「再び」は二月一四日、「八たび」は三月一日。

（20）『芥川龍之介全集』第一七巻、岩波書店、一九九七年三月一〇日、二六六頁。

(21) 木俣修「北原白秋」『日本近代文学大事典』第一巻、講談社、一九七七年一一月一八日、四九〇頁。
(22) 『定本鬼城句集』三省堂、一九四〇年二月。
(23) 木下杢太郎『食後の唄』アララギ発行所、一九一九年一二月。
(24) 「自序」第一歌集『砂金』尚文堂書店、一九一九年六月二八日、引用は『日本現代詩大系』第七巻（河出書房、一九五一年七月五日）八七頁。
(25) 『青猫』新潮社、一九二三年一月二六日。『蝶を夢む』新潮社、一九二三年七月一四日。
(26) 馬渡憲三郎「『蝶を夢む』論」『萩原朔太郎研究』三弥井書店、一九七三年五月一日、一五六頁。
(27) 「第三巻の成立」昭和女子大学近代文学研究室編『近代文学研究叢書』第三巻、一四頁。「森田思軒」の項は、湯田純江による。
(28) 「凡例」右に同じ、一六頁。
(29) 関口次郎「解説」、文部省青少年演劇協議会編『脚本シリーズ』第四巻、教育弘報社、一九五三年八月二〇日、二一七頁。
(30) 山室静「解説」『定本小川未明小説全集1』講談社、一九七九年四月六日、三九六〜三九七頁。
(31) 土屋文明「解説」『子規歌集』岩波書店、一九五九年一月九日、一一七〜一一八頁。

第五節　第四集の特徴

一　第四集収録二七作品について

『近代日本文芸読本』第四集には、二七篇の作品が収録されている。それを分野別に分類すると、小説八、戯曲四、評論五、詩四（翻訳一を含む）、短歌四、俳句二篇である。そのうち、短歌、俳句は、一篇につきそれぞれ五首、五句ずつを採っている。

本集に収録された作品は、完成度や内容面において、どれも高度な水準である。奥ゆきの深い作品が並べられている。読者対象として想定された中学四年生という精神年齢や学習歴が考慮されている。

なかでも、家族の血の繋がりや因縁が原因となった精神的葛藤を問題にする作品、壮大な歴史の変動を背景に積極的に生きていく民衆、権力をめぐって展開される苦闘を描いたものなどは、現代の中学生や高校生にも触れる機会が与えられるといいものばかりである。

当代の代表的な戯曲、新進気鋭の脚本家の戯曲も多数掲載されている。日本の演劇的伝統と西洋演劇の影響を収録しているのも第四集の特徴である。現代の「国語」教育では十分な扱いができていない演劇表現に関する学びは、第四集に教えられる点も多い。

また、思想的な分野でも、近代の日本型教養概念を形成した和辻哲郎らの評論も、彼らと深い交流を持った龍之介ならではの編集である。日本の近代化の光で覆い隠される社会の暗部の問題を鋭い筆致で批判する内田魯庵の評論を掲載しているのも興味深い。いまでは、近代化の問題を扱う評論が「国語」教科書に載ることは当然視されるようになったが、近代化の黎明期にすでに筆法鋭く論陣を張る思想家を紹介する編集は斬新である。

こうした力作ぞろいの編集の影響は、現代の「国語」教育にまで及んでいる。森鷗外「高瀬舟」、山本有三「海彦山彦」の小説や童話を始め、上田敏訳「落葉」などの詩、長与善郎の演劇脚本「項羽と劉邦」、長塚節や前田夕暮、中村憲吉の短歌などが現代の「国語」教科書に採られている。

以下、それぞれの作品にそって、第四集の内容上及び収録上の特徴を見ておきたい。

二　主題や内容から見た収録作品の特徴

1　家族

第四集にも家族や兄弟を扱った重要な作品が並べられている。

泉鏡花「国貞ゑかく」

「国貞ゑかく」[1]は、主人公の立田織次が、父親の同業者に預けた母親の形見を取り戻すまでを描く。形見は、国貞の錦絵二〇〇枚である。この錦絵は、織次が少年時代に物理学教科書をねだったために、父親が手放した母の形見であった。それを一〇年ぶりに帰郷して返してもらう話である。「錦絵を売るとは、まさしく、母の魂をひとに売り渡すにひとしかった」[2]という評言に見られるごとく、故郷金沢の描写と重ねた織次の母への思慕が伝わってくる。金沢の情景は、鏡花の手によって小説の六回分にたっぷり書きこまれる。見世物や大道芸人の幻想的な描写がそれである。

第四集には、一〇回立て六〇枚程度の長さの小説全文が掲載された。読本冒頭の一頁から三一頁にわたっている。抄録せずに全文掲載したところに龍之介の意気込みと鏡花に対する評価が見える。「国貞ゑかく」は、母への追慕、少年時代の幻想を背景に持った追憶という点で、龍之介の「少年」と通底しているのが興味深い。

龍之介は、鏡花に関する回想をいくつか残している。「文学好きの家庭から」[3]では、高等小学校に入ってから「小説らしい小説は、泉鏡花氏の「化銀杏」が始めだつたかと思ひます」と書き、「私の文壇に出るまで――初めは歴史家を志望――」では、中学時代に「小説では泉鏡花のものに没頭して、その悉くを読んだ」ことを回想している。

龍之介の鏡花観がよく見えるのは、『鏡花全集』刊行にあたって書かれた一連の鏡花論である。龍之介は『鏡花全集』の刊行に際して、小山内薫、谷崎潤一郎、里見弴、水上滝太郎、久保田万太郎とともに参訂の役割を引き受けている。[4]『新小説』に寄せた『鏡花全集』の広告文「鏡花全集目録開口」では、「明治大正の文芸に羅曼主義の大道を打開し、艶は巫山の雨意よりも濃に、壮は易水の風色よりも烈なる鏡花世界を現出したるは啻《ただ》に一代の壮挙たるのみならず、又実に百世に炳焉《へいえん》たる東西芸苑の盛観と言ふ可し」と、楚の襄王が夢見た男女の故事や秦の始皇帝刺殺の剣客荊軻の話も引いて文学史上における鏡花の意義を絶賛している。[5]また、同じく広告文である「鏡花全集の特色」では、「颯爽たる理想主義的人生観は到る処に光芒を露し、如何に此偉大なる芸術家の背後に偉大なる思想家があるかを示してゐる」と書いている。

龍之介は、こうした鏡花文芸の特色を『東京日日新聞』に寄稿した評論「鏡花全集に就いて」[6]で詳論している。まず彼の文芸思想を「全硯友社の現実主義的作品の外に立たせる」「詩的正義に立つ倫理観」と捉えて、尾崎紅葉の「多情多恨」や「金色夜叉」と比較したとき、「先生の倫理観に至つては全然紅葉の知らざる所である」と、師匠であった紅葉との思想的な立場の相違に言及している。それは、「貧民倶楽部」に見るような貴族富豪の慈善の背後にある自己弁護では解決しない社会的問題への接近（それはプロレタリアの倫理観とも書いている）であると書く。また、「この倫理観は先生の愛する超自然的存在、――幽霊や妖怪にも及んで」おり、「「深沙大王」の禿げ仏、「草迷宮」の悪左衛門等はいづれも神秘の薄明かりの中にわれ〱の善悪を裁いてゐる」として、読者がそのように受けとめるのは「ただわれ〱の心情に訴へる詩的正義に依るばかりである」と解説する。

龍之介は、そうした鏡花の詩的正義の倫理観に加えて、鏡花が「一編の作品のうちに口語を用ひ、文語を用ひ、漢詩漢文の語を用ひ、更にまた名詞等を用ふる作家は明治大正の間にない」と「独特の措辞」を評価する。当然であるが、龍之介の鏡花論は「国貞ゑかく」にもあてはまる。

山本有三「海彦山彦」

古事記の「海幸彦山幸彦」を翻案戯曲化したものである。山本は、「「ウミヒコ・ヤマヒコ」について(7)」で、「昔の話を土台にしているのではあるが、それは兄弟のあるいきさつだけであって、感情はむしろ今の人に近いのであるから、わざと海サチヒコ・山サチヒコという名を避け、特に「ウミヒコ・ヤマヒコ」として、「さち」という字を取ってしまったのである」と題名の背景を述べている。作品の内容についても、自分には兄弟がいないので「兄弟がほしいというような潜在意識が働いて、永久に得られない兄弟を、ぼくは作品の上で求めようとしているのかもしれない」とも述べたうえで、「いったい、兄と弟とか、姉と妹とか（中略）の例のように、美と醜、あるいは永遠と瞬間、あるいは剛と柔といったように、人生においては対立ということは重要な現象であり、契機である。ことに戯曲にあっては、これなしには、ほとんど成立しないと言ってもいいくらいなものであるから、自然、対立の最も典型的な兄弟という形が、要求されてくるのかもしれない」と説明している。

古代若者の兄弟愛をテーマにしたこの作品は、一九二四（大正一三）年に、ドイツでも翻訳され、「Das Junge Japan」一二月号に掲載されている。

山本は、「小学読本と童話読本[8]」で、子どものために買った当時の小学校の「国語」読本について論評している。山本は、「いかに教科書とはいいながらなんという殺風景な風景であろう。そこには美のへんりんはさておいて、少しの暖かみさえも見いだすことはできない」と手にしたときの驚きの感想を述べ、表紙の絵がネズミと黒の二色で描かれ、挿絵も「拙劣醜陋の絵が背なか合わせをしている」と酷評する。内容的にも、「新時代の国民を養成するにはもっと新しい見地に立ったもの語りでなければならない」と要望している。また、菊池寛の編集した『小学童話読本』（第一学年用）については、田中良の表紙絵、挿絵が「非常に明るくって、上品で、子どもには持ってこい」で、寛の序文も「明快な筆致で、この読本を編んだゆえんを堂々と述べている」と評価する。内容については、寛の苦労を認めたうえで、相手を騙して成功する話が掲載されたこと、定価が高いことに不満を述べながらも、「これなら十分いい書物である」うえに、「これを正読本にしたほうがどんないにいいかとまで思っている」と語っている。また、「いく通りかの国定教科書を作り、ことに編纂者には教育者の古手ばかりでなしに、しかるべき文学者、科学者、美術家、音楽家を加えて、一刻も早く根本から改造する必要がある」と、教科書編纂について所見を述べている。さらに一九二六（昭和一）年には「国語」読本について文部省に注意を喚起するという徹底ぶりである。検閲方針についても、内務省当局の反省を求め、独断的発売禁止の弊を防止するため、諮問会の設置を提唱している[9]。

これらの有三の発言や行動から窺えるように、「国語」教科書に不満を持っていた有三にしてみれば、龍之介の『近代日本文芸読本』は意に適ったものと映ったに違いなく、協力を惜しまなかったと想像される。

上司小剣「紫の血」

大阪歩兵第八連隊にいた仲のよい二人の模範兵士の物語である。片方の兵士の兄が金の無心を執拗にしたことで、二人の信頼関係が壊れてしまった話である。一人の兵士が、兄の無心に困って、もう一人の親友の兵士に金を借りて渡していた。ある時、金を貸してくれる親友が留守で、兄が無心にきた。困った兵士は親友のがま口から金を借りて渡し、親友に事情を打ち明ける。しかし、この日ばかりは、「おまはんは盗人や」となじり、週番士官に願い出た。錯乱した兵士は、会計主任の鞄も盗み、近所に隠れたが発見され、多くの見物人の前で銃殺処刑された。処刑場の柱には、紫色の血がこべりついていた。

深く考えさせる内容である。信頼していたはずの親友ではあるが、自分のいないときに、がま口から金を出すのは、借りることではなく盗むことであると断ぜられてしまった悲しみと、いくら親友であっても、してはいけないことをしてしまったもう一人の兵士の苦悩とが重なってくる。軍隊内部の閉鎖社会であるがゆえの問題でもある。窒息した環境がもたらした悲劇を描くことで、厭戦的な気分すら伝わる。

尾崎紅葉「二人女房」

下級官吏丸橋新八郎の二人娘、姉お銀と妹お鉄の女房としての人生を描いた小説である。上の巻から下の巻の三部構成である。本集には、そのうちの姉お銀の姑との確執を描いた場面（中の巻の二～六）を抄出、収録している。展開が入り組んでいる「二人女房」の長い小説から一部を抄出するのに、龍之介は手を焼いたのではないか。家と金の問題に焦点を合わせて採録しようとしたようだが、家の問題だけで紙数を尽くしたようだ。その後の展開は、次のようである。周三の妹夫婦が来訪し、姑は妻の悪口を言う。その妹が借金を申し込んだが、周三が断る。姑は妹のうちへ行ってしまう。とりあえず月一〇円を妹の家に送って事態収拾を図る。どろどろした嫁姑関係や家と家との確執が描かれていくのである。

「二人女房」は、紅葉が言文一致文体を試みた最初の作品であった。その文学史的な意義について、村松友視は、次のように述べている[10]。

『二人女房』は、いかにも普通の物語である。とりたてて奇異な出来事が起こるわけでもなく、悲劇的な結末が待っているわけでもない。下級役人の二人娘の結婚をめぐるゆくたてが普通に描かれるだけである。しかし、一見何気ない日常を描くことが文学にとっていかに新たな試みであったかを知るには、明治初期までの文学の歴史を通観するだけでこと足りるだろう。眼前にある日常をリアルに描き出す文法と文体を、日本文学はようやく手に入れようとしていた。とりわけ、言文一致文体がそれにあずかって大きな力をもっていたことはいうまでもないが、今日からみてあまりに当然なこの文体が、この時期、きわめて自覚的な努力の中で生み出されたことを実感として理解することはなかなか難しい。『二人女房』は、紅葉にとって、まさにそのような意味での画期的な実験だった。そして、新たな試みにありがちな過剰さを感じさせない、日常の暮らしや心理の文学的な定着は、いかにも普通であるという意味で、みごとな達成を示しているといってよいのである。

村松の指摘が示すとおり、龍之介が紅葉の作品の中から「二人女房」を採用した理由は、紅葉にとって最初の言文一致の小説であったことにある。当時の中等学校生に明治期よりの言文一致の試みを理解させ、新しい文芸創造の息吹を感じさせようとしたのである。

森鷗外「高瀬舟」

弟殺しという問題を扱う鷗外最後の歴史小説である。安楽死の問題も絡ませながら、生の充足を問題にする。そこには、病苦に悩む近親者の幸福のありようを見つめる兄の視線が見え隠れしている。同じ家族のことであっても、病苦から救い出すためには高度な判断が要求される。鷗外は、「附高瀬舟縁起」[11]で「高瀬舟」の原話が「翁草」であることを明らかにしたうえで、「財産と云ふものの観念」と「死に掛かつて死なれずに苦しんでゐる人を、死なせて遣ると云ふ事」の「二つの大きな問題が含まれてゐると思つた」と、そのモチーフを紹介している。「高瀬舟」は、一九一〇年代の「国語」読本に収められるようになってから、現代まで息長く学ばれ続けている作品である。[12]

以上、第四集には、母への思慕を描いた「国貞ゑかく」、兄弟の確執や葛藤、思いやりを描いた「海彦山彦」「紫の血」「高瀬舟」、姉妹の結婚生活を描いた「二人女房」、後に見る、夫婦の掛け合いを軽妙に描いた饗庭篁村「与太郎料理」が収録された。これまでの親子の関わりより兄弟姉妹を多く採ったのは、この第四集が中学校高学年向きを配慮した結果であろう。自意識が育ち、親子より同世代に関心が向く時期にふさわしい作品が揃った。

2　歴史

第四集は、第一集から第三集に比べて、歴史的な題材に関するものも多く採られているのが特徴である。中学四年という学年は、人々の生きた歴史に興味を持ち、自分の今を見つめることが求められる時期であろう。それにふさわしい作品が並べられた。

すでに見た山本有三「海彦山彦」は記紀伝承を、森鷗外「高瀬舟」は「翁草」をそれぞれもとにしている。そのほかに、長与善郎「項羽と劉邦（第三幕第一場）」、坪内逍遥「桐一葉（第七幕）」、内田魯庵「切支丹迫害」、吉井勇「嚢の女」が採られている。

長与善郎「項羽と劉邦（第三幕第一場）」

鴻門、項羽の館で劉邦と出会う場面を脚色したものである。范増は、この宴で劉邦殺害を企てるが失敗する。結局、項羽は彼を見逃すが、范増は、天は劉邦を守っていると絶望するという内容である。『史記』の中でも特に息を呑むような場面が生き生きと脚本化されている。一九一六（大正五）年から翌年にかけて「白樺」に発表された後、一九二一（大正一〇）年七月有楽座で、研究座（西条軍之助主宰）が早くも初演している。長与善郎は、「この作は或は僕の出世作といへるかも知れない」と述べている。(13)

坪内逍遥「桐一葉（第七幕）」

「桐一葉」は、七幕一五場の史劇である。逍遥の手で創刊された「早稲田文学」誌上に一八九四（明治二七）年から翌年九月にかけて断続しながら一四回連載された。豊臣秀吉没後、豊臣家老臣片桐且元が主家の再興を図ろうとするが、淀君をはじめとする周囲から理解されず、早暁大坂城を出て長柄堤で馬を止め、主家の将来を案じながら盟友木村重成と別離する場面のうち、第七幕の「長柄堤の訣別」を収録した。

「桐一葉」の文学史的意義は大きい。日本の伝統的な歌舞伎と西洋演劇の統合をめざした野心作であると評価されてきた。藤波隆之は、次のように述べる。(14)

> 原作は、「読み本体」の七段十五場の長篇史劇である。七五調の浄瑠璃体ともいうべきもので、明治二十七年（一八九四）十一月から翌年九月まで「早稲田文学」に連載された。明治十年代ごろに盛んに行われていた高尚で無味乾燥な「活歴劇」（荒唐無稽な内容を排した正史に忠実な内容、演出・扮装等を歴史的事実にもとづいて考証する史実第一主義の時代物の作品群）に対して、逍遥は従来の歌舞伎にみられる演出や演技、音楽の手法と感覚を生かしながら、歴史の境遇と人物像の性格を明確にするために、台詞に近代感覚をもりこんで人物の内面をリアルに描きだすという意図をもって書卸した作品である。

第四集は、「読み本体」の「桐一葉」を収録している。例えば、収録の冒頭部は次のようである。

まだ明けやらぬ長柄堤。てんでに鉄砲小具足でたち、手の者引具し駆け来たる。大野が家の子白倉権六、木かげにかくれて待つ間もなく、又も一人忍びのいでたち、中を飛んで駆けつくる、ありあけ影にすかし見て、

白「神崎氏か　神「さいふは白倉権六どの　白「首尾は　神「上々、おツつけこれへ片桐主従　白「シイコレ……卑怯者の片桐且元、昨日お討手向けられし折、一定生害して相果てんと、我れ人共に存ぜし所、臆病にも命を惜み、逃支度は腰抜け武士、取るに足らずと侮りしは我々共が浅い料簡　神「取逃がさば関東へ、虎を放つも同然と、御主君修理亮さまの仰せを受け　白「先へ廻つて埋伏なし、堤へかゝるが火蓋の合図　神「三十余艇一時に、切つてはなさば骨灰微塵　白「ねらひの的は只一人　神「ものども必ずぬかるまいぞ　皆「心得ました。

浄瑠璃や歌舞伎の鑑賞法や知識を十分持ち得ないと、その違いは明瞭ではないが、少なくとも台詞に近代感覚があるのは見てとれる。

藤波隆之は、逍遥の処女作「桐一葉」に至った背景をさらに次のように説明する。

明治新政府は、文明開化、欧化改良をおしすすめる時代的風潮のなかで、脱亜入欧を目標とした条約改正の国策を遂行するために、十六年の鹿鳴館の落成、十九年八月の「演劇改良会」の設立、また二十年四月の外務大臣井上馨邸での団・菊・左の大一座によるはじめての天覧歌舞伎の挙行などを積極的に押しすすめた。その過程で、歌舞伎界においては「活歴劇」と、「散切物」（類型的な世話物の手法を踏襲しながら新風俗を大胆にとり入れた作品群）を奨励したのである。

こうした文学史的な意義を受けて、中等学校「国語」読本に繰り返し採録されることになる。橋本暢夫によると、「桐一葉」の「長柄堤の訣別」は、一九〇五（明治三八）年の芳賀矢一編『中等教科明治読本』に初めて採録され、以後中学校教材として一〇三回、高等女学校教材として九〇回、計一九三回の頻度で採録されたという[15]。橋本は、ほかの作品に比べ「明治三〇年代から昭和戦前期において、おそらく最も多く採録された教材と見ることができる」と評価している。

吉井勇「嚢の女」

「嚢の女」も戯曲である。一九一一（明治四四）年、最初の戯曲集『午後三時』に収録された。『午後三時』には、主に雑誌『スバル』に発表した象徴劇風の一幕もの一一篇が収められている。怪しき媼は袋に入れた女の血を蝙蝠に吸わせ、死の不思議を教えてくれる。メヅサの女は、死を知りたいと思っていた。女は、媼に蝙蝠で血を吸わせ死ぬという内容の戯曲である。死の門「羅生門」での気味悪い物語をテーマとしている。

内田魯庵「切支丹迫害」

徳川権力の手によって歴史から抹殺されたキリスト教徒弾圧の事実を記録している。その残虐性を具体的に直視し、それはロシア人の虐殺をやかましく言えたものではないと断罪する。キリスト教に縁の深かった長崎奉行や仙台藩による切支丹弾圧の事実は、今日の私たちでも教えられる。ドストエフスキーなどの翻訳にすぐれた業績を残している魯庵は、これらの事実を国内の文献ではなく、ヨーロッパで刊行されたクラッセイ「日本西教史」、公教会「鮮血遺書」などに拠って論述しており、客観性を持つ。

野村喬は、魯庵の社会評論家としての特質を「魯庵の思想的色彩も『太陽』系を出ないと目されようが、それは当っていない」、「第一次世界大戦後、関東大震災に至る大正期の真直中に歯に衣を着せない文章として、長く断続的にエッセイを書き続け」、「都市生活者と知識階級の意識を尖鋭に追求」したと述べている[16]。

また、魯庵は、中等学校の増設を求めた「中等教育に餓ゑたる東京市」で、「中等教育は国家の中堅なる中流階級を完成し、一国の文化の基礎たる平均思想を堅実にする直接の力を持つてるゆゑ、或る意味にては高等教育よりもヨリ多く重大である」[17]と、中等教育の意義を力説する。当時の文部省が、一九〇一（明治三四）年の学校令改正以降、高等教育の拡充を意図するあまり、中学校の増設を進めない現状を批判したのである。

3　社会・思想

第四集には、中等学校高学年向けの社会派の小説や評論も多い。また、日本型教養の生成に深く関与してきた安倍能成と和辻哲郎の論考も収められている。

(1)　社会派の小説や評論

小説では、上司小剣「紫の血」、葛西善蔵「馬糞石」、詩では、日夏耿之介「炎」、評論では、内田魯庵「切支丹迫害」がある。

上司小剣「紫の血」は、すでに家族の項で見たとおり、戦争という極限状況下の人間のありようを描いている。内田魯庵「切支丹迫害」は、権力者が自分たちに都合よくいかに歴史を偽造していくかを問題にしたのであった。

葛西善蔵「馬糞石」

思いがけない宝物に目がくらむ民衆の悲哀を描いて秀逸である。病死した持ち馬から取り出された馬糞石と本家近くの山から出された亜炭の鉱脈という、どちらもありそうでありえない宝物の出現に心を取り乱された人々の、哀れな姿にユーモアが漂う。「馬糞石」は、一九一九（大正八）年六月、信州別所温泉大島屋において執筆された。舞台は郷里碇ヶ関で、葛西の叔父佐々木庄五郎の馬が腸結石で斃れた事件を素材としている。[18]その題材をもとに、私たちの日常にありがちなリアリティのある作品に仕上がっている。

龍之介は善蔵のことを「東洋的テムペラメントに富んだ作家である」、「善蔵氏の短編を読む時に、屡世界の艱険を歌つた山上憶良の歌を想起する」と書き、「馬糞石」を「善蔵氏の成長を雄弁に語つてゐる作品」と評価している[19]。

(2) 日本型教養をめざした思想家の論考

安倍能成「人生の熱愛者」と和辻哲郎「日本は何を誇るか」が収められている。

安倍能成「人生の熱愛者」

本論の要旨は、芸術家は、「人生の描写者である前に、人生の経験者でなければならない。客観的に静観するのもいいが、主観的な豊富な経験がほしい。そのためには人生を熱愛することであり、それがヒュマニティの文学となる。」というものである。一九四〇年代の困難な時期に第一高等学校校長の職責を担い、戦後もヒューマニストとして活躍した安倍らしい論考である。

和辻哲郎「日本は何を誇るか」

東洋文化と西洋文化の個性を問題にしている。初出不明の論文であるが、一九一八（大正七）年の『偶像再興』に収められている[20]。「日本の民族は、ここ四、五〇年で一人前になったが、その優秀さを証明するのはこれからである。また我が民族の問題は西洋に接近しつつある。それはその内にある生命であり、印度及び支那の文化に育てられた。今日本文化は様式を欠いている。」という主旨の論考であるが、和辻が戦時下の時局に絡め取られていく要素をここからも見ることができる。しかし、そのような評価は戦後からの視点によるものであって、当時、和辻の言論についてどう評価していくかは難しいものであったに違いない。

4　文化・学術

(1)　芸術論

永井荷風「泰西人の見たる葛飾北斎」

一九一三（大正二）年一〇月、『三田文学』第四巻第一〇号（秋季特別号）に「欧人の観たる葛飾北斎」の表題で掲載されたのを、『江戸芸術論』収録の際、文体を文語体として大幅に修訂補筆、四章立てに再構成したものである。収録にあたり、付されていた「北斎年譜」を除き、題名も「泰西人の観たる葛飾北斎」としている[21]。たとえば、「欧人の観たる葛飾北斎」の書き出しは、「日本画家中おそらく葛飾北斎ほど西洋人によつて精密なる研究をとげられたものは一人もあるまい。吾人は今更この画家に対しては殆ど何等の新しき批評をも研究をも試みるべき余地がないやうに思はれる。」である。一方、「泰西人の見たる葛飾北斎」では、「日本の芸術家中泰西の鑑賞家によりて其の研究批判の精細を極めたるもの画狂人葛飾北斎に如くものあらんや。邦人今更此の画工について言はんと欲するも既に其の余地なきの観あり。」となっている。

「泰西人の見たる葛飾北斎」は、西洋で葛飾北斎が最も重視された画家であった理由を考究したものである。荷風は、西洋における北斎研究の成果として、フランスのゴンクウル、ルヴォン、ドイツのベルヂンスキイ、イギリスのエルムス、さらに北斎研究の第一人者としてフランスのルイ・ゴンスを紹介している。彼らが北斎を尊崇したのは、「北斎の捉へたる画題の範囲の浩瀚無辺なる」こと、また「北斎の画風の堅実なる写生となしたる点」が、「東西美術の傾向と相似たる所」があるからであると説明している。

そして、その典型として北斎漫画を取り上げ、次のように述べる。「北斎漫画を一覧して内外人の斉しく共に感ずる所の者は画工の写生に対する狂熱と、事物に対する観察の鋭敏ある事なり。北斎は士農工商の生活男女老弱の挙動及び姿勢を子細に観察し進んで各人の特徴たる癖を描き得たり。北斎は漫画のよく滑稽風刺に成功して西人をして仏国漫画の大家ドオミエーを連想せしめたる所以は此に在り」と。さらに後半では、富岳三十六景の事例を引きながら、その遠近法や色彩にも言及している。そして、北斎が西洋で最も尊重された要因として、後期印象派の勃興に裨益するところが大きいとしている。

荷風は、「北斎は寔に近世東西美術の連鎖なり。当初和蘭陀山本画の感化によりて成立し得たる北斎の芸術は偶然西欧の天地に輸送せられ茲に新興の印象派を刺激したり」と末尾で北斎の国際芸術的な意義について述べる。しかし、その後国内では「最早や一人の北斎を顧みるものなし」となり、北斎の作品が「殆ど外人占有の宝物となり終れり」と嘆く。そして最後に「わが官僚武断主義の政府屢ゝ庶民に愛国尚武の急務を説けり。尚武は可なり彼等の所謂愛国なるものの意義に至つては余輩甚だこれを知るに苦しむ」と、政府官僚が説く「愛国」なるものの内実に疑義を呈している。

荷風は、このように北斎の芸術に言及しながら比較文化論を講じている。北斎を媒介に日本と西洋との区別を比較することで、忘却されようとしている日本文化の伝統とその継承発展の意義を説いているのである。

(2) 演劇論

先に見たように、第四集には演劇脚本が多く採られているが、それに対をなすかたちで演劇論も収められた。

島村抱月「現代喜劇の経過」

近代日本の喜劇論を考察するうえで、西洋喜劇の歴史を踏まえることを主張する。ギリシア劇以来の嘲笑と幸福な結末に終始した喜劇が、人道的な思潮を反映した近世喜劇で一変する。人間の本性や境遇から生じる矛盾と葛藤を特徴とする、泣く喜劇、哀しい喜劇、真面目な喜劇が起こってきたのである。その近世喜劇の出発点はモリエールであり、現代喜劇の頂点はイギリスのショーであると抱月は述べている。この一文掲載の意図は、日本近代の舞台芸術の理論と実践を中等学校生徒に紹介することであった。

5　死

第四集には、死を扱った作品が多い。長与善郎「項羽と劉邦」の計略的な殺害、上司小剣「紫の血」の悲劇的な死、坪内逍遥「桐一葉」の戦乱の世の死、田山花袋「死」の軍隊での死、内田魯庵「切支丹迫害」の権力による残虐な殺害、吉井勇「嚢の女」の荒廃した精神状況での死、森鷗外「高瀬舟」の安楽死問題と、それぞれの作品が直接人間の生死を問題にしている。また、葛西善蔵「馬糞石」は動物の死、島村抱月「現代喜劇の経過」は主人公の死、逆に日夏耿之介「炎」は死の対極の生を詠う。さまざまな角度からの編集の結果、死を直接テーマにした作品や話材にした作品が偶然集まったと想像される。中等学校高学年にもなれば、死の問題を考えることは必要なテーマでもある。歴史的な視点で扱われた死の問題も多く、単元的な学びのテーマとして興味深い。

6　幻想

幻想が扱われているのは、泉鏡花「国貞ゑかく」、有島生馬「ゴンドラの一夜」、北原白秋「公園の薄暮」、高村光太郎「雨にうたるるカテドラル」、吉井勇「嚢の女」の五篇である。ほかの集に比べると、比較的少ない。評論に重点が移っていることを示している。

7　文体

饗庭篁村「与太郎料理」

編者の龍之介自身が「第四集の序」に「この集に収めた作品中、饗庭篁村の「与太郎料理」は明治中葉に軽妙を誇つた所謂根岸派の作風を窺はしむるのに足るものである。これは又この読本に収めた作品中でも、明治初葉を渡つて来た江戸末期の小説の反響を与へる唯一の作品にもなつた訳であらう」とその編集意図を述べている。

8　時代の風物

有島生馬「ゴンドラの一夜」

ヴェネチアのゴンドラに乗って見聞した幻想的な西洋の風物を描く。サンマルコ広場より出るゴンドラに乗った二人は、水門の水橋をくぐり、神秘的なヴェネチアを味わった。夜更けサンマルコ広場へ帰るゴンドラは夢より淡く、幻想的だった。

> 飽きる程画に見なれ、話に聞きなれて居たゴンドラも初めて乗つたその愉快さは憧れ以上であつた。其時停車場を出ると宿屋のゴンドラと云つて迎に来て居た。第一静かに撫でられる様な動揺は揺籃の夫れに等しい。恐らくいかな揺籃でもかゝる愉快な感触は得られまい。速に舷にすれる水の音、アー・エ、アー・エといふ相図の声、水に落ちる櫂の音、幽かな水の臭い、其時も夜であつたが、溜水の様な細いカナレットから水量の多いカナーレに出、又カナレットに入ってベネチア特有の家々を送迎した時は、恰も美酒に酔はされた様な旅情を味つた。

学習院中等科、東京外語卒業後、渡欧してイタリア、フランスで絵画を学んだ画家生馬の表現は、詩的、音楽的な彩りに包まれている。文中には、イタリア語の詩も配され、読む者に、イタリアへの憧れをかき立てさせる。紅野敏郎は、親炙した藤村の「何等の拘泥するところもなく、新しい香気のある文章を書いた」という言を引きながら、「生馬の文学には、イタリアの雰囲気、地中海の雰囲気に似た輝きと香気がまき散らされていた[22]」と、この創作集を評価する。生馬は、有島武郎の次弟、里見弴の兄である。武者小路実篤、志賀直哉、里見弴らが創刊した『白樺』の同人に加わる。「ゴンドラの一夜」を収めた『蝙蝠の如く』は、「白樺叢書」の一冊として発行された。学習院中等科の頃から耽読した藤村の序文を付している。

9　詩・短歌・俳句

高学年の中学生に向けた詩、短歌、俳句の内容的な水準が高くなっている。どれも、安易な読みを許さない質的な高さがある。また多くは、一九一四（大正三）年から一九二一（大正一〇）年頃に発表された作品である。『近代日本文芸読本』が発行されたのが一九二五（大正一四）年、編集が始まったのが関東大震災の年、一九二四（大正一三）年であることを考えると、同時代の産物を次々と収録していったことになる。第四集に掲載された短歌、俳句、詩の順に見ておきたい。

(1)　短歌

長塚節「鍼の如く」

節が病に苦しんだ最晩年の歌が採られている。

小夜ふけてあいろもわかず問ゆれば明日は疲れてまた眠るらむ
ゆくりなく手もておもてを掩へればあな煩はし我が手なれども
垂乳根の母が釣りたる青蚊帳をすがしといねつたるみたれども
抱かばやと没日のあけのゆゆしきに手円ささげ立ちにけるかも
蝕ばみてほほづき赤き草むらに朝は嗽ひの水すてにけり

病により黒田てる子と結婚できない悲しみを抱えながら闘病を続ける節であったが、「絶望の淵に臨みながらも、苦悩の叫びを発することはなく、身悶えする自分の姿をあるがままに描き出している」[23]と晩年の歌の写生としての結晶度の高さが評価されている。子規の門下生として、写生の態度を貫いたが、「自然観察は子規よりも繊細で精緻を加えており、感覚は新鮮で鋭い。彼もまた晩年を病苦の中で生きたのであるが、そのゆえに歌に多分の主情性を加えるに至」り、「最晩年は観照に徹した冴え冴えとした歌を多く残している」と木俣修は解説している。[24]

中村憲吉「「手をとりて」其の他」

アララギ派憲吉の作品は、自然、人間のいのちを見つめた味わい深いものばかりである。

手をとりて云ひがたきかも現し世にいのちを死なず君来たりけり
裏山の芽吹きをはやみ殖えてくる春どりのこゑしじに悲しも
梅雨ぐもりふかく続けり山かひに昨日も今日もひとつ河音
朝ゆふの息こそ見ゆれもの言ひて人にしたしき冬近づくも
足もとの凍つく夕べとなりぬれば山した川の音のかそけさ

自然を読みこんだ歌から細やかな情感が伝わる。第三歌集『しがらみ』に収められたこれらの作品は、一九一六（大正五）年郷里広島に戻り家業の醸造に従いながら作歌したものである。なお、『しがらみ』は、島木赤彦との合同歌集『馬鈴薯の花』で習作期の集を出した憲吉が、第二歌集『林泉集』で高い世評を得た後、その歌人としての本領を発揮して、『アララギ』代表作家としての地位を築いた歌集として評価されている。

古泉千樫「「おのづから」其の他」

同じくアララギ派の千樫の歌は、郷愁を帯びたものが採られている。

おのづから眠り足らひしわが目見に村は明るく匿すところなし
こもりゐて心はさびし向つ田をすきかへしゐる人の声きこゆ
日あたりに時はすぎつつうつし身の体のゆるびのさびしくありけり
朝の草食み足りぬらしかがやかにうなじをあげて牛は立ち居り
大き花ならび立てども日まはりや疲れにぶりてみな日に向かず

「左千夫の歌風をもっともよく継いだ作者であると見られ」、「温雅で、豊かな情趣をたたえ、甘美を含み声調の張り[25]」があるとされるのも頷ける。

前田夕暮　「「青竹の」　其の他」

自然主義歌人として出発した歌人の転機となった時期の作品である。

青竹の平そぎ竹のひらりひらりひるがへるなかに籠編む人は
家根の上に百日紅の花あかくこぼれて空はしづかなりけり
赤星の光はながく垂りにけり深田に水はたたへたるかも
真夜なかの氷雨のながれさむざむに身にこまやかにひびきくるかも
暁のいまだくらかる冬空の垂れて重きに眼をやりにけり

色調の鮮やかな自然詠といえよう。

(2) 俳句

大須賀乙字「「春月や」其の他」

『日本俳句』より碧梧桐一門に入る。当初は、碧梧桐の新傾向を評価したが、後に官能的瞑想を深めた新傾向に対して批判的論陣を張った。

春月や幕とり残す山遊び
爐の灰を出る虫のあり梅雨濕
花茨田水にひぢて咲きにけり
六月の空焼けて飛ぶ浮塵子かな
から風の北明るさや冬の空

田園や農村の諷詠に傾く乙字らしい句が揃っている。乙字は、『碧梧桐句集』の編集を担当した。

河東碧梧桐「「春山や」其の他」

子規との野球（ベースボール）の縁で俳句の世界に入ったとされる碧梧桐は、新傾向俳人として『日本俳句』の選にあたり、多くの門人を育て、碧門の隆盛を築く。

春山や艾処の軒端かな
雲の峰低き敢るなり夕心

竿昆布に秋夕浪のしぶきなき
石を積む風除に七夕竹見ゆる
火の映る北上氷りそめにけり

第四集に採られた俳句は、「三千里」行脚に出て詠んだ句である。

(3) 詩

上田敏「落葉（ポオル・ヴヱルレエヌ）」

日本近代詩黎明の「新体詩」詩集の一篇である。『明星』に発表されて、『海潮音』[26]に収められた。『海潮音』には、「仏蘭西の詩はユウゴオに絵画の色を帯び、ルコント・ドゥ・リルに彫塑の形を具え、ヴヱルレエヌに至りて音楽の声を伝へ、而して又更に陰影の匂なつかしきを捉へむとす」と「落葉」末尾に訳者の後注がある。敏は『海潮音』で「象徴の用は、之が詩人の感想に類似したる一の心状を読者に与ふるに在りて、必らずしも同一の概念を伝へむと勉むるにあらず。されば静に象徴詩を味ふ者は、自己の感興に応じて、詩人も未だ説き及ぼさゞる言語道断の妙趣を翫賞し得可し[27]」と書いている。こうした象徴主義の理解を「国語」教育の場で得させるのに、この「落葉」はふさわしい。「秋の日の／ギオロンの／ためいきの／身にしみて／ひたぶるに／うら悲し……」と、「秋風にあへず散りぬる黄葉のゆくへ定めぬ我ぞ悲しき」（古今集）との対比などは、それぞれの教室での指導者と学び手との詩的交流を誘うであろう[28]。

「わが国「新体詩」をして一躍「近代詩」に発達せしめるほど深甚な影響を及ぼした訳詩集ではあったが、読書界はまだこれを争って読むところまで進んでいなかったと見え、四十一年三月ようやく再版を見るにいたった。[29]」と解題されている。

北原白秋の「公園の薄暮」

『スバル』に発表後、白秋の第三詩集『東京景物詩及其他』[30]冒頭に収められた。この詩集には「わかき日の饗宴を忍びてこの美しき紺と青との詩集を“PAN”とかの「屋上庭園」の友にささぐ。」と献辞がある。「パンの会」には、木下杢太郎、長田秀雄、山本鼎、高村光太郎、吉井勇らがいた。当時、白秋はある恋愛事件で姦通罪に問われ、神奈川県三崎に移り、「パンの会」は解散したという[31]。

官能的な都市の風物を描き出している。「ほの青き銀色の空気に、／そことなく噴水の水はしりたり。／薄明ややしばしさまかへぬほど、／ふくらなる羽毛頭巻のいろなやましく女ゆきかふ。」から始まり、「朧げのつつましき匂のそらに、／なほ妙にしだれつつ噴水の吐息したたり。／新しき月光の沈丁に沁みも冷ゆれば／官能の薄らあかり銀笛の夜とぞなりぬる。」で終わる、四行六連の詩である。そのあいだに、枯れ草の匂い、アーク燈の光、電車のきしる音、修道女の表現が配置されている。「春はなほ見えねども」、「すずろげなる春の暗示」という表現から季節は初春の頃、「裁判はてし控訴院」とあることから場所は日比谷公園のようである。公園の寂しげな様子とガス灯のぼんやりした雰囲気が都市の憂鬱を醸し出す。

高村光太郎「雨にうたるるカテドラル」

「雨にうたるるカテドラル」の冒頭の一節は印象深い。

> をう又吹きつのるあめかぜ。／外套の襟を立てて横しぶきの此の雨にぬれながら、／あなたを見上げてゐるのはわたくしです。／毎日一度はきつとここへ来るわたくしです。／あの日本人です。／（中略）ただわたくしは今日も此処に立つて、／ノオトルダム・ド・パリのカテドラル、／あなたを見上げたいばかりにぬれて来ました、／あなたにさはりたいばかりに、／あなたの石のはだに人しれず接吻したいばかりに。

光太郎は、『典型』に収めた「パリ」で「私はパリではじめて彫刻を悟り、／詩の真実に開眼され、／そこの庶民の一人一人に／文化のいはれをみてとつた。／悲しき思で是非もなく、／比べやうもない落差を感じた。／日本の事物国柄の一切を／なつかしみながら否定した。」と謳っている。

平川祐弘は、こうした光太郎の心情を見据え「雨にうたるるカテドラル」の成立に関わって次のように述べている(32)。

> パリに志向して、しかも「比べやうもない落差を感じた」光太郎は、その落差を、自己を相手側に同化することによって埋めようとする。日本人としてそのような謙抑な自己卑下と自己向上の努力は、この理想主義的な青年には、辛くもあったがまた同時に生き甲斐のある営為でもあった。高村光太郎が自分の周辺の日本人にたいして（自分もその一人であるにもかかわらず）どのような嫌悪感を抱き、どのような劣性コンプレクスに悩まされていたかは、「根付の国」などの詩によってよく知られている。」とし、「そのような激しい自己嫌悪ないしは同族嫌悪の感情の持主であったから、高村光太郎は自己変革というか自己脱出に熱中したのだろう。そのような日本嫌悪が裏返されてフランス礼讃に直結し、「逢かなノートル・ダム」への憧れは、次のような甘美な感傷風景となった。そのような身振り口振りはあまりに大袈裟に過ぎて、筆者などは書き写すことにも気恥しさを覚えるが、光太郎は平気で次のような言葉を口に出した。

引用文中後半に「次のように」「次のような」とあるのは、この引用文に続いて「雨にうたるるカテドラル」の主要部分が、平川によって抜書きされているからである。
光太郎のパリでの経験から得た感慨は、西洋との均衡がうまく取れないまま進行した近代日本の動向に関心を持つ者の誰もが共通に感じたものであるように思われる。しかし、それを直截的に感情の昂ぶりで表現する光太郎の詩精神は、ゴシック・カテドラルの印象とともに、今日の私たちにまで重たくがっしりと伝えてくる迫力がある。

北川太一は、「雨にうたるるカテドラル」が収められた『現代日本詩集』が光太郎の自選詩集であることを次のように解説している。[33]

> 現代日本文学全集第三七篇、現代日本詩集・現代日本漢詩集。著者代表島崎藤村。／『現代日本文学全集』全三十八巻（当初）の一冊で、「明治誕生期より大正に至る、詩史に輝ける詩人の詩業を、宗派的狭心を捨てて編集し、時代を序《お》うて体系づけ鳥瞰的全景を通覧せしむべき意図のもとに編纂された」（序）最初の総合的詩華集といってもよい。編集には川路柳虹、斎藤昌三らが力を貸したといわれているが、「現存詩人にあつては、殆ど、その快心の作を各々の自選に俟つた」と書かれているように、光太郎も収録された八十五人の詩人の一人として、推敲のうえ十八篇の詩を自選している。

日夏耿之介「炎」

「炎」は、「静寂な森林のなかふかく」に、「けむりのやうに　矢のやうに」細くかがやく炎に人々が集い、囲んだ火を生命のように大切に守り育てるさまを描いた詩である。その炎も、燃えたあと、集った人々によってかけられた黒い土で何事もなかったかのように「地平のかぎりひつそりと」しており、「人かげもなく……」再び静寂がおとずれているという情景である。二連で構成された、ソネット（一四行詩）である。軽やかな韻律と強い視覚的要素に加え、幻想的な詩情を醸し出している。初出及び収録詩集『黒衣聖母』には「音たてて乳（そだ）ちゆく火の生命かな」という一連一行が最終行にあるが、第四集収録本文のように、削った方が余韻は大きい。

日夏耿之介は、一九一三（大正二）年、芥川龍之介、西条八十らとアイルランド文学研究会を発足させ、月に一回、アイルランド文学について語りあっている。(34) 龍之介はイエイツの翻訳、耿之介は、ケルト文学の研究をしていた。龍之介は、「「仮面」の人々」で、第三次、第四次『新思潮』の頃、自然主義に飽き足らず芸術至上主義的な文芸をめざした早稲田系同人誌『仮面』に集った文学者との交流があったことを書き残している。日夏とは、特に海軍機関学校時代にも交流が続いたことを「鎌倉の大町にゐた頃、日夏君も長谷に居を移してゐたから、君とは時々交流した(35)」と述懐している。

三　各作家のどんな作品が収録されたか

1　作家の創作第一集からの採用

有島生馬「ゴンドラの一夜」の収められた『蝙蝠の如く』は、生馬の第一創作集である。『蝙蝠の如く』には、生馬のイタリア、フランス時代の経験が織り交ぜられた作品六篇に画家生馬自身の挿絵が添えられた。『蝙蝠の如く』は、白樺叢書として刊行された後も、「ゴンドラの一夜」も加えて、新潮社の「代表的名作選集」の一冊として、一九二四（大正一三）年九月一五日に刊行され、広く流布していった。

吉井勇「嚢の女」は、第一戯曲集『午後三時』収録作品である。処女作「午後三時」の題名を冠した戯曲集には、森鷗外の序文が付され、一一篇の戯曲が収録されている。「午後三時」は、メーテルリンクの影響が見られる象徴劇で、吉井の劇作家としての出発となった。一九〇九（明治四二）年、鷗外監修で、啄木、万里らと創刊した『スバル』に載せた。「嚢の女」も、同誌に一九一一（明治四四）年七月に掲載した作品である。

永井荷風「泰西人の見たる葛飾北斎」を収めた『江戸芸術論』は、荷風の第一評論集である。

2　作者の代表的な作・出世作から

長与善郎「項羽と劉邦」は、作者みずから「この作は或は僕の出世作といへるかも知れない」と言うように善郎の出世作となった歴史劇である。著名な『史記』「鴻門の会」の舞台化であるが、長与も思い入れが強く繰返し手を入れ、一九四二（昭和一七）年に決定版を出したほどである。

中村憲吉の短歌が収められた第三歌集『しがらみ』は、その歌人としての本領を発揮した歌集として、『アララギ』代表作家としての地位を築いた歌集として評価されている。

3　文学史上重要な意義を持つ作品

尾崎紅葉が初めて試みた言文一致体の「二人女房」、七五調の浄瑠璃体「読み本体」で西洋演劇と歌舞伎の統合をめざした坪内逍遥の「桐一葉」は、どちらも文学史上重要な意義を持っている。また、上田敏の新体詩「落葉」も「近代詩」の出発を記念するものであった。

四　第四集が現代の「国語」教育に示唆するもの

第四集は、当時の中等学校四年生を対象として編集されている。そのため、すでに見たように高度な内容の作品が収録された。中等学校四年生は、現代の教育制度では高等学校一年生に相当する。現在刊行されている高校一年向け「国語」教科書の文芸教材と比較すると、第四集収録作品は、その同じ世代が学ぶものとしては、扱われている内容、表現の程度がかなり高いと思われる。

しかし、第四集が現代の「国語」教育に示唆するものは多い。ここでは、主に次の四点を指摘しておきたい。

1　日本の伝統文化と西洋文化の融合

(1)　歌舞伎と西洋演劇

逍遥の「桐一葉」は、高等学校の「国語」教育教材として再度登場させたい。前述したように、「桐一葉」は日本の伝統的な歌舞伎と西洋演劇の統合をめざした野心作と評価できる。逍遥がシェイクスピアの西洋劇と近松門左衛門の日本演劇の統合をめざした大きな志にまず学ぶことができるからである。

また、中学生や高校生は一般に歴史好きである。積極的な若い関心は、日本の将来を決定するような大きな歴史的変動に興味を持つ。秀吉亡きあとの豊臣家と徳川の権力争奪の歴史的なドラマである「桐一葉」は、彼らの関心に向いている。

西洋演劇の導入という点では、吉井勇「嚢の女」の入った戯曲集『午後三時』収録作品は、象徴劇風で自由劇場で上演されたものも少なくない。最新の演劇の世界が、読本のなかに再現されているのである。地方にいて、まだ芝居を見たことのない者には、想像するだけでも心踊ったのではないか。

長与善郎「項羽と劉邦」の演劇脚本の収録も興味深い。現行の「国語」教育では、「項羽と劉邦」は漢文教材として「国語」教科書に登場する。しかし、小説として読むことも、脚本として生徒自身が芝居にして教室上演することもできる可能性を教室で追求できる配慮は重要である。

当時、演劇と並んで映画も大衆的な人気があった。現代の目から見れば、同時代の演劇脚本が収録できれば映画もできるのではないかと思われるのだが、映画は生まれたばかりのメディアという歴史的制約があったのであろうか。ほかの集も含めて映画の脚本までは収録されなかった[36]。

(2) 演劇史

島村抱月「現代喜劇の経過」のような演劇史を学ぶ機会を持たせる教材も興味深い。能や歌舞伎という伝統的な文化財の学習に加え、日本の近代演劇史について学習する機会を設けることは意義がある。

2 異文化案内

(1) 西洋の風物の紹介

有島生馬の「ゴンドラの一夜」は、先に引用した紅野敏郎の「イタリアの雰囲気、地中海の雰囲気に似た輝きと香気がまき散らされていた」と評されたような西洋の風物を紹介することで、異文化に案内しようとしている。当時の中学生が、この小説を読んで、西洋への憧れを抱くのが目に浮かぶ。

(2) 西洋美術への関心

永井荷風「泰西人の見たる葛飾北斎」は、日本の画家から学んだ西洋美術の紹介である。私たちが一般に西洋と呼ぶなかに、実は日本が深く入り込んでいるという興味深い指摘は、西洋崇拝に傾きがちであった当時ばかりでなく、その傾向が続く今日でも、日本人の西洋への関わり方を教えていて興味深い。

(3) 西洋への憧憬と驚愕

その意味では、高村光太郎「雨にうたるるカテドラル」のような西洋への憧憬を強い叙情でもって打ち出す作品が並べて紹介されると、冷静に西洋を受けいれる姿勢と感動的に西洋を受けとめる姿勢が対比され、複合的な視点で西洋への関心を持つことができるようになる。それは、西洋への単純な憧憬ではなく、重い歴史性の前に驚愕する思いでもある。

3　現代評論

内田魯庵「切支丹圧迫」が取りあげている話題は、徳川政権下の諸藩のキリシタン弾圧である。しかし、扱っている主題は、権力者による歴史の偽造である。魯庵の政治姿勢からいって、同時代の権力者を問題にしていることは間違いない。こうした権力に批判的な論考を直截に収録する編集姿勢に学ぶことは多い。

4　文体

第四集には文体上学ぶべきものも多い。坪内逍遥「桐一葉」の「読み本体」、尾崎紅葉「二人女房」の言文一致体の意義はすでに見たとおりである。このほか、泉鏡花「国貞ゑかく」は、鏡花独特の文体から近代文学の奥深さを学ぶことができる。

註

（1）初出は「国貞ゑかく」であるが、再録された『粧蝶集』『現代小説全集』は「国貞画く」、その他諸本は「国貞ゑがく」である。

（2）野口武彦「国貞ゑがく」『鑑賞日本現代文学　泉鏡花』角川書店、一九八二年二月二八日、一八三頁。

（3）「文学好きの家庭から」『文章倶楽部』第三年第一号「新年特別号」、一九一八年一月一日。『芥川龍之介全集』第三巻、岩波書店、一九九六年一月一〇日、九四頁。「私の文壇に出るまで——初めは歴史家を志望——」『文章倶楽部』第二年第八号、一九一七年八月一日。『芥川龍之介全集』第二巻、岩波書店、一九九五年一二月八日、二二七頁。

(4)『鏡花全集』全一五巻、春陽堂、一九二五年七月〜一九二七年七月。

(5)「鏡花全集目録開口」「鏡花全集の特色」『新小説』第三〇年第五号（臨時増刊「天才泉鏡花」）、一九二五年五月一日。『芥川龍之介全集』第一二巻、岩波書店、一九九六年一〇月八日、一九八〜二〇二頁。

(6)「鏡花全集に就いて」『東京日日新聞』一九二五年五月五・六日。『芥川龍之介全集』第一二巻、岩波書店、一九九六年一〇月八日、二〇三〜二〇六頁。

(7)『現代』一九三五年二月号。引用は、『山本有三全集』第一〇巻、新潮社、一九七七年三月二五日、九三、九五〜九六頁。

(8)『文藝春秋』一九二六年一月新年特別号。引用は右に同じ。

(9)岩波書店版『山本有三全集』（一九三九年一二月一四日）「略年譜」（二〇頁）による。

(10)村松友視「『紅子戯語』『恋山賎』『二人女房』解説」『尾崎紅葉集』岩波書店、二〇〇三年七月三〇日、五〇九頁。

(11)森林太郎「高瀬舟と寒山拾得——近業解題——」『心の花』第二〇巻第一号、一九一六年一月一日。『高瀬舟』収録にあたり、「附高瀬舟縁起」と解題された。引用は、『鷗外全集』第一六巻、岩波書店、一九七三年二月二〇日、二三七頁。

(12)『大正国語読本』第二修正版（保科孝一編、育英書院、一九二三年）がおそらく最初の収録であると思われる。

(13)長与善郎「後書き」『項羽と劉邦』岩波文庫、一九五一年六月二五日、一八九頁。

(14)藤波隆之編著『桐一葉　鳥辺山心中　修善寺物語』白水社、一九九二年七月三一日、三一六〜七頁。本間久雄「『桐一葉』新論」（『坪内逍遥研究資料第一集』逍遥協会、一九六九年九月三〇日）を参考にした。

(15)橋本暢夫『中等学校国語科教材史研究』溪水社、二〇〇二年七月三〇日、一五頁。

(16)野村喬「解説」『内田魯庵全集』補巻1、ゆまに書房、一九八七年五月二五日、六八六〜六八七頁。

(17)「中等教育に餓ゑたる東京市」は、『太陽』第二三巻五号（一九一七年五月）に「案頭三尺」と題して連載された一編である。引用は、右に同じ、七九頁。

(18)小山内時雄「解題」『葛西善蔵全集』第一巻、津軽書房、一九七四年一二月二〇日、六七六頁。

(19)「大正八年度の文芸界」『毎日年鑑（大正九年、一九二〇年版）』大阪毎日新聞社・東京日日新聞社編纂、一九一九年一二月五日。『芥川龍之介全集』第五巻、岩波書店、一九九六年四月八日、一九〇〜一九一頁。

(20) 初出不明は、『和辻哲郎全集』第一七巻「解説」（古川哲史）による。

(21)『江戸芸術論』所収のものは、表題が「泰西人の観たる葛飾北斎」であるのに対して『近代日本文芸読本』第四集では「泰西人の見たる葛飾北斎」と表題に異同がある。

(22) 紅野敏郎「解説」『有島生馬全集』第三巻、日本図書センター、一九九七年三月二五日復刻発行、二頁。

(23) 北住敏夫『長塚節』桜楓社、一九八一年六月五日、一〇六頁。

(24) 木俣修「近代短歌集解説　明治・大正短歌小史」『日本近代文学大系』第五五巻、角川書店、一九七三年九月二〇日、一八頁。

(25) 右に同じ、三二頁。

(26) 上田敏訳『海潮音』本郷書院、一九〇五年一〇月一三日。引用は、『定本上田敏全集』第一巻、一九八五年三月二五日、七七頁。

(27) 右に同じ。

(28) 安田保雄「象徴詩」久松潜一編『増補新版日本文学史6　近代Ⅰ』至文堂、一九七五年一一月五日、三六〇頁。

(29) 山内義雄、矢野峰人編『上田敏全訳詩集』岩波書店、一九八三年九月一六日、三五一頁。

(30) 北原白秋『東京景物詩及其他』東雲堂書店、一九一三年七月一日。

(31) 藪田義雄「年譜」『評伝　北原白秋』玉川大学出版部、一九七三年六月一五日、四五三頁。

(32) 平川祐弘「高村光太郎における訳詩と創作詩」、芳賀徹他編『講座比較文学　第四巻　近代日本の思想と芸術Ⅱ』東大出版会、一九七四年六月二五日、二八九頁〜二九〇頁。

(33) 北川太一「解題」『高村光太郎全集』第一巻、筑摩書房、一九九四年一〇月二五日増補版（一九五七年三月二五日初版）、三八五〜三八六頁。

(34) 日夏耿之介「円右のやうな芥川君」『浪漫古典』昭和書房、一九三四年五月。耿之介は、一九一三年九月頃、山宮允に伴われて、吉江孤雁を中心とするアイルランド文学研究会に初めて出席した龍之介と知りあったことを記している。龍之介「「仮面」の人々」では、アイルランド文学研究会と「仮面」の会が同じ会のように記述されているが、これは顔ぶれがほぼ同じであったためのようである。龍之介は、この会に出たのは一、二度と書くが、彼への影響は大きかったとする見解もある。井村君江「芥川とアイルランド文学」（『芥川龍之介全集』第六巻月報6、岩波書店、一九九六年四月、四〜六頁）は、後々、芥川が古典を題材にした作品を生み出した背景にもアイルランド文学研究やイエイツの翻訳の影響があるとする。

（35）「「仮面」の人々」『早稲田文学』第二三〇号、一九二四年六月一日。『芥川龍之介全集』第一一巻、岩波書店、一九九六年九月九日、一一〇頁。

（36）菊池寛は一九二六年七月に『文藝春秋』『演劇新潮』に続く第三の雑誌『映画時代』を創刊する。この創刊に際して、『文藝春秋』五月号に次のように書いている。

自分達は、映画の諸往来を信ずるから、映画の方面にも大に活躍したいと思ふ。「文芸」「演劇」「映画」と此の三方面の雑誌を出して居れば、如何なる時代が来ても、文藝春秋社は、時勢に遅れることはないだらう。

文芸実践を推進していた彼らでさえ映画をようやく意識し始めたことがわかる。

第六節　第五集の特徴

一　第五集収録三〇作品について

『近代日本文芸読本』第五集には三〇篇の作品が収録されている。それを分野別に分類すると、小説八、戯曲四、評論五、詩四、短歌五、俳句三、日記一の各篇である。短歌と俳句は、佐佐木信綱の短歌四首以外は、それぞれ五句、五首ずつ収録された。

第五集は、最高学年にふさわしく青年期の高い教養と幅広い学識を得させようという配慮が随所に見られ、同時代の作品のすぐれたものを紙幅の許す範囲で大胆に掲載しているという編集上の特徴を持っている。以下、それぞれの作品にそって、第五集の内容上及び収録上の特徴を見ておきたい。

二　主題や内容から見た収録作品の特徴

1　家族

第五集にも、家族を主題とした作品が多く収録されている。

久保田万太郎「陰影」

東京日本橋の古い商家の落第しそうな中学生の無理な進級を義兄と家庭教師が学校に掛けあい、校長に拒絶される戯曲である。真の愛情とは何かを問う点で近代的である。

万太郎は、後のエッセイで、この戯曲が慶應義塾大学生のときに『太陽』の懸賞募集に応じたものであること、選者が小山内薫であったこと、懸賞金で羽織を買ったところ俳句の師匠であった東洋城が「秋風のふくな〳〵や絽の羽織」の句を短冊に書いてくれたことを懐かしそうに振り返っている。当時、家の事情で大学にこっそり通わなくてはならなくなっていた万太郎であったが、懸賞に当選したことで家業に専念していないことが発覚し勘当されそうになったのを祖母と妹が助けてくれたというのである。[1]

島木赤彦「逝く子」

次男政彦の不意の死を悼んだ歌二首、惜しまれて亡くなった長塚節三周忌の歌三首である。「年譜」には、政彦が急性盲腸炎と腹膜炎で小石川病院に緊急入院後、享年一八で没したとある。[2]「ひたすらに面わをまもれり悲しみの心しばらく我におこらず」に突然のできごとに呆然となった父親の思いが痛々しく詠まれている。「玉きはる命まへに欲りし水をこらへて居よと我は言つる」にも死の悲しみを乗り越えていこうとする決意が強く伝わってくる。

正宗白鳥「入江のほとり」

解体する旧家のようすが代用教員をしながら英語を勉強している変人辰男を軸に描かれる。旧弊を保とうとする片田舎の家族にも近代の風物が流れ込み、時代に対応して生きようとするも必ずしも合点しない旧家の悲哀が色濃く映し出されている。人間という奇妙な存在を辰男に巧みに表象しているのが印象的である。

伊藤整は、「大正期に入ると、白鳥は郷里に取材した作品に力を入れるようになった。それは、「入江のほとり」（大正四年）、「牛部屋の臭い」（大正五年）などである。これらの作品は生活のディテールがよく把握されているので、小説家としては間違いのない作品となった[3]」と解説している。『近代日本文芸読本』収録作品のなかでも、四〇頁にわたる掲載は異例の扱いとなっている。

谷崎潤一郎「誕生」

一条天皇に嫁いだ藤原道長の娘彰子の男子出産にまつわる戯曲である。当時一条天皇には、二人の后と三人の女御があった。一条帝が最も愛した定子は敦康親王出産後亡くなり、その後見である道隆も喪っている。新しい執政となった道長には、その彰子の男子出産が心待ちに待たれた。しかし、一二歳で嫁いだ彰子は数年にわたり受胎せず「不産女」ではないかと疑う。そこへとうとう男子誕生の報が届いたのである。その道長邸の喜びを描いている。この背景を知らないと、息子の頼道や女房たちまでも男子誕生を心待ちにしており、道長も、僧侶、陰陽師、修験者に加持祈祷をさせる仰々しさが伝わらないことを長野甞一は指摘する。[4]

さらに、長野は、権力者道長の執着を天子誕生の瞬間の大歓喜に焦点化させたのは、谷崎の作家としての執着でもあったとした。龍之介は、その谷崎の思いをよく承知していたと思われる。中学生に古典を提供する代りに、『栄華物語』『紫式部日記』に取材した「誕生」を収めた。

長塚節「土」

漱石の依頼によって『東京朝日新聞』に一五一回にわたって連載された。不評で、予定の回数を越えたが、主筆池辺三山が節に思いのまま書かせたという。小作人勘次は、妻お品を早くに亡くし、おつぎ、与吉をかかえた生活を余儀なくされた。農耕生活の厳しさと父娘の近親相姦を軸に展開する。抄録されたのは、娘おつぎが妻のお品に相似していることに気づく場面である。

漱石は「『土』に就て」で「土」は長塚節以外には書けない小説であると述べて、次のように説明する。[5]

> 先祖以来茨城の結城郡に居を移した地方の豪族として、多数の小作人を使用する長塚君は、彼らの獣類に近

き、恐るべく困憊を極めた生活状態を一から十迄誠実に此「土」の中に収め尽したのである。彼らの下卑で、浅薄で、迷信が強くて、無邪気で、狡猾で、無欲で、強欲で、殆ど余等（今の文壇の作家を悉く含む）の想像にさへ上りがたい所を、あり〳〵と眼に映るやうに描写したのが「土」である。さうして「土」は長塚君以外に何人も手を着けられ得ない、苦しい百姓生活の、最も獣類に接近した部分を、精細に直叙したものであるから、誰も及ばないと云ふのである。

漱石は、自然描写についても鬼怒川沿岸の景色や四季をよく研究して「一点一画の微に至る迄悉く其地方の特色を具へて叙述の筆に上ってゐる」ことを「独特（ユニーク）」と感嘆している。ただ、描写が「精細過ぎて、話の筋を往々にして殺して仕舞ふ失敗を嘆じた位、彼は精緻な自然の観察者である」と、新聞連載中の世上の不評判にも配慮して、その不評の理由をも述べている。そのことで、逆に「土」が有している農民文学としての意義とその作をもって文壇に切り込む節の野心が創作上の困難を誘引していることも指摘している。しかし、そうした節の野心は、「土」に学んだ龍之介の「一塊の土」などへとつながっていったことも興味深い。

森鷗外「仮面」

不治の病である結核になった文科大学生に対して、医学博士杉村が結核を克服したみずからの経験を説明して、結核を克服することを説得するという内容の戯曲である。杉村は、善悪を超えた高尚の高みに身を置く者は、仮面を被るのだから結核を言わずに治せと説得する場面が印象的である。特に「仮面を被る」という言葉が特別な響きをもって伝わってくる。学生を心配して杉村に相談するのが、義理の姉である文科大学金井教授夫人である。実家の母親も心配しているという設定もされ、また途中で木から落ちて亡くなる植木屋を看取る妻の毅然とした態度も描かれ、家族の愛情が死と関わって構成された戯曲である小堀桂一郎は、杉村が結核を告白する場面を借りて作者みずからの病歴を語ったのではないかと推測している[6]。鷗外は、「仮面」を『スバル』に発表する少し前に「半日」という家庭の内情を暴露する私小説を書いている。これに続いて、「仮面」では結核で苦しむ大学生とそれを心配する義姉を登場させて、鷗外自身の病歴を世間に知らせた戯曲であると小堀は推測する。鷗外も大学時代に肋膜炎を病み、登志子との結婚後彼女から結核を罹患したという推測が成り立つからである。また、遺族も鷗外の死因は萎縮腎であったが、肺結核もかなり進行していたと述べていたということである。

小堀はさらに、「仮面を被る」という次の場面に注目して鷗外がニーチェへの関心を強めていた時期であると説明している。

博士。君はNietzscheを読んだか。

学生。金井先生の講義に刺激せられて、Jenseits von Gut und Böseだけは読んでみました。

博士。さうか。あの中にも仮面といふことが度々云つてある。善とは家畜の群のやうな人間と去就を同じうする道に過ぎない。それを破らうとするのは悪だ。善悪は問ふべきではない。家畜の群の凡俗を離れて。意志を強くして、貴族的に、高尚に、寂しい、高い処に身を置きたいといふのだ。その高尚な人物は仮面を被ってゐる。仮面を尊敬せねばならない。どうだ。君はおれの仮面を尊敬するか。

「仮面」は、一九〇九（明治四二）年六月、伊井蓉峰の一座によって新富座で上演された。小堀は、「モティーフも、その扱い方も当時の観客にはわかりやすく、また訴へるところが多かつたことであらう」と述べている。

武者小路実篤「彼が三十の時」

『白樺』一九一四（大正三）年の第一〇、一一号に連載された全二八章のうちの第二〇章を抄録している。作品全体は、彼自身の生活を赤裸々に描写するものとなっている。妻との確執も飾りなく表現し、日々の営みの主観性を際立たせている。文体のうえでも、小説の手法を採りながら記録文の趣を持つのも興味深い。

第二〇章は、実篤の文学交友がよく見える場面である。彼（主人公）とTとのトルストイについてのやりとりや一緒に植物園へ出かける話題、OのところでのミケランジェロやKの展覧会についての話、夕食をめぐる妻との瑣末な諍いが描かれている。のちに刊行された『彼が三十の時』[7]序には、「言ふ迄もなく僕の三十の時に書いたもので、当時、長与、千家、岸田と一番よくゆきゝしてゐる時にかいたもので、小説とも感想とも日記とも言へないものだが、当時の自分達の友情はある程度かけてゐると思ふし、僕の内面生活もかけてゐるし、僕の別れた妻との生活もかいてあると思ふ」とある。なお、文中のKは岸田劉生、Oが長与善郎、Tが千家元麿ということであり、OとTは実際のイニシャルを一字あとへずらしている。

幸田露伴「二日物語」

初期の「五重塔」についで露伴中期を代表する一作である。自分のあとを追って尼になった妻と再会する「西行妻の尼に逢ふ事」（『撰集抄』）を典拠としている。

徳田秋声「感傷的の事」

生母を故郷にしばらくぶりに訪ねた私の心境を丁寧な感情の抑制された筆致で描く[8]。この作品は、「花袋・秋声生誕五十年祝賀」の一環として企図された『人間』の特集にあわせたものである。宗像和重は、この時期に「修業時代などを回想的に語った文章を数多く発表している」事実を指摘し、秋声を取り巻く文壇的な空気が「彼を「自叙伝的な作品」へと赴かせている[9]」と述べている。

里見弴「不幸な偶然」

あまりにも凄惨な発狂を描く。ある女性が汽車から捨てた瓶が下にいた赤ちゃんにあたり大出血になったような気がした。今度は逆に自分が銭湯で、仕事師の不注意でガラスに刺さりそうになる。汽車のことを気に病んでいた彼女は狂人になってしまったという話である。

里見弴は、有島武郎、生馬の弟で、当初は『白樺』に関わった。その後、吉井勇、久米正雄らと『人間』を創刊して、新現実主義の旗手として活躍する。菊池寛が「文芸作品の内容的価値[10]」で、文芸作品には芸術的価値とは別に内容的価値があり、それは道徳的価値、思想的価値であると主張したのに対して、弴は「文芸管見[11]」で本来一元的である芸術を芸術的価値と内容的価値と二元的に把握していると批判した。この内容的価値論争では、龍之介の「蜜柑」も話題とされ、「蜜柑」は寛が龍之介から口頭で聞いたとしたことに対して、弴は空想上の作品とするとどうなるのかと「蜜柑」の虚構性にまで議論が及んでいる。龍之介は、「文芸的な、余りに文芸的な[12]」で、里見弴が、谷崎潤一郎、泉鏡花、佐藤春夫、菊池寛らと並んで「構造的美観」、「構成的美観」に富んだ作家であると書いていて興味深い。

以上、第五集にも家族を主題にした小説や戯曲、短歌が多数収められた。読み手である中学生の精神年齢を意識して、単なる親子、兄弟の愛情という問題を越えて、学校教育と家族との関わり方、家族の病と死、歴史のなかの家族像などを描いている作品を集めている。

2　生命

第五集にも生と死を扱うものがいくつか見られる。先に見た島木赤彦「逝く子」、森鷗外「仮面」、里見弴「不幸な偶然」、後に見る木下杢太郎「絵踏」に並んで、志賀直哉「城崎にて」が注目される。

志賀直哉「城崎にて」

生の対極にある死という発想を越えて、生と死の境界の曖昧さに言及した短編小説としての面白さがある。現代の高等学校「国語」教科書にまで収録が続いている。先見性のある収録であった。

3　社会・思想・文芸

第五集も第四集に続いて、日本型教養の成立に深く関わった阿部次郎、小宮豊隆、夏目漱石の評論を収めている。こうした作品収録は、『近代日本文芸読本』が日本型教養と深い関わりを持っていたことをよく示している。

小宮豊隆「能楽に就いて」

小宮豊隆は漱石門下で明治末から文芸評論、演劇評論で活躍した。特に俳諧、能、歌舞伎の研究に優れた業績を残し、『伝統芸術研究』、『芭蕉の研究』、『能と歌舞伎』を岩波書店から刊行した。また、山田孝雄、阿部次郎、土居光知、岡崎義恵らと芭蕉俳諧研究会を始めその成果を『芭蕉俳諧研究』[13]として岩波書店から出している。

「能楽に就いて」は、『伝統芸術研究』の「能楽に就いて［一］」から「同［六］」までの六章のうち、［一］の部分である。その主な要点は、「能楽は神的なものと考えられてきた。世阿弥の時代の自由且つ創造的なものは徳川時代に能楽が式楽とされたことで民衆から離れてしまった。翁式三番を演ずる時に能楽師、見物に求められた厳粛な態度は、能楽を儀式化することになった。しかし、今日の能楽は、けっして一様の世界ではない」というものである。

阿部次郎「思想と実行」

『三太郎の日記』の第二篇である。阿部は第一篇の「自序」で「自分の内面生活の最も直接的な記録である」と述べ、「誠実の深さ」や「人格の深さ」を問題にしている。収録部分は二章立てである。「一」では、実行は主観内の作用がほかの主観作用を喚起することであるという意味ならすべての思想は実行となり、また思想は力であるからほかに波及するが必然的に客観に働きかけるわけではないと述べられている。思想の持つ特性をほかへの働きかけにはおくものの、その力が客観的な対象に必ず働きかけていくわけではないと説明している。「二」では、思想の生活は客観に対する態度から言えば受納の生活であり、思想は受納より与えられたものを材料に主観内で能動の態度を持ち、その対象は自己主観内に摂取された客観であると述べている。「一」での主張を深め、思想が客観に働きかける実行のあり方を考察している。その核心は思想の内面への働きかけにある。

ところで、龍之介が『三太郎の日記』から「思想と実行」を抄録した理由として、当時の日本型教養形成を進めた作家や知識人が教養という概念を実践と深く結びつけていたこと、龍之介も当時の教養概念を実践的なものと認識していたことが考えられる。『三太郎の日記』という呼称にも注目したい。阿部次郎という知識人の名前ではなく青田三太郎という庶民的な名前をつけていること、また日記という日々の綴方実践の形式を名称としていることを考えると、庶民の日々の実践を念頭に置いていることは間違いない[14]。

水上滝太郎「昼――祭の日――」

慶應義塾で永井荷風と出会った水上滝太郎は三木露風、久保田万太郎らと同人誌『水辺』を発行する。滝太郎は万太郎とともに三田派の新進作家となっていく。アメリカ留学、ハーバード大学で学んだ経験が「昼――祭の日――」に生かされている。「昼――祭の日――」は人種差別の根深さを問題にする。黒人差別を気にしていた日本人に黒人が中国人の差別語である「チャーリー」と呼びかける悲しさを核に差別問題の複雑さを描いている。その梗概は以下のとおりである。六月一七日、バンカーヒルの激戦記念日のこと。港近い場末の町で同宿のアメリカ人二人と祭に出かけた。「黒奴（くろんぼ）」に珠を当てる店があった。二人のアメリカ人は喜んで珠を当てようとし、自分にも勧めた。自分は日頃、自由平等、正義人道を口にしている手前、気分悪くやろうとしなかった。しかし、「黒奴」が中国人の蔑称であるチャーリーと自分を呼んだことで、思わず珠を投げてしまった。二発目に「黒奴」に命中したが、死刑にされそうな罪人に見え不気味だった。「昼——祭の日——」の掲載された『人間』の「亜米利加記念帖」には、「永井荷風先生にささく《ママ》」の献辞がある。

斎藤緑雨「金剛杵」

緑雨の文章を集め奈良の名物「霰酒」に比して命名されたという『あられ酒』の一節である。緑雨は、論評の声が高くなってきたが、作家と同じ力で評しているかと自問する。そして、今の批評家は評を売っているに過ぎず、青年作家は彼らに惑わされずただまっすぐに進めと檄を飛ばしているくだりである。

湯地孝は、「緑雨の文学批評の代表的なもの。その寸鉄的な凄みを帯びた巧妙な諷刺によつて端的に相手の急処を衝き、手当り次第に薙ぎ倒し廻つた当年の彼の縦横無尽振りが歴々と認められる」と言う[15]。あたりまえのことをさも重大であるかのように「秒を報じ分を報じ時を報ず廿四時即ち一昼夜なり」と批評家を批判する緑雨の評論について「諷刺の至れるものであるが、就中全体として著しいのは比喩を利した揶揄の巧妙なことである」と湯地は説明している。

龍之介は、「愛読書の印象」で、中学入学前から蘆花の「自然と人生」、樗牛「平家雑感」、漱石『吾輩は猫である』に並んで緑雨の『あられ酒』を愛読したと書いている[16]。漱石の『吾輩は猫である』も風刺小説の一面を持っている。また、『近代日本文芸読本』の「第一集の序」には、「斎藤緑雨の「新体詩見本」は必しも批評家斎藤緑雨の作品を示す為に収めたのではない。寧ろ明治以後の日本には少い擬似詩（Parody）の一例を示す為に三篇の見本を選んだのである」と述べていた。緑雨の擬似詩（Parody）とともに彼の風刺への共感が龍之介にはある。「軽妙な文才[17]」を持つ緑雨の鋭い社会風刺、文芸批評が中学生向け文芸読本に収められた文学史的意義は大きい。

夏目漱石「スヰフトと厭世文学」

第五集の巻末に収められている。漱石の大学講義「十八世紀英文学」（明治三八年九月～明治四〇年三月、週三時間）を森田草平らが筆記し原稿にしたものであると「序」で漱石自身が述べている。『文学評論』の「第四編スヰフトと厭世文学」の冒頭部「風刺家としてのスヰフト」前半を抄録している。そのなかで文学における風刺の意味を英文学史上第一流のスヰフトの事例をもとに検討している。漱石はまず、スヰフトと言えば風刺家を連想するけれども、その風刺とは何かを定義するとして丁寧に述べる。文学は趣味の表現であり、それには好悪が伴う。太平の世の中では楽天的な写実主義であるが、不満足な時には風刺となると言う。不満足は悪、醜、劣に対するものであり、その評価の仕方には四種類ある。デッキンスの正面憎悪、アヂソンの側面憎悪、エリオットの同情のある憎悪に対して、スヰフトの場合は不満足を不満足とだけ表現する、不平のための不平であると説明している。

さきの斎藤緑雨「金剛杵」のような風刺とイギリスの風刺のあり方を同じ第五集で比較することで比較文学の妙となっている点が興味深い。

4　宗教

木下杢太郎「絵踏」

切支丹弾圧を描いた戯曲である。一九四九（昭和二四）年版岩波全集には、「絵踏」のあとに「長崎殉教奇談（断片）」とある。「（断片）」とあるのは、作者自身「未定稿」としているからである。陸奥から殉教のためやってきた一人の侍と、地獄を駆ける亡霊となった僧たちが、悲惨な切支丹弾圧の行われた歴史を持つ聖山（サント・モンタニ）で出会う物語である。亡霊の感じは強くなく幻想性には欠けるが、語りの神秘さは感じ取れる。

木下杢太郎は、東京帝大医科大学在学中の一九〇七（明治四〇）年に与謝野寛の主宰する新詩社同人となり、機関誌『明星』三月号に小品「蒸気のにほひ」発表を契機に小品と詩を続けて発表する。七月には、与謝野寛、北原白秋、吉井勇、平野万里と博多、柳川、唐津、佐世保、平戸、長崎、天草、島原、阿蘇を巡り、帰りは徳山、京都に立ち寄り、九月上旬に帰着している。この紀行を「五足の靴」と題し、『東京二六新聞』に「五人連れ」の著名で連載した。野田宇太郎は、この旅行が近代文学に与えた意義について次のように述べている。[18]

この旅行で一行は、九州のキリシタン史跡探訪を行い、正雄は同行詩人達に大いに刺激されて詩をたのしく書くことを覚えると共に、キリシタン史、とくに天草四郎時貞の生涯に大いに興味をもちはじめ、キリシタン史を背景としたいわゆる南蛮詩や戯曲を作りはじめた、その成果は先ず「明星」十月号に「はためき」外四篇の詩として発表され、つづいて十一月号に「黒日」他八篇、十二月に「ぱるさも」「ぱらるそ」などを連続発表し、たちまち「明星」誌上で注目の的となつた。北原白秋もまた十一月号に「天草島」一連の南方風物詩を発表し、やがて正雄、白秋によつてわが近代文学史上に於ける南蛮文学が始まる。

また、山本二郎によれば、杢太郎は、この旅行前に南蛮文献を漁って抜書きしたということである。[19]五人の九州旅行は、白秋が処女詩集『邪宗門』を生み、杢太郎が『天草四郎』、『絵踏』、『南蛮寺門前』などの切支丹物や抒情的な作品をあいついで発表することになった重要な旅行であったのである。

龍之介は、白秋や杢太郎の業績を認め、「西方の人」の「1　この人を見よ」で「わたしは彼是十年ばかり前に芸術的にクリスト教を――殊にカトリツク教を愛してゐた。長崎の「日本の聖母の寺」は未だに私の記憶に残つてゐる。かう云ふわたしは北原白秋氏や木下杢太郎氏の播いた種をせつせと拾つてゐた鴉に過ぎない[20]」と書いている。また、「文芸雑談」にも「僕の知つてゐる限りでは、キリシタンの徒に詩的感情を寄せたのは、先づ北原白秋氏や木下杢太郎氏だつたやうである」[21]とある。龍之介はただ彼らの仕事を評価しただけでなく、もとより強い影響を受けていた白秋の詩作と杢太郎のキリスト教研究に影響され「神神の微笑」を創作する。「神神の微笑」の舞台は、杢太郎の戯曲「南蛮寺門前」と同じ南蛮寺でもあった。龍之介は、こうした認識で杢太郎の「絵踏」を収録したのであった。[22]

5　日記

樋口一葉「みづの上」

現代の高校教科書にまで収められ、一葉文学の理解を促すとともに、独歩の「武蔵野」に並んで明治期の文体把握の上で重要な意味を持つ日記である。「国語」読本に収録された一葉の作品では、坂本四方太、久保徳二編『新体中学読本』に「虫の声」、新村出編『国語新読本』に「日用文」、東京開成館編纂所編『新制中等国語読本』に「そぞろごと」、吉沢義則編『新制新日本読本』に「そぞろごと」、「虫の声」が記録されているのみである。[23]副読本には若干あるとしても、龍之介が一葉日記を「国語」教科書に定着させていったとも考えられる。

龍之介は、「第五集の序」に「この集に収めた作品中、樋口一葉の「みづの上」は小説家樋口一葉の作品を示すのに足るものではない。が、小説家樋口一葉の生活を示すのに足るものである。或は又当時の文壇の一瞥を示すことにもなるかも知れない。編者は一には読本の中に日記体の文章も収めたかつた為に特に「みづの上」を収めることにした」と記している。

西川祐子は、一葉日記は「一貫性のある物語であるかのような読ませる構成がある」と書いている。[24]日記はそもそも全体的な一貫性に乏しいものであり、そこに物語の発見をするのは他人の手によってなされるのだが、

「樋口一葉が二四年間の短い人生の最後の三分の一にあたる期間に書き残した日記は例外的に、起承転結のある一つの物語として読むことができるほどの緊迫した構成をそなえている」というのである。

6　短歌・俳句・詩

第五集では、赤彦の短歌に続き、評論、詩、小説を間において茂吉の短歌を収めているように、それぞれの歌人、詩人、俳人の組み合わせが巧みで、目配りのよく利いた編集になっている。

(1)　短歌

島木赤彦「逝く子」

彼の転機となった第三歌集『氷魚』より採られている。赤彦は、長野尋常師範学校時より万葉集に親しみ、教師業の傍ら『比牟呂』を創刊、後に『アララギ』と合同する。『氷魚』には、一九一五（大正四）年から一九二〇（大正九）年の作品が集められ、写実主義的な生活詠を特徴とした。「氷魚巻末記」には、『アララギ』同人への感謝の言と故伊藤左千夫の歌集と斎藤茂吉の歌集が相次いで出されることを喜んでいる記述が見える。また、『アララギ』の発売を引き受けていた岩波書店、岩波茂雄への感謝も見え、『信濃教育』編集主幹もしていた赤彦の人脈が窺える。

ひたすらに面わをまもれり悲しみの心しばらく我におこらず
玉きはる命のまへに欲りし水をこらへて居よと我は言ひつる
雪あれの風にかじけたる手を入るる懐のなかに木の位牌あり
言にいでて言ふはたやすし直照りに照る雪の上に我ひとり

なる雪ふかき街に日照ればきはやかに店ぬち暗くこもる人見ゆ

赤彦の短歌は、彼と同郷の西尾実が中心になった岩波編輯部編『国語』でも多数収録されている。

斎藤茂吉　「「狂人の」其の他」

茂吉の第二歌集『あらたま』から採られた。『あらたま』は、第一歌集『赤光』(25)以後の、一九一三（大正二）年九月から一九一七（大正六）年長崎医専着任までの作七四六首を収めている。

狂人のにほひただよふ長廊下まなこみひらき我はあゆめる
ものこほしく家をいでたりしづかなるけふ朝空のひむがし曇る
あかあかと一本の道とほりたりたまきはる我が命なりけり
現身の声あぐるときたたなはる岩代のかたに山反響する
おもかげに立ちくる君も今日今夜おぼろなるかなや時ゆくらむか

『仏説阿弥陀経』の「青色青光黄色黄光赤色赤光」から題された『赤光』に対して、「森鷗外先生の文章に、『次第に現（あらたま）から玉が出来るやうに、記憶の中で浄められて、周囲から浮き上がつて、光の強い力の大きいものになつてゐる』といふのがあつた。又、『まだ現（あらたま）の侭であつた。親が子を見ても老人が若いものを見ても、美しいものは美しい。そして美しいものが人の心を和げる威力の下には、親だつて老人だつて屈せずにはゐられない』といふものもあつた。僕に自分の歌集が佳い内容を有つてゐることを其の名が何となし指示してゐるやうな気がして秘かに喜んでゐた。そして万葉集では、あらたまを、麁玉、荒珠、荒玉、未玉、荒田麻、荒璞とも書いてゐることを調べたりした」と「あらたま編輯手記」に書いている。この「手記」や収録された歌によく示されているように、生命への慈しみや内省的な思考が特徴である。

また、「おもかげに」は、「節忌」という題詠で、長塚節三周忌歌会の歌であることを『あらたま』に記している。

龍之介は、「僻見[26]」で「高等学校の生徒だつた頃に偶然「赤光」の初版を読んだ。「赤光」は見る見る僕の前へ新らしい世界を顕出した」と『赤光』に魅惑されたことを書き、「僕の詩歌に対する眼は誰のお世話になつたのでもない。斎藤茂吉にあけて貰つた」、また「茂吉は詩歌に対する眼をあけてくれたばかりではない。あらゆる文芸上の形式美に対する眼をあける手伝ひもしてくれた」と、茂吉から強い影響を受けたことを書いている。また、「近代の日本の文芸は横に西洋を模倣しながら、竪には日本の土に根ざした独自性の表現に志してゐる。苟くも日本に生を享けた限り、斎藤茂吉も亦この例に洩れない。いや、茂吉はこの両面を最高度に具へた歌人である」と茂吉を評価している。そのうえで、「あかあかと……」をとりあげて、「ゴッホの太陽は幾たびか日本の画家のカンバスを照らした。しかし「一本道」の連作ほど、沈痛なる風景を照らしたことは必しも度たびはなかつたであらう」と、「西洋を模倣しながら、竪には日本の土に根ざした独自性の表現に志し」た茂吉の作歌を見つめている。さらに、「正直に自己をつきつめた、痛いたしい魂の産物」として、「狂人の……」などの歌を紹介している。

伊藤左千夫「「天地の」其の他」

左千夫の生家のある九十九里浜に遊んだ歌三首と度重なる天災、門人との対立に心寂しくなった時期の二首が選ばれた。

天地の四方の寄合を垣にせる九十九里の浜に玉拾ひ居り
白波やいや遠白に天雲に末辺こもれり日もかすみつつ
高山も低山もなき地の果は見る目の前に天し垂れたり
我がやどの軒の高葦霜枯れてくもりに立てり葉の音もせず
独居のものこほしきに寒きくもり低く垂れ来て我家つつめり

後半二首について、左千夫研究家の永塚功は、「作者の自解「短歌研究」で「この歌と連続してゐる一聯の連作は自分が非常なる天災に逢って生活的生存の上に非常な危殆を感じて随分長い間連続的に精神の波瀾を持って居た際であるのに、たださへ物寂しく種々な哀情を促さるる霜枯の時期であった。」と記し、水害の疲れや曇りが三、四日つづいて心が重くなった心境と堀内卓の死の報せなどがあっての心境がまさに「ふゆのくもり」だったのである[27]」と解説している。

与謝野寛「「ためらはず」其の他」

キリスト教に関わる短歌が採られている。

ゆくりなく諸手を広げ立つときに十字の形人に現はる
木立みな十字に尖り太陽も十字に光る冬枯れのうへ
手を挙げて天を拝すと見るよりも天を拒むと見ゆる冬の木

「十字の形」「天を拝む」などキリスト教信仰を詠っている。木下杢太郎らと同行した『五足の靴』の九州旅行で長崎に立ち寄ったときの印象を詠んでいる。

ためらはず宇宙を測る尺度《ものさし》にわれ自らの本能を取る
きはやかに黒と白との層をなし鯨の皮に似たる切厓

宇宙や海原のスケールの大きさが印象的である。キリシタン弾圧の歴史が刻まれた天草の地で、切り立った崖から天空を仰ぎ見て悠久の歴史を感じとった歌人の感慨が伝わってくる作品である。

佐佐木信綱　「「女の童」其の他」

落合直文、与謝野寛と新詩社を結成した万葉学者信綱の「大和懐古」の作を収めている。

女の童柄香炉ささげまうのぼる長谷の御寺の山ざくら花
朝風に八十帆にほへり津の国の敏馬の崎の初夏の雲
靄ごもる布留の川添とめゆかば昔少女に蓋し逢はんかも
櫓くべて翁ら語る、昨日過ぎし神のいくさの玉纏の太刀（大和懐古）

春から冬の大和の風景に悠久の歴史を詠っている。龍之介が読本に収録したわずか二人の「国文学」者のうちの一人である。父弘綱の竹柏会を継いで、そこから木下利玄が育つ。利玄は龍之介の知己であり、その系譜を確認するための配慮であった。龍之介自身も「佐佐木信綱氏の『心の花』に二度ばかし歌を載せて貰つた」と書いている。(28)『心の花』は信綱の創刊した機関誌『心の華』で、のちに『心の花』と改題されたものである。

この四首は、『新月』[29]から採られている。信綱は、「前の二葉とは異なつた自由奔放の作風である。当時同人があつまつて月々催した研究会の結び字題の作も入つてをる」[30]と述べている。

正岡子規「歌よみに与ふる書」

宮内省御歌所の歌風を批判し、具体的な論理で短歌革新を求めた評論である。子規自身も、この頃から作歌活動にも積極的になり、根岸短歌会を開く。この歌会には伊藤左千夫、長塚節が参加し、子規亡き後に二人が創刊した『馬酔木』の礎を作った。第五集にこの二人が併せて収録されたのも、この事情を顧慮してのことであろう。新聞「日本」の連載評論のうち、第二回から六回までと、第八回を抄録した。

第五集には、正岡子規に続く『アララギ』一門の歌人が並ぶ。教科書編集の視点から見ても興味深い。文学史上の歌風を歴史と同時代を俯瞰させる試みは、今日も有効な編集方法である。この方法を西尾実が中心になって編集した岩波編輯部編『国語』が受けついでいる。

(2) 俳句

松根東洋城「「木蓮は」其の他」

春から冬の自然と景物を並べる。

木蓮は亭より上に映りけり
夏虫や行燈消ゆる羽の音
鹿聞きや殊に露けき藁の沓
塗盆に糸尻のあとの寒さかな
水鳥や唯の田舎の向島

木蓮の白、行燈の灯りとうるさい羽の音、鹿の鳴き声と露ぬれた藁沓の鈍い音、切れるような寒さの感覚、名所にさえずる水鳥の声と、音と色を中心にした採録である。

東洋城は、子規の写生論に抗して俳句の行き方が写生以外にあることを主張して芭蕉へと還元していく。一九〇八（明治四一）年、虚子の意向を受けて『国民俳壇』の選を任される。一九一五（大正四）年には、本城である『国民俳壇』に対する陣屋としての『渋柿』を創刊した。[31]

愛媛県松山中学の後輩にあたる安倍能成は「守節の人、又守拙の人」であった東洋城を次のように述べている。[32]

> 東洋城はかつて虚子と親しく、虚子の関係した国民新聞の俳壇を預かつて居たこともあつたが、理由は知らず、虚子との交りをも絶ち、その後は遠く芭蕉を祖とし、漱石を仰望し、後になつて寺田寅彦（吉村冬彦）を親友として、俳壇の人々に交りを求めることもなく、専ら「渋柿」の孤塁に、俳句、俳諧を守り、自ら下ることなく、狷介なくらゐに俳壇に孤行して、屈する所がなかつた。

安倍の評言にあるように、東洋城の俳句生活は、みずからの俳句人生をかけた強い意志に裏打ちされていたのである。

内藤鳴雪「「大凧の」其の他」

『鳴雪句集』[33]より春二句、夏から冬各一句を採っている。

大凧の静に下る雨の中

片側は雪積む屋根や春の月
貰ひ来る茶椀の中の金魚かな
竹割るや竹の中なる秋の水
隼の物食ふ音や小夜嵐

ゆったりした動き、緩やかな月の出、金魚の小さな動き、竹林のなかに消えていく音、嵐の音に比した隼のいのちを食む音と、ゆるやかでささやかな動きや小さな音を捉えた俳句を選んでいる。

鳴雪は、「僕は子規子に対して、年齢と経歴とに於ては郷里の年長先輩である」が、「俳句に於ては僕は子規子の徒弟である」と謙虚に述べている。(34)

中塚一碧楼「萍涼しく」其の他

自由律俳句運動を推進した一碧楼の第二句集から採っている。第一句集『はかぐら』(35)以後、一九二〇（大正九）年までの作である。「萍涼しく家は動かじ」、「人の醜さ草餅をくらへり」、「雪とけ果つる一本の木の根なき」「犬が犬の匂ひの露けさ」、「酢牡蠣のほのかなるひかりよ父よ」と、日々の暮らしの感情の行き来を季題や定型にとらわれず自由に詠まれた句が採られている。

(3) 詩

蒲原有明「ひとしづく」

薄田泣菫とともに日本の代表的な象徴詩人となった詩である。月日の過ぎ去っていくのを誰が味わっているだろうか、その養いの露のような「命」のひとしずくをせめて結びたいという抒情をソネットで詠っている。

三木羅風「帆綱」

海上の帆綱のゆらめきに生のはかなさを見つめ、幻想のなかに自己の揺らぎを感じようとする詩である。三木羅風「帆綱」に関わる露風宛龍之介書簡について調査した家森長治郎は、次のように述べている。[36]

> 「帆綱」の初出は、三浦仁著『研究　露風・犀星の抒情詩』の「三木露風作品年表によれば「現代詩文」大正三年三月号である。その後、マンダラ詩社七名の合同詩集『マンダラ』（大4・3・15）の巻頭に掲げられ、露風の第四詩集『幻の田園』（大4・7・1）に収録され、さらに『象徴詩集』（大11・5・20）にも収められている。「帆綱」は、柔らかな真昼の風に吹かれて、海の上にゆらめいている帆綱とともにゆらめき、移ろい、動く自己内面の情調を、象徴的に表現した詩である。
>
> 　ちなみに、『近代日本文芸読本』の第五集には詩作品として、ほかに蒲原有明の「ひとしづく」（『有明詩集』大11・6）、薄田泣菫の「ああ大和にしあらましかば」（『白羊宮』明治39・5・7）、佐藤春夫の「なみだ」（『殉情詩集』大10・7・12）がある。第五集の詩作品は、四篇とも、高度の読解力を要する作品である。

なお、家森長治郎によると、露風は、一九二四（大正一三）年の春より一九二六（大正一五）年七月まで雅号の表記を「羅風」と改めているとのことである。家森の指摘のとおり第五集収録の詩歌はどれも高度な読みを必要とする。

　『マンダラ』については、「近代詩上著名なマンダラ詩社の第一詩集。蒲原有明の「序文の代りに」のなかに「我等には既に光明意思がある」、「表現の生活が人生の曼陀羅を現証の法界に織り出すのである」ということばが見える。」と、紅野敏郎が解説している。[37]同人は、河井酔茗、沢村胡夷、上田敏、蒲原有明、北原白秋、野口米次郎などである。

薄田泣菫「ああ大和にしあらましかば」

五七五、七五七の韻律を持つ。文語定型詩の確立の先頭にいた泣菫の代表作である。「その当時上田敏氏が言はれましたやうにブラウニングの“Oh, to be in England”ではじまる例の絶唱を想い浮かべながら生れた作品です。大和、とりわけ奈良の西の京や、法隆寺、龍田のあたりは、むかしも今も、私には已み難い憧憬があります[38]」とブラウニングの詩に想を得てなった詩であることを回想している。「ああ、大和にしあらましかば、／いま神無月、／うは葉散り透く神無備の森の小路を、／あかつき露に髪ぬれて、往きこそかよへ……」と続く古語の調べが懐かしく響く。音数律も工夫され、リズムのある浪漫的な文体である。

与謝野寛に『明星』で絶賛され一九〇六（明治三九）年の『明星』巻頭を飾った。泣菫は、一九一二（大正一）年に大阪毎日新聞社に入社して、夕刊に「茶話」というエッセイを連載して好評を博した。名随筆家としての評価を得る一方、学芸部長として菊池寛や龍之介を起用して彼らの新聞小説を掲載した。龍之介は、泣菫の勧めで「戯作三昧」、「地獄変[39]」などを寄せている。横浜の海軍機関学校教官を辞して、大阪毎日新聞社社友となったのも泣菫の働きかけであった。

佐藤春夫「なみだ」

冒頭に芭蕉の「埋火もきゆや泪の烹る音」が付けられている。「あるはのきばゆたつけぶり、／あるは樋をゆくたにのみづ、あるはわが目にわくなみだ。これをさだめとさとるゆゑ、／ぜひなきものと知るらめど、／とめてとまらぬものなれば、／せつなやあはれほそぼそと、／ひとすぢにこそながるらし。」が全文である。七五の韻律で八行にまとめた文語定型詩にあふれる感情を書きこんだ凛々しい詩である。島田謹二は、当時の詩壇が口語自由詩を合言葉にしていたなかで、「なみだ」の収められた『殉情詩集[40]』が「批評家ではなく、一般の読者たちが理屈なしによろこんで、無上に歓迎した[41]」と述べている。

龍之介と春夫との親密な交流は、すでに第一集の「最もよき夕」の項で見たとおりである。「大正八年度の文芸界」では、「春夫氏は一面に於て極めて繊細な感覚の所有者であると共に、他面に於ては又文壇稀に見る話上手の作家であった[42]」と評価しているが、「なみだ」も「繊細な感覚の所有者」ぶりがよく発揮されている。

三　各作家のどんな作品が収録されたか

1　作者の代表的な作品、出世作品

正宗白鳥「入江のほとり」は、彼の中期の代表作とされる。人間の奇怪な存在を問うという点では、生命への関心が高まった二〇世紀初めの文芸を理解するうえで興味深い作品である。

里見弴「不幸な偶然」は、『新興文芸叢書』の一冊となった『不幸な偶然』の表題作となった作品である。そのほかの叢書作品や短編集を含めて文壇での中堅作家の地位を確立したと言われている。

幸田露伴「二日物語」は初期の「五重塔」に次いだ中期の代表作、島木赤彦「逝く子」は赤彦の転機となった歌集である。また、斎藤茂吉「「狂人の」其の他」の第二歌集『あらたま』は、第一歌集で文壇の高い評価を得た茂吉が、歌風を「写生説」と呼応して内省的に深化させた歌集として知られている。

伊藤左千夫「「天地の」其の他」の「天地の四方の寄合を垣にせる九十九里の浜に玉拾い居り」は、九十九里浜の歌碑に、「我がやどの軒の高葦霜枯れてくもりに立てり葉の音もせず」は、山形のみゆき公園の歌碑に刻まれている。どちらも代表的な作として知られる。

蒲原有明「ひとしづく」と薄田泣菫「ああ大和にしあらましかば」は、日本象徴詩の代表作として、『有明詩集』、『白羊宮[43]』から採られている。

また、佐藤春夫『殉情詩集』は、「一九二三年の『我が一九二二年』との二集によつて、彼は一躍詩天に輝く明星のように見られた」という。[44]

2　作者の創作第一集所収作品

鷗外の「仮面」は、現代劇としては最初の作品である。

3　文学史上重要な意義を持つ作品

斎藤緑雨「金剛杵」と樋口一葉「みづの上」は、近代の文体形成に重要な関わりを持っている。また、木下杢太郎「絵踏」は、文学者が共同して旅行して歩いた成果として作品化している点で文学史上重要である。

四　第五集が現代の「国語」教育に示唆するもの

1　文学史を学ぶ――文学の営みから人間について学ぶ――

第五集に収録された文学者を見ていくと、それぞれが師弟、同人、同郷、同じ思潮、強く影響を受けたものなど、それぞれに深い関わりを持っていることがわかる。龍之介は文学者相互の関わりをよく踏まえたうえで編集している。詩歌の分野では、それが典型的に現れている。

たとえば、与謝野寛の新詩社と関わった佐佐木信綱、「土」の長塚節とその死を悼む伊藤左千夫の短歌、正岡子規に続くアララギ一門、中学が同じ松根東洋城と安倍能成の関係、日本象徴詩の代表詩人である蒲原有明と薄田泣菫など、重層的な構成になっている。

こうした文学史を踏まえた学習の形態は現代でもさらに追求されていい。作品の出自に関する資料や背景を実践的に理解することが大切だからである。

たとえば、二〇世紀の文学史を学ぶ際に、その世紀初頭になぜ寛と信綱が結びついていくのか、何にこだわって創作に打ち込もうとしたのかという問いを立てて学ぶとしよう。

東京帝国大学での文献学的な万葉研究に関わった信綱が、万葉調に早くから関心を持ち、新詩社を起した寛と鷗外の観潮楼会で出会う。そこには、白秋や啄木、茂吉の顔も見えている。子規もまた、『歌よみに与ふる書』によって、万葉主義、写生主義を打ち出していく。こうして、この時期の文学者の文芸実践の全体が見えてくると、彼らは韻文の世界に新しい文体を写生という方法で創造しようとしていたことがわかる。同時代の人々が同じようなことを考えながら新しいものを生み出そうという実践をしていたことを、文芸的教養の学びから得ることができるという興味深い学びを構想することができるのである。

信綱は、武田祐吉と共著で旧制中学校『新制国語読本[45]』を編集している。万葉学者として、橋本進吉、久松潜一、武田祐吉らと十数年の歳月をかけて『校本万葉集』全二五冊を刊行したのが一九二五（大正一四）年である。その後も、万葉学の発展のためにその生涯を賭けていった。信綱のこうした一連の業績は、後にハルオ・シラネが指摘する「国語」教育とその教材のカノンとなっていった。旧制中学・新制高校の教科書の多くが帝国大学の指導的教授たちによって編纂され、カノンが制度的権力・権威によってかたちづくられたのである。

現代の「国語」教育で文学史を学ぶことは、こうした背景を踏まえて、そのなかから歴史的な教訓や文芸的教養の意味を考察することが可能になる。それは、現代の青年たちが立っている歴史的な位置を分析的に理解する学びの素材となるのである。

したがって、そういう学びの場では、ただ文学の歴史を学ぶことだけではなく、文学に人生をかけた人々の営みを学ぶことで、人間が生きることの意味を反省的に考察する重要な機会となることが期待される。

2　古典と近代文学

谷崎潤一郎の「誕生」は、平安貴族の人間的欲望を近代作品に仕立てたことで、近代人の持つ欲望と彼らのそれとが対比的に描かれていて興味深い。これは直接には文学史の問題でもある。しかし、古典を近代文学に仕立てた作品を学ぶことで、古典は、ある特定の時代や社会で人間がさまざまに葛藤する精神状況が描かれているものであると見ることができるようになる。その視点を持つと、「国語」教育で古典を学ぶことの意義がただ日本文化や伝統を学ぶことにあるという狭窄な古典教育論から解き放たれることになる。近代人の目をくぐることで随筆や説話などを含めた古典に新鮮な発見を見出す可能性が出てくるのである。そうすることで、「国文学」者が解釈した古典研究を教室に持ち込むことではない授業実践が生み出されてくる。これは全国の「国語」教室で古典を学ぶ教育方法の一つとしてすでに実践されているが、当時の状況でこうしたことに気づかせる編集には学ぶ意義がある。

3　日本型教養の形成

第五集では、漱石、小宮豊隆、阿部次郎の作品が並べられている。第四集に続き、近代日本の教養を担った人々の思想の具体を学ぶことがめざされている。現代の私たちが過去の遺産から何を受け継ぐかを考える材料としてふさわしい。

4　文体と文芸実践

先に文学史上重要な意義を持つ作品としてあげた斎藤緑雨「金剛杵」の風刺と樋口一葉「みづの上」の日記は、私たちが日常に書き記している言葉がどのように生まれてきたかを生活との関わりで学ぶ意味を持っている。「みづの上」が現代の「国語」教育でも学ばれているのはそうした理由である。また、こうした文体は、それぞれの作家たちの文芸実践によって生み出されるものであり、それは現在でも続いているという歴史の連続性のうえで学ぶことの意味も大きい。

さらに、木下杢太郎「絵踏」や与謝野寛「「ためらはず」其の他」についても五人の文学者の九州旅行の成果が作家や歌人の作品に反映していること、また、その成果は『五足の靴』という作品集にもなっているということを知識として知っていて、さらにそれをも学んでいくというのも重要である。第五集にも、随所に芭蕉のあとが見られたが、紀行文を生み出していくという文芸実践にも注目しておいてよい。文学や文化が机上でのみ生み出されるのではなく、これらの紀行文のように、多くの場合は日常を断ち切ったかたちで行われる旅からも多く生み出されてくることが見えてくるのである。

日常生活での文芸実践としては、武者小路実篤「彼が三十の時」がある。作家同士が交流していくなかで、話題を共有して問題意識を喚起していくのである。これなども、インターネットの発達に伴う現代の情報共有とブログによる意見交換のスタイルに近いのかもしれない。日常生活で他者と話題を共有しあうという関係性のあり方を学ぶのも「国語」教育では重要である。

五　『近代日本文芸読本』と徳田秋声

さきに徳田秋声「感傷的の事」は、「花袋・秋声生誕五十年祝賀」の一環として企図された『人間』の特集にあわせたものであることを述べた。この「花袋・秋声生誕五十年祝賀会」について、龍之介と『近代日本文芸読本』に関わる興味深いできごととして記録しておきたい。

山田俊治が「花袋秋聲生誕記念祝賀会について[46]」で「会の名すら統一的なものが不明な状態にある」ことを説明したうえで、一六日の「よみうり抄」の「祝賀会係員割当」の公表記事を示す。そこには、島崎藤村、正宗白鳥、有島武郎、谷崎潤一郎六人に並んで芥川龍之介にも講演を依頼する、菊池寛をはじめ数十名の作家が講演部、晩餐部などの係に配置されるという計画が紹介された。山田は、こうした会の経緯から見て「祝賀会が党派的な関係性によるものではなく、文壇的といってもよい広がりの中で計画されていたことが分かるであろう。その人事構成は、大正期作家が共同の事業に当たる関係図としても興味深い内容であるとともに、対社会的なインパクトを内包した行事であることが示されていたといえる」と、この会の性格を評している。さらに山田は、新潮社主から三百円、博文館主から二百円、そのほか改造社、中央公論社などの寄付や朝日新聞社からの紫檀の違い棚、『現代小説選集』印税三千円などが二人に贈られたことを紹介する。山田は、ここから「筆一本で生活を支えてきた花袋、秋声に金銭的な援助を提供して」「文学者の生活的な基盤を社会的に承認させるためのイベントとして、この二人の祝賀会は機能していた」と説明している。

しかし、龍之介は、この会が開かれた一九二〇（大正九）年一一月二三日には、一一月一六日からの主潮社（日本画家の団体）主催の公開講座講演旅行に菊池寛や久米正雄、宇野浩二らと大阪に出かけ、その帰途宇野浩二と二人で諏訪に立ち寄っていた。さらに二四日には、佐佐木茂索に宛てた手紙の追伸で、宇野浩二と諏訪にいることを公表しないよう依頼している。しかし「よみうり抄」一一月二六日付けでは、「菊池寛氏、芥川龍之介、宇野浩二両氏と共に明日頃大阪から帰る」と掲載されている。これが事実であれば、「花袋・秋声生誕五十年祝賀会」には、この三人は出席していない可能性が高いことになる。寛と龍之介は、講演や係を断ったのであろう。この祝賀会の仰々しさは、それが許されたのであろうか。さまざまな憶測が可能だろう。こうしたところにも、すでに『近代日本文芸読本』での秋声の非難を誘引するものがあったのかもしれない。

註

（1）久保田万太郎「二十三のとき書いた戯曲」『改造』一九三八年三月。参照は『久保田万太郎全集』第一四巻（好学社、一九四七年九月二〇日、一九七～二〇八頁）である。収録作品は『Prologue』（後編）に「（陰影）」の副題で掲載されたものである。前編は『太陽』一九一一年七月号に載った。冒頭に一部改変がある。

（2）久保田夏樹編『島木赤彦全歌集上巻』河出書房、一九四八年五月一〇日、一六～一七頁。

（3）伊藤整「解説」『現代日本文学館12　正宗白鳥』文芸春秋、一九六九年五月一日、四七七頁。

（4）「谷崎と古典――「誕生」の背景をめぐって――」『谷崎潤一郎全集』月報26、一九六八年一二月（『芥川龍之介王朝物の背景』勉誠出版、二〇〇四年七月二五日）。

（5）「『土』に就て――長塚節著『土』序――」『土』春陽堂、一九一二年五月一五日。引用は、『漱石全集　第十一巻　評論　雑篇』岩波書店、一九六六年一二月二四日、五九〇～五九一頁。

（6）小堀桂一郎『森鷗外――文業解題　創作編』岩波書店、一九八二年一月二二日、二七〇頁～二七二頁。

（7）武者小路実篤『彼が三十の時』工人社、一九四六年八月八日。

（8）『近代日本文芸読本』第五集の目次には「感傷的な事」とあるが誤植である。正しくは、本文の題目にある「感傷的のこと」である。

（9）宗像和重「共鳴するリズム」『徳田秋聲全集』第一三巻、八木書店、一九九八年一一月一八日、「解説・解題篇」一～四頁。紅野敏郎は、「解題」（同書一五～一六頁）で次のように述べている。

　秋聲の小説がこの号のトップ。ついで田山花袋の「豚の死」、吉井勇の戯曲「幸福」、水上滝太郎の「葡萄酒」、中戸川吉二の「春」、泉鏡花の「定九郎」、田中純の「平太郎の親」、久米正雄の「金魚」、久保田万太郎の「路」、菊池寛の「妻の非難」、里見弴の「地獄」。さらに近松秋江の「人及び芸術家としての徳田秋聲氏」や「諸家の眼に映じたる人及び芸術家としての花袋秋聲二氏」（中村星湖・南部修太郎・蒲原有明・加藤武雄・水守亀之助）がつづく。花袋と秋聲の生誕五十年を記念しての会が盛大に開かれ、このような特集が多くの雑誌で組まれた。

(10) 菊池寛「文芸作品の内容的価値」『新潮』一九二二年五月。

(11) 里見弴「文芸管見」『改造』一九二二年二月。

(12) 「文芸的な、余りに文芸的な」『改造』第九巻第五号、一九二七年五月一日。『芥川龍之介全集』第一五巻、一九九七年一月八日、一四八頁。

(13) 小宮豊隆『伝統芸術研究』一九二三年六月、『芭蕉の研究』一九三三年一〇月、『能と歌舞伎』一九三五年一月。『芭蕉俳諧研究』は、昭和四年から二年ごとに正・続・続々・新続の四集が発刊された。

(14) 佐々木靖章「阿部次郎『三太郎の日記』の構成――資料を中心にして――」『茨城大学教育学部紀要』第二四号、一九七四年三月三一日、小室弘毅「阿部次郎『三太郎の日記』における教養の問題――唐木順三の教養派批判の再検討――」『東京大学大学院教育学研究科紀要』第四〇巻、二〇〇一年三月一五日。

(15) 湯地孝「解説」斉藤緑雨『あられ酒』岩波書店、一九三九年八月三日、二三七頁。

(16) 「愛読書の印象」『文章倶楽部』第五年第八〇号、一九二〇年八月一日。『芥川龍之介全集』第六巻、岩波書店、一九九六年四月八日、二九九頁。

(17) 池内紀「風刺をめぐって」『新日本古典文学大系明治編第二九巻』月報一九、岩波書店、二〇〇五年一〇月。

(18) 野田宇太郎編「木下杢太郎年譜　改訂増補」『日本現代文学全集35　上田敏・寺田寅彦・木下杢太郎集』増補改訂版、講談社、一九八〇年五月二五日、四〇七頁。杢太郎の本名は、太田正雄である。

(19) 山本二郎「解説」『南蛮寺門前・和泉屋染物店他三篇』岩波書店、一九五三年一〇月二五日、一七七頁。

(20) 「西方の人」『改造』第九巻第八号、一九二七年八月一日。『芥川龍之介全集』第一五巻、岩波書店、一九九七年一月八日、二四六頁。

(21) 「文芸雑談」『文藝春秋』第五年第一〇号、一九二七年一月一日。『芥川龍之介全集』第一四巻、岩波書店、一九九六年一二月九日、四七頁。

(22) 「五足の靴」の旅程や作品内容については、濱名志松『五足の靴と熊本・天草』（国書刊行会、一九八三年六月一〇日）、芥川龍之介と「五足の靴」の関わりについては、首藤基澄『近代文学と熊本』（和泉書院、二〇〇三年一〇月一〇日）に詳しい。

(23) 田坂文穂編『旧制中等教育国語科教科書内容索引』教科書研究センター、一九八四年一二月二四日による。ただし、坂本四方太、久保徳二編『新体中学読本』（六盟館、一九〇二年二月初版）は検定済教科書ではない。新村出編『国語新読本』（東京開成館、一九二七年）、東京開成館編纂所編『新制中等国語読本』（東京開成館、一九二二年）、吉沢義則編『新制新日本読本』（修文館、一九二七年）は検定済教科書であるが、田坂文穂編の同書は、それぞれ初版の考察である。

(24) 西川祐子『日記をつづるということ』吉川弘文館、二〇〇九年六月一〇日、四九～五〇頁。

(25) 斎藤茂吉『赤光』春陽堂、アララギ叢書第二篇、一九一三年一〇月。

(26)「僻見」『女性改造』第三巻第三号、一九二四年三月一日。『芥川龍之介全集』第一一巻、岩波書店、一九九六年九月九日、一八八～一九六頁。

(27) 伊藤左千夫記念館監修『伊藤左千夫の歌』、おうふう、一九九九年五月二五日。

(28)「傍観者より」『短歌雑誌』第二巻第二号、一九一八年二月一日。『芥川龍之介全集』第三巻、岩波書店、一九九六年一月一〇日、一〇〇頁。全集注解（花田俊典）によると、「二度ばかし」ではなく四度であった。一九一四年五月号に「紫天鵞絨」の総題で一二首、七月号に「薔薇」一二首、九月号に「客中恋」一二首、一〇月号に「若い人（旋頭歌）」一二首を柳川龍之介の署名で発表している。

(29) 佐佐木信綱『新月』博文館、一九一二年一一月二八日。

(30) 佐佐木信綱「緒言」『佐佐木信綱全集』

(31)「松根東洋城略年譜」、安倍能成・小宮豊隆ほか編『東洋城全句集　中巻』海南書房、一九六六年一〇月一七日、三二二～三二三頁。

(32) 安倍能成「序」右に同じ、二～三頁。

(33)『鳴雪句集』俳書堂、一九〇九年一月一日、四～五頁。

(34) 内藤鳴雪「緒言」右に同じ。

(35) 中塚一碧楼『はかぐら』一作社、一九二三年六月一〇日。

(36) 家森長治郎「未発表の芥川龍之介書簡（三木羅風宛）」『解釈』第三九巻第九号、一九九三年九月一〇日。のち『若き日の三木露風』（和泉書院、二〇〇〇年五月五日）に所収。

(37)「叢書・文学全集・合著集総覧」『日本近代文学大事典』第六巻、講談社、一九七八年三月一五日、四一頁。

(38)『薄田泣菫全集』第二巻、創元社、一九三九年四月二五日、四九三頁。

(39)「戯作三昧」『大阪毎日新聞』一九一七年一〇月二〇日〜一一月四日、「地獄変」同一九一八年五月一日〜二二日。

(40) 佐藤春夫『殉情詩集』新潮社、一九二一年七月一二日。

(41) 島田謹二「解説」『佐藤春夫全集』第一巻、講談社、一九六六年四月二五日、六二一頁。

(42)「大正八年度の文芸界」『毎日年鑑（大正九年、一九二〇年版）』大阪毎日新聞社・東京日日新聞社編纂、一九一九年一二月五日。『芥川龍之介全集』第五巻、岩波書店、一九九六年四月八日、一八六〜一八七頁。

(43)『有明詩集』アルス、一九二二年六月、『白羊宮』金尾文淵堂、一九〇六年五月七日。

(44) 島田謹二「解説」『佐藤春夫全集』第一巻、講談社、一九六六年四月二五日、六二三頁。

(45) 佐佐木信綱編・武田祐吉共著『新制国語読本』吉川弘文館、一九三七年七月二〇日初版、一二月二五日訂正再版。

(46) 山田俊治「花袋秋聲生誕記念祝賀会について」『徳田秋聲全集』月報7、八木書店、一九九八年一一月。

第七節　『近代日本文芸読本』の教養実践

一　実践を学ぶ意義の提示

　これまで『近代日本文芸読本』の全体的特徴を踏まえて、各集に収録された作品の特徴と評価、「国語」教育への示唆について見てきた。第一節の「『近代日本文芸読本』というカノン」では、龍之介の編集意図、文芸的教育論とともに主題別の特徴を考察した。本節では、龍之介が編集にあたり意識していた、あるいは想定していたと思われる実践の内実とそれを学ぶ意義について考察をして、『近代日本文芸読本』の研究のまとめとしたい。

　第二節から第六節までは、全五集に収められた作品の全体的な傾向を知るために、各集について主題を立てて分析してきた。しかし、実際のところ、編集した当人である龍之介は主題にこだわりがなかったと考えられる。そもそも、そうした主題別に作品を見ていくという発想は、後代の者が作家研究や作品研究を深めるために採った手法にすぎない。彼は、主題分類よりも思想形成に関わりが深い文体表現に関心があった。そのことは、各集の初めに付した序文で、龍之介が学習者への配慮として文体への気づきを促す記述をしていることでよくわかる。

　文体表現のうち、龍之介が特に関心を示したのは、叙景や紀行を中心とした詩、短歌、俳句、幻想的な小説、他者としての異文化、翻訳文体による作品創作、自由、平等思想を掘りさげた小説や評論、家族を舞台に他者との関係をさまざまに描いた小説である。

なかでも、日本人の自然観を表象した叙景や紀行の文体に学び手が注目することを期待していた。そのことをよく示しているのが、読本に多くの詩、短歌、俳句を採用している点である。ほかの副読本では、一般的には一巻に一、二篇が収録された程度である。それに対して、『近代日本文芸読本』では、各集に詩、短歌、俳句が、それぞれ二、三篇から五篇も収められている。短歌、俳句は、その一篇に四、五首、句ずつが入れられている。こうした採用の仕方は、垣内松三の「国語」読本にも学んだと思われる。垣内の『国文学大系　現代文学』と龍之介の『近代日本文芸読本』とでは、収録作家の大半が共通している。また、垣内の『国文選』にも多くの歌人や俳人、詩人が収められている。垣内の読本刊行の時期と、龍之介の読本編集の時期が近接しており、龍之介としては参照しやすかったということもあった。こうした考え方は一九三〇年代に全国の多くの中学校で採用された岩波編輯部編『国語』へと引き継がれていく。どれも実践が重視された編集であった。

　実践への関心は『近代日本文芸読本』に女性作家の作品収録が目立つことにもよく現れている。これもほかの読本と相違する点である。たとえば、与謝野晶子を収める例はほかにも多いが、野上弥生子を収める例は見あたらない。田坂文穂『旧制中等教育国語科教科書内容索引』で見ても、樋口一葉もわずか四種類の「国語」読本に「日用文」などが登場する程度であり、女性作家の作品が収められたのはきわめてごくわずかである[1]。それに対して、龍之介の読本の場合は、第一集には野上弥生子「飼犬」、第二集には与謝野晶子「「山ざくら」其の他」、第五集には樋口一葉「みづの上」が収められている。

　ほかの副読本にまで視野を広れば、少しは女性作家を収めた事例が出てくるであろうが、それにしても三名の女性作家を収めたことは重要である。これは、女性の文芸実践が二〇世紀の教養に深く根ざし始めていることを明確に位置づけたいという龍之介の思いの現れであった。文芸運動に多くの女性が参加してきていたことを実感していた龍之介は、両性の実践があいまって新しい教養や文化を形成する市民社会の到来を見ていたと言えるのである。

二　『近代日本文芸読本』に収められた教養実践

1　叙景と紀行の言語実践

(1)　詩、短歌、俳句による文学史叙述

『近代日本文芸読本』には、三一名の作家による詩、短歌、俳句が紹介されている。前節までに見てきたように、結社の文芸実践から生みだされた近代詩、短歌、俳句の歴史に残る名作が収録された。自然の叙景、紀行による発見の記録、追憶の作品である。紀行の対象は西洋にも広がる。一つの世界を切りとって、新たな文芸表現として提示している。紀行の魅力を知らせることで、それを企画、実行して、詩、短歌、俳句の世界に言語表現する学びが期待されている。

収録された詩人、歌人、俳人を文芸思潮史の分類に従って一覧にすると次のようになる。丸数字は、『近代日本文芸読本』の各集を示している。また、カッコ内の表記のうち、『　』は創刊あるいは参加した同人誌名、そのほかは文芸史上の特徴を示している。

〈詩〉

新体詩

（パロディ）
①斎藤緑雨
（『文学界』→『明星』）

浪漫詩　①島崎藤村　①土井晩翠　①岩野泡鳴
（ソネット）
象徴詩（明治）　④上田敏　⑤蒲原有明　⑤薄田泣菫
（『詩人』）　（早稲田詩社→自由詩社）
口語自由詩　③川路柳虹　⑤三木露風
（『スバル』）（「パンの会」）
耽美派　③木下杢太郎　④北原白秋　④高村光太郎
ヒューマニズム　（『白樺』）
①千家元麿　②佐藤惣之助
（『感情』）
②室生犀星　③萩原朔太郎
（幻想、童謡詩）（芸術至上）
象徴詩（大正）　③西条八十　④日夏耿之介
（翻訳詩）　（英語詩）
①堀口大学　②野口米次郎
（文語詩）
⑤佐藤春夫

『新体詩抄』以来、豊かに展開されてきた詩実践が具体的に明示されている。第一集では、一八八〇年代に

「新体詩抄」で新詩型を提唱した外山正一、「国文学」者の上田万年、読売新聞の鳥居選「懸賞募集軍歌」を模して作詩した斎藤緑雨の「新体詩見本」、二〇世紀初頭前後に前期・後期の浪漫主義を担って活躍した詩人たちが配されている。また、それと対比するかたちで『月下の一群』などによってフランス詩の翻訳で活躍した大学の詩も掲げられている。

第一、二集では、『白樺』に拠って人道主義の詩を書いた元麿、惣之助、『感情』に拠った犀星、英語詩で活躍した米次郎を入れている。第三集以降には、『スバル』、「パンの会」の杢太郎、白秋、光太郎、犀星とともに『感情』に拠った朔太郎らが配され、多様な展開を見せる詩実践の諸相を捉えている。

さらに、象徴詩人たちを第四、五集に収めて、日本詩壇における象徴詩の重要性を学ばせる配慮がある。象徴詩の収録にあわせて上田敏の文芸評論「幽趣微韻」を第三集に収めている。この表では、便宜上「口語自由詩」「耽美派」などに分類している泡鳴、柳虹、露風、杢太郎、白秋、朔太郎らも象徴主義に深い関心を寄せた詩人であり、そのように考えると、龍之介が選んだ短歌や俳句、小説や評論にも象徴主義的な系列として考えられる作品が目立っている。

一方、この一覧にまったく欠如しているのが、雑誌『民衆』に由来する民衆詩派の詩人である。白鳥省吾、百田宗治、福田正夫ら民衆詩派の運動は、大正デモクラシーを背景に自由・平等・友愛をスローガンに掲げ、労働者、農民の社会問題を題材にした。ホイットマン、ヴェルハーレン、カーペーンターの詩の紹介にも尽力した[2]。こうした詩実践が示した関心のありようは龍之介とも共通するものがあるが、一人も採用しなかった。平俗な題材、怠慢な語り口を白秋が厳しく批判したこともあって、龍之介の評価も低かったのであろう。

〈短歌〉

- （あさ香社）②落合直文
  - （東京新詩社）（『明星』）⑤与謝野寛
    - ②与謝野晶子
      - ①窪田空穂（『国民文学』）
      - ②吉井勇
      - ③北原白秋
    - ①石川啄木（『スバル』）
  - （白菊会）（『叙景詩』）金子薫園
    - ①石川啄木
    - （生活詠、社会主義）②土岐善麿（『生活と芸術』）
  - （車前草社）①尾上柴舟
    - ③若山牧水（『創作』）
    - （自然主義）
    - ④前田夕暮（『詩歌』）

- （根岸短歌会）（『馬酔木』）——『アララギ』）
- ③⑤正岡子規
  - ⑤伊藤左千夫
    - ②土屋文明
    - ④中村憲吉
    - ④古泉千樫
    - ⑤斎藤茂吉
    - ⑤島木赤彦
  - ④長塚節

（竹柏会）

（『心の華』のち『心の花』）（『白樺』）

佐佐木弘綱――⑤佐佐木信綱――③木下利玄

短歌実践は、おおまかに三潮流に分類されて収められている。第一、二、三集に、落合直文のあさ香社に集った歌人たちの潮流、竹柏会で育った木下利玄が配され、第四、五集には、与謝野寛らの新詩社に対立して根岸短歌会を中心にした短歌革新を進めた子規門の歌人たち、それに竹柏会を父佐佐木弘綱から継いだ信綱が配されている。読者である中等学校生らに時系列で短歌実践を理解させる工夫が見られる。

あさ香社に集った歌人のなかで、金子薫園と尾上柴舟は含著集『叙景詩』を刊行して、寛らの浪漫主義的な潮流と対立するにいたる。薫園の興した白菊会からは土岐善麿が出た。新詩社に不満を持っていた石川啄木は、善麿にも影響を受けて自然主義思潮から社会主義理念による詩作を試みるようになる。善麿も啄木から学んで社会問題、労働問題を題材としていった。ともに三行書きの生活詠でわかりやすい口語短歌を民衆のなかに持ち込んだ意義は大きい。柴舟の車前草社からは自然主義歌人として若山牧水と前田夕暮が出た。『明星』廃刊の翌一九〇九（明治四二）年には、吉井勇、北原白秋、石川啄木らが『スバル』を創刊して、それを鷗外が監修した。彼らは、耽美頽唐を掲げて自然主義に対していった。彼らは、新浪漫主義、後期浪漫主義、耽美主義、耽美派と呼称されるようになった。窪田空穂も『明星』から出て浪漫風な傾向を示すが、しだいに自然主義的現実主義的な作風へと移っていった[3]。

新聞『日本』に「歌よみに与ふる書」を連載した子規は、リアリズムの短歌実践を展開した。子規没後結成された根岸短歌会が伊藤左千夫を中心に『馬酔木』を創刊する。長塚節も子規の写実を尊重して細やかな自然観察と新鮮な感覚表現に磨きをかけた。『馬酔木』廃刊後、左千夫は『アララギ』を創刊して、そこから土屋文明、中村憲吉、古泉千樫、斎藤茂吉、島木赤彦が輩出した。佐佐木弘綱の竹柏会からは、信綱と木下利玄が出ている。利玄は、『白樺』の同人でもあり、龍之介とも親交があった。

それぞれの歌人の作風を具体的な歌で確認しながら、文芸実践として展開された流れを学ぶことができるように編集されている。それぞれの結社とその機関誌に集いながら、ときには競いときには諍って、全体として近代歌壇の隆盛のために共同していった歌人たちのすがたを見ることができるのである。

短歌では、釈沼空（折口信夫）を入れていない。上田万年の新体詩の場合も、緑雨のパロディを入れることで直接「国文学」者を読本に登場させることを回避していた。これは龍之介が「国文学」者を徹底して排除した結果である。しかし、同じく「国文学」者の落合直文と佐佐木信綱は入れた。『近代日本文芸読本』に「国文学」者を収めたのはわずか二例のみである。あさ香社を組織して、鉄幹、柴舟らを生んだ直文の短歌革新運動、利玄を生んだ竹柏会の動向を収めるための工夫である。

なお、金子薫園と佐佐木弘綱は読本に未収録の歌人であるが、歌人の系譜確認をするために必要であり歌人系譜の一覧に加えた。

〈俳句〉

（『日本俳壇』）
④河東碧梧桐
（新傾向）

①小沢碧童
（『層雲』）
③荻原井泉水
（『石楠』）
（自由律俳句）

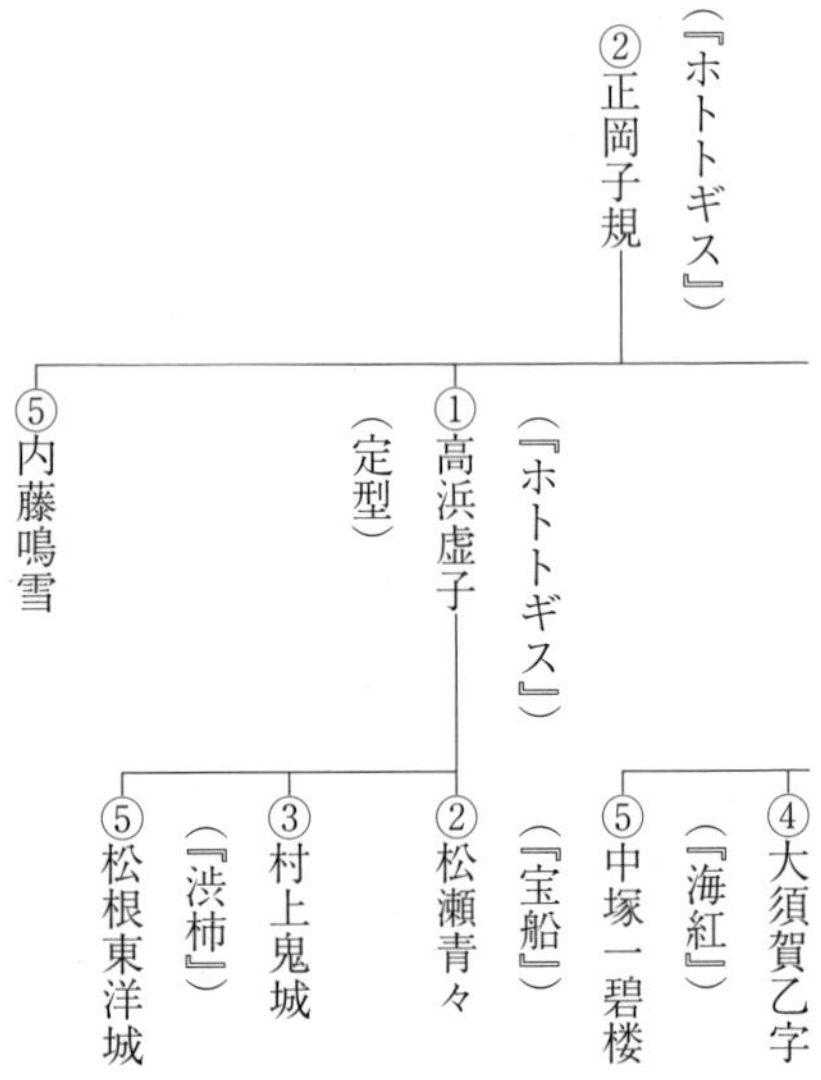

子規が俳句革新をめざして俳句雑誌『ホトトギス』を創刊したのは一八九七（明治三〇）年一月一五日のことであった[4]。子規は三六歳の若さで亡くなったが、子規のもとには伊予尋常中学校同級の河東碧梧桐と高浜虚子がおり、彼らを中心に多くの門下生が生まれていった。内藤鳴雪も年齢は同郷の子規より上であったが、子規を師と仰いだ。写生を重んじた子規の遺業を彼らが継いでいった。

碧梧桐は、型式に拘泥しない新傾向俳句を提唱し、虚子は定型俳句を実践した。両者はのちにこの立場の違いで論争することになる。碧梧桐のもとからは、大須賀乙字、自由律俳句の中塚一碧楼、荻原井泉水が育った。小沢碧童も碧梧桐門下で句作に励んだものの実らず、関東大震災後の定型俳句でみずからの句風を確立した。虚子のもとからは、村上鬼城、松瀬青々、松根東洋城が出た。村上鬼城は虚子に認められ『ホトトギス』同人になった。松瀬青々は、虚子とともに子規に面会して『ホトトギス』の編集に従事したのち、みずから『宝船』を創刊して関西俳檀の隆盛に貢献した。松根東洋城は、『渋柿』を主宰して定型俳句を実践した。

『近代日本文芸読本』では、こうした子規門の動向がわかるように編集されている。第一、二集には、子規、虚子に加え、碧童、青々という碧虚門下では比較的異色な俳人を入れている。第三集以降は、碧梧桐とその門下の俳人、虚子門の俳人、鳴雪を並べて、一九二〇年代までの俳句の変遷を跡づけている。

以上、詩、短歌、俳句の実践展開を跡づけるために、龍之介の読本収録作家の系譜一覧を作成して確認した。この一覧から、龍之介が各集の編集にあたり、きわめて周到に思潮別に作家を収録したことがわかる。文芸思潮を学ぼうとする学び手への配慮が行き届いている。想定された読者は旧制中等学校生徒である。一九世紀から二〇世紀初頭にかけての近代作家の足どりを理解させ、それぞれの作家がどんな文芸実践に取り組んだかを明瞭に図式化できるようにしているのである。こうした配慮は、それぞれの文芸に関心を持った学び手が次にはみずからが実践家として登場してくることを龍之介が期待していた反映でもあった。

(2) 紀行実践

次に、龍之介がひとつの実践事例としていたと思われる『五足の靴』の紀行を見てみたい。龍之介の意図が典型的に表れているのは、木下杢太郎と与謝野寛の場合である。

すでに第六節で見たように、木下杢太郎は、与謝野寛の主宰する新詩社同人となり、機関誌『明星』に作品を発表した。与謝野寛、北原白秋、吉井勇、平野万里とのちに『五足の靴』としてまとめられる九州紀行に出かけた。この旅行から白秋の処女詩集『邪宗門』、杢太郎の『天草四郎』、『絵踏』、『南蛮寺門前』などの切支丹物が生まれた。龍之介も、白秋の詩作と杢太郎のキリスト教研究に影響され「神神の微笑」を創作した。「神神の微笑」の舞台は、杢太郎の戯曲「南蛮寺門前」と同じ南蛮寺でもあった。龍之介は、こうした認識で杢太郎の「絵踏」を第五集に収録している。しかし、杢太郎をより理解させるには「絵踏」だけでは不十分と考えたのであろう。第三集に彼の代表作である第一詩集『砂金』から「両国」を収めて、彼の抒情詩人としての才能と実践を紹介しているのである。

与謝野寛の場合も、第五集に「「ためらはず」其の他」の次の五首を収めている。

ゆくりなく諸手を広げ立つときに十字の形人に現はる
木立みな十字に尖り太陽も十字に光る冬枯れのうへ
手を挙げて天を拝すと見るよりも天を拒むと見ゆる冬の木
ためらはず宇宙を測る尺度にわれ自らの本能を収る
きはやかに黒と白との層をなし鯨の皮に似たる切厓

どれもキリスト教とその信者たちの信仰と、それらを育んだ地域や自然の情景を詠んでいる。『五足の靴』の紀行は、彼らが旅に出てこれまで学んできたことを確めたり、新たな知見を得たことを創作していく紀行の実践であった。龍之介はこうした実践を重視して読本に収めたのである。

(3) 紀行文と日記の実践

このほかにも、旅の知見を紀行文や日記として記していく実践が多数収められている。各集には次のような作品がある。

第一集　大町桂月「練馬の一夜」、近松秋江「郊外小景」、坂本四方太「向島」

第二集　広津柳浪「片瀬の回顧」、川上眉山「ふところ日記」
第三集　徳冨健次郎「初対面」
第四集　高村光太郎「雨にうたるるカテドラル」、有島生馬「ゴンドラの一夜」
第五集　樋口一葉「みづの上」

第一、二集には、一九世紀に活躍した紀行文作家である桂月、秋江らが並べられ、第三集には蘆花のトルストイ訪問記、第四集には光太郎のパリ訪問記と生馬のベネチアの訪問記が入れられている。ヨーロッパ訪問記が多数であるのも、ほかの「国語」読本には見られない特徴である。

第二集の眉山「ふところ日記」は多くの「国語」読本に採用されてきたが、第五集の一葉「みづの上」日記は、文範としてではなく文芸作品として読本に収められたのはこれが最初ではないかと思われる。龍之介がいかに紀行実践を重視してきたかがよくわかる内容である。

2　幻想と怪異の文芸実践

二〇世紀前半に流行した怪異や幻想を描いた小説を多数収めている。古典に材を得たものや、家族や自己の幻覚、揺らぎや都市の不安、伝統文化の幻想表現、幻想的な西洋を描いたものが収められている。自然主義との闘いのなかで得られた文芸実践の成果が多い。自己や他者の内面、近代都市の不安、未知の西洋を見つめる想像の世界に触れることを学ばせている。ここでは、戯曲に絞ってその特徴を見ておきたい。

一九世紀後半から二〇世紀初頭にかけて活躍した戯曲作家の大半を収めている。『近代日本文芸読本』に収められた戯曲は、次の一八作品である。丸印が幻想や怪異を描いた作品である。

第一集　○武者小路実篤「仏陀と孫悟空」、○秋田雨雀「雪女」、岡本綺堂「入鹿の父」

第二集　小山内薫「ベテスダの池」、○倉田百三「布施太子の入山（第一幕）」、○長田秀雄「塹壕の内」、坪内逍遥「テムペスト（第一幕第二場）（シェークスピア）」

第三集　中村吉蔵「地震」、○菊池寛「屋上の狂人」、○久米正雄「地蔵教由来」

第四集　○山本有三「海彦山彦」、○長与善郎「項羽と劉邦（第三幕第一場）」、坪内逍遥「桐一葉（第七幕）」、○吉井勇「嚢の女」

第五集　○久保田万太郎「陰影」、○谷崎潤一郎「誕生」、森鷗外「仮面」、○木下杢太郎「絵踏」

これだけの戯曲が収められている読本も珍しい。しかも、その大半が幻想と怪異に触れている。龍之介らしい編集と言えよう。ほかの戯曲を含めて戯曲創作と演劇実践が活発になった一九二〇年代を反映している。また、『白樺』や『新思潮』の作家たちが多数を占めているのも特徴である。

第二集には小山内薫と坪内逍遥が並んで収められている。小山内薫の自由劇場と坪内逍遥の文芸協会が対照的な実践をすすめたことを示す試みであった。また、逍遥の場合は「文芸協会」でのシェークスピア劇と歌舞伎座での発会式試演でも上演された「桐一葉」を並べて逍遥戯曲の奥深さを実感させようとしている。

第四集には、島村抱月「現代喜劇の経過」の演劇論がある。

第五集では、鷗外の「仮面」が採録されているのも興味深い。小山内薫は鷗外に知られたことで演劇運動の道に入っていった。その小山内の自由劇場は、近代劇の翻訳ものを主として一幕物から始めていく構想であった。一九〇九（明治四二）年一一月二七日に有楽座でイプセンの「ジョン・ガブリエル・ボルクマン」を上演して幕を開けた自由劇場には、島崎藤村や岩野泡鳴などの顧問や木下杢太郎、長田秀雄ら「パンの会」の仲間、『スバル』の同人たちが集まり祝福したという。第二回の試演は、チェーホフの「犬」、鷗外の「生田川」などであった。小山内薫の始めた新劇運動と鷗外の深いつながりを感じさせるできごとである。龍之介は二〇世紀初頭に次々と誕生してきた文芸実践、演劇実践を中学生に紹介したかったと思われる。また、その実践に参加してほしいという願いも当然あったであろう。

3　自由と平等の思想実践

労働問題、戦争や軍隊の問題、トルストイ訪問記、人生論、教養論、芸術論、切支丹迫害、「新しき村」の実践、人種差別問題などの題材をもとに、自由と平等、近代社会の構想、平和、社会主義を主題とする小説や評論を収めている。事実を正確に認識して、論理的に思考することや実践によって視野を拡大する態度が求められている。

第二集　生田長江「現代の欧羅巴と日本と我々と」、徳富蘇峰「感激」
第三集　高山樗牛「空腹高心「其の他」」、武者小路実篤「人類愛について」、北村透谷「精神の自由」
第四集　内田魯庵「切支丹迫害」、安倍能成「人生の熱愛者」、和辻哲郎「日本は何を誇るか」
第五集　阿部次郎「思想と実行」

論者それぞれが拠って立つ立脚点は違っている。生田長江は、日本の近代化について論じ、個人主義実証主義を摂取する必要性を説く。徳富蘇峰は、自身のうちに用意された内的充実があって、外界からの刺激がその充実を外的表象とするという視点を提示している。高山樗牛は、日本の新しい道徳的原理を主張して、青年に先人の学んだことを学ぶことを求めて、人間的真実が何であるかを論じている。北村透谷は、人生はその精神の自由のためにあり、その希望は愛にあり、進歩は愛に萌すと主張している。武者小路実篤は、個人が人類を愛する意味、人類が個人を愛する意味を問い、真に人類のために働くためには、個人の独立が大事であると主張する。安倍能成は、芸術家は、人生の描写者である前に、人生の経験者でなければならないのであり、そのためには人生を熱愛することであると説く。和辻哲郎は、東洋文化と西洋文化の個性を問題にしている。内田魯庵は、徳川権力によるキリスト教徒弾圧の事実を記録している。阿部次郎は、すべての思想は実行であり、思想が客観に働きかける実行のあり方を考察して、その核心は思想の内面への働きかけにあるとする。

これらの論者は、みずからの信じるところにより、国家主義的な思想、社会主義的な思潮、個人主義思想、体制批判、個人の内面化と自己覚醒の議論を展開している。しかし、どれも日本の近代化を真剣に考えたものであることは間違いない。こうしたさまざまな潮流が収められるところに読本のよさがある。編集者と思想的に共鳴しあう者だけを収めるのではなく、読み手である中等学校生がこうした論点の違いを学ぶことでみずからの思想を確立していく契機とすることが期待されている。その意味で、この読本は思想的な自由と議論の平等が実践の基本となっているとしてよいであろう。

4 他者との関係の認識

すでに見たように家族や故郷に関する作品が多い。家族の問題は中学生が自分の体験としても考えやすい。家族の成功や失敗、挫折、親子のあり方、兄弟愛、追憶、進学と就職など、家族のなかでの自己のあり方、他者との関係に焦点があてられている。他者との関係を認識する読みが求められている。

⑴ 翻訳文体と日本の文体

家族の問題はすでに多くの作品を見てきたので、ここでは視点を変えて、この読本の著しい特徴となっている翻訳文体と異文化という角度から、他者との関係性の認識について考えてみたい。

『近代日本文芸読本』に収められた翻訳文体は次のとおりである。

第一集　森鷗外「老曹長（デトレフ・フォン・リリエンクロオン）」（小説・ドイツ）、小山内薫「大判半裁紙（ストリントベルグ）」（小説・スウェーデン）

第二集　坪内逍遥「テムペスト（シェイクスピア）」（戯曲・イギリス）、二葉亭四迷「四日間（ガルシン）」（小説・ロシア）

第三集　森田思軒「ルイ・フィリップ王の出奔（ヴィクトル・ユーゴー）」（小説・フランス）

第四集　上田敏「落葉（ポオル・ヴヱルレエヌ）」（詩・フランス）

どれも近代日本文学の生成に大きな影響を与えた作家と作品である。こうした作品を翻訳する過程で新しい日本の文体が形成されたことを中学生に学ばせようとしているのである。

一方、これらの翻訳文体と対比するかたちで、次のような文体を紹介している。

第一集　山田美妙「嗚呼広丙号」（言文一致）、斎藤緑雨「新体詩見本」（新体詩）、坂本四方太「向島」（写生文）

第二集　夏目漱石「「山鳥」其の他」（小品）、高浜虚子「興福寺の写真」（写生文的小説）

第四集　饗庭篁村「与太郎料理」（根岸派文体）

第五集　樋口一葉「みづの上」（日記）

これらの多くは、『近代日本文芸読本』各集の「縁起」で注意を喚起している。翻訳文体とともに日本の文体を学ぶことも強調しているのである。こうして、二つの文体比較から、実践的な学びが期待されている。

(2) 他者としての異文化と日本文化

もう一つの他者である異文化を扱った作品は次のようである。

第一集　佐藤春夫「最もよき夕」（キリスト教）、

第二集　厨川白村「小泉先生」（ラフカディオ・ハーン）、小山内薫「ベテスダの池」（キリスト教）、島崎藤村「トラピスト」（キリスト教）

第三集　徳冨健次郎「初対面」（トルストイ）

第四集　内田魯庵「切支丹迫害」（キリスト教）、吉井勇「嚢の女」（西洋演劇）、永井荷風「泰西人の見たる葛飾北斎」（西洋美術）、島村抱月「現代喜劇の経過」（西洋演劇）、高村光太郎「雨にうたるるカテドラル」（パリ）、有島生馬「ゴンドラの一夜」（ベネチア）、日夏耿之介「炎」（ソネット）

第五集　水上滝太郎「昼――祭の日――」（黒人差別）、木下杢太郎「絵踏」（キリスト教）、与謝野寛「「ためらはず」其の他」（キリスト教）、薄田泣菫「ああ大和にしあらましかば」（ブラウニング）、夏目漱石「スキフトと厭世文学」（イギリス文学）

これだけの多様なキリスト教や西洋文学、美術、演劇という異文化が中学生の目に触れるのである。彼らが初めて接する異文化もあるであろう。彼らの教養形成に多くの影響を与えることは間違いない。ここから認識を新たにする事柄も多いはずである。

他者としての異文化に自己を拓くことは、つまり他者としての異文化を内面化することにほかならない。外の対象を取り込むことで視野の広い教養を形成するのである。ここに他者としての異文化の学びの意義がある。

一方、これも異文化と対比するかたちで次のような日本文化が紹介されている。

第一集　岡本綺堂「入鹿の父」（日本史）、武者小路実篤「仏陀と孫悟空」（仏教説話）、室生犀星「笛を合はす人」（古典）

第三集　谷崎潤一郎「兄弟」（古典）、永井荷風「日本の庭」（庭園）

第四集　山本有三「海彦山彦」（古事記）、坪内逍遥「桐一葉（第七幕）」（歌舞伎）、永井荷風「泰西人の見たる葛飾北斎」（美術）

第五集　谷崎潤一郎「誕生」（古典）、薄田泣菫「ああ大和にしあらましかば」（奈良）

古典に材を得た実篤、犀星、谷崎、有三の創作、荷風の庭園論や美術論、逍遥の歌舞伎、それに綺堂や泣菫の歴史的な背景を持った作品など、魅力的な日本文化が収められている。現代の中学生や高校生にも触れてほしいものばかりである。

西洋文化という異文化と日本の文化を競合させるのではなく、ともに他者として共同して新しい文化を作るといいう実践的な意欲が湧く配列といってよい。

(3)　芸術論

こうした異文化と日本文化を育てていく芸術論も高学年の段階での学びとして次のように用意されている。

第三集　上田敏「幽趣微韻」（美学）

第四集　永井荷風「泰西人の見たる葛飾北斎」（絵画）、島村抱月「現代喜劇の経過」（演劇）

第五集　小宮豊隆「能楽に就いて」（能楽）、正岡子規「歌よみに与ふる書」（俳句）、夏目漱石「スヰフトと厭世文学」（文学）

文学、俳句、演劇、美術の各論が適切に、しかもふさわしい論文が並んでいる。

(4)　他者との共同

『近代日本文芸読本』は他者との共同という視点が貫かれた読本であることは、すでに各集の特徴で見てきた。再度、第三集の事例で確認しておきたい。第三集では、自然主義とそれに対抗する耽美派、人道主義の潮流を中心に掲載されているのが特徴であった。

自然主義の潮流としては、中村星湖「林野巡査の一日」、加能作次郎「祖母」、若山牧水「「すずめ子の」其の他」、広津和郎「U君とエス」が収録されている。自然主義に対抗して耽美主義を文芸思潮とした耽美派では、『スバル』の上田敏「幽趣微韻」、小山内薫「不思議」、木下杢太郎「両国」、北原白秋「「鬱蒼と」其の他」、『三田文学』では、永井荷風「日本の庭」、久保田万太郎「握手」、それに荷風によって高く評価された谷崎潤一郎「兄弟」が収められている。耽美的な傾向という点では、白秋の影響下にあった萩原朔太郎「騒擾」もある。また、人道主義の『白樺』では、武者小路実篤「人類愛について」、木下利玄「「のびあがり」其の他」が掲載され、龍之介も同人であった第三・四次『新思潮』では、久米正雄「地蔵教由来」、菊池寛「屋上の狂人」、豊島与志雄「霧」が収められている。

　これらの作品は、旧制高等学校での学び、結社に集う作家たちとの交流、文壇という場での研鑽、同志たちとの紀行、新たな出会いなど、他者との共同から生まれたものである。これらの多くは、同人誌が活発に生み出された一九一〇、二〇年代に創作されたものである。したがって、数多くの作品から選定しようとすれば同人誌から多くが採られるのは当然ではある。しかし、これをある統一した基準で選ぼうとしたときには、編集者による作品選定の視点が必要になる。ここでは、あきらかに自然主義と反自然主義という二つの対立潮流を読者に読みとってほしいという願いがある。龍之介は年代順、年齢順のような無意味な編集をしなかった。他者と共同して、ときには賞賛されときには批判されながら、互いに納得のできる作品創作をした作家たちを思潮ごとに選んでいる。そうすることで、共同の実践によって獲得され、思潮として創造された知としての教養を若い読者に提供しようとしたのである。こうした編集姿勢は、第一集から第五集まで貫かれたものであった。それぞれの集での編集の視点はすでに見たとおりである。

三　『近代日本文芸読本』の教養実践と「国語」教育

　文芸実践とは、これまで培った文芸的素養で文芸的・文芸史的一読の価値ある作品を鑑賞して、その作品の持つ内容と形式に気づき、文体、表現を味わうことにあった。当時の言語実践や思想実践も文芸実践と互いに影響しあう関係にあった。そうした実践的影響関係の総体を教養実践と呼ぶことができる。

　こうした文芸実践と現代文を素材にした萌芽的文芸教育実践が内部に位置づき始めた「国語」教育が交差する地点に『近代日本文芸読本』はカノンとして存在することになった。しかし、当時の「国語」教育実践の主流は

「訓詁注釈一点ばり」であり、「基礎的な文字・語句習得のための資料」として教科書が使用されるにすぎなかった。自分の営為が検定を通じて国家の教育秩序に組み込まれていくことを忌避した龍之介は、中等教育に影響力を持つ「国語」読本編集者である「国文学」者の作品を収めることもしなかった。豊かな文芸世界を中学生に味わわせるには、「文芸的教育」の特長が失われてしまう権威的においの消去が必要であったのである。こうして龍之介は検定の枠組みに入ることを拒み、結果として「国語」科を拒んでいった。

龍之介自死後、彼の遺志は、同時代の同志であった菊池寛や山本有三の文芸実践、西尾実の「国語漢文」科教科書『国語』の編集という「国語」教育実践によって実質的に引きつがれていった。

この読本の呼称は文芸読本であったが、実質は教養読本であり、読者を教養実践へと導いていく内容を持っていた。現代の教科書とは違って、文芸結社などの文芸運動から生みだされてくる作品を新たな視点で評価しながら収録していく編集である。編集する者には、作品に対する実践的な新鮮な目が必要であった。その点、文芸実践家として蓄積があった龍之介を抜擢した興文社の石川氏は見る目があったと言うべきであろう。

最後に、「国語」教育実践がこの読本から最も学ぶ点についてまとめておきたい。それは叙景、紀行、象徴、文体形成を実践的に学ぶという活動は、当時から現在の「国語」教育まで十分に実践されてはこなかったということである。第四章で詳論するように、西尾実は行的認識論を核にした言語活動論を構想した。一九三四（昭和九）年には、それを理論的基礎にして岩波編輯部編『国語』全一〇巻を刊行する。『国語』は教養実践と言語文化実践を深く結びつけることを意図した教科書であった。しかし、アジア太平洋戦争が開始され、その実践的な意義が十分に理解されることなく国家戦時教育体制へと移行した。さらに日本帝国主義の敗北によって日本社会が不安定な状態に置かれ、「国語」教育の場で落ち着いた議論と実践展開の可能性を失った。二〇世紀後半当初の新教育運動の機運のなかで『国語』の遺産の継承新たな可能性が生まれたが、統制的教育体制が確立するに及んでその展望を狭めてしまったのであった。

つまり、『国語』を編集し、言語活動を主体に考えた西尾実の構想したようには実践されなかったのである。特に、「国語」教育の分野では、たとえば紀行、叙景の学びの可能性は、現代にいたるまでもはやほとんどありえない状況である。しかも、二〇世紀後半の読みの方法は問題化されはしたが、西尾が掲げたように鑑賞と創作の道を歩まなかったのである。言葉の教育が最も期待される「国語」教育でその学びが望めないとしたら、どこに学びの場を求めるべきであろうか。

本節では、龍之介が『近代日本文芸読本』の編集をとおしてめざした教養実践の可能性は、現行の「国語」教育では担えないということだけを述べておきたい。端的に言えば、「国語」教育ではない、鑑賞と創作の学びを本当に追求するには別の学びの科目が必要となっているのである。それはたとえば、芸術科目に、書道、美術、音楽とともに文芸の教科を新設して、文芸創作や文芸理論、文芸史を学ぶ場を設けることである。

註

（1）田坂文穂編『旧制中等教育国語科教科書内容索引』教科書研究センター、一九八四年一二月二四日。第六節で見たように、一葉については、「日用文」（新村出編『国語新読本』）、「そぞろごと」（東京開成館編集所編『新制国語読本』、吉沢義則編『新制新日本読本』）程度の収録である。

（2）小海永二「現代詩の流れ」（『鑑賞　日本現代文学』第三一巻、角川書店、一九八二年五月三一日）を参照した。

（3）木俣修「近代短歌集解説　明治・大正短歌小史」（『日本近代文学大系』第五五巻、角川書店、一九七三年九月二〇日）を参照した。

（4）楠本憲吉「近代俳句集解説　明治・大正俳句小史」（『日本近代文学大系』第五六巻、角川書店、一九七四年五月三〇日）を参照した。

第二章　文芸読本と文芸実践

第一節　文芸実践家　菊池寛と芥川龍之介

一　芥川龍之介の葬儀と菊池寛

一九二七（昭和二）年七月二四日未明、芥川龍之介が自殺した。彼の死の衝撃は大きかった。なかでも菊池寛ら友人たちに与えた悲しみは深かった。『週刊朝日』一九二七（昭和二）年八月特別増大号には、龍之介の葬儀のようすを伝える一記者の記事が載っている。[1]

> 旧友自殺の急報に接して宇都宮の講演旅行を中途にして駆けつけたという菊池寛氏はこの事件突発以来、非常に気が弱くなつて、泣いてばかりゐるさうだ。あの後、雨に濡れながら泥濘《ぬかるみ》の中を転ぶやうに芥川邸へ駆けつけた菊池氏は、旧友の死に顔を見るより早く小児の如く慟哭してしまつたさうだ。その菊池氏の眼蓋は赤く腫あがつている。

菊池寛の狼狽が痛々しい。寛は友人総代の弔辞で次のように述べた。

> 芥川龍之介よ
> 君が自ら択み自ら決したる死について我等は何をか云はんや　たゞ我等は君が死面に平和なる微光の漂へる

を見て甚安心したり　友よ安らかに眠れ！　君が夫人賢なればよく遺児を養ふに堪ゆるべく　我等亦微力を致して君が眠のいやが上に安かならん事に努むべし　ただ悲しきは君去りて我等が身辺とみに蕭條たるを如何せん

友人総代　菊池寛

さらに、『週刊朝日』の一記者は、寛の弔辞読み上げのようすを次のように語る。

読むもの涙、聞くもの涙、この時ばかりは満場啜り泣きの声が満ちた。「友よ、安らかに眠れ！……」菊池氏の声は此処で破れてしまつた。傲岸一世に鳴る彼も旧友の死を悼む悲痛な感情をどうしようも無かつたのだ。この時まで堪へに堪へてきたらしいふみこ夫人は遂に堪りかねてハンケチに泣き伏してしまつた。斎場の大きな柱の蔭に立つてゐた久米正雄氏が涙を呑み込み〳〵してゐる彫像の如く動かざる姿、その白皙の顔を鉛のやうに硬張らせてゐる松岡譲氏、思へば故人はこの三人の旧友の誰からも慕はれ愛された人格であつたのだ。

寛の編集による『文藝春秋』も、一九二七（昭和二）年九月号を「芥川龍之介追悼号」として発行した。龍之介の遺稿として『十本の針』、『或旧友へ送る手記』、書簡を掲載し、口絵には南部作太郎撮影の「書斎に於ける芥川龍之介氏」と遺墨が掲げられた。「追悼篇」として山本有三「芥川君の戯曲」、内田魯庵「れげんだおうれあ」を筆頭に二五篇が掲載された。その末尾には、寛の「芥川の事ども」が載せられた。さらに「特別読物」として、恒藤恭「友人芥川の追憶」、広津和郎「宇野に対する彼の友情」など三篇、また、「創作」欄には『闇中問答』を掲載するという徹底ぶりであった。

寛は、「編集後記」で、「芥川の死は、本誌にとつても可なりな打撃である。本誌には、殆ど毎号欠かさずに書いてくれた。「侏儒の言葉」乃至それに代るもののなかつたときは、絶無と云つてもよいだらう。／紀念の意味で、同名の欄をつゞけて、故人の遺稿をのせていきたいと思ふ」と述べている。

また、「今月号に載せた「十本の針」は、死直前のもの。「闇中問答」は、昨年末若しくは今年初めのものだらう。いづれも、彼の死を頭に入れて読むと、拡《ママ》されたる遺書と云ふべき、大切な文献であらう」と、龍之介が残した作品への思いを語る。

さらに、「本誌の追悼文には、文壇人以外故人に最も近い小穴隆一君及び下島勲氏のものを入れた。小穴君は、最も故人に親近した人。下島氏は主治医でかつ文墨の友だった」と寄稿の紹介をした後に、「久米の追悼文が得られなかったのは遺憾だが、これは来月かゝせるつもりだ」と述べている。久米正雄の追悼文が何らかの事情で入手できなかったようだ。寛は心を許しあった久米の追悼文も揃えて龍之介を追悼したかったに違いない。

寛の悲しみの深さは単なる友人であるためではない。彼らは文芸一筋に生きた作家である。一〇代の頃から、みずからの生き方の中心に文芸が据えられた。いわゆる「大正文壇」での人脈を基礎に、彼らの文芸が新たな開花を見せ始めた時期であった。彼らは文芸の持つ魅力をさらに広げようと、文芸教育を含めた新しい文芸実践に挑戦していた矢先である。その実りが少しずつ確かな手ごたえをもって感じられた。その時の文芸実践の同志の喪失であった。

二　菊池寛の『文藝春秋』創刊と芥川龍之介

1　『文藝春秋』の創刊

菊池寛は、一九二三（大正一二）年一月一日付けで新雑誌『文藝春秋』を創刊する。本文二八頁、定価一〇銭の小冊子であった。一行一三字詰め四段組の誌面、一色刷りである。寛による「創刊の辞」に続き、龍之介の新連載「侏儒の言葉」が並ぶ。寛は「新劇の力量」という劇評を載せている。巻末には、龍之介の『邪宗門』新刊広告などの春陽堂の広告四葉、金泉堂出版目録九葉、裏表紙には「クラブ煉歯磨」の広告が載る。寛は「あとがき」で、高畠素之の雑誌『局外』を見て、自分でも出したくなったと述べている。

第二号は二月一日付けで三九頁、一〇銭で発行された。寛は、そこで一号の読者は一五〇余名であったことを報告している。第三号は五六頁に増え、執筆者総数三六名であった。刷部数は、一号三千部、二号四千部、三号六千部と報告している。まだ頁数や定価は安定しておらず、四号が六五頁、二〇銭、五号が一〇四頁、二〇銭、六号が六四頁、一〇銭である。定価の増減は、読者からの「高すぎる」という意見に寛が譲歩した結果である。

『文藝春秋』は順風満帆に出発した。当初は、寛の個人誌の色彩も強かったが、巻頭の龍之介「侏儒の言葉」が、この雑誌の存在意義をよく示している。寛が、龍之介の死に際して「編集後記」で語った「可なりな打撃」というのは正直な心情を吐露している。

創刊号に龍之介が寄せた「侏儒の言葉」の最初の見出しは「星」であった。星の生成流転を述べ、正岡子規『竹の里歌』の短歌「真砂なす数なき星のその中に吾に向ひて光る星あり」を引いたうえで「星も我我のやうに閲する」と語る。続いて「鼻」の見出しで、クレオパトラの鼻の伝説の虚構性を批判しながら歴史が一人の人物によって作られるものではなく「我我」自身が作り出していくことを語っている。さらに、「修身」と題して「道徳は便宜の異名である。「左側通行」と似たものである。」「道徳の与へたる恩恵は時間と労力との節約である。道徳の与える損害は完全なる良心の麻痺である。」「道徳は常に古着である。」という表現が続く。その後も、「好悪」「侏儒の祈り」「自由意志と宿命と」「小児」「武器」「創作」「鑑賞」「古典」「告白」「人生」などと題した随筆が彼の死まで連載され、さらに彼の死後も残された原稿が二回掲載された。

「侏儒の言葉」の小見出しを見てわかるように、古今東西の幅広い教養を背景に龍之介が全精力を傾注した随筆である。『文藝春秋』の読者は、この連載を毎回楽しみにしたであろう。しかし、この連載を最も楽しみにしていたのが、ほかならぬ寛自身であったことは、先の彼の龍之介に対する弔辞や『文藝春秋』芥川龍之介追悼号の「編集後記」で明らかである。

『文藝春秋』の「創刊の辞」で寛は次のように述べている。

> 私は頼まれて物を云ふことに飽いた。自分で考へてゐることを、読者や編輯者に気兼なしに、自由な心持で云つて見たい。友人にも私と同感の人が多いだらう。又、私が知つてゐる若い人達には、物が云ひたくて、ウヅウヅしてゐる人が多い。一には、自分のため、一には他のため、この小雑誌を出すことにした。

寛のこの宣言から、何ものにもとらわれず自由にものが言いたいという欲求が感じられる。「大正文壇」のしがらみから抜け出て思うがままを語りたい。さまざまに意識せざるを得なかった「大正文壇」も綻びが見えている。そんな時代の大きな結節点に立つ寛の宣言である。

2　『文藝春秋』の戦略

『文藝春秋』は、誌上に随筆や創作を載せるだけではなく、教養に関心を寄せ始めた読者に向けて各種の企画を行った[2]。

たとえば、文藝春秋社主催の「新劇協会公演」を帝国ホテル演芸場などで開き、池谷信三郎や正宗白鳥、菊池寛らの脚本を上演した。また、新劇協会の経営を安定させるための後援バザーを開催し、色紙、短冊、サイン入り本の販売、文芸家所蔵品の販売なども行った。『文藝春秋』には、出品一覧を掲載して希望する読者の便宜を図った。女子英学塾資金募集のための「文芸大講演会」を開催して、吉屋信子、三宅やす子、野口米次郎、久米正雄、龍之介、寛などが講師となった。

このほか、さらに読者獲得も狙った企画も打ち出す。地方読者のために新国劇地方巡業の観劇料の割引サービス、文藝春秋ドラマリーグという鑑賞団体の設立、その会員募集、演劇、音楽会、映画の鑑賞、映画、音楽に関する座談会や講演会の開催、これら鑑賞事業の読者割引を行った。

面白いのは、「不景気月内職市場」である。『文藝春秋』に次のような広告が出ている。

案内　近畿古美術廻り一日三円にて丁寧案内致します。是非御立寄りを。
　　奈良連隊前横丁白壁の家　志賀直哉
俳画　秋風や河童も水がつめたいか。千幅に限り頒つ　田端　澄江堂
入札　新らしき村ロダン岩上方一体の土地。馬鈴薯耕作に適す。但搬出の途無し。
　　成るべく高価に入札されたし　武者小路実篤
儲かる　もの何品によらず買受けたし。代金売却後に支払ふ　直木三十三[3]

貸間　三階一室、一坪半、月百円、電話無し、敷十、至急　新潮社

文壇クロスワードパズルや文壇百人一首という文学者たちの生活を楽しんで読者に知らせようとした企画もある。また、新たな文芸雑誌『手帖』を創刊してその一頁を作家に提供した[4]。雑誌と読者とが「手帖」のように親密に結びつくという狙いであると呼びかけている。

こうした事例は、寛の「生活第一、芸術第二」の信条から出ているのは間違いないであろう。しかし、これらの事業は、どこかユーモアの精神が見てとれる。遊び心なくしてはできるものではない。ただ雑誌を出版して経営するという発想ではなかった。文学と読者を近づけたいという寛の信念があると考えられる。読者を巻き込むことで、作者自身の文芸意識も向上し、仲間ぼめに終始せず読者に向けたよりレベルの高い作品を書きつぐという意志が感じられるのである。

『文藝春秋』は単なる出版雑誌ではなかった。寛が作家と読者の結びつきを強める一つの運動体として生み出したものである。しかも、出版社側だけの一方通行の編集ではなく、読者が積極的に参加できる実践組織として生まれたのである。

3　『文芸講座』と文芸的教養

『文藝春秋』の企画のなかで興味深いのは『文芸講座』である。『文芸講座』の発行自体が文芸的教養を作りあげることをめざした文芸実践であった。

『文芸講座』は、会員制の定期購読誌である。会員になった読者には直接頒布された。内容は「今日の観点から見ても相当に充実しており、そのまま大学の文芸学科の講座一覧となりうるもの[5]」である。一九二四（大正一

三）年九月二〇日に配本が開始され、一九二六（大正一五・昭和一）年一二月二五日に第三回配本第一六号を出して終了した。

第三回配本の第一回目の内容は以下のとおりである。[6] ☆は講座以外の文章を指す。

☆挨拶（開講の言葉）
文芸一般論（一　言語と文学と）芥川龍之介
小説講座・小説論各論（序言、一　歴史小説論）菊池寛
小説講座・小説論（一　好奇心といふこと、二　現代的小説、三　作者の内部）田山花袋
戯曲講座・戯曲研究（序言、一　小説と戯曲）菊池寛
☆日本の近代劇勃興　文芸備忘録（アリストートルの「詩学」）
戯曲講座・独逸の戯曲家（クラシックの意義、レッシング）山本有三
文芸評論講座・文芸批評論（第一講　文芸批評の問題）井汲清治
日本文学史講座・明治小説史（第一期　徳川時代の文学を其儘継承した時代）小島政二郎
☆何を読む可きか（多読の勧め）田山花袋
英文学講座・現代の英文学（一　ルウパアト・ブルック）土居光知
独逸文学講座・独逸文学史（一　序説――独逸の民族性と文学の特徴、二　古代の独逸文学、三　中世紀の独逸文学、四　中世紀末の独逸文学、五　人間主義）山岸光宣
仏蘭西文学講座・仏蘭西文学とは如何なる文学であるか　辰野隆
映画講座・映画劇組織論（第一章、映画劇芸術か否か）橘高広

☆映画劇用語解説（「クローズ・アップ」「アイリス・アウト」ほか）
韻文講座・作詩論（詩の本質とその表現、詩人及び詩の起源）川路柳虹
韻文講座・短歌講義（万葉集の歌、万葉集前期の歌）島木赤彦
☆文芸作品による語源（文芸作品から生まれた言葉）
☆編輯後記

このように、それぞれの講師陣が講座のうちの数回のテーマを担当して講義録を載せた形式を取っている。いわば誌上講義である。その講座内容を大別すると、小説、戯曲、文芸評論、文学史、映画、韻文、児童芸術、外国文学、それに芸術論となる。

小説は、田山花袋「小説講座・小説論」、里見弴「小説講座・小説内容論」、芥川龍之介「文芸一般論」「文芸鑑賞講座」、川端康成「文章学講話」、久米正雄「創作指導講座・「私」小説と「心境」小説」、徳田秋声「創作指導講座・描写論」、武者小路実篤「文芸一般講座・文芸と人生」などである。

戯曲は、岸田国士「演劇講座・演劇論」、岡栄一郎「戯曲講座・近代劇講話」、山本有三「戯曲講座・独逸の戯曲家」、小山内薫「演出法講座・戯曲の演出」、宇野四郎「演劇講座・劇場の実際」、岡本綺堂「創作指導講座・戯曲の書き方」「創作指導講座・創作の思ひ出」である。

日本文学史は、小島政二郎「日本文学史・明治小説史」、木村毅「小説講座・小説発達史」、伊原清々園「日本文学史講座・日本戯曲史」、文芸評論では、井汲清治「文芸評論講座・文芸批評論」、千葉亀雄「文芸評論講座」である。

当時注目されていた新しいメディアである映画の講座が入れられたのは、この講座の特色である。橋高広「映

画講座・映画劇組織論」、近藤経一「映画講座・映画脚本の書き方」、森岩雄「映画講座・映画製作論」がある。また、新聞に関して千葉亀雄「新聞紙学講座」、雑誌に関して中村武羅夫「雑誌講座・雑誌とその編集」もある。

韻文では、川路柳虹「韻文講座・作詩論」、日夏耿之介「韻文講座・詩歌鑑賞序論」、荻原井泉水「韻文講座・俳句評話」、窪田空穂「韻文講座・短歌講話」、島木赤彦「韻文講座・短歌講義」がある。

児童芸術講座も二〇世紀初めの児童文学の隆盛を反映している。菊池寛「児童芸術講座・童謡童話への希望」、久保田万太郎「児童芸術講座・童話劇の書き方」、北原白秋「児童芸術講座・児童自由詩鑑賞」、小島政二郎「児童芸術講座・童話について」がある。

外国文学は、英文学、フランス文学、ドイツ文学、ロシア文学の講座が用意された。英文学では、土居光知「英文学講座・現代の英文学」、菊池寛「英文学講座・英国の近代劇」、平田禿木「英文学講座・現代の英小説」、山本修二「英文学講座・最近の英国劇場」、フランス文学は、鈴木信太郎「仏蘭西文学講座・フランスの詩に関する考察」、豊島与志雄「仏蘭西文学講座・創作家の態度」、岸田国士「仏蘭西文学講座・現代仏蘭西の劇作家」、ドイツ文学は、山岸光宣「独逸文学講座・独逸文学史」、辰野隆「仏蘭西文学とは如何なる文学であるか」、ロシア文学は、米川正夫「ロシア文学講座・露西亜文豪評伝」、昇曙夢「露西亜文学講座・露西亜文芸思潮概論」である。

最後に、これらの基礎論として大西克礼「美学講座」、黒田鵬心「芸術基礎講座・一般芸術学」が掲載され、さらに社会への眼として高畠素之「社会思想講座」、長谷川萬次郎（如是閑）「社会問題講座・社会集団と社会意識——行動の社会学の見地から」がある。

以上が『文芸講座』全一六回の講座の概要である。井口一男の集計によると、登場機会の多い講師は、最高一二回であった[7]。

『文芸講座』の特徴は、これにとどまらない。各講座と講座の間に文芸用語解説や近代文学史のエピソード、コラムなどが組み込まれている。これらは、ただスペースが空いたから埋めたというような安直なものではない。単なる読者へのサービスというものでもない。文芸や芸術、メディアを理解するための学術的配慮がなされている。具体的に例示してみたい。

第一号は、「日本の近代劇勃興」、「文芸備忘録」、「映画劇用語解説」、「文芸作品による語源（文芸作品から生まれた言葉）」である。

第二号は、「ツルゲネフよりジョオジ・サンドへ」、「日本の近代劇勃興」、「アウグスト・ストリンドベリイ」、「スケールとは何か」、「構想とは何か」、「ジョン・ゴルスワアヅイ」、「葉巻の煙（同名異人、劇の生命、仕方がない）」、「小説の題（小説の題名の変遷）」、「世界一の多作家（大デュマのこと）」、「近代文芸用語解説」、「輓歌」である。

第三号は、「文芸茶話（ロングウヰル、沙翁とベイコン、沙翁と鹿）」、「短編小説の発達」、「演劇用語解説」、「小説の起源（英文学と日本の古典）」、「短編小説とは何ぞや（アフォリズム）」、「透ける二作家（コンラッドとアナトオル・フランス）」、「文芸備忘録、反古籠、体験、感句抜粋」である。

第四号以降も「文学の定義」、「テーマについて」、「技巧とは何か」、「ダンテのこと」、「原形的プロット」、「ポーのこと」、「英文学の根」、「小説と道徳」、「無技巧の技巧」、「涙と笑ひ」、「作中人物の名」、「小説上の嘘、読者の態度」、「創作と体験」、「読者の体験」、「修辞学の組織」、「演劇用語解説」、「モリエイルとスコット」、「紅葉の綽名」、「達者と決まり文句」、「創作の要諦」、「文人と演説」、「読者の参考」、「小説とは何ぞや」、「映画劇語彙」、「韻律」、「悲劇美と世界観」、「長篇中篇短篇」などが掲載された。

『文藝春秋』一九二四（大正一三）年七月号の「編集後記」で、寛が『文芸講座』の発刊について次のように述べている。

▽今度文藝春秋社で、「文芸講座」と云ふ文芸講義録を出すことにした。時勢に鑑みて、文芸教育の普及を計りたいのが、その名分だが、もう一つには小説雑文丈では喰へない同人及び関係者に、仕事を与へたい為もある。「文芸講座」は、芥川、久米、山本及び自分で中心となり、創作本位でしかも学問的根拠のある立派で真面目なものにしたいと思つてゐる。文学少年をダマスやうない、加減なものでは決してない。「文藝春秋」は、文芸的興味以外に出来ないが、「文芸講座」は、文芸的学問と知識とで、充分に読者を満足させるだらうと思ふ。「文藝春秋」が、どれほど内容が充実してゐるかを知つてゐる諸君は、「文芸講座」も同様に信頼して貰ひたい。会費も実費に近いものだから、「文藝春秋」に好意のある方は、講習会にでも行くつもりで入会してほしい。

▽芥川の文芸一般論、徳田秋声氏、久米、及び自分の小説論講座、山本及び自分の戯曲学講座それ丈でも充分価値があると思ふ。自分は、戯曲についての学問と経験とを、傾け尽くさうと思つてゐる。

「時勢に鑑みて、文芸教育の普及を計りたい」、「創作本位でしかも学問的根拠のある立派で真面目なものにしたい」と、文芸教育を推進していく高い志を述べている。また、同じ号には折り込み広告もある。広告のタイトルは「学理的に文芸を理解すべき時来れり／平易なる紙上文科大学の創設！／高級なる文芸講義録の発行！」である。

　文芸の社会的浸潤は現代社会の一大事実だ。芸術教育の提唱は教育界に於ける新しき叫びだ。文芸の理解は智識的生活に於けるパスポートだ。しかも文芸に対する一般現状は、単なる読物的興味と安価なる盲目的鑑賞にとどまる。正しからぬ文芸の跳梁跋扈するのはそのためだ。われらは時代を指導する正しき文芸の進運に貢献せんがために、最も直接的なる方法を選んで、ここに紙上文科大学を建設し、最新の講義録を発行して、文芸の本質的理解を求むる者に、学問的背景と理論的根拠とを与へんとす。その抱負に於てその実質に於て未だ何人も企及し得ざるところだらう。洵に、徳田秋声、芥川龍之介、久米正雄、山本有三、菊池寛の諸氏等現文壇の巨星を責任講師とし、創作界に於て学校的教養ある作家を網羅し且つ専問《ママ》学者を以てその足らざるを補ふ。真に講義録内容の完璧なることを期して待つべきである。文芸の理論と実際に通ぜんと志す人は勿論、苟も人類文化の方向に迷はざらんとする者は、別項記載の規定その他参照の上速かに入会して、この講義に就かれよ。

井口一男によれば、講座のなかで実現しなかったのは「近代名著解説　佐々木味津三・横光利一」、「名文評釈＝加藤武雄」であるという[8]。また、「講師の肩書、学位称号と呼号せざれども、数名の博士と一〇数名の学士を有す」と誇り、内容見本を作らないことについて、我々を信用せよと言っているのは当時の講義録や通信教育の宣伝方法への反発であると思われると井口は指摘する。

　さらに、八月号には「会員を募る」という折り込み広告がある。

　文芸講座は、七月号にて発表以来、日々多数の入会者を得てゐる。それは、最初から我々の予期してゐた

> 所だ。講座種目の選定と講師の顔触とに於いて、これほど完全な文芸講義録は、空前にして絶後と云ってもよいだらう。文芸的教養はあらゆる学問智識に対するみがきであり仕上げである点に於て、何人にも欠くべからざる教養であらう。然も、会費の低廉なる洵に「文藝春秋」的であり、わづかに単行本三四冊に価ひする会費を以て六ケ月一二冊の講義録に接し得るのである。講師は、単に空名を連るものとは、その選を異にし、責任講師芥川、菊池、山本、久米を初とし、本講座にのみ、その造詣を傾倒せんとする人々のみである。しかも完成の暁には、その実質的内容に於て一大文芸百科全書として、永久に諸氏の机上を飾るに足るだらう。

『文芸講座』の主要な読者は増大した新中間層であろう。ここに例示した内容を理解しうる知性や読書水準の高さを彼らが持っていたことを示している。これら新中間層は郊外に住み数人の子どもがいる家族である。子どもたちの多くは、高い教育水準の家庭で育てられ、中等学校や高等学校へと進学していった。そのなかにも、『文芸講座』の読者は確実に存在したと思われる。また、急成長するプロレタリアート、都市労働者の学問的摂取の欲求が強くなったのもこの時代である。新中間層にとどまらず、プロレタリアートや農民層にも読者が多く存在したと見てよい。プロレタリアートの機関紙誌がブルジョア学問としての文学批判を活発に繰り返したことがその証左である。

寛はそうしたさまざまな読者に応えようとして、こうした読物を用意したのである。逆に言うと、学的な達成を示すだけでなく、興味を引きそうなテーマを掲げて読者を自分たちの同盟者として教育しようという意図があったとも言える。しかも、それは当時まで発達してきた文芸論を創作の側からあらためて整理したという点でも画期的であった。

おそらくここに示された全貌が、寛の脳裏に去来する文芸的教養という概念であろう。また、ほかの作家や評論家、研究者もその概念を首肯し共有していたと想像される。『文芸講座』の意義は、彼らの教養概念を目に見えるかたちで具体的に提示したことである。その後に出された講座ものは、この『文芸講座』を無視することは不可能であったに違いない。

『文藝春秋』の戦略は、本体である『文藝春秋』を舞台に読物を提供することに始まり、そのほかのさまざまな仕掛けで大衆的に広く文芸への関心を高めて読者との交流も盛んにして文芸愛好者を育てていく一方で、『文芸講座』や「文芸大講演会」などで文芸をより本格的に理解できる文芸的教養を持った読者を獲得していく、また、その読者の家庭から生まれる子どもたちを新しい読者として迎えていくというものであった。

三　菊池寛と芥川龍之介との共同編集

1　『新小説』の共同顧問

『文芸講座』の企画が進行している時期に、寛は龍之介とともにもう一つの雑誌の顧問となって企画編集に参加した。一八八九（明治二二）年一月に創刊された伝統のある『新小説』（春陽堂）の顧問である。

尾形国治によると、『新小説』は二期に大別される。[9] 第一期は一八九〇年六月までで、通巻号数二八号が刊行された。第二期は、第一期休刊後の一八九六（明治二九）年七月に再刊され、一九二六（大正一五）年一一月まで三七一冊が刊行された。博文館の『文芸倶楽部』と並んで二大文芸雑誌として認められた。特に新人作家の登竜門としての評価は高かった。

「総目次」を見ると、一九〇〇年前後では、坪内逍遥、森鷗外、尾崎紅葉、上田敏、夏目漱石などの大家に加え、泉鏡花、徳田秋声、巌谷小波、川上眉山、島崎藤村、田山花袋、内田魯庵、国木田独歩、薄田泣菫、岩野泡鳴、中村星湖、上司小剣、永井荷風などの多彩な作家たちが次々と登場しているのがわかる。一九一〇年代に入ると、久保田万太郎、吉井勇、加能作次郎、武者小路実篤、芥川龍之介、谷崎潤一郎、志賀直哉、有島武郎に加え、和辻哲郎、安倍能成、阿部次郎などの名前が見える。

尾形国治は、『新小説』の特徴として、明治期には「一党一派に組したということ」はなく、「さまざまに傾向を異にした作品が発表されており、全文壇的立場を留保し続けてきた」ことを指摘している。また、大正期にも、明治末の「四〇年から四四、五年にかけての全文壇的な作家たちの登場で賑わ」ったのに続き、漱石門下、白樺派、第二、三次『新思潮』同人、広津和郎ら『奇蹟』派、宇野千代ら女流作家、そのほかの大正期作家などと多彩な作家が登場したと評価する。

寛と龍之介が『新小説』の顧問となったのは、一九二四（大正一三）年一月から、一九二五（大正一四）年一二月までである。関東大震災によって刊行中絶した『新小説』は、寛と龍之介を顧問に迎えることで再出発を図ろうとしたのである。『文藝春秋』一九二四年一月号には、「新小説　一月号出来」と題して「芥川龍之介氏、菊池寛氏の手に依って面目一新、内容充実せり。価は至廉、高級なる読物本位、一冊を手にせられよ。号を追うて益々本誌の本領を発揮す可し。本誌は全国書店にて発売す。先づ店頭にて内容を知らる可し。」の春陽堂の広告、二月号には「月刊雑誌新小説　芥川龍之介氏、菊池寛氏、本誌のため死力を尽せり。内容の充実。面目一新高級なる読物本位。本誌の独特は号を追ふて益々発揮す可し。」と同じく春陽堂の広告が載る。

顧問となった復刊第一号である一九二四年新年号では、宇野浩二、小島政二郎、佐佐木茂索、横光利一、室生犀星の小説などに加え、寛が「本朝奇談選」、龍之介が随筆「蒐集」を寄せている。それ以後も、近松秋江、長与善郎、長谷川伸、川端康成、里見弴、正宗白鳥、久米正雄、岡本綺堂、宇野千代、中條百合子、藤森成吉。直木三十三（三十五）などの小説家、劇作家が続いている。

企画としては、社会時評、文芸時評、演劇時評の各ジャンルの時評欄を設け、それぞれ高畠素之、中村武羅夫、菊池寛自身や斉藤龍太郎らが担当した。また、彼らが顧問をした最終号である一九二五年一二月号を「長塚節追憶号」として発行した。斎藤茂吉、高浜虚子、中村憲吉、古泉千樫、荻原井泉水などの歌人や俳人が寄稿している。田端文士村の隣人である東京美術学校教授、彫金工芸家の香取秀真の名も見える。

龍之介は、みずからが編集した『近代日本文芸読本』に島崎藤村「椰子の実」（第一集）、山田美妙「嗚呼広丙号」（同）、二葉亭四迷訳「四日間（ガルシン）」（第二集）、葛西善蔵「馬糞石」（第四集）を『新小説』から採っている。

このようにわずか二年の顧問職であったが、多くの新人作家、ベテランの作品を眺めてきたことが『近代日本文芸読本』の編集にも役立ったと思われる。

2　『新思潮選』の共同編集

寛と龍之介にはすでに一九一九（大正八）年七月に『新思潮選』を共同編集した経験がある。『新思潮選』は全一集で東京玄文社から発行された。四六版、三五三頁で、定価一円六〇銭である。別タイトルに「新思潮傑作集」とあるように、第一次から四次までの新思潮関係者が顔を揃えている。[10]

内容は、小山内薫「不思議」、同「梅龍の話」、谷崎潤一郎「前科者」、後藤末雄「重罪囚の幼時」、和辻哲郎「天平の伎楽面」、豊島与志雄「亡き母へ」、山本有三「Blaubuchより」、山宮允「イマジズムとは何ぞや」、江口渙「蛇と雉」、成瀬正一「象牙島田」、同「二人と独り」、松岡譲「二老人」、菊池寛「父の模型」、久米正雄

「母」、同「峽中記」、芥川龍之介「運」、同「猿」である。
「広告文案内」には、次のようにある。

久米正雄氏が此の間病んだ。乃で久米氏の周囲の友人諸氏が何かして病床の氏を慰藉しようではないかといつて企てたのが即ち本書の刊行であつた。本が出来上つた時にはもう久米氏の健康は幸ひと恢復し、溌溂としてゐた。併し本書は知友、文壇の花形が久米氏に対する美しき同情の花であり、温かき同情の結晶であると共に輓近文壇の貴重なる一果実である。銷夏の楊上に敢へて此新鮮なる一果をすゝむ。

久米を慰労するために選集を刊行するという発想が興味深い。思いやり以上の連帯意識を見ることができる。彼らは、編集の面だけでなく、創作の面でも競いあうことで共同意識を高めていく。たとえば、正雄と寛が「俊寛」を出すと、その作品の論評をした龍之介が、みずからも「俊寛」を書いている。共同の意識で文芸実践していることがよくわかる。

こうした共同意識の源泉は言うまでもなく第四次『新思潮』同人としての文芸実践に培ったものであった。寛は当時のことを「新思潮と我々」で次のように振り返っている[11]。

第三次の新思潮は芥川、久米、松岡、成瀬、それに山本有三、豊島与志雄、山宮允なんかがいた。啓成社という本屋が引受けてくれて、同人からは金を出さないで、総て本屋がやってくれた訳だ。此の時は、五六号出して、九月号でたしか廃刊になったと思うが、その間に、豊島君が文壇的に認められた。久米も多少認められた。芥川や自分なぞは、あまり本気に書かなかった。殊に自分などは、未だ見当が立っていなかった。

此の第三次新思潮が、廃刊になってから、一年半ばかりして、第四次新思潮を、芥川や、久米や、松岡、成瀬、五人で始めた。此の時は、前より、もっと緊張していた。その初号に芥川の『鼻』が出て、芥川の出世作になった。（中略）自分は、創刊号以来芝居を書いていた。『暴徒の子』だとか、『奇蹟』だとか、『屋上の狂人』、『父帰る』などは皆当時書いたものだ。（中略）芥川は、『鼻』に次いで、『酒虫』『猿』『孤独地獄』などを書いたが、一作一作、当時の識者に注目せられていることは、現在の同人雑誌の作品などの比ではない。松岡も『二老人』『河豚和尚』だとか『赤頭巾』など可成いゝものを書いた。

寛は、『新思潮』の休刊の経緯を次のように述べて、「我々も、文壇などを意識しないで、超然と作品を発表していたのは、今から考えても愉快である」と述懐している。

此の新思潮は、大正五年の二月から起り、五年中はずーっと続き、大正六年の二月に、『漱石追慕号』を出して、そのまゝ休刊した。此の『漱石追慕号』は、五百部全部売切れた。此の追慕号を、一千部刷って置けば、新思潮は損失なしにすんだのだが、五百部しか刷らなかったため、新思潮の積り積った借金が、百二十円ばかし残った。（中略）その後一年ばかりして、活版所から催促して来たので、その時、松岡と久米とは、不和になっていたので、自分が、二人から金を集め、百余円の借金を七十円にまけて貰って活版所に払ってやった。

寛が語る『新思潮』の刊行苦労話は、『文藝春秋』一九二四（大正一三）年四月号の広告につながっている。「雑誌『新思潮』の入札」という広告である。おそらく寛の発想であろう。「第四次新思潮創刊号より終刊号ま

で全部九冊。二十五組丈。入札下値金五円。」というリード文に続いて、

第四次新思潮は久米正雄、菊池寛、芥川龍之介、松岡譲、成瀬正一を同人とし、久米、菊池、芥川三氏の出世作は全部同誌上に掲載されてゐます。今日から見て既に珍本ですから、今後幾十年の後それは悉く珍重すべき文学史料の一つである事を信じます。やつと久米氏のところにあつたのを二十五部丈貰ひました下値は時価以下です。

と載せ、同人五人の掲載作をすべて並べている。

川端康成は龍之介と寛の文芸実践の時代的な意義を次のように説明している。(12)

「趣味や性質も正反対で」あつたと、菊池自ら言ふ（「芥川のこと」昭和二年）、この二人が、大正年間から昭和初年にかけて、僅か十年余りの間に、文学史に描いた光華は鮮明なものであつた。

今日から振り返つても、芥川、菊池の二人は、大正時代の新文学の波頭であり、また芥川の自殺と菊池の大衆化とは、一つの文学の時代が正反対の運命を辿つた象徴であらう。

川端のこの実感は二人の文芸実践に注目した者なら誰でも抱く感懐であろう。それほどに強烈な個性の共同実践であった。

3 『小学生全集』と『日本児童文庫』の販売競争

一九二六（大正一五）年一二月三日、改造社の『現代日本文学全集』の第一回配本が開始された。いわゆる円本ブームの始まりである。その影響を受けて青少年向けの企画もなされ、翌二七年には、興文社・文藝春秋社の『小学生全集』八八巻、アルスの『日本児童文庫』七六巻の刊行が相次いで始まった[13]。

円本ブームに乗り遅れまいとしたアルスが『日本児童文庫』を企画すると、その情報を得た興文社は『小学生全集』を企画して菊池寛に相談した。寛はすかさずこれを文藝春秋社との共同企画とし、寛と龍之介の二人で編集することにした。ところが、龍之介のほうは、『日本児童文庫』の『支那童話集』を佐藤春夫と共同して刊行することになっていた。アルスは北原白秋の弟鉄雄の経営する出版社で、旧社名は阿蘭陀書房である。龍之介の第一創作集である『羅生門』をそこから刊行していたという因縁の深い出版社であった。つまり、龍之介は双方の出版企画に関わることになってしまったのである。龍之介の自死後、佐藤春夫は龍之介が打ち明けた心中を次のように伝えている[14]。

> ちよつと君に聞いて置いて貰ひ度いことがあるが、友達として相談をするがね。実は菊池がアルスと似たやうな、と云つてまるで同じでもないやうだが、ともかくもまあ少年物のシリーズを作らうと云ふので僕も編輯者の名を列ねることになつてゐる。所で今のアルスの話だが本来なら僕は引受けない方がいいのかも知れんが、君も知つてゐる通りアルスは僕に取つては最初に「羅生門」を出してくれた関係もあり、今まで頼まれるだけのことは何一つ断らなかつたのだ。今度もどうも断り度くないのでこの点を君含んで置いてくれ給へ。何れは同じものではないんだから差支はないと思ふが後になつて君がへんに思はんとは限らんからね。

斎藤茂吉宛の書簡でも、「菊池などは大した勢ひにて又々何とか読本をはじめ候。(小生は名前を連ねたるのみ。)」[15]と不安げな思いを書き送っている。龍之介の心配は現実のものになった。アルスと興文社とのあいだで激しい広告、販売合戦が始まり、さらにその挙句に告訴事件へと発展してしまったのである。しかも、それが雑誌や新聞などのさまざまなメディアで報じられることになり、相互に非難の応酬合戦を過激に演じることになってしまった。

メディアを舞台にした具体的なやり取りは、服部宏昭「『小学生全集』と『日本児童文庫』の位置――教育界の動向を手がかりに――」[16]に詳しい。服部は、『日本及日本人』、『読書人』、『不同調』などでの記事を紹介しながら、アルスが「文壇を味方に引き入れることで、メディアや世論を押さえる戦略を立てていたと考えてもおかしくない」として、アルスが積極的にメディアを利用していったことを「メディアによって、世論を動かし勝利する」戦略と捉えている。実際、『解放』と『随筆』が特集を組んで、この問題を大々的に取りあげていった。寛も黙っておらず、『文藝春秋』誌上の「「小学生全集」について」[17]で、まず次のように創刊の意図を書いている。

> 曾て、自分は「小学童話読本」八巻を編輯した。清新にして健全なる童話を精選して、児童の読物に供するつもりであつた。二年近き歳月を費して、漸く完成したが、自分の蒐めた小学生の読み物は、その何分の一しか収めることが出来なかつた。そして、完全なる小学生読物は、可なりの大部数を要することが分かつた。
>
> 今度「小学童話読本」の出版元なる興文社が、小学生の読物方面に大量出版の出版事業を敢行せんとするに当つて、自分は相談を受けた「小学童話読本」の編輯であらゆる児童読物に目を通してゐる自分は、全力

を以て、その編輯に当ることを決心した。

この企画は、今現在の単なる思いつきではなく、『小学童話読本』からの続きの出版構想であることを強調している。そして、さらに「「小学生全集」について（再び）[18]」では、「自分は、先に「小学童話読本」編輯以後も、「新小学童話読本」編輯のために、一昨年来数名の編輯員を常置して、あらゆる方面の童話を蒐集してあるから、今回の「小学生全集」中第一巻第二巻の「幼年童話集」第七巻第八巻第九巻第十巻の「世界童話集」第十四巻第十六巻の「日本童話集」については、精選された材料を持つてゐるわけだ」と、これまで用意周到に準備してきたことを強調している。寛の構想を理解するために、全八八巻の目次を掲げてみる（著者名、訳者名、編者名は省略した）。

幼年童話集上・下、イソップ童話集、グリム童話集、アンデルセン童話集、日本建国童話集、日本童話集上・下、世界童話集上・下、宗教童話集、ギリシャ神話、アラビヤ夜話集、日本文芸童話集上・中・下、外国文芸童話集上・下、日本歴史童話集上・中・下、古今東西乗物絵本、児童漫画集、日本童話集、動植物絵本、黒鳥物語、日本世界偉人画伝、アリス物語、日本一周旅行、ホーマー物語、忠臣蔵物語、曽我物語、極地探検記、魚の世界・獣の世界、ピーターパン、外国歴史物語、日本剣客伝、日本偉人伝上・下、明治大帝、太閤記物語、美術と図画、太平記物語、源平盛衰記物語、西洋偉人伝、少年探偵団、少年立志伝、日本武勇談、日本童謡集上級用、ジャングルブック、陸軍と陸戦の話、海軍と海戦の話、小公女、クオレ、家なき子、家なき娘、小公子、子供電気学、人類と生物の歴史、世界一周旅行、海の科学・陸の科学、児童物理化学物語、天文の話・鉱物の話、子供動物・植物学、小学百科辞典、鳥物語・花物語、園芸と小家畜、音楽の話と唱歌集、児童工業物語、子供生理衛生物語、児童スポーツ、発明発見物語、ロビンソン漂流記、算術の話、面白文庫、青い鳥、児童劇集、教育映画物語、虫の絵物語、乃木将軍と東郷元帥、飛行機の話・潜水艦の話、海へ山へ、子供技師、メンタルテスト集、世の中への道、小学趣味読本、オモシロヱホン、漫画絵本物語、修養絵本

これを見ると、『小学生全集』には、文学、童話、伝記、歴史、物理工学、心理学、動植物、旅行、スポーツ、映画、美術、演劇、軍隊など思いつくかぎりの教養が提示されていることがわかる。

こうしたうえで、寛は再度「小学生全集について[19]」で、「プラン問題など馬鹿々々しい話である」と述べて、講談社にも同様の出版計画があったこと、改造社と春陽堂も同じプランでやっていることを引きあいに出して、「吾々の「小学生全集」は内容的に、画然たる相違がある以上法律的にも非難を受くる筋合のものではないのだ」と断言している。寛は、そのうえで『文藝春秋』に「菊池寛先生編輯　芥川龍之介先生編輯　小学生全集菊判　一冊タッタ三十五銭」と銘打った広告文を掲載している。「便宜のため小学生全集と云ふ。然れど本全集の後半の如きは、中学校女学校の初年生諸子にとつても、また好個の読物である」とか、「日本文学者中、学識教養群を抜き、且多趣味多才なる菊池、芥川両先生に立案され」、「いまや清浄にして健全なる読物的清水を無限に供給する大水道は完成された」と自負に満ちた宣伝をしているのである。かねてから「国語」教科書に不満を持っていた山本有三も「菊池、芥川両君の編纂だから、充分信用がおけると思ふ。鼠表紙の汚い教科書だけ持たされてゐる子供達に、慰安としてでもかういふ書物を持たしてやりたい」と応援文を書いている。さらに徳田秋声も動員され、「私は六人の子の親として、小供の科外教養には苦い経験を持つてゐる。この小学生全集がもう少し早く出版されてゐたなら、どんなに私などが、苦しまずに済んだかもしれない」と子育て体験者として登場

しているのも興味深い。

こうして、寛は『文藝春秋』を主戦場に論陣を張ったのである。そうしたなかで、アルスも興文社も、教育界にターゲットを絞り、校長などの管理職、文部省関係者、高等師範学校や大学の教授らにアプローチしていった。服部によると、特に、「小学校に協力を仰ごうとした」ということである。「教育界のお墨付き」、「教師が教室で購入を薦めること」、「学校が図書館に所蔵するために購入すること」が背景にあったと分析している。しかし、この事件は最終的にどちらも販売が伸びず、アルスは一九二八（昭和三）年九月一日に倒産に追い込まれ、終息することとなった。

服部は、こうした終わり方をしてはいるものの「両全集の刊行が教育界において、「児童読物」の批判・研究と学校図書館に関する議論の機運を盛り上げたことは確かだろう[20]」と、二つの全集刊行の意義を評価している。両者がさらに協力しあっていく道を模索したなら、その意義は何重にも膨れ上がったことは十分に想像できる。

当事者の一人となった龍之介は、この問題についてほとんど語っていない。『近代日本文芸読本』での教訓から学んでいたのであろう。「芥川が沈黙を守ったのは、義理と友情に挟まれた結果といえよう[21]」ということがまず考えられる。それはまた、寛とともに取り組んできた文芸実践が実りを見せる場合ばかりではなかったことも教えている。

結局、アルスと興文社・文藝春秋社との販売競争は、他者との協力的な共同が文芸実践の成果を大きくすることを逆説的に示唆してくれる事件となった。そうした共同は、第一高等学校時代からこれまで、寛と龍之介が文芸的教養を求めて綿々と続けてきた歩みであった。今回は、アルスとの対抗心のあまり、寛がこれまでの実践の軌跡を忘れてしまった大きな失敗であったのである。

註

（1）山敷和男「芥川の自殺と寛・犀星」（『室生犀星研究』第一七輯、室生犀星学会、一九九八年一〇月二四日、七四～七五頁）より引用した。山敷は、犀星は芥川の死に「菊池寛以上に精神的打撃をうけた」と書いている。

（2）永井龍男『菊池寛』時事通信社、一九六一年八月一日、九〇～九一頁。

（3）直木は年齢に応じて三十一、三十二、三十三と筆名を使い分け、三十五で定着した。『文藝春秋』では、三十二、三十三の筆名で多くの作を発表している。

（4）一九二七年三月創刊、同年一一月終刊という短命であった。

（5）小田切進・井口一男「大正時代を記念する集積――「文藝講座」解説――」『文藝講座』別冊、大空社、一九九二年九月六日、五頁。

（6）右に同じ、一四～五四頁。

（7）井口一男「「文藝講座」解題」、右に同じ、一四～一六頁。第三回配本を例示したのは、第一回が企画と同時進行のため途中で講師や企画を変更したことなどで内容が不安定であること、また第二回は第一回の修正版で、第三回が完成された体系と見なされることを井口は述べている。本書は、その判断に従った。

（8）右に同じ、一八頁。

（9）尾形国治編著『「新小説」解説・総目次・索引』不二出版、一九八五年一月三一日。

（10）『日本近代文学大事典』第六巻（講談社、一九七八年三月一五日）の「叢書・文学全集・合著集」に、「自分たちの第三次、第四次のほかに、小山内薫らの第一次、谷崎潤一郎らの第二次など先輩のものも含めた「新思潮」関係者の傑作選集。ただし「新思潮」に掲載されたものは少ない。和辻哲郎の『天平の伎楽面』、山宮允の『イマジズムとは何ぞや』というような評論はあるが、不思議に菊池、久米、山本らの戯曲が一つも採られていない」（四七頁）という紅野敏郎の解説がある。

（11）文末に（大正十三年九月）とある。『菊池寛文学全集』第六巻、一九六〇年六月二〇日、文藝春秋新社、四二二～四二三頁。

(12) 川端康成「芥川龍之介と菊池寛」『現代日本小説体系』第三一巻「解説」、河出書房、一九四九年一〇月一〇日。引用は、『川端康成全集』第二九巻、新潮社、一九八二年九月二〇日、五五五頁。
(13) 『小学生全集』興文社・文藝春秋社、一九二七年五月二八日～一九二九年一〇月四日、全八八巻（八〇巻で企画してのちに八巻追加）。『日本児童文庫』アルス、一九二七年五月二五日～一九三〇年一一月一一日、全七六巻（七〇巻で企画し、のちに六巻追加）。
(14) 佐藤春夫「芥川龍之介を憶ふ」『改造』第一〇巻第七号、一九二八年七月一日。引用は『佐藤春夫全集』第二〇巻、一九九九年一月一〇日、臨川書店、一七五頁。
(15) 斎藤茂吉宛書簡一九二七年三月二八日付。『芥川龍之介全集』第二〇巻、岩波書店、一九九七年八月八日、二九〇頁。
(16) 服部宏昭「『小学生全集について』と『日本児童文庫』の位置――教育界の動向を手がかりに――」原國人ほか編『メディアの中の子ども』勁草書房、二〇〇九年三月二五日、四九～八〇頁。
(17) 菊池寛「「小学生全集」について」『文藝春秋』一九二七年四月一日、二六頁。
(18) 菊池寛「「小学生全集」について（再び）」『文藝春秋』一九二七年五月一日、二〇頁。
(19) 菊池寛「小学生全集について」『文藝春秋』一九二七年七月一日、一九頁。
(20) 服部前掲論文、七四頁。
(21) 右に同じ、五八～五九頁。

第二節　菊池寛編『新文芸読本』の文芸実践

一　菊池寛の「読者との共同作業」

菊池寛は、芥川龍之介らと編集した第四次『新思潮』の同人であり、小説『恩讐の彼方に』、『真珠夫人』、戯曲『父帰る』などの作家として知られてきた。第一節で見たように、寛はこれらの創作実践とともにさまざまな雑誌などを編集発行した。なかでも特筆されるのは、文芸の基礎を読者に提供する努力を続けたことである。『新文芸辞典』、『文章読本』、『日本文学案内』の著作、『現代文章軌範』の編著[1]などをとおして、文芸的な知識や教養を整理してわかりやすく解説していった。これらの寛の仕事は、単なる作家や編集者という職業というよりも文芸実践家としての活動であると見ることができる。

劇作家の井上ひさしは、こうした寛の実践を「読者との共同作業[2]」と呼んでいる。井上は、「文学というのは作者が書いた時には終わらないんだ。作者のそれを書こうとするあふれるような熱意が人生の一部を切り取って、読者の胸に届く。そうして、ここに人間の真の姿があると読者が理解した時に初めてその作品は完成する。つまり文学というのは作者だけではダメである。読者がいないと始まらない」と上田敏が講義で語ったことに寛が感心したことを紹介している。当時、敏は、寛がいた京都帝国大学文学部英文学科の主任教授であった。この講義の二、三日後に敏の研究室に行った寛は、そこで『イングリッシュ・レビュー』という雑誌を目にする。そこに、「コラボレーション」という「共同作業」を意味する語が目に入り、読んでみると敏の講義の内容と同じであった。「上田敏は、イギリスの文学雑誌で読んだことを、受け売りで講義していた（笑）。いずれにせよ、ここで学んだことで、菊池寛の文学観が決まるんですね。その後の菊池寛に大きな影響を与えています」と井上は寛のエッセイの内容に触れながら、寛の文学観に「読者との共同作業」があることを指摘している。現代の読者論の先鞭として評価してよい。

寛は、旧制中等学校生向けの「国語」副読本である『新文芸読本』も編集している。この読本も「国語」教育実践で活用され、彼らの文芸的教養を形成する役割を果たしていった[3]。『新文芸読本』には、「読者との共同作業」を大切にする寛ならではのさまざまな工夫があった。本節では、卓抜した編集者であった寛が『新文芸読本』の刊行などをとおして行った文芸実践の特徴を分析して「国語」教育との関わりについて考察する。

二　菊池寛『文芸往来』と垣内松三

「国語」教育の分野で、こうした寛の文芸実践に着目したのが垣内松三である。彼は、みずからの「国語」教育論建設に際してモウルトンやヒューイと並んで寛の文芸評論、文学研究に深く学んだのである。

垣内については、第三章で詳細に見るが、青年期に西田幾多郎、ケーベルら日本型教養を担った人々から学び、東京帝大講師、東京女子高等師範学校教授となった「国語」教育学者である。ドイツ、フランス、イギリスに出張して西洋の教育事情を視察し、『国語の力』[4]の刊行によって、センテンス・メソッドという鑑賞批評理論、形象理論を提唱したことで知られる。二〇世紀前後半の「国語」教科書編纂にあたり、その後の教科書編集にも影響を与えた[5]。垣内は二〇世紀前半から後半にかけての「国語」教育と青年期教養形成との関係を考察するうえで欠かせない人物である。

垣内は、『国語の力』の「二　文の形」に寛の『文芸往来』[6]を読み深めた内容を記述している。「二　文の形」の「八　芸術的摂理」で、モウルトンが「芸術的摂理」を用いている意味について「Human Interestである」と述べて、その例として志賀直哉の「城の崎にて」を取りあげ、「自分」が投げた石がいもりに当たった場面を示している。そして、「この文には文学的建築という如き人工的加巧を消したHuman Interest Movementがある」として、『文芸往来』の志賀直哉論「志賀直哉氏の作品」を抄出している。寛は、志賀の作品の力強さは、彼の「人間性の道徳」によっており、そのうちで目につくのは「正義に対する愛（Love of Justice）」であると述べ、彼の作品の温味も力強さも彼の全人格の所産なのであるとしている。さらに、「今の文壇の如何なるリアリストよりももつとリアリスチックであり、その本当の心に於て、今の文壇の如何なる人道主義者よりも、もつと人道主義者である」と述べている。垣内は、この寛の指摘を受けて、「モウルトンが「文学的建築」と「芸術的摂理」とは同時に「プロット」であり、「プロット」と「動機」とは一つであると見るのは機械的皮相的に分析しないで、その内面に於ける形象に於いて見んとするものである」と結論している。

野地潤家は、寛の「志賀直哉氏の作品」を垣内がどのように読み深めていったかについて、寛の『文芸往来』とそのなかの志賀直哉論全体を視野に入れて考察している。[7]寛の『文芸往来』には、「感想小品随筆」、「劇論演劇論」、「文芸評論」、「翻訳」の四部構成で、漱石や上田敏、シングに関する論考やショーなどの翻訳が収められている。「志賀直哉氏の作品」では、『白樺』時代以降の作品の魅力について述べた「考察の立場」、リアリズム論の「志賀作品のリアリズムの特質」、具体的作品論の「志賀作品のヒューマニズムの特色」、道徳論の「志賀作品の底流としての「道徳」」、作家論の「志賀の定位――むすび」という五節で構成されている。垣内が抄出したのは、第四節の「志賀作品の底流としての「道徳」」のうちの三か所である。野地は、「「国語の力」への引用は、菊池寛の志賀論のうち、最も深く掘り下げたところから、三つをまとめて、それを作品の例示に結びつけて、活用するようにくふうしてなされ」ていると評価している。また『国語の力』を記述するに際して、垣内は「菊池寛の「文芸往来」所収の、この論にヒントを得られたのであろう」と推測して、「菊池寛の志賀直哉論の、当時として、みごとな構成と周到さ・鋭さに触発された、深い感銘が存したであろう」と述べている。そして、『国語の力』成立における寛の『文芸往来』所収論文の意義について、「『国語の力』の成立には、垣内松三先生のこのような読み深めならびにそこからの理論・実際両面への摂取・活用があった」と結論づけている。

垣内の編集した旧制高等学校教科書である『国文学大系　現代文学』の初版には、『文芸往来』から兎と亀の童話論、イギリスのノーベル賞作家ジョン・ゴールズワージーの劇作論を紹介した「ゴルスワアシイの社会劇」の二文が採られている。改訂七版では、秘めた過去を持つ僧の開掘難行を描いた小説「恩讐の彼方に」がさらに加わっている。また、『国文選』には、巻三に前野良沢と杉田玄白の翻訳の苦闘を描いた小説「轡十文字」、巻四に高麗狗を盗む盗賊を描いた戯曲「亡兆」が採られている。『国文新編』では、「轡十文字」、「恩讐の彼方に」に加え、鎧を貸した武士と借りた武士との戦場での比較を描いた「形」が収められている。(8)

三　『新文芸読本』の内容と特徴

『新文芸読本』全五集は、一九二六（大正一五）年一二月二三日に京都の文献書院から発行された。定価は第二集が四四銭、第五集が四〇銭、そのほかが四三銭である。四一名の作家の作品五八篇が収められている。出版人らしく装丁を黒田重太郎に依頼して、教会を取り込んだ風景画で表紙を飾り、題字も書き文字のデザインでおしゃれな感じが伝わるように工夫されている。親しみやすい装丁で中学生が気軽に手にして普及しやすいものになっている。

まず収録作家と作品の特徴を見ておきたい（資料編、六四四～六四七頁）。龍之介と吉田絃二郎、それに編者である寛の作品が各四篇収めてある。三篇採られているのは島崎藤村のみで、以下二篇が安倍能成、小川未明、国木田独歩、相馬御風、武者小路実篤、室生犀星である。龍之介と吉田絃二郎、寛自身の扱いが破格であることがわかる。絃二郎は、小説、戯曲、童話、評論の各分野で多数の作品を発表しており、当時は知名度の高い人気作家であった。「小鳥の来る日」、「寂人芭蕉」などの随筆が中等学校「国語」読本にも多数掲載された。『新文芸読本』には、第一集に童話「五郎三郎と二人の娘」、第三集に随筆「南国の町」、第四集に小説「山寒し」、第五集に評論「芭蕉の歩いた自然の道」が収められている。

龍之介の場合は、第一集に童話「蜘蛛の糸」、第二集に小説「馬琴」、第三集に小説「英雄の器」、第四集に小説「煙管」が置かれている。寛自身は、第一集に小説「或る敵討の話」、第二集に小説「忠直卿行状記」、第四集に戯曲「乳」、第五集に小説「法律」を配置している。その一方で、漱石は「吾輩は猫である」の一節を抄出した「地蔵様」一篇のみの収録で、鷗外や紅葉、露伴、逍遥などの明治期の作家は外されている。

さらに、学年進行を配慮して、第一集から順次文章の水準が上げられている。

第一集は説話や童話の類型を持ったものが多い。『新思潮選』で採った随筆「蛇と雉」（江口渙）もある。第二集は、「俊寛」（倉田百三）を冒頭に、集末には「馬琴」（芥川龍之介）、寛の出世作「忠直卿行状記」（菊池寛）を配している。「笛を合はす人」（室生犀星）や「片眼の使者」（巌谷三一）など読みやすい歴史物が多い。第三集には、「初陣」（大平野虹）や「太郎に送る手紙」（島崎藤村）など四〇頁前後の中篇もあり、読む力が試される作品が多くなっている。第四集には、「非凡なる凡人」（国木田独歩）、「自分と自分以外の人」（安倍能成）、「異端者の悲しみ」（谷崎潤一郎）、「握手」（久保田万太郎）などの小説や評論で社会的な問題を多く扱っている。第五集は、評論、随筆の水準が高くしっかりした読書姿勢が求められている。

文種別には、小説一九篇、童話七篇、戯曲一一篇、随筆と小品九篇、詩五篇、評論七篇である。そのうち翻訳が三篇ある。トルストイ「地主と乞食」、タゴール「大地」、三浦修吾訳「少年斥候」である。「戦争と平和」などを描いたロシアの民衆作家で日本文学にも大きな影響を与えたトルストイの戯曲、インドのノーベル文学賞詩人、哲学者のタゴールの詩に加え、ロンバルディア戦線での少年の悲劇を描いた「少年斥候」という選択は、当時の寛が民衆を貧困から解放し、平和な時代を希求する立場にいたことをよく示している。タゴールは、第五集の「日本は何を誇るか」（和辻哲郎）で論じられている。学習者がタゴールの作品をより深く理解できるように便宜が図られている。

また、野口米次郎の詩三篇（「彼の詩」「馬」「蝿」）を収めているのは注目される。野口は単身渡米して、ポー、ホイットマン、キーツ、芭蕉に学び、英詩を書き、第一詩集『Seen and unseen』を出版して英米文壇でヨネ・ノグチの名で人気を博し、帰国後も母校慶應義塾大学教授となり、国際詩人と称された。

さらに、『新文芸読本』には、童話や戯曲が多く採用されている。寛は、もともと戯曲家志望で「屋上の狂人」、「父帰る」、「藤十郎の恋」などを発表しており、鈴木三重吉の勧めによって『赤い鳥』に童話「一郎次、次郎次、三郎次」（のち「三人兄弟」）を寄せてもいる。[9] その寛らしい編集である。戯曲は、第一集には、児童劇の要素が強いものが三篇収められている。第二集の「俊寛」（倉田百三）、第三集の「入鹿の父」（岡本綺堂）、「地主と乞食」（トルストイ）、「西伯と呂尚」（武者小路実篤）、第四集の「樹木の言葉」などがさまざまな題材で人生の意義を考えさせている。第二集の「片眼の使者」（巌谷三一）や第四集の「乳」（菊池寛）は、ユーモラスな登場人物の語りに人を信じることの深さを描いていてわかりやすい。

小説のなかでも、第一集の「或る敵討の話」（菊池寛）、第二集の「笛を合はす人」（室生犀星）、「花見物語」（田中貢太郎）、「馬琴」（芥川龍之介）、「忠直卿行状記」（菊池寛）、第三集の「北畠老人」（薄田泣菫）、「英雄の器」（芥川龍之介）、第四集の「煙管」（芥川龍之介）が歴史に材を得た内容で説話的な面白さがある。また、第二集の「村上先生と熊吉」（加藤武雄）、第四集の「非凡なる凡人」（国木田独歩）、「握手」（久保田万太郎）は、少年と学問、立身出世を描いており、読者である中等学校生に身近な内容である。読みやすい内容の小説を選んでいることがわかる。

随筆は、写生文四篇、紀行文三篇、感想文一篇と均衡の取れた配置がなされている。評論については厳選されており、第四集に利己主義の問題を随想的に論じた評論「自分と自分以外の人」（安倍能成）、第五集には日本文化論の「日本は何を誇るか」（和辻哲郎）、人生における芸術の意義を論じた「人生の熱愛者」（安倍能成）という中等学校生には比較的読みやすいものが配されている。「生存の歓喜と努力」（木村泰賢）は、この読本では唯一である道徳論を説いた文章である。自然的存在である自己と精神的価値の関わりを論じていて興味深い。

その一方で、俳句と短歌は収録されなかったかわりに、第五集の評論に俳論「芭蕉翁と良寛和尚」（相馬御風）、「芭蕉の歩いた自然の道」（吉田絃二郎）と子規の短歌革新論を紹介した歌論「歌道小見」（島木赤彦）を加えている。なかでも注目されるのは、この「芭蕉翁と良寛和尚」、「芭蕉の歩いた自然の道」という二篇の芭蕉論を収めたことである。「芭蕉翁と良寛和尚」は、旅先で病んだ芭蕉と良寛を重ねて描き、病臥に苦しみながら俳句を人生とした芭蕉像を論じている。また、「芭蕉の歩いた自然の道」は、芭蕉の自然生活と芸術との関係を論じている。二篇とも芭蕉俳諧を人生との関係で論じていることに特徴がある。

四　『近代日本文芸読本』を意識した編集

『新文芸読本』は、芥川龍之介編『近代日本文芸読本』を強く意識して編集された読本である。それは作者や作品の選び方、各集での配置の仕方によく表れている。

『新文芸読本』には、『近代日本文芸読本』所収作品が各集に一、二篇配置されている。第一集には、「仏陀と孫悟空」（武者小路実篤）、第二集には「笛を合はす人」（室生犀星）、第三集には「入鹿の父」（岡本綺堂）、第四集には「非凡なる凡人」（国木田独歩）、「握手」（久保田万太郎）、第五集には「人生の熱愛者」（安倍能成）、「日本は何を誇るか」（和辻哲郎）が収録されている。収められた作家も四一名中二六名が重複している。評論は、前出した安倍能成、和辻哲郎という日本型教養を担った論者のものである。ほかに翻訳が三篇あるのは先のとおりである。『近代日本文芸読本』にも翻訳が多く採用されていたことを考えると共通点と考えてよい。

このように、寛の『新文芸読本』は『近代日本文芸読本』を意識的にまねた読本であることがわかる。しかも、『近代日本文芸読本』が各集三二〇頁前後、定価一円七〇銭であったのに対して、『新文芸読本』は各集一九〇頁余、定価四〇銭から四四銭という廉価版であった。

五　『新文芸読本』刊行の意図

寛が『近代日本文芸読本』を意識して読本編集した動機を探るには、『近代日本文芸読本』と寛の読本編集との一年間の落差に注目する必要がある。寛は「芥川の事ども」で次のように書いている。[10]

二三年来、彼は世俗的な苦労が絶えなかった。我々の中で、一番高踏的で、世塵を避けようとする芥川に、一番世俗的な苦労がつきまとって行ったのは、何と云う皮肉だろう。

その一の例を云えば興文社から出した「近代日本文芸読本」に関してである。此の読本は、凝り性の芥川が、心血を注いで編集したもので、あらゆる文人に不平なからしめんために、出来るだけ多くの人の作品を収録した。芥川としては、何人にも敬意を失せざらんとする彼の配慮であったのだ。そのため、収録された作者数は、百二三十人にも上った。然し、あまりに凝り過ぎ、あまりに文芸的であったゝめ、沢山売れなかった。そして、その印税も編輯を手伝った二三子に分たれたので、芥川としてはその労の十分の一の報酬も得られなかった位である。然るに、何ぞや「芥川は、あの読本で儲けて書斎を建てた」と云う妄説が生じた。中には、「我々貧乏な作家の作品を集めて、一人で儲けるとはけしからん。」と、不平をこぼす作家まで生じた。こうした妄説を芥川が、いかに気にしたか。芥川としては、やり切れない噂に違いなかった。芥川は、堪らなかったと見え、「今後あの本の印税は全部文芸家協会に寄附するようにしたい」と、私に云った。私は、そんなことを気にすることはない。文芸家協会に寄附などすれば却って、問題を大きくするようなものだ。そんなことは、全然無視するがいい。本は売れていないのだし、君としてあんな労力を払っているのだもの、グズグズ云う奴には云わして置けばいゝ、と、私は口がすくなるほど、彼に云った。彼が、多くの作家を入れたのは、各作家に対するコムプリメントであったのが、却ってそんな不平を呼び起す種となり、彼としては心外千万なことであったろう。私が、文芸家協会云々のことに反対すると、彼はそれなら今後、印税はあの中に入れてある各作家に分配すると云い出したのである。私は、この説にも反対した。教科書類似の読本類は無断収録するのが、例である。然るに丁重に許可を得ている以上、非常な利益を得ているならばともかく、あまり売れもしない場合に、そんなことをする必要は絶対にないと、私は云った。その上、百二三十人に分配して、一人に十円位ずつ位やった位で、何にもならないじゃないかと云った。私が、そう云えばその場は、承服していた様であったが、彼はやっぱり最後に、三越の十円切手か何かを、各作家の許に洩れなく贈ったらしい。私は、こんなにまで、こんなことを気にする芥川が悲しかった。だが、彼の潔癖性は、こうせずにはいられなかったのだ。

寛は、『近代日本文芸読本』の問題について龍之介から何度も相談され意見も出していたことがわかる。しかし、「潔癖」な龍之介は寛の提案に従わず自分が納得する方法を選択したことで、より問題を深刻化させてしまった。この一件も龍之介の死期を早めた一因ともされた。寛は、『近代日本文芸読本』の先行きを案じていたに違いない。寛であれば無視するような瑣末なできごとに龍之介が心痛することを気遣った。文芸実践をともにしてきた寛が龍之介を支援する方法は、以前と同じように相互に刺激しあいながら「俺ならこういう作品を出すのだ」という共同意識の文芸実践に取り組むことであったのである。

六　『現代文章軌範』に見る菊池寛の文体意識

寛が『新文芸読本』で試みた文芸実践は、彼の編集した『現代文章軌範』という名文選へとつながっていく。『現代文章軌範』は、一九三九（昭和一四）年九月二〇日に東京の非凡閣から出され、全一集で一四四頁の小冊子である。実際に「国語」教育の現場でも使用された。重版されたのは、一九四六（昭和二一）年九月二〇日のことである。まだ寛が国策協力者として公職追放される前のことであった。混乱した戦後物価を反映して、定価は一〇円と高額であった。

『現代文章軌範』も彼の文芸実践の成果である。一九三九年には「国語」読本や副読本のブームは終わっていた。世相も教育も国家総動員体制の戦時色に染まり、翌四〇年には、中等学校教科書の発行が検定制から指定制に移行する。こうした状況でも寛の出版は続けられ、一つの規範文集を提示していこうとする姿勢を見ることができる。

「序文」には、次のようにある。

　支那宋代の文章軌範は、官吏登用試験に応ずる特殊なる青年のために、軌範とすべき古文を集めたもので、いはば公文書的な、日常性に乏しい文集であった。しかしその名をとつて名とした本書は、新日本の将来を荷なふ子女の為に、極めて弾力のある現代の文章を収載したものである。

　現代の文章は口語文であらねばならぬ。徒に美辞麗句を連ねたクラシックな文語体が、生きた思想や感情や風景を描写するのは不適当である事は、こゝに改めて説くまでもない。

　それ故こゝに、明治中期の口語文体創始時代より、最近に至る、斯の道一流人士の著作中、口語文を以て書かれた代表的文章を収めて、最も純正な文章道の指標を示さうとしたのである。

　提出に際して、特に意を用いた点は、従来のこの種の文集の如く、形式を主として文章を裁断せず、内容に即して取捨したことである。それ故物によつては、殆んどその全文を掲げたものもある。

　文章の理解乃至習得は、内容を無視して行はれるものではないからに他ならない。もとより筆者の個性にもあるが、ここでは主として内容の如何によって、文章の面貌の異なる所以を理解していたゞかねばならぬ。

　しかもその事は又、本文集をして単なる文範たらしめず、近代名家の思想・感情にふるゝ好個の趣味読本たるの余栄を贏えしめてゐるのである。文末ながら、本文集への掲載を許容された諸家の寛容に対して感謝の意を表する次第である。

作品収録にあたって文体が考慮され、抒情文、叙事文、叙景文、紀行文、随筆、論説文の六種類に分類されている。

「従来のこの種の文集の如く、形式を主として文章を裁断せず、内容に即して取捨した」とあるように、寛の文体意識が反映している。同一作者の別作品を文体別に比較して学ばせる配慮もある。長塚節の同じ『土』で叙事と叙景の文章を抜き出し、文章の妙味がこれら文体表現の組みあわせにあることを教えている。

この『現代文章軌範』も、「明治中期の口語文体創始時代より、最近に至る、斯の道一流人士の著作中、口語文を以て書かれた代表的文章を収めて、最も純正な文章道の指標を示さうとした」という目的にふさわしく、夏目漱石と森鷗外から三篇ずつ採録し、尾崎紅葉、国木田独歩、幸田露伴、島崎藤村、武者小路実篤、志賀直哉、谷崎潤一郎などの作家、龍之介や宇野浩二、久米正雄、鈴木三重吉、寛自身周辺の作家などバランスよく配置されている。

寛は、『新文芸読本』を編集する過程で、文芸における文体意識を学ぶことが文芸的教養を形成するうえで重要であることを子どもたちに教えていく意義を自覚していったと考えられる。

七　『新文芸読本』の「国語」教育史における意義

寛と龍之介は、第三、四次『新思潮』編集同人以来、お互いの立場の違いによって間隔はあったが、途切れることなく文芸の同志として生きてきた。彼らは、絶えず文芸を創作し鑑賞し、優れた作品を他者に薦め、またみずから創作していく活動を続けた。時には、互いに競いながら、人間関係を広げて文芸を軸につながろうとした。この諸々の活動は文芸実践というにふさわしいものであった。

龍之介の死後も彼の遺志を継いで新しい文芸実践に挑戦した。いつも読者の視点で考える寛は、「国語」教育の分野でも積極的に共同の文芸実践に取り組んだのである。

寛や龍之介が行った文芸実践は、文芸的教養のかたちを示すものであった。「国語」教育の分野では、彼らの実践や『赤い鳥』の実践、垣内松三の読本などの基礎のうえに、一九三四（昭和九）年には西尾実が中心になって編集した岩波編輯部編旧制中学校「国語漢文」科教科書『国語』が生まれてくる。

寛と龍之介の文芸実践から見えてくるのは、編集という作業の持つ意味である。編集は、目の前のものだけでなく、どこかにあるものも含め、作品を見出し、ある基準で選び出し評価し並べる作業である。しかも、読み手を想定し、どんな読みが行われるか想像していく作業でもある。さらに、その作業を踏まえ、他者に読者が期待する新たな作品創作を促し、加えていく作業でもある。また、読み手同士が作品を媒介に交流する場を作ることでもある。その意味で、他者を意識して他者と自由に共同して作品を創造する実践であったのである。

寛はそうした視点から『文藝春秋』を舞台にさまざまな読者参加の実験を行った。「参加」というよりも「主体」に読者を置く発想であった。寛の公職追放、急死にも関わらず、『文藝春秋』が長くその存在意義を保てたのは、寛が龍之介の協力で打ち立てたこうした編集姿勢によっている[11]。

彼らの実践は、文芸を学ぶということが、教室で文芸作品を音読、黙読したうえで、教授者が示す解釈を聞くという受動的なものではないことを教えている。そうした学び方は、人生をかけた文芸実践に取り組んだ彼ら作者たちが一番望んでいないことであることが、寛と龍之介の文芸実践からは見えてくるのである。文芸作品の理解をするために教授者が解釈を示すという学び方には、自由に共同して創造する文芸実践の思想は生きていない。寛や龍之介が『新思潮』以来長らく同人として共同の文芸実践として取り組んできたのは、互いに刺激しあいながら新鮮な作品を創作していくという文体創出の実践であった。こうして生み出した作品が帝大教授らの編集する「国語」読本に入れられ、それをもとに教授者が一方的にみずからの考えを伝授するという学びは龍之介や寛らの実践とは程遠いのである。

なお、寛はよく知られているように、アジア太平洋戦争時、日本帝国主義による侵略戦争政策への加担を問われ公職追放されている。彼が行った文芸実践と戦争協力は密接な関係にある。その責任を問わないことは、この実践が持っていた本質を曖昧にすることになる。ここでは一点だけ述べておきたい。寛が戦争協力する端緒となったのは文学者の互助組織である文芸家協会を結成したことである。これが日本文学報国会の下地となり、寛はみずから創立議長の座につき、文芸銃後運動へと突き進んでいく。その一連の過程で彼が見失ったのは、自由に共同できる他者の存在である。自由奔放に生きた実践家であった寛が組織を守ることに腐心した結果、軍部などの要請で組織人としてのみ生きる道を選ばざるを得なくなっていた。文学報国会の階層利益を擁護するためには、この階層を特権化することになり、寛が読者としていた他の階層との共同の思想を見失い、軍部などの強権のわなにはまっていった。内閉的な意識が優先すれば、共同できる他者が見えなくなっていく。実践を支えている自由を失ったのである。寛はみずから開いた文芸実践の可能性をみずから閉じてしまったのであった。

註

（1）『新文芸辞典』誠文堂、一九三一年四月。『文章読本』モダン日本社、一九三七年六月一日。『日本文学案内』モダン日本社、一九三八年一月一六日。『現代文章軌範』非凡閣、一九三九年九月二五日。『現代文章規範』は、一九四六年九月二〇日に「抒情文」「叙景文」「叙事文」の部を抄録して非凡閣から重版された。

（2）井上ひさし「講演　菊池寛の仕事」、井上ひさし、こまつ座編著『菊池寛の仕事』ネスコ、一九九九年一月二九日、一二六〜一二八頁。

(3)『新文芸読本』が全国の中学校などでどの程度採択されたかは不明である。筆者の手元にある『新文芸読本』には「府立二中一甲五席　石澤誠二」の署名がある。

(4)『国語の力』不老閣書房、一九二二年五月八日。随筆的論文集『石叫ばむ』（不老閣書房、一九一九年七月八日）に続く二冊目の著作である。本節での引用は、復刊『国語の力』（有朋堂、一九五三年八月二〇日）による。

(5) 石井庄司編著『国語教育叢書19　近代国語教育論史』教育出版センター、一九八三年一二月五日。石井庄司「垣内松三」、唐沢富太郎編著『図説　教育人物事典』ぎょうせい、一九八四年四月三〇日。

(6) 菊池寛『文芸往来』アルス、一九二〇年六月一日。

(7) 野地潤家『野地潤家著作選集　第一一巻　垣内松三研究――「国語の力」を中心に――』明治図書、一九九八年三月。関連論考「「国語の力」の成立過程　その二――何を如何に読むかを中心に――」の初出は広島大学教育学部国語科光葉会『国語教育研究』（21）。

(8)『国文新選』（一九二四年）、『国文鑑』（一九二六年）、『国文学大系　現代文学』（尚文堂、初版一九二一年、改訂七版一九二六年）、『国文選』（一九三〇年）。

(9)『赤い鳥』第二巻第四号～第六号、赤い鳥社、一九一九年四月～六月。

(10) 菊池寛「芥川の事ども」『文藝春秋』一九二七年九月一日号（芥川龍之介追悼号）、六一～六二頁。

(11) 龍之介は『文藝春秋』創刊から「侏儒の言葉」の新連載を始める。古今東西の幅広い教養を背景に龍之介が全精力を傾注した随筆であった。『文藝春秋』が単なる娯楽雑誌に終わらずに、文芸的教養を示せたのも龍之介の功績によっている。

第三節　『赤い鳥』実践の教養観

一　共同実践誌としての『赤い鳥』

1　『赤い鳥』の「標榜語《モットー》」

『赤い鳥』は、一九一八（大正七）年七月に鈴木三重吉によって創刊された童話童謡誌である。創刊号には、「現在世間に流通してゐる子供の読物の最も多くは、その俗悪な表紙が多面的に象徴してゐる如く、種々の意味に於て、いかにも下劣極まる」という厳しい批判から書き起された「標榜語《モットー》」が示され、そのなかに次のような表現がある。

> 今の子供の作文を見よ。少くとも子供の作文の選択さるる標準を見よ。子供も大人も、甚だしく、現今の下等なる新聞雑誌記事の表現に毒されてゐる。『赤い鳥』誌上鈴木三重吉選出の『募集作文』は、すべての子供と、子供の教養を引受けている人々と、その他のすべての国民とに向つて、真個の作文の活例を教える機関である。

「子供の作文」に関する現状分析のうえに、『赤い鳥』が「募集作文」という方法をとることで、「子供の教養」の育成に関心を持つ人々に開かれた実践体としての「機関」雑誌になるという自覚が創刊時からあったことを示した宣言文である。

「真個の作文の活例」という表現も、正岡子規によって提唱され、その門にいた河東碧梧桐、高浜虚子、夏目漱石らの推進した写生文芸の流れにあることを示している。漱石は、写生文作家として小品を多く産している。三重吉も漱石門下生として写生の意義を自覚していった。その立場から、当時の「国語」教育が「模範作文」の模写教育を重視したことを批判している。

三重吉は、若いうちから俳句に興味を持ち写生文に関心を寄せていた。東京帝国大学英文科に進んで、そこで知遇を得た漱石に師事して「千鳥」を送る。それが『ホトトギス』に載ったのである。一九〇六（明治三九）年五月のことであった。三重吉は、それ以後「山彦」、「小鳥の巣」、「桑の実」と書きついでいく。どれもきめ細かい表現を特徴とした作品である。安倍能成は、このころの作品について「写生と空想とが美しく綯ひ交ぜられて居る」と評している。[1]「小鳥の巣」は彼の唯一の長編であり、龍之介の『近代日本文芸読本』には、その一部が抄出されている。

しかし、三重吉は「八の馬鹿」を最後にして小説を書くのをやめてしまった。そして、全集の出版を始め、『鈴木三重吉編現代名作集』全二〇集を刊行する。[2]このときの編集経験が『赤い鳥』創刊の下地となっていった。『赤い鳥』を三重吉が創刊したきっかけとして「すず伝説」がよく言われてきた。三重吉が、愛娘すずの誕生を機会に『赤い鳥』創刊を決意したという文章を書き残しているからである。子どもの誕生がきっかけという「すず伝説」はいかにも童話の世界らしい。しかし、この三重吉の記述は事実に合わないことを桑原三郎が『鈴木三重吉の童話』で考察している。[3]すずが三重吉の最初の子どもではなく、すずが生まれる前にすでに『赤い鳥』を創刊する計画を書簡にしたためていたというのである。桑原は、『赤い鳥』創刊の動機は、三重吉自身の生活の問題に加えて、当時の新教育運動への三重吉の賛意であると結論づけている。

三重吉が『赤い鳥』創刊に踏みきった重要な原動力としては、少なくとも二つの点を確認することができるであろう。『赤い鳥』の読者を講読申込者として事前に組織して経営を安定させることが計画的に実行されたこと、創作童話にとどまらず童謡や自由画など当時の新教育、芸術教育の課題とされたことを『赤い鳥』運動に積極的に持ち込んだことである。続橋達雄は、こうした要因に加えて『愛子叢書』の存在を重視している[4]。三重吉が『赤い鳥』を構想していくうえで『愛子叢書』が意識されており、「愛子叢書のめざした方向は、鈴木三重吉という演出家、情熱家の登場によって大きく花開き、大正児童文学の美しいみのりをもたらすことになったといえよう」としている。この論は必ずしも史的な検証を経たものではないが、『赤い鳥』の運動理念と重ねあわせてみると、十分に検証に耐えうる仮説であるように思われる。第一章で見たように、文芸が他者との共同実践によって創作されていった経緯と重なった状況を確認することができるからである。

いずれにせよ、三重吉の『赤い鳥』実践はこうして写生を基盤にしながら浪漫の香りを乗せて開始されていった。そして、こうした歴史的な事情が「国語」科教育とは別の流れとしての綴方実践を導いたのである。

2　「文学運動」としての実践的意義

『赤い鳥』の掲載作には今日まで読み継がれているものも少なくない。芥川龍之介「蜘蛛の糸」、「杜子春」、有島武郎「一房の葡萄」、豊島与志雄「天下一の馬」、小川未明「月夜と眼鏡」、北原白秋「りす〳〵小栗鼠」、「赤い鳥小鳥」、西条八十「かなりあ」などは古典的な名作として記憶されている。また、坪田譲治、新美南吉、与田準一、巽聖歌、藤田圭雄など『赤い鳥』から育った作家、詩人、後に短歌界の重鎮となる歌人の木俣修など少なからぬ作家を輩出した。

彼らは作品を寄せただけではない。読者に文芸を創作し鑑賞する具体的なすがたを示した。同人として三重吉の依頼に応えて創作するすがた、読者として作品鑑賞と投稿を重ね、三重吉や白秋の添削を受けて、自立した文芸作家に成長するすがたを、作品という媒介をとおして子どもたちに示したのである。[5]

　三重吉は子どもたちの投稿を促してきた。当初は集めるのに苦労したが、一九二〇（大正九）年には千篇を超える綴方が寄せられた。投稿してくる大半は幼児から小学生である。しかし彼らも数年すると中等学校などに進学する。『赤い鳥』に魅せられた子どもたちは引き続いて投稿している。対象学齢でないことを「選評」欄で指摘しても投稿してくるほど熱心な少年少女もいた。年齢的には、一三歳から一六歳ぐらいである。彼らが学校教育で経験した模範綴方とは別に『赤い鳥』での指導を求めて投稿してきたのである。

　掲載した綴方には三重吉、自由詩には白秋、児童画には山本鼎が選評を添えた。彼らは子どもに媚びることなく、時には辛口の指導的評言をも加えて子どもたちの創作実践を激励した。

　福田清人は、『赤い鳥』の功績として、児童文学の文学性の確立、唱歌を批判した創作童謡運動、形式主義を排した自由創造指導、童話童謡作家の育成、新童話雑誌刊行機運の醸成の五点をあげている。[6]また、滑川道夫は、「「創作童話」「創作童謡」ということばを意識的に使い」、「芸術・文学・創作・純麗を価値意識とする「文学運動」を、推進しようとした」と、その実践的な意義を強調している。[7]

　『赤い鳥』の発行部数は最盛期で三万部を越えたくらいであった。[8]しかし、その影響は部数だけでは測り知れないものがある。『赤い鳥』の創刊に刺激されて類似の童話童謡誌が多数刊行された。[9]読者も児童に限らず、教員を含めた大人読者も多く、非講読者にも回覧された。[10]掲載作品に刺激された読者は、大人も子どもたちも積極的に応募した。『赤い鳥』は、作家から読者へ一方通行に作品を届けるメディアではなく、年代、性別を越えた文芸実践と創作実践の共同の場となっていったのである。『赤い鳥』を舞台にして行われたこれらの文芸実践や創作実践を総称して『赤い鳥』実践と呼んでいきたい。

『赤い鳥』実践の特徴を示す選者側の例としては、白秋の「幼き者の詩」があげられる。白秋は、「在来の教育」が子どもたちの「一々の個性をも凡て一様の鋳型にはめこ」んでいると批判して「子供をさうした首枷《くびかせ》から解放し自由に自然と本来の（彼等に還らしめる事が第一、彼等の意識せずして歌つてゐた詩そのものを、詩として新に意識させ、いよいよ彼等の個性を成長させ、発揮させ、表現せしめる事が第二の問題となります」と述べている(11)。

一方、一九三〇年代になると、『赤い鳥』実践は『綴方生活』に集う実践家から、感覚的陶酔などという厳しい批判を浴びた。白秋はそれについて「提言」で「『赤い鳥』の指導精神は詩的なものといふ一種の特定の考へ方によつて児童詩を規定したといふ風の認識不足」と反論する。関口安義は、「白秋の児童自由詩の提唱はきわめて理に適い」、「児童の個性を尊重し、芸術としての自由詩という考えが貫いてい」て、「いかなる時代の、いかなる家庭の子どもをも束縛から解放し、自由を与え、表現させ」、「子ども本来の光り輝く感性を拾い上げる」ものとなっていると、「提言」の普遍的な意義を強調している(12)。

本節では、これまでの『赤い鳥』研究の成果を踏まえながら、多数の作家と読者との共同実践である『赤い鳥』によって中等学校生らが育てていった教養観を探っていきたい。

3　日本型教養と『赤い鳥』

『赤い鳥』の「標榜語《モットー》」には、賛同作家として、「泉鏡花、小山内薫、徳田秋声、高浜虚子、野上豊一郎、野上弥生子、小宮豊隆、有島生馬、芥川龍之介、北原白秋、島崎藤村、森森《ママ》太郎、森田草平、鈴木三重吉他十数名」とある(13)。

硯友社から離脱して独自の語りで幻想の文体を形成した泉鏡花、西欧翻訳文体を確立した小山内薫や森鷗外、自然主義文学を隆盛した徳田秋声と島崎藤村、写生文を定着させた高浜虚子、新体詩の定型を越え象徴詩から自由詩へと進んだ北原白秋、白樺派の有島生馬は、それぞれの文体形成をなした作家である。野上豊一郎や小宮豊隆、芥川龍之介、森田草平、鈴木三重吉は、漱石の門下生として創作を重ね、独自の文体を形成するなかで教養を身につけていった。『赤い鳥』には、そうした彼らの教養が総合的に示された。それらから触発されて創作された綴方、自由詩、自由画も、二〇世紀前半の生活や文化、学問や芸術に対する考え方が映し出されている。そこから、そうしたメディアに関わった当時の人々の教養の一端を窺い知ることができる。[14]

日本型教養研究は旧制高校や大学などを中心に考察されてきた。しかし、その成立過程を見れば『赤い鳥』は中等学校生らの教養形成の場でもあり、その教養観を踏まえることで日本型教養の研究はさらに厚みを加えることができる。すでに序章の「教養実践」の項で見たように、「国語」読本や文芸読本に収められた多くの作家が日本型教養の形成者であり、その中心思想が古典の重視、西洋文化への強い関心、自由や想像力への憧憬であった。さらに、児童雑誌や総合雑誌、学校教育で日本型教養を身につけた担い手が、再び中等学校で教養を形成する役割を果たしていった。彼らは雑誌文化になじんでおり、初中等学校生らが読んだ雑誌の内容に興味を持ち、子どもたちと雑誌との媒介者となって自身も文芸実践家となっていく場合もあったのである。

中等学校生らの動向は日常生活の場である学校教育にも波紋を広げた。『赤い鳥』実践の教養観は、文芸的教育の進展を背景に「国語」読本にも影響を与えた。[15] なかでも、西尾実が中心になって編集した「国語漢文」科用教科書である岩波編輯部編『国語』は、その影響を強く受けた教科書である。[16]『国語』は大半の中学校で採択されたと言われ、[17] 一九五〇年代以降の「国語」教科書にも深い影響を及ぼした。

これまでの『赤い鳥』研究は国定読本時代の小学校教育と生活綴方との関係を対象としてきた。[18] これらの研究を進展させるには、日本型教養の主な舞台となった旧制高校や大学に直接つながる旧制中学校をはじめとする学校教育で学んだ子どもたちの教養形成を視野に入れることが必要になっている。

なお、本節で中等学校生に焦点をあてたのは、比較的進学率が上がった一九二〇年代ではあるものの、まだ旧制中学校進学者が少数である教育環境において、『改造』や『中央公論』などを購読して小説を読む読者層を周辺に持ち、将来的には旧制高等学校や師範学校などに進学する可能性の高い少年少女の作品を取りあげる意味を明確にするためである。

二　鈴木三重吉が選んだ綴方

1　写生と叙景

『赤い鳥』に掲載された綴方は小学生のものが大半であったが、そのなかに一三歳から一六歳までの少年少女が投稿した八篇の綴方も掲載されている。文字数は六三〇字から一六七〇字、四〇〇字詰め原稿用紙一枚半から四枚程度である。量的にはわずかな綴方であるが、中等学校生たちの興味や関心を知ることができる。

たとえば「支那人」（神戸市、一六歳、蔦繁、一九二六年一月号）は、中国人親子が蛇や鼠の見世物をして金儲けをして歩く姿を描いた綴方である。三重吉は「写実作として近来での面白い傑作です。それこそ寸分の誇張や粉飾のない、たん〳〵とした表出でもつて、すべての陰影までも遺憾なくこめ入れて、まざ〳〵と写出したところが生命です。写象のつかみ上げ方が、表面単純なやうでその実多角的だからです」と絶賛している。選評対象の箇所を中心に見ておきたい。


子供の支那人は上着をぬいで、がはの人をよけて広くした。僕は何をするのかと思つてゐると、歩きながら、手と足を目にも見えないくらゐ早く廻して「まいなあ」といふ。大人の支那人もついて「まいなあ」といふ。その次に、立つたまゝ顔を後へしほらして土へ頭をつけた。おき上つて又「まいなあ」といふ。

三重吉は「「まいなア《ママ》」といふ言葉や、それにつれての表情」や、次の「みなさ、ただ見るわるい、金くれ」とお金をねだるところの「すべてが、いかにも活写的に踊り出てゐます」と述べている。

「金くれ、みなさ、ただ見るわるい、金くれ」といふ。僕はきまりが悪くなつて見てゐられなくなつた。銭も持つてるないので家の中へそつとはいつた。すると妹が「可哀さうだな、誰もやらへんの」といつた。僕は「うん可哀さうになあ、お前やれや」といつたら、妹は「はぢかしいわ。兄さんやつたらえゝわね」といつた。僕は財布から五銭出して外へ出た。その時は鐘盆の中に、銅貨が五六銭もはいつてゐた。僕ははぢかしくてだまつてゐると、支那人は立つて来て鐘盆を一人々々の前へ突きつけた。僕は五銭入れてやつたら、後にゐた妹が、そつと二銭入れて、家の中へ走つて行つた。

お金をねだる巧みな演出にしだいに追い込まれていく兄妹の心理が伝わる。三重吉は、妹の「にげるやうに家の中へ這入つて行くところなぞも、その動作や気持がまざまざと出てゐて微笑され」ると述べている。また、子どもの支那人が、ずつと逆立ちを続けているのもいたいたしい感じが出ており、その子どもが、「たち上がつて、顔についた土を手でこすりながら、つばきをはくといふところなぞはいかにも活き〳〵した観察です」と評している。

この綴方との出会いは三重吉にとっても重要な意味を持った。小寺慶昭の調査によると、三重吉が「陰影」という語を使用したのは、この選評のときが初めてであるという。[19] この選評はほかの作品についてよりも異常に長く、かなりの執着があった。「陰影」という用語が選評で使われたのも一五七か所に及ぶとのことである。さらに後期『赤い鳥』一三三号には陰影論を深めた記述が見え、陰影のある綴方を書くことが感じ方や見方を深め、生活が深まり人間教育になると述べていることを紹介している。

中内敏夫は「「ありのままに書く」という写生文の系譜をひきついだ指導原則は、実践の段階に入ると、「いきいき」、「実感的」、「立体的」、「活現」、「活写」、「印象的」、「陰影的」、「敏感な叙写」、「簡素な叙写」などの評語を用いておこなわれる文型・文体上の問題として具体化されていった」と指摘する。[20] これは『赤い鳥』の成立過程における写生文の系譜が評語にまで及んでいたことを示している。

北原白秋の場合もそうであるが、彼らが写生の重要性を繰り返し語る背景には叙景文体が意識されている。近世から、特に松尾芭蕉の『おくのほそ道』以来の叙景文体が明治期に子規によって乗り越えられ、子規の写生文体が文芸実践によって輪郭化される過程で、逆に叙景の意義が明瞭になっていった。さらに上田敏、坪内逍遥、小山内薫、森鷗外らの翻訳によって西洋の文体が持ち込まれることで、叙景、叙事、抒情の文体形成が促進され、『赤い鳥』もそうした流れのなかにあったのである。

2　地域語（方言）の重視と自由な記述

次に、後期『赤い鳥』の「活動」（秋田県大館女子職業学校一年、桜庭イワ、一九三四年八月号）を見てみたい。四〇〇字詰め原稿用紙換算九枚の長文である。家で我慢するように言われたのに、友人に誘われて借金して活動（「暴君ネロ」のトーキー）を見てしまったことへの後悔の気持ちを家族とのやり取りを交えて述べている。豊田正子の『綴方教室』[21] を想起させる。活動を見たあとで悔やみ始めた少女の葛藤を内省的に記述している場面の続きを見ておく。

母が、「イワ子。」とよんだので、きつと活動のことだらうと思つて、どきツとしました。「うん。」と返事をすると、「今日、今まで、んが、どこさいつて来てア。」と言ひました。私はまさか、うそも言はれないので、だまつてゐたら、母は、「活動さいつて来たァベェ。おれァ見ねァたつて、ちやんとおべでりや」と、さもおこつたやうに目の上をしかめて言ひました。私がだまつてゐると、「つま子どの前もあるべね。んがばかり見だつて、だれでも見てァことァ、同じだもんだ。何、五銭ばりの銭こァ、いだわしくてひるのでねァ。」と言ひました。ほんとうに私は、しかたなく〳〵ならなかつた。いつものくせで、すぐ泣いてしまつた。

家の中は、しんとなりました。ストーヴの汁は、ぐつ〳〵煮立つてゐます。ほんとうに、いかなければよかつたなァと、つく〳〵思ひました。母は「はッ、イワ子ァ、おごつてしまつた。みんな飯食ふべし。」と言つて、私にも「イワ子、飯け。」と言ひましたが、後から〳〵涙が出て、座敷から出ていかれません。

悪いことをしたという意識で身動きできなくなった姿をさらけ出している少女を家族が注視する。そのまなざしが優しいがゆえに本人にはよけい辛く感じられる。青年期の誰もが通る道を地域語（方言）で丁寧にまとめている。彼女は、綴方を書くことで気持ちを整理していったのである。三重吉の言う陰影はここでも重要な役割をしている。家族のなかでの少女の居場所、少女の心の葛藤が陰影をもって叙写されて読む者の心を打つ。残念なことに三重吉の体調が思わしくなく選評は休載された。

『赤い鳥』の綴方はどの作品も地域語（方言）に溢れている。これは選者の方針と密接に関わっている。三重吉は、陰影を作り出す重要な要素である地域語（方言）を丁寧に見ていった。地域語（方言）を重視する綴方観は三重吉が初めてではないが、『赤い鳥』という東京発信の投稿メディアで、徹底して地域語（方言）に拘る姿勢は教養観を探るうえでも重要である。[22] 三重吉のなかにあった教養における地域語（方言）の占める位置の大きさは、中等学校生らにも伝わっていったと考えられる。投稿作品は自由にのびのびと記述されている。日常の言葉で対象を的確に捉え、ありのままに記述する文体が中等学校生たちのなかに形成されていった。

3　他者に向きあい、共同実践する教養観

中等学校生らが綴方の題材としたもので多かったのは、家族や友人、教師という身近な存在である。このほかにも風呂屋（銭湯）や豆腐屋、大掃除という日常生活の風景、盆踊りや見世物、花火という非日常の風景、中国人の異文化、万年筆や活動（映画）という市民文化として定着してきたものもあった。旧制高校生の関心とはずいぶん異なっている。中等学校生らが身近な他者や日常生活を関心としたのに対して、高校生は、彼らの日常だけでなく、学問や社会、文化、政治を関心の対象としたのである。

中等学校生らは綴方創作実践をとおして彼らの関心をありのままに見つめ描いた。指導者の評言にも教えられながら、日常生活で出会う他者と向きあい、どう共同して生活を作っていくかを考えていったのである。そして、各地の思いを同じくする読者たちと誌面で交流して、また新しい表現を模索したのである。彼らは、『赤い鳥』実践で他者と向きあい、他者と共同する思想を学んでいった。

高校生や大学生の場合も、総合雑誌や授業、寮生活でより広い世界での他者と向きあい、共同する思想を学んでいた。そこに中等学校生らと高校生との共通点があるのである。

これまでの研究では、日本型教養を個人の内面の成熟の角度から問題にする傾向があった。しかし、日本型教

養は単なる内面的な知の獲得だけを意味するのではなく、他者と向きあい、共同する思想を形成することを本質としている。それが、中等学校生らが『赤い鳥』実践で育てた教養観であった。

これは『赤い鳥』以外の一部の類似誌などでも見られる教養観ではある。しかし、少なくとも子どもの文芸領域では『赤い鳥』実践の教養観はそのさきがけとして位置づけられる。読者である中等学校生たちは、編集部に一方的に投稿をしているのではない。彼らは、明確な指導理念を掲げた指導者の呼びかけにこたえて同じ世代の実践に学びながら創作した作品を繰り返し投稿した。そして、掲載された作品の表現や三重吉の批評を読んで、自分の作品が掲載されるためには何が必要かを考えていった。その思索から、身近な家族や友だち、教師との学びや生活の共同を見つめていくことができたのである。

自由詩や自由画の場合も同じであり、『赤い鳥』実践は、綴方、自由詩、自由画という自覚的な交響的な創作実践であった。この理論的到達点が『芸術自由教育』であり、実践的には『近代日本文芸読本』、岩波編輯部編『国語』に継承されていった。[23] 従来の教養研究では、この視点からの考察が不十分であり、今後は教養を形成したメディアの研究を越えて教養の内実に関する研究を深めることが求められている。

三　北原白秋が選んだ児童自由詩

1　児童自由詩の意義

北原白秋は児童自由詩が自由詩であることの意義を強調する。[24]「児童作品の殆どは、成人作の童謡の模倣であつた」が、『赤い鳥』作品に児童自由詩を発見した喜びを「児童本然の感動のリズム、その自由律の形式を以て現れた作品を見た私の驚駭と歓喜とはどんなだつたか」と述べている。また、「全く日本詩壇の自由詩運動を知るところなく、自らに彼等の自由詩を溌溂と生み出した」のであり、たまたま「之を鑑賞し、指導し、開展させた誘導体としての私が詩壇に於ての自由詩人の一人であつた」と出会いの縁を喜ぶ。さらに「自由詩人である私自身の自由詩の本義とするものを以て、之に臨み、之を以て改めて児童自由詩の新風に着眼し、提唱を成し、此の運動の端を開いた訳であつた」と評価している。その成果について、「児童は詩の何たるかを知り、詩を作ることの歓びを自覚した上に於て、彼等の日常生活を高め、彼等の自由詩形を生みつゝある」と述べて、「生活感情の把握」、「自然観照の正確さ」で成人の詩歌をも時に凌駕し」ていると絶賛している。

また、白秋の『児童自由詩鑑賞』が菊池寛編集の会員制定期購読誌『文芸講座[25]』の一講座となっていた。その意義について、「私は或る講座の為に『児童自由詩鑑賞』の一文を草した。当時は未だ此の運動の初期に当り、例証の詩も質と形式とに於て後年のそれらには甚しく劣るものではあるが、私の解説は啓蒙の為には或は何らかの寄与を為したかとも思ふ」と説明している。

『文芸講座』は、文芸一般論（芥川龍之介）、小説講座・小説論各論（菊池寛）などを筆頭に、小説、戯曲、外国文学、文芸評論、文学史、映画、韻文に加えて、童謡童話への希望（菊池寛）、童話劇の書き方（久保田万太郎）、児童自由詩鑑賞（北原白秋）、童話について（小島政二郎）が用意された。この『文芸講座』は、寛や龍之介などの文芸実践家たちが示した文芸的教養の全体像と考えてよい。白秋の推進した児童自由詩実践は、寛らによって芸術実践として認知されていたことを示している。

2　投稿自由詩の内容とその特徴

『赤い鳥』に投稿された児童自由詩からは、青年期のみずみずしい感性が伝わってくる。詩には、天文や動物、植物、労働や学び、家族、兄弟姉妹のようすなどが描かれ、その対象はかぎりなく広がっている。

① 自然と生活を描く

白秋が選んだ自由詩では、自然や生活を描くものが大半である。自然を描いたものでは、色彩や音、いのちの描写にすぐれた詩が多く、その新鮮な描写に驚かされる。叙景と写生の方法が際立っている。

もくれん（推奨）　伊豆田方郡（一四歳）　穂積　重

ぽたりぽたり、
もくれんの木から、
赤いさじがおちる。
ぽたりぽたり、
白いさじがおちる。
それで小雨を、
すくつて飲みましよ。

（一九二一（大正一〇）年八月号）

夕暮（推奨）　和歌山県有田郡（一五歳）　井本清吉

遠くの野山を、
小さくなつていく
郵便夫、
紫色の小さい

郵便夫。

（一九二四（大正一三）年八月号）

朝（特選）　千葉県多古農学校一年　並木正一

白いはたんきやうの花、
黄色いもやの中だよ。
朝の月大空に、
白さぎのやうだよ。
白い雲、死んだむく犬のやうだよ。
あゝ、落花生も、
畠の上にはみでてるよ。

（一九三一（昭和六）年七月号）

白秋は、「象徴詩のやうな深い趣」（もくれん）、「清新な仏蘭西の絵」（夕暮）、「たいがいの人は美しいと見たり思つたりすることばかり書く。これはさうでない。見たまゝありのまゝに書く。正しく写生してゐます。それがいいのです。ほんたうのものを見ようとするこの心がけは誰にも極めて大切なことです」（朝）と述べている。

いのちを詠った詩も多い。

秋（推奨）　福井県（一五歳）　法本芳泉

群れ鷹、
小鷹が
渡つてく。
街道の村は稲刈りだ。
妹の死んだは
今ごろだ。

（一九二五（大正一四）年二月号）

鷹、稲刈り、亡き妹という構図はいのちの讃歌である。「鷹が渡るのも、高々とした秋が見えるし、街道の村は稲刈りだといふので一望の広田が見渡せるし、それに華やかでさびしくいそがしい景情から、死んだ妹のことを思ひ出すのも自然で、哀情があらはれてゐます」とその叙景と抒情を評価する。
地域と学校での生活も自然に次いで多い。

試験の前（推奨）　朝鮮仁川高女三年　太田富美子

あの夕方……だれか、山の草焼いてたよ。
マントで煙追ひながら、
走つてゐたよ。
あの夕方……わたしは、
煙の消えてゆく先を追つて、

赤い夕日を見たのだよ。
夕日に背を見せて、
松林の方に、
本を見ながら行く人、
私は、はつとして、
こげた草を踏んだよ。

（一九二八（昭和三）年八月号）

白秋は、「感情が外の世界と共に動いて、何かそはそはした、試験前の悩ましさを感じさせる。いゝ詩である」と日常風景を切りとる確かな目を評価する。

② 俳句のような詩

白秋の選評に「俳句」という言葉が出てくる。これは、『赤い鳥』選者である白秋と中等学校生らのやりとりのなかで醸成されたものである。[26] 白秋の選評から、情景を俳句のように切りとることで気品が生まれることを芭蕉に学んでいたことがわかる。

夕食（推奨）　茨城県（一四歳）中山みつ

うめぼしの
にほひまで
すうすうする月夜、

つめたい風に
ふかれながら、
夕飯をひとりたべてゐた。

（一九二四（大正一三）年一二月号）

白秋は「気品のあるめづらしくいゝ詩です。芭蕉の句のやうな味があつて、かなりの大人の作家がまだ行けないところを、やすやすと行つてゐる」と選評している。対象との向きあい方は躍動感に満ちている。その根源には、人間らしさへの憧憬がある。自然に魅力を感じる心、いのちの讃歌、地域や学校での人々との触れあい、気品ある表現など、対象をきちんと見つめ、思いを他者へと向けていくものばかりである。教師などをも媒介にして、白秋が評言を書き、それに応えて中等学校生らが自由詩を投稿するというやりとりが続けられる。その繰り返しが彼らの文芸性を高め、教養として形成されていった。

四　山本鼎が選んだ自由画

1　自由画実践の意義と特徴

山本鼎が『赤い鳥』の投稿自由画の選者となったのは、一九二〇（大正九）年一月号からである。鼎は、前年四月に第一回児童自由画展を長野県神川小学校で開催していた。三月には、次のような「児童自由画展覧会趣意書」[27]を配布している。

> 従来、各小学校で行はれた児童の絵画教育は、大体、臨画と写生の二方法でありますが此処に私が「自由画」と称えるのは、写生、記憶、想像を含む――即ち、臨本によらない、児童の直接発表を指すのであります。従来の教導によりますと、児童は、粗悪な印刷に附せられた大人（それも多くは下手な画家がぞんざいに描いたもの）の画を模写する時間が、自然から直接《ぢか》に形なり彩《いろ》なりを汲み取る時間よりも多いのでありますが、これはいけない事と思います。何故ならば、臨本に示された一本の下らない線が、一本の美しい活きた樹木の線と同じ力を以て児童の頭に働きかけるからです。彼等は、どんなものをも正直に模倣するのです。（中略）児童の眼を豊富な自然界の方へ誘えば、彼等の心と手は活き活きとして来るのです。（中略）児童はなるたけ野ばなしにせねばいけません。殊に美術上の教養に於て然りです。

鼎の理念は「趣意書」に明瞭である。児童が自然に学び、写生、記憶、想像して、美の情操を涵養するための美術上の教養を形成することである。指導者からの指導方法の疑問について、国定画帖を作る画家も職業的に描き、その画帖を受けとった教師も職業的に教えているにすぎなく、生徒も一生懸命に大人の画を模写して、まね上手な子どもが二重丸を与えられるのだと批判したうえで、「臨本のかはりに、生徒に、広汎な、そして、活き〳〵して居る『自然界』を授ける、といふだけです。（中略）「美術の生命は『創造《クリエーション》』である」といふ言葉を疑ふ人は、ない筈です。創造《クリエーション》が、模写から生まれないのは、分りきった事です」と答えている。[28]

国定臨画帳による臨画を改める方法は、臨画に向かったのを自然へ向かえばよいとするものである。[29] 鼎は自由画展の一方で、『金の船』や『赤い鳥』での選評を通して自由画実践の魅力を説いた。その功もあり、美術教育の世界でもしだいに自由画が受け入れられていくことになった。[30]

2　自由画の内容と特徴

次に、鼎が『赤い鳥』で指導した実際をいくつか見ながら、投稿自由画の内容を確認しておきたい。

「冬（推奨）」（大阪南区、一七歳、小林美彌子、一九二一年五月号）は、兄弟姉妹で家庭内コンクールをして応募してきた自由画である。

鼎はこの自由画に対して「小林さんの家庭コンクール面白く拝見しました。実に誰も負けず劣らずです。（中略）千賀子さんの「林檎」は廸子さんの「文房具」に負けませんよ。さすがに、大姉さんのが一番しつかり出来てゐますね」と、この試みを評価する。そして「植木鉢の肖像画を描いたやうです。なぜなら植木鉢だけ注意深く描いてあつて、周囲の物件はまるでぞんざいに見てゐるからです。すべての物は独立して居ません。形も色も調子もすべて周囲のものと必然の関係があるのです。たとへば、あなたの手のひらを白い紙の上に置いて御覧なさい、色は赤く調子は濃く見えます。ところで、同じ手のひらを、赤いきれの上で眺めて御覧なさい。その色は黄色く、調子は明るく見えるでせう。すべての価値は比較の上に会得されるものであるという事を知つて、モテイフにお対ひなさる事を希望します」と自由画写生の考え方を説明している。

そのうえで、「木炭やチョークで描いたものは是非ラックで留めてお置きなさいまし。シケル、ラックを薬屋で五銭ばかりも買ひ、それを細かく砕いて、アルコールを入れて瓶に溶く。番茶ぐらいの濃さに溶けますから、それを霧吹きで画の上へ吹くのです」と技法を教授する。

構図に関する指摘も多い。「碁を打つ人（入選）」（東京市成女高女一年、田中敏子、一九二二年二月号）には「むづかしいところを写生しましたね。少し形が怪しいが、でも、場合の感じが出てゐますよ。黒い石を持つた人は、ずゐぶん首の大きい、お尻の大きい人ですな」、「母と子（入選）」（東京市小石川女子大学附属高女一年、高木しげ子、一九二二年四月号）には、「うまく出来てゐる。併し、乳をのんでゐる子供は駄目ですね。お母さんの頬から、肩、手なぞを描いたやうな注意した描写を、全体にやつてもらひたかつたですな」と評言を与えている。

「浪江さんの読書（推奨主席）」（山梨県立都留中学校二年、山口勇夫、一九二七年六月号）は、「水彩力作。構図も無難、描写も無難、だが全たいの効果はよくない。弱くて、しかも複雑。あまりむやみに大判に描くところに短所があるのです。水彩では、あまり大きいのは、勢多くして効果はあがらない」とよく投稿する者には具体的な批評を心がけている。

「いもうと」（神戸市、蔦繁、一六歳、一九二六年一月号）は興味深い自由画である。鼎は「いつもながら面白い。後の髪を結ってる方がよくかけてゐます」と述べていることから常連投稿者であることがわかる。この蔦という青年は、「支那人」（同号）で三重吉から絶賛された人物である。自由画の方も「陰影」のある作品に仕上がっている。このように綴方にも詩にも自由画にも投稿する者が多かったと思われる。『赤い鳥』実践の複合的な教養形成が見えている。

表現方法や題材は多様であったが、彼らが自由画に向かうときに意識したのは身近にいる他者をきちんと描くことにあった。それは綴方や自由詩と同じように、他者と向きあい、交流して、共同して創作する思想を学ぶことにあった。ここに自由画実践の教養形成上の重要な成果があったのである。

五　「国語」読本への影響

『赤い鳥』に投稿する中等学校生らの創作実践は、「国語」読本にも影響を与えた[31]。たとえば、国民精神論に深く傾斜した「国語」読本であった『国文新読本[32]』にも、白秋「あわて床屋」、八十「春の日」の童謡二篇が収録されている。また、「烈風中の飛行（日記）」、「日本陸軍（日記）」（以上、巻一）、「戦場の小学生（書簡）」（時局に関する教育資料）」、「努力（韻文）（カード楽譜）」（以上、巻二）、「窓前の木の葉（作文三十三講）」（巻三）、「奈良と伊勢神宮（旅の書簡より）」（巻四）の作文事例が多く収録されている。「凡例」には「作文力の進歩向上に暗示を与ふることもその一つである。編者は現下我が国文章の大勢は口語文にあり、又将来は口語文に統一されることを確信してゐる。本書はこの確信に基づいて、事情の容す限り多数の口語文を採用した」とその目的が記されている。

藤村が示した作文のための文範のうち書簡文については候文体であるが、そのほかの事例は口語文体になっている。これを『赤い鳥』の影響とするのは正確ではない。しかし、こうした事例は、検定教科書として一九一一（明治四四）年の中学校教授要目改正に従ってはいるものの、実際には少なくとも『赤い鳥』などの文芸投稿誌の隆盛と生活綴方実践の発展の反映と見ることができる。これまで見てきたように、『赤い鳥』を媒介にした中等学校生たちの意識のなかに、誌面内容や選者の指導助言、同世代の青年たちの投稿作品などから同時代の実践意識が明確に伝達されていった。そして、彼らの教養観に、読本を「読む」という意識から、彼らが興味を示した対象を「陰影」をもって「地域語（方言）」で「自由」に「ありのままに書く」、「写生する」という実践方向が位置づき始めていたことは確認してよい。綴方、自由詩、自由画実践の「自由」は、「不自由」に対抗する概念として打ち出されている。教育や子どもの現実に強制する「不自由」から解放されていく「自由」を『赤い鳥』は保障しようとしたのである。その「不自由」は、時には権力者からの圧力であったし、時には教育現場の教育方法を縛る統制であった。

生活、異文化、自然、いのち、地域など、題材や向きあう対象はさまざまであったが、中等学校生らは『赤い鳥』の自由な場で、自由と実践に裏づけられた他者と実践的に共同する思想を育てていったのである。

そうした思想を育てた実践を「国語」教育の分野で引き受けていったのが西尾実であった。西尾が「「国語」

編纂の趣意」の「イ　表現に生命あり結晶あるもの」の項で、「国語」教育の位置づけと表現との関係について次のように述べたのは印象的である[33]。

> 「健全ナル思想、純美ナル国民性」を養ふといつても、国語科は修身科でもなく、歴史科でもない、あくまで国語科であらねばなりません。即ち国語の教材は、さういふ思想なり性質なりが、たゞに国語によつて表現せられてゐるといふに止らず、それが、真に国語になり切つてゐなくてはなりません。この根本条件を忽にした教科書は、修身の例話集であり、歴史の補充材料ではあり得ても、国語教材ではあり得ないことはいふまでもありません。一体に普通教育に於ける国語講読は、国語的表現のあらゆるものに及ぶことは出来ません。またその必要もないと信じます。国語的表現の勝れたもの、有力なものを選んで、その勝れた点、有力な点を十分に把握させることがその任であります。併し単なる文法的正確や洗練せられた字句の羅列が真の「文章ノ模範タルモノ」でないことも亦、いふまでもありません。殊に当来文章の範たるべきものは、単なる形式的正確さや様式的完成ではなく、内容そのものの力が即ち表現の力であり、表現そのものの美が直ちに内なるものの美である如き、生きた文章でなくてはなりません。

西尾が表現の美や生きた文章を「国語」に求める背景には、それまでの「国語」という教科が道徳的規範を修養する教科に傾きがちであったという認識がある。そうした「国語」観の変革の契機に少年少女の創作実践を一つの核とする教養形成があることが見えている。

一九二〇年代は多様な実践に彩られた時代であった。思想実践、文芸実践、創作実践、「国語」教育実践などが次々と生まれた。『赤い鳥』実践は、自由な思索と表現、多様な対象への関心、粘り強い繰り返しなど、自由な場で他者に向きあい、他者と共同する思想を形成していった。

また、『赤い鳥』実践は、編集者、選者、媒介者、創作者による共同の実践であった。そこには自由を相互に保障しあい、他者と向きあう思想が求められた。つまり、彼らの教養観の根底には共同性の認識が定着しており、それを基礎に自由な思索と表現が実践されたと考えることができる。

註

（1）安倍能成「三重吉の小説其他」『赤い鳥』第一二巻第三号（鈴木三重吉追悼号）、一九三六年一〇月一日。引用は、復刻版『赤い鳥』日本近代文学館、一九七九年二月一〇日、一三二頁。

（2）『鈴木三重吉編現代名作集』の発行元は鈴木三重吉方、発売は東京堂。一九一四年九月二一日に第一集夏目漱石「須永の話」を刊行している。

（3）桑原三郎『鈴木三重吉の童話』私家版、一九六〇年三月。その概要は、桑原三郎『「赤い鳥」の時代——大正の児童文学——』（慶應通信、一九七五年一〇月二〇日）に詳しい。また、「すず伝説」考察部分は、桑原三郎「すずきすず伝説から赤い鳥まで」（村松定孝ほか編『日本児童文学研究』三弥井書店、一九七四年一〇月一日）に再掲されている。

（4）続橋達雄『大正児童文学の世界』おうふう、一九九六年二月二五日、二九頁。『愛子叢書』は、実業之日本社が一九一三・一四年に少年少女向けに刊行した島崎藤村『眼鏡』、田山花袋『小さな鳩』、徳田秋声『めぐりあひ』、与謝野晶子『八つの夜』、野上弥生子『人形の望』のこと。

（5）巽聖歌は、白秋が自作を「面映くなるほど、何度も紹介してくれて」、「得意満面のわたくしは、それに力を得て」投稿を重ねたことを回想している。木俣修も、三重吉が葉書や「赤い鳥賞」の童話集を送ってくれたことが文学人生を決したことを述べて、思い返すと「涙のにじんでくるのを禁じ得ない」と語っている。『『赤い鳥』復刻版　解説・執筆者索引』日本近代文学館、一九七九年二月一〇日、七二、七四～七五頁。

（6）福田清人「『赤い鳥』総論」『『赤い鳥』復刻版　解説・執筆者索引』、一～一一頁。
（7）滑川道夫「『赤い鳥』の児童文学史的位置」、日本児童文学学会編『赤い鳥研究』、小峰書店、一九六五年四月一五日、二九頁。
（8）一九二〇年一月二一日付小宮豊隆宛書簡の記載による。一九二一年に遠藤早泉が東京都の七六七名の児童が読んでいる雑誌の調査を行った。その結果、六六種の雑誌が出されたが、読者数上位は『譚海』『少年世界』『少女世界』という小波系の博文館刊行誌である。『赤い鳥』『金の船』『童話』は、下位であった。桑原三郎『『赤い鳥』の時代——大正の児童文学——』（慶應通信、一九七五年一〇月二〇日、三七～三八頁）による。
（9）『赤い鳥』の「競合誌」として成長した『鑑賞文選』、『綴方読本』、及び相補関係にあった教師向け『綴方生活』の存在は無視できない。中内敏夫監修『復刻鑑賞文選・綴方読本』（緑陰書房、二〇〇六年一〇月～〇七年九月）が刊行され、研究の深化が期待されている。
（10）のちに児童文学作家となった久保喬は、「『赤い鳥』を見た日」（『日本児童文学』第二五巻第一三号、偕成社、一九七九年十一月一日、六～七頁）で、伯母宅で間借りしていた小学校の先生が持っていた『赤い鳥』を見て、その新鮮さにみずからも購入するようになり、中学生になっても「小学生向きの雑誌をとることが恥ずかしくなり、弟にやるという口実で買いつづけた」こと、「『赤い鳥』が出てから、やがて、『赤い鳥』系の童謡が広く歌われはじめ」、「町を歩いていて、大人たちもそれらの童謡を歌う声をたびたび耳にした」ことを回想している。『赤い鳥』系の童謡とは、白秋、八十らの童謡を指している。
（11）北原白秋「幼き者の詩」『女性改造』一九二三年五月号。
（12）関口安義「芸術教育と児童自由詩」、北原隆太郎・関口安義編『自由詩のひらいた地平』久山社、一九九四年一〇月一一日、五七～五八頁。
（13）第三号（九月号）では、小川未明、谷崎潤一郎、有島武郎が加わり、第一巻第六号（一二月号）では、久米正雄、江口渙、秋田雨雀、西條八十、菊池寛、三木露風が付け加えられている。なお、二号から「森森太郎」は「森林太郎」と変わった。誤植であったと思われる。
（14）当時の教養概念としては、（一）いわゆる「大正教養主義」の教養観、（二）芥川龍之介や菊池寛などが展開した文芸実践に代表される教養観、（三）『赤い鳥』など文芸投稿誌に見られる教養観、（四）検定「国語」読本に見られる人格形成型の教養観、(五)国民精神論に連動する国民性の自覚を促す教養観、(六)日本主義、右翼の教養観がある。

(15)『赤い鳥』刊行以後、特に一九二〇年ごろから文芸教育が隆盛しはじめ、芥川龍之介は『近代日本文芸読本』の序文で「文芸的教育」と呼んだ。

(16)岩波編輯部編『国語』には、白秋、龍之介、寛、藤村、露風らの童話、童謡、詩、随筆を掲載した。文芸作品の厳選傾向、読み方中心の「国語」読本から作文指導を含めたバランスの取れた教材配置への影響も大きい。同じように『赤い鳥』から影響を受けていた『近代日本文芸読本』の教養実践も『国語』に影響を与えている。

(17)井上敏夫編『国語教育史資料第二巻　教科書史』東京法令出版、一九八一年四月一日。また、岩波書店と西尾実は「編集室と教室との連絡機関」として『国語　特報』を刊行して、全国の国語教育者との交流を進めていた。雑誌を媒介に教育実践を共同する思想性は『赤い鳥』と同じである。その『国語　特報』には一九三七年度には四〇八校、一九三八(昭和一四)年度には六一七校で採用されたと記録されている。

(18)小学生の作品の考察は、弥吉菅一「『赤い鳥』投稿自由詩の実態調査」(滑川道夫『日本作文綴方教育史二　大正篇』、国土社、一九八三年二月一〇日)に詳しい。

(19)小寺慶昭「「赤い鳥綴方」の研究」『龍谷大学論集』四四九号、龍谷学会、一九九六年一二月二五日、一五〇頁。

(20)『中内敏夫著作集Ⅴ　綴方教師の誕生』藤原書店、二〇〇〇年一一月三〇日、一〇三頁。初出は、『生活綴方成立史研究』明治図書、一九七〇年一一月。

(21)豊田正子『綴方教室』中央公論社、一九三七年八月三日。

(22)山下夏実「綴方運動における二つの「生活」――『赤い鳥』にみる「方言」導入と「生活」の発見――」『人間・エイジング・社会』第三号、早稲田大学人間科学部人間基礎科学科社会学実験室、二〇〇一年六月二一日。

(23)『芸術自由教育』アルス、一九二一年一月～一〇月。編集委員は片上伸、北原白秋、岸辺福雄、山本鼎である。

(24)北原白秋「解説」、同編『鑑賞指導　児童自由詩集成』アルス、一九二三年一〇月二〇日。白秋の選評と自由詩は、『鑑賞指導　児童自由詩集成』及び『指導と鑑賞　児童詩の本』(帝国教育会出版部、一九四三年四月一〇日)から引用した。北原隆太郎・関口安義編『白秋がえらんだ子どもの詩　鑑賞指導　児童自由詩集成』『白秋がえらんだ子どもの詩　指導と鑑賞　児童詩の本』(ともに久山社、一九九四年六月一八日)を参照した。

(25)『文芸講座』については第二節で詳論した。

(26) 堀江祐爾「白秋と『赤い鳥』自由詩――白秋が至り得た境地と選評――」『愛媛大学教育学部紀要』第一九巻、一九八七年二月二八日。

(27)「児童自由画展覧会趣意書」山本鼎記念館所蔵、一～四頁。

(28) 一九二〇年五月二二日付松尾砂宛書簡。

(29) 自由画実践の方法はなかなか現場に定着せず、鼎は繰り返し自由画の理念と方法を説いた。その集成が『自由画教育』（アルス、一九二一年一二月一〇日）である。

(30) 学校での美術教育が臨画から自由画へと移行していく過程については、富田博之と滑川道夫が対談（滑川道夫『体験的児童文化史』国土社、一九九三年八月三〇日、二一～二二頁）で『赤い鳥』や鼎の自由画運動の成果もあって静物画などの写生が行われるようになり写生が一般化してきたことを紹介している。

(31) 汐見稔幸「ことばの教育――教科としての国語――」（『岩波講座　教育の方法四　ことばの教育』岩波書店、一九八七年六月二九日、二一四～二一六頁）は、片上伸らの文芸教育運動、『赤い鳥』の芸術運動、『八大教育主張』の児童中心主義的教育方法の広がりが「子どもたちの自主性、自発性にもとづく作品の自由な解釈を重視する気運を育てたこと」、『赤い鳥』運動が「子どもたちの綴るという活動を創作的活動とみなし、書かれたものを子どもの芸術的作品とみるという新しい視点を打ち出したこと」、「生活をリアルに描かせることを通じて子どもたちの生活の再構成と生活の指導を行おうとする生活綴方の流れが昭和期に生れた」ことが、「国語教科書の編纂方針にも反映し、一九三三年有名な『小学国語読本』（いわゆる「サクラ読本」）へと改訂される」と述べている。また、井上赳の編纂趣旨に、表現の文学性、言語教育性が盛り込まれたことを指摘している。

(32) 藤村作・島津久基共編『国文新読本』、至文堂、一九二二年一二月訂正再版。

(33) 岩波編輯部編『国語　学習指導の研究』岩波書店、一九三六年四月五日、三～五頁。

第三章　垣内松三の「国語」読本

第一節　垣内松三「創造的読方」論と「国語」読本

一　垣内松三の「国語」教育論と日本型教養

垣内松三は、第四高等学校で西田幾多郎、得能文、藤井乙男に学び、東京帝国大学文科大学では小泉八雲、ケーベル博士の講義を聴いている。特にケーベルを敬慕してその教えから深く学んだ。東京帝大では、高山樗牛の創刊した『帝国文学』を樗牛の弟である斎藤信策らと編集している。

一九一〇（明治四三）年に東京帝大講師となり、一九一一（明治四四）年に第六臨時教員養成所兼東京女子高等師範学校教授となった。一九一九（大正八）年には欧米における女子職業教育、通俗教育、教科書調査のために文部省から派遣されて約半年間ドイツ、フランス、イギリスに出張滞在する。一九二一（大正一〇）年一一月には、長野県臨時視学委員として中等学校を視察して、その最後に長野師範学校で「国語教授と国語教育」について講演した。垣内は、その記録をもとに一九二二（大正一一）年に『国語の力』[1]を刊行して、センテンス・メソッドという鑑賞批評理論、形象理論を提唱した。

『国語の力』は教育界に大きな影響を与え、二〇世紀前半から後半にかけての「国語」教育と青年期教養形成との関係を考察するうえで欠かせない一書となった。[2]同書刊行後、垣内は全国各地の講師として招かれることになった。さらに一九二三（大正一二）年四月には、月刊雑誌『読方と綴方』[3]を創刊する。また、一九二四（大正一三）年四月創刊の東京帝大国文科編『国語と国文学』には、その巻頭に「文学反響」[4]を寄稿している。

垣内が旧制中等学校向け「国語」教科書編纂に乗り出す頃までのおおよその足どりは以上である。彼は青年期に日本型教養を担った人々から学び、教育者となって後に西洋の教育事情を視察して、日本の「国語」教育と教養形成に重要な役割を果たしたのである。その後も芦田恵之助との教育実践研究を進め、『独立講座国語教育科学』、『形象論序説』を刊行した。二〇世紀後半にも「国語」教科書の編纂にあたり、その後の教科書編集にも影響を与えた[5]。垣内は二〇世紀前半から後半にかけての「国語」教育と青年期教養形成との関係を考察するうえで欠かせない人物である。

『国語の力』で展開された理論は多岐にわたっており、なかでも「創造的読方」論は同書の実践的な結論として強調されている[6]。この「創造的読方」論は、彼が編集した「国語」読本の理論的な基礎ともなっている。垣内の編集した「国語」読本には、中学校用に『国文新選』、『国文新編』、『国文選』、『国語読本』、『高等女学校用に『女子国文新編』、『国文鑑』などがある。また、旧制高等学校や専門学校用「国文」教科書として『国文学大系　現代文学』をこれらにさきだって編集している。これは垣内の手になった最初の「国語」教科書であり、彼の教科書観の基本を確立した教科書である[7]。これらの教科書類のうち、『国文学大系　現代文学』については野地潤家の研究、『国文新選』については橋本暢夫の研究がそれぞれまとまっている[8]。本節では、これらの先行研究に学びながら、『国文学大系　現代文学』の内容分析を行い、その刊行の意義と垣内の教養観、旧制中等「国語」読本を編纂する基礎となった『国語の力』の「創造的読方」論を考察して、その後の「国語」読本に与えた影響を見ていきたい。

二　垣内松三の「国語」教育論と『国文学大系　現代文学』

1　「例言」に見る文学研究及びその教授観

『国文学大系　現代文学』は、旧制高等学校や専門学校の国文教科書として使用されることを想定して『近代文学』、『中世文学』、『古代文学』と並ぶ一篇として編纂された。[9]『国文学大系』は刊行後も順調に版を重ね、旧制中等学校向け「国語」読本がもっとも多く出版された一九二六（昭和一）年には改訂七版が出された。改訂七版は、初版に比べて編纂方針が充実して教材採録の幅も広がっている。本節では、この改訂七版を中心に考察し、必要に応じて初版を参照する。[10]

垣内は、本書編集にあたって、「例言」で文学研究の立場と文学教授観を述べている。その冒頭では、編纂の指針を次のように言う。

> 在来、かやうな目的を以て編纂せられた教科書は政治史的・列伝的及び類型的分類を以て組織せられたる文集であります。本書も亦歴史・作者・類型に基く文集の形式に依らねばならぬのは当然でありますが、一般的教養として日本文学の全体を全景的に批評的に見る研究の境地を造るために、特に日本文学思潮の展開に基きて、材料を整理して編纂を試みたのであります。

垣内は、教科書編纂にあたり従来の「政治史的・列伝的及び類型的分類」から「一般的教養として日本文学の全体を全景的に批評的に見る研究の境地を造るために、特に日本文学思潮の展開に基」いていることを強調している。「全景的の見方」については、「年代・類型に囚はれず又一時代に現はれたる作品の分量に眩まされないで」、「作品の本質を基点として、日本文学の研究に於て思料し得らるゝ方法論的考察の上から、作品を統一すること」の重要性を指摘している。また「批評的の見方」については「訓詁的な客観的批評や主観的な印象的批評の弊穴に陥ることなく、批評主義論の立場から文学の本質を研究すること」であると解説している。垣内は、教材化にあたり、これまでの年代や類型による分類から思潮別の批評的な編纂体系に移行することを宣言しているのである。[11]

そしてそのうえで日本文学の全体系の序列を二区分している。黎明期の旋律を帯びた「いのり」「かたち」「働き」の旋律に着目し、「宗教・哲学・生活の全てが歌であった時の文学を日本文学の原形Protoplasmと」したうえで、「日本文学史上の重要なる時期区分に属する作品に現はれたるその分裂及び分裂の極限に於て再び原型に還らんとする文化意識の持続的展開に基きて、文学思潮の主流を鮮明に現はすことを努め」たと述べて、「合唱より抒情詩（個人的主観的）の生るゝ時（古代文学の一）」、「分裂より統一を求むる時（古代文学の二）」、「自照より奔放に赴く時（中世文学）」とさらに三区分している。

また近代から現代文学について、「崇高・素朴・優雅・悲壮・牧歌的精神の高まりし時より現代までを一つにまとめて、中世文学を中心として、古代文学に対立するもの」としたとしている。特に現代文学については、評論・小説・劇・詩の国際交流（International Intercourse）の重要性を説き、その理由として「広汎なる「世界文学」の研究の便宜を思つたからであ」ると述べている。

垣内はこうした思潮の本質批評による教材化にあわせて、内容と形式を統一した表現によった教材化を説いている。「文学の本質は、所謂「内容」（文学的素材）が作者の個性の内面に於て統一せられて所謂「形式」（感覚的形態）を産出する表現作用の上に求めらるゝものであ」ると定義をしたうえで、「それを透視する研究の仕方」

は、「文学の形象を凝視することである」と述べる。そして、叙述、叙情観、提示（「1 Description 2 Lyric-Philosophy 3 Presentation」）について、モウルトンの「文学の形態学的研究」という研究的態度が「解釈」の根底であると説き、「各時代の文学を学理的及び教授上の立場より」「1 Description 2 Lyric-Philosophy 3 Presentation」の順に編纂することで「日本文学の表現作用の系列」を明らかにする意図を持っていることを開示している。モウルトンの分類にしたがって編纂された教科書を活用することで、「言語学的諸研究・文学概論の学説等が一語一句の解釈の上にも連絡し、あわせて「文化の自叙伝としての文学」の研究を着実に進めることができる」と、研究の展望を示すのである。

具体的には「一々の作品を透して研究を深化し展開するために予料し得る種々の工夫を加へて編纂を試み」、「「世界文学」の研究にまで進められ文学の研究を機縁として、文化の批判と個性の教養との上に留意せらるることを得ば実に欣幸とするところであります」と世界文学研究にまでの進展を期待しているからであると説明している。また、教材編成については、「編次・教材の選択按排・作文教授との連絡等に注意した」と他分野との整合性に目を向けることにも留意している。

初版（一九二二年）から改訂版（一九二四年）に至る過程で、文学研究や「国語」教育の進展があったことを背景に「更に今回改訂に際して長篇（黙読のために）及び多様の教材（鑑賞批評及び文献学的練習のために）を加へました」と指導方法の新たな展開を模索した改訂であることを強調する。さらに「附言」では、構成方法について「「叙述（前三分の一）」「抒情・感想（中三分の一）」「劇（後三分の一）」」という日本文学の各系列の展開の端緒」「日本文学の全体系の輪郭の一部が立体的に浮かみ出して来る」ようにしたと補足しており、表現に着目した教材化に目を向けさせる。

野地潤家は、垣内が『国語の力』の「如何に読むべきか」の項で、「読みの対象としての日本文学をどうとらえるかを問題として、そこに文学の読みかたの新しい着眼点を見いだそうとしている」として、『国語の力』の「一五「対象の統一」で「叙事文学・劇文学・抒情文学・試論の四つの系列につき、それぞれ考察を加え」ていることに「国語」教育史上の意義を見出している。[12] 野地は、その際、垣内が「小著『国文学大系』は高等学校用国文教科書であるが、日本文学の全体系を直線的平面的に排列するのでなく、立体的に建立した形に於て対象の統一を企図したものである。その編纂法を参照せられたい」と述べて読者に『国文学大系』に関心を向けるよう注記したことを指摘している。つまり、「『国語の力』が執筆され、刊行される前に、こうしたテキストがまとめられ、そこには垣内松三先生の日本文学の全体系・全景をとらえていく考え方が示されていた[13]」ことが、『国文学大系』の「国語」教育史上の意義であったというのである。

2　「教養」言説の提示

垣内は、この「例言」で「教養」という用語を二回使用している。一つは、「一般的教養として日本文学の全体を全景的に批評的に見る研究の境地を造るために、特に日本文学思潮の展開に基きて、材料を整理して編纂を試みた」と述べている箇所である。「日本文学の全体を全景的に批評的に見る」ことが「一般的教養」となるというのである。またもう一つは、「本書に於て日本文学研究の方向を発見せられ、併せてその立場から「世界文学」の研究に進展せしめつ、文学の研究を機縁として、文化の批判と個性の教養との上に留意せらるることを得ば実に欣幸とするところであります」である。高等学校生が「文化の批判と個性の教養」を獲得することの期待を述べている。この二つの言説は、「一般的教養」としての日本文学研究から世界文学研究への進展過程でさらに個性的な教養の獲得へと前進することの意義を述べたものである。

垣内は、中学校までの日本文学の読みのうえに立ち、人格形成における教養獲得が上級学校での文学研究の任務であると規定する。垣内の文学教授観は、旧制中学校と高等学校との連続的な学びに教養形成の核があることを示しているのである。

3　『国文学大系　現代文学』の概要と収録作品の特徴

『国文学大系　現代文学』の初版には、小説・童話八篇、随筆・小品・紀行五篇、感想一篇、評論一五篇、評伝二篇、戯曲四篇、短歌二篇、俳句一篇、詩三篇の計四一篇が収められ、そのうち翻訳が二篇である。

改訂七版には、小説・童話九篇、随筆・小品・日記五篇、感想一篇、評論一五篇、戯曲三篇、短歌二篇（一一歌人）、俳句一篇（五俳人）、詩一篇（四詩人）の計三七篇が収められ、そのうち翻訳は一篇である。

先に見たように、垣内は改訂版の「附言」で「叙述（前三分の一）抒情・感想（中三分の一）劇（後三分の一）文学の文学活動の持続的展開の姿が現はれ、日本文学の各系列の展開の端緒を見ることから、日本文学の全体系の輪郭の一部が立体的に浮かみ出して来ること、思ひます」と述べていた。確かに、配列の一六項目の童話までは、小説、童話、日記、随筆、翻訳が並び、評論も歴史・人物伝に傾き、叙述的である。一七項目の評論から二八項目の短歌までは、哲学・文化文芸論・政治・政体論に加え世界を全一的抒情的に切り取る俳句・短歌を並べている。また、後半の二九篇からは戯曲・演劇論、童話・童話論、舞台的表現に収斂された詩を配している。

具体的な収録作品では、改訂七版に新たに加えられているのが、芥川龍之介「三右衛門の罪」、北原白秋「雀の生活」「落葉松」、寺田寅彦「自画像」、野口雨情「佐渡が島」、正木不如丘「時に棹さす」である。一九二〇年代の文芸実践の活発化を反映している。また、島崎藤村は、「三人の訪問者」、「飯倉だより」、「仏蘭西紀行」、「童話二篇」の四篇となり、重視され続けていることがわかる。

短歌では、初版では尾上柴舟と長塚節のみであったが、「短歌抄」として、金子薫園、若山牧水、石川啄木、窪田空穂、前田夕暮、佐佐木信綱、斎藤茂吉、伊藤左千夫、正岡子規が加えられている。俳句も、子規だけであったが、松瀬青々園、内藤鳴雪、河東碧梧桐、高浜虚子が新たに加えられている。

韻文を充実させたのは、「例言」で垣内が述べた「作文教授との連絡」への配慮である。夏目漱石『草枕』の抄出である「山路」、高浜虚子「修善寺紀行」、志賀直哉「城の崎にて」、北原白秋「雀の生活」、長谷川二葉亭「樺の林」、寺田寅彦「自画像」、幸田露伴「地獄渓日記」、島崎藤村「仏蘭西紀行」なども、近代文学史的排列にとどまらず、紀行や叙景の実践事例として紹介されている。

さらに、垣内が強調した世界文学への視野としては、ユーゴーの翻訳小説である森田思軒「クラウド」、『欧米文明記』からの抄出である黒板勝美「金字塔」、島崎藤村「仏蘭西紀行」、厨川白村「東西の自然詩観」、菊池寛「ゴルスワアシイの社会劇」、太田善男「現代日本の文芸と世界思潮」という紀行や評論が収められている。

4　菊池寛、芥川龍之介と垣内松三

ところで、垣内はみずからの「国語」教育論を構想するのに際してモウルトンやヒューイと並んで菊池寛の文芸実践に注目して、その文芸評論、文学研究に学んでいた。後述する『国語の力』では、「二　文の形」の「八　芸術的摂理」で、寛の志賀直哉論を彼の『文芸往来』から抄出している。そこで寛が「作品にある温味も力強さも、此人格の所産であると云つた方が一番よく判るかも知れない」と述べたことを取りあげて、これは「文を機械的皮相的に分析しないで、その内面に於ける形象に於て見んとするものである」と述べている。

『国文学大系　現代文学』の初版でも、『文芸往来』から兎と亀の童話論、イギリスのノーベル賞作家ジョン・ゴールズワージーの劇作論を紹介した「ゴルスワアシイの社会劇」の二文が採られている。改訂七版でも、秘めた過去を持つ僧の開掘難行を描いた小説「恩讐の彼方に」がさらに加わっている。また、『国文選』には、巻三に前野良沢と杉田玄白の翻訳の苦闘を描いた小説「轡十文字」、巻四に高麗狗を盗む盗賊を描いた戯曲「亡兆」が採られている。『国文新選』では、「轡十文字」、「恩讐の彼方に」に加え、鎧を貸した武士と借りた武士との戦場での比較を描いた「形」が収められている。

一方、初版には芥川龍之介の作品は採られていないが、改訂七版では「三右衛門の罪」が採られている。『国文選』では、「トロッコ」、「蜘蛛の糸」、「杜子春」の三篇が採られている。『国文新選』では、「動物園」、「或日の大石内蔵之助」、「蜘蛛の糸」、「漱石山房の秋」、「太郎」が採られている。

このように見てくると、寛と同じ第四次『新思潮』の同人で、文芸実践家の同志として寛とともに活躍していた龍之介を採用していないことから、逆に寛への比重が高かったことがわかる。『国文学大系』初版の時点では、龍之介にはまだ関心がなく、寛の文芸評論に主要な関心が向けられていたのである。

一方、その龍之介のほうは、『近代日本文芸読本』全五集を編集する際の教材選択で、垣内の『国文学大系　現代文学』から影響を受けたことが窺われる。

『近代日本文芸読本』には、小説・童話四五篇、随筆・小品一五篇、評論一六篇、戯曲一八篇、詩二二篇、短歌二一篇、俳句一一篇の総計一四八篇が収められている。これは『国文学大系　現代文学』の収録傾向に近く、作家や作品の選定の仕方も似通っている。龍之介は旧制中学校の教科書や副読本に加え、さらに旧制高等学校の教科書や副読本を参照したと考えられる。ただし、重複する作家は多いけれども、重複した作品はほとんどない。作家も作品も重複することは、同じ出版物に限りなく近くなることであり、そこまでの重複がないのは当然でもある。

すでに第一章で見たように、龍之介は『近代日本文芸読本』の「縁起」で「僕は大正十二年九月一日、即ち大地震のあつた当日に友人神代種亮氏の紹介により、書肆興文社の石川氏から「近代日本文芸読本」を編纂してくれろと言ふ依頼を受けた」と書いていた。一九二三（大正一二）年は『国文学大系　現代文学』が四版から改訂五版へと移行する時期である。一九二一（大正一一）年に初版を出して各校で学ばれた経緯を踏まえ「例言」の主意にしたがってさらに改訂が加えられているのである。時期的に見て、龍之介がこうした充実した版を参照した可能性は高い。

垣内の豊かな教養観で編集された『国文学大系　現代文学』が龍之介の読本編集に影響を与えたというのは、文芸実践と「国語」教育実践の交差を見ていくうえで興味深い事実である。『近代日本文芸読本』は、教材編集にカノンとしての役割を果たしていくことになり、当時の「国語」読本の教材選択に影響していったからである。西尾実が中心となり、一九三〇年代に多くの旧制中学校で使用された岩波編輯部編『国語』の内容にも影響している。『国文学大系　現代文学』を母胎とした彼の「国語」読本である『国文新選』や『国文選』は、のちの「国語」読本に大きな影響を与えていった。

橋本暢夫は「雑纂的国語読本を彫刻しようとした画期的な中等読本」であり、「教材の史的視点からみても、島崎藤村・寺田寅彦作品の教材価値の発掘をはじめ、戯曲作品の教材性を透視した配置など、中等国語教材史上、昭和期の読本に大きな影響を与えた」と述べている。[14]『国語』で掲げられた語彙や文章の学習指導も、垣内の指導論を引き継いでいる。また、『国語』の理論的基礎となった西尾実の言語生活主義論構築にも影響があった。[15]

三　自己に内閉する「国語」目標論

1　『国語の力』と「国語」読本の意義と限界

これらの垣内の「国語」読本の理論的な基礎は『国語の力』に表明されている。『国語の力』は、「一、解釈の力、二、文の形、三、言語の活力、四、文の律動、五、国文学の大系」の全五章で構成されている。第一章の「解釈の力」は、「一、読む力、二、読方の本質、三、読方・解釈・批評の実際」で始まり、第五章の「国文学の大系」は、「二一、再び「読む力」について、二二、国語の力、二三、文化の創造」で終わっている。緻密に計算された構成ということができよう。「二二、国語の力」は、『国語の力』と同名の項目名を持っていることからわかるように同書の事実上のまとめとなっている。垣内はその「二二　国語の力」で次のように述べている。

> これまで「読む作用」をのみ叙説し来つたが「国語の力」はそれに由つてのみ充実を望むことができない。然るに読方と綴方、解釈と作文、批評と創作とは、常に融和を欠き、特に最後の批評と創作との乖離は常に反復せらるゝのであるが、もし読方・解釈・批評が作品の産出の作用に少しのこだはりなく随伴して精密にその展開を跡づける態度に出づるならば臆見と独断とから免れて、これ等の間に和解が成立つであろう。モウルトンの解釈の批評主義論の如きはその一型と見ることができるのである。それと同時に印象批評に堕せざる自由批評に就ても　同様に考へることができるのである。もし読方・解釈・批評に於て能産の作用を対象とするならば、「読む作用」は「綴る作用」と同じ方向を進みて均しく能産の作用を経験するのであつて、所謂「創造的読方」といふ語は最もよくこの意味を示すものであらう。

西尾実は「言語及び文学を生態としてとらえ、動的な力として分析する立場に先駆しておられる」と述べ、『国語の力』の意義が、読方と綴方という二分法を超えて「創造的読方」という実践論として提唱したことを評価している。

垣内は、『国語の力』の総括として、「二三　文化の創造」では次のように述べている。

　読むことも書くことも自己が自己の内より自己を創造する作用である。読むことも書くことも自己以上のものであることはできないし、又自己以外に出づるものでもないことは明かであるが、自己を高め自己を深める力は、自己の根柢に在りて自己を自律する自己である。かくの如き内面的なる持続的展開の中に、無限に進展する人性の創造がある。「読むこと」は「読むもの」から与へられた或物を感知することに止まらないで、それを追ひ越して新い路を歩み出すことである。「書くこと」は「書くこと」によりて古い自己を潔く振り捨てゝ、それを修正し革新しつゝ新い個性を発生せしむることである。我々の心の中に聞ゆる必然要求の叫びは、常に現在の自己の薄明に満足しないで、刻々に光を求めて已まないのである。もし「読むこと」と「書くこと」とが自己の内面に於て、何等かの命令を聴くのでもなく、それに導かるゝものでなくして、たゞ「読むこと」であり、「書くこと」であるならば、自己の完成の上に何ものを齎らすものでなく、却つてそれを紛乱させることに終るのであらう。「読むこと」と「書くこと」とを実に自己を充実し、生々とさせ、邁進せしむる力たらしめ、自己の中に自己を向上せしむる動因たらしむる時に、「読むこと」「書くこと」は人格を統一する作用の方向に向つて、一歩を踏み出すのである。而してその頂点をなすところのものは文化である。真に創造的なるものはかくの如き統一の上より展開するものであつて、無限に連続する作用の作用の上に於てのみ、人性・文化の創造展開を見ることができるのである。

このように垣内は、「内面的なる持続的展開の中に、無限に進展する人性の創造がある」として、「読むこと」と「書くこと」とが自己の充実、邁進の力となり、「自己の中に自己を向上せしむる動因」となったときに、「「読むこと」「書くこと」は人格を統一する作用の方向に向」うというのである。つまり、垣内にとって、「読むこと」、「書くこと」の目標は自己の内部で行われる自己の再生産であるということになる。その過程には、他者が介在する余地はなく、たえず自己の内面で自己の読みと書きが目標化され繰り返されるに過ぎない。垣内における読むこと、書くことの目標と方法は自己の内面に閉じられた作業にならざるを得ない。

垣内は、「二一　再び「読む力」に就いて」で、読みの方法を自己の内面に焦点化した議論を展開する。垣内は「読むことを確実に基礎づけるものは、自己の心の据え方と眼の着け方である」として、「これを外に求めないで内に内にと還つて求むる内面的統一の根柢に、動かざる心の立ち処を選定して、その立場から無限の世界を展望することであらねばならぬ」と述べ、「読方・解釈・批評の問題は文化意識の中心点に立ちて、自己の奥より産出する探求の精神の方法的根柢を求むることに在る」としているのである。

垣内の主張は、読み手が他者からの働きかけを受けて、あるいは他者への働きかけを通じてテクストをさまざまに読む方法を開拓していく可能性を閉じてしまっている。テクストを自己の奥にあると仮想される「立ち処」に合わせる「解釈」が存するに過ぎないことになる。垣内は、『国語の力』で「読方・解釈・批評」と定式化することによって、「国語」読本で示した教養実践の可能性をみずから閉じてしまった。つまり、文化も自己の内面に創造展開されるものとして自己に閉じた議論を展開することで教養実践を閉じたのである。[16]

先に見たように、垣内においても読み方と書き方は「創造的読方」として統合されたはずであった。しかし、読む理論を体系化するあまり、他者への働きかけ、他者との共同による読みの実践にまで目が及ばなかったことが、こうした議論へ導いてしまった要因である。他者との学び、他者との共同の読みが行われた実践に着目していけば、こうした自閉の議論へとは進まなかったはずである。垣内の豊かな教養観を背景にして、他者のさまざまな産物を巧みに編集した教科書『国文学大系　現代文学』を生み出す一方で、その理論となった「創造的読方」論の未成熟が災いしたと言わざるを得ないのである。

垣内の「国語」教科書から「国語」教育の理論化の過程は、彼の教養実践としての展開の可能性を提示したものであると同時に、読みの理論を自己への内面化として閉じていく軌跡ともなっていったのである。

2　「創造的読方」論の西尾実による継承

西尾実は、「文学教育の回顧と展望」で、『国語の力』について「実際には直観に立ちながら直観を超え、鑑賞に力点をおきながら鑑賞からの発展を意図している点で、鑑賞的文学教育を研究的文学教育に推し進める原動力となった。昭和四年に刊行した小著『国語国文の教育』も、そういう立場をさらに方法的に発展させたものだった」と述べている[17]。

西尾も、垣内の「読方・解釈・批評」を継承して、「一　註解、二　解釈　1　主題　2　構想　3　叙述、三　批評」の教材研究の立場を確立していった。西尾は『国語　学習指導の研究』の「緒言」で、「教材研究にとつて何よりも肝要なのはその方法的体系であると考へられますので、主として文芸研究の方法論に基づ」き、「一　読み　二　解釈　三　批評」の三段階を立てると述べている。そして「まづ、「読み」を「読み」としての完成に導く為に「註解」を施し、その「読み」の完成から「解釈」を発展させ、「解釈」を「解釈」として完結させることから「批評」を発展させるといふ如く、発展的にこれを位置づけさせることを指導方法の大綱とした」と『国語』の学習指導方法を説明している。垣内の「読方・解釈・批評」に学んでいることがこの文言から明瞭に理解できる。

形象理論の理解について、西尾が垣内とほぼ同じ立場にいることも、次の文言からわかる。(18)

> 読みによる直観に立ち、全体的印象の中心をもって作品の主題を仮定し、解釈としての反省的判断によって、主題展開としての構想および叙述を表現的立場において跡づけた時、初めて仮定にすぎなかった主題は真の主題として確定され、その展開としての形象が直観されるに至るであろう。しかして作品における形象が把握せられた時、鑑賞・批評は確実なる対象を得る。

また、「解釈」については次のように述べている。

> 「解釈」は中等教育の国語講読科に於ては、教室作業の主要部を形成するものであつて、これには更に主題・構想・叙述の三機構を立てることが出来ると思ひます。主題はその文の表現に即して把握せられる、自ら表現せんとするあるものであり、構想はそのあるものが如何なる機構をとつて表現せられてゐるか、即ちその表現の機構であり、叙述は更にそれが、一語・一句・一句読は勿論、更に一音・一字の上にまで如何に示現してゐるか、即ちその表現の結実であります。換言すれば、主題は一文の全体性をその核心に於て発生的に把握したものであり、構想はその主題展開の機構を跡づけることであり、叙述は主題展開の究竟としての感覚的結晶を定位することであるといへませう。

西尾の「解釈」は、「主題展開の究竟としての感覚的結晶を定位する」叙述で完結するのである。そして西尾はその完結の場を自己の「衷なるもの」に求めている。『国語国文の教育』の「四　国文学と教養」で真の教養の意義は、「様相において心性を拓き、心性によって様相を練る両者の統一」に求められ、その洗練は「衷なるものの姿としての様相洗練」であると述べている。これからわかるように、彼の「国語」教育論の基底にある行的認識やそれによる教養論は、自己の内面の深化を追い求める議論なのである。垣内の「解釈」論と同じように、西尾の行的認識も自己の「衷なるもの」、自己の内面へと限りなく向かう議論として組み立てられている。

　このように見てくると、結局は西尾も垣内の自己の内面へと閉じていく議論の弱点を事実上引き継いでいくことになったと言えよう。

註

（1）垣内松三『国語の力』不老閣書房、一九二二年五月八日。随筆的論文集『石叫ばむ』（不老閣書房、一九一九年七月八日）に続く二冊目の著作である。本節での引用は、復刊『国語の力』（有朋堂、一九五三年八月二〇日）による。

（2）野地潤家は、「課題――「国語の力」研究について」（『国語教育研究（1）』広島大学教育学部国語科光葉会、引用は『野地潤家著作選集⑪』明治図書、二五～四五頁）で、『国語の力』が一九二二年刊行から一九四二年の絶版までに四〇版を重ねたこと、なかでも刊行から一九二八年までは毎年数回の新版が出たことを報告して、「大正末期から昭和初期にかけて、とくにひろく読まれたことがうかがえる」としている。また、一九二五年から五八年の三〇数年間に八一篇もの『国語の力』や垣内に関する研究、随筆、シンポジウム報告が刊行された事実を記して「「国語の力」は、国語教育学説史研究の対象として、巨大な存在である」と述べている。

（3）垣内松三『読方と綴方』不老閣書房。一九二六年に『国文教育』誌と改題される。同誌は「国語教育の実践研究誌として、独自の役割を果たした」（野地潤家「垣内松三年譜」『垣内松三著作集』第一巻、一九七七年一一月、光村図書）と評価されている。

（4）垣内松三「文学反響」『国語と国文学』一九二四年四月号、至文堂。

（5）石井庄司編著『国語教育叢書19　近代国語教育論史』教育出版センター、一九八三年一二月五日。石井庄司「垣内松三」、唐沢富太郎編著『図説　教育人物事典』ぎょうせい、一九八四年四月三〇日。

（6）後藤恒允「主題把握指導論史」（『秋田大学教育学部研究紀要　人文科学・社会科学』第三八集、一九八八年二月二九日、三四頁）は、「垣内は、解釈が「創造的読方」たりえるには「能産の作用を対象」とすることなしにはありえないとして、思想を生みだし組織していく目で文章を読むことを提唱するのである」と述べ、輿水実も「表現学」の立場から「『国語の力』の発想の根底にinventionの問題があ」り、「垣内のいう「国語の力」を「思想そのものを生みだす力」を意味すると考え」ていたことを指摘している。

（7）『国文新選』（野村八良、斎藤清衛、平林治徳、鈴木敏也との共著、明治書院、一九二五年一月一七日訂正）、『国文新編』（明治書院、一九二七年二月九日訂正）、『国文選』（明治書院、一九三〇年一一月二五日訂正再版）、『国語読本』（六星館、古城貞吉との共著、一九三二年八月五日訂正再版）、『女子国文新編』（文学社、一九二五年二月九日訂正再版）、『国文鑒』（明治書院、一九二七年一月二九日訂正再版）、『国文学大系　現代文学』（尚文堂、一九二一年九月一三日初版）

（8）野地潤家『野地潤家著作選集　第一一巻　垣内松三研究――「国語の力」を中心に――』（明治図書、一九九八年三月）、三二九～三三三頁。関連論考「「国語の力」の成立過程　その一二――何を如何に読むかを中心に――」の初出は広島大学教育学部国語科光葉会『国語教育研究』(21)。

橋本暢夫『中等学校国語科教材史研究』溪水社、二〇〇二年七月三〇日、四九二頁。関連論考「垣内松三編「国文新選」の教材化の特色とその史的役割」の初出は、『大分大学教育学部研究紀要』九巻第二号及び『国語科教育』第三五集。

（9）尚文堂、一九二一年九月一三日。一九二二年四月一〇日再版、一〇月一日三版、一九二四年五月一〇日改訂五版、一九二六年一一月五日の改訂七版とよく読まれた。総頁数二七六頁、定価一円八〇銭。

（10）資料編、六四九～六五一頁は『国文学大系　現代文学』初版と改訂七版（一九二六年一一月五日）のものである。初版には改訂七版にある「附言」以下の文章がない。また、初版と改訂七版に論旨の大きな異同はないが、使用された概念や用語にさまざまな発展がある。本節では、論旨が明確にされ、「附言」も付された改訂七版の「例言」を使用して考察していく。参考資料として初版（一九二一年八月三〇日）の「例言」も付した。

(11) これは、教科書の編纂が新しい段階に入ったことを示している。この教科書は旧制高等学校向けのものであったが、その考え方は『国文新選』以降の教科書編纂に受けつがれ、現代中等教育の「国語」教科書にまで影響を及ぼしている。

(12) 野地前掲書、三二九～三三〇頁。

(13) 右に同じ、三三三頁。

(14) 橋本暢夫『中等学校国語科教材史研究』溪水社、二〇〇二年七月三〇日、四九二～四九三頁。

(15) 西尾実「「国語の力」の現代的意義」（有朋堂版『国語の力』所収）は、東京帝大での「武家故実」と「国文研究法」を受講した思い出、松本女子師範学校時代に講演依頼したこと、それが「国語教授と国語教育」の講演であったことを報告している。

(16) 自己に拘泥する読みの理論は、芦田恵之助の『読み方教授』の「読み方は自己を読むものである」（第二章「読み方教授の意義」）という立言を事実上の源流としている。高森邦明は芦田自身の説明、垣内松三の解釈学的解説、石井庄司、古田拡の典拠、波多野完治の批判をもとに、芦田の「自己を読む」論を詳細に分析している。その結論として、芦田の「自己を読む」という立論の真意は「自己を覚醒し、発見させる」ことであり、「近代文学作品を読み、自己が覚醒されるのを覚え、そこに自己を発見する契機をつかむということと、ごく近いということができる。すなわち、今日の文学の読み方としての「作品の中に自己を読む」「作品において自己を発見する」ということとは、共通項をもっているように思われる。いわばそれは、十分今日にも生きるのである」としている。また、その注記として『季刊文芸教育21特大号　文学教育辞典』（西郷竹彦編集）に高森の趣旨と同じ内容が記されていると紹介している。これは、歴史的な文脈として「国語」教育で「自己を読む」ことが課題視されてきたことを教えている。しかし、自己に拘泥する読みを考えていくかぎり、その読みが自己の内面に閉じていく構造を持たざるをえないという批判にたえずさらされることになる。

(17) 西尾実「文学教育の回顧と展望」『文学』第七巻第二二号、岩波書店、一九五四年九月。

(18) 西尾実『国語国文の教育』古今書院、一九二九年一一月二四日。本節での引用は、『西尾実国語教育全集』第一巻（教育出版、一九七四年一〇月二〇日、一一一～一一二頁）による。

第二節　垣内松三編『国文選』の特色

一　垣内松三の「国語」読本編集の考え方

橋本暢夫は、『国文新選』の詳細な分析のうえに立って、この読本が「ことばの生活とことばの文化を基底に据え、学習者の発達に即し、季節とも照応させた編成になって」おり、「教材の選択および組織が多角的になっている」ことに注目している。「一課一課に留意しながら、微視的になることなく、教材を類型群として配し、学期・学年ごとの統一体として編成している。また、学年を初学年、中学年、高学年として捉え、さらに、全体を有機的な統合体として成立させている」というのである。

本節では、前節での野地の考察、橋本の『国文新選』の分析に学びながら、垣内の編集した読本と当時の教養やほかの読本との関係について考察する。具体的には、垣内が『国文新選』を継承して編集した『国文選』の特徴を考察して、一九三〇年代前半の「国語」教育が目指したものを明らかにしていきたい。そこから『国文選』が『国文学大系　現代文学』、『国文新選』の後継教科書であり、一九三〇年代の教科書に具体的に影響を与えていることが見えてくるのである。

二　『国文選』の特色

1　『国文選』の編集方針と各巻の特徴

『国文選』全一〇巻の扉には、次のような緒言が掲げられている。

一　縦に学年を貫き横に学期に亘りて特に全篇の組織に留意せり。
一　文化と国語との関係を基本として国民精神の涵養を意図せり。
一　教材の選択に関しては作品の本質と学習の態度とを考慮せり。
一　原作の更改は教科書としての用意に出づ原作家の諒恕を乞ふ。

『国文選』は、厳選された小説、紀行、評論、古文を主とした読本である。総収録作品一八六篇のうち、小説が二九篇、紀行文が二七篇、評論が四七篇である（資料編、六六二〜六七四頁）。随筆や小品が一六篇、近世文を含む古文が四四篇であり、これらが収録作品の大半を占めている。しかも、巻一から巻五には小説や童話、随筆や小品、紀行、評伝が集中しており、巻六から巻一〇には評論が多数掲載されているという明瞭な特徴を持っている。

表1　検定後に入れ替えられた教材一覧

巻	課	検定後に削除された教材	検定後に新しく入れられた教材	備考
巻三	一五	よぢり不動（宇治拾遺物語）	野火止の用水	＊巻一と巻二は、現存確認できるものが初版のみで、再版と比較できないので除外する。 ＊古典教材の重複の整理、学習時期の考慮、教材のレベルの調整が主な差し替え理由である。 ＊巻一〇の入れ替えは、巻六に阿部次郎「読書と体験」があり重複を避けたためと考えられる。
	一六	仁和寺の法師（吉田兼好）	草の匂（薄田泣菫）	
	一七	月前の雁（曽我物語）	撃沈（小笠原長生）	
	一八	しみのすみか（石川雅望）	霧（山本有三）	
巻四	一七	神国（徳富猪一郎）	誠の説（三浦梅園）	
	一八	祈りなほし（吉野拾遺物語）		
巻七	五	御国譲り（古事記）	雄大な気魄（伊東忠太）	
	九	万葉集抄（万葉集）	大和国原（武田祐吉）	
	一四	明・浄・直（続日本紀）	西の京（田山花袋）	
	一六	古今和歌集序（紀貫之）	二つの典型（尾上柴舟）	
巻八	四	須磨の嵐（紫式部）	永遠の恩恵（和辻哲郎）	
	一六	家苞くらべ（石原正明）	蘆の若葉（尾上柴舟）	
巻一〇	一五	人格主義（阿部次郎）	人生の目的（三宅雪嶺）	

巻一は、中学校一年の前半であることが考慮され、大半が童話、小説、紀行文という読みやすい文章である。特に一課「小さな旅人」（島崎藤村）、二課「犬ころ」（二葉亭四迷）、三課「競漕」（久米正雄）、四課「トロッコ」

（芥川龍之介）、五課「燕」（鈴木三重吉）と入学直後に学習する一課から五課までになじみやすい童話や小説が収められているのも学習者に対する気配りとなっている。

巻二から巻四も、巻一に続いて、童話、小説、紀行、随筆などの現代文中心の編集である。巻二では、一課「噴煙」（夏目漱石）、八課「非凡なる凡人」（国木田独歩）や一〇課「蜘蛛の糸」（芥川龍之介）という少年小説や童話、五課「トロール船より」（芦田恵之助）、一四課「箱根路」（正岡子規）という紀行など、ほかの教科書にも比較的よく採られてきたものが収められている。巻三では、一課の評論「学者の苦心」（芳賀矢一）、三課の小説「山路の茶屋」（夏目漱石）、紀行の「野火止の用水」（国定読本）など、ほかの教科書でも多く見られる作品が採用されているのは巻二と同様である。一三課の「轡十文字」（菊池寛）は、垣内が『国語の力』刊行に際して学んだ『文芸往来』の筆者、菊池寛の小説である。『国文新選』や『国文学大系　現代文学』にも採られている。

巻二から巻四までには、古文らしいものはほとんどない。表1のように、巻三以降の古文が検定後に現代文に入れ替えられたことを考えると、巻一、二も同様の入れ替えがあったと想像される。ただし、巻四には読みやすい近世の随筆が入れられている。

巻五と巻六は、読み応えのある文章がバランスよく配置されている。巻五では、西洋事情を紹介した紀行文が目につく。巻六では、日本型教養の担い手であった和辻哲郎や阿部次郎の紀行や評論、異色の国際派詩人であった野口米次郎の文章、徳富蘇峰の政論、漱石の小説と多彩な文章が並んでいる。

古文は、巻五で太平記、増鏡、平家物語、平治物語、保元物語という軍記物語と近世の雨月物語、擬古文が収められている。巻六では、神皇正統記、道中膝栗毛、徒然草、奥の細道、玉勝間という中世、近世の史論、読物、紀行、随筆が収められている。ともに、巻七以降の本格的な古文学習の準備という位置づけを持たせた編集である。

巻七から巻一〇までは、上代から現代までの文学史的編成になっている。巻七は、上代と中古の作品が中心になっている。古今東西の学びのすがたを描いた一課「昭代の余恵」（笹川臨風）で始められ、神国思想を背景にした日本文化論である二課「国民文化の理想」（清原貞雄）、祝詞について述べた三課「国語の愛護」（五十嵐力）、古事記を論じた四課「牧歌的精神」（和辻哲郎）、出雲大社の歴史を述べた五課「雄大な気魄」（伊東忠太）と続けられている。そして、六課「日本武尊」（古事記）と七課「入鹿の父」（岡本綺堂）の戯曲が収められている。八課以降も評論と紀行の組み合わせで奈良から平安の文化と文学を学ばせるようになっている。万葉集論の八課「純ぶる心」（佐佐木信綱）、九課「大和国原」（武田祐吉）、一二課「聖徳太子」（島地大等）、文化論の一三課「中道を歩む心」（鶴見祐輔）、一五課「平安城」（藤岡作太郎）、古今和歌集と新古今和歌集を比較して論じた一六課「二つの典型」（尾上柴舟）である。紀行文には、一〇課「正倉院拝観記」（藤代祐輔）、一一課「法隆寺」（高浜虚子）、一四課「西の京」（田山花袋）がある。全篇を学ぶことで立体的な上代中古の文化の姿が浮かびあがってくる。

　巻八からは古文が多く採用され、中古から中世の文学や文化が扱われている。評論では、上代から中世の軍記物語までの文体を論じた一課「文体の基調」（五十嵐力）に始まり、源氏物語論の四課「永遠の恩恵」（和辻哲郎）、六課「菅原道真」（高山樗牛）、平安文学論の一二課「反省の記録」（土居光知）、新古今和歌集について論じた一六課「蘆の若葉」（尾上柴舟）が収められている。古文は、竹取物語、伊勢物語、枕草子、大鏡、栄華物語、今昔物語、方丈記、平家物語、平治物語から抄出されている。一〇課の小説「長谷寺」（幸田露伴）と一五課の戯曲「名残の星月夜」（坪内逍遥）は、古文の世界を味わううえで欠かせない現代作品を織りまぜている。

　巻九では、中世から近世にかけての文学と文化が扱われている。評論では、中世から近代までの文学論の一課「文学の新生」（久松潜一）、中世の歴史書を論じた四課「史論三書」（清原貞雄）、一一課「謡曲の本質」（五十嵐力）、芭蕉以前の俳諧を論じた一六課「俳諧の変遷」（佐々政一）、人物伝と文化論の六課「愚禿親鸞」（西田幾多郎）、八課「北畠親房」（田中義成）、一五課「永徳と山楽」（中井宗太郎）が組みあわせられている。古文は、吾妻鏡、増鏡、東関紀行、十訓抄、太平記、徒然草の各抄出と謡曲「鉢木」、狂言「入間川」である。

巻一〇は、近世から近代までを視野に置いている。評論では、芭蕉など江戸元禄期の人物伝と文学論である一課「元禄文壇の三偉人」（藤井乙男）、近代史劇の発生を考察した九課「史劇について」（坪内逍遥）、政論の一〇課「ハンニバル」（矢野龍渓）、近代詩の生成を論じた一一課「新しい詩の生誕」（高須芳次郎）、フランスから近世思想を見つめた随想風の評論である一四課「春を待ちつゝ」（島崎藤村）、西洋文化を視野に入れた人生論の一五課「人生の目的」（三宅雪嶺）、近代工業社会における文化のあり方を論じた一六課「文化の威力」（得能文）で全一〇巻が締めくくられている。また小説として漱石「草枕」と鷗外「高瀬舟」が収められている。

また、緒言で掲げた「国民精神の涵養」に傾斜した作品はそれほど多くはない。教授要目と教科書検定に対する配慮として、この文言を掲げ、政論や国体論を評論に数篇入れ、文末に「詔書」や「勅語」を収めている。しかし、問題は収めた文章の数ではない。「国民精神の涵養」という文言を入れ、帝国体制下においての自己の内面形成に「国語」教育論の目的をおいたことで、他者との共同の可能性を見失い、自閉する「国語」教育論を展開せざるを得なくなっていったことは確認しておく必要がある。

2　文種別収録作品と学習指導への配慮

小説と童話

収録された小説と童話は三〇篇であり、ほかの読本に比較すると厳選されていることがわかる。

漱石、鷗外、龍之介の作品に加え、近代文学史上の重要な作家の代表作の抄出が目立つ。たとえば、漱石は四篇採られており、巻二の一課「噴煙」、巻三の三課「山路の茶屋」、巻四の一課「槌の響」、巻五の二課「京の春」、巻一〇の一二課「山路」は、『草枕』、『二百十日』、『虞美人草』の著名な各章を抄出している。漱石は、このほかにも巻六に一課「倫敦塔」の短編も収められ、五作品も収録されている。

龍之介は、巻二の一〇課に童話「蜘蛛の糸」、巻四に一九課「杜子春」と巻一の四課に少年小説「トロッコ」の三篇、鷗外は巻三に一一課「木精」、巻一〇に一三課「高瀬舟」の二篇である。それぞれの作家の個性がよく浮かびあがる収録である。

また、巻一では、一課「小さな旅人」（島崎藤村）は『をさなものがたり』、二課「犬ころ」（二葉亭四迷）は『平凡』、五課「燕」（鈴木三重吉）は『小鳥の巣』、九課「蛙」（長塚節）は『土』、一九課「将軍」（徳冨蘆花）は『不如帰』、二〇課「リヨンの郊外」（永井荷風）は『新編ふらんす物語』と、それぞれの作家の代表作が採用されている。巻二以降でも、巻二の八課「非凡なる凡人」（国木田独歩）は同名小説、巻五の四課「草蛙の紐」（相馬御風）は『大愚良寛』、一二課「塩原」（尾崎紅葉）は『金色夜叉』、巻八の一〇課「長谷寺」（幸田露伴）は『二日物語』など、同様にそれぞれの作家の代表作が収録された。

さらに、龍之介と第四次『新思潮』の同人となった久米正雄、菊池寛、山本有三の小説も収められている。久米は、彼の代表作である巻一の三課「競漕」と巻三の七課「銃」、寛は巻三の一三課「轡十文字」、有三は巻五の一七課「心の置処」（『途上』）がある。

このほか、巻一に一三課「至急電報」（下位春吉）、一四課「墨痕」（加藤武雄）、一七課「苺」（泉鏡花）、巻二に七課「山の木と大鋸」（志賀直哉）、九課「国引」（渋川玄耳）、巻四に二〇課「角笛の声」（吉江喬松）が収められている。

表2　収録小説一覧　＊『』は、文末に記された出典名である。

巻	作者	作品・出典
巻一	島崎藤村	「小さな旅人」『をさなものがたり』
	二葉亭四迷	「犬ころ」『平凡』
	久米正雄	「競漕」『学生時代』
	芥川龍之介	「トロッコ」『春服』
	鈴木三重吉	「燕」『小鳥の巣』
	長塚節	「蛙」『土』
	下位春吉	「至急電報」『大戦中のイタリア』
	加藤武雄	「墨痕」『加藤武雄の文』
	泉鏡花	「苺」『泉鏡花の文』
	徳冨蘆花	「将軍」『徳冨蘆花の文』
	永井荷風	「リヨンの郊外」『新編ふらんす物語』
巻二	夏目漱石	「噴煙」『漱石全集』
	志賀直哉	「山の木と大鋸」『白樺の森』
	国木田独歩	「非凡なる凡人」『独歩全集』
	渋川玄耳	「国引」『古事記噺』
	芥川龍之介	「蜘蛛の糸」『傀儡師』
巻三	夏目漱石	「山路の茶屋」『漱石全集』
	久米正雄	「銃」『久米正雄の文』
	森鷗外	「木精」『鷗外全集』
	菊池寛	「轡十文字」『菊池寛の文』
巻四	夏目漱石	「槌の響」『漱石全集』
	芥川龍之介	「杜子春」『沙羅の花』
	吉江喬松	「角笛の声」『吉江喬松の文』
巻五	夏目漱石	「京の春」『漱石全集』
	相馬御風	「草蛙の紐」『相馬御風の文』
	尾崎紅葉	「塩原」『金色夜叉』
	山本有三	「心の置処」『途上』
巻六	夏目漱石	「倫敦塔」『漱石全集』
巻八	幸田露伴	「長谷寺」『二日物語』
巻一〇	夏目漱石	「山路」『草枕』
	森鷗外	「高瀬舟」『鷗外全集』

戯曲

戯曲については、巻二の一二課「桜井駅」（松居松翁）、巻四の二一課「亡兆」（菊池寛）、巻六の一七課「長柄川堤の訣別」、巻八の一五課「名残の星月夜」（坪内逍遥）、巻七の七課「入鹿の父」（岡本綺堂）という文学史的な評価が高い劇作家のものに限られている。

全五作の戯曲のうち逍遥門下の松居松翁と逍遥が三作を占めており、小山内薫らの自由劇場系列を入れていない。松居松翁の「桜井駅」は、楠木正成・正行親子の別れと湊川での足利尊氏との戦闘が伝えられる「桜井の別れ」をもとにした戯曲である。忠臣、報国のエピソードとして語られてきた内容である。逍遥の「長柄川堤の訣別」は「桐一葉」から、「名残の星月夜」は同名戯曲からの抄出である。逍遥がシェークスピア劇に学び、確立した代表的な史劇である。綺堂の「入鹿の父」も著名な史劇である。仏教の加護を背景に権勢を振るった蘇我蝦夷と入鹿親子の滅亡を描いている。寛の「亡兆」は高麗狗を盗む盗賊を描いた戯曲である。

わずかな戯曲であるが、日本の伝統的な題材をもとにした史劇を集めている。そのため、小山内薫系列以外の重要な作家を収めることになったと見てよい。

評論

評論では、巻四の一五課「樹の根」（和辻哲郎）、巻六の一四課「読書と体験」（阿部次郎）、巻七の四課「牧歌的精神」（和辻哲郎）、巻八の四課「永遠の恩恵」（和辻哲郎）、一二課「反省の記録」（土居光知）、巻九の六課「愚禿親鸞」（西田幾多郎）など日本型教養の担い手たちの評論が多く採用されている。和辻の「樹の根」は『偶像再興』、「牧歌的精神」は『日本古代文化』、阿部の「読書と体験」は『人格主義』、土居の「反省の記録」は『文学序説』、西田の「愚禿親鸞」は『思索と経験』と、それぞれの代表作からの抄出である。和辻の文章が多く採られていることがわかる。

また、「国語」、「国文学」者の代表的な論考を集めている点でも特徴がある。巻三の一課「学者の苦心」（芳賀矢一）、巻七の三課「国語の愛護」（五十嵐力）、一五課「平安城」（藤岡作太郎）、巻八の一課「文体の基調」（五十嵐力）巻九の一課「文学の新生」（久松潜一）、巻九の四課「史論三書」（清原貞雄）、巻一〇の一課「元禄文壇の三偉人」（藤井乙男）と多くの「国語」学者の評論が採られている。また、巻二の一九課「否の一語（西洋節用論）」（中村正直）、巻六の七課「俚諺論」（大西祝）、一三課「物と名との境」（丘浅次郎）という文章や語に関する評論もあわせて収録されて、文章論の原理論や実践論という多様な読みを求めた内容である。

なかでも、たとえば、近世文学論の「文学の新生」（久松潜一）、「俳諧の変遷」（佐々政一）、「元禄文壇の三偉人」（藤井乙男）など、「国語」論や各時代の文学背景を述べた論考など専門性の高い内容の論考が並べられている。

文化に関する評論も多い。海軍での無線電信の開始を述べた巻二の六課「無線電信」（木村駿吉）、巻四の七課「練馬の名画」（饗庭篁村）、九課「障子の国」（鶴見祐輔）、茶道を論じた巻六の九課「茶境」（奥田正造）、巻九の一二課「謡曲の本質」（五十嵐力）、巻一〇の九課「史劇について」（坪内逍遥）と各文化分野の歴史を描いている。

文化の歴史に関しては、巻七の五課「雄大な気魄」（伊東忠太）、九課「大和国原」（武田祐吉）がある。紀行文として書かれたものとあわせて、日本文化の歴史をバランスよく収めている。

さらに、学問や文化の摂取を述べた巻七の一課「昭代の余恵」（笹川臨風）、二課「国民文化の理想」（清原貞雄）、一三課「中道を歩む心」（鶴見祐輔）という日本文化論に加え、巻一〇の一四課「春を待ちつゝ」（島崎藤村）はフランス滞在時の日本文化への思いを述べた評論である。全一〇巻の巻末が一六課「文化の威力」（得能文）であるのも『国語の力』の巻末が「文化の創造」であることの符合が見られ興味深い。

俳論、歌論、詩論としては、巻三の一二課「廃れたる園（歌評）」（若山牧水）、巻四の八課「川柳点」（金子元臣）、一二課「椿落ちて（句評）」（荻原井泉水）、万葉集論の巻七の八課「純ぶる心」（佐佐木信綱）、古今集と新古今集を論じている巻七の一六課「二つの典型」（尾上柴舟）、巻八の一六課「蘆の若葉」（尾上柴舟）、『俳諧史』の抄出である巻九の一六課「俳諧の変遷」（佐々政一）、『日本現代文学十二講』の抄出である巻一〇の一一課「新しい詩の生誕」（高須芳次郎）がある。

人物と文化に関するさまざまな評論も収めている。巻六の八課「白楽天」（野口米次郎）、一六課「世界の四聖」（高山樗牛）、巻七の一二課「聖徳太子」（島地大等）、巻八の六課「菅原道真」（高山樗牛）、巻九の八課「北畠親房」（田中義成）、一五課「永徳と山楽」（中井宗太郎）とそれぞれの時代に生きた人物を取りあげて、その時代の特徴を浮かびあがらせている。

低学年向けには、評論というほどのものではないが、時代と人物を考えさせる評伝・伝記が適宜配置されている。上級学年の学びとの連続性を持たせており興味深い。巻二の一一課「マンブリノーの兜（翻訳）」（片上伸訳）、一六課「普請奉行」（絵本太閤記）、一八課「伊能忠敬」（幸田露伴）、巻三の六課「灯を消して」（桜井忠温）、一四課「近江聖人」（橘南谿『東遊記』）、巻四の二課「燈火」（佐佐木信綱）、一六課「日蓮上人」（高山樗牛）を収めている。

政論や国体論、臣民論などには、臣民論の巻二の二〇課「覚悟」（嘉納治五郎）、国体を論じた巻四の一七課「神国」（徳富猪一郎）、『大戦後の世界と日本』より抄出した巻六の一五課「大死一番」（徳富蘇峰）、『戦時彙報』より抄出した英雄論の巻一〇の一〇課「ハンニバル」（矢野龍渓）、国体と日本人の生き方を論じた一五課「人生の目的」（三宅雪嶺）などがある。これらは、「緒言」の二項目で「文化と国語との関係を基本として国民精神の涵養を意図せり」とした「国民精神の涵養」を目的とした論考とみてよい。こうした教材の収録が自閉する「国語」教育論へと傾斜していった要因になったことは『国文選』の編集方針で見たとおりである。

随筆では、評論の巻三の一課「学者の苦心」（芳賀矢一）に並んで、『飯倉だより』からの抄出である巻五の一課「文章の道」（島崎藤村）が『国文新選』と同様に中学年の学びの中心に据えられている。言葉と文章について、読むこと、書くことの両面からの追求があり、さらに先に見た文章や語に関する評論へと学習の系統性が図られている。

巻一の一五課「凌霄花」（吉村冬彦）、巻二の二課「森の絵」（吉村冬彦）は冬彦（寺田寅彦）の『藪柑子集』からの文章である。冬彦のものは、このほか巻四の四課「先生への通信」（吉村冬彦）、巻六の一一課「自画像」（吉村冬彦）があり、冬彦の作品を多く収めて特徴的である。

巻三の五課「蓮」（豊島与志雄）、一八課「蚕」（山本有三）、二一課「小園の記」（正岡子規）、巻四の一〇課「鎮守の森」（笹川臨風）、巻五の一九課「月雪花」（芳賀矢一）など自然を描いた叙景文も多い。また、巻二の一三課「湘南雑筆」（徳冨蘆花）は『自然と人生』からの抄出である。

このほか、巻三の一七課「撃滅」（小笠原長生）や巻四の三課「父の思ひ出」（里見弴）は、時代と人生を考えさせる随筆である。

これらの叙景文や叙事文に加え、紀行文が多数採用されているのも『国文選』の特徴である。巻一の七課「静寂」（高浜虚子）、八課「新緑」（荻原井泉水）、一六課「千里の春」（大和田建樹）、二一課「仏浜の月夜」（大町桂月）、巻二の三課「伊勢参宮」（五十嵐力）、一四課「箱根路」（正岡子規）、巻三の二課「花影の中に」（田山花袋）、八課「孤島より」（窪田空穂）、一〇課「海の旅」（島崎藤村）、一五課「野火止の用水」（国定読本）、一六課「草の匂」（薄田泣菫）、二〇課「田園観興」（大町桂月）、巻四の一四課「雪前雪後」（幸田露伴）、巻四の六課「松下村塾を訪ふ」（下村海南）がある。こうした国内の紀行文だけでなく、巻一の一一課「新高山」（田村剛）、一二課「国境に立ちて」（フレップ・トリップ、北原白秋訳）、巻三の九課「長江湖江記」（遅塚麗水）、巻五の七課「鷺江の月明」（佐藤春夫）、一〇課「南欧の空」（吉江喬松）、一八課「米国の半面」（厨川白村）など海外各地の紀行文も収めている。

紀行文のなかでも、巻六の二課「法隆寺の印象」（和辻哲郎）、巻七の一〇課「正倉院拝観記」（藤代祐輔）、一一課「法隆寺」（高浜虚子）、一四課「西の京」（田山花袋）などは、古文学習の便宜が図られている。

巻二の五課「トロール船より」（芦田恵之助）は垣内が「国語」教育実践の同志としてきた芦田の『第二読み方教授』からの抄出である。ほかの「国語」読本にはほとんど見られない。

小品や説明文には、巻一の一〇課「小話三題」（薄田泣菫）、二三課「小品三章」（落合直文）、二二課「雲のいろ〳〵」（幸田露伴）、巻二の四課「海浜の草」（柳田国男）、巻三の一九課「小品二題」（「町外れ」国木田独歩、「漁村の秋」北原白秋）がある。独歩は『武蔵野』、白秋は『童心』からの抄出である。

これらの傾向は西尾実が中心になって編集した岩波編輯部編『国語』も同様である。これに関連して芭蕉の文章は、本文では「奥の細道」、「幻住庵の記」の二篇、俳句は各文末に二句ある程度である。『国語』で芭蕉の本文と彼に関する論考を大量に採用したのとは対照的である。

詩・短歌・俳句

詩では、巻四の五課「小諸なる古城のほとり」（島崎藤村）、巻五の三課「汽車に乗りて」（上田敏）、巻六の四課「出盧」（土井晩翠）という近代詩史に欠かせない典型の詩が収められている。これらの本格的な詩に入る前に、巻一の六課「詩二篇」（島木赤彦）の童謡、巻二の一五課「幼き日」（柳沢健）、巻三の四課「詩二篇」の「風景」）（百田宗治）、「小景」（千家元麿）という読みやすくわかりやすい詩を収めて、初学者への配慮をしている。

また、俳句、短歌は課として独立させず、後に見るように、各収録文と関係するものが各文章末に多数添えられている。これもほかの読本に比較すると圧倒的な文章量であり、ほかの教科書でここまで徹底しているのは珍しい。『国語』はこの方針を積極的に受け継いでいる。

学習指導への配慮

学習指導の配慮としては、各頁下段に学習の手引きとしての「着眼点」が添えられているのが目につく。たとえば、巻一の冒頭教材である「小さな旅人」（島崎藤村）には、着眼点として「「読む」といふ心の力」が掲げられ、本文が「読む」ことに関する文章であることに着目できるように配慮されている。そして、文中の「精神の旅」、「読まうとさへ思へば」、「書籍の墓地」、「活きかへり活きかへりする」という重要語句が示されている。『国文選』全篇でこのような文意を把握する着眼点と語彙、文章を学ぶポイントが提示されているのである。また、各巻末には語釈、語彙、辞書一覧、国文学形態史図表、国文学年表が付録としてつけられている。

このように『国文選』は、作品を読むことのみを主目的とした教科書ではなくなっていることがわかる。作品を読むことから語彙や文章の学びを深め、さらに自主的な学びへと進む学習者像を描いていたのである。この背景には彼のセンテンス・メソッドという方法論がある。そうした彼の立場は書名にもよく表れている。垣内の編集した「国語」教科書の名称が、『国文新選』、『国文選』、『国語読本』、『女子国文新編』、『国文鑑』と「読本」の名を持つのはわずかに一つしかない。一九三四（昭和九）年に刊行され全国の大半の中学校で使用された岩波編輯部編『国語』が単独の科目名称を掲げる教科書として現れる間を繋いでいるのである。

垣内は『国語教材論』で「国語読本の編纂は決して雑纂ではなくして、一種の創作である」と述べている。彼はこうした立場からすでに『国文新選』で「ことばの生活とことばの文化を基底に据え、学習者の発達に即し、季節とも照応させた編成(1)」をとっていた。教材配置も「雑纂的国語読本を超克」するために「有機的な統合体」

とする意図的な編集を行っていた。これは、芥川龍之介や菊池寛にとって読本を編集するという作業が文芸実践として行われたことと共通している。また、鈴木三重吉の『赤い鳥』が単なる編集ではなく創作実践であったことも同様である。

表3　各巻の文種別収録数

巻	小説童話	随筆小品	紀行文	伝記評伝	戯曲	説明文	報告文	書簡文	詩童謡	評論	古文	計
一	11	3	6			1	1		1			23
二	5	2	3	3	1	1			1	3	2	21
三	4	4	8	2					1	2		21
四	3	4	3	2	1				1	5	2	21
五	4	2	3						1		9	19
六	1	1	1		1				1	7	5	17
七			3		1					11	1	16
八	1				1					5	9	16
九										7	9	16
一〇	2									7	7	16
計	31	16	27	7	5	2	1		6	47	44	186

多彩な添え文

『国文選』には、各文章末の余白に添え文としての短文が多く収められている。「国語」教科書では、編集の際に余白が生じてもそのままにすることが多い。また、埋め草としてわずかに短文を添えることもあるが、『国文選』の場合は明確な編集方針のもとに必要な文章が添えられている。これを「埋め草」と呼ぶのはふさわしくなく、本書では「添え文」と表記しておきたい。余白に短文を添えているというよりも、本文を読み深めていくための参考文献と理解できる。

資料編（六六二〜六七〇頁）に見たように、短歌・俳句・詩では、俳句二二人、和歌、長歌四三人、短歌二五人、詩三人、川柳一人という多くの短文が収められている。格言や俚諺も七種ある。また、古文が三一篇、現代文が二二篇、漢文が三篇、そのほかの文章が四篇である。これらが、本文との関係を考慮されながら添えられており、授業では、その関連を見ながら読むこともあったと思われる。これも、学習指導の工夫の一つとして興味深い。

三　『国文選』の「国語」教育史上の意義

「国語」読本が『国文新選』から『国文選』、『国語』へと推移した一〇年間は、「国語」教育目標が大きく動いた時期であることが、こうした「国語」教材史からも見ることができる。文芸研究、文章研究の深まりを受けて「国語」教科書が「雑纂」的な編集から「創作」的編集になってきた。その背景には、「国語」教科書に盛り込む教材が単なる文章から文化的な価値を持った教養的な文章であるという理解が進んだことを挙げることができる。ここには、文芸実践の分野での、龍之介や寛の営為に学ぶ「国語」教育実践のすがたがある。

それは法制面にも反映している。久しく改められなかった「中学校教授要目」が一九三一（昭和六）年に改正され、「国語購読」の教材として「文芸ノ趣味ニ富ミテ心情ヲ高雅ナラシムルモノ」を加えることが求められた。垣内の編集した『国文新選』や『国文選』は一九三〇年代の「国語」教科書に影響を与えていく。特に、西尾実が中心となって編集した『国語』との類似性は明らかである。現代文重視の編集方針は言うまでもなく、随筆における紀行と叙景の扱い、評論における日本型教養の担い手の大量採用、古文での文学史的配置など、現代の教科書にまで、その影響が及んでいるとも言えるのである。

註

（1）橋本暢夫『中等学校国語科教材史研究』溪水社、二〇〇二年七月三〇日、四九二頁。

第四章　岩波編輯部編『国語』の教養実践

第一節　西尾実の教養論と教材論

一　「国語」読本と日本型教養

二〇世紀前半の「国語」教科書には「読本」という名称が与えられてきた。教科書は、教育の主要な教材の一つである。このことは、「読本」という教材に収められた文学作品を「読む」という「国語」教育が行われてきたことを示している。のちに教養を担った人々も青年期に「国語講読」という「読む」教育を受けて巣立った。「読本」を「読む」ことで獲得した知識を基盤にして教養を形成したのである。

「読む」ことが中心になれば、知識の獲得よりも身体的修練が必要となる教育活動は疎かになる。たとえば、演劇、映画、口演、弁論の技術や方法を体得させる教育実践は作品を「読む」だけでは成立しない。音声の発生方法や観客、聴衆への伝達技術、記録の仕方や再生の方法などは知識も必要であるが、技術的身体的鍛錬が必須である。また、演劇の脚本や口演の原稿の創作、添削なども、書くという身体的鍛錬が必要である。与えられた文字情報の解釈だけでは、具体的な実践現場での豊かな営みを生み出すための自由な発想や想像力は生まれてこないのである。

「読む」ことを中心にして教養を形成した人たちが、これらの自由な発想や想像力よりも定式化された教義に依拠しがちであったことは、「読本」中心の「国語」教育で学んできたという歴史的事情によっている。教養という概念が本来的に含有していた自由や想像力に着目する機会が閉ざされ、その土壌をも剥落させることとなった。その結果、「読む」ことで獲得した知識偏重の日本型教養概念を形成していったのである。二〇世紀後半も、日本経済の「高度成長」を支える実用知識の獲得が重視された。知識を正しく読み活用するために読解が求められたのである。「国語」教育でも「読む」ことの意義が語られ、教科書も引き続き「読む」ための教材を中心に編集発行された。教科書採択でも、収録作家や評論家の作品の知名度や普遍性が基準とされる傾向にあった。こうして教養概念はさらに歪んでいくことになる。

　西尾実は、青年たちが歪んだ教養を形成してきていることに早くに気づいた数少ない「国語」教育学者のうちの一人であった。本節では、西尾実の教養論を見ることで、彼がいかに当時の教養の歪みを認識していったかを考えたい。また、西尾実が中心となって編集した旧制中学校「国語漢文」科用教科書『国語』刊行の状況を見ることで、具体的な教材編集の場面で彼の教養論がどのように育まれていったかを考察する。『国語』は、日本の中等「国語」教育史上初めて「読本」という名称を使用せず『国語』と単独表記をした教科書である。西尾実が「読本」という名称を退けた理由は、彼の最初の著作である『国語国文の教育』に明瞭に示されている。

　本節の目的は、「国語」教育の分野で日本型教養がどのように位置づいてきたかを考察する一環として、西尾実の教養論と教材論を考察することである。修養から教養へと変移していった日本型教養形成の文脈に西尾実の教養論を置いたとき、彼の所論の持つ独自性がどのように映るかを考察する。

　筒井清忠『日本型「教養」の運命』[1]は、近代日本のエリート文化の中核的エートスとしての教養主義が明治後期の修養主義から離脱して独自的な位置を占めるに至る諸相を克明に分析した。『国語国文の教育』や『国語』を生み出した西尾実の実践の舞台は、高等女学校や中学校という旧制中等教育学校であった。これらの学校は、法制度上も文化的にも旧制高等学校と直接間接に深い接続関係にあった。旧制高等学校は、近代日本学歴エリート文化の象徴的存在である。ここから日本の教養主義が誕生していった。西尾実の教養論は、こうした制度的、文化的文脈に位置づくことになる。

二　『国語国文の教育』の意義

西尾の教養論を見るうえで不可欠な文献は、『国語国文の教育』所収の「国文学と教養」である。『国語国文の教育』は、西尾実による最初の著作であり、彼の研究の出発点をなしている。目次は次のとおりである。

一　方法体系
　一　行的方法
　二　基礎経験
　三　読む力の基礎
　四　読む作用の体系
　　（一）素読
　　（二）解釈
　　（三）批評
二　文学形象の問題
　一　文学形象の概念
　二　文の主題とその展開
　　（一）主題と構想

（二）叙述

三　国語の愛護
四　国文学と教養
五　国語教育者

『国語国文の教育』の大きな特徴点は、「国語」教育実践方法論を理論として体系化したことにある。本書は、西尾を始めとした「国語」教育者たちの教育実践を踏まえ、その実践のよって立つ論拠を明確にする目的で書かれている。

西尾は、本書の「序」で、「私がこの十数年来従事し来たった国文学研究と国語教授の体験から、自己の方法を省察し、これによって国語教育の立場を確立しようとした一の試図にすぎない」と述べている。[2]

この発言の持つ意味については、『国語国文の教育』の成立経過がよく示している。石井庄司は、『国語国文の教育』の原形が、毎月配本された『国文学講座[3]』の連載「国語教育の諸問題」であることを『西尾実国語教育全集』第一〇巻の年譜を根拠に示している。[4] そして、この『国文学講座』が、当時の中等教員検定試験（文検）受験者対象の講座であること、石井自身も毎月の配本を楽しみにしていたことを述べている。さらに石井は次のように回想している。

> 執筆者は、ほとんど京都大学国語国文学の先生がたや先輩たちであつた。はじめて名を知つた成蹊高等女学校専攻科教授西尾実先生述とある『国語教育の諸問題』が、たいへんおもしろかつた。とくに「素読」についての新しい提言には、大いに感動した。

石井の証言と回想は、『国語国文の教育』が単なる学説紹介や研究報告ではなく、「国語」教育実践の理論化を図る画期的な書物であったことを教えている。

『国語国文の教育』の「序」では、本書の全体構想が、「主として教授方法を始め、教材研究、学習心理研究または教育測定のごとき、既に実現され展開された作用の方面について」の研究を超えて「更に深くそれらを成立させ基礎づけるべき、より有力な立場の確立」を目指していることを述べている[5]。

そのうえで「かつては、一学究としてまた一教師として、泰西の学風を仰慕し、あくまでその基調たる合理的自由思想的立場によって「あるべき生活」を求めようとした」が、「人生における、また教育における経験を重ねるに従って、そういう根本的な要求は、かえって古い東洋的な行き方によって充たされるものであることを思うようになって来た」と述懐している。そして、その考察の結果たどりついたのは次のことであったと述べている。

> 私が一個の人として、また一個の教師として、いかなる意味においてか、一歩を進め一事を識得したと自ら信じ得るごとに、それがわれわれ先人の生活において、既に已に徹底的に自覚され実現せられていたところであることを発見せざるはなかった。そして古人もかつてわれわれのごとく求め、われわれのごとく悩みつつ、ついにここに到達したものであることを思い、われわれの個性はかくして完成せられるものであるかという驚きと共に、今まであまりにも平凡かつ縁遠いものにしか見えなかった古人の生活が、実は最も普遍的な人間的体験と深い知恵の結晶であったろうことが会得されて来た。そして私は、ある時代のわれわれの祖先によって開拓せられた世界の深さと、またそれを根底としている伝統の確かさに比すべきものは、世界歴史の上にもそんなにしばしば現れるものではないことを信ずると共に、われわれの精神的祖国の存在を新た

に感ぜざるを得ないものがある。

この文章に続いて、古人もわれわれも到達したのは「真理体得の唯一の道として残された「生涯稽古」の覚悟であり、更にこれを貫く行的精神の確立」であったと説明している。そして、そのための「国語」教育の方法を「行」の方法つまり行的方法に求めることにしたと述べる。それは、「単なる知識欲認識欲等によって成立するものではなく、生涯にわたる集中と持続とをもって一事に徹しようとする行の精神によってのみ確立せられる」と述べ、「維新後新たに移入せられた原理方法が、真理の認識において、人間の教育において、ついにその限界を示し、いっそう根源的なあるものが求められ来たった今、更に新たに何人もこの全人的鍛錬を基礎とする行的方法の深さ確かさを肯認せざるを得ないであろう」と、その意義を説いている。

以上が「序」に記された西尾の思考過程である。その経過を踏まえて、『国語国文の教育』の冒頭は、この「行的方法」から書き起こされることになった。西尾は、僧堂教育、芸道教育、年期奉公の伝統教育に見られる「すべてを実践的に体得させ、全人的に把握させようとする行的認識」を原理とする行的方法にみずからの教育の立場を確立したと言う。それは、「知的観念的認識を基礎とする現代教育とは著しい対照をなすものである」と述べ、行的認識の教育が行き詰った教育の現状を革新する力を持ったものであると説明している。そして、その行的方法による教育が生み出す力が生涯にわたるものとなることを次のように説明する。[6]

> 行的認識の教育によっては、何よりまず力の限りを出し切ることによって人間全体が鍛錬せられつつ、徐々にその可能力を高めゆき、ついにあらゆる認識作用を絶し、あらゆる方法を超えたところに、認識以上、方法以上のものが全人的把握として体得せられる。ここに至って、学問・技芸は単なる学問・技芸にあらずし

> て、真の教育において所期するごとき渾然として働く主体的な力となるのである。この全力を出し切ることによる人間鍛錬と、その上に時として獲得される主体的飛躍とは、われわれ教育者の深く心に留むべき行的教育の一意義であって、この一事をいかなる場合、いかなる方法においてなり、真に生徒に体感させることを得るならば、彼等の生涯にどれだけの力となり自信となるであろう。

こうして、「生涯稽古」へとつながる議論が展開されていく。さらに、「禅寺における食物調理掛である典座の心掛けを訓えて「絆《ばん》（たすき）以て道心となす」といった」道元の精神を紹介する。ここに、「行」によって生み出されたものを知恵として重んじる古人のすがたがあり、こうした道元の「知恵こそが生きて働く人間的な力であると信じ」ていたと説くのである。

次に、西尾は、行的認識は「国語」教材のあり方を考察するうえでも重要であることを示していく。これまで、「国語」科の教材は「ゆたかさ」ばかりが求められ、量的な増大は達成した。「童謡・童話を始め課外読物・補助読本等の激増によって、教育上に「ゆたかさ」の将来されたことは驚くべきものがある」と認めている。そして、「最近ようやく、児童の心性を鍛え、これに「たしかさ」を与えるべき要求が根ざして来た」けれども、その根底にある情意的確実さを把握させる教材が求められているとしている。

こうした「たしかな」教材によって、行的認識の原理を導入した教育を進めるために、次のように説いている。

> 私は明治以来の教育を観念的認識の原理に立つものであると前言した。まず修身科においていろいろな徳目が教えられる。その目的は単なる道徳的知識の授与のみならず、情操の涵養にあるといわれるけれども、そ

> のすべては読むこと、聞くことによる観念的認識にほかならぬ。これは、かく観念的認識によって思想感情を涵養して置けば、やがて実社会の人となった際にそれが実践せられるという期待の上に認容せられたものであるゆえに、この意味において、思想感情は実行実践の前提としてのみ位置づけられていたにすぎない。また科学方面の教科においても、まず原理原則を教えて後に実験させ、実業教科でも、同じく一般的知識を与えた後に実習させるという方法を出でなかった。すなわち実験実習の意義は、ただ原理原則の証明にあり応用にあって、理解を深め記憶を確実ならしめて、他日実生活上に役立たしめる準備的訓練たるにすぎなかった。国語科においても、読方においては読ませる前に新出語句の辞書的意味がまず教授せられ、綴方においては模範文によってそれぞれ表現の原理方法等が観念的に授けられた後、その実習として読解させ、または綴らしめるという方法のみが行われていた。

西尾は「道徳的知識の授与」や「情操の涵養」を目的とした徳目教育、実習読解の読方、模範文綴方を批判する。一つの形式に学習者の認識を流し込んでいく典型的な観念的教育であると評しているのである。

そして、このような明治以来の観念的認識の教育の反省から、新しい動きがあることを歓迎する。「綴方は模範文に頼らせないで直ちに児童自身の表現たらしめようとし、図画のごときも型や方法の観念授与から進まないで、直接児童の図画たらしめようとして来た。理科が実生活の間から問題を捕え、自由実験を重んじようとして来た」ことを「歓ぶべき傾向」と評価している。

つまり、「行的認識の原理を自覚し、これを基礎とした教育を実現すること」が明治以来の観念的認識に支配された教育から脱却する実践を生み出すことになるというのである。のちに西尾が打ち立てる話し言葉教育を中心にした「言語生活主義」は、この議論に根ざしている。

三　「国文学と教養」の教養論

西尾が『国語国文の教育』で到達した「国語」教育学の立場は、「生涯稽古」へとつながる「行的認識」であった。そのことを前提にして、「国文学と教養」で示された彼の教養論を見ておきたい。

石井によると、『国語国文の教育』に収められた「国文学と教養」は、『国文学講座』第一〇冊「文学と教養」と第一一冊「国語教育の意義」を一篇にまとめたものである。そのため、後半が「国語」教育論に比重のかかった叙述になっている。そのことは、西尾の教養論の特徴をよく示している。西尾が「国語」教育について言及する背景には、彼の教養論があるのである。

先にも見たように、西尾の「国語」教育論は「生涯稽古」と「行的方法」を重視している。この行的認識の立場は、明治期に広く流布した修養論を思い起こさせる。しかし、西尾はそれと同義で使っているのであろうか。本節では、彼の「国文学と教養」を見ることで、西尾の立場が、明治期の修養論や大正、昭和前期の教養主義とも区別される独自の教養論であることを見ておきたい。

西尾の行的認識は「すべてを実践的に体得させ、全人的に把握させようとする」ものであった。そして、この原理を自覚して教材の選定や教育にあたることを求めていた。彼がそのように言うのは、彼の文学に対する認識からきている。「国文学と教養」で、「全人格的な努力と精進とをもって、生活の深所から打ち出され鍛え出される」文学の世界では、和歌や俳諧などのように「創作する人は創作する人、これを鑑賞し批評する読者は読者というような区別の存しないのがある時代の状態であった」と述べている。ところが、散文の世界では、作者と読者の区別が早くに成立した。そこで、作者と読者との明瞭な対立が生まれ、「国文学と教養の問題についての考察においても、制作と鑑賞との両側面からこれを試みなければならぬのが今日の当然事となって来た」と言う。つまり、西尾が説く行的認識は、作者と読者、制作と鑑賞という二側面からの考察に支えられた認識でなければならないということである。

次に行的認識の「行」について考えてみたい。西尾は、教養について次のように説明する。

> 教養の概念は、従来、常識的には、いわゆる躾として、様相を洗練し典雅ならしめる意味に用いられていた。しかるに近来往々新しい意識をもって用いられている場合には、修行修養の語が普通に狭い意味の宗教的道徳的意義に限定されて、全人間性の要求を充たすものでなく、したがって美を求める心のさわやかさや、美を求める心の朗らかさを欠くものであるのに対して、そのすべてを含み、しかもその根底においては道念を中心とした心性の開拓淳化を意味することがある。しかしながら、真の教養の意義は、やはり様相において心性を拓き、心性によって様相を練る両者の統一でなければならぬ。すなわち様相洗練としていえば、衷なるものの姿としての様相洗練であり、また衷なるものの啓沃として考えれば、それは必ずや人格的具体的発現、すなわち行作たるべき衷なるものの啓沃でなければならぬ。

西尾は、これまでの教養概念が「躾として、様相を洗練し典雅ならしめる意味で用いられていた」と説明する。これは一人ひとりの内的な可能性を引き出し人格形成するという躾の意味である。続いて狭義の教養として、修行修養の語に示される宗教的道徳的意義が言われるが、それは全人間性の要求を満たさないと、その限界を見る。西尾の脳裏に去来していたのは、おそらく一九世紀末から二〇世紀初めにかけての修養論であろう。筒井清忠「近代日本における教養主義の成立――修養主義との関連から――」[7]には、明治後期の修養運動が紹介されている。浄土真宗系の清沢満之『精神界』（明治三四年）、キリスト教信者、綱島梁川の「見神の実験」（明治三七年）、西田天香の「一燈園」設立（明治三八年）、蓮沼門三の「修養団」（明治三九年）、田沢義鋪の青年団運動の開始（明治四三年）、野間清治の「講談社設立」（明治四四年）をあげて、「対象や方法は様々であったが、アノミー状況への対応として「修養」を直接・間接に目的とする思想・運動がこの時期に多様な形で登場してきた[8]」と、修養主義が運動のなかから育ってきたことを示す。そして、明治四〇年代には、加藤咄堂『修養論』に代表される修養書ブームがあったことを紹介している。筒井は、この修養主義は「「人格の修養と云い、人格の向上と謂う。当世流行の通語たり」といわれたように、この時期の修養主義によって「人格」は初めて本格的に社会意識上重要視され、神聖化もされ始めたのである。修養がしきりに説かれたのだが、さらにその修養によってめざされた目的は「人格の向上」なのであった。修養主義は人格主義といってもよかったのである[9]」とまとめている。西尾は、この人格主義が「宗教的道徳的意義に限定されて、全人間性の要求を充たすものでな」いとするのである。

さて、再び西尾の教養論に戻りたい。西尾は、こうした修養主義の限界を示したうえで、真の教養の意義は、「様相において心性を拓き、心性によって様相を練る両者の統一」に求められ、その洗練は「衷なるものの姿としての様相洗練」であるとする。これは、みずからの内面から生み出される心性に従い、さらなるみずからの心の可能性を拓くことが肝要であるということである。行作をとおして心の底から必然的に湧き出されるものに導かれ、全人間性を啓くことでさらに豊かな内面を作りあげていくことが大切であると述べている。そして、この行作の繰り返しが教養ある人格を形成すると言うのである。

したがって、教養は何かをまねて蓄えるような皮相なものではないということを次の段落で述べる。

> ゆえに教養の全き相は、人生の根本義を求め、既になにものかを握り得て、その充ちた精神が一作一行の上に流露し来たると共に、また日常の一作一行によって、更に精神そのものを精鍛錬摩してゆこうとするごとき生活において見られるものである。かくて教養とは、あらゆる様相を衷なるものに集中することであると共に、またその衷なる焦点から発して種々の様相に示現させる作用であるともいうことが出来よう。しかし真に衷に得たものは、たといこれを包もうとしても自ら流露し来たらずには止まないものであるけれども、教養がいったんその根本に集中する一面、すなわち衷なるものを開拓啓沃してゆく一面を忘れて、単に様相を洗練彫琢する方面に傾くならば、それは生命のない粉飾となり模倣となってしまう。なんといっても衷を開拓することが体であり、様相を洗練することは用であって、外形的訓練も衷なる道念なり真理の愛なりに生かされて、初めて人格的意義を得来たるものである。

西尾の教養論の核は、「衷なるものを開拓啓沃してゆく」ところにある。これを忘れ「単に様相を洗練彫琢する方面に傾くならば、それは生命のない粉飾となり模倣となってしまう」ことに注意を喚起している。内面を磨かずして、存在の可能性にばかり気をとられると、何かをまねてうわべを飾るだけの皮相なものになるというのである。

このように見てくると、西尾の教養論は「衷なるものを開拓啓沃する」実践論として理論構築されていることが分かってくる。『国語国文の教育』で示された「行」というのは、古人が求めた道の実践であったことを再度想起したい。しかも、それは和歌や俳諧のごとくに制作と鑑賞が一体となったものである。「行」はそうした道を舞台にした実践を重ねることで教養を「衷なるもの」として内面化する一連の過程であることが見えてくる。

ここでもう一度筒井清忠の論を見てみたい。筒井は、修養の一部であった教養が分離独立してくる様を第一高等学校の新渡戸稲造門下の安倍能成や和辻哲郎、阿部次郎に見ている。彼らは、魚住折蘆を介して綱島梁川や西田天香らと交流を深める。新渡戸稲造の薫陶も受けてゲーテやミルトンにも興味を惹かれていく。筒井は、新渡戸が説いていた修養はすでに教養の意味であったとしている。こうして夏目漱石やケーベル博士の影響ばかりでなく、「大正教養主義は明治後期の修養主義から出立した[10]」と述べる。

さらに、筒井は、「教養」という言葉と理念を「修養」から自立させて最初に使ったのは和辻哲郎であるとする。明治期に「教養」は「教育」educationと同義であったことを示して、「教養」がBildungという意味で使われ出した嚆矢を探索調査したところ、和辻の「すべての芽を培え」(『中央公論』一九一七年四月号)であったと報告している。和辻は、そのなかで「「教養」とはさまざまの精神的の芽を培養することです」と述べて、「これはやがて人格の教養になります。そうして、その人が「真にあるはずの所へ」その人を連れて行きます。その人の生活のテエマをハッキリとさせ、その生活全体を一つの交響楽に仕上げて行きます。すべての進展や向上が、それから可能になって来るのです[11]」と「教養」を説明している。

この和辻の教養論は、「あらゆる様相を衷なるものに集中することであると共に、またその衷なる焦点から発して種々の様相に示現させる作用である」という西尾の教養論と重なっていることに気づく。つまり、西尾は和辻らの大正教養主義の流れのなかにいることがこれで明瞭になってくる。

それでは、散文のような文学での制作と鑑賞が分離した場合における「行」は、西尾の教養論ではどのように考えられているのであろうか。次に、こうした教養と文学の関係についての西尾の言及を見ておきたい。

西尾は、文学の鑑賞が教養としての意義を持つ条件として、正しい理解を成立させる真の読書態度の確立が不可欠であると強調する。そして、「真に価値ある作品を正しく鑑賞し理解しようと努めるならば、むしろ文学こそ、教養的精神そのものの発現にほかならぬ」としている。その実例として、真・善・美、さらに聖の境界へと人間を高めていったルネッサンス期のギリシャ文芸への教養的憧憬、西行、宗祇、雪舟、利休に貫通する風雅の道を明らかにした芭蕉の鑑賞と制作態度を示している。

西尾は、芭蕉『笈の小文』の発端を引用しながら、芭蕉の風雅が彼の人生そのものであることを示し、文芸を鑑賞することは、彼の人生そのもの、内面化された思想を掴み取ることにあるという教養の意味を次のように説明している。[12]

「西行の和歌に於ける、宗祇の連歌に於ける、雪舟の絵に於ける、利休の茶に於ける、その貫道するものは一なり。」といった後、

しかも風雅に於けるもの、造化にしたがひて四時を友とす。見る所、花にあらずといふ事なし。思ふ所、月にあらずといふことなし。像、花にあらざる時は夷狄に等し。心、月にあらざる時は鳥獣に類す。夷狄を出で、鳥獣を離れて、造化にしたがひ、造化にかへれとなり。

と道破した精神は、教養としての文学がいかなる意義において成立し、いかなる位置を占むべきであるかを示して余蘊なしというべきであろう。彼の風雅は手のさき口の端でもてあそぶような手軽なものではなかった。

西尾は、こうした考察の末に、教養は「社会に立つ場合になんらかの特権を得たいがために求められる外的な資格や装飾の一種にすぎない」とする考えを退け、「自己の霊性のために第一義のものを握ろうとする努力精進を根底とするものである以上、その人が真に求める人であればあるほど、その過程として、向上のある時期において必ず一度は、人間の社会に行われるあらゆる事象に対する興味を失って、既成の道徳も宗教も文学もなんら

の権威を有しなくなるであろう」と、みずからの心性に深く根ざした教養を得ようとすればするほど、こうした煩悶は深刻になるのだと説いている。そして、「文学なにものぞ、芸術なにものぞ、哲学なにものぞ。第一義諦を求める熱い道心からすれば、すべては道草であり、遊戯であり、生命に触れるところのないものである。そしてこれを捨て、これを超えるところにのみ第一義への迫進は得られるように思われる」と文学を鑑賞して教養として内面化する姿勢を明らかにするのである。

そして、文学の制作と鑑賞という二面における教養の意義について、次のようにまとめている。

> かくて文学の人間的教養における意義は、その素材その思想において、人生そのものと広さを等しくし、その観照において、宗教そのものと深さを等しくする。しかして鑑賞においては、ただ真に価値ある作品を選び、正しい理解を基礎とすることによってのみこれが得られ、また制作においては、不断の集中と精進によってのみこれが到達せられるのである。教養としての文学の本質は、多作し広く渉猟することによって得られるものではなく、すぐれた一つを制作し、または鑑賞し尽くすことによって充たされるものであることを考えなくてはならぬ。

西尾は、多くの文学を掻き集めるようにして鑑賞することや作品を多作することに意義を見出さない。何かを多く知っている、何かを多く学んだというような地点に教養の意義があるのではないことを、制作と鑑賞という二方面の実践的な見地から説いているのである。ここに西尾の教養論の独自性がある。修養主義から出立した教養主義の潮流に位置づきながらも、さらに制作と鑑賞という実践論を加えた新しい独自な教養論となっているのである。

四　『国語』発刊の意義

旧制中学校「国語漢文」科用教科書『国語』は、「国語」という単独の名称で中等「国語」教育史上に登場してきた。従来の「国語」教科書は『国文読本』、『国語読本』、『中等国語教科書』、『中等国文教科書』などの名称であった。一九四三（昭和一八）年の文部省発行の国定教科書でも『中等国文』という名称であったことを考えると、みずからが編集した教科書に『国語』という名称を公然と使用するだけの意味を西尾は自負していた。その後、『国語』の影響もあり、中等「国語」教科書の世界でも『新制国語』、『国文』という名称も見られるようになる。『国語』の登場によって、日本の「国語」教育における教材観は革新されたのである。

『国語』全一〇巻には、小説、童話、詩、短歌、紀行文、日記、書簡、評論、劇脚本、歌舞伎、浄瑠璃、読本、俳文、法語などが採られ、明治から昭和にかけての優れた作品が並べられている。さらに学年進行につれて古典の比重が増す構成をとっている。さらに、各地の「国語」教室での便宜を図るため『国語　学習指導の研究』も発行している。また、「編集室と教室との連絡機関」として『国語　特報』も刊行して、全国の「国語」教育者との交流を進めていった[13]。

『国語』の評判は良く、全国の大半の学校で使用されたという報告もある[14]。『国語　特報』では、一九三七（昭和一二）年度には四〇八校、一九三八（昭和一四）年度には六一七校で採用されたと記録されている。

『国語』には、西尾実の書いた文章が無署名で三篇収められている。巻一の巻頭「生きた言葉」、巻五の巻末「ツェッペリン伯号を迎へて」、巻一〇の巻末「生涯稽古」である。編集者の意図を明瞭にするために全一〇巻の要所にみずからの文章を配するという編集姿勢であった。当時の教科書としては珍しい編集であったが、そこにも編集者たちの熱意が感じられるのである。

西尾が書いたそれぞれの文章は、『国語国文の教育』に示された彼の「国語」教育論がにじみ出ている。

「生きた言葉」では、挨拶を欠礼した新入生が、自分の非を認めて挨拶し直した話を紹介している。そして、道元の「向かひて愛語をきくは面をよろこばしめ、心を楽しくす」を引いて次のように締めくくっている。

> 国語の学習に於ては、論文も随筆も小説も読まなくてはならぬ。歌も句も詩も読まなくてはならぬ。文も綴らなくてはならぬ。しかしそれだけで、談話や問答や挨拶のやうな、日常の言葉の鍛錬を疎にしたならば、その学習は、根のない植物を育てようとすると等しく、決して真の国語力の成長を結果することは出来ないであらう。
>
> 我々は何よりもまづ我々自身の言葉を生きた言葉たらしめることによつて、我々の心を拓きいのちを向上させなくてはならぬ。そしてそれが、文を綴り、文を読むことに対しても、真の基礎であることを自覚しなくてはならぬ。

これは、彼の教養論の中核をなす「行作たるべき衷なるもの」そのものである。彼は、ここに「国語」力の基礎を置く。

次に、巻五「ツェッペリン伯号を迎へて」は、莫大な賠償金で苦境に立たされていたドイツで、若い企業家たちが活躍する話題をもとにしている。ツェッペリン伯号が日本上空に飛来した際に科学者エッケナー博士が語った言葉に感動して、日本文化建設のための国民の奮起を求めた文章である。ドイツが困難を克服している現状を紹介したあとに、次のように述べている。

翻つてわが国の現状はどうであらうか。見方によつては、ドイツ国民にも劣らぬ難局に当面してゐる吾々国民に、果してドイツ国民だけの覚悟があるであらうか。人間の力、意志の力について、吾々は幾何の自覚をもち、如何なる工夫をなしつゝあるであらうか。国民の、わけても青年の関心は、寧ろ、より多く感覚的快適に向かつてゐるのではなからうか。個人の生活に於ても、社会生活に於ても、感覚的快適を目標とするのは、既に精神的衰頽の標徴であるといはれてゐる。歴史は古くても、日本の文化はまだ稚い。過去の二千六百年は、日本民族にとつては、世界に於ける先進文化を摂取すべき、いはば学習時代・準備時代であつたともいへよう。真の日本文化の建設はこれからでなければならぬ。随つて、既に老衰期に入つた国々の文化が感覚的快適を中心としてゐるからといつて、吾々が今それに追随し、それを以て新時代の誇であるかの如く考へるのは大なる誤でなくてはならない。吾々は人間の力に目覚め、意志の力を以て立つことによつてのみ、歴史的に課せられてゐるこの重大な責務を遂行することが出来る。意志の力に目覚める時、国民も、社会も、永遠に若く、清新であり得る。

ツェッペリン伯号が世界一周旅行の途次に日本に飛来したのは一九二九（昭和四）年八月一九日のことであった。西尾は、身近な出来事を話題に日本文化の新しい展開を期待した文章を『国語』に掲載した。しかし、一九三〇年代半ばの日本の状況を考慮に入れると、この文章は国威発揚に符合する内容を持ったものとして評価せざるを得ない。飛行船のツェッペリン社がナチスと犬猿の仲であり、その後同社がナチスによって国有化されたという事実は正確に見る必要がある。しかし、こうした話題を日本とドイツという若い国の問題として共通して扱うことで、それを学ぶ中学生が国威発揚のイメージを持ちやすいことは想像できる。西尾がこの教材を『国語』に入れたことは妥当な判断であったと是認することはできないのである。[15]

三篇目の巻一〇「生涯稽古」は、世阿弥の「生涯稽古」を紹介した文章である。すでに見たように、「生涯稽古」は西尾の教養論の中心に位置づいている。世阿弥の能楽論の基底である「稽古論」、花伝書の「非道行ずべからず」の一句を示して、一道集中の精神に学び、次のように述べている。

> 彼にあつては、かく、横に生活の全面を尽くして至らざる所のなかつた稽古は、更に又、縦に全生涯を通じて終る時のない稽古でなければならなかつた。「花伝書」の第一に置かれてゐる「年来稽古條々」はこれを説いたもので、その量からいへば僅かに数頁の断片に過ぎないけれども、これを熟読玩味すれば、言々、一道の奥に達し得た人の深い経験と自覚の文字であつて、単に能楽者の指針たるのみではなく、真に人生を生きようとする者への意義深い案内書である。

そして、「彼の稽古は、その実践に於て」、「一道集中を生活の全面に拡張し、更にこれを生涯に持続するものであると共に、その動機に於ても」「能の一道の上に、常により高い芸位を見出してこれを新な稽古の対象とし、それに対する新鮮な興味と初学者の如き謙虚な欲求とを以て、一段の精進を可能ならしめてゆく、不断の発展であることである」と世阿弥の実践姿勢を見る。そして、最後を次のように結んでいる。

> 彼が同じ「奥段」に、
>
> 命には終あり、能には果あるべからず。
>
> といつてゐるのは、かくの如き精進の究る所に発せられた、道の無限に実参し得た人の深い歎に外ならぬ。世阿弥の如きは、真に一道に徹することによつて普遍そのものに接し、永遠そのものに参し得た、選ばれた

人々の一人であつたといふべきであらう。

これらの文章に綴られた核心は、西尾が『国語国文の教育』で明らかにした生涯稽古と行的認識の体系そのものである。西尾にとって『国語』は彼の行的方法そのものであったことがよくわかる。

五　西尾実の教材論に見る「文芸性と国家性」

『国語　特報』第二号には、京都帝国大学教授、文学博士である田辺元が、「新人文主義（ネオヒウマニズム）」と賞賛した「岩波「国語」の特色」を寄稿している[16]。

従来の陳套が一掃せられて清新の気溢れ、浅薄なる教訓は影を潜めて、代りに真の「日本的」なる生命が力強く脈打つ。古きものと新しきものとを通じて、如何に多くの美がにじみ出て、如何に高き真実が語られて居るであらう。それは、民族の個性を無視し、歴史を忘れて抽象的普遍の価値を追究せんとした古き人文主義でなくして、飽くまで民族の個性とその歴史とを重んじ、真に独自なる国民性こそ具体的に普遍の価値を有すると信ずる新人文主義を、その編纂方針とする。

田辺は、『国語』を「民族の個性」「国民性」の価値を持つ「新人文主義」の教科書であると規定した。美、真実、歴史という評価軸から見ると、田辺の言う「古き人文主義」も「新人文主義」も、ともに同じ「教養主義」の根から出ていることは、これまでの議論で明らかである。田辺は、西尾の教養論のほかの教養主義者と分かつ独自性を評価している。しかし、すでに見たように、西尾の教養論の特質は、行作をとおして衷なるものを開拓する実践性にあったのである。その西尾の議論が「民族の個性」「独自なる国民性」という用語に収束されたとき、実践的教養論に裏打ちされるはずであった彼の教材論の独自性は薄らぐことになる。

岩波書店の「本書の綱領と特色[17]」は、「▽現実日本の認識に立脚し、当来日本の建設を目標とした指導精神の確立。▽国家的民族的自覚を中心とした人間教育資料の集成。▽国語教育に於ける文芸性と国家性との本質的定位に成る編集体系の樹立。▽国語教育に於ける新領域開拓としての「言語活動」の確認。▽原文尊重と教育的統一とを期した良心的編纂の実現。▽理論と実践の統一に成る懇切精到なる教授参考書の完備」を掲げている。この文言にも編者西尾実の教育観がにじみ出ている。特に「国語教育に於ける文芸性と国家性と本質的定位に成る編集体系の樹立」が西尾の戦略として提示されたことは注目しなければならない。

西尾は、「国語教材における文芸性と国家性[18]」で、当時の状況下での教材観を示す。「大正年代の国語教科書において文芸性が時代的特質であった」のは、「その年代の文芸の性質」と「文芸が同代の文化なり社会なりにおいて占めていた意義と位置」によると言う。同じように「昭和年代の国語教科書が国家性・民族性を中心として編纂せられるようになって来た」のは、「現代における国際的・国内的な社会情勢を反映したもの」であると説明している。

> 国語教科書は、一面において、かく時代に即して編纂されることが必要であり、また自然である。けれども、それがあくまで国語教科書たる独自性において時代に即することは、国語教育上更に重要事でなくてはならぬ。ここにその国語教科書が、真に国語教科書たり得るか否かの決定点があるともいえよう。この意味において、文芸中心から国家性・民族性中心への推移をいかに定位し、国家性・民族性をいかに国語的独自

性において実現するか、換言すれば、国語教材における文芸性及び国家性・民族性にいかなる意義と位置とを与えるか、これが現代における国語教科書編纂の根本問題でなければならぬ。

西尾は注意深く「国家」や「民族」の文言を繰り返しながら教科書編纂について述べている。さらに続けて、西尾は「文芸性と国家性」の対立を次のように説明する。

国語教科書の編纂精神としての文芸性と国家性・民族性は、時として対立する二つの性質であり、要素であるかのように取り扱われていた。そういう場合の文芸性は主として享楽的趣味として理解せられ、国家性・民族性は主として道徳的規範として理解せられたものであったといってよい。文芸性が趣味性として考えられ、国家性・民族性が道徳性として考えられるということは、それぞれの性質をそれぞれの著しい特質においてとらえた理解の仕方に相違ないけれども、現代における国語教科書の編纂精神としては、これに対して更に厳密な批判が必要であろう。

そして、「文芸性と国家性」の根拠を「新教授要目」に求めている。

すなわち国語教材としての文芸性は新教授要目に示されているように、一面には国民道徳性・常識性と対すべき趣味性であると共に、一面には国語教材の一般的規定である「文章ノ模範タルモノ」すなわち言語的表現の性質でなければならぬ。かく考えると、趣味性としての文芸性は国語教材としての一要素であるが、表現性としての文芸性は国語教材のすべてを規定する条件でなければならぬ。

また国語教材としての国家性・民族性は、これまた新教授要目が示すように、「健全ナル思想、純莫ナル国民性ヲ涵養スル」指導精神としての要素でなければならぬ。

この意味において、国語教材における文芸性は表現の性質としてあらゆる教材にもたる一般的・基礎的な規定であり、国家性・民族性は指導精神の問題として指導体系の中核をなすものでなくてはならぬ。したがって表現の立場からいえば、国家性・民族性は素材としての事象性・思想性であり、指導精神の立場からいえば、文芸性は表現様式の性質にほかならぬ。

当時の戦争国策のもとでは、日本の青年たちの精神形成に深い影響を及ぼす「国語」教育の動向が特に注視された。そして、その教材である「国語」教科書を編集者がどのような思想で編集しようとしていたかも注意深く観察されることになった。そうした状況で、西尾の編集する教科書が検定を通過して教育現場で活用されるために彼が編み出した戦略は、「文芸性と国家性」という対立的に見られやすい概念をあえて取りあげ、その説明の中心に「表現」をおいて、当時の「新教授要目」と整合させて説明するというものであった。つまり、西尾は、「国家性・民族性は素材としての事象性・思想性」であり、「文芸性は表現様式の性質」であるとすることで、「新教授要目」との整合性を図ろうとしたのである。そのように認識することで、「国語」教材の「「文章ノ模範タルモノ」すなわち言語的表現の性質」から「表現」を学び、「事象性・思想性」である「「健全ナル思想、純莫ナル国民性ヲ涵養スル」指導」を行うのが「国語」教育であり、その教材が「国語」教科書であるという位置づけが明確になると説明したのである。こうして「文芸性と国家性」は矛盾なく説明できるようになり、政治と教育の厳しい拮抗状況にある教育現場で、西尾の「言語活動論」とその具体化としての「国語」教科書を定着させる努力が行われたと見ることができる。

当時の教育現場での管理統制の厳しさを考慮すると、こうした戦略が、後になって、西尾の「言語活動主義」が「前線」での日本語教育、「銃後」での「国語」教育の体験から定立されたものであり、「大戦下の時代状況にふさわしい議論として提示された」[19]と指摘されることになると予想することまでは困難であったと思われる。

ただし、こうした戦略は十分に認めたとしても、西尾が「言語活動論」へと論を進める前史が『国語国文の教育』であり、これまで見てきたように同書に示された行的認識やそれによる教養論は、自己の内面の深化を追い求める議論であったことは再度確認する必要がある。つまり、西尾の行的認識が自己の内面へと限りなく向かう議論であることを自覚しないと、結局は自己と関わる他者を見失うことになっていく危険性が潜んでいるということである。自己の内面への凝視だけに拘泥しているうちに、みずからの立脚点が見失われ、その間隙に「国家」や「民族」という他者からの優位や隔絶の議論を誘発しやすい論理が入り込むと、共同する他者が消えていく。実践論としての意義を有した行的認識、教養論も、他者の存在を見失うとき、その意義をも失うことになる。それは、文学の問題として考えれば、文学が絶対視され、文学の効用が説かれる至上主義へと舞い戻ることでもある。

西尾は、姉妹編『国語女子用』を一九三八（昭和一三）年に刊行した。しかし、ときはすでに文部省による『国体の本義』発行に象徴される国民精神総動員の時代であった。伝統的な自由発行検定制度による中等学校教科書の刊行は困難になり、一九四三（昭和一八）年からは国定教科書『中等国文』のみの「国語」科教育が行われることになった。

註

（1）筒井清忠『日本型「教養」の運命——歴史社会学的考察』岩波書店、一九九五年五月三〇日。本文での引用は、岩波現代文庫版（二〇〇九年一二月一六日）による。

（2）西尾実『国語国文の教育』古今書院、一九二九年一一月二四日。引用は『西尾実国語教育全集』第一巻、教育出版、一九七四年一二月二〇日、一八七頁。

（3）『国文学講座』文献書院、一九二八年一月～一二月。

（4）石井庄司「西尾実『国語国文の教育』の成立とその意義」『国語教育叢書19　近代国語教育論史』教育出版センター、一九八三年一二月五日。初出は、「学苑」第四九二号（昭和女子大学、一九八〇年一二月）である。引用は、『近代国語教育論史』によった。

（5）西尾実『国語国文の教育』古今書院、一九二九年一一月二四日。引用は『西尾実国語教育全集』第一巻、教育出版、一九七四年一二月二〇日、一八七頁。以下、「序」の引用は、同書一八七～一八九頁。

（6）右に同じ、二一一～二一二頁。以下、行的認識に関する引用は、同書二一一～二一五頁。

（7）筒井前掲書、一～五三頁。

（8）右に同じ、一五頁。

（9）右に同じ、二〇～二一頁。

（10）右に同じ、三三頁。

（11）右に同じ、一〇二～一〇三頁。

（12）西尾前掲書、一四〇～一四一頁。引用部の小文字は本文の表記による。また、以下「国文学と教養」の引用は、同書一四一～一四六頁。

（13）安良岡康作『西尾実の生涯と学問』（三元社、二〇〇二年九月二五日）は、『国語』編集の苦心を語っている。当時の教科書の編集の大変さがわかる記述である。長文であるが、西尾の教養論、行的認識にもとづいた実践論を理解するうえで貴重であるので該当部分（二七〇～二七二頁）を引用しておく。

最初は一年計画で完了すべく着手した編輯は、長田幹雄が実と西島九州男とに相談して、昭和八年発売の予定を一年延期することにした。結局、たっぷり三年かかってしまった。教科書の書名については、関係者が協議し、提案し合った時、岩波茂雄が『国語』が一番ふさわしいと言ったことで、衆議が一決した。教科書の表紙に貼る題簽の「国語　巻一」などや、内題の「岩波編輯部編　国語　岩波書店刊」は、岩波書店刊行の『漱石全集』『露伴全集』などの背文字を揮毫した、能書の狩野亨吉に依頼することになった。また、教科書の表表紙・裏表紙には、帝国博物館に請うて、正倉院御物の「碧地狩猟文錦」を複写したものを用いることになった。用紙は一番上質なものを選び、和装本の綴じ糸は綿糸を使い、定価も打算を度外視して、数ある教科書中、最低の値段にしようとした。こうした経過を辿って、『国語』の編輯・校正・出版はじりじりと、休むことなく進捗して行った。そのうちに、全十巻の印刷・校正のために、編輯部・校正部の部員が印刷所の精興社の青梅工場に出張することになり、実も、続出する問題解決のために、一週間ほど出張して、青梅の旅館の一室に宿泊することになった。そのころ勤務していた東京女子大学の講義には、岩波書店が世話してくれた自動車で通いつつ、編輯や校正上の相談に応じた。一行は、季節が夏のことなので、午前七時に工場に行き、午後十一時まで働かなくてはならぬような非常時的態勢で仕事を進めた。晩酌党の長田幹雄は、「この校正が済んでしまったら飲もうね」と、夕食の度ごとに、自分に言い聞かせるように言って、仲間を慰めていた。長田は、また、旅館と工場の間だけでも歩きたいという部員があると、「そんな贅沢は言うな。一週間だけだ」とはっきり言って、自動車往復を強制していた。実は、『文学』の編輯にも、『国語』教科書の作製にも、岩波書店内のきびしい勤労意欲の現れを経験した。（中略）岩波茂雄は、昭和十年一月十七日の『東京朝日新聞』朝刊の第一面最上欄に、三段にわたって、「所信を明かにす――国語教科書の出版に際して――」と題する一文を公表し、その後半に、「今茲に公にするのは、斯道の権威に嘱して成れる中学校用国語教科書である。本書は精到なる学理と実際教育の体験とを基礎とした独自の体系に成れるものであり、体裁の高雅、印刷の鮮明、製本の堅牢、価格の低下と相俟って、十分所期の成績を挙げ得たものと確信する。／尚その普及に就いては、不祥事件の歴史に鑑み、あくまで公明なる手段と真摯なる努力を以て、その本質的価値を直ちに教育者諸賢の識見と良心に訴へんとするものであるハ教科書編纂に於ける諸種の制限あるにも拘らず、幾多特色を発揮することに細微に亙つて苦心を重ねたる本教科書に対して、徹底せる審査と厳正なる批判とを寄せられんことは、私の切望して止まざる所である」と表明している。これは、全く前例を見ない、堂々たる革新的広告文であったと言えよう。多くの反響が発行書店に寄せられた。

(14) 井上敏夫編『国語教育史資料第二巻　教科書史』東京法令出版、一九八一年四月一日、五四二頁。

(15) 「ツェッペリン伯号を迎へて」は、一九三七（昭和一二）年の改訂版で書き下ろし教材「日本の魔法鏡」に差し替えられた。「日本の魔法鏡」は、自己鍛錬と現代科学との結合による新しい日本文化の創造を主題にした西尾の文章である。差し替えられた経緯は詳らかではない。しかし、「ツェッペリン伯号を迎へて」の持つ露骨な国家性は、西尾の教養論とは距離があることを本人が自覚したのではないかと想像される。

(16) 田辺元「岩波「国語」の特色」、岩波書店「国語」パンフレット。

(17) 岩波書店「本書の綱領と特色」、岩波書店「国語」パンフレット裏表紙。

(18) 西尾実「国語教材における文芸性と国家性」『国語　特報』一、岩波書店、一九三五年一月。引用は、『西尾実国語教育全集』第二巻、教育出版、一九七四年一二月二〇日、三〇〇～三〇二頁。

(19) 小国喜弘「国語教育における「言語活動主義」の成立～西尾実「日本語の前線と銃後」」『人文学報、教育学』四一巻、首都大学東京、二〇〇六年三月三一日、一三～三七頁。

第二節　岩波編輯部編『国語』の特色

一　『国語』考察の意義

西尾実が中心となって編集した岩波編輯部編旧制中学校「国語漢文」科用教科書『国語』は、日本の「国語」教育史上画期的な教科書であった。その刊行の意義については、『国語国文の教育』に示された彼の「国語」教育論をもとに考察してきた。

本節では、西尾の掲げた言語活動論の具体化としての『国語』の特色を考察する。そして、収められた教材や西尾の考え方を整理して教養形成の視点からどういう意義を持った教科書であったかを明らかにしたい。

考察にあたり、西尾の編集の意図や学習指導面での配慮に注意していきたい。どの教科書も時代の制約から自由になることはできない。『国語』は、現代の目から見ても味わい深くわかりやすく編集されたすぐれた教科書であることは間違いない。しかし、『国語』も当時の帝国主義的国家政策や尊皇思想の影響から逃れられず、その影響下にあったことも否定できない。そもそも、それ以外の教科書が検定合格書として流通する環境にはなかったというのが実際である。西尾も、その状況下で、すぐれた教養を「国語」教育の現場に提供する方法はないかを苦心したはずである。その努力のあとをよく見ておきたい。もちろん、西尾の教育研究の足跡を無謬神話のように絶賛することは学問的でない。西尾もそんな研究を喜びはしない。

『国語』の指導書として『国語　学習指導の研究』（以下『研究』と略記する）も刊行された。『研究』には、西尾がみずからの「国語」教育論を具体化して教科書『国語』を編集した立場を示している。『研究』は、各巻四〇〇頁から七五〇頁に及ぶ大部な解説書である。「緒言」で、「「国語」編纂の趣意」、「学習指導研究の組織」の二項を立て、『国語』編集の立場を解説している。

そのなかの、「イ　表現に生命あり結晶あるもの」という項で、教授要目の「健全ナル思想、純美ナル国民性ヲ涵養スルニ足ルモノ」という「国語講読」教材の指導事項に対応して、西尾の教材観として三分類を示している。「国民的教材」、「文芸的教材」、「文化的教材」と柱立てして『研究』で示される解釈の基準としている。「国民的教材」は、教授要目の「国民的陶冶」に対応することも明示されている。具体的な素材としては、国体の精華、民俗の美風、賢哲の言行が掲出されている。また、「ロ　国民的教材」の項で、「国民的なる意味」は、「悠久三千年の歴史を通じて現れ、国民生活のあらゆる事象を基礎づけてゐる、しかも普く世界に光被すべき底の真理の顕現」としての意味、「一に人間力・意志力によつて国の発展を尽さなくてはならない現実日本に立脚し、しかも従来世界のあらゆる先進文化を摂取し来つて、今や独自の日本文化を世界文化の上に建立すべき歴史的使命を帯びて立つてゐる国民としての」意味であると述べている。

従来にない新鮮な「国語」教科書として『国語』を編集した西尾も教授要目の拘束からは自由になれず、「国民的教材」をこのように定義したところに国民精神を涵養する教材や尊皇思想に傾斜する教材を一定程度含みこむことになった要因があった。その根本的なものは、「西尾実の教養論と教材論」で分析したように、西尾の行的認識論の閉鎖性にある。他者性への視点に欠けた教養観で自閉してしまったのである。日本人一人ひとりが国民精神を涵養することで国力を育てるという自閉の論理からは、他者との共同による教養形成という観点は出てこないのである。

朴貞蘭「西尾実と「国語科」教科書――「戦後検定初期教材における「連続性」の問題を中心に――[1]」は、『国語』巻一の西尾自身の「生きた言葉」が、価値観が逆転したはずの戦前戦後に共通して使われていること、「音声教育」の重視が戦前戦後に共通しており、戦前の音声教育がナショナリズムを喚起し愛国心教育に活用されたことを指摘している。

しかし、西尾も『国語』の教材配列を進めていく過程でその問題点にすでに気づき始めていたようである。一部の巻に国民的教材を集中させることで、ほかの多くの巻を自分の好む文芸的教材、文化的教材で自由に編集しているように見受けられるからである。中学一年次『国語』で学んだ諸井耕二の指摘（後掲、四六七頁）はそのことを物語っている。

『国語』は影響力が大きかっただけに、二〇世紀前半の「国語」教育は『国語』の積極面とともに問題点も受けつぐことになった。本節では、そうした『国語』の特色を浮かびあがらせるために、全一〇巻に収められた二二〇篇の教材を各巻ごとに見ていくことにする。煩雑な作業ではあるが、そこから結果として西尾の考えていた「国語」教育観が描出されるのが望ましいと考えた。おもな視点としては、行的認識、国民精神の涵養、尊皇思想、自然、追憶、家族、学問、芸術などに絞っておきたい。

また本書では、主要には『国語』に収録された現代文（同時代文）教材を中心に考察する。古文については、『国語』全体や現代文教材の考察に必要な範囲で述べていくこととする。ただし、巻五以降は古文の収録数も多くなり、特に巻九・一〇は、古代から現代までの文学史的配列で構成されている。そこで、『国語』全体に関して言及する際には、古文も細部にわたって論じることとする。

二　『国語』各巻の構成と内容上の特徴

1　第一学年――巻一と巻二――

(1)　巻一について

> 巻一のテーマは、「国語」とは何かを具体的に実感させること、何を学ぶ教科であるかを理解させることにある。具体的には、行的認識のわかりやすいすがた、家族、追憶、童心、尊皇思想、自然が中心である。

巻一では、中等教育の出発期の学年であることを考慮して、それにふさわしい教材が選ばれ、バランスよく配置されている。また、初学者への配慮として上級学年で和歌や短歌、古文を学びやすくできるような工夫がある。

巻一には、小説四、童話一、随筆七、紀行文二、伝記二、詩一、短歌一、説明文三、報告文一、古文三の二五篇に、漢文教材が三篇収められている。

行的認識

冒頭には西尾実の書きおろし「生きた言葉」が配置されている。「生きた言葉」は、西尾の行的認識の教育観がよく示された文章であった。巻一の後半では、「生きた言葉」に呼応させるかたちで古文や漢文も配して行的認識にもとづいた文章を採録している。

二一課「用水」（遺老物語）は、実践的な知恵を活かして用水整備を進めた武士の話である。二二課「かんにん」（柳沢淇園）は、「法句経」の一節「怨は怨を以ては終に休息を得べからず。忍を行じて怨を息むるを得ん」が文末に置かれた。二三課「藤樹先生」（橘南谿）では、儒学者中江藤樹の儒の教えと弟子の熊澤蕃山の弟子入りのいきさつが述べられる、そして、清作少年の少年時代の刻苦勉励を描いた二四課「野口博士の少年時代」（野口英世）がある。

また、漢文「人」や「実語教」を採録して、日本人の精神形成や教養形成に大きく与かった漢文の入門としている。

国民精神の涵養、尊皇思想

次に、二課「桜」（芳賀矢一）、三課「曙の富士」（小泉八雲）、四課「明治天皇御製」と教材を配置している。桜、富士、明治天皇の短歌を組み合わせることで、「日本」を象徴的に表現している。ここに『国語』の一つの特徴がある。明治天皇の短歌一一首は、富士、桜、鯉、馬（駒）、水鳥、若草、草枕（旅）、都を題材に詠んだものである。皇室関係は、このほかに、明治天皇の気象台などへの行幸を報告した新聞記事の一一課「八丈島行幸」（藤原咲平）、勤皇の牧畜家と乃木将軍の交流を描いた二〇課「愛馬」（桜井忠温）、日清、日露戦争での「日の丸」の威力を語った二五課「国旗」（日の丸由来記）と続いている。

自然

一方で、二課「桜」、三課「曙の富士」を基調に日本の自然の美しさを描いた文章を集めているのも巻一の特徴である。人影まばらな比叡の山寺と森の鳥を描いた一〇課「山寺」（若山牧水）、上高地や穂高の渓谷美を描いた一六課「上高地」（田部重治）、霧の立ちこめる湖畔の秋を描いた一八課「湖畔」（杉村楚人冠）には、日本の自然美が重ねて表現される。一五課「苺と茱萸」（正岡子規）には、芭蕉の「奥の細道」の跡をたどった奥羽行脚の途次に山中で木苺をたくさん食べたことや、信州で路傍の家のたくさんの苗代茱萸をいただいたことが味わい深く述べられている。

また、こうした自然の美を描いた情意表現とともに、自然を科学として理知的に見つめる目を養う配慮がなされている。みずすましの生態観察について書かれた五課「春の使者」（横山桐郎）、蜂の巣観察記の九課「蜂の巣」（吉村冬彦）、空の色について気象学者が書いた一七課「空の色」（岡田武松）などがある。

追憶、童心

柿の木に上った少年を描く一三課「屋根」（志賀直哉）は『暗夜行路』の一節である。家庭から禁じられた水泳をする少年を描く一四課「水泳」（飯田蛇笏）もある。母に怒られながらも柿の木に上る嬉しさ、雑木林を下りて谷川で思う存分泳いで帰る冒険は、甘い追憶とともに少年期の心性を見事に描いている。

晩ご飯になるまで遊びに夢中だった少年時代を描いた七課「夕がたの遊」（中勘助）は『銀の匙』の一節である。西尾は本書の意義を『研究』で「当時童心を説いた詩人・歌人は少くなかつたが、真の童心をさながらに生かし得た作者はどれだけあつたか。この作者の如きはその稀な一人である」と述べている。[2]『洗心雑話』の一九課「良寛さま」（北原白秋）に描かれた良寛和尚の童心とともに印象深い。二四課「野口博士の少年時代」も、少年期の不安や希望を巧みに表現している。

小説、童話

小説、童話は、さきの七課「夕がたの遊」（中勘助）に加え、短編集『心』の「保守主義者」の一節である三課「曙の富士」（小泉八雲）、『草枕』の六課「峠の茶屋」（夏目漱石）、一二課「蜘蛛の糸」（芥川龍之介）、『暗夜行路』の一三課「屋根」（志賀直哉）の五篇である。巻一の特徴はこの五作家を並べたところにある。

詩・短歌・俳句の扱い

詩は千家元麿の詩が二篇ある（八課「詩二篇」）が、短歌は目次には見られない。しかし、各課の文末に適宜短歌が配されている。文章の指導にあわせて、授業者が短歌の指導もできるように工夫がなされている。たとえば、五課「春の使者」文末に、子規の「解けそむる野川の春の水浅み小鮒かくれつ古草の根に」、七課「夕がたの遊」文末に、中勘助の短歌「わが庵に花はなけれどさみしくもなしおとなりの菜のはないまさかりなり」がある。一九課「良寛さま」には、「この宮の森の木下に子どもらと手まりつきつつ暮しぬるかな」「かきてたべつみさいてたべわりてたべさて其ののちは口もはなたず」の良寛の二首がある。

(2) 巻二について

> 巻二のテーマも巻一に続き、行的認識の具体的なすがた、帝国日本のすがた、自然、家族、追憶、童心を学ぶことである。

巻二には、小説三、随筆七、紀行文一、伝記一、戯曲一、詩二、短歌一、評論一、説明文二、報告文一、古文二の二二篇に、古文と漢文の教材がそれぞれ一篇ずつ収められている。

行的認識と労働

七課「快晴（詩）」（河井酔茗）は、都会で働く人の幸福について謳う。「かひがひしく働いてゐる時に私にも場所がありそして幸福があるのです」は、働くことの意味を感じさせる。

八課「潮待つ間」（幸田露伴）は、潮の流れが変わるのを待つ間に舟人から聞いた心得を伝えている。読む者は、舟人はただ舟を漕いでいるのではなくて、舟を扱う細心の心構えがあることを知る。

一〇課「親心」（柳沢淇園）は、吉野の勤皇家長年が幼い童との約束を守った「約束の松」の話、家族のために石臼の目を切る仕事に精進する男の話、大酒飲みの悪僧が改心した話である。どれも、人の道を説いている。

「白石朋ヲ薦ム」（原善）は、母親が昇進を待ち望んでいた人を先に昇進してもらうように働きかけておき、自分自身は昇進を遅らせたという白石の逸話を紹介している。この漢文のあとに、九課「父の物語」（新井白石）が載せられている。

一一課「カルサンと米」（島木赤彦）は、郷里で農業をしながら作歌をしている友人を語る。文末の「彼の優秀な歌は、米一斗を信濃山中から東京まで背負って来る根気と真情とから生まれ出るのである」に、筆者の思いがよく表現されている。

一八課「人間エディスン」（澤田謙）は、睡眠も集中する精力主義、時代の動きに歩調を合わせる態度、楽天主義、質素、謙遜な心を特徴としているエディスンの伝記である。「自分の衷に怠けようとする傾向の起つてくるのを許してはならないことを体感している」とするところなどは、西尾の衷に対する考え方と同じである。

どれもが、人が生きて働くうえでの道を説いた文章である。

国民精神の涵養、尊皇思想

一課「日本」（山村暮鳥）は、「美しい国、日本」への期待を述べる。二課「明治神宮」（溝口白羊）では、神宮建立までの代々木の森のようす、建立された神宮の美しさを謳っている。一七課「両雄の会見」（小笠原長生）は、東郷平八郎がルーズベルト大統領と会見し、天皇から預けられた刀を手渡したことを述べている。二二課「国史に還れ」（徳富蘇峰）は、大和民族の伝統を説いた評論である。『日本書紀』の「宝祚無窮」で巻二を締めくくっている。巻二も、冒頭と巻末に帝国日本と天皇制関連の教材を置くという枠組みである。

『研究』では、「巻一では、国土愛・国家愛の象徴として二「桜」・三「曙の富士」・二五「国旗」を掲げて来た。巻二では、一課「日本」・二二課「国史に還れ」等に於て、直接国土愛・国家愛等を喚起し、覚醒させようとしてゐる」と述べている。

自然

三課「自然に対する五分時」（徳冨蘆花）の出典『自然と人生』、五課「落葉」（島崎藤村）の出典『千曲川のスケッチ』は、明治期の教科書に収録され息長く読まれてきた作品である。相模湾と富士の秋の情景、武蔵野の秋とは違う山の秋を描く。一三課「武蔵野日記」（国木田独歩）も、現代の「国語」教科書まで収録されてきた。武蔵野の九月の情景を描いている。関東一円の秋の対比的な構成は見事である。

四課「小春の岡」（長塚節）は、筑波山の秋の情景を描写した随筆である。長塚節の秋の短歌が文末に添えられている。一四課「時雨（和歌）」は、前田夕暮の初春の歌、若山牧水と北原白秋の冬から春の歌を並べる。

六課「渡り鳥」（松本亦太郎）は、渡り鳥の行路、距離、速度、それを可能とする筋力について説明する科学的な説明文である。一九課「蜃気楼」（橘南谿）は魚津の蜃気楼、二〇課「庭の黒土」（相馬御風）は、春先に芽を出す植物の生長を描く。ともに冬から春にかけての自然の神秘や力強さを表現する。

このように秋から冬、初春にかけての自然を細やかに描いた随筆と日記、和歌、自然現象を説明する文章をあわせて掲載している。

追憶、童心、家族

九課「父の物語」（新井白石）は、父の所領を若くして受けついだ男の話を父が折に触れて語った話である。

一二課「トロッコ」（芥川龍之介）は、トロッコの現場で働く土工に誘われて線踏をどんどん歩いていったばかりに暗くなってから家に戻らなくてはならなくなった少年の不安な心持ちを描く。母の顔を見て泣き崩れる少年の思いが切なく伝わる。現代の中学校教科書にも採られてきた。一五課「吹雪」（村井弦斎）は、吹雪のなかを山中を越えて母に会いに行った少年と、その少年に一人前になってから会うはずだ、約束が違うと涙がちに追い返す母の姿を描いている。二一課「犬ころ」（長谷川二葉亭）も、一九世紀後半の教科書から長く収録された作品である。犬のポチをめぐる家族の様子が描かれる。温もりのある家族の様子が追憶の思いを重ねて描かれている。

小説、童話

一二課「トロッコ」（芥川龍之介）、一五課「吹雪」（村井弦斎）、二一課「犬ころ」（長谷川二葉亭）の三篇である。どれも家族の物語を描いた佳品である。巻一と同様に、巻二に収められた作家に特徴がある。

村井弦斎の「吹雪」は、『少年文学』（一八九二年一〇月一二日、博文館）に掲載され人気を呼んだ伝記的作品『近江聖人』の一節である。母との再会を果たした藤太郎に母が立派になるまで帰ってくるなと厳しく叱責して追い返す場面を抄録している。巻一の二三課「藤樹先生」（橘南谿）と対になっている。

千葉俊二は、『近江聖人』が当時の少年たちに与えた影響の大きさを指摘して、谷崎潤一郎の事例を論じている。[3] 千葉は「谷崎にとっては「近江聖人」の読書体験がまさに後年小説家として花開き、実を結ぶための「温風微風」となり、ほとんど決定的な影響が与えられたと思われる」と述べ、『近江聖人』が潤一郎の「母を恋ふる記」の下敷きとなったことを指摘している。潤一郎は、恩師野川先生から『少年文学』叢書中の『近江聖人』などを聞かされて、『近江聖人』を購入して愛読したと回想している。しかも、潤一郎の書きつけたあら筋と『近江聖人』本文を比較した千葉の考察によれば、潤一郎はそれをほとんど諳んじていたという。そして、潤一郎の「母性思慕」と「聖人願望」は、この『近江聖人』との関わりで読まれる必要があると結論している。『少年文学』は、近代に入って初めての児童読物であり、巌谷小波の『こがね丸』をはじめ人気のあったシリーズであった。

詩・短歌の扱い

詩・短歌は、七課「快晴（詩）」と一四課「時雨（和歌）」である。このほか、巻一ほどではないが、各課の文末に短歌を付けたものがある。

歴史

一六課「勿来の関（戯曲）」（岡本綺堂）は、安倍宗任と源義家の勿来の関での別れを描く。

2 第二学年――巻三と巻四――

(1) 巻三について

> 巻三のテーマは、行的認識を体現した人物像、自然、家族、故郷に加え、新たに歴史、学問、文化を学ばせることにある。

巻三には、小説二、随筆五、紀行文三、詩一、短歌一、説明文三、報告文二、書簡文一、古文三篇が収められている。

行的認識と人

一課「大和言葉」（五十嵐力）は、「牛を牽く」と「牛を追う」の言葉遣いの例から日本の大和言葉の奥深い心理を考えさせる文章である。『研究』では、「第二学年に於ては特に国語愛の啓発・養成を重要な目標とする編纂を試み、本文をその出発点とした」と解説されている。

三課「島四国」（荻原井泉水）は、四国の遍路の代わりに、小豆島を遍歴する「島四国」をしたという紀行文である。宗教的経験を越えて、弘法大師との「同行二人」、道行く人との「同伴者」としてともに修行することにあるという。

八課「興国の樅」（内村鑑三）は、小国「デンマルク」を、富の程度が高く、生活の平和幸福で世界から羨望される国に育てたダルガスの物語である。「国威発揚」色がないわけではないが、帝国の論理までは感じさせない。そのことよりも、水と樹木で荒地を開墾してデンマークを再建した人物の先見性と度重なる労苦に編集者である西尾の関心は向いている。

一〇課「天徳寺了伯」（湯浅常山）は、琵琶法師の宇治川の先陣、与一の扇の的を聞き、天徳寺の領主が涙した、そのいわれを語る。人の道を考えさせる内容である。

国民精神の涵養、尊皇思想

九課「日本海の海戦」（官報）のみである。日露戦争での日本海艦隊の闘いを報告している。

自然

二課「潮の音（詩）」（島崎藤村）は、七五調の文語定型詩である。海の浪の永久の調べを奏でている。

六課「雨」（山口青邨）は梅雨時の植物の記録、一五課「金華山」（長塚節）は金華山に棲む動物、一六課「雑草」（斎藤茂吉）は春から夏にかけての雑草、一九課「霧島山」（橘南谿）は山頂までの道のりのようすを、それぞれ描いている。

追憶、童心、家族、故郷

四課「おたまじゃくし」（島木赤彦）は、東京に引越してきて友達ができなかった子どもたちが、おたまじゃくしをすくってきて遊んでいるという随筆である。五課「山の手の家」（中勘助）は、神田から小石川に引っ越した際の回想記である。寺の柿の木、裏の畑の果物、野菜、垣根の栗の木の思い出が語られ、文末に勘助の二句が添えられている。

一二課「恩師へ（書簡文）」（野口英世）は、野口が五〇歳のとき恩父に宛てた手紙である。野口の実父母はすでになく、小学校時代、野口を医学の道に志ざさせた恩師小林先生と養子縁組をしていた。野口家三代にわたり援助を受けたお礼を述べたうえで、南アメリカでのトラホーム研究の進展を報告している。野口はその後西アフリカへと渡る。野口については、巻一の二四課「野口博士の少年時代」（奥村鶴吉編『野口英世』より）での学びとが対になっている。

一八課「石をきざむ」（石川啄木　窪田空穂　木下利玄）は、啄木の故郷への思い、空穂の自然詠、利玄の夏から冬の村のようすと、自然と故郷とを重ねて詠む作品が集められている。

小説、童話

小説は、五課「山の手の家」（中勘助）に加え、一四課「焚火」（志賀直哉）がある。誰にも知らせずに見舞いに行った人物に、迎えが来たという内容の佳品である。幻想的な作品を選んだところに、西尾の目がある。

歴史

七課「千本松原」（伊藤左千夫）は、沼津の町から旧東海道に出て千本松原で平維盛の長子六代が刑を赦された地にある「六代松」を見にきたときの紀行文である。一一課「伊達政宗」（新井白石）は、関が原合戦時の逸話を語る。本国に戻る政宗は相馬義胤の所領に入った。相馬は、年来の敵を打たず見逃す。合戦後、相馬は断絶せず所領を与えられる。

学問・文化

一三課「心の小径」（金田一京助）は、南樺太で樺太アイヌ語の採集をしたときの記録である。一七課「昆虫の本能」（ファーブル）は、はなだかばちの生態観察記録である。細かな動きをしっかり観察する科学者の目が伝わる。二〇課「鴉勧請」（柳田国男）は、雲仙ゴルフ場の鴉が玉をくわえることから、「鴉勧請」の意味を考察するという民俗学的な考察である。二一課「学者の苦心」（芳賀矢一）は、上田、松井両氏の「国語」辞典編纂の苦労について述べる。こうした学者の仕事は地味であり、世人を驚かすことはない。しかし、これは大きな国家事業でもあるのだと辞典編纂の意義を強調している。どの学問についての記述も、その学問分野での学者の苦労が語られている。

詩・短歌の扱い

詩の収録は、二課「潮の音」（島崎藤村）のみである。

四課「おたまじゃくし」（島木赤彦）の末尾には、赤彦の「はるばるに家さかり来て寂しきか子どもは坐る畳の上に」「うつり来ていまだ解かさる荷の前に夕飯たべぬ子どもと並びて」の二首がある。五課「山の手の家」（中勘助）にも、中勘助の俳句「おとなりの　菜の花は種となりにけり」、「さきのこる　白豌豆のすずしさよ」の二句が文末にある。文末に短歌を付けるのは、この巻では多くなくなっている。

短歌自体が課題になっているのは、一八課「石をきざむ」（石川啄木　窪田空穂　木下利玄）のみである。ここでも引き続き上級学年での和歌、短歌学習に備えて、帯単元のようなかたちで短歌が添えられている。

(2) 巻四について

巻四のテーマは、行的認識を体現した人物像、自然、学問、芸術、スポーツ文化、生活・労働を学ぶことにある。

巻四には、小説二、随筆九、小品一、紀行文一、伝記二、戯曲一、短歌一、俳句一、評論一、古文五篇の二四篇が収められている。

本巻では、さまざまな人の生き方を紹介して、その人生に見られる道の意義を説いた文章が多く採用されている。次に見るように、行的認識の育成を目的とした教材を多数そろえている。

行的認識

二課「暁鐘」（奥田正造）では、朝夕鐘を仏と思って撞いた小沙彌、松の落ち葉一つひとつを拾う和尚、庭掃除をする際、二三の落葉を庭に点じ寂びた庭を作った利休、「兎角きれいなるは悪し」だが、「きれいなのでさへよくないのにむさいのは尚更よくない」と教えた小堀遠州の話が並べられている。大成する人たちの道を究めた味わい深い話である。

五課「師の言葉」（武者小路実篤）は、「自分に許された範囲で出来るだけ自分を立派に生かしていたものは、必ず自分の求める世界を必要なだけ獲得していける」と述べている。そして、日常生活の美しい人、自己を反省し心を常に道から放さないようにつとめる人は人類の宝であるとする。重荷を背負うとき、大国主命の例を思い出すとも言う。最後に、この世は無限に美しい、この世に生まれてきたことを感謝すると結んでいる。

六課「青木新兵衛」（室鳩巣）と七課「板倉父子　板倉勝重　板倉重宗」（新井白石）、八課「将軍吉宗」（菊池寛）は、武士の生き方を述べる。青木新兵衛は合戦で武士道を見事に示したばかりでなく、対戦相手と後に出会ったときも、相手の鎧の縅、馬の毛色まで覚えていたという人物伝である。

七課「板倉父子　板倉勝重　板倉重宗」も、一組の親子の武士道を示している。駿河の家康に町奉行を命ぜられた板倉勝重は、不正に陥らぬよう妻と相談したいという。当時の不正には、妻が関与している場合が多かったからである。伊賀の守になっても私心なき政治を心がけ、人心が安定していた。勝重の嫡男重宗は、茶を挽くことで自分の心の乱れを知る努力をしていた。訴願を受けるときは、明障子を隔てて聞く。訴願する人の顔色を見ればわかるという。誠は偽らないことだけではない。どんなものにも誠はあり、奪ったり隠したり覆ったりすべきではない。

八課「将軍吉宗」は、将軍吉宗の名君ぶりを二つの逸話から説明している。御腰物筒を落とし割った武士には「つまづいても手放さなかったために割れたのだ。手を離さず持っていたのは殊勝である」と許し、また視察先で不作を豊作と答えた武士には「時の挨拶で不快な思いをさせない配慮だ」とこれも許して、過失を犯した武士の心を斟酌して咎めなかった。菊池寛は「よく人情の微を察し、よく人間的な過失を許す点において、古今の名君である」と述べている。

一五課「誠」（三浦梅園）は、誠の意義について述べている。誠は偽らないことだけではない、どんなものにも誠はあり、奪ったり隠したり覆ったりすべきではないという趣旨である。

一六課「惜陰」（貝原益軒）は、幼児から努力して学問を修め一生の宝にすることの大切さを述べる。

二〇課「二宮尊徳の幼時」（富田高慶）は、父を失った母、二男を助け苦学した金次郎の伝記である。

二一課「西郷の一言」（勝海舟）は、敵である勝との会談で礼儀正しく度量大きく対応した西郷を敬意を持って描いている。

二二課「天」（西郷隆盛）は、正道を踏み、至誠を推し、克己に終始し、天を相手にするべきであると述べる。

国民精神の涵養、尊皇思想

三課「庭前の榧の樹」（浜口雄幸）は、永田町首相官邸の庭前にある榧の大樹が未来永劫に栄えることを祈っている。これが元首相という経歴の筆者による一文であることを考慮すると、大樹に期待する比喩で日本の繁栄への期待を語っていると読むことができる。

自然

四課「あづさの紅葉」（伊藤左千夫、長塚節、島木赤彦、斎藤茂吉）は、それぞれ秋から冬、初春にかけての植物や鳥などの自然を詠んでいる。一一課「凩」（徳冨蘆花）は、木枯らしが吹き始めた一〇月と相模灘の一二月の記録である。一二課「遠望」（吉江喬松）は、初冬の武蔵野の森を描いている。落葉した木々にとまる鳥に加えて鶯も来る森に夕日が落ちかかる情景が丁寧に表現されている。文末に「絵にもならず歌もならず武蔵野は只はろはろに山なしにして」、「武蔵野の空の限りの筑波嶺に我居る家より低くおもほゆ」の子規の二首が付けてある。

一三課「文鳥」（夏目漱石）は、文鳥の仕草を細やかに観察した小品である。

追憶、童心、家族、故郷

一課「初旅」（島崎藤村）は、東京に遊学したときの紀行文である。主人公九歳、同行の銀さんは一二歳であった。当時はまだ鉄道もなく苦労して峠を越えていったことや、馬車で七日間かけて神田まで出たことが記されている。

二三課「厨子王」（森鷗外）は、姉と弟の絆を描く。安寿は、山椒大夫から厨子王を守りぬくために、自分を犠牲にして厨子王を国分寺にかくまうことにしたという場面を採録している。

小説、童話

九課「柿二つ」（高浜虚子）は病床六尺の子規を描く。病床で投句箱の整理をし終えた子規は、京都の禅僧からもらった柿二つを食べた。渋い柿の方が旨いとわかったと記されている。文末に「三千の俳句を閲し柿二つ」の句が載る。

学問・文化・芸術・スポーツ

一四課「夜叉王（戯曲）」（岡本綺堂）は、面職人の心を描く。源頼家より面を頼まれた夜叉王は、面がなかなか完成させられないでいた。しびれを切らした頼家の督促にしぶしぶ仮面を出したものの、その面は死人の仮面であると夜叉王は語る。しかし、頼家は気に入って持って帰る。夜叉王は、あんなものが将軍家にあると思うと職人として情けない。槌を持つのをやめると言う。権力者を以てしてもすぐれた芸術が生み出せるわけでないことを夜叉王の苦悩に見る。死相の出た仮面、怨霊怪異の面というあたりは、大正期に幻想が流行した動きを映し出している。

一八課「銀線を描く」（浦松佐美太郎）は、ヨーロッパでスキーの体験をしたことを述べている。西洋文化をスポーツの面から学ばせる教材として興味深い。

一九課「創始者の苦心」（杉田玄白）は、ターフル・アナトミアの翻訳を、苦労してやりとげ「解体新書」として完成させた苦心談を述べている。

生活・労働

一七課「湖畔の冬」（島木赤彦）は、湖畔の冬の村で行われる労働を紹介している。赤彦の故郷である諏訪湖では「たたき」、「やっか」という漁労がなされ、湖上では氷切の作業が行われる。家内では、草鞋、雪沓作り、機織りが行われると、しみじみとした筆致で語っている。

二四課「神国の首都」（小泉八雲）の題名は、皇国の意味あいではなく、神秘的な東洋の日本という趣旨である。出雲の国産み神話を念頭に置いてはいるが、筆者の目は民衆の生活に向けられている。出典が「未だ知られざる日本」であることからも、そのことが推測される。生活や自然のなかにある音や色を基調にした滋味に富んだ文章である。小泉八雲の住む松江では、米搗きの音、鐘の音、物売りの声で目が覚めると言う。宍道湖に注ぐ鏡のような川の光沢、薄色の霞たなびく湖水に日の光が映り、「味爽の空と一つ色の、美しい幻の海となって見える」と、筆者の細やかな観察が続く。川端の庭先からは、拍手の音が聞こえる。その光景を八雲は「手も足も裸の猟師が、黄金色をした東雲の空を拝んでゐる」と述べている。それがやむと仕事が始まる。大橋の上で、仕事に出る人が鳴らす下駄の音も「舞踏の音のやうで」、その足は「皆小さくて、均斉を得てゐて、ギリシヤ古甕に描いた人物の足のやうに軽やかである」と続けている。松江の自然の織りなす風景に溶け込んだ、働き生活する民衆を見事に捉えている。

和歌・短歌・俳句の扱い

四課「あづさの紅葉（和歌）」には、伊藤左千夫の歌二首、長塚節、島木赤彦、斎藤茂吉の歌がそれぞれ三首、合計一一首が採られている。一〇課「夜長（俳句）」（正岡子規）は、秋の俳句一五句を並べている。一二課「遠望」（吉江喬松）の文末に子規の二首が付されている。

3　第三学年——巻五と巻六——

(1)　巻五について

巻五のテーマは道の意義と具体、尊皇思想と国民的自覚の発揚、自然紀行を学ぶことにある。特に国民的情操の育成が目指されていることに注目したい。

巻五には、小説二、随筆五、紀行文二、伝記一、詩一、評論二、説明文二、古文八篇、二三篇が収められている。古文には、和歌一篇が含まれる。

本巻から古文の収録数が多くなっている。教授要目に従い、中学三年の発達年齢に適した教材を用意する編集姿勢である。しかし、古文をただ単に並べることはしていない。また、自然に関する随筆や紀行文、詩、和歌・短歌が収められているのも特徴である。

行的認識

一課「道」（芳賀矢一）は、道の意義を説く評論である。道とは人の依るべき所の意で、道徳的な意味が主となっていて単なる術とは違うと述べられる。教育の本義も、すべてを修行として一貫し、道が根底をなすのでなければならないとし、祖先が一芸を学ぶにも常に道としてその修行に志し、不惜身命の覚悟で志業の大成を期したことを考えるべきであると締めくくっている。『研究』では、本文の成立に関して、芳賀が一九一一（明治四四）年に朝鮮総督府で講演したものがもとになっていること、緒言に「要は国民性の見地から、教育勅語の大旨を述べたものである」と記されていることが紹介されている。西尾は、そのことを承知のうえで巻五の冒頭に配している。採録の趣旨では、「日本文化の根底であり、日本国民の人間的教養の精髄である道の自覚を説いた文で、民族的特質を知らしめ、国民的陶冶に資すべき国民的教材である。／この意味に於て、これを巻五の巻頭に置き、本学年に於ける国語教材の出発点であり、帰着点であらしめようとした」と述べている。

この一課に対応して二課では「道を知れる者」（吉田兼好）が収められている。道を究める意義とその具体的なすがたを示した四篇の章段、「高名の木のぼり」、「亀山の御池」、「陸奥守義盛」、「吉田と申す馬乗」を取りあげている。これらは現代の古典教科書にまで収録されている作品である。『徒然草』は西尾の国文研究にとって中心的な対象である。

国民精神の涵養、尊皇思想

一三課「乃木大将の殉死」（徳富蘇峰）は、遺言書に記された乃木大将殉死の真相を語る。それによると、乃木は「明治一〇年の役」で軍旗を失った責任を取るため死の機会を待っており、二児を先に戦死させ、親子三人で死ぬつもりであったという。

六課「熊野落」（太平記）、七課「正行の参内」（太平記）、八課「熊王の発心」（吉野拾遺）、一四課「故郷の花」（平家物語）、一五課「小枝の笛」（平家物語）、一六課「扇の的」（平家物語）と、軍記物語を連続して収めている。吉野拾遺、太平記、平家物語から収録されている。どれも三頁から六頁の短い文章である。

『研究』では、「吉野朝の文学は、その時代が非常時であつただけに、平常には見られないやうな尊皇・愛国の至情が迸り流れてゐて、後代の国民がこれを詠んで感奮、興起せざるを得ないものが少くない。その皇居の地であつた吉野山を序篇として、吉野朝文学から三篇を掲出し、当時の事件と人情とに触れさせ、国民的自覚を促さうとする」と採録の趣旨を述べている。ここにも明らかなように、「太平記」を歴史的文化的文脈ではなく、その当時の政治的文脈に位置づけてしまっていると言わねばならない。

自然と紀行

四課「春三題」（吉村冬彦）は、植物と空の雲を例に、自然は冬のあいだに春の準備をしていることを科学者の目で説明している。

一一課「山上の霊気」（松本亦太郎）は、別世界の山上では雲霧が奇異な様相を示し、あたかも巨人が現れ、背後には虹の環がかかるようであると述べている。碓氷峠の現身仏の伝説や恵心の山越弥陀の図もこうした現象からきたものである。

一八課「仏法僧」（高浜虚子）は、高野山まで仏法僧の声を聞きに行ったときの紀行文である。

二〇課「詩二篇」は、木の風がのぼる情景を詠う「風」（島木赤彦）と吹く風に揺られる自分と鳥、尾花を描く「風」（北原白秋）の二篇である。

二一課「翼」（吉江喬松）は、小高い丘の上から秋の空を見るときの自然描写である。鳥が飛ぶ翼の音、虫の声、月の光、雁の群れの羽ばたきの音が空に乱れて不思議な波動を起こし、地上の草木や人家の屋根に奇妙なリズムを響かせていくようすが語られる。

追憶、童心、家族、故郷

一七課「水郷」（北原白秋）は、紀行文的色彩の濃い随筆である。白秋の郷里柳川について愛情をもって語る。水郷柳川は、変化多い少年の秘密を育む場所にふさわしく、さながら水に浮いた灰色の柩であるという。四季ごとの自然、行事が語られ、文末には白秋の詩「水虫の列」が収められる。

小説、童話

一二課「非凡なる凡人」（国木田独歩）は、多くの「国語」読本に収められている小説である。非凡なる凡人、桂正作は、愛読書の『西国立志編』を地で行く人であり、苦労して横浜の会社で技師として働いているというくだりを抄録している。

一九課「仁王」（夏目漱石）は「夢十夜」の一節である第六夜の話である。運慶が護国寺山門で仁王を刻んでいるのを見た。運慶は、鑿と鎚で木の中に埋まっているのを掘り出しているという内容である。文末に、「夢十夜」本文にはない漱石の俳句「凩に裸でおはす仁王かな」が付されている。

学問・文化・芸術・スポーツ

三課「極東に於ける第一日」（小泉八雲）は、八雲が初来日したときの印象を味わい深い筆致で表現している。八雲は、書物や空想ではない日本の街々を初めて人力車で通った。人力車から見た富士には柔かい明澄さがあった。「一切のものが妖精の世界のもののやうに見える」と感懐している。青い屋根の小さな家、紺の暖簾の店頭、紺の着物を着た微笑を含んだ小さな人々、和漢の文字を染め出した神秘的な旗、紺暖簾、垂直排列の文字、職人の衣服にある生命のある均斉のとれた文字、八雲はその事物の不思議さに目を回す。八雲にとって特に文字は印象的だったようである。日本人にとって表意文字は絵画であると思った八雲は、神秘な漢字が自分の横を疾走する夢を見たと述べる。

五課「吉野の奥」（吉田絃二郎）は、吉野の西行庵を訪ねた紀行文である。三輪、畝傍を通り吉野川から千本・中千本の見頃の桜を横目に西行庵をめざす。義臣村上義光の墓をめぐり「吉野山は花の山であり、同時に数々の人間哀史の山である」と嘆懐する。桜本坊、竹林院には昔の山宿の面影を見る。さらに高野山に向かうも、出会った杣人から西行庵には今日中は無理と言われ、満月と落日を見て蕪村の「菜の花や月は東に日は西に」を思い出す。翌日、再び西行庵をめざす。道中、七八人の大峯詣りの道者と出会い、芭蕉の「露とく〳〵」の句碑がある苔清水で漱ぎ飲む。いよいよ西行庵である。「眺むるに、佇むに、ただ涙流るゝほどの尊さ」を覚え、「よしの山やがて出でじと思ふ身を花ちりなばと人やまつらむ」の歌を思い、西行の悲しい決心が目に見えるようである。「西行が人生の寂漠をじつと見つめてゐたであらう日の静けさが今も漂うてゐた」と締めくくっている。

この紀行文も、日本文化の深さを吉野の自然に関わらせて述べるのであるが、その底流には道への心が横たわっていることがわかる。行的認識に培う文章である。

一〇課「墨汁一滴」（正岡子規）は、病床から藤の花、山吹の花を見ながら歌心について考える随筆である。「瓶にさす藤の花ぶさみじかければたたみの上にとどかざりけり」など、藤の花の短歌六首、「裏口の木戸のかたへの竹垣にたばねられたる山吹の花」など、山吹の花の短歌五首を添える。

二二課「隅田川の水」（島崎藤村）は、隅田川について書かれた随筆である。隅田川を「お前」と親しく呼びながら、河岸の変遷と工業化で変貌し川のようすを憂いながら、武蔵野の昔から大改革までを見てきた隅田川はセーヌでもテームスでもなく親しみ深い隅田川であると述べる。

二三課「ツェッペリン伯号を迎へて」は、莫大な賠償金で苦境に立たされていたドイツで、若い企業家たちが活躍する話題をもとにした西尾自身の書きおろしである。ツェッペリン伯号が日本上空に到達させた機会に科学者エッケナー博士が語った言葉に感動して、日本文化建設のための国民の奮起を求めている。そのことが国威発揚のイメージを強く持ったことは第一節で見たとおりである。

古文

九課「国上山（和歌）」（良寛、橘曙覧、平賀元義）は、良寛の和歌「むらぎもの心たのしも春の日に鳥のむらがり遊ぶを見れば」を筆頭に良寛の歌六首、曙覧三首、元義三首を収録している。どれも、追憶、童心、故郷をテーマとしている。『研究』では、「近世末期に出現した万葉系統の歌人三人の作」を掲げたことを述べた後に、「吉野山を舞台とした、国民的精神の発露に成る作品の後を承けて、或は人間的純情に於て、或は愛国の至情に於て、或は又、志操的矜持の高かつた点に於て、一脈相通ずるものがある」と解説されている。巻五の教材配列の文脈に帝国的な視点が強く作用していることは指摘する必要がある。

(2) 巻六について

巻六のテーマは、学問や芸術の意義を明確にした文章や道を究めた人の生き方を述べた評伝を学ぶことにある。

巻六には、小説一、随筆一、紀行文一、評伝四、戯曲一、詩二、評論四、古文五、近古文一篇、計二〇篇が収められている。古文には俳句と狂言が含まれる。

巻六では、現代文と古文を適宜組み合わせたかたちで道の意義を説いている。

行的認識

一六課「檜原峠越」(大島亮吉)は、雪が多い檜原越えに躊躇したが、先に踏んだ一人の足跡を頼りに越えることができたので、その旅の商人に感謝しているという内容である。先人の足跡に学ぶということを比喩的に述べている。

二〇課「人間の価値」(安倍能成)は、総督府山林部の林業試験所技師で朝鮮古陶の研究家でもあった浅川巧の逝去を悼む評伝である。朝鮮人の心をつかんでいた彼の人格を偲びながら、カントの言う人間の価値を実証した人であったと回想している。

国民精神の涵養、尊皇思想

一〇課「愛国者福沢諭吉」（小泉信三）は、愛国者としての福沢の姿を伝えている。福沢は文明開化は封建門閥制度を打破したが同時に無気力なものになりやすかったとし、民権論のための国権論、愛国の意義を説いた。これは、「学問のすゝめ」以来の封建的卑屈を痛撃して、不羈独立の個人の価値を強調した所以であると福沢の功績を讃えている。

自然

一課「秋」（綱島梁川）は、秋の力はその衣にあるのではなく赤裸々の事実、思想にあるとする。興味深い評論の冒頭に引用されている「あれこれをあつめて霞む春の朧」は芭蕉の句である。

二課「神ほぎ（詩）」（蒲原有明）は、晴れわたる秋の空に黄金の銀杏、妙なる注連木は神祝（かむほぐ）をなしているという自然の神秘を謳った詩である。

小説、童話

四課「天寵」（森鷗外）は、父が死んで貧しくなった絵描きの青年M君が、文房具商と恩師W先生に助けられ絵描きを続けていった物語である。

学問・文化・芸術・スポーツ

三課「松下村塾」（徳富蘇峰）は、松下村塾の歴史的な意義を語っている。幕府顛覆の卵を孵化した養育場であった松下村塾を育てたのが吉田松陰であったと説明している。

一一課「アインシュタイン」（吉村冬彦）は、アルベルト・アインシュタインの評伝である。彼は、しだいに理論家としての能力を育て、ついに相対性理論に到達する。その背景には音楽などの芸術に親しんだことがあったという。夢を見る素質があった彼は、夢の国に論理の橋を架けたのであるとする。

一二課「米国の一面」（厨川白村）は、米国の建国を成し遂げたのは宗教的色彩を帯びた理想主義に伴った清教徒の物質的努力と現実主義的精神であり、現在の米国文明には清教徒の理想主義の面影が見られるとする。

一四課「元寇」（三宅雪嶺）は、元寇の真因に迫ろうとした評論である。元との拒絶は北条時宗だけの意思ではなく国民の世論であったので拒絶は当然である。また、元に勝ったのは上皇の祈願であったが、台風のために実力が発揮できなかったことは、その後の外への発展にとって残念であったという内容である。

一五課「日蓮上人」（高山樗牛）は、日蓮上人の評伝である。日蓮は傲慢でもあり情愛もあったが、この二者が表裏し融合して豪傑の人格を造っていたという。文末には日蓮宗教義「開目鈔」の一節「我日本ノ柱トナラン（以下省略）」が付されている。

一八課「井伊大老（戯曲）」（中村吉蔵）は現代史劇である。井伊大老に内談した松平信茂に、みずからの行動の責任を説き、礼を尽くして断る井伊大老の姿を描く。

一九課「出盧（詩）」（土井晩翠）は、庵住していた諸葛孔明が、劉備の三度にわたる訪問に応えて立ち上がるに至った状況を述懐している場面を詩の世界で描いたものである。晩翠の『天地有情』から採られている。著名な歴史を詩で表現する文体を学ぶ点でも意義がある。

生活・労働

九課「労働」（内村鑑三）は、キリスト者の立場から信仰の意義を説いている。キリストは労働は神の真理を実得すること、神の宇宙に接することであると言う。労働のあるところに信仰があるのである。信仰は神のために自己を捨てることであり、愛国は国のために自己を棄てるということであると説いている。

古文

五課「芸能逸話」（古今著聞集）は、能因・時秋・鳥羽僧正が、それぞれ和歌・管弦・絵画の道において、刻苦勉励して、その徳を示した話である。

六課「芭蕉の臨終」（花屋日記）は、臨終における芭蕉の心境を語っている。『研究』には「俳諧文学に生命を入れ、日本文学を象徴の深さにおいて発展させ、同時に人間としての完成を体現した芭蕉の臨終記」とある。

七課「雑煮（俳句）」（与謝蕪村）は、天明俳壇の蕪村の俳句一五句である。『研究』に、「巻四ノ一〇「夜長」の子規の句の後を承けて、その子規が新にその価値を発見し、俳諧史上の位置を与へた蕪村の句を掲げ、芭蕉――蕪村――子規と展開来つた俳諧史上の最も著しい代表者の作品を辿つて、やがてその源頭を汲ましめやうとしたものである」と説明されている。

八課「不動智」（沢庵）は、一物に執着せず自在に動く心を描いている。

以上の三篇は、どれも道を究めた人物の話である。

一三課「鎮西八郎為朝」（保元物語）は鎌倉期の軍記物語で、単独で大事の門を固めた為朝とその軍略を描いている。一七課「狐塚（狂言）」（続狂言記）は、主人と次郎冠者を狐と間違えた臆病な太郎冠者の「狐塚」全文である。

4　第四学年――巻七と巻八について――

(1)　巻七について

巻七のテーマは、これまでの行的認識の学習を基礎に、主に芸術と文章を学ぶことにある。

巻七には、小説二、随筆四、評伝一、詩一、短歌一、評論五、古文八篇の二二篇が収められている。

巻七からは第四学年になり文章の水準が飛躍的に高くなっている。

巻七は、一課が島崎藤村の「結晶の力」という文章論、二課が和辻哲郎の「日本絵画の特性」という芸術論で始められ、歌論、文章論など多くの芸術論が語られている。評伝も、狩野芳崖やケーベルを対象にしたもので、彼らの人生を描きながら芸術や学問の高みについて述べている。また、小説も芥川龍之介「戯作三昧」で芸術を語る。西尾は『研究』で「前学年を通して読み来つた日本文化の根本精神ともいふべき「道」の精神が、如何なる姿をとつて現代文化の上に存続し発展してゐるかを考へさせることも可能である」と述べて、巻七での学習指導への期待を述べている。

行的認識

一課「結晶の力」（島崎藤村）は、文章を書くうえでの心構えを説く。筆者自身の四つの体験と文章を書く道について対比的に論じている。隅田川での水泳体験からは「根気」の大切さ、信州小諸での弓道体験からは「自己」を正すことの意義、同じく小諸での耕作経験からは「「試みる」といふことは「悟る」といふことの初」であること、隅田川での舟漕ぎからは「結晶の力」の意義について考察している。

採録本文の終わりには、次の二つの文章が添えられている。

> 文章を添削することは心を添削することだ。その人の心が添削されないかぎりは、その人の文章が添削されよう筈がない。
>
> すぐれた人の書いた好い文章は、それを黙読玩味するばかりでなく、時には心ゆくばかり声をあげて読んで見たい。われわれはあまりに黙読に慣れすぎた。文章を音読することは、愛なくては叶はぬことだ。（飯

倉だより）

文章の道を論じた本文にあえて二文を添えたところに西尾の立場がある。文章を書くという制作だけでなく、読むという行為の実践性に着眼しているのである。なお、「飯倉だより」は、『芸術自由教育』[4]の連載などを一冊にまとめ発行した同名書の抄録である。

五課「歌の響」（島木赤彦）は、「万葉集」を例に引いた歌論である。歌は調子、声調、格調が重要である。また、調子の上に柔かき緊張、強き緊張、暢やかな緊張が大切である。これが快適に現れているのが万葉集である。この歌の調子を万葉調と唱えている。

一二課「随筆の説」（五十嵐力）は文章論である。思無邪の心からぽろりぽろりとこぼれ落ちる随筆に味があるとして「枕草子」を例にあげている。随筆のもう一つは知り尽くし悟りぬいた人の心の鏡に映った影の自由な捕捉をしたものであるとして、「徒然草」を例にあげている。一方で、江戸時代の随筆は衒学であり、文学ではないと厳しく批判する。論語や老子は人生修養の面で芸術的な磨きがかかっていると高い評価を与える。文末には、「徒然草」の冒頭「つれ〴〵なるまゝに（中略）ものぐるほしけれ」が添えられている。

一七課「俚諺論」（大西祝）も文章論に通じることわざ論である。大西は、俚諺には妙味があり、律語的であり、具象的であるとする。パラドックス、対照、比照、暗喩、隠喩にも富み、詩句と似ているので、俚諺を研究すると、国民の歴史、気質、風俗、学術、宗教、社会制度等の生活とその理想を発見することができると述べている。

一九課「万物の声と詩人」（北村透谷）は、万物にはおのずから声がある。その声は、宇宙の調和から発せられる。芸術は、その万物の声の具現である。詩人は、宇宙の妙機を聞き、この万物の声を世に啓示する。

小説、童話

小説は、七課「戯作三昧」（芥川龍之介）と一一課「寒山拾得」（森鷗外）という龍之介、鷗外の代表作で、現代の教科書にまで収録されてきている。

「戯作三昧」は、馬琴が創作過程での苦境から脱して戯作三昧の境地を確立していくようすを描く。「寒山拾得」は、唐代、国清寺の僧、豊干に頭痛を治してもらった閭丘胤が国清寺を訪ねたところ、そこで豊干が言っていた寒山拾得に出会う話である。『研究』では、「寒山・拾得二仙の風格に触れさせて東洋的人間観の神髄を窺はしめ、且本課に現れたさま〲な人間の境位に照して自己を反省させることによつて、人間的教養にも資したい」と述べている。この二作は、単なる小説の鑑賞ではなく彼の行的認識に通じるものである。

学問・文化・芸術・スポーツ

二課「日本絵画の特性」（和辻哲郎）は、日本絵画の特性と芸術的な国民性について論じている。「気合」としての釣合いに加え、独立した構図の展開によって全体としてのまとまりを作り出しているという特質を持っている。この点が芸術的な国民としての世界での認知となっている。

三課「狩野芳崖」（岡倉覚三）は、畢生の傑作、観音大士の像を制作した芳崖の評伝である。芳崖は、「人生の慈悲は母の子を愛するに若くはなし。観音は理想的の母なり。万物を発生・煦育する大慈悲の精神なり。創造・化育の本因なり。余此の意象を描かんと欲する、茲に年あり、未だ適当なる形相を得ず」と語った。芳崖は代々萩藩の画師の家に生まれた。狩野の門に入ったが、当時の狩野の画風は粉本模写の時代であった。芳崖はこれに満足せず、画の要は一意直到、唯心裏の影を以て紙上の形となすに在りと考え、芳崖の画風を確立していった。芳崖は常に人に「人各々独立の宗教なかるべからず。美術家には美術宗あり。復何ぞ之を他に求めんやと。亦以て其の造詣を見るに足らん」と語っていた。

一八課「ケーベル先生」（夏目漱石）は、漱石が安倍能成とともにケーベル宅を訪問したときの記録である。漱石は、そのときの印象から、「ケーベル先生の生活は、そっと煤煙の巷に棄てられた希臘の彫刻に血が通ひ出した様なものである」と述べている。

文化

四課「法隆寺」（高浜虚子）は、法隆寺の色と音に着目している。内容は次のとおりである。金堂の仏体を描いた壁画には、珊瑚末の丹い色がある。千年の古色を呈してなお鮮明な光を湛えている。夢殿の廊下の鈴の音色は黄金を多く入れた鈴で、その音色は壁画の色が出したと思われるほどである。

二二課「龍安寺の庭」（荻原井泉水）は、相阿弥の作った龍安寺の庭の美しさを述べている。内容は次のとおりである。この庭の石は生きている。造園の材料に石ばかりを選んだのは、彼の気持ちを自然に委ねないで表現するためであろう。天然の模写ではなく純粋に自分の気持ちを表現したのである。これは、近代の表現派の意図と相通ずるものがある。景物を用いないで四季の空気そのものを感じさせようとした石ばかりの庭は微妙である。

この二篇は、文化と括るよりも、色彩美や庭園美という芸術の問題である。

和歌・詩の扱い

六課「水の音（和歌）」（西行）（源実朝）は、それぞれ西行と実朝の和歌が収録されている。『研究』は「歴史的に和歌を見ることは第五学年の課程になつてゐるので、ここでは形態的に和歌の特質を握らせる為に」、国民歌人の西行、「万葉集」とともに現歌壇の典拠となっている実朝の実作を示したと解説されている。[5]

二〇課「斑鳩宮（詩）」（三木露風）は、斑鳩の宮で聖徳太子の事績を讃える詩である。

古文

九課「平重盛」（平家物語）、一〇課「福原落」（平家物語）は軍記物語、一三課「ゆく川の流」（鴨長明）、一四課「法師の話」（吉田兼好）は「方丈記」と「徒然草」からの収録である。

八課「源氏物語論」（本居宣長）は、観賞と批評の点から源氏物語の価値を個性的、写実的表現、心理描写の精細さ、平凡・自然の価値の発揮を指摘している。

一五課「学問」（松平定信）は、近世随筆の代表作「花月草紙」から採られている。学問は道を学ぶことであり、修行であると述べた一文である。

一六課の「雅文四篇」も同じく近世の随筆である。「隅田川の雨」（橘千蔭）、「曇る夜の月」（村田春海）、「砧を聞く」（清水浜臣）、「夜学」（中島広足）は、江戸期の復古運動である擬古文の典型的な文体として紹介されている。

二一課「月の兎」（良寛）は、あはれな月の兎の古伝説が長歌の形態で詠われている。良寛の「万葉集愛誦はその歌体の上にも影響を示し」ていると『研究』にある。[6] また、「詩形態の作品の一例として掲げた」が、「来るべき詩が、かういふ伝統的なものからも新しい発展の契機を見出さうとしてゐる関係から、又長歌に入る準備として」採用したと解説されている。これは童心・追憶をテーマにもつ一方で、万葉集愛誦という良寛の道を示すものでもある。

(2) 巻八について

巻八は、都市論、歴史と伝統、精神のありようについて、評論、評伝、紀行文を中心に構成されている。

巻八には、小説一、随筆一、紀行文二、評伝三、戯曲一、評論五、説明文一、近古文一、古文五篇、合計二〇篇が収められている。古文には、俳句、歌謡、戯曲がそれぞれ一篇ずつ含まれている。

行的認識

一〇課「象山と松陰」（徳富蘇峰）は、近世末期の二国士の人物像を描いている。松陰は象山の門下に入り、ともに国事に殉じた。しかし性格も考え方も対照的で、松陰は率直、象山は荘重であった。松陰は攘夷論者として刑死せられ、開港論者象山は松陰が点火した尊皇党の刺客に暗殺されるという悲劇が待っていたと述べている。

一九課「人道」（二宮翁夜話）は尊徳の夜話を抄録し、近世の経済生活における人の道を説いている。

国民精神の涵養、尊皇思想

一一課「人臣の道」（北畠親房）は『神皇正統記』の後醍醐天皇の條が抄録された。西尾は、本文の解題で「国体の尊厳と皇位継承の正統とを明らかにし、以て大義名分を強調し」、「近世の史学界・思想界に甚深の影響を及し、明治維新の原動力をなした」と述べている。文末には、「大日本は神国なり。（以下略）」とある。

小説、童話

四課「東洋の詩境」（夏目漱石）は『草枕』の抄録である。「智に働けば角が立つ。情に掉させば流される。意地を通せば窮屈だ。兎角に人の世は住みにくい」の場面である。山路を登りながら、画家は「芸術の士は、人の世を長閑にし、人の心を豊にするが故に尊い」と考える。自然は我々を醇なる詩境に入らせる。それは非人情の詩境である。西洋の詩にかぶれないで、この東洋の詩歌の世界を逍遙したいと、画家は内省している。

学問・文化・芸術・スポーツ

○都市論

一課「都市美論」（佐藤功一）は、近代都市の美を日本と西洋を比較しながら述べた評論である。筆者は、都市の真の美は、人間の知識と意志で有機的に作られるべきであるとして、広場に水、地下線式鉄道、電気自動車、アスファルトが道にあり、住宅地、公園等、周辺の工場の美化などにより、都市の美観が市民の慰安、健康、精神的向上、風紀、経済にも重要なものであることを強調している。

二課「巴里通信」（島崎藤村）は、一課の都市論を受けて、西洋の都市を論じた文章を配している。内容は以下のとおりである。巴里は一つの建築物であり傑作である。日本との自然風土の違いもあるが、巴里全体が一大倉庫のように歴史的なものを保存している。巴里が芸術の都というのは、西洋だけでなく東洋からも可能なかぎりのものを収集しているからである。

○歴史と伝統

三課「中宮寺の観音」（和辻哲郎）は、至純で神聖な美しさを保っている中宮寺の観音は、日本文化の出発点でもあるが、これは日本の自然から生み出されたと述べている。

九課「長柄堤の訣別」（坪内逍遥）は、晩秋、朝霧の立つ長柄堤で、片桐且元と木村重成が豊臣氏の行く末を案じている場面を採用している。

○西洋文化に見る人間精神

一二課「哲人の養成」（安倍能成）は、哲学者であり、日本型教養の代表的論者である安倍の真骨頂を示す評論である。梗概は以下のとおりである。プラトンの理想国の目的は道徳の実現である。それは哲人によってなされる。哲人の資格は、その精神的素質において哲学を好み、真理を熱愛し、強い性格の勤勉な人である。哲人は、一〇歳からの準備教育、二〇歳からの学問研究、三〇歳になると弁証論を修め、五年間で哲学研究の奥義に沈潜する。三五歳から五〇歳までは、世間学を修め、実生活の経験を積む。これらのなかから、統治者を選ぶのである。

一三課「浄火」（阿部次郎訳）は、フリッツ・カーンの『神曲入門』を阿部次郎が訳出したものである。南半球の大洋にある浄火の山島にダンテとヴィルジリオが地獄をめぐり岸辺に出た二人は煉獄前界で人格の浄化と沈潜との予備条件である精神の凝集を行う。日が沈み、信仰と希望と愛とを意味する星を見て、新しい日を予約する。ダンテの登山の第一日は、憧憬と予感と準備であったという内容の場面である。

一四課「人間ゲーテ」（茅野蕭々）は、詩人ゲーテの評伝である。内容は以下のとおりである。ゲーテは、世界文学上の天才である。彼の精神の宇宙的包容力、人性と事象との自然を獲得した功績、事実が詩的であることを鮮明にしたことは彼の重大な意義である。そして彼は、人間のうちの最も偉大な人間であることを見ておきたい。

一五課「進軍」（八代幸雄）は彫刻の鑑賞論である。「進軍」は、パリのエトワール凱旋門シャンゼリゼー通りに面した東正面に刻まれたフランソア・リュードの彫刻の題名である。「一七九二年の義勇軍出陣」からとった題名とされ、「マルセイエーズ」とも呼ばれる。『研究』には、「祖国に対する感激性の強いフランス精神の象徴化、フランス国歌マルセイエーズの具象化として、近代フランス彫刻中、最も著名な作品の一であ」ると解説されている。[7] 筆者は、「進軍」には人性の厳粛さが示されていると述べる。朝光を浴びる「進軍」には希望に跳躍している若武者と人生の実相を踏み行く老兵の姿が見え、夜霧に覆われる「進軍」からは軍神の雄たけびが聞こえ、芸術の啓示と交響があると評価している。

この四篇は、西洋文化を吸収していった日本型教養の特徴をよく示している。

○日本文化に見る人間精神

一二課から一五課までが西洋文化の精神的なありようを述べた評論、評伝であったのに対して、一六課から一八課までは日本的な精神のありようを語る文章を収めている。

一六課「大和民族の固有性」（五十嵐力）は、『作文三十三講』のうちの日本文学史を考察した後半部分からの抄録である。奈良朝以前の文学は古事記、日本書紀の歌と延喜式の祝詞であり、その歌の例として、日本武尊の歌がある。日本武尊は大和民族の固有性を備えている。また須佐之男命の高天の原に上られたくだりも国民性を示しているという内容である。

一七課「舞へ舞へ蝸牛」（歌謡）（梁塵秘抄）は平安期歌謡、一八課「茶の宗匠」（岡倉覚三）は日本の伝統文化としての茶道論である。茶の宗匠たちは茶室で得た高い教養で日常生活を律していたが、庭園、茶器、織物、絵画、漆器などには茶の宗匠の示した跡があり、その源は本阿弥であると述べている。

二〇課「手首の問題」（吉村冬彦）は、巻七・八で学んできた学年の総仕上げとして提示されている。冬彦は手首の重要性を科学的な見識として提示している。バイオリンやセロを弾くとき、手首が重要であり、そのほかの技術の場合も同様である。科学や生活の場面でも手首は重要であると述べている。

巻八には、『国語』に示されている西尾の卓抜な編集姿勢が典型として現れている。西尾は小説を一つの文芸として単独で鑑賞させる態度を取ろうとしない。この場合では、日本と西洋、東洋と西洋という対比的な構造に漱石の『草枕』を置いている。これは、実に理に適っている。小説家が作品を生み出すときには、さまざまな文脈の交差する地点を意識している。ある作家は、社会的な文脈と時間的な文脈を意識しながら書くであろう。また、別の作家は、文化的文脈と人間関係的な文脈を強く意識するという具合である。

巻八の場合には、都市文化論である一課「都市美論」と西洋文化論である二課「巴里通信」、日本文化論である三課「中宮寺の観音」に小説である四課「東洋の詩境」を置くと必然的に交響的な空間が形成される。

古文

古典分野では松尾芭蕉の俳諧を収めたところに巻八の特徴がある。芭蕉の俳諧紀行文である五課「奥の細道」と六課「陽炎（俳句）」に加え、七課「蕉風」（藤岡作太郎）がある。芭蕉の言語活動としての紀行文とその実践の成果を重ねて学ばせようとする意図がある。さらに、松尾芭蕉その人を理解させるための評伝を挿入しながら、鑑賞のあり方をも示している。

ここでも、西尾の言語活動論の具体化が見えるのである。まず芭蕉の紀行文を紹介して、すぐれた言語実践としての俳諧を創出する型を示している。そして、そうした実践が生み出す具体的な産物としての俳句を学ばせる。そのうえで、再び芭蕉の人柄を知らせ、加えて俳諧の鑑賞のあり方を示すという手順は、これまでもすでに見てきた西尾の言語活動論の特徴であった。

なお、八課「鉢の木（謡曲）」（観世謡本）は能の著名な演目であり、一七課「舞へ舞へ蝸牛（歌謡）」（梁塵秘抄）も、後白河法皇選による平安期歌謡の代表作である。これも西尾の言語活動論の視座からの選択であると見てよい。

5　第五学年――巻九と巻一〇――

(1)　巻九について

巻九・一〇は、巻八までとは違って上代から現代までの文学史に対応した教材配列である。巻九では、上代から中世までの古典を学ぶことに主眼が置かれている。

上代から中世までの作品

巻九には、評論五、古文一八篇が収められている。古文は上代から中世までの作品である。和歌二篇、謡曲一篇が含まれている。

一課「読書に就いて」（小泉八雲）は、第五学年での「国語」学習の基本が示された評論である。上代から現代に至る傑作を受けとめる態度を考察している。八雲は、傑作の決定は数百年にわたる人類の意見の集積によるものであり、その通有性は永遠に古びないことであると述べている。また、傑作とされるものには、心情の真実のさながらな披瀝があり、その選定は自己の衷にある光によると、傑作を選定する基準について述べている。

そうした傑作の観点を確認したうえで、各時代の文学史的特質を述べた総論を筆頭にして複数の個別作品を収めている。西尾らしい学習の便宜の図り方である。

上代の作品に入る前には、二課「大和国原」（武田祐吉）を配置して、三課「倭建命」（古事記）、四課「万葉集抄」を収録している。上代文学の総論、「大和国原」の梗概は次のとおりである。大和の国は日本文学発生の地である。大和三山地方が古代文化の中心地であった。平城京は七〇余年間帝都として栄えた。万葉人は、ここを拠点に各地へと出かけた。その後平城京は衰退するが、文芸の力は残った。「大和国原」の収録は、大和の国の自然が日本文学発祥の源であることを学習者に理解させることを目的としている。文末には、舒明天皇の「大和には　群山あれど　とりよろふ　天の香具山　登り立ち　国見をすれば　国原は　煙立ち立つ　海原は　鴎立ち立つ　うまし国ぞ　あきつ島　大和の国は」（「万葉集」巻一の第二）を編者の西尾が付けている。「大和国原」の題意を理解させるための配慮であろう。

そして「古事記」の倭建命説話と「万葉集」の長歌、短歌、旋頭歌の歌体を示している。倭建命説話は、「熊曽健征討」、「東国平定」を収めている。「万葉集」は、柿本人麿、山部赤人、山上憶良、高市黒人、大伴旅人、大伴家持、元興寺の僧の各歌である。

平安の作品に入る前には、五課「平安京」（藤岡作太郎）を置き、六課「かぐや姫」（竹取物語）、七課「都鳥」（伊勢物語）、八課「宇多の松原」（紀貫之）、九課「古今集抄」、一〇課「須磨の秋」（紫式部）、一一課「春は曙」

（清少納言）、一二課「道長の幼時」（大鏡）、一三課「法成寺の造営」（栄華物語）、一四課「源信僧都の母」（今昔物語）、一五課「新古今集抄」を収めている。九課「古今集抄」は、紀貫之、凡河内躬恒、紀友則、壬生忠岑、読人しらず、在原業平、僧正遍昭、藤原敏行、坂上是則の各歌、一五課「新古今集抄」は、藤原実定、藤原俊成、式子内親王、寂蓮法師、藤原定家、藤原家隆、藤原秀能、藤原良経の各歌である。

「平安京」の梗概は以下のとおりである。平安京裏の貴族生活は安逸に馴れ、文学はただ都人の文学である。一時長岡に遷都するも山背で不便なため、山城の地へと移った。ここに平安京という。優雅な景色で山紫水明の語はよく京都の景色を表している。人事も自然に合わせてなされてきた。京都は実務の地ならずして風流の地である。

中世の作品に入る前に、一六課「中世の文学」（岡崎義恵）を配して、一七課「光頼卿の参内」（平治物語）、一八課「大原御幸」（平家物語）、一九課「新島守」（増鏡）、二〇課「日野の閑居」（鴨長明）、二一課「只今の一念」（吉田兼好）、二二課「隅田川（謡曲）」（宝生謡本）を収録している。

「中世の文学」は次のような内容である。文芸における中世的な真の建設者は僧侶である。武士は独立する力を持たずに僧侶にすがって力をのばしたにすぎない。その中世的なるものの構造は原始的な力の内面化、心霊化の方向をとる。中世的なるものの発生は、古典的なるものの完成によって見出された内面的目標の追求による。宗教的道徳的諸思潮の融合と統一によって完成された。

二三課「能面の表情」（野上豊一郎）が巻末に収められているのも興味深い。巻八の八課「鉢の木（謡曲）」と本巻の二二課「隅田川（謡曲）」の学習後に、能楽の表現論を学ばせる配慮である。梗概は以下のとおりである。仮面の発明によって人間の超自然物になることを容易にした。能面の効果はその表情の均整が人間の肉の顔がいかなる調和を以てしても及ばないほどの高貴さを保持していることである。能面の無表情的表情こそがいずれにも変り得る表情である。

このように、巻九は巻八までとは違った編集スタイルをとっている。収録された現代文に関しても、行的認識の考察や自然に対する見方、現実に関する斬新な視点による評論が並べられている。

行的認識

冒頭の「読書に就いて」は、読者論に通じる実践性を持っている。読書が単なる読み方を指すのではなく、読むことを通して傑作を作り出すという読者の存在の重要性を語っている。その具体例として、ゲーテを挙げている。ゲーテの短編を子どもたちはお伽話のように喜んだが、それらの短編は青年にとっては厳粛な読物となり、中年の者はそれらの一字一句に非常に深い意味を読み、老人はそこに全世界の哲学と全人類の知恵とを見出したと説明している。そして、「要するに、読者が人間として勝れてゐればゐるだけ、深く人生を知つてゐればゐるだけ、作者の偉大さを発見するのである」と読書における読者の存在の意義を強調する。

『研究』には、本文の出自について、八雲の東京帝国大学での英文学専攻学生に対する講義で「彼が毎学期約束してゐた、各国に於ける文学制作者の実際上の経験の結果を示す講義の一つで、書物や典拠を離れて、文学的生活や著述の実際を知らしめやうとしたもの」であり、「日本の学生にもわかりやすくする為に、単純な話と構造とをもつて、極めてゆつくり講義した為に、日本の学生の或者は逐語的に筆記することが出来た」と記録されている。[8] 八雲の文学者としての魅力だけでなく、大学人としての姿勢にも西尾は共感していたことが窺われる。芥川龍之介編『近代日本文芸読本』で、八雲の講義のようすを厨川白村「小泉先生」が伝えていることを思い起こさせる。

国民精神の涵養、尊皇思想

『研究』では、三課「倭建命」（古事記）に「その根柢を皇室を中心とした国家的発展に置いた英雄伝説」と皇室の伝統を見ているが、「英雄的性質と情趣的性質とが交錯し融和して文芸的効果を示してゐる」とも述べており、採録の主眼としては文学史的理解を深める目的であったと考えられる。[9]

自然

各時代の概括である「大和国原」、「平安京」、「中世の文学」は、どの時代にも自然美や自然と人事の交錯など、自然が文芸の誕生の源泉として色濃く影響してきた事実を述べている。「大和の国の自然」から発生した古代文学、「優雅な景色で山紫水明」の平安京から生まれた中古文学、「原子的な力の内面化・心霊化の方向」をとった中世文学という理解が目指されている。

芸術

「能面の表情」（野上豊一郎）は、無表情である能面が実は表情を作るという指摘をしている。無表情ゆえに「喜悦の表情にも、悲哀の表情にも、快活の表情にも、いづれにも変り得る表情である」という身体的感情的可能性を学ぶことにより、能楽の実践的な意義、芸術の持つ魅力に触れることができるようになるというのである。

(2) 巻一〇について

巻一〇は、巻九に続き、近世から現代までの作品を取りあげながら、中等学校の学習の総仕上げとして創作に通じる道の意義について学ばせている。

近世から現代までの作品

巻一〇には、小説三、随筆二、評論七、近古文八篇の二〇篇が収められている。古文は、近世の作品が収められ、現代では明治期の作品が収められている。

一課は巻九と同様八雲の評論である。巻九が読書という鑑賞を問題とした評論であったのに対して、巻一〇は創作を問題にする「制作の方法」（小泉八雲）から始めている。

近世文学については、二課「近世の文学」（藤村作）が、巻九の二課「大和国原」、五課「平安京」、一六課「中世の文学」に続いて、その時代の文芸思潮の解説の役割をしている。

藤村作は近世という「固定」した身分社会での文芸の発生について次のように述べている。人生に義理と人情との葛藤の生ずるのは、固定した道徳・習慣という堤防が自由な流れを阻止するからである。近世文学は、こうした義理と人情の衝突に着想を得ているが、その態度は事件の人物に相応の同情を持つというものである。人情の清さ、美しさ、切なさを認めながら、しかも義理の精神を一層大きく高く尊いものとしている。つまり近世の作者が最も強調したものは義理の精神であり、時代の一理想であった義理に殉ずる精神である。

そして、三課「馬追三吉」（近松門左衛門）、四課「大晦日」（井原西鶴）で元禄期の二大作家の作品を配している。また、元禄期の俳人の五課「幻住庵の記」（松尾芭蕉）と天明期の代表的俳文集「鶉衣」の六課「俳文二篇、奈良団賛、蓼花巷記」（横井也有）、化成期の俳文の七課「みとり日記」（小林一茶）を並べている。さらに、国学者の随筆である八課「物学び」（本居宣長）と国学者の短編小説である九課「月の前」（上田秋成）を並べ、近世の最後に文化文政期の江戸文芸の代表作家の作品を一〇課「芳流閣」（滝沢馬琴）に収めている。

明治期に関しては、明治二、三〇年代の自然主義以前の文学を一一課「五重塔」（幸田露伴）、一二課「塩原」（尾崎紅葉）で取りあげている。そして、浪漫主義的思潮の作家の随筆である一三課「山庵雑記」（北村透谷）、自然主義文学理論を述べる一四課「自然主義の文学」（島村抱月）、反自然主義作家である漱石の文学を論じた一五課「肯定観の文学」（岩城準太郎）、その漱石の小品である一六課「秋露」（夏目漱石）、漱石に並ぶ明治文学の巨匠の小説である一七課「高瀬舟」（森鷗外）、宗教の哲学的考察としての一八課「愚禿親鸞」（西田幾多郎）、美学的な観点から国文学を論じた一九課「国文学の精神」（久松潜一）を配している。

一四課「自然主義の文学」（島村抱月）は、その名の由来を説いている。文芸には、快楽と実際的意義が必要であり、自然主義文芸の場合も真と美がこれに該当する。真を発揮せずにはいられない要求がこの文芸となったのである。また美は人間一切の現象を包容し得る文芸の終極点の名である。自然主義という呼称は、文明対自然の関係を描く、物的現実を掲示するところからきている。以上が概略である。

また一五課「肯定観の文学」（岩城準太郎）は、自然主義の人生の否定観に対して漱石及びその一派の肯定観の文学があったことを紹介している。以下梗概を記す。漱石の作に見える人生も苦悶の人生であるが、一度この境界を脱却してこれを客観視する心境を作り、さらにこの世に移り住んで超越して人生を味わおうとする。悠々とした余裕があって、何物にも拘泥しない広さがある。これは俳諧的である。人間の生死や苦悩を月花と同じように眺めるのである。この文学は、自然主義文学の行き詰まった頃から青年読者の賛同を得て文壇の大樹となった。

近代文学の二大潮流をこの二篇によって示し、自然主義文学が漱石らの文学に席を譲ることになる事情を学ばせることが期待されている。実際に小説として取りあげられたのは、一一課「五重塔」（幸田露伴）、一二課「塩原」（尾崎紅葉）、一七課「高瀬舟」（森鷗外）の三篇である。この選択基準には西尾の行的認識論が反映している。折からの烈風強雨で揺れ動いている落成直後の五重塔といのちをともにする覚悟を決める「五重塔」の十兵衛の生き方、那須野原の広々とした光景、絵を見るような清穏の風景にあい、すべてを忘却する「塩原」の主人公の心境、弟殺しの罪で遠島に高瀬舟で流される「高瀬舟」の喜助の生き方に人生の深淵に立ち会う人々の衷なるものへの共感を読んでいるのである。

巻一〇の一課も巻九と同様に「制作の方法」という八雲の文芸実践論から始められている。

八雲は、文学は情緒表現の芸術であると定義して、制作の意義を次のように述べている。ある事物が与える特別な感情・情緒が芸術家の求めるものである。感情を表現するとは感情を再生することである。そのためには、感情の曲がってきた事実、原因を詳しく書き留めることである。経験の覚書を作ることである。次に、この覚書を発展させて、それに自然の順序を与えて、正しい方法で文章を構成することである。四度目五度目と書き直しているうちに多くの変化が生じてくる。この時点でこれまで書いたものの多くは不必要であることに気づく。こうして真に書こうとするものが見えてくる。古典と呼ばれるものは必ずや完全な仕上げをしているものである。理論的な制作論というよりも体験的制作実践論である。「読書に就いて」と「制作の方法」を対置することで、文学における二大側面である鑑賞と創作という実践に自覚的になることを求めているのである。

一三課「山庵雑記」（北村透谷）と一八課「愚禿親鸞」（西田幾多郎）は、信仰の道と行的認識の関わりを問題にしている評論である。

「山庵雑記」の梗概は以下のとおりである。まことの楽は無心に生じる。感応は自分を主として他を主とするものではない。運命に黙従して神意に一任して初めて真悟の域に達する。苦海塵境を別天地に逍遥するのが詩人の至快であり、清涼の気を運び入れるのが天職である。他人の非を測ることで自戒される。悔改の生涯は即ち信仰の生涯である。

また、「愚禿親鸞」は、親鸞の生き方から信仰の意義を考察する。親鸞が称した愚禿は、上人の人となりを示し、真宗の教義を標榜している。愚禿は愚禿の所以を味わい得た者のみがこれを知ることができる。一切の宗教はこの愚禿の二字を味わうことにほかならない。以上が梗概である。

信仰の問題を狭義に扱わず、広く人生と人間を信じることの意味の考察に求めていることに共通点がある。西尾がこの二篇を選んだのも、これらが狭い宗教論ではなく、信じるという行の本質に迫ろうという視点で書かれたものであることによっている。

巻一〇の巻末は西尾実みずからの書き下ろしである二〇課「生涯稽古」である。これを全一〇巻の巻末に配して『国語』の体系を締めくくっている。

「生涯稽古」は、世阿弥の「花伝書」により生涯にわたる稽古の意義、青年期における「捨てぬ」の一語をもって「覚悟と忍耐と精進」を貫く重要性を述べた文章であり、西尾の教養論の中心に位置づいている。世阿弥の能楽論の基底である「稽古論」、花伝書の「非道行ずべからず」の一句を示して、彼の実践における一道集中の精神に学ぶことの意義を説いている。

国民精神の涵養、尊皇思想

明治期の評論もすべて文学史で構成することで、皇国史観の入る余地を少なくしたと思われる。

文学史別教材配列

現代でも、巻九、巻一〇のように文学史的配列で作品を収めている「国語」教科書もあるが、時代ごとの文芸思潮を扱った評論を枕にしてここまで徹底した作品配列をした教科書はない。その理由として「国語」の配当時間が少なくなってきていることと「国語総合」や「古典」など科目の細分化がなされたことを挙げることができる。

しかし、より本質的には「国語」科教育の性格の変化によっている。自然と人事の問題を統一的に扱うことの魅力を「国語」科教育が喪失したことが大きな原因であると考えられる。その具体的な例として、紀行文と叙景文の学習の意義がしだいに薄れ、その教材化が減少していったことを見ることができる。

三　各巻の特徴と全体の特徴

1　全体的な特徴――主題単元型の編集――

『研究』の「緒言」では、『国語』所収教材の学年配当について、次のように記述されている。[10]

第一学年から第三学年に至る三箇年に於ては、既に選択されてゐる教材を生徒心意の発達の程度と季節との関係に適応して排列し、第四学年に於ては日本文化の全面を概観せしむべく、第五学年に於ては国文学の史的展開の跡を辿らしむべく、それ〴〵排列を試みました。

こうした編集姿勢を踏まえ、収録された教材の内容面から各学年、各巻の特徴をまとめてみると次のようになる。

第一学年　「国語」とは何か
巻一　行的認識の具体的なすがた、家族、追憶、童心、尊皇思想、自然
巻二　行的認識の具体的なすがた、家族、追憶、童心、帝国日本、自然
第二学年　人に学び、技に学ぶ
巻三　行的認識を体現した人物像、自然、家族、故郷、歴史、学問、文化
巻四　行的認識を体現した人物像、自然、学問、芸術、スポーツ文化、生活・労働
第三学年　道の意義と国民的自覚、学芸と自然紀行

巻五　道の意義と具体、尊皇思想と国民的自覚の発揚、自然紀行、古文
巻六　学問、芸術、評伝

第四学年　学芸と道
巻七　芸術と文章
巻八　学問と歴史、精神、都市、芭蕉、紀行文

第五学年　読書論と制作（創作）論、文学史
巻九　文学史（古代から中世）と古文、読書論、能楽
巻一〇　文学史（近世から現代）と近古文、文学論、創作論

第一学年から三学年までは、西尾が『国語国文の教育』で主張した行的認識に培う「国語」教育の具体化としての学びが求められている。

第四学年は、日本文化の中心としての学芸と道を古今東西の文化論で編集している。

第五学年は、全体としては「国文学」の史的展開であるが、巻九の冒頭が小泉八雲の読書論で始まり、巻一〇の最後が西尾本人の「生涯稽古」で終わっていることを考えると、制作（創作）と読書の実践論であることが見えてくる。現代の「国語」教育の目から見ると、各巻に主題を立て、それにふさわしい教材を収めていくという主題単元型の編集になっていることがわかる。

次に各巻の文種別収録状況を見ておきたい（表1参照）。

小説・童話は各巻に平均して収録され、各学年で学ぶことが求められている。戯曲も各学年で一篇ずつ学ぶことになっている。詩・短歌・俳句も第一学年から第四学年まで平均して学ぶことになる。随筆・小品は第一、二

学年での教材が多く、伝記・評伝は第三、四学年に集中している。説明文と報告文は低学年で学び、評論と古文は高学年になるにつれて漸増していき、特に第四、五学年で多く学ぶ構造である。書簡文はわずか一篇で、ほかの読本と比べきわめて少ない。紀行文については各学年で三、四篇の収録である。第三節で詳細に見るように古文のなかに芭蕉の紀行文などがあり、現代文と古文の両方で紀行文を学ばせようとしている。この教材配列の仕方に『国語』の特徴がある。その影響は今日の教科書にまで続いている。

しかし、今日の教科書との相違点は、紀行文と叙景文の扱い方である。紀行文だけでなく、叙景文についても『国語』での採録は多い。随筆や小品の多くが叙景文であり、古文にもいくつか見られる。採録数では、全体の三割を占めている。この意義については第四節で見ることにする。

次に、収録作家、評論家から見た『国語』の特色について考えたい（表2参照）。

まず回数の多い藤村、漱石、鷗外、白秋、蘇峰は、近代の代表的な作家、詩人、評論家である。赤彦についての文章が多く採られていることについては、代表的な歌人であることに加えて、西尾と同じ信州出身文学者として赤彦を高く評価していたことと関わりがある。西尾自身も赤彦敬慕の文章を多く書いている。また、芥川龍之介編『近代日本文芸読本』との共通採録作家も多く、採録にあたってこの読本から受けた影響も大きかったと想像される。

虚子や子規が比較的多いのは、彼らが紀行文作家であったことによる。これは紀行文の項で見るように、『国語』の特徴が西尾の行的認識論に支えられた実践的文章論であることからきている。さらに芭蕉の登場機会も多く、芭蕉と紀行文、子規などと紀行文、八雲と紀行文、藤村と随筆、冬彦と随筆という構造になっている。

八雲が多く採用された理由は、八雲の作品のうち、何が採られたかを見るとわかる。巻一「曙の富士」は小説、巻四「神国の首都」、巻五「極東に於ける第一日」は随筆である。来日したときの印象を語る紀行文である。また、巻九「読書に就いて」と巻一〇「制作の方法」は、読書と制作（創作）という文章の基本に関する評論である。実践的な紀行と文章のあり方を示すために八雲の文章が入れられている。当時の教科書で、読書と制作（創作）を明確に位置づけたものはほかにはほとんどなかった。その点でも、きわめて実践的な学びが期待されていることがわかる。

この点は、古文も共通している。表3「古典作品の配置」でも、近世の評論や随筆が多用されているのがわかる。橘南谿の随筆が三篇、新井白石の評伝が三篇、本居宣長の国学に関する評論が二篇となっている。近世を重視した西尾の編集姿勢を見ることができる。

また、古文では、軍記物語の収録が多い。特に『平家物語』から多く採用されている。これは行的認識にもとづく道の思想を『平家物語』に見ているからであろう。

吉田兼好、鴨長明は、西尾の中世的なるものの議論が背景にある。中古の「幽玄」「あはれ」が、中世になって「わび」「さび」として昇華していく。その中世思想の完成を芭蕉に見るという考察である。こうした作品収録は現代の教科書にまで引き継がれている。

中世後期の戯曲、歌謡、謡曲も、単に中世の芸能を学ぶことではない。西尾が目指した道の実践論の具体化として収めている。

表1　各巻の文種別収録数

巻	一	二	三	四	五	六	七	八	九	一〇	計
小説童話	5	3	2	2	2	1	2	1		3	21
随筆小品	6	6	5	9	3	1	4	1		2	37
紀行文	3	2	3	2	4	1		2			17
伝記評伝	2	1		2	1	4	1	3			15
戯曲		1		1		1		1			4
説明文	3	2	3		2			1			11
報告文	1	1	2								4
書簡文			1								1
詩	1	2	1		1	2	1				8
短歌	1	1	1	1			1				5
俳句				1							1
評論		1		1	2	4	5	5	5	7	29
古文	3	2	3	5	8	6	8	6	18	8	67
計	25	22	21	24	23	20	22	20	23	20	220

＊巻一、二には、課目として掲出されていない古文と漢文の教材がそれぞれ三、二篇ずつある。

表2 収録作家・評論家収録回数

6回	島崎藤村 夏目漱石 島木赤彦
5回	小泉八雲
4回	北原白秋 徳富蘇峰 森鷗外 吉村冬彦
3回	芥川龍之介 五十嵐力 高浜虚子 長塚節 西尾実 芳賀矢一 正岡子規
2回	安倍能成 伊藤左千夫 内村鑑三 岡本綺堂 岡倉覚三 荻原井泉水 北村透谷 国木田独歩 幸田露伴 斎藤茂吉 志賀直哉 徳冨蘆花 中勘助 野口英世 藤岡作太郎 松本亦太郎 吉江喬松 和辻哲郎 若山牧水
1回	阿部次郎 飯田蛇笏 岩城準太郎 石川啄木 浦松佐美太郎 岡田武松 小笠原長生 大西祝 奥田正造 大島亮吉 岡崎義恵 尾崎紅葉 河井酔茗 勝海舟 蒲原有明 金田一京助 菊池寛 木下利玄 厨川白村 窪田空穂 小泉信三 桜井忠温 沢田謙 西郷隆盛 佐藤功一 島村抱月 杉村楚人冠 千家元麿 相馬御風 田部重治 高山樗牛 武田祐吉 茅野蕭々 綱島梁川 坪内逍遥 富田高慶 土井晩翠 中村吉蔵 西田幾多郎 野上豊一郎 長谷川二葉亭 浜口雄幸 久松潜一 藤原咲平 藤村作 ファーブル 前田夕暮 三木露風 村井弦斎 武者小路実篤 溝口白羊 山村暮鳥 柳田国男 山口青邨 八代幸雄 横山桐郎 吉田絃二郎

表3　古典作品の配置

＊低学年から順に並べてある。各巻の配列順のままである。丸数字は、巻数を示す。

古文

奈良時代

日本書紀「宝祚無窮」②
古事記「倭建命」⑨
「万葉集抄」⑨

平安時代

竹取物語「かぐや姫」⑨
伊勢物語「都鳥」
紀貫之「宇多の松原」⑨
「古今集抄」⑨
紫式部「須磨の秋」⑨
清少納言「春は曙」⑨
大鏡「道長の幼時」⑨
栄華物語「法成寺の造営」⑨
今昔物語「源信僧都の母」⑨

鎌倉時代

吉田兼好「道を知れる者」⑤
太平記「熊野落」⑤
太平記「正行の参内」⑤
吉野拾遺「熊王の発心」⑤
平家物語「故郷の花」⑤
平家物語「小枝の笛」⑤
平家物語「扇の的」⑤
古今著聞集「芸能逸話」⑥
保元物語「鎮西八郎為朝」⑥
続狂言記「狐塚（狂言）」⑥
「水の音（和歌）」⑦（西行、源実朝）
平家物語「平重盛」⑦
平家物語「福原落」⑦
鴨長明「ゆく川の流」⑦
吉田兼好「法師の話」⑦
平家物語「大原御幸」⑨
増鏡「新島守」⑨
鴨長明「日野の閑居」⑨
吉田兼好「只今の一念」⑨
「新古今集抄」⑨
平治物語「光頼卿の参内」⑨

室町時代

観世謡本「鉢の木（戯曲）」⑧
北畠親房「人臣の道」⑧

梁塵秘抄「舞へ舞へ蝸牛（歌謡）」⑧
宝生謡本「隅田川（謡曲）」⑨

江戸時代

柳沢淇園「かんにん」①
橘南谿「藤樹先生」①
新井白石「父の物語」②
橘南谿「蜃気楼」②
柳沢淇園「親心」②
橘南谿「霧島山」③
新井白石「伊達政宗」③
湯浅常山「天徳寺覚伯」③
新井白石「板倉父子　板倉勝重　板倉重宗」④
貝原益軒「惜陰」④
三浦梅園「誠」④
杉田玄白「創始者の苦心」④
室鳩巣「青木新兵衛」④
「国上山（和歌）」（良寛、橘曙覧、平賀源内）⑤
花屋日記「芭蕉の臨終」⑥
与謝蕪村「雑煮（俳句）」⑥
沢庵「不動智」⑥
本居宣長「源氏物語論」⑦
松平定信「学問」⑦

「雅文四篇」⑦
隅田川の雨（橘千蔭）
曇る夜の月（村田春海）
砧を聞く（清水浜臣）
夜学（中島広足）
良寛「月の兎」⑦
松尾芭蕉「奥の細道」⑧
松尾芭蕉「陽炎（俳句）」⑧
二宮翁夜話「人道」⑧
滝沢馬琴「芳流閣」⑩
近松門左衛門「馬追三吉」⑩
井原西鶴「大晦日」⑩
松尾芭蕉「幻住庵の記」⑩
横井也有「俳文二篇　奈良団賛　蓼花巷記」⑩
小林一茶「みとり日記」⑩
本居宣長「物学び」⑩
上田秋成「月の前」⑩

漢文

「金言」①
「人」①
「実語教」①
原善「白石朋ヲ薦ム」②

2　行的認識

編者である西尾実の書きおろし教材が三篇あることについて、また巻五の「ツェッペリン伯号を迎へて」を「日本の魔法鏡」に差し替えた経緯は第一節の「西尾実の教養論と教材論」で触れた。

行的認識の文章は、各巻に多く採用されている。『国語』は、人に学び技に学ぶ指南書であるように印象されるほどである。『国語』に魅力を感じるのは、道を究める意義や道の思想、その具体的なすがたに魅かれるからである。

全体の特徴でも見たように、本書を日本型教養の書物として定位している大きな要因はこの編集姿勢にある。それは、阿部次郎、安倍能成、綱島梁川、西田幾多郎、和辻哲郎が入っていることを指すだけではない。行的認識という方法体系を骨格にした実践的な編集が貫かれているからである。日本型教養は瞑想的な印象を持ちやすいが、中心にある思想は認識的実践論である。『国語』の意義は、認識的実践論を核に据えたことである。また、西尾が『国語国文の教育』で語っているように、創作は最後の決定的なところに衷なるものという気づきが必要になる。これが神秘的色彩を生み出す。これも西尾が『国語』で学ばせたかったことである。その意味で、現代の「国語」教育も、近世思想の再評価も含め『国語』からの再検証が求められている。

3　尊皇思想と国民精神の涵養

一九三、四〇年代に使われた教科書としては、尊皇思想と国民精神の涵養に関する教材はきわめて少ない。まず各巻の関連教材を見ておきたい。＊は、すでに各巻で考察したものであるが、全体を理解するために再掲する。

巻一　二課「桜」（芳賀矢一）、三課「曙の富士」（小泉八雲）、四課「明治天皇御製」、一一課「八丈島行

幸」（藤原咲平）、二〇課「愛馬」（桜井忠温）、二五課「国旗」（日の丸由来記）

巻二　一課「日本」（山村暮鳥）、二課「明治神宮」（溝口白羊）、一七課「両雄の会見」（小笠原長生）、二二課「国史に還れ」（徳富蘇峰）、「宝祚無窮」（日本書紀）

＊『研究』では、「巻一では、国土愛・国家愛の象徴として二「桜」・三「曙の富士」・二五「国原」を掲げて来た。巻二では、一「日本」・二二「国史に還れ」等に於て、直接国土愛・国家愛等を喚起し、覚醒させようとしてゐる」と述べている。

巻三　九課「日本海の海戦」

巻四　三課「庭前の榧の樹」（浜口雄幸）

巻五　一三課「乃木大将の殉死」（徳富蘇峰）

＊六課「熊野落」（太平記）、七課「正行の参内」（太平記）、八課「熊王の発心」（吉野拾遺）、一四課「故郷の花」（平家物語）、一五課「小枝の笛」（平家物語）、一六課「扇の的」（平家物語）と、軍記物語を連続して収めている。吉野拾遺、太平記、平家物語から収録されている。どれも三から六頁の短い文章である。

『研究』では、「吉野朝の文学は、その時代が非常時であつただけに、平常には見られないやうな尊皇・愛国の至情が迸り流れてゐて、後代の国民がこれを詠んで感奮、興起せざるを得ないものが少くない。その皇居の地であつた吉野山を序篇として、吉野朝文学から三篇を掲出し、当時の事件と人情とに触れさせ、国民的自覚を促さうとする」と採録の趣旨を述べている。ここにも明らかなように、「太平記」を歴史的文化的文脈ではなく、その当時の政治的文脈に位置づけてしまっていると言わねばならない。

巻六　一〇課「愛国者福沢諭吉」（小泉信三）

巻七　なし

巻八　一一課「人臣の道」（北畠親房）

＊西尾は、本文の解題で「国体の尊厳と皇位継承の正統とを明らかにし、以て大義名分を強調し」、「近世の史学界・思想界に甚深の影響を及し、明治維新の原動力をなした」と述べている。文末には、「大日本は神国なり」とある。

巻九　三課「倭建命」（古事記）

＊本課の主眼は文学史的理解である。

巻一〇　なし

＊明治期の評論もすべて文学史で構成することで、皇国史観の入る余地を少なくしたと思われる。

このように、尊皇思想と国民精神の涵養を主題とする現代文教材は一五課と少ない。古文教材にその傾向を認めるとしても、二〇課程度である。しかも、それらは巻一・二に集中している。この傾向は、『国語』改訂版でも変わらない。松崎正治・浜本純逸「昭和戦前期における西尾実の学習指導観――岩波『国語』とその教授用参考書の分析を通して――」[11]では、『国語』改訂版について収録本文二二五課のうち、「皇国民育成教材」は一〇課であると指摘している。

こうした状況は、西尾が尊皇思想と国民精神の涵養を主題とした教材を直接に手渡すというよりも、行的認識と関連づけて、帝国的なイメージを消そうとしていると考えてよい。「『国語』考察の意義」で述べたように、その意図は、一部の巻に集中させ教材数を減らす点では成功したが、行的認識と関連づけたことで自閉した構造が作られたという弱点を持ったのである。

また、次のような証言もある。中学一年から『国語』で学んだ諸井耕二は、一学年の巻一・二には忘れがたい作品が多くあったと述懐している。[12] 小説では、芥川龍之介「蜘蛛の糸」「トロッコ」、志賀直哉「屋根」（『暗夜行路』）、二葉亭四迷「ポチ」（『平凡』）、そのほか島木赤彦「カルサンと米」、武者小路実篤「宮本武蔵」も挙げている。また、「初版」では、気象学者の岡田武松「空の色」のあとに加えられていた「五雑組」の「朝霞市ヲ出デズ、暮霞千里ニ走ル」が、「改訂版」では推敲がされて、「支那では、昔は朝焼を朝霞といひ夕焼を暮霞といつた。五雑組に「朝霞市を出でず、暮霞千里を走る」とあるのは、全くこの間の関係を言つたものではなからうか」と「空の色」本文に組み込まれていることを指摘している。「改訂版」で学習した諸井は、「千里ニ走ル」ではなく「千里を走る」で記憶した事情が飲み込めたことを説明している。そのうえで戦時下の厳しい言論統制のもとでも、『国語』が果たした役割の大きさに触れて次のように言う。

> 私にとっては、主として小説や随筆など文芸的なものが心の底にとどまっていて、国家主義的な内容の文章は全く記憶にないことになる。これは私自身の感受性に係わることではなく、天皇や軍人に関するような話は、小学校以来事あるごとに聞かされていたことであって、新鮮味などまるでなかったからに違いない。それに比べて、この教科書に選ばれていた質の高い教材は、私の知らない世界へと目を開かせてくれたので、未だに記憶に鮮明であるのだろう、と思う。／こう考えると、しっかりとした指導者の下、一本筋の通った教科書で、5年間きちんと学んだならば、中学校の段階でかなり高度の知識や教養を身に付けることが出来ていただろう、と悔やまれる。今、この「岩波国語」十巻を手にしての思いは、そのような学習を可

能とする平和な日々の尊さという一点にしぼられてくる。

『国語』を直接学んだ学習者の証言として重いものがある。

4　幻想的な小説

『国語』に収録された小説は表4のようにわずか二一篇である。しかし、このわずかな収録数が『国語』の特徴をよく表している。小説や童話、戯曲の収録数を厳選し、魅力的な作品を各学年に配置した。全体として幻想的な作品が目立っている。芥川龍之介編『近代日本文芸読本』も幻想的、象徴的作品を多く収録した読本であった。その影響を見ることができる。それは、自然主義文学を取ろうとしなかったことによく表れている。

どの小説も、現代まで読みつがれてきた作品ばかりである。西尾の鑑賞眼の確かさが示されている。収録作家も、幸田露伴、尾崎紅葉、二葉亭四迷、国木田独歩、夏目漱石、森鷗外、村井弦斎、中勘助、志賀直哉、高浜虚子、芥川龍之介の一一名である。また、それぞれの作品も各作家の代表作またはその抄録であり、同時代にも高い評価を得たものを並べている。村井弦斎の「吹雪」は『近江聖人』を抄録している。『近江聖人』は、今日ではあまり読まれなくなった少年文学であるが、『少年文学』発表当時は出色の少年文学として注目された。

表4　収録小説

巻一	中勘助「夕がたの遊」『銀の匙』
小泉八雲「曙の富士」『心』	芥川龍之介「蜘蛛の糸」
夏目漱石「峠の茶屋」『草枕』	志賀直哉「屋根」『暗夜行路』

巻二
芥川龍之介「トロッコ」
村井弦斎「吹雪」『近江聖人』
長谷川二葉亭「犬ころ」『平凡』
巻三
中勘助「山の手の家」『銀の匙』
志賀直哉「焚火」
巻四
高浜虚子「柿二つ」
森鷗外「厨子王」『山椒大夫』
巻五
国木田独歩「非凡なる凡人」
夏目漱石「仁王」『夢十夜』

巻六
森鷗外「天寵」
巻七
芥川龍之介「戯作三昧」
森鷗外「寒山拾得」
巻八
夏目漱石「東洋の詩境」『草枕』
巻九
なし
巻十
幸田露伴「五重塔」『五重塔』
尾崎紅葉「塩原」『金色夜叉』
森鷗外「高瀬舟」

5　伝記・評伝

二〇世紀前半の「国語」読本では、伝記や評伝を多く採っている。この背景には、過去の典型を学ばせることで次代の人物像を提示する意図があった。したがって、その読本の編集姿勢やめざしていた教養の性格は伝記収録の傾向によって判別できる。

『国語』の場合は、以下のような伝記・評伝が収められている。

巻一　「良寛さま」（北原白秋）、「野口博士の少年時代」（野口英世）
巻二　「人間エディスン」（澤田謙）
巻四　「将軍吉宗」（菊池寛）、「二宮尊徳の幼時」（富田高慶）
巻五　「乃木大将の殉死」（徳富蘇峰）
巻六　「愛国者福沢諭吉」（小泉信三）、「アインシュタイン」（吉村冬彦）、「日蓮上人」（高山樗牛）、「人間の価値」（安倍能成）
巻七　「狩野芳崖」（岡倉覚三）
巻八　「蕉風」（藤岡作太郎）、「象山と松陰」（徳富蘇峰）、「人間ゲーテ」（茅野蕭々）

このほか、小説として、巻一に『銀の匙』からの「夕がたの遊」（中勘助）、巻二に『近江聖人』からの「吹雪」（村井弦斎）がある。随筆には、巻四に「西郷の一言」（勝海舟）、巻五に「松下村塾」（徳富蘇峰）、近古文としては、巻一に「藤樹先生」（橘南谿）、巻二に「父の物語」（新井白石）、巻四に「板倉父子」（新井白石）が収められている。

医学、科学、美術、陶芸、文学、哲学、思想などの学問や芸術、信仰や宗教が大半であり、そのほかには武士や政治家が取りあげられている文章が数篇あるほどである。西尾の行的認識に培う編集姿勢がわかる。学芸や宗教の精神世界への深い尊敬を見ることができる。武士や政治家でも、激動した時代に日本を作っていった人々に限定されていることも特色と言えよう。

垣内松三の『国文選』に収められた評伝・伝記は、「マンブリノーの兜（翻訳）」（片上伸訳）、「普請奉行」（絵本太閤記）、「伊能忠敬」（幸田露伴）、「灯を消して」（桜井忠温）、「近江聖人」（橘南谿『東遊記』）、「燈火」（佐佐木信綱）、「日蓮上人」（高山樗牛）である。これらは巻二から四に掲載されているだけである。これと比較しても、『国語』には伝記や評伝が明確な編集意図をもって計画的に配置されているのがわかる。

西尾は、こうした伝記や評伝を学び、そこに記された記録や物語に心を動かされ、他者の生き方、考え方を吸収して、次代の担い手となる教養を実践的に獲得させようとしていたのである。

6　学習指導への細やかな配慮

最後に、学習者への配慮と同時に、指導者の学習指導を豊かにするための細やかな心配りが実践されていたことを見ておきたい。

『国語』の「編集室と教室との連絡機関」という位置づけで、現場で学習指導を進めるための補助資料として活用できるように『国語　特報』が非売品として二八号まで刊行された。[13] その内容について、第七号までの総目次（細目）を掲げてみる。

第一号（昭和一〇年一月二〇日、八頁）
所信を明かにす――国語教科書出版に際して――　岩波茂雄
国語教材における文芸性と国家性　西尾実
国語教授に関する研究の組織
編集室より
第二号（昭和一〇年一〇月二〇日、一一頁、付録一六頁）
所信を明かにす――国語教科書出版に際して――　岩波茂雄

岩波『国語』の特色　田辺元
岩波「国語読本」　穂積重遠
国語活動と国語愛　西尾実
学習指導研究書　編纂余録
「童言葉について」（巻三の二〇「鴉勧請」参照）
編集室より
付録「国語」巻七の二一「月の兎」本文見本
　同　学習指導研究書見本
本書の綱領と特色

第三号（昭和一〇年一一月二五日、二二頁）
所信を明かにす――国語教科書出版に際して――　岩波茂雄
左千夫と節　斎藤茂吉
蕪村の「葱買ひて」の句　岩田九郎
白石の「父の物語」　西尾実
人麿の歌一首　藤森朋夫
感想と批判　国語教育と心理主義　石田吉貞
　同　希望　岸谷誠一
　同　批評のこと　内野健児
学習指導研究書　編纂余録

寿号後日譚（巻一の二〇「愛馬」参照）
佐伯友文氏略伝（巻一の二〇「愛馬」参照）
河原市と榎木の宿（巻一の二三「藤樹先生」参照）
同名異虫みづすまし（巻一の五「春の使者」参照）
余白記　鴉の貪食（巻三の二〇「鴉勧請」参照）
編集室より
本書の綱領と特色

第四号（昭和一〇年一二月二五日、三一頁）

「国語」への感想　石原純
もぞ・もこそ　佐伯梅友
註解論　西尾実
後日物語　金田一京助
巻一を教へて　峯岸義秋
感じた事ども　田辺爵
「国語」巻三　島崎乾太郎
「夜長」解釈私案　安東勘太郎
「国語学習指導の研究」　外山利雄
暮鳥の「日本」に就いて　編集部
「息もつかず」という諺　編集部

学習指導研究書編集余録　国旗余話（一）
編集室より（昭和一〇年一二月二五日）
「国語」の表紙

第五号（昭和一一年一月二八日、三〇頁、付録三頁）

国語の自在性　西田幾多郎
書くと読むと　茅野蕭々
解釈論　西尾実
註解余録　動詞「たかる」の活用その他
中等国語教育への警鐘――「国語」に対する管見　木俣修二
言霊教育の再認識　佐藤一三
「国語」巻七及び巻八を読む　伊藤慎吾
「国語」と平家物語　鈴木睿順
牧水の歌二首　形田藤太
特殊の経験　後藤亮
学習指導研究書編纂余録
「柿」は「かき」に非ず、「猿」は「さる」に非ず
ヤング案とドイツ（巻五の二三「ツェッペリン伯号を迎へて」参照）
ロックフェラー研究所・オロヤ熱（巻三の一二「恩師へ」参照）
「極めつけて」の特例その他

事実と作品

寒山拾得の場合（巻七の一一「寒山拾得」参照）

編集室より

付録　「徒然草磐斉抄」抄録

寺田寅彦博士（訃報）

「国語」の綱領と特色

「国語」の表紙

第六号（昭和一一年二月二五日、二五頁、付録八頁）

歴史と伝説と実相　島崎藤村

解釈の生長　古田拡

批評の立場　西尾実

「国語」への期待　山口正

「国語」の一特色　最所顕文

フィリップと共に　北沢喜代治

学習指導研究書編纂余録

野口博士の事ども

相阿弥と遠州（事実と作品2）

ルーズウェルト初陣の軍旗（事実と作品3）

編集室より

付録　「解体新書」序文・凡例

付記　編集部

「国語」の表紙

第七号（昭和一一年五月一六日、二五頁）

福沢先生の著作について　小泉信三

小学読本瞥見　荻原井泉水

「邯鄲男」　野上豊一郎

はいかい・らうひの話　斉藤清衛

同じ様に髪を垂した娘

解釈の生長（承前）　古田拡

広告　「文化」五月特集　日本文芸論　東北帝大文化会編　岩波書店

潮の音　西尾実

広告　「教育」五月特集　綴方教育　岩波書店

「文学」五月号　岩波書店

「国語」御採用学校一覧

中学校の部　一三〇校

実業学校その他　九〇校

総計　二二〇校

付記

編集室より
広告　徒然草分類索引　岩波書店
「国語」の表紙

第一号から七号までの総目次を刊行順に見ていくと、ページ数が増えるだけでなく内容がしだいに充実していくのがわかる。筆者も多彩になり、読み物としての魅力もある。今読んでもなかなか魅力的な文章ばかりである。

第一、二号はまだ編集部からの伝達が主になっているが、三号からは、『国語』の感想や実践報告が加えられ、現場からの要望にも応えたり、編集上の経緯をも説明している。

たとえば、第四号の「暮鳥の「日本」に就いて」という編集部の説明は、所載本文確定に疑義が生じていることについて、精細な調査の結果を踏まえて本文確定をして収録したことに触れている。また、第七号では、巻三の二課「潮の音」（島崎藤村）について授業をした旧友からの「大和言葉の魅力を教えよというのも分かるが今一つこれだという指導の観点がほしい」という趣旨の要望に対して、西尾自身が音響の言語的表現の学習の意義を説いている。

第七号の「「国語」御採用学校一覧」には、『国語』訂正再版刊行二年目の「昭和一一年度採用校数」を示している。採用校には、公立中学校だけでなく、私立中学校も多い。また、朝鮮、台湾、樺太、満州国という侵略地での日本語教育の場となった官立、私立中学校が一五校含まれている。実業学校そのほかでは、女学校のほかに宗教学校、青年学校、教塾、特殊技術者養成所、在米法人学校、盲唖学校でも採択されていった。

四　具体物としての「国語」教育の提示と教養形成

これまで見てきたように、『国語』は「国語」教育実践家や研究者、学習者である子どもやその保護者に、さらには当時の文芸実践家や評論家にも、「国語」教育実践の具体的諸相を読みやすい丁寧な編集で提示した。そのわかりやすさがアジア太平洋戦争後から現代までの教科書編集に影響を与えた[14]。ほかの「国語」読本の多くが模索的であるのに対して『国語』は計画的意図的に編集された。『国語』は西尾実の「国語」教育論の具体的産物として、「国語」科教育学建設のために提示されたものである。その『国語』が多くの教育現場に受け入れられ、みずからの「国語」教育実践の確かさを実感した西尾は、「国語教育の構想」で、「国語」の定義を明確に打ち出していく。「国語」の概念は、二〇世紀初頭には、まだ漠然としたかたちでしか理解されてこなかった。『国語』の登場は、「国語」教育の概念を漠としたものから現在の「国語」に直接つながる具体的なすがたを提示した重要な意義を持つ。誰もが「国語」と聞いたときに脳裏に想起する概念を明瞭なかたちで示したのが『国語』であった。

そしてそれは同時に「国語」教育によって形成される教養のすがたを具体的に示したということでもあった。『国語』に収められた教材群の学びを進めていくことで、一人ひとりの学習者が形成していく教養のすがたが具体的に見えるようになったのである。たとえば、『国語』は、学び手がみずからの自然観を育み、学問、芸術の知見を深めていくことの意義を具体的に提示したのである。

最後に、この点に関して二点確認しておきたい。西尾の認識的実践論である行的認識は、知識や態度の優位ではなく実践の優位を説いた。また、知識や態度も軽んぜず、実践と結びつくうえで重要であることを示したのである。これが西尾の教養論の核心である。

また、もう一点は、それぞれの教材をどういう文脈に置くかである。西尾は彼の言語活動論の具体化として『国語』の編集にあたり、具体的な産物を示すことで当時の「国語」教育界にたしかに大きな影響を与えた。しかし、その一方で、彼の行的認識論にある弱点も露呈させたことは否めない。このときの西尾の実践的経験は、戦後間もなくの「国語」教育論へとつながっていくこととなった。西尾がその弱点をどのように自覚して克服しようとしたかを検証する必要がある。

註

（1）朴貞蘭「西尾実と「国語科」教科書——「戦後検定初期教材における「連続性」の問題を中心に——」『名古屋大学国語国文学』第百号、名古屋大学国語国文学会、二〇〇七年一〇月三一日、一二九～一四二頁。朴は、松崎正治「西尾実の戦争責任」（『文学と教育研究報告』第五集、鳥取大学教育学部国語科教育研究室、一九八八年）や佐藤泉『国語教科書の戦後史』（勁草書房、二〇〇六年）など日本国内で刊行された多数の「国語」教育関係書、論文を参照している。この研究姿勢は「国語」教育の枠の中で視界が閉ざされがちな研究に対しての警鐘となっている。

（2）『国語　学習指導の研究』巻一、八九頁。

（3）千葉俊二「谷崎潤一郎の幼少期における読書体験——村井弦斎の「近江聖人」を中心として——」『早稲田大学教育学部学術研究』早稲田大学教育会、一九八六年一二月三一日、六三～七五頁。

（4）『芸術自由教育』は、片上伸、岸辺福雄、北原白秋、山本鼎が編集委員となって、一九二一（大正一〇）年一月に創刊された。同年一一月までに全一〇冊を刊行した。わずかな冊数ではあるが、刊行の意義は大きく当時の思想文芸界、教育界に多大な影響を及ぼした。『国語』への影響も見逃せない。

（5）『国語　学習指導の研究』巻七、一〇四頁。

(6) 右に同じ、巻七、四五四頁。

(7) 右に同じ、巻八、六一八〜六一九頁。

(8) 右に同じ、巻九、一頁。

(9) 右に同じ、巻九、五九頁。

(10) 「緒言」『国語　学習指導の研究』各巻、七頁。

(11) 松崎正治・浜本純逸「昭和戦前期における西尾実の学習指導観――岩波『国語』とその教授用参考書の分析を通して――」『神戸大学教育学部研究収録』第七八集、一九八七年三月二〇日、二五頁。

(12) 諸井耕二「旧制中学校教科書　岩波編集部編『国語』全十巻をめぐって」『宇部工業高等専門学校研究報告』第三六号、一九九〇年三月、一一五頁。

(13) 『国語　特報』第一号〜七号、慶應義塾大学図書館蔵。

(14) 吉田裕久「『中等国文』(1943)の編纂過程――「森下日記」の分析を通して――」(『広島大学大学院教育学研究科紀要第二部』第五六号、二〇〇七年一二月二八日)は、一九四四(昭和一九)年度より使用された『中等国文』の編纂過程の中心に西尾実がいたことを、森下二郎記・西尾実編『神と愛と戦争――あるキリスト者の戦中日記――』(太平出版社、一九七四年四月)及びその原典である「森下日記」、関係者の保存していた日記原本の調査により明らかにしている。吉田の解説によれば、森下二郎は長野県内の高等女学校、師範学校、中学校の教職を退いた後に、西尾実の紹介で上京して『中等国文』の編集のために文部省嘱託として中等学校教科書株式会社国語編集室に勤務した。吉田の紹介している「森下日記」には、『中等国語』の編纂の実際が細かく記されており、厳しい戦局に置かれた状況下で教科書編集がなされた実態がよくわかる貴重な資料である。

第三節　松尾芭蕉の教養実践に学ぶ認識的実践論の意義と課題

一　『国語』と教養実践

前節まで、『国語』がただ教材を読むための「読本」ではなく、教養実践を学ぶことを目的として編集された教科書であることを明らかにしてきた。『国語』は、学習者が学んだことをもとにして新たに創作に向かうような促しの仕組みを持った教科書として機能するように編集制作されていたのであった。

たとえば、『国語』には紀行文と叙景文が多数収められており、日本各地、世界の名所旧跡の探訪紀行、目に触れた風景を鮮やかに描写した随筆など、自然と人事を織りまぜた味わい深い文章が際立っている。なかでも松尾芭蕉の紀行文や叙景文、俳句を多数収録して、その特色としている。

西尾は、『国語国文の教育』で明らかにしているように、みずからの認識的実践論を成立させる際に小泉八雲の創作論に学んでいた[1]。同時に、鑑賞論、教養論、実践論へと理論構築する際には、松尾芭蕉の創作論も援用していることを「芭蕉の創作論」、「中世詩人としての芭蕉」で述べている[2]。これは、『国語』の編集にも反映されており、収録作品には、芭蕉の紀行文や俳諧だけでなく芭蕉に関する評論や随筆も少なくない。

芭蕉の紀行や俳諧も他者との共同による教養実践である。紀行での歌枕探訪による俳諧の試みは、歌枕に込められた詠み手の思いに探訪者の思いを重ねていくことで、新しい文化を創出する実践であった。また、旅の途次に、俳諧を媒介にした知己との再会を果たすだけでなく、新しい友人を得ることを機会にして新たな俳諧を生みだすのも教養実践である。他者との共同がお互いの教養を深いものにして、さらに新しい教養を獲得していく実践である。共同する他者は現存する人だけではない。芭蕉の平泉での経験のように、「つわもの」という他者との出会いもある。

本節では、『国語』に収められた芭蕉に関する評論や随筆、芭蕉の紀行文や俳諧の実際を見ながら、こうした芭蕉の教養実践に学ぶ西尾実の認識的実践論の意義と課題について考察する。

二 『国語』に収録された芭蕉

まず『国語』に収録された芭蕉の紀行文と俳諧、彼に関する評論、随筆、日記を確認しておきたい。

巻一の一五課「苺と茱萸」（正岡子規）、巻六の六課「芭蕉の臨終」（花屋日記）、巻八の五課「奥の細道」（松尾芭蕉）、六課「陽炎（俳句）」（松尾芭蕉）、七課「蕉風」（藤岡作太郎）、巻一〇の五課「幻住庵の記」（松尾芭蕉）に加え、巻六の一課「秋」（綱島梁川）の俳句、一六課「檜原峠越」（大島亮吉）の芭蕉に関する記述も加えると八篇に及んでいる。こうした収録の仕方は、当時の「国語」読本では珍しかった[3]。

1 芭蕉に関する随筆、日記

巻一と巻六には、芭蕉に関する随筆と日記が収められている。

巻一の一五課「苺と茱萸」（正岡子規）は「奥の細道」の跡を辿り各地を訪ねた紀行文の一部である。子規には『おくのほそ道[4]』の跡を歩いた新聞連載「はて知らずの記[5]」という著名な俳諧紀行文がある。しかし、初学者への配慮から「苺と茱萸」を収録したと思われる。前半は、奥羽行脚で酒田から八郎潟へと歩いた記録になっている。後半は、信州木曽路の鳥居峠を越える場面である。どちらも難所を越えた旅人の心境を木苺と茱萸の色彩表現で比喩的に叙述しているのが印象的である。芭蕉の紀行が容易なものではなく、実践することの重みを感じることが学習者に求められている。子規は、月並宗匠のもとでの芭蕉の神格化と俗化し固定化した趣味俳諧の世界から、写生を提唱することで俳句革新に乗り出した。芭蕉に関する学びの最初に子規の文章を持ってきたことは意義深い。

続いて巻六では芭蕉の臨終の場面を学ばせる。巻一の子規の文章から一気に芭蕉臨終へと配置している。六課「芭蕉の臨終」（花屋日記）は、芭蕉の臨終に際しての心境を語っている。『国語』の教師用指導資料である『国語　学習指導の研究』[6]（以下『研究』と略記する）で、「花屋日記」について、「純然たる芭蕉研究の根本資料としては信を置き難い」が、「大部分は確実な材料の上に立ち、芭蕉臨終の模様を生動せしめてゐる点では、古来これに肩を比べるものがない。一篇の創作として眺める時、文学的香気の高さを否定することは出来ない」としている。「採録の趣旨」には、「俳諧文学に生命を入れ、日本文学を象徴の深さにおいて発展させ、同時に人間としての完成を体現した芭蕉の臨終記」とある。西尾は、一連の著作で芭蕉を象徴の詩人として評価している。日本近代における象徴は、上田敏や薄田泣菫、日夏耿之介や堀口大学ら近代詩人の仕事が印象に残るが、西尾は、その象徴を広く捉えていることがわかる。授業者がそのことを踏まえて指導にあたることを期待している。

収録しているのは、「此の道や行く人なしに秋の暮」（九月二一日）、「秋深き隣は何をする人ぞ」（九月二九日）と発句を詠む場面から、「旅に病んで夢は枯野をかけめぐる」（一〇月九日）の場面、申の中刻、五一歳の生涯を閉じた場面（一〇月一二日）までである。

西尾は、これらの指導上の留意点として「芸術家として、又人間としての完成期に臨んだ芭蕉の姿は、最もこの書の上に窺はれる。こゝに「国語」の教材としての真の生命が存在する」と、教材の価値を確認することをあげている。そのうえで、「かういふ様式の筆録は、その読みに於て、断続関係を明らかにすることが大切である」と述べて、「一節々々に筆録されてゐる事実と、それに反映せられてゐる病床の空気とを読みに於いて直観する」ことを求めている。また、解釈を具体的にするために「僅かな日数の経過に於ける、著しい箇々の場景と、又その場景相互の関係」を理解して「その焦点ともいふべき芭蕉の姿とその心境」を明らかにすることが必要であるとしている。その際、「引かれてゐる翁の三句は、翁の全人間を傾け尽くしたものである点に於て、その全幅の神韻を体験し、理解することは容易いことではない」が、「説明は出来ないでも、口にはいへないでも、よいものには触れさせて置くことに重大な意義が存する」と、体験することの重要性を強調している。

巻六にはこのほかに、一課「秋」（綱島梁川）冒頭に置かれた「あれこれをあつめて霞む春の朧かな」という芭蕉の句も見える。深い思索を求めた梁川の「病間録」から抄出した一節は、六課「芭蕉の臨終」に表現された教養実践に生きた生涯を学ぶ布石となっている。

一六課「檜原峠越」（大島亮吉）にも芭蕉の記述がある。山岳研究家であった大島が雪深い檜原峠を越えながら芭蕉の感懐に触れ、「芭蕉が、あの寛やかな、感謝と敬虔に充ちた心から、終には天地の寂に浸り、永遠の世界に融合しようとする、真に人生の旅人らしい心境を得るに至つたことも髣髴される」と述べた箇所が抄録されている。「芭蕉の臨終」で学んだ芸術家、人間としての完成期に至る芭蕉の心境を紀行文のなかで確認する場面である。

2　芭蕉自身の紀行、俳諧および芭蕉論

このように、西尾は『国語』の巻一と巻六に芭蕉に関する随筆、日記を収めて芭蕉入門としている。引き続いて、芭蕉自身の紀行や俳諧を学ぶうえでの基礎を学ばせる配慮がなされているのである。

巻八の五課「奥の細道」は、『おくのほそ道』から、門出、日光、白河、松島、平泉、立石寺、最上川、象潟、出雲崎、金沢、全昌寺、大垣の場面を抄出している。ほかの「国語」読本と比較すると、その収録場面数の多さが目立っている。[7]

『草枕』を抄出した四課「東洋の詩境」(夏目漱石)を受けて「東洋の詩境から自然・人事を眺めた芭蕉の生活記録としての紀行文」を掲げたと解説したうえで「芭蕉の紀行文中の白眉」、「我が国の紀行文学中の最大傑作」と述べている。[8]さらに『おくのほそ道』の意義について「芭蕉俳諧の絶頂を示す「猿蓑」の句はこの旅中吟を中心としたもの」であり、「芭蕉の全生命の如実な表現が見られる点に於て、紀行といはず、俳諧といはず、日本文芸史上、代表的作品の一としての一高峰をなすもの」と評価している。

指導の問題では、「紀行文といふよりも、叙景的叙情、叙情的叙景を成してゐる象徴的散文詩ともいふべき本篇の学習は容易いものではない。まして、その心境が、老境の披瀝であり、閑寂味の表現であつて、直ちに青少年の興味に訴へるものではない点に於て、その困難は一層大きい」と指導の困難さを率直に述べている。

ここでも、単なる紀行文ではなく、象徴的散文詩として学ばせることを述べている。指導者の側に象徴に関する知見が十分に備わっていないと指導にならないこともよく理解した叙述である。

さらに、汽車・電車の便だけでなく、「飛行機が旅客を乗せ、ラヂオが全国にニュースを伝えている今日に於ける旅行観」では想像がつかない元禄時代の旅行で、しかも持病の芭蕉が医者や薬屋もわからない地に出かけていく不安を伴う旅行であるということをよく理解させることを求めている。そうした教材の性質や学習者の環境を考慮して学習に入らせることを期待している。

具体的な学習方法の例として、その土地の印象を学習させ、本文を反復熟読させて後に、すぐれた生徒からその構想の跡づけが提出されれば成功した学習となると述べている。

次の六課「陽炎（俳句）」には、芭蕉の一五句が収録されている。前課「奥の細道」の「草の戸も住み替る代ぞ雛の家」以下の一七句にあわせて三二句もの芭蕉の俳句を学ぶことになる。これに、「奥の細道」の曾良の五句を加えると三七句になる。『研究』では、「「何れの句も、対象の把握が確であると共に、主観の韻が澄み徹つてゐて、誠に日本象徴詩の極致を示すものといつてよい。常々「松の事は松に習へ、竹の事は竹に習へ」といつて門下を戒めたといふ言葉の深さも肯かれる。対照法の鮮さよりも、調和法のくすみをとつた彼の手法の特色もよく窺はれる」と述べている。

指導では、「中学生にわかり易いのを、春・夏・秋・冬に亘つて採録した」と指摘して、「切字を中心として一句の表現機構をはっきりさせること」が学習の肝要であるとして、「言葉のいひ換へよりも、かくして句の姿を直観させる指導が行はれなくてはならない」と述べている。具体的には、「ほろほろ」、「ひやひや」、「ひらめかす」などの一語一語の持つ味をはっきり捉えさせることが重要であるというのである。また、芭蕉の取りあわせも理解させておくと鑑賞に役立つとも述べている。

続いて、七課「蕉風」（藤岡作太郎）では、近代「国文学」における芭蕉論の典型として、『国文学史講話』から芭蕉俳諧の本質を述べた箇所を抄出している。「革新の旗を翻して天下の俳風を一変したりしは松尾桃青なり」で始まり、芭蕉の生い立ちの概略が述べられる。そして、俳諧は「玩具の如き文学の形式によりて、胸裡に勃興たる感情と目睫に映じ来る森羅万象とを写さん」とする文学であると述べて、芭蕉の俳諧が李白や杜甫、西行の詩歌の美とは違い、「筌蹄は問はず、ただ魚鳥を狙へ。月をだに忘れずば指おのづから指さん」という根本の主張を持っていると解説する。その典型が「古池や蛙飛び込む水の音」であり、この一首で「忽然として転迷開悟の境に入れりといふ」としている。また、芭蕉の句は、「漢語を用ふること多く、絢爛の趣ありし」初期、「花実併せ得んことを欲して苦心惨憺たりし」中期、「切磋琢磨の功を終へて、成るところ却つて平易に、いふべからざる軽味有するに至れる」終期と、三度変化しているが、「古池の響に得たる信仰」は生涯を通じて変わらなかったと述べている。

西尾が藤岡の「蕉風」を選んだのは、芭蕉が生涯を通じて「玩具の如き文学の形式」にこだわり続け、その集大成として芭蕉俳諧を確立したという実践的な意義が明確に示された文章であったからであろう[9]。

巻一〇の五課「幻住庵の記」は『猿蓑集』巻六から採られている。『研究』で「幻住庵の位置・由来・眺望・庵内・及びそこでの生活と心境といつたものが渾然と描き出された文で、彼の閑居のありさまと黙思の姿とに即して彼の全生涯と全人格とが髣髴されるほどの結晶が認められる」と評価して、文末の「まづたのむ椎の木もあり夏木立」の句について、「最後の句はわけてもかうした心境の象徴として力のこもつた作」であり、「芭蕉がその閑寂に安住している気分がよく響き出ている」と絶賛している。

また文学史的な意義について、「近世文学の最盛期たる元禄時代に出で、その世態を如実に描いた近松・西鶴の二大作家に対立して、自然に沈潜し、自然の奥秘を描いて日本詩歌の一高峰を成すに至った俳人松尾芭蕉」と評している。さらに「近松・西鶴の文芸が新しい人間性の発見であつたのに対して、芭蕉の文芸は新しい自然の発見であつたと定位し得る」とも言っている。この評言に見られるように、「幻住庵の記」を西尾は「芭蕉七部集中最も尊重せられ、蕉風の規範となした」芭蕉による近世叙景文の達成と見ていることがわかる。

その指導として、「短い一篇だけれども、読みごたへのある文であるから、よく文脈を正し、一語一句に心を入れて読み熟させることを指導の出発点とすべき」であるとしている。特に「奥の細道」の旅を終えた翌年半年間の庵生活の記録で、「彼の思想と芸術とが円熟境に達した当時の作であるだけに、奥の細道と共に俳文の隻璧とせられてゐることも知らしめて、精一杯に学問させなくてはならぬ」と現場での学習指導に強い期待を述べている。そのうえで、「「読み」に於ける註解と、解釈に於ける叙述とが関連的に学習させられ、指導せられなくてはならない。しかもさういふ操作の夥しい文である。精しすぎず、粗つぽすぎず、生徒の直観と反省とに応じてこれを施し、表現の主体性を明らかにしなくてはならない」と指導上の注意点を述べている。

こうして、西尾は『国語』に芭蕉に関する八篇の文章を収め、三八句の芭蕉自身の俳句を並べ、さらに去来、惟然、曾良の七句の俳句を加えて、芭蕉の行った紀行、俳諧、叙景の実践の具体相を示しているのである。こうした教養実践を進めた芭蕉に西尾は日本文学最大の文学者としての賛辞を送っている。しかも、俳人という呼称ではなく詩人として日本詩歌全体を代表していると評している。

三　『国語国文の教育』と芭蕉

1　「国語」教育における芭蕉と『おくのほそ道』

堀切実は、『おくのほそ道』が古典教育で担った役割を見るために、「太平洋戦争以前に出された」教師用指導書の「採択の趣旨」を整理している。それによると、「ア　俳文の妙味を感得させて、文を作る上の一助とさせる」、「イ　洗練された紀行文の叙述の精、着想の妙を味わわせる」、「ウ　芭蕉の高遠な詩境に触れさせ、その感動によって生徒の詩情を養う」、「エ　芭蕉の克己的な高い精神、旅に対する熱望、芸術への精進に着目させる」に分類されるという。[10] これを古典教育の「教授要目」などの方針に対応させ、『おくのほそ道』の「採択の趣旨」アは「a　実用的読み書き能力の育成」に、イ・ウは「b　文学趣味の養成」に、エは「c　智徳の啓発・修養に資する」に合致していると述べている。[11]

また、『おくのほそ道』の魅力は、「芭蕉の、生活と芸術とが一体化した生き方、「昨日のわれに飽く」といった求道精神、また芭蕉の発する宗教的雰囲気」によっているとして、「明治三〇年（一八九七）以降の修養ブームと相俟って、『おくのほそ道』の教材としての定着を促進してきた」という。[12]

しかし、「教授要目」などの古典的な方針の「d　国民精神の涵養。皇国の伝統の護持・皇国の文化の創造」は『おくのほそ道』の場合には該当せず、それらの役割を『太平記』や『神皇正統記』『平家物語』などの歴史・軍記物語が担ったとする。その結果、『おくのほそ道』は多くの「国語」教科書で採録され続けたと説明している。二〇世紀後半の「国語」教科書でも「多くの教材が皇民イデオロギーとの関連を危惧されて敬遠されるなかにあっても」、『おくのほそ道』が「生き残り続けた理由」もこの文学教材としての位置づけにあったとしている。

これまで見てきたように、西尾が芭蕉に注目したのはその実践性であった。堀切が整理して示した『おくのほそ道』の「採択の趣旨」はどれも芭蕉文芸の実践性に着目したものである。二〇世紀を通じて『おくのほそ道』が採択されたのは、芭蕉文芸の実践性を学ばせるためであり、政治体制の動向と距離があったという『おくのほそ道』の無政治性にのみ教材採択の継続性の理由を求めるのは無理がある。二〇世紀後半の「国語」教育でも『おくのほそ道』が中学校や高等学校の「国語」教科書に掲載され、授業実践が続けられた本質的な要因は芭蕉文芸の実践性にある。

実際、中島真弓の調査と考察によれば、二〇世紀後半の「国語」教育における芭蕉の扱われ方は、俳聖芭蕉の人物像を学ぶ、芭蕉の業績としての蕉風を学ぶ、紀行と旅を焦点にした芭蕉の旅心、内面を学ぶ、芭蕉の生き方を通して学習者自身の生き方を考える、というように実践思想に着目して変遷している[13]。こうした俳聖芭蕉の人物像の学習には『国語』からの影響があると考えられる。人物像から蕉風への変遷は、芭蕉の教養実践を理解するための基礎知識の獲得と確認であり、紀行と旅、人物の内面から生き方への着目は思索に根ざした教養実践であると考えることができる。つまり、芭蕉の紀行をとおして教養実践に向かう学び方は、二〇世紀前半でも後半でも同様であったことを示しているのである。

2　西尾の認識的実践論と芭蕉

西尾は「国学の実践性[14]」で「実践の意義」について、「われわれの生活や文化における現実の尊重」、「認識の方法としての体験の重視」を示している。幽玄から切り離されて生み出された「さび」を芭蕉が彼らの現実世界に置き、教養実践としていったことが西尾の目にとまっている。

西尾は、中世文芸が古代文芸や近代文芸と区別される点について、「能や茶の如き同代の他の文化形態とともに、中世的様式ともいうべき「さび」を完成した点にある」と主張する。そして、その「さび」は、「古代和歌の頽廃として遺された幽玄の否定的契機として頭をもたげてきた、庶民的、地方的なるものが、すでに古典化していた、貴族的、都市的なるものとの対立における止揚的発展として形成された美的様式」であり、「芭蕉によって文芸的結実」を見たものであるとする。

さらに西尾は「日本文芸においては、新しい時代の台頭を告げるものは、いつも、その題材であり、用語である」と文芸史把握の基本的な観点を示したうえで、「題材に庶民があらわれ、地方が加わってきた」『今昔物語集』に中世的展開の端緒を見ている。そして題材に続いて中世的世界観の変化が現れるのは南北朝期の『つれづれ草』であると自説を述べている。「亡びゆくものの悲哀感の発露ともいうべき詠嘆的無常観」の『平家物語』や『方丈記』の世界観に対して、『つれづれ草』は「おなじ詠嘆的無常観に出発しながら、やがて、消滅とともに生起をもふくめた、実相の自覚としての無常観に達して、悲哀感を超えた自覚のたしかさが基調になって」おり、その成立の意義は「流転の自覚としての無常観を根因とした、文化の形成にあった」というのである。芭蕉を中世文芸の完成者と見る西尾の次の評価は、近代文学と教養実践を考察するうえで示唆的である。

芭蕉は、文芸における中世的なものの完成を遂げた、偉大な詩人であった。したがって、そこには、人間的自覚に立脚しようとする近代的なものへの傾きが認められる。しかし、それは、感覚や情調の傾きであり、手法・態度の傾きではあっても、創造性そのものの革新でもなければ、人間的立場の革命でもない。芭蕉を焦点とするかぎり、いわゆる近世俳諧史は、厳密な意味においては、中世詩の完成と頽廃の歴史であり、元禄文芸は、正しい意味における、中世文化の文芸的結実であったとしなくてはならない。そういう観点に立っての近松文芸および西鶴文芸の検討も、加えられなくてはならないであろうと思う。

この西尾の議論で重要なのは、変革の契機としての「庶民」と「地方」、変革の動因としての「流転の自覚」による「無常観」である。これが芭蕉の教養実践としての中世文芸の完成の核心と西尾は見ている。この芭蕉観をもとにして西尾の認識的実践論が形成されたのである。芭蕉の教養実践は、たえず流動する人間の営みのなかで、他者と共同する教養実践として意義づけられるのである。

三　芭蕉の教養実践に学ぶ認識的実践論

1　芭蕉の教養実践

『国語』巻八には教養の精華がそろっている。和辻哲郎『古寺巡礼』の「中宮寺の観音」、漱石『草枕』から「東洋の詩境」、安部能成『プラトンの理想国』の「哲人の養成」、阿部次郎訳の『神曲入門』から「浄火」、茅野蕭々の『ゲェエテ研究』から「人間ゲーテ」と並べて、芭蕉の「奥の細道」と「陽炎（俳句）」が収められている。

教養という大きな括りにゲーテと芭蕉を配置する発想は、芥川龍之介「芭蕉雑記[15]」と同様である。龍之介は、『芭蕉雑記』の「四　詩人」の項で、「俳諧なども生涯の道の草にしてめんだうなものなり」と語った芭蕉について述べる。龍之介は、芭蕉の弟子たちへの態度が「剣術を教えるやう」な「情熱に燃え立つた」「句作に臨んだ態度」であったという。そして「一世のうち秀逸三五あらん人は作者、十句に及ぶ人は名人なり」という芭蕉の言を紹介し、「名人さえ一生を消磨した後、十句しか得られぬということになると、俳諧もまた閑事業ではない。しかも芭蕉の説によれば、つまりは「生涯の道の草である！」」と感慨に耽る。さらに病床の芭蕉の前で句作する弟子たちに「師丈草が句を今一度と望みたまひて、丈草でかされたり、いつ聞いてもさびしおり整ひたり、面白し面白しと、しわ嗄れし声もて讃めたまひにけり」というくだりを語り、「芭蕉の俳諧に執する心は死よりもなお強かつたらしい。もしあらゆる執着に罪障を見出した謡曲の作者にこの一段を語つたとすれば、芭蕉は必ず行脚の僧に地獄の苦難を訴える後ジテの役を与えられたであらう」と芭蕉の俳諧への執着に感嘆する。そしてゲーテと比較して「ゲエテは詩作をしている時にはDaemonに憑かれていると云つた。芭蕉もまた世捨人になるには余りに詩魔の翻弄を蒙つていたのではないであらうか？　つまり芭蕉の中の詩人は芭蕉の中の世捨人よりも力強かつたのではないであろうか？」と解説している。

西洋の詩人ゲーテも東洋の詩人芭蕉も生涯を一瞬のできごとであるかのように振舞う。そのどちらもが詩魔に憑かれているかのような創作への情熱とその神秘性を特徴とする詩人であるというわけである。西尾も芭蕉を「詩人」と呼ぶところなどはその類似性を見て取ることができ、象徴詩人としての認識の仕方も同様である。

ところで、松崎正治は、西尾実の行的認識の教育論、「〈実践的行為的真実〉の立場」の成立を近代化批判と修養論という歴史的社会的文脈を背景にした禅・世阿弥・国学・ラスキン・西田幾多郎、トルストイ・ハーンの考察がなされたことに求めている[16]。西尾も、『研究』巻八の一三課「浄火」（阿部次郎訳）の解説で、幸田露伴、沼波瓊音、安倍能成、阿部次郎が芭蕉研究会を起し、その研究の集積を刊行している事実を指摘している。[17] この指摘と松崎の論証は、修養論者の関心が実践という視点から芭蕉にも向いていたことを示している。それは、連歌、俳諧の世界への関心と、紀行という世界への関心である。連歌、俳諧の世界は集団で句を作る作業であり、場を形成するという意義、紀行という知の獲得に向けた実践への関心は西尾の教養実践観である認識的実践論として結実していったのである。

ハルオ・シラネは、芭蕉俳諧の特質の一つを「対話の詩」として、「芭蕉は二人あるいはそれ以上の詩人とともに、共同参加的（communal）な状況のなかで俳諧を詠み」、「主人となる者の招きをうけて参加者が集まり、俳諧の宗匠の指導をうけながら連句を作」ったことを重視する。[18]「俳諧は本来対話的（dialogic）であり、先行する句への応答になっているか、あるいは他の参加者との機知にあふれた言葉やイメージによるやりとりの一部をな」しており、「モノローグ的」で「単独の声（voice）がある情景ないし経験を描写したり、それに反応を示したりする」現代俳句とは対照的であると語る。そして、「つねに終わりが開かれていて、結末がつけられておらず、受け手によって付け加えられ、変更され、ないしは消費されるのにまかせられている」というのである。そのため、俳句の挨拶的側面を重視した山本健吉が「発句はどれも終わりに「でしょう?（Isn't it?）」という表現を含みこんでいる」と論じていること、芭蕉俳諧は同伴者に対する招待でもあると考えている尾形仂が、「蛙の句」について「蛙はいままでずっと、とくに春に清流で鳴く生き物だと見なされてきたのですが、私は別の見方をしたいのです。あなたも一緒にそうしてみませんか」というような提案をしていることを紹介している。

西尾の芭蕉への関心は、こうした実践への共感としてある。芭蕉の実践が他者との共同行為であり、その共同性ゆえに魅力的な形象となっていることに注目して、『国語』の学び手にそのことを学ばせようとしているのである。芭蕉から学んだ教養実践の豊かさについての西尾の見識が二〇世紀前半の「国語」教育の到達点を作っていったのである。

2　認識的実践論の課題

『国語国文の教育』の「四　国文学と教養」では、芭蕉の風雅を「全生活を率い、全人格を高め生かすべき根源的な力である。ゆえにまた人間を全人たらしめるべき真の教養であり、実用以上の実用であった」と評価している[19]。そして、芭蕉を「詩人的人格者」と呼び、「諸国を行脚してかくれた天才を発見し、これを培う間に、その温雅にして重厚な人格の底から、抑えんとして抑えることの出来ない心位が句に閃き、人心の奥底を動かした」とまで述べた。

西尾が他者との共同に自覚的であれば、ここから他者との共同による人格的な練磨へと議論は進んだであろう。しかし、彼の議論は「教養ということが」、「自己の霊性のために第一義のものを握ろうとする努力精進を根底とするものであ」り、「自己の衷」に深く観照する自己の姿を存立させようという議論として展開されていく。さらに、そこに「教養の極致としての人間的透徹」を見るに至る。つまり、認識的実践論として確立されたはずの行的認識論は、人格陶冶論として自己の認識の深化へと向かうこととなったのである。これが彼の実践論を狭める要因となっており、芭蕉が展開した教養実践の核心である他者との共同という実践論にまで理論化できないという弱点を残すこととなったのである。「奥の細道」の学習指導で、その指導の困難さを強調して「すぐれた生徒からその構想の跡づけが提出されれば成功した学習になる」と評価の観点を示したところにその弱点が露呈している。西尾らしからぬ言説である。この自信のなさの背景には、一九三一（昭和六）年の「中学校令施行規則中改正」及び「中学校教授要目改正」で示された「国民性ノ涵養」に拘束された自己涵養論がある。そのため、自己の涵養に目がいき、「奥の細道」を読み味わい、他者との共同による教養実践を学ぶ認識的実践論による学習指導にまで至らなかったのである。

二〇世紀後半になると、「国語」教育教材から紀行文と叙景文がしだいに消え、紀行と叙景の実践としても、短歌、俳句、詩、近代の随筆を鑑賞する学習として残った程度である。他者との共同性に支えられた教育実践という教材化の意味はしだいに薄らぎ、その学習指導も形骸化していった。その背景には、自然観の変化、紀行に対する意識の変化、人生修養の意味の変化に加え、新たな教養形成のメディアとしてテレビやビデオの普及、情報社会の到来などが指摘できる。[20] 芭蕉の教養実践に学んだ西尾の認識的実践論の再評価をふまえ、現代の教養実践と「国語」教育との関係を考察していくうえで、これらの事実をどう評価するかが今後の課題となる。

註

（1）松崎正治・浜本純逸「昭和戦前期における西尾実の学習指導観――岩波『国語』とその教授用参考書の分析を通して――」『神戸大学教育学部研究収録』第七八集、一九八七年三月二〇日、二一～三九頁。松崎と浜本は、特に西尾の作文教育論や読方教育論に八雲の「創作論」などの影響が強いことを指摘している。

（2）西尾実「芭蕉の創作論」『俳句研究』四巻三号、改造社、一九三七年三月。「中世詩人としての芭蕉」『文学』一九五〇年六月号、岩波書店。引用は『西尾実国語教育全集』別巻一（教育出版、一九七八年九月一日）による。

（3）たとえば、藤村作・島津久基共編『国文新読本』（至文堂、一九二一年一二月訂正再版）のような紀行文や叙景文が多く掲載された国語読本でも、芭蕉に関するものは「芭蕉」（吉江孤雁）、「奥の細道抄　松島　平泉　象潟」、「幻住庵記」（猿蓑集）程度である。『国文新読本』の基本方針は「国民性の自覚を促す」、「国民精神の涵養」、「情操の涵養」、「作文力の進歩向上に暗示を与える」という四点である。そのため、「戦場の小学生（書簡）（時局に関する教育資料）」、「富士川下り（書簡）」（徳冨蘆花）、「短き手紙（書牘）」（俳人の手紙）などに端的に現れた模範文例主義が如実に示されていた。

(4)『国語』及びその指導書である『国語　学習指導の研究』（後記）の本文では、「奥の細道」と表記されている。『おくのほそ道』の成立及びその題名表記については諸説がある。本節では、国語教科書で表記されてきた教材名では「奥の細道」を、一般的な呼称としては『おくのほそ道』の表題を用いることとする。井本農一「「奥の細道」の底本について――芭蕉自筆本の出現にふれて」「解説」『新編日本古典文学全集71　松尾芭蕉集②』（小学館、一九九七年九月二〇日、七～一二頁、五八六～五八七頁）、村松友次『曾良本『おくのほそ道』の研究』（笠間書院、一九八八年二月二九日、三～一八頁、八八～八九頁）による。

(5)正岡子規「はて知らずの記」、新聞『日本』一八九三年七月二三日～九月一〇日（連載）。

(6)岩波編輯部編『国語　学習指導の研究』岩波書店、一九三六年六月五日第一版、一九三七年四月一〇日改訂二版、一三二～一三三頁。同書は、「解題」として「本文」「作者」「採録の趣旨」、「教材の研究」として「註解」「解釈」「批評」、「備考」として「指導の問題」「参考資料」の各節に分けられている。「解釈」は「主題」「構想」「叙述」の三部立てに分かれている。

(7)「明治・大正・昭和を通じて最も多く採用され」、「当時の中等読本のあり方の一典型を示した」（『国語教育史資料第二巻　教科書史』三九〇頁）とされる『中学国文教科書』（吉田弥平編、光風館、一九〇六年一〇月一八日初版）の一九二三年版でも「平泉」のみである。また、芭蕉に関するものも評論「俳人芭蕉」（藤岡作太郎）と「幻住庵の記」が収録されているだけである。

(8)ウィリアム・バートン「『草枕』――紀行文の側面から――」（『国文学解釈と鑑賞』一九九七年六月号、至文堂、八一頁）は、「『草枕』が、一般には「紀行文」ではなく小説のジャンルに入れられているが、実際には紀行文と考えても差し支えない」としている。

(9)他の読本に収録された芭蕉論としては「芭蕉の研究」（小宮豊隆）、「寂人芭蕉」（吉田絃二郎）、「芭蕉を訪ねて」（荻原井泉水）などがある。

(10)堀切実「俳聖芭蕉像の誕生とその推移」、ハルオ・シラネ、鈴木登美編『創造された古典――カノン形成・国民国家・日本文学』新陽社、一九九九年四月三〇日、三八六～三八九頁。

(11)堀切は、『おくのほそ道』が「昭和一二年の教授要目改正により「中古文や上代の文章を文章の模範たりといふのは妥当でない」とされるまで、古文を含む「講読」の材料は作文の模範とされてきた」と補足している。

（12）堀切は、その例として「「全生涯を風雅の大道に捧げて旅をつづけ詩嚢を肥やした芭蕉の真剣味こそ、何よりも彼が作句の強味」（『国民文学読本』昭和一四年）であるとか、「紀行文の精ともいふべき本文によつて、一は俳文の何たるかを解し、一は芭蕉の生活と人格に迄、味到響感せしめたい」（『新制国語読本』昭和二年）とか、「俳聖芭蕉の心境に触摸せしむる」（『最新女子国文』昭和三年）などと記す指導書は多い」と説明している。

（13）中島真弓「中学校国語教科書（第三学年）における芭蕉の取り上げ方の変遷——紀行文教材を中心に——」『国語科教育』第四二号、全国大学国語教育学会、一九九五年三月三一日。中島は、一九五〇年から一九九一年までの国語科教科書を調査している。

（14）西尾実「国学の実践性」『文学』一九四二年一月号、岩波書店。引用は、『西尾実国語教育全集』別巻一（教育出版、一九七八年九月一日）による。

（15）芥川龍之介「芭蕉雑記」『新潮』一九二三年一一月号。引用は、『芥川龍之介全集』第一一巻、岩波書店、一九九六年九月九日、一五〇頁。

（16）松崎正治「西尾実の行的認識の教育論の史的検討」『国語科教育』第四三集、全国大学国語教育学会、一九九六年三月三一日。

（17）岩波書店編集部編『国語　学習指導の研究』巻八、岩波書店、一九三六年一一月三〇日、五四九〜五五〇頁。

（18）ハルオ・シラネ『芭蕉の風景　文化の記憶』角川書店、二〇〇一年五月三一日、六二頁。「「歌枕」を訪れることによって中世の歌人＝旅人は、みずからの文学上の先達の経験を追体験し、同じ風景について詩歌を詠むための感動を得て、彼らと一体化することを願ったのである。旅日記それ自体が、詩的、文学的継承の連鎖のなかの環のひとつとなった」と述べて、芭蕉もその環の中にいたとしている。一六七頁。

（19）西尾実『国語国文の教育』古今書院、一九二九年一一月二四日。『西尾実国語教育全集』第一巻、教育出版、一九七四年一〇月二〇日、一四一〜一四六頁。

（20）石塚修「『おくのほそ道』の教材的価値について——中学生に対して何を教えてゆくべきか——」（『人文科教育研究』一九号、筑波大学、一九九二年）は、「月日は百代の」から始まり「平泉」で終わる教材配置とそこから「人生は旅である」を教える実践のあり方に問題があると指摘している。そして、「「風雅の友との出会い」からみた『おくのほそ道』の教材可能性——尾花沢を中心に——」『人文科教育研究』二〇号、筑波大学、一九九三年）で「人々との出会い」の喜びを中心とした学習案を提示している。他者との関係性を本来的に内包している教養実践のあり方として興味深い。

第四節　教養実践としての紀行と叙景

一　『国語』に収録された紀行文と叙景文

本節では、西尾が『国語』に紀行文や叙景文を収録した実際を見ながら、『国語』が教養実践を促す教科書として編集された意義について考察する。また、紀行と叙景の学びが成立していった背景を踏まえて、西尾の実践的認識論において紀行と叙景の実践的意義がどのように自覚されていたかも見ておきたい。

1　三種類の紀行文

『国語』には全二二〇篇の作品のなかに現代文の紀行文が一七篇収録されている。巻一に「山寺」（若山牧水）、「苺と茱萸」（正岡子規）、「上高地」（田部重治）、巻二に「小春の岡」（長塚節）、「武蔵野日記」（国木田独歩）、巻三に「島四国」（荻原井泉水）、「千本松原」（伊藤左千夫）、「金華山」（長塚節）、巻四に「湖畔の冬」（島木赤彦）、「神国の首都」（小泉八雲）、巻五に「極東に於ける第一日」（小泉八雲）、「吉野の奥」（吉田絃二郎）、「山上の霊気」（松本亦太郎）、「仏法僧」（高浜虚子）、巻六に「檜原峠越」（大島亮吉）、巻八に「巴里通信」（島崎藤村）、「中宮寺の観音」（和辻哲郎）である。

巻七、九、一〇には紀行文が収録されていない。巻七は第四学年の前半で学習することが想定されており、第三学年までの学習を基礎により抽象度の高い文章を学ばせる意図が見えている。そのため、具体的な紀行文ではなく、文章論や芸術論が多くなった。巻八にも藤村『巴里だより』から「巴里通信」、和辻の『古寺巡礼』から「中宮寺の観音」が採られてはいる。しかし、これらは紀行文体ではあるが、より文化論的な要素が強い。また、巻九、一〇は、古代から現代までの文学史的配列教材になっているため、紀行文を収める必要がなかったと考えられる。

(1) 「認識的な布置」としての風景

『国語』に収められた紀行文には、国内各地の名所旧跡や景勝地、海外の都市を訪ねた記録、人々の自然との関わりを各地の風景とともに描いたものがある。たとえば、歴史的な地では、比叡山、芭蕉『おくのほそ道』の足跡、小豆島の遍路道、吉野山、高野山、飛鳥中宮寺、景勝地としては、上高地、筑波山、千本松原、金華山、富士山、碓氷峠、檜原峠、自然と暮らしを見つめた紀行文としては、武蔵野、諏訪湖、松江、江戸、海外では藤村のパリ紀行と、よく配慮された選定である。これらは単なる事象や風景の羅列を意味しているのではない。柄谷行人の言う「一つの認識的な布置」[1]として発見された風景がどのように描かれたかを見ているのである。

たとえば、巻二の「小春の岡」（長塚節）の文末には次のような表現がある。

> 村の竹藪から昇つた青い煙は、畑の百姓を迎へにでも出たやうに幾筋も棚引いて、田圃から岡まで届かうとしてゐる。其の時、百姓は黄昏の中を、相前後して帰つて来る。何処ともなく鴨がきゝと鳴いて去つた。百姓の後姿を村の中へ押込んで、やがて夜の手は、田圃から、次第に天地の間を掩うた。

「百姓」と表現された人物はすっかり風景に溶け込んでいる。「「人」というよりは「風景」としてみられている」[2]のである。また、「小春の岡」の文末には「鬼怒川を夜ふけてわたす水棹の遠く聞えて秋たけにけり」、「芋殻を壁に吊せば秋の日のかげり又さしこまやかにさす」という節の二句が添えられている。この歌からも、音と光、色彩が調和した風景の向こうに、人々が季節の移ろいに応じて落ちついて暮らしている息づかいが見てとれる。西尾は「小春の岡」の一節を抄出して、さらに長塚節の短歌二首を添えることで、読み手がその情景を余すところなく脳裏に浮かべるのを期待している。そして、出かけていった紀行地で発見した風景やできごとを作者の認識として定着させる文体を紀行文が持っていることを学ばせようとしているのである。

(2) 色彩、音、声の表現

八雲の随筆、小説では、巻一に「曙の富士」、巻四に「神国の首都」、巻五に「極東に於ける第一日」がある。これら三篇は、彼が初来日した際の印象をもとに記したものである。

「曙の富士」は、汽船から曙の富士を見ようとした「外人」や故国に帰ってきた主人公が、船員の「もつと高い所を御覧なさい、ずつと高い所を！」という助言で神々しい富士の峯を見ることができた場面の小説である。主人公は、その船員の言葉を繰り返し反芻していたという箇所を抄録している。

前節で見たように、「神国の首都」は、松江の自然の織りなす風景に溶け込んだ民衆を見事にとらえた文章である。また、「極東に於ける第一日」は、八雲の初来日の新鮮な印象を述べた紀行文である。八雲の文章では、色彩や音、声が巧みに表現されており、人物も風景にすっかり溶け込んでいる。読み手である中学生は、これらの文章から紀行によって発見したものを適切に表現する方法を学ぶことができる。

(3) 心の内面、感動を記す

このほか、巻三には、南樺太で樺太アイヌ語の採集をした体験を記録した「心の小径」（金田一京助）、巻四には、海外でのスキー体験を描いた「銀線を描く」（浦松佐美太郎）が収録されている。どちらも、紀行文の要素の強い随筆である。「心の径」は、「東京を発つて一箇月、遂に何の得る所もなく帰らなければならぬのだらうかといふ不安と憂悶が頭をかき乱して茫然と屋外に立つた」金田一が、そこでたまたま出会った子どもたちと心を開いて「交流」した記録である。金田一は、その「交流」によって探訪紀行を終えることができた喜びと感謝を「大抵の話は支障なく出来るやうになつた上、樺太アイヌ語文法の大要と語彙と、北蝦夷古謡遺篇三千行の叙事詩の採録を家苞に、私は生涯忘れがたい恩を残してこの部落の老若に別れを告げた」と述べている。[3]「銀線を描く」は、スイス、イタリア国境の四千メートルにあるピッツベルニーナからバリュー氷河を直滑降した経験を述べている。浦松は、「踏み跡もない大雪原に、心ゆくまゝの一本の銀線を描かうとするためには、想像にも及ばない多くの努力が必要なのだ。それだけに又、粉雪を蹴立てて、快心の一線を引き終つた時、遥に斜面の上へと延び上つてゐる、その銀線を顧みては、誰しも微笑まずにはゐられまい」と述べ、スカンディナヴィアで生まれたスキーによって、冬にスポーツができるようになった喜びを記すのである。

小説にも紀行文の色彩の濃いものが見られる。先に見た八雲の「曙の富士」は彼の短編集『心』からの抄録である。同じ巻一の「峠の茶屋」と巻八の「東洋の詩境」はともに漱石の『草枕』から採られている。『草枕』は、熊本の山あいの旅館に泊まった際の回想記として書かれた小説であるが、紀行文の文体を駆使した実験的な小説でもあった。[4]収録箇所は、それぞれ「「おい」と声を掛けたが、返事がない」、「山路を登りながら、かう考へた。智に働けば角が立つ」から始まる、人口に膾炙した場面である。また、巻四の「初旅」（島崎藤村）は、「私」が九歳のときに一二歳の銀さんと東京へ遊学した紀行を描く『生い立ちの記』からの抄録である。峠を歩いて二つ越え、そこから馬車で神田へと出た七日間の旅であった。特に烏川を超えたときの記憶が「白い光つた空」「河原から水の中へ引き入れた馬車の音」とともに残っていると「私」の心情が描かれている。

こうして収録された紀行文を見ると、西尾は三種類の紀行文を学ばせる意図があったと考えられる。つまり、名所旧跡や景勝地を訪ねた記録、人々の暮らしと自然との関わりを風景とともに描いたもの、人物の内面を描く小説に記された紀行という三種類のそれぞれを読ませようとしていたのである。紀行文は、ただ座して想像のうえに成立したものではない。目的をもって紀行地に出かけ、そこで得た見聞をもとに感懐をまとめて表現された文章である。したがって、紀行文を鑑賞して、それをもとに紀行文を制作（創作）するという実践的な学びができ、それを通じて自己の内面を記すことができるのである。[5]西尾の実践的認識論である行的認識に培う文章作法としてふさわしかったのである。それは、のちに見る藤村や八雲の文章論を導きとした表現への誘いと深く関わってくる。

2　古文の日記や紀行文

『国語』には古文の日記、紀行文も五篇収められている。巻一に「藤樹先生」、巻二に「蜃気楼」、巻三に「霧島山」、巻八に「奥の細道」、巻九に「宇多の松原」がある。

「藤樹先生」、「蜃気楼」、「霧島山」は橘南谿の「東遊記」と「西遊記」からの抄録である。「東遊記」は南谿が医学修行のために関東、東山、北陸の旅行中に見聞した紀行文、「西遊記」は同じく山陽、西海、南海での見聞の紀行文である。「藤樹先生」は、陽明学の祖である中江藤樹を「賢哲」、「徳風」と評した行的認識に培う文章である。「蜃気楼」では、越中魚津の蜃気楼をめぐる南谿の科学的な精神とそれを興味深く記述する文学的精神に西尾の興味が向いている。「霧島山」は、南谿が見聞した馬の脊越えの怪異を見る科学者的な態度や細心の注意で山頂を極めた実行力、それを的確な文章で表現する文学性にあふれている。

巻八の「奥の細道」については、『研究』[6]で「前課（漱石「東洋の詩境」の抄録であった――引用者注）が東洋の詩境を非人情の天地への逍遥としたのを承けて、本課（「奥の細道」――引用者注）には、さういふ詩境に立ち、さういふ詩境から自然・人事を眺めた芭蕉の生活記録としての紀行文の一を掲げた」と、採録の意図を述べている。

巻九の「宇多の松原」は「土佐日記」からの抄録であり、『研究』で「竹取・伊勢につぐ平安朝初期作品の一例として、また日記・紀行の最初の作品としてこゝに選び載せた」としている。

南谿の場合は、藤樹賢哲論、真理探究の科学的精神、的確な文章表現で読者に迫る文学的精神、真理探究のための実行力が評価されている。芭蕉の場合は、東洋の詩境から自然、人事を眺めた紀行実践としての文学性、貫之の場合は、日記紀行の文学史的出発点としての実践的意義が認められている。このように古文の場合も紀行文の実践的意義とその方法の学びに重点がある。

二〇世紀後半に多くの随筆を書いてきた物理学者の湯川秀樹は、自分の文体への影響として「徒然草」とならんで、「橘南谿という江戸時代の京都の医師の書いた「東西遊記」などが、よいお手本になっているのであろう」と述べている。[7] 湯川が中学生として過ごしたのは一九二〇年代であったが、当時の中学生が南谿の紀行に親しみ、のちの自分の文体の基礎となったというのであるから、この回想は西尾の意図そのものを示していると言える。

3 叙景文

(1) 自然と文化

『国語』には、以上の紀行文に加えて二一篇の叙景文が収録されている。巻一に「蜂の巣」（吉村冬彦）、「湖畔（霧・道）」（杉村楚人冠）、巻二に「明治神宮」（溝口白羊）、「自然に対する五分時」（徳冨蘆花）、「落葉」（島崎藤村）、「庭の黒土」（相馬御風）、巻三に「雨」（山口青邨）、「雑草」（斎藤茂吉）、巻四に「庭前の榧の樹」（浜口雄幸）、「凩」（徳冨蘆花）、「遠望」（吉江喬松）、「文鳥」（夏目漱石）、巻五に「墨汁一滴」（正岡子規）、「水郷」（北原白秋）、「翼」（吉江喬松）、「隅田川の水」（島崎藤村）、巻六に「秋」（綱島梁川）、巻七に「法隆寺」（高浜虚子）、「龍安寺の庭」（荻原井泉水）、巻八に「進軍」（八代幸雄）、巻十に「秋露」（夏目漱石）が収められている。これらの題材は、虫・鳥、木々・山、花・雑草、海・川、湖・台地という自然、また、絵画や寺院、庭の木、水郷などの人間が自然を加工して生み出した文化である。

たとえば、巻二の「自然に対する五分時」（徳冨蘆花）では、「午前四時過にもやあらん、海上猶ほほの暗く、波の音のみ高し。東の空を望めば、水平線に沿うて燻りたる樺色の横たはるあり」の「大海の出日」から「日の落ちたる後は、富士も程なく蒼ざめ、やがて西空の金は朱となり、燻りたる樺となり、上りては濃き孛藍色となり、日の遺孼《わすれがたみ》とも思はる、明星の、次第に暮れ行く相模灘の上に眼を開きて、明日の出日を約するが如きを見るなり」の「相模灘の落日」までを収めている。

また、巻七の「龍安寺の庭」（荻原井泉水）では、「長方形に砂を敷きつめて、十箇ばかりの石を置きならべただけの庭」の美しさを「見方に依つて動く」という「「動く」ことの趣」と、「隙が出来る」ため「一つでも動かすことは出来ない」という「「動かない」所を捉へた意匠」に見た文章である。

(2) 信州の秋、武蔵野の秋

同じく巻二の「落葉」（島崎藤村）では、「雑木林や平坦な耕地の多い武蔵野へ来る冬、浅浅とした感じの好い都会の霜、さういふものを見慣れてゐる君に、この山の上の霜をお目に掛けたい」という呼びかけ調の表現の叙景文である。次の「武蔵野日記」に表現された秋と比較して、霜の来る頃の厳しい信州の晩秋を描いた箇所が『千曲川のスケッチ』から抄出されている。

その「武蔵野日記」のほうでは、『武蔵野』の第二章から一八九六（明治二九）年九月七日に始まり翌年の三月二一日までの日記部分のみが改稿抄出されている。柄谷行人は『武蔵野』について「風景が名所から切断され」、武蔵野を「人間と自然の関係の一部」として描写することで「観察と記述」という新しい特徴を文学にもたらしたと説明している。[8] 西尾は、『武蔵野』を改稿して日記に見られる叙景表現を示すことで、学び手が「観察と記述」の意義と方法を学ぶことを期待しているのである。

浜本純逸は、『武蔵野』の指導計画私案の目標として、「1　明治の文体に親しむ　2　『武蔵野』における武蔵野の詩趣を味わう　3　明治三十年前後における自然の見方の変遷を知る　4　風景をとらえる目と心を育てる」をあげて、関連教材として、二葉亭四迷訳・ツルゲーネフ『あひゞき』、志賀重昂『日本風景論』、徳冨蘆花『自然と人生』、島崎藤村『千曲川のスケッチ』の学びも提案している。[9] そして、「山林に自由を感じる体験は人に落ち着きと品性とをもたらす」と述べて、「高校生の人生における自然認識の新しい枠組み形成の端緒となるであろうし、「風景の発見」のための新しい言葉の獲得へと導くであろう」と『武蔵野』学習の意義を語っている。西尾が『国語』に多くの紀行文や叙景文を収録したのは、浜本の提案と同様、学び手がこれらの教材を学び、彼らなりの「新しい言葉の獲得」を期待したからである。

(3) 季節感の学び

さらに、学年ごとに春から冬への季節感が尊重されているのも興味深い。たとえば、第一学年前半用の巻一では春の虫から始めて秋の湖まで、後半用の巻二は、秋の明治の森から翌春の庭のようすへと叙景された文章が選ばれている。他学年も同じく季節感を尊重した教材配置である。巻一〇には「秋露」(夏目漱石) が置かれ、「空が空の底に沈み切つた様に沈んだ。高い日が蒼い所を目の届く限り照らした。余は其の射返しの大地に冷きうちに、しんとして独り温もつた。さうして眼の前に群がる赤蜻蛉を見た。さうして日記に書いた。――「人よりも空、語よりも黙。……肩に来て人懐かしや赤蜻蛉。」」というような叙景が展開されるのである。ここでも、季節感を尊重して表現する方法の学びが提案されている。

(4) 叙景の説明文、韻文

このほか、叙景の要素が強い説明文もある。巻一の「春の使者」（横山桐郎）は、みずすましがいかに一年を過ごすかという科学的な説明をしている。文末には、子規の「解けそむる野川の春の水浅み小鮒かくれつ古草の根に」が添えられている。「空の色」（岡田武松）も、空の色の変化、朝焼や夕焼を科学的に説明した文章である。文末には「朝霞市ヲ出デズ、暮霞千里ニ走ル」という「五雑組[10]」の一節が編者によって引かれている。

また、詩、短歌・和歌・俳句についても『国語』に収められた大半が叙景文体である。巻一の「明治天皇御製（短歌）」、「詩二篇　生長　海」（千家元麿）、巻二の「快晴（詩）」（河井酔茗）、「時雨（和歌）」（前田夕暮）（若山牧水）（北原白秋）、巻三の「潮の音（詩）」（島崎藤村）、「石をきざむ（和歌）」（石川啄木　窪田空穂　木下利玄）、巻四の「夜長（俳句）」（正岡子規）、巻五の「詩二篇　風」（島木赤彦　北原白秋）、巻六の「神ほぎ（詩）」（蒲原有明）が叙景の詩、短歌、俳句である。子規の革新論による写生の影響を如実に見ることができる。

このように、『国語』には、現代文及び古文の紀行文が二二篇、紀行文的な随筆が五篇、小説が一篇、合計二八篇が収められた。叙景文も二一篇、叙景的な説明文が二篇、叙景の詩・短歌・俳句が九篇と、合計三二篇に及んでいる。『国語』に収録された小説一八篇、評論二九篇に匹敵する数である。こうした編集の仕方は、『国語』がほかの「国語」読本と区別される重要な特徴となっている。[11]

その一方で、『国語』にはほかの「国語」読本によく採られている日記や紀行である川上眉山「ふところ日記」や「更級日記」、「十六夜日記」、「東関紀行」などは採録されていない。[12]眉山の文語文体を入れず、日記文学の源流としての史的意義を持つ「土佐日記」を重視して、これらの定番教材を収めなかったところに『国語』の新鮮さがあった。[13]

二　紀行文と叙景文の実践的意義

(1) 近代紀行文の実践――新たな発見と知の確認――

ところで、紀行文という文学ジャンルはどのように定義されるのであろうか。近代になって、近世の紀行文学の伝統を引き継ぎ、余技として旅の文学を書き始めたという[14]。背景としては、交通機関の発達に加え、幕末の動乱のなかで封建構造が緩み人々の往来が盛んになったことがあげられる。露伴や篁村の根岸党の文人たち、美妙、眉山、紅葉、桂月らが多くの紀行文を書き残している。「近世文人の紀行の近代化を企てた」子規も、芭蕉の旅の跡をたどった『はて知らずの記』を書き、「野心の横溢する文章[15]」と評価された。鉄幹や白秋らの九州紀行である『五足の靴[16]』は「文明と土着の渾然一体となった様相を伝える詩心に溢れた[17]」紀行文として、のちの紀行文学に強い影響を与えていった。

『おくのほそ道』に代表される近世の紀行は、羽田寒山『紀行文作法[18]』に「行旅中の観察、随感を叙したる記録」とあるように、名所・旧跡の地を歩き、自然と人事、歴史についての感慨を記すものであった。旅枕の意識が紀行文を支えていたのである[19]。知の獲得によって学んだことを旅枕に支えられた紀行の中で確かめるという一つの教養実践の性格を持ったことを意味している。近代になると、こうした教養実践の要素に加え、西洋との出会いによって未経験な新たな知の獲得に積極的に乗り出すことになる[20]。日本の紀行文も、旅による新たな発見とともに修養したことを確認する紀行として書かれた。「国語」教科書にも、旅に出て、その地での見聞や発見を旅の成果として豊かな文学として記録するという実践性を学ぶための教材として紀行文が収められた。

(2) 叙景――自然を観ることから始まる実践――

こうした紀行の実践に対して、叙景の場合はどうであったろうか。当時の文献をいくつか拾いながら、叙景の文学的意義を見ておきたい。

生田長江編『新叙景文範』[21]は、「叙景文を志す人に向つて、先づ其業の容易でないことを告げたい。それは、自然を観ることが難いからである」から書き起こされ、「自然は極めて細かい所に、極めて大きな秘密を蔵してゐる。その秘密に触れて自然の真の相《すがた》を看出すものによつて、始めて意義ある叙景文は書かれるのだ。よく観るは、やがてよく描く所以であらう」と、自然をよく観ることの意義が強調されている。

そのうえで、田園、海、山、川、湖沼、森林、原野、市街、空の九項目にしたがって文例を示している。たとえば、「田園に就いて」では、山岳や森林など「人の余り多く到らない処の自然に対すると一種の凄さ――怖れの念が伴ふ」が、田園は「何時でも親しい懐しみをもつて対すること」ができると述べて、「田園は我等に一種のゆるやかな心持を与へる。すべてが伸やかに、ゆつたりとして、例へば春日のうら〳〵として甘き眠りに誘ふやうな長閑さを覚える」と書く。その一文に続いて、「ノルマンヂーの黄昏」（荷風）、「寂しき城址」（花袋）以下二五篇の叙景文例が示されている。「海」の項目以降も同様に題材の解説があり、多数の文例が並べられている。[22]

巻末の「叙景文の書き方」でも自然を観ることの重要性が繰り返されている。「同じ自然を見るにもその見る人の態度なり、心持なりに依つて、自然は何うにでも変つて見えるものであ」り、「美しさを感ずる中心点が異つて来る、此の相違に依つて、その観た自然を描写する上に違つた特色を生じて来るのである。其所で叙景文が生きて来る」と説明して、具体的な自然の観方を示した書き方を説いている。[23]

また、大町桂月らの『叙景文　作法作例』[24]では、叙景文の定義とその分類が説明され、凡例で「叙景文を文章の一体として独立せしめたのは最近の事実で、其研究もまだ〳〵至つてゐないから、本書を編述するにあたつても多少の困難を感じた」と述べられている。叙景文体が文学研究の対象となったのがこの頃であることを示している。本文は「作法」編と「作例」編に分類され、「作法」編では、「叙景文の本質」について、「叙景文を文章の一体として見るやうになつたのは、最近の事で従来は叙景法として叙事文に附属してゐたに過ぎなかつたが、新文学の勃興すると共に、一個の文体として研究せられるやうになつた」と述べられている。そして、「叙景文とは天象地象その他何でも、吾人の眼に触れ心に感じた自然を描写する文章」であり、「自然の姿を文字を以て描写する方法」と説明されている。

また、叙事文と叙景文の相違について、「叙事文は文の客観的再現的であるのに反して、記述的説明的である」と説明されて、「紀行文は叙事文である。語る話すという約束の下に置かれた叙述の文章である。旅行中に見聞したものは、自然であれ、人情風俗であれ、歴史であれ、何でも記述する文章で、叙景文は、そのなかの自然を描写時に、はじめてこの必要が起つて来る。叙景文の本領は其所にある。故に叙景文は、紀行文の大切な要素であるが、紀行文即ち叙景文でないのは云ふ迄も無い」と注釈されている。

さらに、「叙景文の各種」では、紀行文、写生文、美文（小品文）、小説に大別されて、それぞれの関係が論じられている。写生文は、「叙景文に人事的の情景を加味すると、其処に写生文が生まれる」、美文（小品文）については、「叙景文は、小品文（美文）の主要なる一部分又は全部である」、小説については「叙景文の応用の最も肝要であり、又最も用ひ甲斐のあると思はれるのは、小説の背景としてゞある」と説明されている。「描写法」では、自然をどのように描写するかについて、「観察の用意」、「観察の態度」、「自然観察の歴史観」、「自然描写の方法」に分けて詳述している。

続いて「叙景文家短評」には、紫式部、清少納言、鴨長明、東関紀行、松尾芭蕉、幸田露伴、尾崎紅葉、徳富蘆花、国木田独歩、吉江孤雁、田山花袋、島崎藤村、夏目漱石、永井荷風が挙げられている。「作例」には、山嶽、河沼、海洋、林野、田園、都市、名跡、天象、四季に分類されて文例が紹介されている。

一九三〇年代に刊行された菊池寛編『現代文章軌範』も、こうした系譜を受けて、抒情文、叙事文、叙景文、紀行文、随筆、論説文の分類にしたがって「近代名家の思想・感情にふるゝ、好個の趣味読本」となるように編集されている(25)。

こうした叙景に関する作例に対する批評や指導言を概観すると、叙景文制作（創作）のためには自然を観る能力の育成が肝要であるという意識が強く、自然を観るという能動的な行為への促しが意図されていたことがわかる。多くの文例もそれを模範文として模写するためではない。「現時文壇の諸家は、自然に対し、奈何に忠実なる態度を以て接してゐるか、之を描写するに奈何に努力しつゝあるか。（中略）叙景文とは単に美しき文字を列べ、何処にでも融通のきくやうな形容を重ねることではない。諸君は書く前に先ず観ねばならぬ。細心の観察をせねばならぬ。よく観るは、やがてよく描く所以である――与輩は繰返して此語を諸君に告げる」というのである(26)。

自然をよく観ることは、「認識の布置」としての風景を表現することを可能にする重要な表現作法の始まりとされていたことがわかる。西尾は、こうした紀行、叙景の表現、文体が形成されてきた歴史をふまえて、中等「国語」教育で表現を学ぶ教材として多くの紀行文と叙景文を収めたのであった。

三　教養実践としての紀行と叙景の意義

このように多数の紀行文と叙景文が収められる一方で、読書や制作（創作）に関する評論や随筆も多く採用されている。巻一の「生きた言葉」（西尾による書きおろし）、巻三の「大和言葉」（五十嵐力）、「鴉勧請」（柳田国男）、「学者の苦心」（芳賀矢一）、巻七の「結晶の力」（島崎藤村）、「随筆の説」（五十嵐力）、巻九の「読書に就いて」（小泉八雲）、巻一〇の「制作の方法」（小泉八雲）の八篇である。[27] このうち、言葉の学びに誘うものとして、一人の生徒の挨拶と態度から言葉の持つ意味を考えさせる「生きた言葉」、「牛を牽く」と「牛を追う」という言葉をみずからの体験をもとに比較した説明文である「大和言葉」、雲仙ゴルフ場の鴉が玉を拾う話題から考察した「鴉勧請」、「国語」辞典編纂の苦心を述べた「学者の苦心」がある。どれも体験に裏づけられた言葉の大切さが説かれた文章である。

「結晶の力」、「随筆の説」、「読書に就いて」が本格的な文章論である。「結晶の力」は、『飯倉だより[28]』から採られている。筆者自身の隅田川での水泳や舟漕ぎの体験、信州小諸での弓道や耕作の経験をもとに文章を書く心構えについて論じられた文章である。真によい文章に到達するには「根気」と「自己」を正すことが大切であり、「「試みる」といふことは「悟る」といふことの初」、「真によい文章には、真によい「結晶の力」がある」という「結晶の力」の意義について、それぞれ体験的な論述をしている。末尾には次の二文が添えられている。「文章を添削することは心を添削することだ。その人の心が添削されないかぎりは、その人の文章が添削されよう筈がない」、「すぐれた人の書いた好い文章は、それを黙読玩味するばかりでなく、時には心ゆくばかり声をあげて読んで見たい。われわれはあまりに黙読に慣れすぎた。文章を音読することは、愛なくては叶はぬことだ」と、文章を書くという制作（創作）だけでなく、添削、読むという行為の実践的意義、音読の重要性に着眼している。橋本暢夫は、「物を書くことは、よく物を観ることだ。又よく物を記憶することだ」と、人に勧めたという藤村の文章修業が、文章の道に関して高い教材性を認められてきたこと、また近代文体の成立と展開の観点から、教材価値を確認されてきたということができる」と述べている。[29] 西尾が藤村の文章を収録した意図もまたこの点にあった。

「随筆の説」は、「国文学」者五十嵐力の文章である。「枕草子」と「徒然草」を例にあげて随筆を書くことの意義について述べている。「枕草子」は、思無邪の心からぽろりぽろりとこぼれ落ちる随筆に味がある例として、「徒然草」は、知り尽くし悟りぬいた人の心の鏡に映った影の自由な捕捉をしたものの例として示されている。一方、江戸時代の「物識り随筆」と「物訓へ随筆」を批判して、知識を誇る、教訓を押し売りする随筆を否定している。論語や老子は人生修養の面で芸術的な磨きがかかっていると高い評価を与える。文末には、「徒然草」の冒頭「つれ〲なるまゝに」が添えられている。この主張も西尾の行的認識と共通した立場である。

八雲の「読書に就いて」は、上代から現代に至る傑作を受けとめる態度を考察している。傑作は、数百年にわたる人類の意見の集積によって決定され、その通有性は永遠に滅びないと八雲は述べる。傑作は心情の真実のさながらな披瀝であり、それゆえその選定は、自己の衷にある光によるとする。この議論は読者論に通じる実践的な意義を持っている。読書が単なる読み方を指すのではなく、読むことをとおして傑作を作り出すのであると述べて、読者の存在の重要性を強調しているのである。

一方「制作の方法」では、文学は情緒表現の芸術であると定義して、制作（創作）の意義を次のように述べている。ある事物が与える特別な感情・情緒が芸術家の求めるものである。感情を表現するとは感情を再生することであり、感情の曲がってきた事実、原因を詳しく書きとめることである。それは、経験の覚書を作ることである。そして、この覚書に自然の順序を与えて文章を構成していくのである。四度目五度目と書き直していると、これまで書いたものの多くは不必要であることに気づき、真に書こうとするものが見えてくる。古典と呼ばれるものは必ずや完全な仕上げをしているものである。「制作の方法」は、理論的な制作論というよりも体験的制作（創作）実践論である。藤村の「結晶の力」の立場と共通している。

「読書に就いて」と「制作の方法」は、『国語』に収めた八雲の紀行文などを支えている読書論と制作（創作）論でもある。西尾は、八雲の二篇の論文を収めることで、文学の二側面である鑑賞と制作（創作）という実践に自覚的になることを求めているのである。[30]

　このように、西尾が言葉の学びに関する論、藤村や八雲、五十嵐の論文を『国語』に収録したことで、この教科書の性格を決定づけた。西尾は、学び手を教養実践としての紀行と叙景へと誘うことで体験的実践的な言葉の学びを求めていたのである。

　以上の論の内容をまとめると次のようになる。紀行による風景の発見、知の確認、自然を観ることで得られる「特別な感情・情緒」によって、文章を構成して表現する。それを「添削」して、「四度目五度目と書き直して」「結晶の力」がある文章となる。それはときには、「思無邪の心からぽろりぽろりとこぼれ落ちる」ものであり、「心の鏡に映った影の自由な捕捉をしたもの」でもある。読者は、それを「自己の衷にある光」で選定していく。黙読だけでなく「音読」もして読み味わうのである。こうして長い年月のうちに古典と呼ばれる「芸術的な磨きがかかっている」作品を後世に遺していくことになるのである。[31] 西尾の願いは、中学生がこうした鑑賞と制作（創作）の学びを深めていくことにある。行的な認識を深めた実践のすがたがこうして提示されているのである。これはまさしく教養を獲得していく実践そのものとしてよい。

　西尾は、『国語』全一〇巻に多数の紀行文と叙景文、体験に裏づけられた制作（創作）と鑑賞の理論を収めて、すぐれた紀行文や叙景文に共通する文学精神としての実践的意義に学びながら、深い思索と着実な言語実践に歩みだす学び手を育てたいと考えたのである。ここでは、教科書に収められた例文を指導者の指示でただ模倣する学びではない実践が願われている。経験の浅い学び手である中学生が、言葉の学びの出発に際して、紀行文と叙景文を鑑賞して、学び手自らも実際に実践して学びを深めることを重視したのである。西尾のこうした教養実践の立場は、二〇世紀後半の言語生活論、言語文化実践の思想へと発展して体系化されていく。ここに、『国語』に見る教養実践としての紀行と叙景の意義があったのである。

註

(1) 柄谷行人『日本近代文学の起源』講談社文芸文庫、一九八八年六月一〇日、二四頁。

(2) 右に同じ。同書では、国木田独歩『忘れえぬ人々』について述べられている。

(3) 引用部には「蝦夷」という表記がある。この表記が当時の差別意識の反映であることは明らかであり、金田一の樺太アイヌ探訪自身も「国語」政策の観点から検討する必要がある。本節では、歴史的な文献として当時の表現のままとした。

(4) ウィリアム・バートン「『草枕』——紀行文の側面から——」（『国文学解釈と鑑賞』一九九七年六月号、八一頁）は、「一般には「紀行文」ではなく小説のジャンルに入れられているが、実際には紀行文と考えても差し支えない」としている。

(5) 制作（創作）としたのは、現代の「国語」教育では一般に創作という用語で説明されていることを考慮したからである。

(6) 岩波編輯部編『国語　学習指導の研究』岩波書店、巻八は一九三六年一一月三〇日、巻九は同年三月二五日の刊行。巻八、一八二頁。巻九、一九三頁。

(7) 湯川秀樹「文章規範」『図書』一九六一年一二月号、岩波書店。引用は、同『本の中の世界』（みすず書房、二〇〇五年九月九日）、二一一頁。

(8) 柄谷行人、前掲書、六七〜六九頁。

(9) 浜本純逸「自然を発見する」、田中実ほか編『新しい作品論へ、新しい教材論へ1』右文書院、一九九九年二月二五日、一九八、二〇三頁。

(10) 謝肇淛『五雑組』は、天・地・人・物・事の五部に分類して記述された明代の博物誌的随筆集である。

(11) たとえば、藤村作・島津久基共編『国文新読本』も紀行文が多く掲載された「国語」読本である。二三〇篇のうち、紀行文・日記は三一篇に及ぶが、叙景文は韻文を含めてもわずかに一〇篇にすぎない。しかも紀行文は巻一から六に集中しており、巻七以降には叙景の韻文があるだけで紀行文も叙景文も見られない。

(12) 中学校・師範学校副読本の小原要逸編『紀行文鈔』（東京宝文館、一九一八年一月七日訂正再版）の内容は「東関紀行鈔」、「十六夜日記鈔」、「土佐日記鈔」である。また、幸田露伴校訂『紀行文編』（博文館、一九一四年一一月二

六日）には、「東西遊記」（橘南谿）、「東行筆記」（湯浅常山）、「西北紀行」（貝原益軒）、「改元紀行」（大田南畝）、「秋山の記」（上田秋成）、「奥の細道」（松尾桃青）、「君のめぐみ」（本居宣長）、「香取の日記」（橘千蔭）などが収められている。大橋乙羽、岸上質軒校訂『校訂紀行文集』（正、続、続々、博文館、順に一九〇〇年五月一日、同九月四日、一九〇一年一一月三日）は、正編に「東西遊記」、「奥の細道」など八篇、続編に四七篇、続々編に四三篇の紀行文を収めている。これらが「紀行文」の定番として「国語」読本に定着していた。

(13)「土佐日記」は「源平盛衰記」「平家物語」「徒然草」「雅文」などとともにすでに一八八〇年代の「国語」読本に登場する（ハルオ・シラネ「カリキュラムの歴史的変遷と競合するカノン」）。これが「日記文学」として文学史叙述されるのは一九二二年の土居光知『文学序説』が初めてであるようだという（鈴木登美「ジャンル・ジェンダー・文学史記述」）。ともにハルオ・シラネ、鈴木登美（衣笠正晃訳）『創造された古典――カノン形成・国民国家・日本文学――』（新曜社、一九九八年四月三〇日）による。本節の直接の主題ではないが、『国語』をより広い文脈で定位するには、「徒然草」、「玉勝間」などに深く学んだ西尾が、土居光知やモールトンに触発されて文学史叙述した垣内松三らから継承したものを明確にすることが必要である。その視座から二〇世紀前半の「国語」教育と教養形成の問題系が浮上してくる。本研究の今後の課題である。

(14)野山嘉正「紀行文の諸相」『日本文芸史――表現の流れ』第五巻・近代I、河出書房新社、一九九〇年一月一〇日、一九四～一九五頁。

(15)右に同じ。

(16)与謝野鉄幹、木下杢太郎、北原白秋、吉井勇、平野方里の五人が一九〇七年七月下旬から八月末にかけて行った九州旅行の紀行文で「五人づれ」名で『東京二六新聞』に連載された。

(17)野山嘉正「紀行文の諸相」に同じ。

(18)羽田寒山（山本栄次郎）『紀行文作法』矢島誠進堂書店、一九〇〇年七月一〇日。

(19)ハルオ・シラネ『芭蕉の風景　文化の記憶』（角川書店、二〇〇一年五月三一日）は、「「歌枕」を訪れることによって中世の歌人＝旅人は、みずからの文学上の先達の経験を追体験し、同じ風景について詩歌を詠むための感動を得て、彼らと一体化することを願ったのである。旅日記それ自体が、詩的、文学的継承の連鎖のなかの環のひとつとなった」と述べて、芭蕉もその環の中にいたとしている。一六七頁。

(20) 稲垣達郎「明治の紀行文　主として初期の一面」(『言語生活』二〇一号、筑摩書房、一九六八年六月一日)は、「明治の紀行文は、海外渡航記あるいは渡航日記にはじまる、と言い切ってしまうと、言い過ぎかもしれないけれども、さまざまの面における視野の国際的拡大が、文章表現欲のうごめきに有力な媒介となった」とする。

(21) 生田長江編『新叙景文範』新潮社、作文叢書第五編、一九一一年。

(22) 本文の上覧には作者と語彙の解説、文例の意義について触れられ、学習者の便宜が図られている。たとえば、「ノルマンヂーの黄昏」の場合では、「荷風氏は情緒豊かな詩人也。描く人と云ふよりも寧ろ歌ふ人也。随つて量を叙しても文章自ら抒情的、詩の如きリズムを持つ」と荷風の解説をしている。また、本文に出てくる色彩については「紅、黄金色、青、紺其色彩の豊なるを見よ。しかも其色彩が生の儘でない処を注意せよ」、表現についても「「野川に映るルビーの如き星影。」南欧の野が目に浮ぶ」と説明している。

(23) 「叙景文の書き方」は、「叙景と云ふこと」、「叙景文の必要なる所以」、「叙景文の種類」、「叙景文を書く用意」、「自然を観る用意」、「自然を観る態度」、「自然の観方の変遷」、「小説に於ける叙景文の用途」、「景色の描写」の項目で書かれている。なお、「観る」と「見る」は筆者によって使い分けられている。

(24) 大町桂月、武島羽衣、久保天随共著『叙景文　作法作例』新式作文大成(七)、博文館、一九一六年五月四日。

(25) 菊池寛編『現代文章軌範』非凡閣、一九三九年九月二五日。重版(一九四六年九月二〇日)では、抒情文、叙事文、叙景文である。これは現代の「国語」教科書における教材分類と共通している。

(26) 大町桂月、武島羽衣、久保天随共著『叙景文　作法作例』新式作文大成(七)の「序」、博文館、一九一六年五月四日。

(27) これらのうち「生きた言葉」「大和言葉」「結晶の力」「読書に就いて」「制作の方法」の五篇が各巻の一課、その他の三篇が各巻の半ば及び巻末に配されている。編者の読書や制作(創作)へのこだわりが見える。

(28) 島崎藤村「初学者のために」『飯倉だより』アルス、一九二二年九月五日、二一七～二二四頁。ほかの「国語」教科書にも収録例は多く、「文章の道」などの教材名になっている。

(29) 橋本暢夫『中等学校国語科教材史研究』溪水社、二〇〇二年七月三〇日、二五六頁。

(30) 松崎正治・浜本純逸「昭和戦前期における西尾実の学習指導観――岩波『国語』とその教授用参考書の分析を通して――」『神戸大学教育学部研究収録』第七八集、一九八七年三月二〇日、二一～三九頁。

（31）一方で、こうして「心を添削」「思無邪の心」「自己の衷にある光」などと、制作（創作）における主体としての自己に収斂して着目することが西尾の実践論を狭めた。第一節で見たように、西尾の論では自己の内面の深化へと向い、自己が特権化されて教養実践における共同の学び手としての他者の存在を明確にできなくなった。

結章　研究の総括と展望

第一節　研究の総括

一　研究の構図

本書では、一九二〇年代から三〇年代にかけて刊行された旧制中等学校向け文芸読本、「国語」読本のうち、芥川龍之介編『近代日本文芸読本』、菊池寛編『新文芸読本』、『現代文章軌範』、垣内松三編『国文選』、岩波編輯部編『国語』を考察対象としてきた。垣内松三の「国語」教育論の考察を深めるために関連読本として旧制高等学校教科書『国文学大系　現代文学』もその対象とした。これらの読本に収められた作品の初出や評価、収録の意図、中等学校生に対する教育的な配慮、のちの「国語」教育への影響などについて考察を加えた。

また、文芸実践や教養実践という概念を提示して、実践に彩られた時代であった一九二〇年代から三〇年代にかけて展開された龍之介や寛の実践、鈴木三重吉創刊『赤い鳥』を舞台に展開された実践の意義を明らかにした。考察にあたっては、教養が本来的に内包している実践的性格に着目して、中等学校生らが読本をとおして教養を形成していく過程で、この実践性をどのように自覚していったかということに注意を払った。とりわけ岩波編輯部編『国語』に明確に現出している制作（創作）と鑑賞の教育思想に見られる先見性を重視した。こうした思想はすでに龍之介や寛、垣内の読本の編集でも意識化されてはいたが、『国語』はそれをさらに系統的「国語」教育へと体系化したことに歴史的な意義があった。

さらに、垣内松三や西尾実が「国語」読本編集とともに展開した「国語」教育論の意義と問題点を探った。これらの読本を編集する過程では実践に自覚的になることが強調されていった。その一方で、彼らは当時の教育思想としての自己涵養論の深みにはまっていった。自己涵養論は、自己の内面を涵養する思想として流布していった。中学校令や教授要目での規程にも明言され、制度としても強要されていった。国民国家論を背景にした国民精神の涵養が教育条項として明示されるに至ったのである。その結果、涵養されるべき自己が特権化され、共同していく他者の存在が薄らいでいった。そもそも実践は、他者との共同によってその効果を発現するものである。しかし、その他者が見えにくくなるにつれて実践という視野も消えていかざるを得なかったのである。

龍之介や寛は、文芸読本の編集をとおして、他者との共同による実践の果実としての教養のあり方を提示した。それは、文芸の同志として、彼らの読者をも巻き込んで展開した制作（創作）と鑑賞を中心にすえた文芸的教養観であった。そこには自己と異なるものへの畏敬の念があった。その教養観が、彼らが西洋の文化から学んだ何よりの教訓である。だから、彼らは文体確立にこだわり、新しい文体表現の制作（創作）を模索しながら、他者の表現を鑑賞して学んだのである。

二〇世紀前半の「国語」教育は文芸教育の側面が強かったという印象を抱きやすい。しかし、「国語」教育と文芸教育は、実際には実践当初から決定的な分岐が生じていた。それは、自己の涵養をめざす道か、自己と異なるものを畏敬する道かという違いである。もちろん相互の影響関係は強く、互いに親和性があるのは間違いない。しかし、教材を読本に収録することだけでも、大きな相違があった。文芸読本や「国語」読本を文芸教育で活用する方法も模索している段階であった。片上伸『文芸教育論』[1]もそうした模索の一つではあったが、それが「国語」教育実践の典型となるには至らなかったのである。

その実践を展開していく過程で、文芸実践と「国語」教育実践では共通点と同時に相違点を生んでいった。制作（創作）と鑑賞によって実践的に言語獲得していくという点では共通したが、自己と他者の認識では相違したのである。「国語」教育実践で自己の涵養論に拘泥したことが、その分岐となっていったと言わねばならない。

以下、各章で考察してきた内容を振り返りながら、論点としてきた項目を中心に研究の成果をまとめておきたい。

二　各章での論点と研究成果

第一章では、『近代日本文芸読本』に収められた作品の特徴を分析した。また、龍之介が『近代日本文芸読本』の編集をとおして行った文芸実践の特質を考察した。

龍之介が『近代日本文芸読本』を刊行した目的は、これまで培った文芸的素養で「文芸的・文芸史的一読の価値ある作品」を鑑賞して、その作品の持つ内容と形式に気づき、文体、表現を味わうことにあった。当時の言語実践や思想実践もこの文芸実践と互いに影響しあう関係にあったことは収録作品の特徴から見えている。本書では、そうした実践的影響関係の総体を教養実践と呼ぶことにした。

一九二〇年代から三〇年代にかけて、こうした文芸実践と「国語」教育実践が交差するようになった。文芸実践がさまざまに展開されたことが教育実践に影響を与えて、「国語」教育実践分野に現代文を素材にした萌芽的な文芸教育実践が生まれ始めたのである。その地点に『近代日本文芸読本』はカノンとして存在することになった。しかし、当時の「国語」教育実践の主流が「訓詁注釈一点ばり」であり、「基礎的な文字・語句習得のための資料」として教科書が使用されるにすぎなかったことは龍之介もよくわかっていた。そこで自分の営為が検定を通じて国家の教育秩序に組み込まれていくことを忌避するために、『近代日本文芸読本』が検定本となることを拒んだ。豊かな文芸世界を中学生に味わわせるには、文芸的教育の特長が失われてしまう権威的においの消去が必要だったのである。こうして龍之介は検定の枠組みにはいることを拒み、結果として「国語」科を拒んでいった。

龍之介自死後、彼の遺志は、同時代の同志であった菊池寛や山本有三の文芸実践に、また西尾実による『国語』の編集という「国語」教育実践によって実質的に引きつがれていった。

『近代日本文芸読本』は叙景と紀行の言語実践、幻想と怪異の文芸実践、自由と平等の思想実践という内容を特徴としていた。また、他者との関係の認識という実践性を強く持っていることも重要である。特に、他者との関係では、異文化を積極的に取り込もうとしていた。この特徴が「国語」教育実践との重要な分岐となる点なのである。

第二章では、龍之介とともに文芸実践家として活躍した菊池寛の文芸実践を考察した。また彼の編集した『新文芸読本』が『近代日本文芸読本』を強く意識した編集であり、龍之介とともに文芸実践の同志として生きた寛の文芸的教育の意義を明らかにしている。

寛が『文藝春秋』を創刊して、『文芸講座』、『小学生全集』などの読者参加型刊行物を相次いで刊行していったことは、他者との共同による文芸実践の軌跡として重要な意義を持った。寛もまた『文芸講座』などを舞台に異文化を積極的に取り込んでいく実践を行った。寛は、読者を文芸の共同実践者として位置づけ、文芸誌や同人誌、『文芸講座』などを舞台に文芸的教養の資質を身につけるための実践を試みていった。こうした寛の文芸実践は、特にその教育性の観点から再評価される必要がある。「国語」教育だけでなく、教育実践のあらゆる場面で、参加する教育を模索する方法として参考にしていくことができる。寛の実践はまた、高踏的な敷居を持たない、誰でもが気楽に参加できる方法を追及していた。これも現代教育を市民性教育へと進展させていく視点からも重要である。彼が文壇ゴシップを『文藝春秋』誌上で読者に多様に提供していったことが、読者の裾野を広げることになり、『文藝春秋』誌の将来を決めた。ゴシップを好む庶民感覚を早くから見抜いた眼力も名編集者といわれるゆえんである。言葉の学びを学的な領域からだけ構想するのではなく、世俗的な言葉の使用実態から出発する教育方法の有効性を示唆しているのである。

　こうした寛の魅力的な文芸実践にもかかわらず、寛にとって不幸であったのは、彼の実践が盛んになった時期と文芸作家の生活的自立が求められた時期が重なったことである。寛の文壇での位置から、彼が作家の生活的自立を求める活動の先頭に立つことになった。当時の軍事的帝国主義政策に符合するかたちで作家たちを特権的な存在として認識させることを求めてしまったのである。これが、自由に共同する他者を見失うことになった。

　また、鈴木三重吉が創刊した『赤い鳥』を舞台に展開された中等学校生らの教養実践の特質を明らかにして、綴方実践、自由詩実践、自由画実践が持った意義を考察した。漱石の写生文体の流れにあった『赤い鳥』では、題材や向きあう対象はさまざまであったが、中等学校生らは『赤い鳥』の自由な場で、自由と実践に裏づけられた他者と実践的に共同する思想という教養観を形成した。また、この実践は、編集者、選者、媒介者、創作者による共同の実践であった。その場では自由を相互に保障しあい、他者と向きあう思想が求められた。つまり、彼らの教養観の根底には共同性の認識が定着しており、それを基礎に自由な思索と表現が実践されたと考えることができるのである。

　第三章では、『国語の力』の刊行によって二〇世紀前半の「国語」教育に大きな影響力を持った垣内松三の「創造的読方」論の意義と問題点を明らかにした。また、彼が編集した『国文学大系　現代文学』と『国文選』に収められた作品を分析して、その編集が寛の文芸論にも学び、龍之介の『近代日本文芸読本』の編集にも影響を与えたことを明らかにした。

　垣内の「創造的読方」論は制作（創作）と鑑賞という実践を統一的に把握していこうとする意義を持ってい

た。これは西尾実にも引きつがれていった。『国語』の編集では、島崎藤村や小泉八雲の論にも触れながら、制作（創作）と鑑賞という学びを基本に据えている。その一方で、『国語の力』のまとめで、「読むこと」と「書くこと」とが自己の充実、邁進の力となり、「自己の中に自己を向上せしむる動因」となったときに、「「読むこと」「書くこと」は人格を統一する作用の方向に向」かうという議論を展開した。この解釈学的理解は、他者との共同による実践を見ることなく、自己の内面に閉じていく弱点を持ったものであった。「国語」読本の教材収録では、寛の文芸論にも触れて異文化を積極的に吸収する学びを展開しただけに、「国語」読本との接点を深めて、「創造的読方」論をより緻密に構築する必要があったのである。

第四章では、垣内松三と並んで二〇世紀前半の「国語」教育に影響を与えた西尾実の『国語国文の教育』に見る教養論と教材論を考察した。また、彼が中心となって編集した『国語』の特色を明らかにして、そこに収められた作品とその教養観を考察した。

まず、『国語国文の教育』に示された行的認識やそれによる教養論は、自己の内面である「衷なるもの」の深化を追い求める議論であったことを明らかにした。この認識が自己の内面へと限りなく向かう議論であることを自覚しないと、結局は自己と関わる他者を見失うことになっていく危険性が潜んでいることも見た。実践論としての意義を有した行的認識、教養論も、他者の存在を見失うとき、その意義をも失うことになるのである。

また『国語』は計画的意図的に編集された教科書であった。今日の誰もが「国語」と聞いたときに脳裏に想起する概念を明瞭なかたちで示している。「国語」教育が形成する教養のすがたを具体的に提示したのである。西尾の行的認識論は、知識や態度の優位ではなく実践の優位を説く一方で、知識や態度も軽んぜず、実践と結びつくうえで重要であることを強調している。これが西尾の教養論の核心である。

西尾が松尾芭蕉に関心を示して『国語』に多くの芭蕉の教養実践を取り入れたのは、こうした実践への共感としてある。芭蕉の実践が他者との共同行為であり、彼の俳諧や紀行文がその共同性ゆえに魅力的な形象となっていることに注目して、『国語』の学び手にそのことを学ばせようとしたのである。

その一方で、西尾は他者との共同という認識に自覚的になりきれていなかった。行的認識論が人格陶冶論として自己の涵養へと向かい、それが彼の実践論を狭める要因となった。芭蕉が展開した教養実践の核心である他者との共同という実践論にまで理論化できないという弱点を残したのである。

また、『国語』には芭蕉の紀行文や俳句だけでなく、近代作家の紀行文と叙景文が多数収められており、なかでも小泉八雲の作品が目立っている。八雲の紀行文、読書論と制作（創作）論は、『国語』編集に際して教養実践としての紀行と叙景へと学び手を誘う構想をしていく契機となった。西尾は、八雲の「読書に就いて」、「制作の方法」という二篇の論文を対置することで、文芸の二側面である制作（創作）と鑑賞という実践に自覚的になることを求めたのである。

制作（創作）と鑑賞という西尾の実践的認識は、垣内の「創造的読方」論に学ばれている。垣内の論は、「国語」教育史上重要な実践的意義を有したにもかかわらず、自己の内面に閉じていく議論となった。西尾の議論も実践の重要性を説くことはできたものの、垣内の議論と同じ方向へと展開してしまった。つまり、自己の涵養に拘泥するあまり、共同する他者を見失うこととなったのである。

こうした歴史的な事情によって、総体としての教養実践のなかで展開された文芸実践と「国語」教育実践とでは共通点とともに相違点が生まれることになっていった。

まず、龍之介や寛の文芸読本と、垣内や西尾の「国語」読本との共通点を確認する。両者を比較すると、紀行文や叙景文、幻想的な小説の学びを重視した編集をしているという点で共通している。たとえば、国木田独歩「武蔵野」などの紀行文、島崎藤村の詩や小説など多くの作品が共通して収められているのである。

なお、龍之介や寛の編集した読本では寺田寅彦（吉村冬彦）の随筆は採られていない。これは彼らに寅彦の文章は自然科学系の随筆として分類されるという認識があったことが理由であると考えられる。

両者が共通して強調した自然を学ぶことの意義については、大岡信の随筆に典型的に表現されている。大岡は、『国語』で学んだ若い日々のことを回想した文章のなかで、「科学者の随筆が収録されていることのすばらしさ」について、次のように述べている。[2]

> 何よりもまず共通して、観察のこまやかさ、文章の出来具合の上等さという特徴がある。加えて、どれもが自然界の生物や事象に対する愛情の油然と湧き出て成った文章であることが、力強さと鮮明さをそれぞれの文章に賦与している点で感銘が深い。元来自然科学者の文章には一流品が多いが、そのことを中学初年級の生徒たちにこういう形で印象づけることは、少年期から青年期に移ってゆく段階の子供らの世界観を育てる上で決定的に重要なことである。

大岡は、横山桐郎「春の使者」、吉村冬彦「蜂の巣」、岡田武松「空の色」などの例をあげて、「これらは現在でいえば、おそらく中学三年生あたりの所で収録されるのが妥当と考えられそうな教材だろう。いろいろな意味で程度が高い」と評価している。

こうした共通の収録の一方で、龍之介や寛の文芸読本と垣内や西尾の「国語」読本とでは、異文化の扱い、具体的にはキリスト教を題材とする作品と外国作品の翻訳に対する姿勢に大きな相違があることに気づく。龍之介や寛の文芸読本が、文学、美術、演劇などの西洋の異文化に触れた作品を多数収録したのに対して、垣内や西尾の「国語」読本では、それらの収録はごくわずかである。キリスト教を題材とする作品と外国作品の翻訳はほとんどないのが実際である。垣内の『国文学大系　現代文学』には、翻訳を意識的に取り入れた形跡は見られるものの、『国文選』や『国語』になるとそうした収録傾向を認めることはできない。当時の検定制度の反映もあったことは予測できるが、そのことを踏まえてみても、極端に少ない印象を受ける。

　また、戯曲も龍之介や寛の文芸読本には多数収録されている。しかし、垣内や西尾の「国語」読本ではきわめて少ない。これは読本に与えられた性格の違いにもよっているが、本質的には実践的な態度の違いにあると見てよい。文芸読本の場合は、小説や随筆、戯曲、翻訳などという文芸諸ジャンルの到達点をそれぞれ示すための作品選択をしている。それに対して、「国語」読本では、編集の意図に合致する作品を諸ジャンルのこだわりなく選択して掲載しようとしている。こういう違いはあるけれども、文芸読本には同人たちによる制作（創作）や劇団での上演など現実に実践された事実が反映されている。一九世紀後半の坪内逍遥らによる演劇革新、二〇世紀前半に展開された西洋演劇理論と実践に学んだ小山内薫らの演劇、それに刺激されるかたちで復興した歌舞伎などの伝統演劇が多くの大衆に支持されて活発に上演された。こうした実践を支えた岡本綺堂、中村吉蔵ら多くの脚本家の作品を収録することで、新鮮な感動をもって同時代の演劇実践を鑑賞させて、その新進の息吹に触れさせ、さらに制作（創作）へと誘おうとしたのである。「国語」読本はできあがった作品を鑑賞することに主眼が置かれていた。この違いが、文芸読本が多くの戯曲を収録した背景にあると考えられる。

　読本に掲載される戯曲は、脚本家によって書かれた作品を演出家や舞台監督、演者たちが読みあい翻案して、舞台に芝居として再生する総合的な舞台芸術のシナリオである。その舞台は、舞台上演の経営陣によって集められた観客が鑑賞することで完結する創造行為である。さまざまな立場の他者による制作と鑑賞によって成立する総合芸術である。こうした戯曲作品の性質を考えるなら、「国語」教育向けの読本に戯曲が収められても、具体的に何を学ぶかについては明確な指導方針を打ち出すのは困難であろう。文芸読本の場合は、小説や随筆と戯曲との表現方法の違い、結社によって生成してきた韻文と劇団という場に支えられてきた戯曲に見られる集団芸術としての共通点を学ぶことが可能である。

　こうしたこともあり、翻訳作品を読み味わうことや翻訳という言語行為の意味を考察する学びは、二〇世紀前半だけでなく、後半の「国語」教育でも明瞭なかたちでは位置づいてこなかったのである。現代の「国語」教育では、国際化が強調され、英語学習も小学校高学年で開始された。しかし、翻訳作品を読み、翻訳の本質を究めていく学びは、いまだ意識化されていない。

　キリスト教や仏教などの宗教を題材とした作品は明確に避けられている。また、幻想的な小説は共通して取りあげられたものの、怪異的な表現や感覚的な表現を持った作品は、「国語」読本では龍之介らの読本に比べてもわずかである。異文化も怪異や感覚も、日常生活からは捉えにくい他者である。「国語」教育での学びの対象にしづらく、その学びの評価も難しい。しかし、問題の本質は、「国語」教育で実践的な他者との共同を求めていくならばこの問題を避けることはできないということである。さまざまな他者と出会うことで自己の輪郭も意識のありようも明瞭になる。自己と他者とが言葉でつながることの意味も学ぶことができるのである。これらの問題は二一世紀の「国語」教育を展望するうえで重要な論点の一つとなっている。

三　文芸作品の発掘と継承

　文芸実践と「国語」教育実践によって、多くの作品が発掘され、文芸、「国語」読本に収録された。それらは教材として青少年に提供され、彼らの教養を形成する役割を果たしていった。

　文芸、「国語」読本に収録された作品には、二〇世紀後半から現代まで読みつがれてきたものも多い。たとえば、小説では、芥川龍之介「トロッコ」、「蜘蛛の糸」、「杜子春」、二葉亭四迷「平凡」、国木田独歩「非凡なる凡人」、夏目漱石「草枕」、「夢十夜」、志賀直哉「城の崎にて」、森鷗外「高瀬舟」、「山椒大夫」、山本有三「海彦山彦」、有島武郎「小さき者へ」、川端康成「雪国」などが掲載されてきた。また、随筆や評論では、徳冨蘆花「自然と人生」、寺田寅彦の随筆、和辻哲郎「大和古寺巡礼」、紀行日記では、国木田独歩「武蔵野」、樋口一葉「みづの上」があげられる。詩では、上田敏、島崎藤村、土井晩翠、室生犀星、薄田泣菫、高村光太郎、短歌では、石川啄木、伊藤左千夫、荻原井泉水、北原白秋、木下利玄、西条八十、斎藤茂吉、島木赤彦、長塚節、前田夕暮、正岡子規、与謝野晶子、与謝野寛、若山牧水、俳句では、河東碧梧桐、高浜虚子、吉井勇が二〇世紀後半の「国語」教科書に繰り返し登場してきた。

その一方で、文芸、「国語」読本に収められた作品のなかには、二〇世紀後半からの「国語」教科書には登場してこなかった、あるいはほとんど収められなかったけれども、発表当時とは文化環境が大きく変わった現在でも、中等教育での学びに十分耐えられる作品も少なくない。たとえば、『近代日本文芸読本』で見ると、小説では、佐藤春夫「最もよき夕」、野上弥生子「飼犬」、久米正雄「競漕」、菊池寛「出世」、島崎藤村「トラピスト」、加能作次郎「祖母」、久保田万太郎「握手」、泉鏡花「国貞ゑかく」、正宗白鳥「入江のほとり」、谷崎潤一郎「誕生」、小川未明「病日」が挙げられる。随筆や評論では、厨川白村「小泉先生」、永井荷風「日本の庭」、武者小路実篤「人類愛について」、紀行では、有島生馬「ゴンドラの一夜」、戯曲では、武者小路実篤「仏陀と孫悟空」、岡本綺堂「入鹿の父」、小山内薫「ベテスダの池」、菊池寛「屋上の狂人」、内田魯庵「切支丹迫害」、木下杢太郎「絵踏」が興味深い作品として学べるであろう。詩、俳句でも、野口米次郎、堀口大学、日夏耿之介、千家元麿の詩、小沢碧童、松根東洋城、大須賀乙字の俳句なども、その文芸史的な意味を背景に実践しながら学ぶことができる。

また、内田魯庵など、批判者の系譜に視野を広げることから、複眼的な思考を獲得する道も模索したい。これは意見の違いを認識して、そのうえで他者との関係を築いていく学びである。一元的な支配ではない他者との関わりを自覚できる学びとして重視する必要がある。『近代日本文芸読本』には、内田魯庵「切支丹迫害」が収められていた。読本にはないが、このほかに宮武外骨、中江兆民の評論も学ぶ対象として興味深い。これらは、その時々の思潮や政治動向にも敏感に反応して、それに本質的な批判を加えていった人々の具体的な論争を学ぶことができる貴重な学習材である。

翻訳では、二葉亭四迷「四日間」（ガルシン）、坪内逍遥「テムペスト（シェークスピア）」、森田思軒「ルイ・フィリップ王の出奔（ヴィクトル・ユーゴー）」が翻訳という言語行為の意味を学びながら鑑賞するのも有効である。また、ときには英語との合同学習や総合学習、単元学習などで、実際に翻訳した文章を、ほかの学習者と比較評価しあう学びも考えられる。

異文化を扱ったものでは、さきにあげたものと一部重複するが、トルストイと対面した紀行文である徳冨蘆花「初対面」、キリスト教信者を描いた佐藤春夫「最もよき夕」、島崎藤村「トラピスト」、内田魯庵「切支丹迫害」、高村光太郎「雨にうたるるカテドラル」などを挙げることができる。

これらはすべて芥川龍之介編『近代日本文芸読本』に収められた作品である。家族、自然、異文化を扱った作品が多数である。このほか、寛の『新文芸読本』にも、垣内、西尾の「国語」読本にも収録された作品をあげれば、さらに多くの作品が提示できる。これらの読本には実に多くの読まれるべき作品が収録されているのである。

もちろん、作品の発掘や継承といっても、こうした作品がただ「国語」教科書に掲載されればいいということではない。先達が古典作品をさまざまな方法で継承してきたように、「国語」教育や文学に携わる者は、これらの作品を二一世紀以降へ継承していくべき義務を背負っている。近代日本社会が獲得してきた教養とその精神性を批判的に受容していくことが肝要である。そのためには、作品を鑑賞して学び、さらに制作（創作）の場に身を置いていく学びへと駒をすすめていく必要があるのである。

文芸読本、「国語」読本に学んで獲得した教養観が明確なかたちで示されることが重要である。そのためには、単に作品を並べていくだけではなく、その作品の出自に関する資料や背景を実践的に理解することが求められる。それは、現行の「国語」教育でときおり見受けられるような味気ない文学史の学習であってはならない。それぞれの作家が、どんな実践過程で創作、鑑賞、翻訳などの言語行為をなしたか、どんな文体を創造して、それが現代にどのように継承されてきたかを考察することに主眼が置かれるべきである。ときには、創作、翻訳の模倣も課題となる。そうして初めて作家主体の創作の努力が顕在化するであろう。

現代の中高生に、それらの実践の意義を学ばせるためには、たとえば丸山真男・加藤周一『翻訳と日本の近代』、熊倉千之『日本人の表現力と個性』、中条省平『文章読本』、金田一春彦『日本語の特質』、山口仲美『日本語の歴史』を教材とすることもできる[3]。近代日本が翻訳という言語実践をとおして形成した教養のすがた、自然を見る目を鍛え表現を磨いていったすがた、日本語の歴史的特性を具体的に学ぶことができる。

ところで、二〇世紀後半の「国語」教育は、教養実践とともに歩もうとした前半の実践運動を経て、言語文化実践へとすすんだ。垣内も西尾もその理論的指導者としての位置にあった。しかし、彼らが抱え込んだ弱点は、そのまま継承されて今日に至っている。これまで、異文化、翻訳などの他者との共同に根ざす学びが成立しなかったことを繰り返し述べてきた。その理由として、垣内や西尾らの「国語」教育理論が内包した弱点が影響しているのである。そのことについては次節で今後の課題としてまとめておきたい。

四　日本における象徴主義と「国語」教育

これまで何度か見てきたように、龍之介は『近代日本文芸読本』に多くの詩歌を収めただけでなく、幻想的、象徴的な小説も意図的に採用した。この龍之介の編集意図を理解することは、龍之介の詩精神の解明にとどまらず、近代日本の文芸実践が持った特質を明らかにすることにつながっていく。また、それらの作品を学んできた近代「国語」教育の問題にまでつながっていくであろう。

その課題に接近する問題軸として、日本における象徴主義の理解がある。木俣知史は、「近代日本における象徴主義は、詩の領域に限定してとらえられることが多かった」が、今一度「象徴主義という概念を拡張して、表現史を眺めてみる」必要があると書いている。[4]『近代日本文芸読本』の作品配置を見ていくと、この木俣の主張に納得がいく。木俣は、その理由として「近代の根拠として、写実的散文を無意識のうちに優位に置く理解が存在しているが、そうした見方を相対化してみたい」、「現実に対するかかわり、すなわち外的現実との交渉を重視する従来の考え方に対して、心、意識を表現する流れを中心にした流れを提示してみたい」という二点をあげている。

野山嘉正も、龍之介の詩への関わりを考察するうえで、「芥川が鷗外のかたちに倣いつつ、しかも漱石のように詩歌の世界の錯雑した事情から自己を区別することができなくなったこと」を見ていく重要性を指摘している。[5]それは「芥川の自殺にはそういう自己をめぐるコンテキストを、「ぼんやりした不安」というかたちではあるが直観していた形跡があ」り、「僻見」に見られた「茂吉への絶対的な信頼の意図が何であったのか、を改めて考える必要が生じてくる」からであるとしている。

これらの問いをもとに、再度『近代日本文芸読本』に集約的に表現された龍之介の教養観を紐解いていくと、日本の文芸が抱えていた「近代」なるものの本質を見いだすことにつながる可能性が開けてくる。それは、文学研究だけの問題ではなく、二〇世紀全体をとおして、「国語」教育で評論が読まれ続け、詩精神を学ぶ教材が減少してきた理由まで明らかにできるという展望も示唆することになろう。

註

（1）片上伸『文芸教育論』文教書院、一九二二年九月一〇日。

（2）大岡信「文学のひろば」『文学』一九八九年一月号、岩波書店、四四～四五頁。大岡は、「戦局の逼迫とともに勤労動員、工場動員と続く中で、私たちは中学二年以後三年の半ばまで、授業らしい授業を受けられなかった。それだけに、一年生になった当時教わった『国語』の何ともいえずコクのある、先見性と愛情と非妥協性に支えられた教科書の風姿は、時代を越えて輝かしく脳裡に棲みついているのだろう」とも述べている。戦時下に学ばざるを得なかったがゆえに、『国語』の卓越性がさらに印象深く記憶されている。

（3）丸山真男、加藤周一『翻訳と日本の近代』（岩波書店、一九九八年一〇月二〇日）、熊倉千之『日本人の表現力と個性』（中央公論社、一九九〇年一二月二〇日）、金田一春彦『日本語の特質』（日本放送出版協会、一九九一年二月二〇日）、中条省平『文章読本　文豪に学ぶテクニック講座』（中央公論新社、二〇〇三年一〇月二五日）、山口仲美『日本語の歴史』（岩波書店、二〇〇六年五月一九日）。

（4）木俣知史編『近代日本の象徴主義』おうふう、二〇〇四年三月二五日、七～八頁。

（5）野山嘉正『改訂版　近代詩歌の歴史』放送大学教育振興会、二〇〇四年三月二〇日、二一一頁。

第二節　研究の展望

一　自己涵養論の克服

中等「国語」教育の弱点の一つは、自己の涵養または覚醒という課題意識に拘泥し続けてきたことである。しかも、自己の涵養が人格形成の中心課題とされたことであった。

たとえば、紅野謙介は「「人物品性の涵養」とは、言い換えれば外部へのまなざしを自己に差し向けること、すなわち「自己への配慮」（M・フーコー）のまなざしを培うことにほかならない。（中略）国民国家の意識を形成する契機をなすとともに、自己の自己への関係のしかたを規定する教育。「国語」はまさにこうした歴史的な結節点において学校文化の中央に据え置かれたのである」と述べている。[1]

紅野は、二〇世紀初頭の「国語」科の成立に関わって述べているのであるが、「歴史的な結節点において学校文化の中央に据え置かれた」と表現しているように、現代までその位置づけに変化がないことを示唆している。

これまで見てきたように、歴史の経験は、他者との自由な共同という実践視点から遠ざかるにつれて、教養という概念が本来的に含有していた自由や想像力の土壌を剥落させ、知識偏重の日本型教養概念を形成する志向性を持つに至ることを教えている。自己の涵養に拘泥することは、自己を他者から特権化させることである。それが他者との自由な共同を剥奪していく。

今日の学力論も、結局は自己涵養の論理の延長線上にある。秋田喜代美は、二〇〇〇年のＰＩＳＡの学力調査で「15歳生徒の学校へのとりくみとしての参加度と帰属意識」の調査結果について、次のように述べている。[2]

教室にはいても、また実際にことばを交わしていても、そこに人との絆が創出されていない姿が示唆される。「ことば」は人と人、人とものやテキスト、人と世界をつなぐ絆であり、新しい自分をつねにつくり出していくものでもある。国際学力テストやさまざまな質問紙調査結果の数値に表れた学力低下という図の背景にある、地としてのことばを生み出す場や関係性の創出を考えていくことが、ことばの教育において最も必要な課題ではないだろうか。

学力が個人の「所有物」と見なされている以上、秋田の指摘する状況は変わらない。現行の学力テスト体制は、国内外の種々のテストを重ねることで、テスト対策を誘導するという施策である。この背景には、対策をすることで個々の学習者を競わせて学力を向上させ、全体の平均値を上げようという意図がある。しかし、学力の根幹にある「ことば」を豊かにして思考を深めていくことなしに真の学力は育たない。「ことばを生みだす場や関係性の創出」が必要であるという秋田の主張は説得力がある。こうした場づくりなしに数値の提示で個々の学力を向上させようという思想は、自己を涵養するという考え方そのものである。

教育における個性重視や個人主義思想も自己涵養論と通底している。本来、教育という営みは他者との共同によって成立するものである。そこに個性が重視され、個人主義が主張されれば、他者との関係は個人の側からの議論に収斂されていく。まず自己ありきの議論となり、他者は自己涵養の道具と位置づけられる。

西尾実を始めとした二〇世紀後半の「国語」教育論で、この自己覚醒と「国語」教育との関係をどのように意識化して克服しようとしたかを検討する必要がある。その検討は、二一世紀の学力定義とそれにもとづく実践のありようを規定するのである。

この点で、示唆に富むのは千葉俊二の『舞姫』論である[3]。千葉は、「しがらみ草紙」第七号（一八九〇年四月二五日）に掲載された太田豊太郎と署名のある漢詩『舞媛出』と、石橋忍月の『舞姫』論への反論である『気取半之丞に与ふる書』に注目する。後者は、『舞姫』の作中人物名である相沢謙吉の署名になっているという。同号には、このほかに鷗外漁史『読罪過論』、同訳『埋れ木』などが見えて、「書名がいろいろに変っても、実質的にはこの号の誌面の大半は鷗外ひとりの文字で埋められているといってもいい」と千葉は述べる。そして『舞媛出』の第四句「想到黎渦尚断魂」の「黎渦」の意味を考察して、鷗外座右の「『佩文韻府』を引いてみると、これが『朱子公文集』に拠っていることが分かる」という。それを紐解いていくと、豊太郎の絶句は朱子の絶句を典拠としており、「本歌取りのようなかたちで朱子の詩を換骨奪胎して作られたものであることが分かる」と論じている。また、鷗外文庫にある羅大経の『鶴林玉露』を参照すると、両頬に「微渦」（えくぼ）のある侍妓の黎倩に人生を翻弄される男のくだりが出てくる。ここに、「「黎渦」とは、「侍妓黎倩」の「微渦」のことであり、愛人黎倩のえくぼを指していった言葉だったのである」と結論づけている。

千葉は、こうした論証の経緯から二つの点に注目する。それは、「豊太郎が朱子の漢詩、あるいは『鶴林玉露』などを自由に換骨奪胎できるような教養を身につけているということ」、「「人欲」をいましめるような禁欲的な朱子の詩を換骨奪胎して、才子佳人小説にも見まがうような別れた恋人に対する纏綿たる愛惜の情を語る詩へと反転させてしまう豊太郎のその批評精神」である。そして作品内での豊太郎の経歴と作者鷗外の履歴とを比較したとき、そこに重なったすがたが映し出されるとする。さらに鷗外は若き日に「朱子の提唱した教育カリキュラムに即した」津和野藩での教育を受けていることと、「十九の歳には学士の称を受け」た豊太郎も「朱子学が中心であったはずで」あるということから、「朱子の詩を換骨奪胎して、自己の心懐を託す豊太郎のうけた教育とはこのようなものであり、豊太郎の教養の背景はこうした教育からもたらされたものである」と述べている。

千葉の『舞姫』論が出色なのは、豊太郎という人物の能力を見抜いた点にある。これを鷗外の仕掛けと読んで、そこに鷗外が込めた教養のすがたを露出させたことにある。しかも、その能力は古典という他者との共同による能力であり、藩校での師や同僚と共同の学びの結果でもある。つまり、社会的に獲得された能力が『舞姫』に奥深く忍ばされていたことになるのである。これが教養のすがたであろう。

湯川秀樹も、『本の中の世界』で、「小学校へ入る前から、漢学、つまり中国の古典をいろいろ習った」と語っている[4]。そのころは、祖父について素読をしただけであるが、中学生になると「論語」や「孟子」よりもおもしろい「老子」や「荘子」を好んで読んだという。そして「儒教にせよ、ギリシャ思想にせよ、人間の自律的、自発的な行為に意義を認め、またそれが有効であり、人間の持つ理想を実現する見込があると考えるのに対して、老子や荘子は、自然の力は圧倒的に強く、人間の力ではどうにもならない自然の中で、人間はただ右へ左へふり廻されているだけだと考え」、「そこに真理がふくまれていることを否定できないのではないかという疑いがいつまでも残った」ことを述べている。こうした彼の学びが、のちの物理学者であり名随筆家であった湯川を育てていったのである。

豊太郎の批評精神も湯川の教養も若き日の古典の学びが基礎になっている。儒学、朱子学という個別の思想のどれがいいかということではない。彼らの経験は、先達の教養を「換骨奪胎」してしまうような教養の学びが求められていることを教えている。観念的な自己涵養論に終始することで古典を絶対視して古典を教条として扱い古典に自己覚醒されるのを期待するのではない。龍之介の『近代日本文芸読本』のように、具体的な古典を他者として、古典を歴史の文脈におき、それぞれを相対化したうえで、それらを教材に共同の学びを求めていくことが必要である。

二　制作（創作）と鑑賞の学び

次に、二〇世紀前半の中等「国語」教育では、制作（創作）と鑑賞の学びが志向されたにもかかわらず十分な成果を得ることができなかった問題に触れたい。たとえば、一九二〇年代から三〇年代にかけての中等「国語」教育実践や文芸実践で意識化されてきた叙景、紀行、文体形成を実践的に学ぶという活動は、紀行や叙景の教材を多数収めた『国語』を編集し、言語活動を主体に教育実践を構想した西尾実の考えたようには実践されなかったのである。当時から現代の「国語」教育まで十分に実践されなかったと言ってもよい。

その理由としては、紀行や叙景に限れば自然観の変化、新しいメディアの普及、交通手段の変化などを挙げることができる。しかし、「国語」教育論として見たときに重要なのは評価の問題である。端的に言えば、鑑賞能力は評価できても制作（創作）能力は「国語」科の評価になじまないということである。紀行や叙景を読みとして学んだことを評価はできても、同じ観点で制作（創作）した結果を評価することが困難であったことは容易に想像できる。二〇世紀前半の中等教育で、制作（創作）と鑑賞の教育評価がどのようになされたかについて、まず事実の集積から行う必要がある。

同じく評価に関わって次のような課題がある。中等「国語」教育では文学的教養の習得が教育評価の基準のうちの少なくとも一つであったことはほぼ間違いない。また、一九二〇年代以降は人格的涵養の指標の一つとしても機能した。その理論化の作業がどのように行われたかを考察する必要がある。

また、教科書などで与えられた文学作品だけを読む、読解するという作業では、文学的な教養の実践性がなく、限られた時間や空間で一元的な読みを求めれば道徳的になりがちである。読みの成果を急ぐあまり、多数の学び手が同意しやすいことがらに目がいく傾向を生むからである。そのため授業の終盤では、わかりやすい理解として道徳的な読みをさせようという指導者側の意識が働きやすいことになる。道徳は、その時代や社会の多数が了解している人生や生活に関する価値や規範であり、そこに依拠した説明は多くの学び手が最も納得しやすいからである。しかも、通常の「国語」教育では複数の指導者による同一授業が展開されている。それらの指導者の共通理解を図ることが必要となり、さらに最大公約数としての読みに収斂する傾向を生んでいく。

　したがって、それが評価として流通する場合には、きわめて歪んだ評価とならざるを得ないのである。家庭環境や人間関係の影響など、何らかの事情で道徳的素養を身につけた者もいる。また、逆にそういう道徳的素養は獲得していない者もいる。文学作品に道徳を読むことは、道徳的素養のある者とない者を選別する思想にほかならない。文学作品がそうした卑近な道徳を基準に読まれることで、人間の複雑な細部の心理を描いた作品が寸断される恐れがあるのである。たとえば、漱石の「こゝろ」を自己の欲望の達成と友情との関わりで読んでいくとする。この読みは、私とKとの間に生じた複雑な心理的葛藤の一面にすぎない。それが、道徳的な視点で「友人を裏切ることはいけない」という読みに収斂される指導がなされることになる。しかし、その読みを誘発した語り手の意図を問題にしたときには、「友人を裏切ることはいけない」と読み手である「私」に自己の行為の正当性を強要する論理として読まれることになり、まったく正反対の読みが成立する。「友人を裏切ることはいけない」という道徳的な判断は、「こゝろ」の書き手であった漱石による、作中の語り手である先生、読み手である「わたし」の言説を、それぞれの構成要因を背景に共同行為として読んでいる個別の学習集団とその指導者に委ねられている。つまり、「友人を裏切ることはいけない」という言説は、それだけでは実は何も価値を持たない言葉であるが、ある個別の状況に置かれたときに初めてそれにふさわしい価値が付与されるのである。したがって、文学の読みを評価するに際して、評価する指導者が、一元的な読みや道徳的な言説が評価を左右しやすくなっていることに最大限配慮しながら、個別の学習集団の学習状況を踏まえて、個別の学習者が読みの成果を生み出した結果を丁寧に評価する必要があるのである。

こうした評価の問題は、上級学校への入学資格者を選抜する入学者選抜試験も同様である。本来、人の能力選抜に無縁な芸術である文学が、選抜の場としてもっとも機能する試験問題に「問題文」として導入された。教育の場で教えられるときにも、文学作品が試験問題であるという意識が働くこととなった。これは、「文学と教育との緊張関係」とも呼べる現象である。

では、なぜ、文学が入学試験や定期試験の「問題」として使われるようになったか。能力を測る際には、その人物が教養のある人物かどうかを見ようとする。その指標として文学が使われたのではないか。ここでもまた自己涵養論が顔を出すことになるのである。

三　伝統文化と異文化の学び

この自己の内面化に関わって、日本の伝統文化が中等「国語」教育でどのように学ばれたかを考察する必要がある。たとえば、西尾実は小泉八雲と国学から日本の伝統文化を学んでいる。八雲から伝統を学んだというのは意外な感があるが、八雲自身が日本の伝統文化に深く傾倒していたわけである。その八雲から学ぶということは、八雲から日本の伝統文化の新しい見方を受け取っていたことになる。『国語』でも、伝統文化にかかわる多くの教材が収められている。しかし、日本の伝統文化に注目することが特権化すると、それが制約となり、ほかの伝統文化を排除してみずからの伝統文化に閉じていくことになる。「国語」教育実践の場で、他者を深く理解して他者とともに共同的な学びをすすめる課題が意識化されねばならないのである。

これは伝統文化をどう受容するかという態度の問題でもある。伝統文化として定式化されたものから実践性を汲み出すことは困難である。伝統文化は、日本型の教養実践によって得られた形式として成立している。したがって、実践の過程を見つめることなく、ただそれを鑑賞するだけでは固定した形式の学びになるにすぎず、実践認識を深めることはできない。現代の学校教育でも、古典の鑑賞教室が学び手にとってはただ退屈な行事になることが多い。これは鑑賞という行為と制作（創作）とが引き離されているからである。伝統文化の学びでは、他者との共同による制作（創作）という、より強い実践の学びが不可欠である。制作（創作）と鑑賞を繰り返す学びをもとに実践する学力を育てていくことで、伝統文化をより深く理解できるのである。

この点では、異文化の学びが強調される必要がある。特に、これからの「国語」教育には翻訳の実践が期待される。一九世紀に行われた翻訳がどういう社会現象、学問動向であったか、それを生かした現代語としての日本語がどのように成立したか、それらをとおしてどういう西欧文化が受容されてきたかという歴史的な学びがまず必要であろう。そのうえで、シェークスピア、ゲーテ、ポール・ベルレーヌなどの文学、エジソンやアインシュタインなどの科学論文、そのほか経済学や哲学などの論文と邦訳されたものを対置して学ぶことも考えられる。英語が主になるであろうが、実際に翻訳してみることで明らかになる文化的な課題を考察する学びも魅力的である。それぞれの文化圏で生成された伝統文化を見直すことで、伝統文化に対する態度や考え方も形成されるであろう。

その点に関わって、「大正教養主義」と理解されている教養観は、自己における伝統文化の内面的受容が問題とされたに過ぎないことを指摘したい。教養が獲得される際、いかに他者との共同実践が展開されたかにまで思いを致すことはなかったのである。この問題の背景には、西田幾多郎や和辻哲郎など、「大正教養主義」を担った人々の動向を見ていく必要がある。特に和辻哲郎に関しては、当時の「国語」教育論と彼の解釈学との関わりを考察することも重要である。

また、渋谷孝が「国語」科の性格に関わって言語文化について次のように述べていることも、先の自己涵養論の克服の課題や実践認識のあり方をめぐる議論への現代的な問題提起となっている。[5]「西尾実は、これからの国語教育が開拓すべきことは「狭義の言語生活教育である」と述べてはいるが、その「言語生活教育」とは、「言語文化と密接な関連のもとに、その基盤となっているものである」という指摘をしているだけであり、その問題を具体的に追求した痕跡はない」と、渋谷は指摘する。そして、西尾が「言語生活教育」について「言語文化を見通し、全領域におけるそれぞれの位置と意義との十分な認識において行われなければならぬ」と言ったことを取りあげて、それは「太平洋戦争後の「話すこと」「書くこと」とは似て非なるものである」とする。「戦後の国語科教育上の「話すこと、聞くこと指導」の理念は、曲がりなりにも国語科教育の具体的実践上の領域の一つとして位置づけられていた」のであり、「西尾実の言語生活教育論は、国文学の研究者としての「思弁的な考え方の一つ」の趣さえあった。あの主題・構想・叙述の論も国文学上の作品研究の一つの方法論である」と批判している。

西尾実の言語生活教育論が彼の認識的実践論から出ていることは第四章で具体的に見てきたとおりである。そこには、一九二〇、三〇年代の「国語」教育をめぐる歴史的事情もあった。「国民性の涵養」が説かれ、教材選択の幅が狭まるなかで、その制約を乗り越える議論が必要だったのである。そのためには、「国文学」の「威信」を借りなければいけない苦しさも見え隠れしていた。

そうした事情を踏まえて、ふたたび渋谷の議論に戻ってみると、言語文化と実践との関係に行きつく。渋谷は、「国語科教育の領域には、どのような事項が基盤的であって、必須なものであるか、そして本質的なものであるかということが、常に論者に意識されていなければならない」と確認する。そのうえで、「西尾実の立場は、国語科教育の各指導事項をその時代の思弁的な人文科学の次元においての把握の試みにとどまって」おり、「「言語文化」概念を国語科教育の本質的局面の頂点に位置づけなければ納まらなかったのであろう」と述べている。これも、すでに見たように二〇世紀前半と後半の「国語」科教育の性格の違いを考慮する必要がある。前半の「国語」科教育内容が教養主義的であったのに対して、後半では、新教育の理念の普及と実践の深化によって、その内容が言語の習得へと変化したことは見ておいてよい。これは西尾実の議論が是か非かの問題ではない。

こうした議論のうえに、渋谷は、「その言語生活教育論には、音声、文字、語彙、文法、意味、位相などの具体的な教材づくりの発想がない。言語生活は「それの完成段階としての言語文化」と「相渉り合う」ことになる」のであって、「国語科教育の本質は「言語文化」の習得にあるなどと言うものではない。どこまでも言葉の諸領域についての言葉の妥当な使い方と使い分けのあり方を求めての学習なのである」と結論づけている。

こうして「国語」科における実践論は、またしても自己涵養論の深みにはまるのである。渋谷の議論の行きつく先には、自己という主体がその状況に応じて言葉を使いこなす能力を身につけるという自己涵養論が待っている。それは「国語」科教育が言語文化をどう定位するかという理念を持たない証左である。鑑賞論から抜け出ていない言語文化論を批判しても繰り返しの議論をするだけである。言語文化を生成してきた実践に着目することが必要なのである。言葉を学ぶ意義は、言葉が生成される場で、人と人とを結びつける働きを学ぶことにあったことは、本書で見てきたとおりである。その実践の過程で、教養を身につけて、他者ときり結ぶ関係を作るために言語文化を学ぶのである。他者との共同による制作（創作）という意識的な実践と対になって、その視点から言語文化を鑑賞して言語の具体的な働きを学ぶことが求められている。

言語文化は教養を獲得する実践の結果として具体的に現前化する。教養の形式として見えているのが文化なのである。たとえば、言語実践の結果としてできあがった芭蕉俳句を読むときにも、その俳句が生まれたときの芭蕉の人間関係、芭蕉の思い、その俳句が他者に伝わることで生まれる文化的価値、他者への精神的影響を実践的な視点で学ぶことによって初めて言葉の持つ媒介的な役割が明瞭になる。それは、たとえば芭蕉と同じ状況に立ったとき、どんな俳句が詠めるか、あるいはどんな俳句は詠めないか、さらに俳句以外はあり得なかったのかを想定して学習者が実際に詠み、相互に比較して、さまざまな可能性を認めあうような学びである。そのことで、俳句が持つ、人と人を結びつける役割、過去と現在をつなぐ役割、他者との共同を進める役割を認識する学びである。したがって、芭蕉の時代にまねて、あるいは俳句という連想から「句会」という形式だけを追いかけても、言語文化を実践的に学ぶことにはならない。これらは安直な発想として生まれやすい指導である。しかし、この指導をいくら繰り返しても言葉の魅力を深いところで実感することはない。言葉の実践的な役割を他者との共同によって実践的に認識することが「国語」科教育での言葉の学びであって、言語文化を習得することが「国語」科教育での学びではないという点では渋谷の言うとおりだからである。

伝統文化を学ぶ視点も、それが強調されるだけでは自己涵養論の世界に立ち戻るだけである。繰り返しになるが、重要なことは、伝統文化という形式が生成された実践的な環境や状況、それを支える言語の役割を学ぶことが大切であり、それは異文化の学びの場合も同様であることを西尾実の認識的実践論は教えているのである。

四　旧制中学校と高等学校との関連考察

読本、教科書の視点から旧制中学校と高等学校との関連を考える研究も今後の課題である。おもに教育社会学の領域で行われてきた旧制高等学校生の教養研究は、『中央公論』、『改造』などの公刊雑誌、小説や評論書の読書傾向など数量化しやすいものを比較考察するかたちをとっている。また、メディア言説に見られるような教養主義を分類してその内実を究める研究手法が採られている。そうした方法は、当時の青年の教養形成を数量的変遷や思潮傾向が手に取るようにわかり説得的である。

その一方、数量化されないけれども、当時の中学生や高校生が日常的に触れて学んだ読本や教科書の編集内容に視点を定める研究も重要である。それらの教科書類は当時の教育実践の教材や副教材として活用され、彼らの教養観を育てていく材料を提供した。指導者としての教師もそれらの教材を活用した実践を重ねていき、その過程で生徒たちや同僚との学びによってさらに教養を形成した。特に、中学校の教師には、高等学校や師範学校を修了した青年たちも多かった。彼らが高等学校、師範学校で学んだ教養を次代の生徒たちに継承していったのである。ここに中学校と高等学校の連続した学びの履歴が形成されている。その学びの経験が次代のカリキュラムを構築した。この循環構造には、読本に収録された教材をもとに、指導者と学習者、共同の学び手という他者との共同実践を見ることができる。この共同の実践が現代に示唆する内容を確認することは、「国語」教育史に厚みを加えるだけでなく、現代「国語」教育のあり方や教育実践の具体化の視点、さらに教育の変革を歴史的な裏づけをもって示すことができると確信する。

資料編、（六八七～七〇六頁）でも示したように、膨大な中等「国語」読本が現存している。旧制高等学校教科書も調査すれば多く発見できるはずである。中等「国語」教育に関する地道な先行研究も生まれてきており、中等、高等教育の連続に位置づけた教養形成研究の進展が求められている。それぞれの読本や教科書を編集する作業がどういう性質を持っていたのかを考察することが肝要である。

五　実践によって教養を体得することの意義

日本型教養の本質は、他者との共同を進める実践知である。また、その教養は自由な実践の場で生成されるものである。それゆえ、教養は他者とつながり、他者への想像力を育てていく土壌となる。

二〇世紀後半以降の「国語」教育で言語文化を学ぶことに主眼が置かれたのは、教養の形式として定式化された近代日本の文化を受けつぐという思想に裏づけられてきたことによる。

二一世紀の「国語」教育では、言語を実践的に学ぶことがとりわけ重要になる。それは、人とつながり、他者と共同して言葉を作っていく学びをすすめていくことである。教養という実践知を体得することが必要になっているからである。国際化社会のもとでの共通理解は、言語文化という個々の形式ではなく、人類の共有財産としての実践知でつながることが可能になったからである。

加藤周一は、「教養の再生はなぜ必要なのか」と問うて、「それは、社会にとっても、個人にとっても、究極の目的は何か、が大事だからです」、「それがないと、目的のない、能率だけの社会になってしまうでしょう」と述べている[6]。そして、「詩や文学のなかでは人の心は自由にものを考えることができ、自由に語ることができる」ので、「想像的な世界のなかでの自由は、社会のなかにおける自由につながっていく」と語る。また、「他人の心のなかに感情移入する能力は、たぶん小説や詩を読まないと発達しないでしょう」と「想像力」の重要性を説いている。さらに、「詩人や芸術家のなかには文学・芸術をテコとして差別を乗り越えている人がたくさん」おり、その事実から「文学、芸術の世界には差別を乗り越える可能性がある」と語っている。

しかし、加藤は、和辻哲郎が行った反動的な戦争イデオロギーによる戦争参加を例に挙げて、「大正教養主義的な意味で教養主義があれば問題が片づくというのでは決してない」と強調する。「再生の必要がある。しかし同じ形で再生しても、意味がない。新しい形で再生しなければなりません」と結論づけて、後代に問題提起したのである。

加藤は、「大正教養主義は、異文化との接触を含んでいました。一般に異文化接触は自己の文化の相対化、さらにはその文化を結んだ特定の政治体制の相対化への道を開くことがあります。それならば批判は外国の文化に対しても、自国の文化に対しても、向けられるでしょう」と語って、国際化時代の今日に「大正教養主義」の遺産を受けつぐことの意義を述べている。

加藤の問題提起は、二一世紀の「国語」教育論に直結する。国際化時代のもとでの、新しい教養のあり方の探求を「国語」教育でどのように実践していくのか。これまでの教養実践、言語文化実践を継承しながら、次のような制度的構想が可能になる。

二一世紀の「国語」科は日本語基礎科と日本語実践科に再編され、これまで「国語」科で学ばれた文学は芸術科の新科目「文芸」で学ばれるのがふさわしい。小説や戯曲の制作（創作）は美術や書道と同じように「文芸」で学ぶことにする。そして、文学を日本語科目で学ぶ際には、たとえば日本語実践科では、科目名として「創作表現（文章表現）」、「創造演出（身体表現）」、「基礎言語学」として学んでいく方向性が考えられる。将来作家や脚本家を希望する、あるいは文学や戯曲に関心を寄せているような場合は「文芸」で学び、基本的な日本語理解を深め言語生活に習熟する基本は、日本語科で学ぶのである。翻訳や詩歌の創作も「文芸」で学び、その実践史も考察することが可能である。芸術科と日本語科では評価方法が異なり、芸術科では創作能力、鑑賞能力、日本語科では言語実践能力が問われることになる。「文芸」科の構想は龍之介や寛が考えていた文芸実践に近く、二〇世紀の文学隆盛期に龍之介や寛らが行った実践が新しい時代の言語教育に遺産として継承されていく道となる。また、垣内や西尾のめざした言語文化実践の願いが実現する道でもあると確信している。最後に、水村美苗『日本語が亡びるとき——英語の世紀の中で』に触れて締めくくりとしたい(7)。

水村は、〈国語〉としての「日本語」、〈普遍語〉としての「英語」について、それぞれの歴史の教訓、フランス語の経験などをもとに分析している。そして「日本語」が〈現地語〉になって「亡び」てしまうことが現実の問題として提起されていることを憂慮している。「英語教育と日本語教育」と題した七章の末尾では、その結論として「日本の国語教育はまずは日本近代文学を読み継がせるのに主眼を置くべきである」と述べている。その根拠として、まず日本近代文学が「出版語」が確立されたときの文章であることを挙げている。その「出版語」は、「規範性をもって市場で流通する〈書き言葉〉であ」り、「「出版語」が流通することで〈話し言葉〉が安定する」としている。また、二つめの根拠として、「西洋語の翻訳から新しい日本語の「出版語」を生むため、そして、その言葉で「西洋の衝撃」を受けた日本の〈現実〉について語るため、日本語の古層を掘り返し、日本語が持つあらゆる可能性をさぐりながら花ひらいてきた」ことをあげている。三つめには、「日本近代文学が生まれたときとは、日本語が四方の機運を一気に集め、もっとも気概もあれば才能もある人たちが文学を書いていたときだからである」と述べている。

そしてそのうえで具体的な方法として、「翻訳や詩歌も含めた日本近代文学の古典を次々と読ませる。しかも、最初の一頁から最後の一頁まで読ませる」、「高等学校を終えるころには、樋口一葉の『たけくらべ』ぐらいは「原文」で読ませ」、「一葉の天の恩寵のような文章に脈打つ気韻やリズムを朧気ながらでも身体全体で感じ取らせる」ことを提案している。

こうした水村の主張は、本書の成果と重なっている。具体的な方法には、細部で相違もある。しかし、その歴史的な検証を踏まえて、文芸、「国語」読本に収録された遺産を、教養が持ったその実践性とともに継承すべきであるという視点を提示したという点では共通している。新しい時代にふさわしい実践的な制作（創作）と鑑賞の学びをこれからの日本語教育で実現できることを期待して本研究を閉じる。

註

（1）紅野謙介「一九〇〇年前後・中等教育の再編と「国語」教科の成立――文学言語の歴史的布置の探求」『語文』第九五輯、日本大学国文学会、一九九六年六月二五日、六二～六三頁。

（2）秋田喜代美「ことばと学力――教室のことば、教材のことば、共有される世界とことば」秋田喜代美ほか編『ことばの教育と学力』明石書店、二〇〇六年一月二〇日、二二六頁。

（3）千葉俊二『エリスのえくぼ　森鷗外への試み』小沢書店、一九九七年三月三〇日。

（4）湯川秀樹『本の中の世界』みすず書房、二〇〇五年九月九日、五～一〇頁。

（5）渋谷孝『国語科教育はなぜ言葉の教育になり切れなかったのか』明治図書出版、二〇〇八年三月、二三七～二三九頁。本書は、歴史的な事実の確認では納得しかねる部分もある。しかし、西尾実に関する点では考察に値する内容を含んでいる。

（6）加藤周一ほか編『教養の再生のために――危機の時代の想像力』影書房、二〇〇五年二月一〇日、四〇～四七頁。

（7）水村美苗『日本語が亡びるとき――英語の世紀の中で』筑摩書房、二〇〇八年一〇月三一日、三一七～三二〇頁。

あとがき

本書は、早稲田大学大学院教育学研究科に提出した学位審査論文をさらに加筆修正したものである。早稲田大学では、浜本純逸先生のもとで論文作成に取り組んだが、私の準備不足で先生のご在任中には完成できず、引き続き千葉俊二先生のご指導を受けて論文を完成させることができた。浜本先生、千葉先生のお導きでようやく本書完成まで漕ぎつけることができた。学位審査では、都留文科大学名誉教授の関口安義先生、早稲田大学教授の町田守弘先生が千葉先生、浜本先生とともにお忙しいなかご審査くださった。

児童文学の研究をするために、神戸大学におられた浜本純逸先生の門を敲いたのは一九九七年のことであった。神戸大学のある灘区には、一九九五年に起きた阪神淡路大震災の被害が各地に残っていた。「ガンバロー神戸」を合言葉に街全体が復興に向けて動いていた。先生ご自身も生活再建で大変であったと思われる。しかし、そんなごようすはいっさいお見せにならず、自由の利かない現職の教員を快く受け入れてくださった。二年間のゼミが始まり、長年の課題としていた児童文学の研究に取り組んだ。研究テーマには、若いうちから慣れ親しんできた芥川龍之介の童話の考察を選んだ。神戸大学はその年から教育学部が改組されて発達科学部に変わっていた。教育学部ではなくなったが、浜本研究室が事務局をしていた「両輪の会」が粘り強く活動を続けていた。理論と実践の両輪を学びあう会の名称どおり、そこに集まっている現場の教育実践家、研究者から多くの経験を学ぶことができた。児童文学の研究にくわえて、自分自身の教育実践を見直すよい機会となった。

二〇〇三年に早稲田大学に入学して浜本先生から神戸に続いて芥川龍之介の研究をしてはどうかというお話が

あり、なかでも芥川龍之介編『近代日本文芸読本』と教養の問題を研究しようというご提案を受けた。私自身も芥川龍之介の研究を深めたいという意思は持ちつつも十分に研究課題が定まっていない状態であった。彼の読本の存在も知ってはいた。しかし、龍之介が創作の片手間に編集したものであろうという認識であり、深い関心を持ってはこなかった。

浜本先生のお話を受けて、さっそく復刻版を買い求めて目をとおした。「国語」読本とは思えない編集内容であった。第一集の最初が佐藤春夫「最もよき夕」、第五集の最後が夏目漱石「スヰフトと厭世文学」で終わっている。聖書を翻案した童話に始まり、大学講義録である『文学評論』の風刺文学を論じた講義で全一四八作品が締めくくられているのである。収録された作家や作品を見ていくと、一種の文芸叢書と言ったほうがいい内容の読本であった。関口安義先生の解説には、龍之介が精魂傾けて編集したものであり、収められた作品はのちの「国語」読本に深い影響を与えたとあった。その当時、この読本を読んだ中学生が後に社会の中堅的存在になっていったことを考えると、芥川研究ではあまり振りかえられることがない読本を教養形成の視点で読むことで、文学研究と国語教育研究に新たな光を当てることができるのではないかと確信した。浜本先生は、さらに筒井清忠『日本型「教養」の運命』をご紹介くださった。以前から教養の問題に関心を持っていたこともあり、この研究課題に取りくんでみたいと強く思った。

早稲田の複合履修でお世話になり始めた千葉先生にお話をしたところ、教育学部の教員図書館にお連れくださり、柳田国男の編集した教科書をはじめ各種の「国語」教科書を紹介された。また、研究の手始めに『近代日本文学大事典』などに記載された文芸叢書や児童文学全集収録作品と『近代日本文芸読本』の作品とを見比べていくと、研究の手掛かりが得られることも示唆された。その後、千葉先生から、ハルオ・シラネ、鈴木登美『創造された古典――カノン形成・国民国家・日本文学――』のご紹介を受けたことで、龍之介読本の位置が見えるようになり、ようやく研究に弾みがついた。さっそく古書店で『近代日本文芸読本』の現物も購入して、実際の紙質も確かめながら精読していった。同時に、浜本先生からは、西尾実が中心となった岩波編輯部編『国語』のことも教えていただけた。『国語』の存在も内容もまったく知らなかったので、すぐに古書を購入して精読した。龍之介の読本と『国語』の文献一覧を作成して比較したところ、明らかな共通点と相違点が見えてきた。その内容は本書に記したとおりである。

早稲田大学では、田近洵一先生が中心になられて創設された国語教育史学会が活動をしており、ここでの学びも有意義であった。教育の現場に埋もれていると、「国語」教育の歴史を見つめる余裕もなく日々を過ごしがちである。しかし、この学会での発表を学ぶうちに、実践者の歴史観が実践の質を決定することに気づくようになった。こうして、私自身の研究環境が整い始め、研究に集中する日々が続いた。しかし、『近代日本文芸読本』に収録された作品の初出や初版本収録を調査するのにおおよそ三年の歳月を費やすことになった。

本書刊行の今でも初出不明作品がいくつもある。広津柳浪、徳富蘇峰、饗庭篁村の文章については、これまでさまざまに調査したが、いまだに見いだせていない。ほかの作品と同じように、ある作品の一部であろうが、手がかりが少ないまま日時が過ぎた。小山内薫の訳したストリントベリ「大判半裁紙」も一九二六年の『世界短編小説体系』に収められてはいるが、龍之介の読本の刊行はそれ以前である。私自身の研究不足がいちばん大きいが、龍之介が当時の雑誌などから直接収録している場合も多く、しかも、収録にあたり改題、加筆をした作家も少なくなかったことも調査を困難にした原因であった。このときほど研究を深めてこなかったことを悔いたことはなかった。また、歴史的な事実の確定だけでも日時を要することをあらためて痛感した。本書の校正時にも、繰り返し不明なことが出てきて苦しんだ。本書刊行直前まで校正を尽くしたが、本書を読まれた方で、誤記や不正確な記述にお気づきになられたら、ぜひご教示賜りたい。

そうした遅々として進まない研究の途次にも、「国語」教育と象徴主義文学との関係、芥川龍之介の親友であった恒藤恭大阪市立大学初代総長の教養論、「大正教養主義」の再評価など、新しい話題や考察しなければいけない課題が順々に増えてきた。しかし、それに手を出し始めると、当初の目的が達成できなくなることも明らかであり、研究の抑制を余儀なくされた。研究の対象を絞りこみ、いかに深く研究するかという課題を突きつけられていると自覚した。

論文の枠組みができあがったところで、斉藤緑雨、堀口大学、村井弦斎、寺田寅彦などの個別作家の文学史上の位置づけについて千葉先生からご教示を受けた。『赤い鳥』と「大正教養主義」との関連、自由詩の流れ、外山滋比古の読者論など論文として深めておくべき点も指摘くださった。これらの考察を加えたことで、論文に厚みができたと実感できた。

今後の課題は結章で述べたとおりであるが、筒井清忠氏が「再考・現代日本の教養――現代文庫版あとがきにかえて」(『日本型「教養」の運命』岩波現代文庫版、二〇〇九・一二)で、「ある種の共同性＝共有性の認識なしには成り立ちえないというところに教養の本質がある」(二二二頁)と述べておられるのを読み、意を強くすることができた。拙著の結論のひとつは、他者との共同による実践が教養を形成するというものであった。今後の研究を深めていく後押しをしていただけた。感謝申し上げたい。

編集の過程で、巻末の資料編が予定より大部になった。対象文献の総目次に加えて、調査研究の過程で必要となった読本一覧、関連法令、年表もあわせて収めた。対象とした文芸読本や「国語」教科書の読本全体のなかでの位置づけを理解するための「国語」読本一覧、「国語」教育が法として体系化されていく過程で教養がどのように意識されたかを知る教育法令、他者との共同を見失っていく政策展開とそれに抗う民衆の実践、文芸と思潮、教育が深く結びつきながら教養実践を展開していく動きをとらえるための年表を収めることにした。今後の研究は、一九三〇年代後半から五〇年代の「国語」教育における教養実践の軌跡をたどることを予定している。一九四五年の戦前・戦後区分論を取らず、一連の流れで見たときに見えてくる教養のすがたを追いたいと考えている。

研究を進めるにあたり、「国語」読本の調査では国立教育政策研究所教育図書館にお世話になった。また、早稲田大学図書館の膨大な近代文学関連文献、「国語」教育文献、初出雑誌に目を通すことができたのはありがたかった。早稲田大学には、中央図書館のほかに、高田早苗記念研究図書館、文学部構内の戸山図書館、坪内博士記念演劇博物館などに近代文学関係の膨大な蔵書があった。これらの蔵書に触れていると、一九二〇年代の早稲田の地に立っているかのような錯覚に陥るほどであった。調査当時は、国会図書館では、現地での文献調査とともに、公開され始めた近代文学デジタルライブラリーも大いに役立てることができた。このほか慶應義塾大学、岐阜大学、広島大学図書館など各地の大学図書館、菊池寛記念館、武者小路実篤記念館、蘆花恒春園の蘆花記念館、姫路文学館などでの調査研究もよい思い出となった。

二〇〇六年に石田学園広島経済大学に赴任できたことも研究を進展させる重要な転機となった。学園では、学生の学びを積極的に応援指導する教育を重視する方針を掲げて日々の実践が行われている。その一方で、私たち教員の地道な研究活動も大いに奨励されている。この研究環境を与えていただかなかったら本書刊行には結びつかなかった。あらためてお礼申し上げたい。

本書は、このような経緯で成ったものである。拙い書籍であるが、今後の研究のささやかな礎になれれば幸甚である。

文末ながら、溪水社の木村逸司社長、木村斉子さんには、煩雑な編集実務を的確にこなしていただけ、慣れない校正作業を着実に進めることができた。足繁く研究室に通ってくださった木村氏のご尽力には言葉では言い尽くせない気持ちでいっぱいである。研究の遂行には科学研究費補助金奨励研究、刊行に際しては同じく研究成果公開促進費（学術図書）助成を受けた。個々に記してお礼としたい。

二〇一一年一月三〇日

粉雪に平和の鐘やけさ一つ　広島祇園武田山麓にて

武藤清吾

初出一覧

序章　研究の目的と方法

第一節　研究の目的と課題

書きおろし

第二節　研究の方法

書きおろし

第三節　構成の概要と研究の意義

書きおろし

第一章　芥川龍之介編『近代日本文芸読本』と文芸実践

第一節　『近代日本文芸読本』というカノン

「芥川龍之介編『近代日本文芸読本』というカノン」『国語教育史研究』第八号、国語教育史学会、二〇〇七年三月三一日、一～二二頁

第二節　第一集の特徴

「資料紹介　芥川龍之介編『近代日本文芸読本』第一集について」『国語教育史研究』第三号、国語教育史学会、二〇〇四年一二月一五日、五九～七一頁

第三節　第二集の特徴

「史料紹介　芥川龍之介編『近代日本文芸読本』第二集について」『国語教育史研究』第四号、国語教育史学会、二〇〇五年七月一日、一～一五頁

第四節　第三集の特徴

「史料紹介　芥川龍之介編『近代日本文芸読本』第三集について」『国語教育史研究』第五号、国語教育史学会、二〇〇六年二月一日、一～一五頁

第五節　第四集の特徴
「史料紹介　芥川龍之介編『近代日本文芸読本』第四集について」『国語教育史研究』第九号、国語教育史学会、二〇〇七年一二月二六日、一～一二頁

第六節　第五集の特徴
「史料紹介　芥川龍之介編『近代日本文芸読本』第五集について」『国語教育史研究』第一〇号、国語教育史学会、二〇〇九年三月三一日、一～一二頁

第七節　『近代日本文芸読本』の教養実践
「「国語」科を拒む芥川龍之介編『近代日本文芸読本』」の教養実践」、日本教育学会第67回大会一般研究発表、二〇〇八年八月二九日、於・佛教大学

第二章　文芸読本と文芸実践

第一節　文芸実践家　菊池寛と芥川龍之介
書きおろし

第二節　菊池寛編『新文芸読本』の文芸実践
「菊池寛編『新文芸読本』の文芸実践」『解釈』第五五巻五・六月号、解釈学会、二〇〇九年六月一日、一八～二六頁
第一一五回全国大学国語教育学会研究大会福岡大会自由研究発表「菊池寛編『新文芸読本』の文芸実践」、二〇〇八年一一月二三日、於・北九州市国際会議場

第三節　『赤い鳥』実践の教養観
「旧制中等学校生らによる『赤い鳥』実践の教養観」『教育目標・評価学会紀要』第一八号、教育目標・評価学会、二〇〇八年一一月二九日、六七～七六頁

第三章　垣内松三の「国語」読本

第一節　垣内松三「創造的読方」論と「国語」読本
書きおろし

第二節　垣内松三編『国文選』の特色

「垣内松三編『国文選』の特色」『広島経済大学研究論集』第三一巻第四号、広島経済大学経済学会、二〇〇九年三月三一日、一～二六頁

教育目標・評価学会第19回大会自由研究発表「垣内松三編『国文選』の特徴」、二〇〇八年一一月三〇日、於・東京学芸大学

第四章　岩波編輯部編『国語』の日本型教養実践

第一節　西尾実の教養論と教材論

「西尾実の教養論と教材論」『広島経済大学40周年記念論文集』広島経済大学、二〇〇七年一〇月一〇日、一〇九～一二二頁

第二節　岩波編輯部編『国語』の特色

「旧制中学校国語漢文科教科書『国語』の特色（一）（二）」『広島経済大学研究論集』第三一巻第一号、第二号、広島経済大学経済学会、二〇〇八年六月三〇日、九月三〇日

第三節　松尾芭蕉の教養実践に学ぶ認識的実践論の意義と課題

書きおろし

第四節　教養実践としての紀行と叙景

書きおろし

結章　研究の総括と展望

第一節　研究の総括

書きおろし

第二節　研究の展望

書きおろし

付記　本書は二〇〇七～〇八年度科学研究費補助金基盤研究（C）（課題番号19530845「大正、昭和前期における国語教科書と教養形成に関する研究」）の研究助成による研究成果の一部を含んでいる。

対象文献一覧

【対象文献】

芥川龍之介編『近代日本文芸読本』興文社、一九二五年一一月八日
　復刻版『近代日本文芸読本』日本図書センター、一九八一年一〇月二五日
『芥川龍之介全集』岩波書店、一九九五年一一月八日～一九九八年三月二七日
菊池寛編『新文芸読本』文献書院、一九二六年一二月二三日
鈴木三重吉創刊『赤い鳥』『赤い鳥』社（のち赤い鳥社）、一九一八年七月一日～一九三六年一〇月一日
　復刻版『赤い鳥』日本近代文学館、一九七九年二月一〇日
垣内松三編『国文学大系　現代文学』尚文堂、一九二一年九月一三日初版
垣内松三編『国文選』明治書院、一九三〇年一一月二五日訂正再版
垣内松三『国語の力』有朋堂、一九五三年八月二〇日（初版『国語の力』不老閣書房、一九二二年五月八日）
垣内松三『国語教授の批判と内省　言語形象性を語る』明治図書出版、一九七三年二月一日
岩波編輯部編『国語』岩波書店、一九三四年八月五日初版、同年一二月二〇日、訂正再版、同年一二月二六日文部省検定済
　改訂版、一九三八年七月四日初版、一二月一八日訂正再版、一二月二一日文部省検定済
岩波編輯部編『国語　学習指導の研究』岩波書店
　巻一　一九三六年一月二五日、巻二・三・四・九　同年三月二五日、巻五・七　同年四月五日、巻六　同年六月五日、
　巻八　同年一一月三〇日、巻一〇　一九三七年二月五日
西尾実『国語国文の教育』古今書院、一九二九年一一月二四日
西尾実『西尾実国語教育全集』教育出版、一九七四年一〇月二〇日

参考文献一覧

＊本文・注釈の引用文献は除いた。ただし、引用文献のなかで参考文献として掲出したほうがいいと判断した文献については重複表記してある。

【辞典・事典・年表】

『現代日本文学大年表　明治篇』明治書院、一九六八年五月五日
『現代日本文学大年表　大正篇』明治書院、一九七〇年一月二五日
『現代日本文学大年表　昭和篇Ⅰ』明治書院、一九七一年九月五日
『図説　教育人物事典――日本教育史のなかの教育者群像――』ぎょうせい、一九八四年四月三〇日
市古貞次ほか編『日本文化総合年表』岩波書店、一九九〇年三月八日
井上敏夫編『国語教育史資料第二巻　教科書史』東京法令出版、一九八一年四月一日
岩波書店編集部編『近代日本総合年表　第二版』一九八四年五月二五日
関口安義・庄司達也編『芥川龍之介全作品事典』勉誠出版、二〇〇〇年六月一日
関口安義編『芥川龍之介新辞典』翰林書房、二〇〇三年一二月一八日
日本近代文学館編『日本近代文学大事典』講談社、一九七七年一一月一八日
阿武泉監修・日外アソシエーツ編『読んでおきたい名著案内、教科書掲載作品１３０００』日外アソシエーツ、二〇〇八年四月二五日
『社会文学事典』冬至書房、二〇〇七年一月一五日

【文学】

・研究書

荒川有史『日本の芸術論――内なる鑑賞者の視座』三省堂、一九九五年五月五日
安藤公美『芥川龍之介　絵画・開化・都市・映画』翰林書房、二〇〇六年三月二四日

井上ひさし・こまつ座編著『菊池寛の仕事』ネスコ、一九九九年一月二九日
井上ひさし・小森陽一編『座談会　昭和文学史　第一巻』集英社、二〇〇三年九月一〇日
猪野謙二『明治の作家』岩波書店、一九六六年一一月三〇日
岩佐壮四郎『日本近代文学の断面——1890-1920』彩流社、二〇〇九年一月二五日
上田博ほか編『明治文芸館Ⅰ～Ⅴ』嵯峨野書院、一九九九年一一月一〇日～二〇〇五年一〇月一〇日
上田博ほか編『大正文学史』晃洋書房、二〇〇一年一一月二〇日
大岡信ほか編『近代日本文学のすすめ』岩波文庫、岩波書店、一九九九年五月一七日
解釈学会編『芭蕉の文学（1）——奥の細道——』教育出版センター、一九七三年七月一〇日
解釈学会編『芭蕉の文学（2）——その問題点——』教育出版センター、一九七三年八月一〇日
勝原晴希編『『日本詩人』と大正詩——〈口語共同体〉の誕生』森話社、二〇〇六年七月二一日
金子勝昭『歴史としての文藝春秋——増補「菊池寛の時代」』日本エディタースクール出版部、一九九一年一〇月二五日
柄谷行人『日本近代文学の起源』講談社、一九八〇年八月
川本三郎『郊外の文学誌』新潮社、二〇〇三年二月二五日
神田重幸編『島崎藤村詩への招待』双文社出版、二〇〇〇年四月二〇日
木俣知史編『近代日本の象徴主義』おうふう、二〇〇四年三月二五日
窪田般彌『日本の象徴詩人』紀伊国屋書店、一九九四年一月二五日
紅野謙介『投機としての文学　活字・懸賞・メディア』新曜社、二〇〇三年三月二〇日
紅野敏郎『大正期の文芸叢書』雄松堂出版、一九九八年一一月二〇日
紅野敏郎・吉田公子編『岩野泡鳴書目』明治書院、一九七九年一〇月一五日
紅野敏郎ほか編『大正の文学』有斐閣、一九七二年九月一五日
紅野敏郎ほか編『近代文学資料1　岩野泡鳴書目』明治書院、一九七九年一〇月一五日
小室善弘『芥川龍之介の詩歌』本阿弥書店、二〇〇〇年八月二五日
小森陽一・成田龍一編『日露戦争スタディーズ』紀伊国屋書店、二〇〇四年二月一〇日
皿木喜久『平成日本の原形　大正時代を訪ねてみた』扶桑社、二〇〇二年一二月一〇日

嶋岡晨『詩とは何か』新潮社、一九九八年九月三〇日
新熊清『翻訳文学のあゆみ――イソップからシェイクスピアまで』世界思想社、二〇〇八年一〇月二〇日
助川徳是『野上彌生子と大正期教養派』桜楓社、一九八四年一月二五日
鈴木貞美『日本の「文学」概念』作品社、一九九八年一〇月一〇日
鈴木登美『語られた自己』岩波書店、二〇〇〇年一月二五日
関口安義『芥川龍之介の復活』洋々社、一九九八年一一月二八日
関口安義『芥川龍之介とその時代』（筑摩書房、一九九九年三月二〇日）
竹村民郎『大正文化　帝国のユートピア　世界史の転換期と大衆消費社会の形成』三元社、二〇〇四年二月二〇日
千葉俊二『エリスのえくぼ　森鴎外への試み』小沢書店、一九九七年三月三〇日
千葉俊二・坪内祐三編『日本近代文学評論選　明治・大正篇』岩波書店、二〇〇三年一二月一六日
千葉俊二・坪内祐三編『日本近代文学評論選　昭和篇』岩波書店、二〇〇四年三月一六日
坪井秀人『感覚の近代』名古屋大学出版会、二〇〇六年二月二八日
坪内祐三編『明治文学遊学案内』筑摩書房、二〇〇〇年八月二五日
東郷克美『佇立する芥川龍之介』双文社出版、二〇〇六年一二月九日
長野甞一『谷崎潤一郎と古典　大正続・昭和篇』勉誠出版、二〇〇四年一月一〇日
中田雅敏『芥川龍之介　文章修業』洋々社、一九九五年四月三日
中田雅敏『芥川龍之介　小説家と俳人』鼎書房、二〇〇〇年一一月三〇日
中西靖忠『菊池寛伝　改訂版』菊池寛記念館、一九九三年三月三一日
西川祐子『日記をつづるということ　国民教育装置とその逸脱』吉川弘文館、二〇〇九年六月一〇日
野山嘉正『改訂版　近代詩歌の歴史』放送大学教育振興会、二〇〇四年三月二〇日
原國人ほか編『メディアの中の子ども』勁草書房、二〇〇九年三月二五日
久松潜一編『増補新版日本文学史6　近代Ⅰ』至文堂、一九七五年一一月五日
久松潜一編『増補新版日本文学史7　近代Ⅱ』至文堂、一九七五年一一月五日
日比嘉高『〈自己表彰〉の文学史――自分を書く小説の登場――』翰林書房、二〇〇八年一一月五日

広瀬朝光『小泉八雲論――研究と資料――』笠間書院、一九七六年一二月二五日
藤田龍雄『秋田雨雀研究』津軽書房、一九七二年八月二〇日
本多秋五『志賀直哉（上）』岩波書店、一九九〇年一月二二日
前田愛『近代読者の成立』岩波現代文庫、岩波書店、二〇〇一年二月一六日
松井利彦監修『「奥の細道」を歩く』山と渓谷社、一九九九年九月
水村美苗『日本語が亡びるとき――英語の世紀の中で』筑摩書房、二〇〇八年一〇月三一日
宮脇真彦『芭蕉の方法――連句というコミュニケーション』角川書店、二〇〇二年四月二〇日
山敷和男『芥川龍之介の芸術論』現代思潮新社、二〇〇〇年七月五日
山本芳明『文学者はつくられる』ひつじ書房、二〇〇〇年一二月一六日
有精堂編集部編『講座昭和文学史』第一巻、有精堂出版、一九八八年二月二〇日
有精堂編集部編『日本文学史を読むＶ　近代Ｉ』有精堂出版、一九九二年六月一日
早稲田大学七十五周年記念出版委員会編『早稲田大学と近代文学』理想社、一九五七年一〇月一五日
度会好一『明治の精神異説――神経病・神経衰弱・神がかり』岩波書店、二〇〇三年三月二六日
ハルオ・シラネ、鈴木登美（衣笠正晃訳）『創造された古典――カノン形成・国民国家・日本文学――』新曜社、一九九八年四月三〇日
ハルオ・シラネ『芭蕉の風景　文化の記憶』角川書店、二〇〇一年五月三一日
リービ英雄『日本語の勝利』講談社、一九九二年一一月二九日
ロバート・キャンベル編『Ｊブンガク』東京大学出版会、二〇一〇年三月二六日

・研究論文

井上ひさし・平岡敏夫「座談会　松本清張と菊池寛」『松本清張研究2001』第二号、北九州市立松本清張記念館、二〇〇一年三月三一日
大久保典夫「芥川龍之介の栄光と悲惨――教養主義を超えて――」『日本及日本人』一九八五年一月号
小笠原賢二「反制度の継承――松本清張と菊池寛の「メディア」と「読者」」『松本清張研究2001』第二号、北九州市立松本清張記念館、二〇〇一年三月三一日

奥本京子「文学と平和の危険な関係――「古典」による教育と平和の価値は共存できるか」日本平和学会編『平和研究』第二九号、早稲田大学出版部、二〇〇四年一一月一五日
金井景子「日記という磁場の力――『ホトトギス』における写生文実践――」『日本文学』第四二巻第一一号、日本文学協会、一九九三年一一月一日
神田由美子「芥川龍之介と小泉八雲」『芥川龍之介研究年誌』創刊号、芥川龍之介研究年誌の会、二〇〇七年三月三〇日
千葉俊二「谷崎潤一郎の幼少期における読書体験――村井弦斎の「近江聖人」を中心として――」『早稲田大学教育学部学術研究』早稲田大学教育会、一九八六年一二月三一日
千葉俊二「追憶文学の季節」『白秋全集月報36』岩波書店、一九八七年一二月
堀切実「「見る」ということ――俳文・写生文から近代散文へ――」『早稲田大学教育学部学術研究』早稲田大学教育会、一九八六年一二月三一日
林原純生「「武蔵野」の位相」、田中実他編『〈新しい作品論〉へ、〈新しい教材論〉へ1』右文書院、一九九九年二月二五日
松本清張「〈講演再録〉菊池寛の文学」『松本清張研究2001』第二号、北九州市立松本清張記念館、二〇〇一年三月三一日

・解説

木俣修「近代短歌集解説　明治・大正短歌小史」『日本近代文学大系』第五五巻、角川書店、一九七三年九月二〇日
楠本憲吉「近代俳句集解説　明治・大正俳句小史」『日本近代文学大系』第五六巻、角川書店、一九七四年五月三〇日
小海永二「現代詩の流れ」『鑑賞　日本現代文学』第三一巻、角川書店、一九八二年五月三一日

【児童文学・文化】

・研究書

飯干陽『日本の子どもの読書文化史』あずさ書店、一九九六年一月二五日
勝尾金弥『伝記児童文学のあゆみ――一八九一から一九四五年――』ミネルヴァ書房、一九九九年一一月五日
桑原三郎『「赤い鳥」の時代――大正の児童文学――』慶應通信、一九七五年一〇月二〇日
佐野靖『唱歌・童謡の力』東洋館出版社、二〇一〇年四月三〇日
続橋達雄『大正児童文学の世界』おうふう、一九九六年二月二五日

中内敏夫監修『復刻鑑賞文選・綴方読本』緑陰書房、二〇〇六年一〇月～〇七年九月
滑川道夫『体験的児童文化史』国土社、一九九三年八月三〇日
滑川道夫『日本児童文学の軌跡』理論社、一九八八年九月
日本児童文学学会編『赤い鳥研究』小峰書店、一九六五年四月一五日
根本正義『鈴木三重吉の研究』明治書院、一九七六年一一月二五日
福田清人『児童文学・研究と創作』明治書院、一九八三年一〇月二〇日
三鷹市山本有三記念館編『大正・昭和の〝童心〟と山本有三』笠間書院、二〇〇五年一〇月四日
村松定孝ほか編『日本児童文学研究』三弥井書店、一九七四年一〇月一日

・研究論文

佐藤宗子「何が『赤い鳥』か、『赤い鳥』とは何であったか――二つの問いの交錯と「児童文学」――」『日本児童文学』第四四巻第四号、日本児童文学者協会、一九九八年八月一日

【教育史・教育社会学・中等教育・青年期教育】

・研究書

天野郁夫『試験の社会史』東京大学出版会、一九八三年一〇月一五日
天野郁夫『学歴の社会史』新潮社、一九九二年一一月一五日
天野郁夫『大学の誕生（上）帝国大学の時代』中央公論社、二〇〇九年五月二五日
伊賀崎暁生『文学でつづる教育史』民衆社、一九七四年八月一〇日
内田糺ほか編『学校の歴史　第三巻、中学校・高等学校の歴史』第一法規出版、一九七九年五月二五日
海後宗臣ほか編『教科書でみる近現代日本の教育』東京書籍、一九九九年五月一二日
教育史学会『教育史研究の最前線』日本図書センター、二〇〇七年三月二五日
黒羽亮一『学校と社会の昭和史（上）』第一法規出版、一九九四年四月二八日
財団法人教科書研究センター編『旧制中等学校教科内容の変遷』ぎょうせい、一九八四年三月二四日
竹内洋『日本の近代12　学歴貴族の栄光と挫折』中央公論新社、一九九九年四月二五日
竹内洋『教養主義の没落』中央公論社、二〇〇三年七月二五日

田中克佳『「教育」を問う教育学』慶應義塾大学出版会、二〇〇六年三月三一日
中村紀久二編『教科書関係文献目録』財団法人学校教育研究所、一九九三年一二月一五日
花井信『近代日本の教育実践』川島書店、二〇〇一年六月二〇日
広田照幸『教育言説の歴史社会学』名古屋大学出版会、二〇〇一年一月五日
宮坂広作『宮坂広作著作集3　近代日本の青年期教育』明石書店、一九九五年五月三一日
森重雄ほか編『〈近代教育〉の社会理論』勁草書房、二〇〇三年四月三日

【教養論・読書論・読者論】

・研究書

葛西康徳他編『これからの教養教育――「カタ」の効用』東信堂、二〇〇八年三月一〇日
小浜逸郎『人生を深く味わう読書』春秋社、二〇〇一年一一月二〇日
加藤周一ほか編『教養の再生のために――危機の時代の想像力』影書房、二〇〇五年二月一〇日
苅部直『移りゆく「教養」』NTT出版、二〇〇七年一〇月五日
慶應義塾大学教養研究センター編『「教養」を考える』慶應義塾大学出版会、二〇〇三年九月三〇日
神戸女学院大学文学部総合文化学科編著『教養教育は進化する』冬弓舎、二〇〇五年一月一五日
筒井清忠『日本型「教養」の運命』岩波書店、一九九五年五月三〇日
外山滋比古『外山滋比古著作集2　近代読者論』みすず書房、二〇〇二年六月一〇日
外山滋比古『外山滋比古著作集4　エディターシップ』みすず書房、二〇〇二年二月一八日
宮坂広作『自己形成者の群像――新しい知性の創造のために――』東信堂、二〇〇七年四月二五日
南博編『大正文化』勁草書房、一九六五年八月一〇日
村上陽一郎『やりなおし教養講座』NTT出版、二〇〇四年一二月三〇日
柳父章『一語の辞典　文化』三省堂、一九九五年一二月一日
湯川秀樹『本の中の世界』みすず書房、二〇〇五年九月九日
和田敦彦『メディアの中の読者』ひつじ書房、二〇〇二年五月二五日

・教科書

あたらしい教科書編集委員会編『あたらしい教科書0　学び』プチグラパブリッシング、二〇〇六年二月二日

・研究論文

阿部謹也「教養教育の将来」『教育学研究』第六六巻第四号、日本教育学会、一九九九年一二月三〇日

佐藤学「リテラシーの概念とその再定義」『教育学研究』第七〇巻第三号、日本教育学会、二〇〇三年九月三〇日

武田清子「大正期の二つの教養主義」『日本古書通信』第七五八号、一九九二年九月号

永嶺重敏「円本ブームと読者」『近代日本文化論7　大衆文化とマスメディア』岩波書店、一九九九年一一月二五日

浜本純逸「教養は人びとを結ぶ」『現代教育科学』第五三七号、明治図書出版、二〇〇一年六月

【言語・「国語」】

・研究書

金田一春彦『日本語の特質』日本放送出版協会、一九九一年二月二〇日

熊倉千之『日本人の表現力と個性』中央公論社、一九九〇年一二月二〇日

中条省平『文章読本　文豪に学ぶテクニック講座』中央公論新社、二〇〇三年一〇月二五日

丸山真男、加藤周一『翻訳と日本の近代』岩波書店、一九九八年一〇月二〇日

山口仲美『日本語の歴史』岩波書店、二〇〇六年五月一九日

イ・ヨンスク『「国語」という思想』岩波書店、一九九六年一二月一八日

イ・ヨンスク『「ことば」という幻影』明石書店、二〇〇九年二月七日

【「国語」教育】

・研究書

有沢俊太郎『国語教育実践学の研究』風間書房、二〇〇八年一月二七日

安西廸夫『国語教材研究資料　中学・高等学校編』桜楓社、一九八二年七月二〇日

石井庄司『国語教育叢書19　近代国語教育論史』教育出版センター、一九八三年一二月五日

石川巧『「国語」入試の近現代史』講談社、二〇〇八年一月一〇日

石原千秋『国語教科書の思想』筑摩書房、二〇〇五年一〇月一〇日

石原千秋『秘伝　大学受験の国語力』新潮社、二〇〇七年七月二五日

井上尚美他『言語論理教育の探求』東京書籍、二〇〇〇年三月三一日
今井康雄『メディアの教育学　「教育」の再定義のために』東京大学出版会、二〇〇四年六月二六日
岩島公『私の国語教育の形成――垣内松三・西尾実と単元学習――』東洋館出版社、二〇〇〇年二月二五日
大岡信『日本語の豊かな使い手になるために　読む、書く、話す、聞く』太郎次郎社、一九八四年七月二〇日
小笠原拓『近代日本における「国語科」の成立過程――「国語科」という枠組みの発見とその意義』学文社、二〇〇四年二月二五日
木村勝博『テクスト論と五つの相互作用』郁朋社、二〇〇三年七月一七日
桑原隆『言語活動主義・言語生活主義の探究――西尾実国語教育論の展開と発展――』東洋館出版社、一九九八年七月一五日
桑原隆編『新しい時代のリテラシー教育』東洋館出版社、二〇〇八年三月二三日
小森陽一『小森陽一、ニホン語に出会う』大修館書店、二〇〇〇年四月一〇日
西郷竹彦『表現論入門――表現・文体・構造』明治図書出版、一九九五年八月
佐藤泉『国語教科書の戦後史』勁草書房、二〇〇六年五月一五日
渋谷孝『国語科教育はなぜ言葉の教育になり切れなかったのか』明治図書出版、二〇〇八年三月
鈴木秀一・三上勝夫『文学作品の読み方教育論』明治図書出版、一九八六年二月
全国大学国語教育学会編『国語科教育学研究の成果と展望』明治図書出版、二〇〇二年六月
高森邦明『近代国語教育史』文化書房博文社、一九八二年六月三〇日
田坂文穂編『旧制中等教育国語科教科書内容索引』教科書研究センター、一九八四年一二月二四日
田近洵一編『現代国語教育論集成　西尾実』明治図書出版、一九九三年三月
田近洵一『戦後国語教育問題史[増補版]』大修館書店、一九九〇年五月一日
谷川俊太郎他『子どもが生きる　ことばが生きる　詩の授業』国土社、一九八八年六月二〇日
田端健人『「詩の授業」の現象学』川島書店、二〇〇一年二月二〇日
飛田多喜雄『国語科教育方法論大系10　国語科教育の実践史』明治図書出版、一九八四年九月
飛田多喜雄『国語科教育方法論大系』明治図書出版、一九八四年九月

飛田多喜雄『国語教育方法論史』明治図書出版、一九七九年一二月（8版）
中河督裕ほか調査・作成『高等学校の国語教科書は何を扱っているのか。』京都書房、二〇〇〇年一月一〇日
長野県国語教育学会『西尾実研究』教育出版、一九八三年七月一五日
滑川道夫『解説国語教育研究　国語教育史の残響』東洋館出版社、一九九三年八月一七日
西尾実『自然・人間・古典との対話』国土社、一九七〇年六月二五日
野地潤家『中等国語教育の展開——明治期・大正期・昭和期——』溪水社、一九九八年三月
浜本純逸『戦後文学教育方法論史』明治図書出版、一九七八年九月
浜本純逸『国語科教育の未来へ——国語科・日本語科・言語科——』溪水社、二〇〇八年一〇月二〇日
府川源一郎『「国語」教育の可能性——ことばを通してことばを発見するために——』教育出版、一九九五年六月一〇日
府川源一郎『私たちのことばをつくり出す国語教育』東洋館出版社、二〇〇九年八月八日
眞有澄香『「読本」の研究　近代日本の女子教育』おうふう、二〇〇五年六月二六日
桝井英人『「国語力」観の変遷——戦後国語教育を通して——』溪水社、二〇〇六年三月一日
町田守弘『国語科の教材・授業開発論——魅力ある言語活動のイノベーション』東洋館出版社、二〇〇九年八月八日
湊吉正編『表現学大系各論篇第二八巻　随筆・紀行の表現』一九九五年二月一六日
村上呂里『日本・ベトナム比較言語教育史——沖縄から多言語社会をのぞむ』明石書店、二〇〇八年三月二九日
村山士郎『現代の子どもと生活綴方実践』新読書社　二〇〇七年一月三〇日
安良岡康作『西尾実の生涯と学問』三元社、二〇〇二年九月二五日
山根安太郎『国語教育史研究——近代国語科教育の形成——』溝本積善館、一九六六年三月二〇日
山根安太郎『中等国語教育論攷』溪水社、一九八〇年五月二〇日
吉田裕久『戦後初期国語教科書史研究——墨ぬり・暫定・国定・検定——』風間書房、二〇〇一年三月一五日

・研究論文

内海琢巳「旧制中学校教科書『國語』岩波書店刊——編纂趣意書について——」『学苑』第六四〇号、昭和女子大学近代文化研究所、一九九三年三月一日
内海琢巳「旧制中学校教科書『國語』岩波書店刊（二）——岩波茂雄の所信について——」『学苑』第六五一号、昭和女

子大学近代文化研究所、一九九四年三月一日

内海琢巳「旧制中学校教科書『國語』岩波書店刊（三）――編集者西尾実の言語活動主義――」『学苑』第六六二号、昭和女子大学近代文化研究所、一九九五年三月一日

大塚浩「中等学校教育における国語教科書研究――青年学校成立期国語教科書の考察を通して――」『中国四国教育学会教育学研究紀要』第四〇巻第二部、一九九四年

木村勇人「大正時代における「国語副読本」の研究――「国語副読本」に見る「文学」と「教育」の接点――」『国語科教育』第四六号、全国大学国語教育学会、一九九九年三月三一日

木村勇人「大正時代における「国語副読本」成立の背景」『六浦論叢』第三三号、関東学院六浦中・高等学校『六浦論叢』編集委員会、二〇〇〇年四月二三日

紅野謙介「一九〇〇年前後・中等教育の再編と「国語」教科の成立――文学言語の歴史的布置の探求」『語文』第九五輯、日本大学国文学会、一九九六年六月二五日

後藤恒允「垣内松三研究――教材構造観と読解指導過程――」『研究所報』第二四号、秋田大学教育学部教育研究所、一九八七年三月二五日

後藤恒允「主題把握指導論史の研究」『秋田大学教育学部研究紀要』第三八集、一九八八年二月二九日

齊藤智哉「西尾実における国語教育論の転換――植民地視察による「話しことば」の再発見――」『国語科教育』第六一集、全国大学国語教育学会、二〇〇七年三月三一日

杉哲「西尾実鑑賞理論の展開」『国語教育研究誌』第一八号、大阪教育大学国語教育研究室、一九九七年五月一日

竹長吉正「昭和十三年の西尾実と日本語教育――新資料『新読本を中心としたる国語教育に就いて』（講演速記録）の発見をふまえて」『埼玉大学紀要教育学部』第五二巻第二号、二〇〇三年九月三〇日

竹長吉正「西尾実綴方教育論の生成過程――「自己実現」綴方と「習作写実」綴方――」『埼玉大学紀要教育学部』第五三巻第二号、二〇〇四年九月三〇日

立川正世「「教育実際家」たちの「大正新教育」」『中京大学教養論叢』第四三巻第三号、中京大学教養部、二〇〇二年一二月一〇日

西岡将美「昭和初期中等学校国語教科書について――岩波『國語』発刊に至るまでを中心に――」『皇學館論叢』第二五

巻第三号、皇學館大學人文學會、一九九二年六月一〇日
浜本純逸「中等国語教育一三〇年の歩み」『月刊国語教育研究』二〇〇六年六月号〜二〇〇九年二月号、東京法令出版
樋口太郎「垣内松三における国語学力論」『京都大学大学院教育学研究科紀要』第五一号、二〇〇五年三月三一日
藤森裕治「垣内松三『国語教育科学概説』の今日的意義——国語教育誌学における授業研究方法論に注目して——」『国語科教育』第五六集、全国大学国語教育学会、二〇〇四年九月三〇日
古家敏亮「大正期国語国字問題と〈国語教育〉・〈文学〉——国定教科書と第二次「早稲田文学」を手掛かり——」『早稲田大学国語教育研究』第一九集、早稲田大学国語教育学会、一九九九年三月三〇日
古橋恒夫「国語教育試論——西尾実の国語教育論と人間教育——」『子どもと教育——川並弘昭先生古稀記念論集——』同刊行委員会、二〇〇三年一二月一日
松崎正治・浜本純逸「昭和戦前期における西尾実の学習指導観——岩波『国語』とその教授用参考書の分析を通して——」『神戸大学教育学部研究集録』第七八集、一九八七年三月二〇日
三浦勝也「昭和初期の中学校国語読本についての考察」『東京都立工業高等専門学校研究報告』第三八号、二〇〇二年
諸井耕二「旧制中学校教科書：岩波編集部編『国語』全十巻をめぐって」『宇部工業高等専門学校研究報告』第三六号、一九九〇年三月
安直哉「国語教育におけるセンテンス・メソッドの考察」『岐阜大学教育学部研究報告・人文科学』第五五巻第一号、二〇〇六年一〇月
山口武美編・山口静一補「芥川龍之介作品　収載教科書書目　戦前編」『埼玉大学紀要　人文科学篇』第34巻、一九八五年一一月一一日
余郷裕次「中等国語教材史研究——見本本と供給本との比較考察（1）——」『大阪教育大学紀要　第V部門』第三八巻第二号、一九八九年一二月
余郷裕次「岩波『国語』（女子用）の考察——西尾実氏の書き下ろし教材「言葉」を中心に——」『語文と教育』第二号、鳴門教育大学国文学会、一九八八年八月三〇日

【哲学・思想・歴史】

・研究書

家永三郎編『日本の歴史』ほるぷ出版、一九七七年一一月
季武嘉也編『日本の時代史24　大正社会と改造の潮流』吉川弘文館、二〇〇四年五月二〇日
鈴木良ほか編『現代に甦る知識人たち』世界思想社、二〇〇五年一〇月二〇日
竹内章郎『いのちの平等論』岩波書店、二〇〇五年二月二四日
竹田純郎『モダンという時代——宗教と経済』法政大学出版局、二〇〇七年一月一五日
津田雅夫『和辻哲郎研究　解釈学・国民道徳・社会主義』青木書店、二〇〇一年四月二〇日
野田正彰『共感する力』みすず書房、二〇〇四年一月二〇日
R・J・バーンスタイン・丸山高司他訳『科学・解釈学・実践I』岩波書店、一九九〇年七月三〇日

・研究論文

上山春平「阿部次郎の思想史的位置——大正教養主義の検討——」『思想』第四二九号、岩波書店、一九六〇年三月

資料編

表1・1　『近代日本文芸読本』総目次

第一集

一	小説	最もよき夕	佐藤　春夫	一
二	随筆	千住の市場	吉田絃二郎	三一
三	詩	椰子の実	島崎　藤村	三五
四	小説	朝の散歩	谷崎　精二	三七
五	戯曲	仏陀と孫悟空	武者小路実篤	四九
六	短歌	「己が名を」其の他	石川　啄木	六一
七	小説	飼犬	野上弥生子	六三
八	詩	夕の星	土井　晩翠	七九
九	小説	笛を合はす人	室生　犀星	八一
一〇	俳句	「冴え返る」其の他	小沢　碧童	八七
一一	随筆	雀の巣	真山　青果	八九
一二	小説	薬草の花	加藤　武雄	九七
一三	詩	植ゑ忘れた百合の赤芽	岩野　泡鳴	一〇九
一四	小説	非凡なる凡人	国木田独歩	一一一
一五	戯曲	雪女	秋田　雨雀	一二七
一六	短歌	「愛しげに」其の他	窪田　空穂	一三七
一七	小説	競漕	久米　正雄	一三九
一八	小説	父の記憶	宇野　浩二	一六五
一九	詩	新体詩見本	斎藤　緑雨	一七三
二〇	戯曲	入鹿の父	岡本　綺堂	一七七
二一	随筆	郊外小景	近松　秋江	一九九
二二	俳句	「遣羽子や」其の他	高浜　虚子	二〇五
二三	小説	トロッコ	芥川龍之介	二〇七
二四	小説	嗚呼広丙号	山田　美妙	二一五
二五	詩	曙	千家　元麿	二三九
二六	随筆	練馬の一夜	大町　桂月	二四三
二七	随筆	植物園小品	北原　白秋	二五一
二八	短歌	「青麦の」其の他	尾上　柴舟	二五七
二九	小説	平凡	二葉亭四迷	二五九
三〇	小説	大判半裁紙（ストリントベルグ）	小山内　薫	二七三
三一	詩	遠き薔薇序詩	堀口　大学	二七九
三二	随筆	向島	坂本四方太	二八一
三三	小説	老曹長（リリエンクロオン）	森　鷗外	二八七

第二集

一	小説	出世	菊池 寛	一
二	評論	感激	徳富 蘇峰	一七
三	短歌	「曙として」其の他	土岐 善麿	二三
四	戯曲	ベテスダの池	小山内 薫	二五
五	随筆	小泉先生	厨川 白村	三七
六	俳句	「麦畑や」其の他	正岡 子規	四九
七	小説	トラピスト	島崎 藤村	五一
八	随筆	片瀬の回顧	広津 柳浪	五九
九	詩	障子	野口米次郎	六九
一〇	小説	漁場より	長田 幹彦	七一
一一	短歌	「山ざくら」其の他	与謝野晶子	八五
一二	小説	春	藤森 成吉	八七
一三	俳句	「のうれんの」其の他	松瀬 青々	九五
一四	戯曲	布施太子の入山	倉田 百三	九七
一五	詩	つれづれに	室生 犀星	一四一
一六	小説	四日間（ガルシン）	二葉亭四迷	一四三
一七	小説	小僧	岩野 泡鳴	一六三
一八	短歌	「緋縅の」其の他	落合 直文	一八三
一九	随筆	ふところ日記	川上 眉山	一八五
二〇	小説	小さき者へ	有島 武郎	一八九
二一	小説	興福寺の写真	高浜 虚子	二〇五
二二	詩	匂ひと響き	佐藤惣之助	二一三
二三	戯曲	塹壕の内	長田 秀雄	二一五
二四	短歌	「悲しみて」其の他	吉井 勇	二三五
二五	小説	輪廻	森田 草平	二三七
二六	戯曲	テムペスト（第一幕第二場）（シェークスピア）	坪内 逍遥	二四九
二七	短歌	「声ひそめ」其の他	土屋 文明	二七一
二八	評論	現代の欧羅巴と日本と我々と	生田 長江	二七三
二九	小品	「山鳥」其の他	夏目 漱石	二八三

第三集

一	随筆	日本の庭	永井 荷風	一
二	詩	両国	木下杢太郎	九
三	戯曲	地震	中村 吉蔵	一一
四	俳句	「鏈して」其の他	村上 鬼城	四一

五　小説　林野巡査の一日　中村　星湖　四三
六　詩　胸の上の孔雀　西条　八十　五七
七　評論　「空腹高心」其の他　高山　樗牛　五九
八　小説　不思議　小山内　薫　六三
九　短歌　「のびあがり」其の他　木下　利玄　七三
一〇　小説　祖母　加能作次郎　七五
一一　短歌　「上野山」其の他　正岡　子規　一〇五
一二　小説　小鳥の巣　鈴木三重吉　一〇七
一三　詩　騒擾　萩原朔太郎　一一九
一四　小説　U君とエス　広津　和郎　一二一
一五　戯曲　屋上の狂人　菊池　寛　一三三
一六　短歌　「すずめ子の」其の他　若山　牧水　一四九
一七　随筆　初対面　徳富健次郎　一五一
一八　小説　霧　豊島与志雄　一五七
一九　詩　欣求　川路　柳虹　一六九
二〇　小説　病日　小川　未明　一七三
二一　俳句　「傾きし」其の他　荻原井泉水　一八一
二二　小説　握手　久保田万太郎　一八三
二三　評論　人類愛について　武者小路実篤　一九九
二四　戯曲　地蔵教由来　久米　正雄　二〇七
二五　小説　ルイ・フィリップ王の出奔（ヴィクトル・ユーゴー）　森田　思軒　二三五
二六　短歌　「鬱蒼」と其の他　北原　白秋　二四五
二七　評論　精神の自由」　北村　透谷　二四九
二八　小説　兄弟　谷崎潤一郎　二五三
二九　評論　幽趣微韻　上田　敏　二九一

第四集

一　小説　国貞ゑがく　泉　鏡花　一
二　短歌　緘の如く　長塚　節　三三
三　評論　人生の熱愛者　安倍　能成　三五
四　小説　ゴンドラの一夜　有島　生馬　四一
五　詩　落葉（ポオル・ヴェルレエヌ）　上田　敏　五一
六　戯曲　海彦山彦　山本　有三　五三
一五　評論　日本は何を誇るか　和辻　哲郎　一四九
一六　詩　雨にうたるるカテドラル　高村光太郎　一五七
一七　戯曲　桐一葉（第七幕）　坪内　逍遥　一六五
一八　短歌　「おのづから」其の他　古泉　千樫　一七五
一九　評論　泰西人の見たる葛飾北斎　永井　荷風　一七七

七 評論 現代喜劇の経過	島村 抱月	七一
八 俳句 「春月や」其の他	大須賀乙字	七七
九 小説 馬糞石	葛西 善蔵	七九
一〇 詩 公園の薄暮	北原 白秋	九七
一一 戯曲 項羽と劉邦（第三幕第一場）	長与 善郎	一〇一
一二 短歌 「手をとりて」其の他	中村 憲吉	一二三
一三 小説 紫の血	上司 小剣	一二五
一四 俳句 「春山や」其の他	河東碧梧桐	一四七

二〇 小説 二人女房	尾崎 紅葉	一八九
二一 詩 炎	日夏耿之介	二二三
二二 小説 死	田山 花袋	二二五
二三 評論 切支丹迫害	内田 魯庵	二四一
二四 短歌 「青竹の」其の他	前田 夕暮	二四九
二五 小説 与太郎料理	饗庭 篁村	二五一
二六 戯曲 嚢の女	吉井 勇	二五五
二七 小説 高瀬舟	森 鷗外	二七七

第 五 集

一 小説 城崎にて	志賀 直哉	一
二 俳句 「木蓮は」其の他	松根東洋城	一一
三 戯曲 陰影	久保田万太郎	一三
四 短歌 逝く子	島木 赤彦	三七
五 評論 能楽に就いて	小宮 豊隆	三九
六 詩 ひとしづく	蒲原 有明	五一
七 小説 入江のほとり	正宗 白鳥	五五
八 短歌 「狂人の」其の他	斎藤 茂吉	九五
九 評論 思想と実行	阿部 次郎	九七
一〇 小説 昼――祭の日――	水上瀧太郎	一〇三
一一 俳句 「大凧の」其の他	内藤 鳴雪	一一七

一二 戯曲 誕生	谷崎潤一郎	一一九
一三 詩 帆綱	三木 露風	一三五
一四 日記 みづの上	樋口 一葉	一三七
一五 短歌 「天地の」其の他	伊藤左千夫	一四七
一六 小説 土	長塚 節	一四九
一七 詩 ああ大和にしあらましかば	薄田 泣菫	一六七
一八 小説 不幸な偶然	里見 弴	一七一
一九 短歌 「ためらはず」其の他	与謝野 寛	一八五
二〇 戯曲 仮面	森 鷗外	一八七
二一 小説 彼が三十の時	武者小路実篤	二一一

二二	俳句	「萍涼しく」其の他	中塚一碧楼	二二五
二三	小説	二日物語――彼一日――	幸田 露伴	二二七
二四	評論	金剛杵	斎藤 緑雨	二四一
二五	短歌	「女の童」其の他	佐佐木信綱	二四五
二六	戯曲	絵踏	木下杢太郎	二四七
二七	評論	歌よみに与ふる書	正岡 子規	二五七
二八	詩	なみだ	佐藤 春夫	二七五
二九	小説	感傷的の事	徳田 秋声	二七七
三〇	評論	スヰフトと厭世文学	夏目 漱石	二九三

＊番号と文種は便宜上筆者がつけたものである。

表1・2 『近代日本文芸読本』収録作家と作品名

＊○数字は、収録集の数字である。

あ	秋田 雨雀	「雪女」①
	芥川龍之介	「トロッコ」①
	有島 武郎	「小さき者へ」②
	安倍 能成	「人生の熱愛者」④
	有島 生馬	「ゴンドラの一夜」④
	饗庭 篁村	「与太郎料理」④
	阿部 次郎	「思想と実行」⑤
い	石川 啄木	「「己が名を」其の他」①
	岩野 泡鳴	「植ゑ忘れた百合の赤芽」①
	岩野 泡鳴	「小僧」②
	生田 長江	「現代の欧羅巴と日本と我々と」②
	泉 鏡花	「国貞ゑがく」④
	伊藤左千夫	「「天地の」其の他」⑤
う	宇野 浩二	「父の記憶」①
	上田 敏	「幽趣微韻」③
	上田 敏	「落葉（ポオル・ヴェルレエヌ）」④
	内田 魯庵	「切支丹迫害」④
お	小沢 碧童	「「冴え返る」其の他」①
	岡本 綺堂	「入鹿の父」①
	大町 桂月	「練馬の一夜」①
	尾上 柴舟	「「青麦の」其の他」①
	小山内 薫	「大判半裁紙（ストリントベルグ）」①
	小山内 薫	「ベテスダの池」②
	落合 直文	「「緋縅の」其の他」②
	小山内 薫	「不思議」③
	小川 未明	「病日」③
	荻原井泉水	「「傾きし」其の他」③
	大須賀乙字	「「春月や」其の他」④
	尾崎 紅葉	「二人女房」④
か	加藤 武雄	「薬草の花」①

川上　眉山「ふところ日記」②
加能作次郎「祖母」③
川路　柳虹「欣求」③
葛西　善蔵「馬糞石」④
上司　小剣「紫の血」④
河東碧梧桐「「春山や」其の他」④
蒲原　有明「ひとしづく」⑤

き

北原　白秋「植物園小品」①
菊池　寛「出世」②
木下杢太郎「両国」③
木下　利玄「「のびあがり」其の他」③
菊池　寛「屋上の狂人」③
北原　白秋「「鬱蒼と」其の他」③
北村　透谷「精神の自由」③
北原　白秋「公園の薄暮」④
木下杢太郎「絵踏」⑤

く

国木田独歩「非凡なる凡人」①
窪田　空穂「「愛しげに」其の他」①
久米　正雄「競漕」①
厨川　白村「小泉先生」②
倉田　百三「布施太子の入山（第一幕）」②
永井　荷風「泰西人の見たる葛飾北斎」④
久保田万太郎「握手」③
久米　正雄「地蔵教由来」③
久保田万太郎「陰影」⑤

こ

古泉　千樫「「おのづから」其の他」④
小宮　豊隆「能楽に就いて」⑤
幸田　露伴「二日物語――彼一日――」⑤

さ

佐藤　春夫「最もよき夕」①
斎藤　緑雨「新体詩見本」①
坂本四方太「向島」①
佐藤惣之助「匂ひと響き」②
西条　八十「胸の上の孔雀」③
斎藤　茂吉「「狂人の」其の他」⑤
里見　弴「不幸な偶然」⑤
斎藤　緑雨「金剛杵」⑤
佐佐木信綱「「女の童」其の他」⑤
佐藤　春夫「なみだ」⑤

し

島崎　藤村「椰子の実」①
島崎　藤村「トラピスト」②
島村　抱月「現代喜劇の経過」④
志賀　直哉「城崎にて」⑤
島木　赤彦「逝く子」⑤

す

鈴木三重吉「小鳥の巣」③
薄田　泣菫「ああ大和にしあらましかば」⑤

せ

千家　元麿「曙」①

た

谷崎　精二「朝の散歩」①
高浜　虚子「「遣羽子や」其の他」①
高浜　虚子「興福寺の写真」②
高山　樗牛「「空腹高心」其の他」③
谷崎潤一郎「兄弟」③
高村光太郎「雨にうたるるカテドラル」④

田山　花袋「死」④
谷崎潤一郎「誕生」⑤

ち

近松　秋江「郊外小景」①

つ

坪内　逍遥「テムペスト（第一幕第二場）（シェークスピア）」②
土屋　文明「「声ひそめ」其の他」②
坪内　逍遥「桐一葉（第七幕）」④

と

土井　晩翠「夕の星」①
徳富　蘇峰「感激」②
土岐　善麿「「瞢として」其の他」②
徳冨健次郎「初対面」③
豊島与志雄「霧」③
徳田　秋声「感傷的の事」⑤

な

長田　幹彦「漁場より」②
長田　秀雄「塹壕の内」②
夏目　漱石「「山鳥」其の他」②
永井　荷風「日本の庭」③
中村　吉蔵「地震」③
中村　星湖「林野巡査の一日」③
長塚　　節「鍼の如く」④
長与　善郎「項羽と劉邦（第三幕第一場）」④
中村　憲吉「「手をとりて」其の他」④
内藤　鳴雪「「大凧の」其の他」⑤
長塚　　節「土」⑤
中塚一碧楼「「萍涼しく」其の他」⑤
夏目　漱石「スヰフトと厭世文学」⑤

の

野上弥生子「飼犬」①
野口米次郎「障子」②

は

萩原朔太郎「騒擾」③

ひ

広津　柳浪「片瀬の回顧」②
広津　和郎「U君とエス」③
日夏耿之介「炎」④
樋口　一葉「みづの上」⑤

ふ

二葉亭四迷「平凡」①
藤森　成吉「春」②
二葉亭四迷「四日間（ガルシン）」②

ほ

堀口　大学「遠き薔薇序詩」①

ま

真山　青果「雀の巣」①
正岡　子規「「麦畑や」其の他」②
松瀬　青々「「のうれんの」其の他」②
正岡　子規「「上野山」其の他」③
前田　夕暮「「青竹の」其の他」④
松根東洋城「「木蓮は」其の他」⑤
正宗　白鳥「入江のほとり」⑤
正岡　子規「歌よみに与ふる書」⑤

み

水上滝太郎「昼――祭の日――」⑤
三木　羅風「帆綱」⑤

む

武者小路実篤「仏陀と孫悟空」①
室生　犀星「笛を合はす人」①
室生　犀星「つれづれに」②
村上　鬼城「「鏈して」其の他」③
武者小路実篤「人類愛について」③
武者小路実篤「彼が三十の時」⑤

も　森　鷗外「老曹長（リリエンクロオン）」①　森田　草平「輪廻」②
森田　思軒「ルイ・フィリップ王の出奔（ヴィクトル・ユーゴー）」③
森　鷗外「高瀬舟」④
森　鷗外「仮面」⑤

や　山田　美妙「嗚呼広丙号」①
山本　有三「海彦山彦」④

よ　吉田絃二郎「千住の市場」①
与謝野晶子「「山ざくら」其の他」②
吉井　勇「「悲しみて」其の他」②
吉井　勇「囊の女」④
与謝野　寛「「ためらはず」其の他」⑤

わ　若山　牧水「「すずめ子の」其の他」③
和辻　哲郎「日本は何を誇るか」④

文種別収録数

	小説	戯曲	随筆	評論	短歌	俳句	詩	合計	うち翻訳
第一集	13	3	6		3	2	6	33	2
第二集	8	4	5	2	5	2	3	29	2
第三集	10	3	2	4	4	2	4	29	1
第四集	8	4		5	4	2	4	27	1
第五集	8	4	1	5	5	3	4	30	
合計	47	18	14	16	21	11	21	148	6

＊随筆に、「写生文」、「小品」、「日記」を含む。
＊短歌は各四～六首（合計一〇四首）、俳句は各五句（合計五五句）である。
＊翻訳　第一集は小説二、第二集は小説一、戯曲一、第三集は小説一、第四集は詩一である。

表1・3　収録作品の主題　第一集

＊○は該当する主題内容があることを示している。

	作品名	郊外	風物	家庭	学校	少年	追憶	幻想	歴史	宗教	労働	鉄道	軍隊
1	佐藤春夫「最もよき夕」								○	○	○		
2	吉田絃二郎「千住の市場」		○			○					○	○	
3	島崎藤村「椰子の実」						○						
4	谷崎精二「朝の散歩」		○				○						
5	武者小路実篤「仏陀と孫悟空」					○			○	○			
6	石川啄木「「己が名を」其の他」			○		○	○						
7	野上弥生子「飼犬」	○		○									
8	土井晩翠「夕の星」						○		○				
9	室生犀星「笛を合はす人」							○	○				
10	小沢碧童「「冴え返る」其の他」		○										
11	真山青果「雀の巣」	○		○									
12	加藤武雄「薬草の花」			○			○						
13	岩野泡鳴「植ゑ忘れた百合の赤芽」						○						
14	国木田独歩「非凡なる凡人」				○	○					○		
15	秋田雨雀「雪女」					○		○					
16	窪田空穂「「愛しげに」其の他」			○			○				○		

17	久米正雄「競漕」		○		○								
18	宇野浩二「父の記憶」			○			○	○					
19	斎藤緑雨「新体詩見本」												
20	岡本綺堂「入鹿の父」			○	○					○			
21	近松秋江「郊外小景」	○	○										
22	高浜虚子「「遺羽子や」其の他」		○										
23	芥川龍之介「トロッコ」			○		○	○					○	
24	山田美妙「嗚呼広丙号」												○
25	千家元麿「曙」	○									○		
26	大町桂月「練馬の一夜」	○		○			○						
27	北原白秋「植物園小品」		○										
28	尾上柴舟「「青麦の」其の他」		○										
29	二葉亭四迷「平凡」			○		○	○						
30	小山内薫「大判半裁紙」（ストリントベルグ）						○						
31	堀口大学「遠き薔薇序詩」						○						
32	坂本四方太「向島」		○										
33	森鷗外「老曹長（リリエンクロオン）」						○		○				○

第二集

	作品名	郊外	風物	下町	家族	学校	歴史	宗教	労働	社会	鉄道	少年	追憶	幻想	軍隊	文体
1	菊池寛「出世」					○			○				○			
2	徳富蘇峰「感激」						○	○		○						
3	土岐善麿「「⿰日曹として」其の他」								○							
4	小山内薫「ベテスダの池」							○								
5	厨川白村「小泉先生」					○			○							
6	正岡子規「「麦畑や」其の他」															
7	島崎藤村「トラピスト」			○				○	○							
8	広津柳浪「片瀬の回顧」		○													
9	野口米次郎「障子」									○						
10	長田幹彦「漁場より」								○							
11	与謝野晶子「「山ざくら」其の他」		○													
12	藤森成吉「春」	○	○		○											
13	松瀬青々「「のうれんの」其の他」		○													
14	倉田百三「布施太子の入山」				○		○	○								
15	室生犀星「つれづれに」		○													
16	二葉亭四迷「四日間（ガルシン）」				○										○	

17	岩野泡鳴「小僧」	○														
18	落合直文「「緋縅の」其の他」		○		○											
19	川上眉山「ふところ日記」															
20	有島武郎「小さき者へ」				○											
21	高浜虚子「興福寺の写真」				○		○						○			○
22	佐藤惣之助「匂ひと響き」		○													
23	長田秀雄「塹壕の内」														○	
24	吉井勇「「悲しみて」其の他」		○													
25	森田草平「輪廻」				○		○				○			○		
26	坪内逍遥「テムペスト（シェークスピア）」				○											○
27	土屋文明「「声ひそめ」其の他」		○													
28	生田長江「現代の欧羅巴と日本」									○						
29	夏目漱石「「山鳥」其の他」															○

第三集

	作品名	郊外	風物	下町	家族	学校	歴史	宗教	労働	社会	文芸	少年	追憶	幻想	軍隊	文体
1	永井荷風「日本の庭」		○													
2	木下杢太郎「両国」			○												
3	中村吉蔵「地震」				○											
4	村上鬼城「「鏈して」其の他」		○													
5	中村星湖「林野巡査の一日」				○				○			○				
6	西条八十「胸の上の孔雀」												○			
7	高山樗牛「「空腹高心」其の他」									○						
8	小山内薫「不思議」													○		
9	木下利玄「「のびあがり」其の他」		○		○											
10	加能作次郎「祖母」				○											
11	正岡子規「「上野山」其の他」		○													
12	鈴木三重吉「小鳥の巣」				○											
13	萩原朔太郎「騒擾」													○		
14	広津和郎「U君とエス」				○				○							
15	菊池寛「屋上の狂人」				○											
16	若山牧水「「すずめ子の」其の他」		○													

		1	2	3	4	5	6	7	8	9	10	11	12	13	14	15
17	徳冨健次郎「初対面」								○	○						
18	豊島与志雄「霧」													○		
19	川路柳虹「欣求」							○		○						○
20	小川未明「病日」											○	○			
21	荻原井泉水「「傾きし」其の他」		○													
22	久保田万太郎「握手」					○							○			
23	武者小路実篤「人類愛について」									○						
24	久米正雄「地蔵教由来」							○						○		
25	森田思軒「ルイ・フィリップ王の出奔(ヴィクトル・ユーゴー)」						○									○
26	北原白秋「「鬱蒼と」其の他」		○													
27	北村透谷「精神の自由」									○						
28	谷崎潤一郎「兄弟」				○		○									
29	上田敏「幽趣微韻」										○					

第四集

	作品名	郊外	風物	下町	家族	学校	歴史	宗教	労働	社会	文芸	少年	追憶	幻想	軍隊	文体
1	泉鏡花「国貞ゑかく」				○	○						○		○		○
2	長塚節「緘の如く」				○											
3	安倍能成「人生の熱愛者」									○	○					
4	有島生馬「ゴンドラの一夜」		○											○		
5	上田敏「落葉（ポオル・ヴエレエヌ）」		○										○			○
6	山本有三「海彦山彦」				○		○									
7	島村抱月「現代喜劇の経過」										○					○
8	大須賀乙字「「春月や」其の他」		○													
9	葛西善蔵「馬糞石」									○						
10	北原白秋「公園の薄暮」		○											○		
11	長与善郎「項羽と劉邦（第三幕第一場）」						○									
12	中村憲吉「「手をとりて」其の他」				○											
13	上司小剣「紫の血」				○					○					○	
14	河東碧梧桐「「春山や」其の他」		○													
15	和辻哲郎「日本は何を誇るか」									○						
16	高村光太郎「雨にうたるるカテドラル」		○								○					

17	坪内逍遥「桐一葉（第七幕）」				○		○									○
18	古泉千樫「「おのづから」其の他」				○											
19	永井荷風「泰西人の見たる葛飾北斎」										○					
20	尾崎紅葉「二人女房」				○											○
21	日夏耿之介「炎」									○				○		
22	田山花袋「死」														○	
23	内田魯庵「切支丹迫害」						○	○	○							
24	前田夕暮「「青竹の」其の他」		○													
25	饗庭篁村「与太郎料理」				○											○
26	吉井勇「嚢の女」						○							○		
27	森鷗外「高瀬舟」				○		○			○						

第五集

	作品名	生死	風物	下町	家族	学校	歴史	宗教	労働	社会	文芸	少年	追憶	幻想	軍隊	文体
1	志賀直哉「城崎にて」	○														
2	松根東洋城「「木蓮は」其の他」		○													
3	久保田万太郎「陰影」				○	○										
4	島木赤彦「逝く子」	○			○											
5	小宮豊隆「能楽に就いて」										○					
6	蒲原有明「ひとしづく」	○														
7	正宗白鳥「入江のほとり」				○	○				○						
8	斎藤茂吉「「狂人の」其の他」									○						
9	阿部次郎「思想と実行」									○	○					
10	水上滝太郎「昼――祭の日――」									○						
11	内藤鳴雪「「大凧の」其の他」		○													
12	谷崎潤一郎「誕生」	○			○		○									
13	三木羅風「帆綱」		○											○		
14	樋口一葉「みづの上」										○					○
15	伊藤左千夫「「天地の」其の他」		○							○						
16	長塚節「土」				○				○	○						

17	薄田泣菫「ああ大和にしあらましかば」		○				○									○
18	里見弴「不幸な偶然」	○			○											
19	与謝野寛「「ためらはず」其の他」							○								
20	森鷗外「仮面」	○			○					○						
21	武者小路実篤「彼が三十の時」				○						○					○
22	中塚一碧楼「「萍涼しく」其の他」		○							○						
23	幸田露伴「二日物語――彼一日――」				○			○								
24	斎藤緑雨「金剛杵」										○					
25	佐佐木信綱「「女の童」其の他」		○				○									
26	木下杢太郎「絵踏」	○					○	○						○		
27	正岡子規「歌よみに与ふる書」										○					
28	佐藤春夫「なみだ」										○					
29	徳田秋声「感傷的の事」				○											
30	夏目漱石「スキフトと厭世文学」						○				○					

「近代日本文芸読本」縁起・序・凡例

「近代日本文芸読本」縁起

僕は大正十二年九月一日、即ち大地震のあつた当日に友人神代種亮氏の紹介により、書肆興文社の石川氏から「近代日本文芸読本」を編纂してくれろと言ふ依頼を受けた。何でも石川氏の計画によれば、明治大正の諸作家の作品を集めた副読本用の選集を出版したいとか言ふことだつた。僕は格別この仕事を大事業とも何とも思はなかつたから、やつて見ても好いと返事をした。しかしこれはとりかかつて見ると、漫然と僕の想像してゐたよりも遥かに骨の折れる仕事だつた。僕は実際どうかすると本職も碌に出来ぬのに驚き、何度もこの仕事を抛たうとした。が、石川氏はその度に巧みに僕の機嫌をとり、如何に抛たうと試みても、到底抛たれぬやうに仕向けて行つた。たとへば「近代日本文芸読本」は始は文部省の検定を受け、学校用副読本になる筈だつた。けれども検定を受ける為には有島武郎、武者小路実篤両氏の作品を除かなければならぬ。両氏の作品を除くことは勿論天下の好奇心を刺戟し、両氏の著書の発行部数を百倍せしめるのに違ひない。僕は何もその売れ行きに異存を持つてゐる次第ではなかつた。しかし「近代日本文芸読本」は「近代日本文芸読本」にしたかつたから、やはり両氏の作品は保存することに決定した。が、この時にも石川氏は快く僕の意見を容れ、「では検定を受けないことにしませう」と即座に初志を撤回した。これは必しも石川氏には易々たる犠牲ではなかつたであらう。しかし石川氏の僕を待つことは概ねかう言ふ調子だつた。僕はその為に苦情を言ひ言ひ、始に依頼を受けた時から一年有半を閲した後、やつと「近代日本文芸読本」五冊の編纂を終ることになつた。今編纂を終るのに当り、この縁起を記したのは啻にBook-makingの男児一生の大業たることを世間に広告する為ばかりではない。同時に又如何に安請け合ひの自他ともに苦しめるかを僕自身末代までも忘れざらんことを期する為である。

大正十四年三月

芥川龍之介

「近代日本文芸読本」の序

「近代日本文芸読本」は明治大正の諸作家の作品中、道徳、法律、社会的慣例等に牴触せず、しかも文芸的或は文芸史的に一読の価値のある作品を百四十八篇（短歌や俳句は数首或は数句を一篇とし）収めたものである。しかしこの読本に収めた諸作家の外に必しも作家のない訣ではない。現に編者は種種の事情により、明治初葉の諸作家――たとへば河竹黙阿弥を割愛した。のみならずこの読本に収めた作品は各作家の面目の一斑は示してゐるにもせよ、その又面目の全豹を示してゐるかどうかは疑問である。若しこの読本を目するのに近代日本文芸選集を以てするならば、それは編者を誤るばかりではない、恐らくは明治大正の諸作家にも（この読本に洩れたると否とを問はず）累を及ぼすことになるであらう。編者は唯この読本が在来の文芸読本よりも若干の長所のあることを信じ、併せて文芸的教育の上にも多少の貢献を与へることを期待してゐるのに過ぎないのである。

文芸的教育の特長は今更多言を費さずとも好い。唯編者の一言したいのは文芸的教育の「特短」である。文芸的教育は特長と共に時には「特短」をも説かれぬことはない。しかしその「特短」とは何かと言へば、薄志弱行に陥るとか、偸安姑息に傾くとか、いづれも文芸的教育とは直接に縁のないことばかりである。薄志弱行の輩や偸安姑息の徒も尚且文芸を愛するであらう。がそれは偶彼等の園芸をも愛するのと同じことである。よし又文芸を愛した為に悪徳を学んだものがあるとしても、一を以て他を律するとすれば、我等は日射病を予防する為にもやはり日輪を打ち砕かなければならぬ。編者がこの読本を編したのは勿論文芸的教育の「特短」を認めてゐない為である。けれども万一この読本にさへ毒せられるもののあつた時には、編者は決して教育家諸君や年長老諸君や青年諸君の「特短」を認めるのを辞せないであらう。

この読本の成つたのは勿論編者の力の外にも高作の掲載を許された諸氏、殊にこの読本に掲る為に高作の全部或は一部に加筆の労を吝まれなかつた有島生馬、佐藤春夫、広津和郎、上司小剣、長田幹彦、藤森成吉、久米正雄等の諸氏の好意に待つ所の多いものである。更に又この読本の編纂の上には泉鏡花、鈴木三重吉、久米正雄、久保田万太郎、菊池寛、広津和郎、室生犀星、小島政二郎、佐佐木茂索等の諸氏も便宜を与へられたことは尠少ではない。いづれも礼を失するのを避けず、編者のここに深謝の意を表したいと思ふ所以である。

大正十四年十月　　編者記

「近代日本文芸読本」の凡例

一　「近代日本文芸読本」に収められた作品は一篇一人（たとへば森鷗外）に当るよりも、寧ろ一篇一作家（たとへば小説家森鷗外や翻訳家森鷗外を除外した戯曲家森鷗外）に当るものである。

二　「近代日本文芸読本」に収められた作品は総計百四十八篇中十篇前後を除外すれば、悉く一篇として独立したものである。

三　「近代日本文芸読本」に収めた作品は大体中学の一学年から五学年に至る学生諸君の読書力に準じて配列したものである。（しかし念の為に注意すれば、勿論容易に読み得るのは容易に味はひ得るのと同じことではない。）

四　「近代日本文芸読本」に収めた作品はいづれも文字や仮名遣ひの上に或程度の統一を保つたものである。但し各作家の特に用ゐた文字や仮名遣ひは改めてゐない。これは又この本の校正と共に一に神代種亮氏を煩はす外はなかつたものである。

表1・4　『近代日本文芸読本』収録作品の初出と梗概

【注】

・『近代日本文芸読本』は、一頁につき四二字×一八行で、総字数七五六字、四百字詰め原稿用紙換算約二枚である。

・「初出紙誌」及び「最初の単行本収録」は、国立国会図書館、大学図書館などでの調査結果である。ただし、すべて現物確認ができているわけではない。空欄は本書刊行時点で不明のものである。日付のみは、発表年月が判明したものである。また、雑誌名は「　」、単行本名は『　』で示した。初出紙誌のうち、定期刊行誌の日付（一日が大半である）は省略した。

・「梗概と特徴」は、編者の意図を理解するために必要なものを収めた。本文で示したものもある。短歌と俳句は、収録作をそのまま載せた。

『近代日本文芸読本』第一集　収録作品の初出と梗概

作者名	作品名	分野	頁	初出紙誌・年月日	最初の単行本収録・年月日	梗概と特徴 ＊作家履歴・文学史上の評価など
佐藤　春夫	最もよき夕	小説	28	「新潮」第三〇巻第四号一九一九(大正八)年四月	『美しき町』一九二〇（大正九）年一月一八日、天佑社 ＊「最もよき夕」題は、『蝗の大旅行』（一九二六年九月、改造社）に収録。	初出時の原題は、「どうして魚の口から一枚の金が出たか?」といふ神聖な噺」。カペナウンという町の役人がキリストに課税した。キリストがペテロに言ったとおり釣った魚の口から金が出てきた。
吉田絃二郎	千住の市場	随筆（写生文）	3		『小鳥の来る日』一九二一（大正一〇）	青物市場の賑わいとそこに出入りする人々のようすを描く。

					年七月一七日、新潮社	
島崎　藤村	椰子の実	詩	1	「新小説」五年八巻 一八九〇(明治三三)年六月	『若菜集』 一八九七(明治三〇)年八月二九日、春陽堂	名も知らぬ遠き島より流れよる椰子の実に、自らの流浪の思いを重ねる。 ＊初出誌には「海草其二」。
谷崎　精二	朝の散歩	小説	10	一九一八(大正七)年八月	『静かなる世界』 一九二〇(大正九)年一月三〇日、聚英閣	朝の散歩に出た左吉雄は、途中で昔住んだK町に足を向ける。そこで、昔のことを懐かしく思い出す。
武者小路実篤	仏陀と孫悟空	戯曲	11	「雄弁」第一一巻第九号 一九二〇(大正九)年九月	『土地』 一九二一(大正一〇)年一月二五日、新しき村出版部・曠野社	高慢で自己中心的な孫悟空に慈悲の心の仏陀とのやりとり。孫悟空は仏陀のもとから去ろうとするが、結局は仏陀の掌にいる。(三幕) ＊「雄弁」創作欄冒頭に掲載。武者小路選集5『桃源にて』(一九二四(大正一三)年五月二二日、新潮社)に再録。一九二二(大正一一)年一二月に有楽座で初演。
石川　啄木	「己が名を」其の他	短歌	1	「己が名を……」 「明星」 一九〇八(明治四一)年七月 「しめらへる……」 「東京毎日新聞」 一九一〇(明治四	『一握の砂』 一九一〇(明治四三)年一二月一日、東雲堂書店 『悲しき玩具』 一九一二(明治四五)年六月二〇日、東雲	己が名をほのかに呼びて 涙せし 十四の春にかへる術なし しめらへる煙草を吸へば おほよその わが思ふことも軽くしめれり 真剣になりて竹もて犬を撃つ

				三）年六月一三日 「真剣に……」 『一握の砂』 「かなしきは……」 「詩歌」 一九一一（明治四四）年九月 「すつぽりと……」 『悲しき玩具』	堂書店	小児の顔を よしと思へり かなしきは我が父！ 今日も新聞を読みあきて 庭に小蟻と遊べり すつぽりと蒲団をかぶり 足をちぢめ 舌を出してみぬ難にともなしに ＊第一歌集『一握の砂』と第二歌集（遺稿集）『悲しき玩具』より。
野上弥生子	飼犬	小説	15	「ホトトギス」第一四巻第一号 一九一〇（明治四三）年一〇月	『新しき命』 一九一六（大正五）年一一月五日、岩波書店	飼犬のスコッチコリー犬は、吠え方が恐く、近所の皆から恐がられていた。曾代子は、この犬の瞳に自分の姿が映ることを発見してから、とても愛着を抱くようになる。しかし、ある時、叱られて姿を消す。心配していたが、ようやく帰ってきた。
土井　晩翠	夕の星	詩	1	「反省雑誌」 一八九八（明治三一）年八月	『天地有情』 一八九九（明治三二）年四月七日、博文館	天空の一つの星に、天体に詳しかったカルデア人も見たという歴史の悠久を重ね、自らの世の争いに疲れ、幸福の遠いのを嘆く。 ＊『天地有情』は、晩翠の第一詩集。出版社は出版をしぶったが、再版を重ねた。「夕の星」原題は「夕の声」。
室生　犀星	笛を合はす人	小説	4	「日本詩人」 一九二二（大正一一	『萬花鏡』 一九二三（大正一二）	三位博雅がもう一人の三位と朱雀門で合わせたという笛を、後に浄蔵が吹い

				二）年一一月	年一月一〇日、京文社	たところ、付いていた二枚の葉がかれて落ちたという話。
小沢　碧童	「冴え返る」其の他	俳句	1	「冴え返る」「花もはや」『続最中集』一九二四（大正一三）年四月一三日「今朝冬や」『最中集』「災後句録」一九二三（大正一二）年九月～一九二四（大正一三）年二月「中央公論」一九二六（大正一五）年九月「旅持の」「婚礼の」『続春夏秋冬』抄　一九〇三（明治三六）年～一九〇七（明治四〇）年	『碧童句集』一九六〇（昭和三五）年二月二〇日、中央公論事業出版	冴え返る深川に来て海の端 草庵春興 花もはや板屋楓の芽のほぐれ 旅持の行李なつかし土用干 今朝冬や格子から来る朝日影 婚礼の鯛の御用や年の暮
真山　青果	雀の巣	随筆	6	「早稲田文学」一九一〇（明治四三）年七月	単行本未収録	二階の縁側に雀が巣をかけた。僕たち周囲のものはずいぶん気を使って過ごすが、なかなか上手に子育てができない。そうこうしているうちに巣が壊れてしまった。でも、また次の日からせっ

						せと巣を作る。
加藤　武雄	薬草の花	小説	10	「国粋」一九二一（大正一〇）年六月	『幸福の国』一九二二（大正一一）年五月一五日、新潮社	何をやってもうまくいかない父が、薬草栽培を始めた。結局、これも失敗する。しかし、この花がたくさん咲いた。この種をもらった彼は、良き父、愛すべき父からの贈り物と思った。
岩野　泡鳴	植ゑ忘れた百合の赤芽	詩	1	一九一八（大正七）年五月	『日本詩集』一九一九（大正八）年四月一〇日、新潮社 『泡鳴全集』第九巻一九二二（大正一一）年四月一八日、国民図書	人の留守を尋ねたしるしに買ってきた百合の一根を植え忘れていたが、芽を出して、その人のことを思い出した。
国木田独歩	非凡なる凡人	小説	14	「中学世界」一九〇三（明治三六）年三月	『運命』一九〇六（明治三九）年三月一八日、佐久良書房	武士の子桂正作は、『西国立志編』の愛読後、独力で運命を拓くべく、工業学校に進学、上京し就職。立身出世を果たす。 ＊第三小説集『運命』は、新文学の代表的作品集として注目され、急激に独歩の名が高まった。
秋田　雨雀	雪女	戯曲	9	「中央公論」第三巻第三九号一九一八（大正七）年八月		一幕二場。遊んで遅く帰る子どもをつかまえて、乳を飲ませて大男に変えてしまう恐い雪女の夢を見た子どもの話。 ＊「雪女・吹雪の夜」（童話劇）

窪田　空穂	「愛しげに」其の他	短歌	1	下に同じ	『土を眺めて』一九一八（大正七）年一二月一八日、国民文学社	愛しげに我を見つつも此を見よと節高き指を示しませり父は いかなればただ一人我のさみしきや夕食うれしみ食ぶる家びと さみしさのまぎるるべくは肥桶のきたなき擔ぎ畑にも行かむ 我を見てものいはぬ母はうれはしさ堪ふるに余り涙こぼさす 稲倉の峻しき山路のぼりつつ青草の上に汗ごしたり ＊「若かりし日を思ひ出でて」の五首。
久米　正雄	競漕	小説	25	「新思潮」第四号 一九一六（大正五）年六月一日	『学生時代』一九一八（大正七）年五月二八日、新潮社	大学春季競漕会での、農科との大事な一戦を前に欠員を生じた文科は、やっとのことで選手を決める。合宿や学習院との競漕会で力をつけ、いよいよ農科との戦いで勝利をした。 ＊全文
宇野　浩二	父の記憶	小説	7	「国粋」第二巻第六号 一九二一（大正一〇）年六月	『わが日・わが夢』一九二二（大正一一）年二月一五日、隆文館	幼くして父と死に別れた私は、父の記憶をたどろうとした。しかし、一向に何も出てこなかったが、ある日から、父が鬼と一緒に踊っている姿を幻覚なのか、夢なのか見るようになった。
斎藤　緑雨	新体詩見本	詩	2	「二六新報」 一八九四（明治二七）年一一月八日～一八日	『あま蛙』一八九七（明治三〇）年五月、博文館	「新体詩抄」で新詩型を提唱した外山正一、国文学者の上田万年、読売新聞の鳥居選「懸賞募集軍歌」を模して作詩した。

岡本　綺堂	入鹿の父	戯曲	20	発表紙誌なし	『綺堂戯曲集』一九二四（大正一三）年五月六日、春陽堂	史劇。仏教の加護を背景に権勢を振るった蘇我蝦夷・入鹿親子の滅亡を描く。 ＊一九一五（大正四）年六月、本郷座で初演（左団次、寿美蔵、松蔦）。
近松　秋江	郊外小景	随筆	5	「時事新報」（夕）一九二二（大正一一）年九月一四日〜一六日	『秋江随筆』一九二三（大正一二）年六月二五日、金星堂	東中野へ移住した家で、竹・芭蕉・柿・雁来紅を植え育てる思いを綴る。 ＊「随筆感想叢書10」の一冊として刊行された『秋江随筆』に収められた。
高浜　虚子	「遣羽子や」其の他	俳句	1	「遣羽子や」「ホトトギス」一九〇〇（明治三三）年一月 「薄氷の」不明（全集未収録） 「山の上」「ホトトギス」一九〇〇（明治三三）年七月 「雞の」新聞「日本」一八九七（明治三〇）年九月四日 「蠣量る」不明（全集未収録）	『虚子句集』一九一五（大正四）年一〇月二四日、植竹書院	遣羽子やかはりの羽子を頬髭 薄氷の草を離るる汀かな 山の上の涼しき神や夕参り 雞の空時つくる野分かな 蠣量る水の寒さや升の中 ＊「ホトトギス」第三巻第四号、募集俳句、選考吟。

芥川龍之介	トロッコ	小説	7	「大観」第五巻第三号 一九二二（大正一一）年三月	『春服』 一九二三（大正一二）年五月一八日、春陽堂	小田原軽便鉄道工事の土工に誘われてトロッコに乗ってしまったばかりに暗い夜道を家まで泣く泣く帰ることになった良平の体験。
山田　美妙	鳴呼広丙号	小説	23	「新小説」第二年第七巻 一八九七（明治三〇）年六月	『美妙選集』 一九三五（昭和一〇）年一〇月、立命館出版部	軍艦広丙号が台湾海峡で沈没した事件を乗船していた藤木海軍仕官の見聞を美妙が記した形式を採っている。 ＊『美妙選集』に「時事・世話小説集」として収録。
千家　元麿	曙	詩	2	「白樺」 一九一九（大正八）年一月	生前刊行詩集には未収録	人気のない静かな夜明けの町を事務員らしき女性が都会の方へゆっくり歩いていく様子。
大町　桂月	練馬の一夜	随筆	6	一九〇七（明治四〇）年	『桂月文選』 一九一五（大正四）年一月五日、至誠堂書店	甥と一緒に姪の嫁いだ練馬の家に出かけた。二〇年前、兄嫁と出かけたが、兄が亡くなり、練馬に里子に出した縁である。それぞれの家族の身の上を聞くと、やさしい家族のことや早死にしている家族のことなどが身につまされる。 ＊『桂月文選』は「紀行」「叙景」「抒情」「議論」「書簡」「雑」に分類されている。本文は「雑」に入る。
北原　白秋	植物園小品	随筆	5	「創作」一巻三号 一九一〇（明治四三）年五月	『桐の花』 一九一三（大正二）年一月五日、東雲堂書店	午後三時過ぎに植物園に入る。シュロラン、キミガヨラン、迎春花、沈丁の花などを見る。 ＊原題「春の suggestion（暗示）——

						植物園スケッチの一――」。『桐の花』は、白秋の第一歌集。
尾上　柴舟	「青麦の」其の他	短歌	1	「青麦の」一九二〇（大正九）年 「くろぐろと」一九一九（大正八）年 「さわらかに」一九一九（大正八）年 「初秋の」一九二二（大正一一）年	『朝ぐもり』一九二五（大正一四）年五月一五日、紅玉堂書店	夏の初甲斐の国を過ぎて 青麦の穂尖光らせ風ふけどいまだ散らざる山桐の花 一の宮にて くろぐろと浜を埋めて干す魚の匂に夏も近よれるらし 長瀞にて 初秋の日射曇れば水に添ふ巌の皺のさやかに見ゆ 飯能にて さわらかに松より透ける秋の日に乾きてならぶ山の岩かな ＊一九一九（大正八）年五月、中等学校教員検定試験委員〈国語、習字〉となり、この制度の終わるまで続く。（藤原幾太「尾上柴舟年賦」より）
二葉亭四迷	平凡	小説	12	「東京朝日新聞」一九〇七（明治四十）年一〇月三〇日～一二月三一日	『平凡』一九〇八（明治四一）年三月二八日、文淵堂書店・如山堂書店	若後家で男勝りの祖母、心の丸い父、働き者の母に囲まれて育った幼少期を追憶する。平凡な私は、家では威張るが外ではいじめられていた。その私にはやさしかった祖母の死は、とても悲しかった。 ＊新聞連載第二回途中から七回までを抜き出している。

小山内　薫	大判半裁紙（ストリントベルク）	小説	4			家財道具をすべて片付け、引越しする男は、一枚の大判半裁紙を発見した。そこには、彼の一生に起こったできごとが記載されていた。 ＊『世界短編小説大系南欧・北欧篇』（近代社、一九二六年五月六日）にあり。初出はさらに古いと予想されるが、不明。
堀口　大学	遠き薔薇序詩	詩	1	下に同じ	『堀口大学選集　遠き薔薇』一九二三（大正一二）年五月一七日、新潮社	私の歌は、あるのかないのかはっきりしていない。ありありと眼には見えないが、風が吹けば、匂いはゆれるほどの存在だ。
坂本四方太	向島	随筆（写生文）	5	「ホトトギス」一九〇四（明治三七）年一一月		マサちゃんと向島に出かけた。両国から一銭蒸気に乗り、百花園へ行く。言問に入り、端艇をする学生を横目に団子屋で団子を食べる。マサちゃんが、都鳥を鳩と間違える。
森　鷗外	老曹長（デトレフ・フォン・リリエンクロオン）	小説（翻訳）	7	「東亜之光」第七巻第一号　一九一二（明治四五）年一月	『十人十話』一九一三（大正二）年五月二八日、実業之日本社	独立戦争の頃、ナポレオンの連隊で曹長を拝命した人物が、老年になり生涯の戦役を省みながら亡くなったのを目撃した兵士たちが彼の家族を探すことにした話。

『近代日本文芸読本』第二集　収録作品の初出と梗概

作者名	作品名	分野	頁	初出紙誌・年月日	最初の単行本収録・年月日	梗概と特徴 ＊作家履歴・文学史上の評価など
菊池　寛	出世	小説	14	「新潮」一九二〇（大正九）年一月	『極楽』一九二〇（大正九）年七月一八日、春陽堂	譲吉は翻訳の原稿をなくし、探し回ったあげくに上野の図書館にたどりつく。ひどい草履を履いていたため下足番に札をもらえず、いやな思いをした。一生をここで過ごす下足番は卑屈なのだと思った。そんな思い出の図書館に生活にゆとりの持てた一二年後の今再訪した。下足番は出世していた。譲吉はどんな境遇にも望みがあると思い何とも言えない嬉しい心持がした。
徳富　蘇峰	感激	評論	4			人の一生の運命は、瞬間の感激によって決まる。人はどういう時に感激するか。保羅、諸葛孔明、ハンニバル、チュシチデス、小野道風、太田道灌には、解悟の一息がある。それは自ら己に応ずるところがあるからである。
土岐　善麿	「曚として」其の他	短歌	1	「指をもて」「詩歌」一九一一（明治四四）年九月	『黄昏に』一九一二（明治四五）年二月一八日、東雲堂書店	曚として／耳遠くなり、灯ともりぬ、／この忙がしき一隅の椅子。 すとうぶのぬくみの、膝に消えやらぬ、／たそがれの街を、／かくてかへるなり。 めづらしく／この冬ぞらの、ほのぼの

						と／いまだあかるき家にかへりつ。指をもて遠く辿れば、水いろの／ヴォルガの河の／なつかしきかな。むづかしき主筆の顔の、／わが顔のまへに、／大きくびろがりぬ。――いつか眠れり。＊一日の労働を終えて家路を急ぐ。めずらしく冬空の灯りのともった家に帰った。ヴォルガの調べに興ずる。難しい主筆の顔がわが顔の前にあるのを夢見ながら眠った。
小山内　薫	ベテスダの池	戯曲	10	「三田文学」一九二二（大正一一）年四月	『小山内薫全集』第三巻　一九二五（大正一四）年七月三一日、春陽堂	エルサレムの羊門、ベテスダの池の周りを盲人、皮膚病者などが取り囲む。基督が現れ、足の悪い老人を治す。病人達は人間が治せるはずがないと、取りあわず、「気違い」が老人に移したと言う。
厨川　白村	小泉先生	随筆	10	下に同じ	『小泉先生そのほか』　一九一九（大正八）年二月二〇日、積善館	小泉先生は、白人には珍しく小柄で、風采の揚らない人であった。西洋人、殊に西洋の女が嫌いであった。（一、おもひで）教室では、紙切れ一枚なしでそらで話される天才ぶり。また、勤勉努力の人でもあった。（二、教室にて）先生が世界の文豪であったことは、日本の学校では都合が悪かったらしい。（三、教師と文筆）＊執筆年月は、一九一八（大正七）年

						一月。「序」に「巻頭の題一篇をとって、これに『そのほか』の文章を添えた」、「大正七年一二月上浣　京都に於いて著者識」とある。
正岡　子規	「麦畑や」 其の他	俳句	1	「麦畑や」 「日本」 一八九六（明治二九）年一月一三日 「五月雨や」 「めさまし草」 同年六月三〇日 「馬蝿の」「梅檀の」 「俳句帖抄」 「薪をわる」 「日本」 一八九三（明治二六）年一二月二五日	『寒山落木　明治廿六年　二』国立国会図書館蔵清書本	麦畑や刻みあげたる春の山 五月雨や榛の木立てる水の中 馬蝿のわれに移る山の道 梅檀の実ばかりになる寒さかな 草庵 薪をわるいもうと一人冬籠 ＊初出は、和田茂樹「解題」（『子規全集』第一巻、講談社、一九七五年一二月一八日）による。
島崎　藤村	トラピスト	小説	7	『時事新報』 一九一一（明治四四）年九月二九日〜一〇月一日	『食後』 一九一二（明治四五）年四月一八日、博文館	二〇年近く下町に住む田舎漢（もの）が山の手から来たチャキチャキの江戸っ子に話した話。函館のはずれに煉瓦造りの建物のトラピストの村がある。仏蘭西の僧侶たちが切り開いた修道院だという。トラピストは、まず自分の墓を作り無言の行と烈しい労働をする。それにわずかな音楽と色彩で生活を送る。トラピストは、私たちの生

						活の光景を簡単に形にして見せてくれている気がする。 ＊「時事新報」に「十人並」と題された短編連載一二篇中の一篇。その他の短編の表題は、それぞれ、「船」「少年」「今の愛妾」「病院」「鶏」「後悔」「秋の一夜」「気船の客」「女」「刺繍」「追憶」。
広津　柳浪	片瀬の回顧	随筆	9			片瀬の水蔭君の家へ、硯友社同人が遊びに行った。尾崎紅葉、巌谷小波、石橋思案君に私、紅門の鏡花、風葉、春葉の三人である。そこで、投網の川狩りをした。
野口米次郎	障子	詩	1		『山上に立つ』一九二三（大正一二）年一月二九日、新潮社	書斎で坐っていると、私の思想が煙となって障子の桟から桟へとはいのぼり、私の顔となった。一疋の蝶々が障子をぱりぱりいさせ、私を苛立たせた。それを眺めて自分の思想の深さを探った。
長田　幹彦	漁場より	随筆	12	初出不明	『雪の夜がたり』一九一五（大正四）年一一月一八日、春陽堂	私達は、大雪の中を岩内町長梅沢氏の家で三日間滞在した。そこで北の厳しい「生活」を実感した。鰊漁の最中で、漁を見に照岸の漁場へ向かった。労働者達の漁唄とともに大漁の鰊が着いた。劇的な光景！　その夜の壮大な光景を忘れられない。

						＊「初出不明」は「北海道文学全集」第二巻（立風書房、一九八〇年二月一〇日）「解説」（和田謹吾）による。
与謝野晶子	「山ざくら」其の他	短歌	1	「山ざくら」 「明星」 一九〇五（明治三八）年一二月四日 「やや黄ばむ」 「東京毎日」 一九一〇（明治四三）年三月五日 「ほととぎす」 「万朝報」 一九〇六（明治三九）年四月二八日 「ふるさとを」 「都新聞」 一九〇六（明治三九）年五月二八日 「ぬりごめや」 「明星」 一九〇六（明治三九）年六月	「山ざくら」「ほととぎす」「ふるさとを」「ぬりごめや」 『夢之華』 一九〇六（明治三九）年九月五日、金尾文淵堂 「やや黄ばむ」 『春泥集』 一九一一（明治四四）年一月二三日、金尾文淵堂	山ざくらやや永き日のひねもすを仏の帳の箔すりにけり やや黄ばむあぶら菜の先見るごとく夕月にほふかつらぎの山 ほととぎす東雲どきの乱声に湖水は白き波たつらしも ふるさとを夢みるらしき花うばら野風の中におもかげすなれ ぬりごめやかよひの奴婢のひとつづつ酒器もてくなる薄雪の庭
藤森　成吉	春	小説	6	「文章倶楽部」第五年第五号（五月特別拡大号「短篇小説二十人集」）		三月下旬、赤ん坊を抱いて郊外にいた頃買った記念の木瓜を見た。枯れかけていた。引越しをする時鉢も持ってきたが、放ったままだった。それがつぼ

				一九二〇（大正九）年五月		みを出した。私たちも貧乏と迫害と病気と孤独で随分苦労してきた。しかし目に見えない確かな運命でこうして子どもまで育てていけ、春の喜びを観じている。木瓜も他の植物も同じだ。「すべてのものの春だ！」
松瀬　青々	「のうれんの」其の他	俳句	1		『妻木』一九〇四（明治三七）年一一月二八日、春爼堂	のうれんの横日静かに燕哉 蜂の巣に尻出す蜂や俄雨 すが〱と打水したり門の柴 薬買ふて人ちり〲や露の中 さむしろにむしり捨たり曼珠沙華
倉田　百三	布施太子の入山（第一幕）	戯曲	42	「改造」三巻二号一九二一（大正一〇）年二月	『布施太子の入山』一九二一（大正一〇）年一一月五日、曠野社	布施をする太子が、永遠なる生を求めて出立しようとするのを止める母の王妃とのやりとり。母を棄てるのかと問う王妃に「真実の報恩に適ふ道である」と説く。太子は旅立ちに際して、東宮倉庫のものすべてを民に布施するよう命じた。一方、濕波王は、国境を越えた鳩留国の軍勢と戦う準備を命じた。 ＊発表直後、帝国劇場で初演。
室生　犀星	つれづれに	詩	1	「新潮」一九二二（大正一一）年五月	『忘春詩集』一九二二（大正一一）年一二月一〇日、京文社	日差しがいつのまにか暖かくなり、わが門のあたりはうららかである。桜がつぼめる。日だまりに「支那人」が陶器に金焼きを入れ、砕片をつけている。静まって心を込める姿である。

二葉亭四迷	四日間（ガルシン）	小説（翻訳）	18	「新小説」第九年七巻（署名苅心）一九〇四（明治三七）年七月	『カルコ集』一九〇七（明治四〇）年一二月二〇日、春陽堂（訳者名・二葉亭主人）	森の中で敵と出くわし、負傷して動けなくなった。四日間生死の境をさまよい救出された。その間何も食べずにいたが、敵の水筒の水を飲んだ。手術後、脚を一本を失ったことを伝えられた。
岩野　泡鳴	小僧	小説	16	「サンデー」第二二四号 一九一三（大正二）年五月四日	未収録	大阪から郊外の目黒へ犬の小僧と引越してきた。小僧は、米屋の若い衆に鼻を怪我させられた以外は相変わらず元気で皆からかわいがられている。一〇日程前、魚屋の親父にかみついてしまったので、かわいそうだが、口輪をしたり鎖でつないだりするようになった。 ＊『岩野泡鳴全集』第六巻（臨川書店）に「単行本未収録小説」として紹介されている。
落合　直文	「緋縅の」其の他	短歌	1	「かへれとは」 「国文学」 ほかは不明	『萩之家遺稿』一九〇四（明治三七）年五月五日、明治書院	緋縅のよろひをつけて太刀はきて見ばやとぞ思ふ山ざくら花 門よりは柳は高くなりにけりさしていくらの春もへなくに かへれとはのたまはねども母君のをりをりものをおぼす時あり （年久しく朝鮮にある弟のもとに） 病む母のまくらべちかくさもらひて今宵も聞きつあかつきの鐘 病みつつも三年は待たむかへり来てわ

						が死なむ時脈とらせ君 （久保猪之君の独逸へ行くわかれに）
川上　眉山	ふところ日記	随筆	2	下に同じ	一九〇一（明治三四）年九月二四日、新声社 『眉山全集』下巻（第七巻） 一九〇九（明治四二）年一〇月一五日、春陽堂	朝遅く目覚め急いで旅に立つ。途中で藁屑を籠にした薄幸の少女に出会う。寒いので一升を提げ、荒井の城址を尋ねつつ行く。 ＊「ふところ日記」全一三章のうち（五）を抄出。
有島　武郎	小さき者へ	小説	15	「新潮」第二八巻第一号 一九一八（大正七）年一月	『白樺の森』 一九一八（大正七）年三月二六日、新潮社 『有島武郎著作集』第七輯 一九一八（大正七）年一一月九日、叢文閣	お前たちが大きくなったら、この小さな書き物を読んでくれ。お前たちは去年ママを失った。大変な出産ののち、結核に罹り、北から上京して療養した。子どもに移ることを怖れ、最後まで会わずに逝った。小さき者よ。父と母の祝福を胸に人の世の旅に登れ。恐れない者の前に道は開ける。
高浜　虚子	興福寺の写真	小説	7	「ホトトギス」 一九〇九（明治四二）年六月	『凡人』 一九〇九（明治四二）年一二月一三日、春陽堂	長女が興福寺の写真は持っていないか尋ねた。学校で写真をもとに談話すると言う。まだ子どもと思っていた長女が一二の年になって談話を交換するというので、幽かな驚きと寂しいような興味を呼び起こした。維新の前父が荒廃した古寺や古宮に血汐を湧かした、その同じ血汐が流れていることを思っ

						て、奈良の地に余が屍を埋めたいと考えていたので、長女もまた同じように分身であると感ずる哀愁を覚えた。
佐藤惣之助	匂ひと響き	詩	1	下に同じ	『季節の馬車』一九二二(大正一一)年七月一八日、新潮社	藪とすもいっぱいの花の中を歩く僕を魅了する。藪のひそやかな響き、真昼のうすい月の色香、色とも水ともつかない薫に心動かされる。
長田　秀雄	塹壕の内	戯曲	19		『亡き妻を哭く』一九二四(大正一三)年九月、聚英閣	中隊長が、松山中尉に将校斥候を命令する。内田少尉は、自分が行くと言ってきかないが、中隊長はお気に入りの部下を死を覚悟した斥候には出したくない。結局中尉は戦死する。
吉井　勇	「悲しみて」其の他	短歌	1	「悲しみて」「明星」一九〇七(明治四〇)年六月	「悲しみて」「遠つ代か」「われは練る」『酒ほがひ』一九一〇(明治四三)年九月七日、昴発行所 「佐渡に来て」「朝かぜに」不明	悲しみて破らずと云ふ大いなる心を持たず悲しみて破る 遠つ代かはた近つ代かわかぬ日のなかに住む子は筑紫路に入る われは練る昨日は都大路また今日は柑子のかんばしき道 佐渡に来て蹈鞴ヶ峯の朝かぜに冬を知るてふ旅びとあはれ 朝かぜに雲曼荼羅を描くとき経塚山はありがたきかも
森田　草平	輪廻	小説	10	「女性」第五巻第二号 一九二四(大正一三)年二月	『輪廻』一九二六(大正一五)年一月二三日、新潮社	迪也は東京から故郷に向かった。東海道をどんどん過ぎ、名古屋も過ぎた。故郷の駅で降り、道三塚を見た時、祖父が道三塚の松を切り倒し発狂して死

						んだことを思い出した。父親も若死にし、怖れた祖母が京都の易者に見てもらうと、祟りだと言う。祖母は道三塚へのお酒と土杯を続けた。迪也も、道三を想うと、指の欠けた「乞食坊主」が目に浮かぶ。これは、幻覚なのか祖父の遺伝なのか。すると父の遺伝はと想うと、想わずよろめいた。
坪内　逍遥	テムペスト（第一幕第二場）（シェークスピア）	戯曲（翻訳）	21	下に同じ	『テムペスト』一九一五（大正四）年四月二五日、早稲田大学出版部、富山房	ミラン国の公爵プロスペロは、信頼を寄せるアントニオに欺かれる。ネーブルス王と結んだアントニオに島流しにあい、娘のミランダと不遇の生活を送る。一二年後、その島に王の子ファーデランド一行が漂流してきた。 ＊『沙翁全集――逍遥訳シェークスピヤ全集』第七巻、『テムペスト』（全五幕九場）のうち、第二幕一場を抄出。
土屋　文明	「声ひそめ」其の他	短歌	1	「声ひそめ」「アララギ」一〇ノ一〇　一九一七（大正六）年一〇月 「造り岸」「アララギ」一一ノ二　一九一八（大正七）	『ふゆくさ』（アララギ叢書20）一九二五（大正一四）年二月二八日、古今書院	大井浜　声ひそめなぎたる海の面ふくれ光れる潮のわれにせまり来 寒潮　造り岸さむざむ浸しよる潮のかわける道にあふれむとする 富士見高原　かたむける麓の原の村二つ家立ちひくく土につきたり 夏　夕づく山日かげ日むきのひだしげくあざやかにして夏さりにけり 碓氷嶺　暑き日は傾きにけり山の影坂

				年二月 「かたむける」 「アララギ」一四ノ二 一九二一（大正一〇）年一月		本町にとどかむとする
生田　長江	現代の欧羅巴と日本と我々と	評論	9	一九一五（大正四）年八月		日本の欧化は、日本それ自身を超越することである。欧羅巴文明を征服しにいくものでなくてはならない。欧化の大精神は、五箇条の御誓文に表白されている。それは個人主義実証主義を摂取することである。
夏目　漱石	「山鳥」其の他	小品	11	「東京朝日新聞」「大阪朝日新聞」一九〇九（明治四二）年一月一日～三月一二日に「永日小品」と題して連載 当該作品の掲載日は次の通り 柿　一月一七日 火鉢　一月一八日 山鳥　二月一日（上）、二月二日（下）	『四篇』一九一〇（明治四三）年五月一五日、春陽堂	みんなから喜いちゃんと呼ばれる子が、裏の長屋の与吉といつも喧嘩をする。柿をやるといって渋柿を投げ与吉を怒らせた。（「柿」）寒い書斎で火鉢に手をかざすが仕事にならない。男の子も泣く。風呂から帰って細君が持ってきた蕎麦湯を飲み、ほっとする。（「火鉢」）突然山鳥を提げた青年が来た。みんなで羹を拵えて食べた。度々原稿を携えて来た。金を貸したが返ってこない。病気で寝こんでいた。故郷へ帰ったという手紙が山鳥と送られてきた。金子は御介意に及ばずと返事をした。（「山鳥」）

『近代日本文芸読本』第三集　収録作品の初出と梗概

作者名	作品名	分野	頁	初出紙誌・年月日	最初の単行本収録・年月日	梗概と特徴 ＊作家履歴・文学史上の評価など
永井　荷風	日本の庭	随筆	6	「中央公論」第一〇号 一九一一（明治四四）年一〇月一日、反省社	『紅茶の後』 一九一一（明治四四）年一一月二五日、籾山書店	四季のたびに小さな古い日本の庭を訪れる。植物学者の採集箱に入れられそうな蘭、天真爛漫な桜、懐しい寂しい芸術美の木蘭、日本晴れの青空の下の国民的色彩山吹、総て絢爛眼を奪うような芸術の牡丹、「蝙蝠が出てきた川の夕涼み」と歌われた蝙蝠、ピエル・ロティが「驚くべき蝉の合奏」と言う蝉、言い知れぬ寂しさの秋の七草、揃って来て去る赤蜻蛉、総括して赤い垣根に陳列する椿。
木下杢太郎	両国	詩	1	「三田文学」 一九一〇（明治四三）年七月	『食後の唄』 一九一九（大正八）年一二月一〇日、アララギ発行所	五月五日、灘の美酒、菊正宗の杯をもって旗亭（レストラン）の二階から眺める景色。両国橋の下を通る船頭の掛け声の大船、波にもまれる蝶々、国技館の屋根を越えて飛ぶ夕鳥。
中村　吉蔵	地震	戯曲	28	「解放」 一九二二（大正一一）年一月	『現代戯曲全集4　中村吉蔵』一九二五（大正一四）年三月五日	親の遺産を巡って、勝治、利平の兄弟二人が争うところに、学生の末弟豊吉が帰郷する。豊吉は自分の分け前は、次兄の利平に譲ると言う。これがもとで、兄二人が喧嘩になり、勝治は死に、利平は警察へ。意外なことに全財産が

						末弟豊吉のもとへ転がり込むことになった。
村上　鬼城	「鏈して」其の他	俳句	1	「鏈して」「五月雨や」「せきれいの」「老ぼれて」「小春日や」「ホトトギス」一九一四(大正三)年一月	『鬼城句集』一九一七（大正六）年四月一七日、中央出版協会	鏈して小舟つなげる夜寒かな 五月雨や起き上りたる根無草 せきれいの波かむりたる野分かな 小春日や石を噛み居る赤蜻蛉 老ぼれて眼も鼻もなし榾の主
中村　星湖	林野巡査の一日	小説	13	「新公論」一九一八(大正七)年一月		林野巡査の小野瀬は盗伐者を取り締まっている。M——山に登ったとき、四五人の盗伐者が逃げた。その一人の小倅を捕まえた。両親もなくお婆に育てられたという。貧しそうな感じで、同情して逃がそうとするが、よく考えてみると、その話もあやしいと気づき、捕まえたまま山を下りることにした。
西条　八十	胸の上の孔雀	詩	1	「早稲田文学」一九一二（明治四五）年	『砂金』一九一九（大正八）年六月二八日、尚文堂書店（私家版）	青麦畑のようなあばらの疲れきった身体を昼寝のあとのけだるさのように過去の追憶や思い出がよぎっていく。
高山　樗牛	「空腹高心」其の他	評論	3	下に同じ 執筆年月は、一九〇一（明治三四）年一〇月	『樗牛全集』第四巻　一九一六(明治三八)年八月一八日、博文館	道義だけではなく高い志を持ってよく考えて行動すること、自分は自分であること、言論は人物の所産であること、など。

小山内　薫	不思議	小説	9	「文章世界」一九一〇（明治四三）年七月	『鶯』一九一三（大正二）年三月二五日、籾山書店	玉天斎の高座前の奇術は、不思議でも何でもない。客に書かせた望みの品物の紙に隠し持っていた紙片を混じらせる。それをあたかもあたったかのように見せかけ、暗い空間から品物を出させ客に配る。客はそれを不思議がる。玉天斎は、これが不思議だった。後になって彼の第二に不思議なことが起こった。人形町の小屋では、客が薄い。方々で評判を取ったが、ここでは客のないのが不思議でならない。 ＊『鶯』は、第四小説集。
木下　利玄	「のびあがり」其の他	短歌	1	『紅玉』に「のびあがり」（波浪）「まさやかに」（磯潮）「もろ向きに」（接骨木の新芽）「昼山の」（春日）	『紅玉』一九一八（大正八）年七月三日、玄文社	のびあがり倒れんとする潮波蒼々たてる立ちのゆゆしも まさやかに沈透く小石のゆら〳〵に見え定まらず上とほる波 もろ向きににはとこの枝ひろがれり新ふと青芽あまねくもちて 昼山の松吹く風の音澄めりあかるき道を一人しあゆむ
加能作次郎	祖母	小説	28	「解放」一九二〇（大正九）年七月	『現代小説選集』一九二〇（大正九）年一〇月二三日、新潮社	周平は、妻の房子のお産の看護を房子の実家の祖母に頼んだ。房子の母は、すでになく、祖母はすぐにやってきた。
正岡　子規	「上野山」其の他	短歌	1	「瓶にさす」一九〇〇（明治三	『子規遺稿第一篇竹の里歌』	森　上野山夕越え来れば森暗みけだものの吠ゆるけだものの園

				三）年 「上野山」「夕顔の」「いちはつの」「小縄もて」 一九〇一（明治三四）年	一九〇四（明治三七）年一一月一三日、アルス 『子規全集』第六巻 一九二四（大正一三）年、アルス	藤の花　瓶にさす藤の花ぶさみじかけらえばた、みの上にとどかざりけり 行春　夕顔の棚つくらんと思へども秋まちがてぬ我いのちかも いちはつの花咲きいでて我目には今年ばかりの春ゆかんとす 山吹　小縄もてたばねあげられ諸枝の垂れがてにする山吹の花
鈴木三重吉	小鳥の巣	小説	10	「国民新聞」 一九一〇（明治四三）年三月〜一〇月	『小鳥の巣』 一九一二（大正一）年一一月、春陽堂	母のない十吉と万千子の追憶の日々。足の不自由な万千子をかわいがる十吉だが、時折何か機嫌を損ねると万千子をいじめてしまう。そんな時には、祖母が一緒に寝かしつける。 ＊「小鳥の巣」は、鈴木三重吉のほとんど唯一の長編小説。全二一のうち、七の後半と八の前半。
萩原朔太郎	騒擾	詩	1	「詩歌」 一九一七（大正六）年四月	『青猫』 一九二三（大正一二）年一月二六日、新潮社 『蝶を夢む』 一九二三（大正一二）年七月一四日、新潮社	重たい羽をばたばたさせて飛ぶ蝶の群れ。弱弱しい心臓の所有者が、花瓦斯のように明るい月夜に群れて飛ぶ。 ＊「詩歌」掲載時の原題「深酷な悲哀」（末尾に「大正六年四月と付記」『青猫』では「月夜」、『蝶を夢む』では「騒擾」と改題（それぞれ異同あり）
広津　和郎	U君とエス	小説	11	「表現」 一九二二（大正一一	『少女』 一九二五（大正一四）	銃猟者仲間で有名なエスという名の犬を持っていたU君から聞いた話。青森

				一）年八月	年五月、文芸日本社	まで船で猟に出かけた。船酔いで嘔吐物をすまなさそうに食べるエスは僕の唯一の家来、親友であった。永年の道連れの真心を感じる。Kという質朴な海岸で猟をしたとき、猟がうまくいかず、いつになく腹立った僕はエスの首を締めてしまった。驚いたエスは、そのまま姿をくらました。不安になった僕は、探しながら宿に戻った。するとエスはすでに宿で待っていた。
菊池　寛	屋上の狂人	戯曲	12	第四次「新思潮」第一年第三号 一九一六(大正五)年五月一日	『心の王国』『藤十郎の恋』 一九二〇（大正九）年四月一〇日、新潮社	義太郎は生来の「気違」で、毎日屋根に登って妄想にとらわれている。父親の義助は注意するが、下りない。藤作の紹介で巫女が怪しげな祈祷をする。そこに弟の末次郎が帰ってきて止めさせて言う。兄は屋根の上で喜んでいる。世界中に一人しかいない幸せ者。正気になると自分の「片輪」に気づいて不幸になる。巫女は捨てぜりふを言って立ち去る。義太郎はまた屋根に登り、夕日に染まっている。 ＊この作品は、一九二一（大正一〇）年二月に帝国劇場で、守田勘弥、市川猿之助により、初めて上演された。
若山　牧水	「すずめ子の」其の他	短歌	1	「すずめ子の」 『さびしき樹木』 「夏草の」	『白梅集』 一九一七（大正六）年八月五日、抒情詩	すずめ子の一羽とまりて啼く見ればあをき細枝に朝日ゆらげり 夏草のなびける山に真向ひて今朝をさ

				『白梅集』「花ぐもり」「わが庭の」「吹きすぎし」は不明	社 『さびしき樹木』一九一八（大正七）年七月二三日、南光書院	びしく歩み居るかも 花ぐもり昼は開けたれ道芝につゆの残りて飯坂とほし（飯坂温泉にて） わが庭の竹の林の浅けれど降る雨みれば春は来にけり 吹きすぎし風のたえまにほつとりと日の匂ひこそ身によどみたれ ＊『白梅集』は第十歌集、『さびしき樹木』は第一一歌集。
徳冨健次郎	初対面	随筆	5	下に同じ	『巡礼紀行』一九〇六（明治三九）年一二月一五日、警醒社	トルストイ伯に初めて会った。彼は七八歳であった。翁は日本の政況、農、商工の比例を問い、農が国の力と持論を述べた。そして百姓ボンダレフの小冊子「労働」をもらった。 ＊『巡礼紀行』の「ヤスヤナ・ポリヤナの五日」の一節。「初対面」冒頭「半夜の失策に」のみ削除。
豊島与志雄	霧	小説	10	「新評論」一九一五（大正四）年一月	『生あらば』（新進作家叢書第三集）一九一七（大正六）年六月八日、新潮社	一一月のある晩、霧の濃い町で友人二人と歩いていた私達は、一匹の犬に気づいた。何かおそろしく大きなものがくるようで、とうとうその犬を殺してしまった。 ＊『生あらば』は、第一創作集
川路　柳虹	欣求	詩	2		『預言』（現代詩人叢書3）一九二二（大正一一）	わたしの眼に映る美しい現実と悲しい現実がある。本当に与えられるものを待つ。

					年六月二八日、新潮社	
小川　未明	病日	小説	6	「早稲田文学」一九〇八（明治四一）年三月（題名「日蝕」）	『惑星』一九〇九（明治四二）年二月一二日、春陽堂（題名「日蝕」）	一七年程前の夏の昼過ぎ、日蝕が始まった。家には高橋乾二という熱心な御嶽教信者の魚屋が来ていた。日蝕になると、あたりが黄色っぽい。乾二は外に出なかった。子どもは硫黄を燃やしていて、日蝕に関心がない。その後乾二は気が狂って死んだ。あの日蝕のことを。昨日見た夢のように思うのはどうしたか。
荻原井泉水	「傾きし」其の他	俳句	1		『涌出るもの』一九二〇（大正九）年一〇月、層雲社	傾きし藁家の美しい雉ら 野いちごの日のぬくみ舌にとける 何とさびしい村の唐黍の赤い毛 夕雲の寒さ美しさを窓を閉づ 音といふ音の浪音の中に日は落つ
久保田万太郎	握手	小説	14	「婦人公論」一九二三（大正一二）年一月	『わかもの』一九二三（大正一二）年九月五日、玄文社	わたしは中学三年の時落第した。代数だけがだめだった。担当教師は山崎。会議で落第が決まる夜、担任の豊川先生を訪ね結果を待った。山崎は代数だけができないのはおかしいと言って落第にした。結局、慶應義塾に入学した。それから一四、五年、同級の寄合に参加した。そこに教師を辞め養子に行った山崎も来ていた。彼に声をかけたが、記憶にないと言う。落第のことも。眼

						に涙がにじむのを感じた。その晩山崎と握手をして別れた。
武者小路実篤	人類愛に就いて	評論	7	「中央公論」第三七巻第七号　一九二二（大正一一）年七月	『新しき村叢書』第五巻　一九二三（大正一二）年一一月二〇日、新しき村出版部・曠野社	人類愛には、個人が人類を愛する、人類が個人を愛する意味がある。意味を生かすには外部的に人類を見ること以上に内部的に感じる必要がある。この点で社会主義者の目的と同じである。真に人類の為に働くためには、個人の独立が大事であるからである。 ＊叢書第五巻は、「愛に就て」
久米　正雄	地蔵教由来	戯曲	27	「中央公論」一九一七（大正六）年七月	『現代戯曲全集12　久米正雄』一九二五（大正一四）年四月一三日、国民図書	博打に負けた博徒たちが一芝居打って村人から金をまきあげようとして失敗する。地蔵の化身が現れると嘘を言ったら本当に現れてしまったという落ち。 ＊初演一九一九（大正八）年二月、明治座、井上正夫一派。
森田　思軒	ルイ・フィリップ王の出奔（ヴィクトル・ユーゴー）	小説（翻訳）	9	「国民之友」一八八八（明治二一）年五月	『ユーゴー小品』一八九八（明治三一）年六月四日、民友社	ヴィクトル・ユーゴーの翻訳。民衆の蜂起を逃れてルイ王がパリの王宮からイギリスへ脱出する。 ＊「随見録」七章のうちの「一　ルイ・フィリップ王の出奔」全文を収録。
北原　白秋	「鬱蒼と」其の他	短歌	2	「鬱蒼と」「木々の上を」「文章世界」九巻七号	「鬱蒼と」「木々の上を」『雲母集』一九一五（大正四）	水辺の午後　鬱蒼と楊柳かがやくまさびしき遠き入江に日の移るなり 山中秋景　木々の上を光り消えゆく鳥のかず遠空の中にあつまるあはれ

				一九一四(大正三)年七月「飛びあがり」『雀の卵』 「香ばしく」「国粋」一九二一(大正一〇)年八月 「昼ながら」「芸術自由教育」四号 一九二一(大正一〇)年四月 「奥山の」「潮音」二巻一号 一九一六(大正五)年一月	年八月一二日、阿蘭陀書房 「飛びあがり」「香ばしく」「昼ながら」「奥山の」 『雀の卵』 一九二一(大正一〇)年八月二三日、アルス	雀子嘻遊　飛びあがり宙にためらふ雀の子羽たたきて見居りその揺るる枝を 野ゆき山ゆき　香ばしく寂しき夏やせかせかと早や山里は麦扱きの音 蛍　昼ながら幽かに光る蛍一つ孟宗の藪を出でて消えたり 山家抄　奥山の山の狭間にふる雪のほのぼのつもり夜明けぬるかも
北村　透谷	精神の自由	評論	3	「評論」第三号 一八九三(明治二六)年五月六日	『透谷集』 一八九四(明治二七)年一〇月八日、文学界雑誌社発行、女学雑誌社発売	生は有限であるが、精神の自由は無限である。夢、想像力、理想は、我々の羅針盤である。人間の覚醒は精神の覚醒である。人生はその精神の自由の為にある。希望は愛にあり、進歩は、愛に萌すのである。
谷崎潤一郎	兄弟	小説	36	「中央公論」 一九一八(大正七)年二月	『二人の稚児』 一九一八(大正七)年八月二一日、春陽堂	兄の堀河大臣兼通と弟の東三条兼家卿の確執の話。何かにつけて兄の先をいく兼家にいつかは先に太政大臣に昇りつめ自分の存在を高めようとする兼通

						の物語。
上田　敏	幽趣微韻	評論	4	「江湖文学」第六号 一八九七（明治三〇）年五月一日	『文芸論集』 一九〇一（明治三四）年一二月一一日、春陽堂	西洋における近世以降の美術史、文芸史を振り返り、文芸における世相自然の幽趣微韻を窮めつくしていくことの重要性を説く。

『近代日本文芸読本』第四集　収録作品の初出と梗概

作者名	作品名	分野	頁	初出紙誌・年月日	最初の単行本収録・年月日	梗概と特徴 ＊作家履歴・文学史上の評価など
泉　鏡花	国貞ゑかく	小説	30	「太陽」第一六巻第一号 一九一〇（明治四三）年一月、博文館	『国貞画く』 一九一二（明治四五）年四月一五日、春陽堂	鉄道開通後初めて帰郷した主人公が、父の同業に預けた母の形見である国貞の錦絵を取り返す話。この絵は主人公がほしがった学校の教科書を買うために手放したのであった。しかし、絵はいまや値がつき簡単に取り返せない。
長塚　節	鍼の如く	短歌	1	「小夜ふけて」「ゆくりなく」（「鍼の如く」其の二）「アララギ」第七巻第六号 一九一四（大正三）年七月 「垂乳根の」（「鍼の如く」其の二）「アララギ」第七巻	『長塚節歌集』 一九一七（大正六）年六月一三日、春陽堂	小夜ふけてあいろもわかず問ゆれば明日は疲れてまた眠るらむ ゆくりなく手もておもてを掩へればあな煩はし我が手なれども 垂乳根の母が釣りたる青蚊帳をすがしといねつたるみたれども 抱かばやと没日のあけのゆゆしきに手圓ささげ立ちにけるかも 蝕ばみてほほづき赤き草むらに朝は嗽ひの水すてにけり

				第七号 一九一四（大正三）年八月 「抱かばやと」（「緘の如く」其の四）「アララギ」第七巻第八号 一九一四（大正三）年九月 「蝕ばみて」（「緘の如く」其の五）「アララギ」第八巻第一号 一九一五（大正四）年一月		
安倍　能成	人生の熱愛者	評論	4	「東京朝日新聞」一九一〇（明治四三）年八月三一日、九月一日		芸術家は、人生の描写者である前に、人生の経験者でなければならない。客観的に静観するのもいいが、主観的な豊富な経験がほしい。そのためには人生を熱愛することである。それがヒュマニティの文学となる。
有島　生馬	ゴンドラの一夜	小説	9		『蝙蝠の如く』一九一三（大正二）年二月二三日、洛陽堂	ヴェネチアに浮かぶゴンドラに乗った二人は、憧れ以上に愉快だった。水路をめぐり、水門の水橋をくぐり、神秘的なヴェネチアを味わった。夜更けサンマルコ広場へ帰るゴンドラは夢より淡く、幻想的だった。

上田　敏	落葉（ポオル・ヴェルレエヌ）	詩（翻訳）	1	「明星」一九〇五（明治三八）年六月	『海潮音』一九〇五（明治三八）年一〇月一三日、本郷書院	秋の日の落葉を見ると、今の私のうらぶれてさすらう身と重なり、悲しい思いがする。
山本　有三	海彦山彦	戯曲	17	「女性」一九二三（大正一二）年七月	『現代戯曲全集13 山本有三』第一三巻 一九二六（大正一五）年、国民図書	山彦は兄から借りた釣竿の鈎をなくす。家に帰ってもなかなか言い出せずにいる。海彦は、山彦の仕草が変であることを勘づき、素直に言うことを勧める。海彦は強情な山彦の心中を察し、「すみません」と謝ればよいのだと諭す。 ＊初演一九二四（大正一三）年四月、大国座で守田勘弥、沢村宗之助の一座で上演。「大正一二年五月執筆」（岩波書店版『全集』）
島村　抱月	現代喜劇の経過	評論	5	「大阪毎日新聞」一九一三（大正二）年一月	『抱月全集』第二巻 一九一九（大正八）年六月二八日、天佑社	大阪俄が曾我の屋喜劇となり東京の劇檀にまで侵略してきた。その風靡の勢いは凄まじい。これには理由がある。これを西洋の例で考えてみる。ギリシア劇以来の愚小な人物行為に対する嘲笑と事件の結末がめでたく収まることが、人道的な思潮を反映した近世喜劇で一変する。やみ難い人間の本性や避けがたい人生の境遇から来る失策矛盾に人道的な同情をする。しかも、結末も幸福よりも、主人公が死なないこと

						で迎える人生の葛藤を特徴とする。泣く喜劇、哀しい喜劇、真面目な喜劇が起こってきた。近世喜劇の出発点はモリエールであり、現代喜劇の頂点はイギリスのショーである。
大須賀乙字	「春月や」其の他	俳句	1	「春月や」「日本」一八八四（明治一七）年二月二〇日「爐の灰を」「花茨田」「六月の」「から凪の」は不明	『乙字句集』一九二一（大正一〇）年五月一〇日、懸葵発行所	春月や幕とり残す山遊び 爐の灰を出る虫のあり梅雨濕 花茨田水にひぢて咲きにけり 六月の空焼けて飛ぶ浮塵子かな から凪の北明るさや冬の空
葛西　善蔵	馬糞石	小説	16	「新小説」第二四年第七号一九一九（大正八）年七月	『馬糞石』一九二〇（大正九）年一月一日、春陽堂	三造の馬が宝物を生んだという評判が立った。死んだ馬の腹から大きな石が出てきたのである。解剖した獣医がその石を貰い受けた。ところが村の物識リゴホンケがそれは馬糞石で宝物だと言う。三造は取り返そうと躍起になる。
北原　白秋	公園の薄暮	詩	3	「スバル」三号一九〇九（明治四二）年三月	『東京景物詩及其他』一九一三（大正二）年七月一日、東雲堂書店 『思ひ出』増訂新版一九二五（大正一四）年七月三日、アルス	春近き冬の公園。薄明かりにぼんやりとゆきかう女、修道女。アクア燈、ガス燈のかすかな灯り。

長与　善郎	項羽と劉邦（第三幕第一場）	戯曲	21	「白樺」 一九一六（大正五）年九月号～一九一七（大正六）年五月	『項羽と劉邦』 一九一七（大正六）年九月四日、新潮社	関中の鴻門、項羽の館では、諸国の使節を招いた宴が用意された。そこに劉邦もやってきた。范増が項荘に指示して劉邦を殺そうとする。しかし桃娘が妨害し失敗する。項羽は彼を見逃すが、范増は、天は劉邦を守っていると絶望する。 ＊一九二一（大正一〇）年七月有楽座で、研究座（西条軍之助主宰）が初演。
中村　憲吉	「手をとりて」其の他	短歌	1	「手をとりて」 一九一九（大正八）年 「梅雨ぐもり」 一九二〇（大正九）年 「足もとの」 一九一八（大正七）年 『しがらみ』 「裏山の」 一九一九（大正八）年 「朝ゆふの」 一九一八（大正七）年	『しがらみ』（アララギ叢書第一五篇） 一九二四（大正一三）年七月一五日、岩波書店	手をとりて云ひがたきかも現し世にいのちを死なず君来たりけり 裏山の芽吹きをはやみ殖えてくる春どりのこゑしじに悲しも 梅雨ぐもりふかく続けり山かひに昨日も今日もひとつ河音 朝ゆふの息こそ見ゆれもの言ひて人にしたしき冬近づくも 足もとの凍つく夕べとなりぬれば山した川の音のかそけさ

上司　小剣	紫の血	小説	20	「中央公論」一九一四(大正三)年五月		大阪歩兵第八連隊に仲のよい二人の模範兵士がいた。船場の紙問屋の息子と玉造の鍛冶屋の弟だった。鍛冶屋の弟には老爺の兄がいた。この男が時折弟に無心に来て困らせていた。そんな時は紙問屋の息子にもらった金を渡していた。その後も紙問屋の息子は親友の弟に快く金を渡した。ある時、紙問屋の息子が留守で、兄が無心にきたので、困った弟は紙問屋の息子がいつも入れていたがま口から金を借りて渡し、帰ってきた紙問屋の息子に事情を説明した。しかし、この日ばかりは、「おまはんは盗人や」となじり、週番士官に願い出た。鍛冶屋の弟は、会計主任の鞄も盗み、近所に隠れたが発見され、多くの見物人の前で銃殺処刑された。処刑場の柱には、紫色の血がこべりついていた。
河東碧梧桐	「春山や」其の他	俳句	1	「春山や」「竿昆布に」「雲の峰」「石を積む」新聞「日本」のち『三千里』一九一〇(明治四三)年一二月一日、金尾文淵堂	「火の映る」『旅中句集』一九一二(明治四五)年一月、層雲社『碧梧桐句集』一九一六(大正五)年二月五日、俳書堂	春山や艾処の軒端かな 雲の峰低き敢るなり夕心 竿昆布に秋夕浪のしぶきなき 石を積む風除に七夕竹見ゆる 火の映る北上氷りそめにけり

				「火の映る」「懸葵」一九〇六（明治三九）年		
和辻　哲郎	日本は何を誇るか	評論	7	初出不明	『偶像再興』一九一八（大正七）年一二月二〇日、岩波書店	東洋文化も西洋文化もそれぞれ個性がある。日本の民族は、ここ四、五〇年で一人前になった。その優秀さを証明するのはこれからである。また我が民族の問題は西洋に接近しつつある。それはその内にある生命であり、印度及び「支那」の文化に育てられた。今日本文化は様式を欠いている。 ＊初出不明は、『和辻哲郎全集』第一七巻「解説」（古川哲史）による。
高村光太郎	雨にうたるるカテドラル	詩	7	「明星」第一巻第一号一九二一（大正一〇）年一一月	『現代日本詩集』一九二九（昭和四）年四月一五日、改造社	パリ・ノートルダムの雨のカテドラルを毎日一度見に来る日本人は私です。吹きつのる雨風の中にあなたは八世紀の重みでがっしり立っている。それは真理と誠実との永遠への大足場。あなたにぴったり寄せかけているのが、あの日本人です。
坪内　逍遥	桐一葉（第七幕）	戯曲	8	「早稲田文学」一八九四（明治二七）年一一月～一八九五（明治二八）年九月	『桐一葉』一八九六（明治二九）年二月六日、春陽堂	且元は、茨木の居城へ戻る途中、長柄堤で足をとめた。大阪城の天守閣を見ながら、豊臣家の行く末を思う。どうやってこの局面を乗り切るのか。迷いながらも覚悟を決めた。

						＊一九〇四（明治三七）年三月、東京座で初演。爾後二〇数回の復演をみた。本文は、読み本体。のちに脚本体に改修した。
古泉　千樫	「おのづから」其の他	短歌	1	「おのづから」（「児を伴ひて郷に帰る」）一九一七（大正六）年 「こもりゐて」（「故郷」）一九二一（大正一〇）年 「大き花」（「向日葵」）一九一八（大正七）年 「日あたりに」「朝の草」は初出不明	「おのづから」『屋上の土』一九一四（大正三）年五月二〇日、改造社 「こもりゐて」「大き花」『青牛集』一九三三（昭和八）年二月、改造社	おのづから眠り足らひしわが目見に村は明るく匿すところなし こもりゐて心はさびし向つ田をすきかへしゐる人の声きこゆ 日あたりに時はすぎつつうつし身の体のゆるびのさびしくありけり 朝の草食み足りぬらしかがやかにうなじをあげて牛は立ち居り 大き花ならび立てども日まはりや疲れにぶりてみな日に向かず
永井　荷風	泰西人の見たる葛飾北斎	評論	11	「三田文学」第四巻第一〇号（秋季特別号） 一九一三（大正二）年一〇月	『江戸芸術論』一九二〇（大正九）年三月一三日、籾山書店	北斎の真の価値は写生にあり、それが泰西美術の傾向と相似していることで崇拝されている。 ＊原題「欧人の見たる葛飾北斎」で「北斎年譜」を添えている。『江戸芸術論』収録にあたり、文語体、総ルビに改め、一から四章の章立てに修訂した。

尾崎 紅葉	二人女房	小説	32	「都の花」第六四号~九七号 一八九一（明治二四）年八月二日~九二年一二月一八日（十三回連載）、金港堂 初出本文に修訂して「太陽」（博文館創業十周年記念臨時増刊）に再掲、一八九七（明治三十）年六月一五日、博文館	『紅葉全集』一九〇四（明治三七）年九月二三日、博文館	下級官吏丸橋新八郎の二人娘の姉お銀は、ふとした縁で上級官吏の渋谷周三と結婚する。渋谷は意外に妻思いであった。その家には、お銀の実の母親や妹がたびたび訪れる。しかし姑は面白くない。＊中の巻の二~六を抄出。（その後の展開）そこに周三の妹夫婦が来訪し、姑は妻の悪口を言う。その妹が借金を申し込んだが、周三が断る。姑は妹のうちへ行ってしまう。とりあえず月一〇円を妹の家に送る。
日夏耿之介	炎	詩	1	「詩人」二巻二号 一九一七（大正六）年二月	『黒衣聖母』一九二一（大正一〇）年六月一五日、アルス	森林の奥深く燃える炎。そこで育つ生命。
田山 花袋	死	小説	15	「太陽」一六巻一号 一九一〇（明治四三）年一月	『近作一五篇』一九一〇（明治四三）年五月六日、博文館	満州の地を行軍する日本軍にコレラが発生する。近くの村に立ち寄ろうとするが、軍意見が分かれる。村に着いたとき、兵士はすでに死んでいた。
内田 魯庵	切支丹迫害	評論	6	「読売新聞」一九二〇（大正九）年六月二五日、二六日	『貘の舌』一九二一（大正一〇）年五月一七日、春秋社	三〇〇年前の切支丹迫害は残虐だった。この事実は幕府の記録禁止で残っていない。「国史」には破天連渡来の零細記事はあるが、その禁止理由はな

	前田　夕暮
	「青竹の」其の他
	短歌
	1
	「青竹の」一九一七（大正六）年 「春より夏へ」「家根の上に」「赤星の」「真夜なかの」「晩のいまだ」
	「青竹の」（異句）『原生林』一九二五（大正一四）年一〇月三日、改造社
い。欧羅巴の記録にはある。クラッセイ「日本西教史」、公教会「鮮血遺書」「公共（ママ）会の復活」である。釜煎、逆磔刑、牛裂、火焙、薪を組んで弱火で火焙する、耳や鼻を新刀で切るなど。長崎奉行の竹中采女は悪辣で、温泉の熱湯を裸に。バチカンに使者を出した仙台でも、冬の池に宗徒を繋ぎ、連れ出して体温を回復させ水漬けした。仏教徒は迫害と闘ったが、切支丹宗門は、無抵抗の教義に従い黙従した。それだけ悲惨、壮烈であった。 ＊掲載は、「切支丹迫害」。文中に「一」「二」の小見出しを付している。「読売新聞」初出は、「切支丹迫害（上）」「切支丹迫害（下）」、『獏の舌』本文は、「其上」、「其下」である。 　初出の冒頭「尤も露西亜人に限らず、」及び最後の一段落が省略されている。 　本文の引用は、『獏の舌』による。	青竹の平そぎ竹のひらりひらりひるがへるなかに籠編む人は 家根の上に百日紅の花あかくこぼれて空はしづかなりけり 赤星の光はながく垂りにけり深田に水はたたへたるかも 真夜なかの氷雨のながれさむざむに身

				初出・初版不明		にこまやかにひびきくるかも 晩のいまだくらかる冬空の垂れて重き に眼をやりにけり
饗庭　篁村	与太郎料理	小説	2			お前さんのやることは家の修理も家事もどれも浮の空。まともにやれたものがない。小太郎まで身上をつぶせばみんなお前さんの仕込み甲斐というものだ。
吉井　勇	嚢の女	戯曲	21	「スバル」一九一一（明治四四）年三月	『午後三時』一九一一（明治四四）年七月一日、東雲堂書店	盗賊に捕らえられたたくさんの女たちの所に、怪しき媼が来る。袋に入れた女の血を蝙蝠に吸わせるのである。それは死の門「羅生門」での気味悪い物語であった。怪しき媼は不思議を見せる。それは死という不思議であった。メヅサの女は、死を知りたいと思っていた。蝙蝠に血を吸わせて死を知ったとき、女は死んだ。
森　鷗外	高瀬舟	小説	14	「中央公論」第三一巻第一号　一九一六（大正五）年一月	『高瀬舟』一九一八（大正七）年二月一五日、春陽堂	同心羽田庄兵衛は、弟殺しの罪で遠島に流される喜助を高瀬舟で護送する。庄兵衛は、この罪人が鳥目二百文にはまったく執着がないことを不思議に思った。喜助が病を苦に自殺しようとした弟の頼みで咽喉の剃刀を抜こうとする。それを近所の婆さんが目撃する。庄兵衛は、それはいったい罪なのかと疑いを持つ。

『近代日本文芸読本』第五集　収録作品の初出と梗概

作者名	作品名	分野	頁	初出紙誌・年月日	最初の単行本収録・年月日	梗概と特徴 ＊作家履歴・文学史上の評価など
志賀　直哉	城崎にて	小説	8	「白樺」第八巻第五号 一九一七（大正六）年五月	『夜の光』 一九一八（大正七）年一月一六日、新潮社	電車に跳ねられ危うく命を落としそうになった。後養生に出かけた城崎温泉で、蜂、いもり、ねずみの死から、生と死は両極端のものではなく、それほど差のないものであると思うようになった。城崎には三週間滞在した。あれから三年たつが、脊椎カリエスにはならずにすんだ。
松根東洋城	「木蓮は」其の他	俳句	1	「木蓮は」「夏虫や」「鹿聞きや」「塗盆に」 「国民俳壇」 一九〇七（明治四〇）年 「水鳥や」 「国民俳壇」 一九〇六（明治三九）年		木蓮は亭より上に映りけり 夏虫や行燈消ゆる羽の音 鹿聞きや殊に露けき藁の沓 塗盆に糸尻のあとの寒さかな 水鳥や唯の田舎の向島
久保田万太郎	陰影	戯曲	23	「三田文学」一九一一（明治四四）年一〇月号 （「Prologue」（後	『浅草』 一九一二（明治四五）年二月二五日、籾山書店	中学生の要次郎が代数が悪くて二年生を落第しそうになり、義兄の政之助と家庭教師の俊吉が学校にかけあうが、結局うまくいかない。

				編）の題名）		＊「Prologue」（後編）に「（陰影）」の副題で掲載。なお、前編は「太陽」一九一一（明治四四）年七月号。冒頭に一部改変あり。
島木　赤彦	逝く子	短歌	1	「ひたすらに」「玉きはる」（「逝く子」）「雪あれの」「言にいでて」「雪ふかき」（「善光寺一・二」）「アララギ」	『氷魚』（アララギ叢書第八篇）一九二〇（大正九）年六月一五日、岩波書店	ひたすらに面わをまもれり悲しみの心しばらく我におこらず 玉きはる命のまへに欲りし水をこらへて居よと我は言ひつる 雪あれの風にかじけたる手を入るる懐のなかに木の位牌あり 言にいでて言ふはたやすし直照りに照る雪の上に我ひとりなる 雪ふかき街に日照ればきはやかに店ぬち暗くこもる人見ゆ
小宮　豊隆	能楽に就いて	評論	9		『伝統芸術研究』一九二三（大正一二）年六月一八日、岩波書店	能楽は神的なものと考えられてきた。世阿弥の時代の自由且つ創造的なものは徳川時代に能楽が式楽とされたことで民衆から離れてしまった。翁式三番を演ずる時に能楽師、見物に求められた厳粛な態度は、能楽を儀式化することになった。しかし、今日の能楽は、けっして一様の世界ではない。 ＊『伝統芸術研究』には、「能楽に就いて［一］」から「同［六］」までの六章がある。そのうちの、［一］の部分を収録。

蒲原　有明	ひとしづく	詩	2	「日のおちぼ」（初出原題）『春鳥集』一九〇五（明治三八）年七月四日、本郷書院	『有明詩集』一九二二（大正一一）年六月一五日、アルス	月日の過ぎ去って行くのを誰が味わっているだろうか。その養いの露のような「命」のひとしずくをせめて結びたい。 ＊『有明詩集』は全作品に改訂を加えた。
正宗　白鳥	入江のほとり	小説	41	「太陽」第二二巻第四号一九一五（大正四）年四月	『入江のほとり』一九一六（大正五）年六月二六日、春陽堂	上京して暮らす義兄の栄一が久しぶりに入江の漁村に帰ってきた。村には、ようやく電気が引かれる。栄一の家では、老父母、弟夫婦、良吉、辰男、勝代の兄弟がいる。良吉は、家にこもりきりになって独学で英語を学ぶ独り者、辰男は、東京の英語学校から帰ってきていた。勝代は近々上京する。田舎の村にも、耶蘇教の結婚式、鉄道、言文一致、利己主義という文化や思想、社会の動きが入ってきていた。栄一は、家にこもる辰男の英語がひとりよがりで無意味だとなじる。辰男は、いやな思いを引きずりながら、ランプの火が倒れても放っておいたためぼやを出す。栄一は、人力車で村を離れ、のびのびした心持ちだった。
斎藤　茂吉	「狂人の」其の他	短歌	1	「狂人の」一九一五（大正四）年 「ものこほしく」	『あらたま』（アララギ叢書第一〇篇）一九二一（大正一〇）年一月一日、春陽堂	狂人のにほひただよふ長廊下まなこみひらき我はあゆめる ものこほしく家をいでたりしづかなるけふ朝空のひむがし曇る

				一九一七（大正六）年 「あかあかと」一九一三（大正二）年 「現身の」一九一六（大正五）年 「おもかげに」一九一七（大正六）年		あかあかと一本の道とほりたりたまきはる我が命なりけり 現身の声あぐるときたたなはる岩代のかたに山反響する おもかげに立ちくる君も今日今夜おぼろなるかなや時ゆくらむか
阿部　次郎	思想と実行	評論	5	一九一四（大正三）年五月一七日	『三太郎の日記第二』一九一五（大正四）年二月、岩波書店	思想の生活は受納の生活である。思想は受納より与えられたものを材料に主観内で能動の態度を持ち、その対象は主観内に摂取された客観である。 ＊『三太郎の日記』は、一九一四（大正三）年四月、東雲堂書店。
水上滝太郎	昼──祭の日──	小説	13	「人間」大正九年五月号（「亜米利加記念帖」）	『花袋秋声五十年記念「現代小説選集」』一九二六（大正一五）年	六月一七日、バンカーヒルの激戦記念日のこと。港近い場末の町で同宿のアメリカ人二人と祭に出かけた。「黒奴（くろんぼ）」に珠を当てる店があった。二人のアメリカ人は喜んで珠を当てようとし、自分にも勧めた。自分は日頃、自由平等、正義人道を口にしている手前、気分悪くやろうとしなかった。しかし、黒奴が中国人の蔑称であるチャーリーと自分を呼んだことで、思

						わず珠を投げてしまった。二発目に黒奴に命中したが、死刑にされそうな罪人に見え不気味だった。 ＊「祭の日」には、「昼」と「夜」の二篇がある。
内藤　鳴雪	「大凧の」其の他	俳句	1	「ホトトギス」	『鳴雪句集』一九〇九（明治四二）年一月一日、俳書堂	大凧の静に下る雨の中 片側は雪積む屋根や春の月 貰ひ来る茶椀の中の金魚かな 竹割るや竹の中なる秋の水 隼の物食ふ音や小夜嵐
谷崎潤一郎	誕生	戯曲	14	「新思潮」一九一〇（明治四三）年九月	『恋を知る頃』一九一三年（大正二）一〇月五日、植竹書院	一条天皇に嫁いだ藤原道長の娘の出産が間近になった。道長邸では、息子の頼道や女房たちが男子誕生を心待ちにしている。道長も、僧侶、陰陽師、修験者に加持祈祷をさせる。そしてとうとう待望の男子が誕生した。
三木　羅風	帆綱	詩	1	「現代詩文」一九一四（大正三）年三月	『マンダラ』一九一五（大正四）年三月一五日、東雲堂書店	柔らかな真昼の風に吹かれ、帆綱とともにゆらめく。そのゆらめきに自分は呑みこまれそうになる。
樋口　一葉	みづの上	日記	8	表書年月「廿九年」（著名「なつ」）	『一葉全集』一九一二（明治四五）年六月一〇日、博文館	一八九六（明治二九）年五月二日から六月二日までの日記。禿木、秋骨が来訪し、鴎外、露伴、緑雨の「三人冗語」で、「文芸倶楽部」に出した「たけくらべ」を評価したことを伝える件から

						始まる。正直正太夫（緑雨）との文壇についてのやりとりを記録している。 ＊本郷丸山福山町時代の日記。
伊藤左千夫	「天地の」其の他	短歌	1	「天地の」「白波や」「高山も」「東京朝日新聞」一九〇九（明治四二）年三月一六日、のち「アララギ」二ノ一 同年九月 「我がやどの」「独居の」「アララギ」四ノ二 一九一一（明治四四）年二月	『左千夫全集（1）』一九二〇（大正九）年九月一八日、春陽堂	天地の四方の寄合を垣にせる九十九里の浜に玉拾ひ居り 白波やいや遠白に天雲に末辺こもれり日もかすみつつ 高山も低山もなき地の果は見る目の前に天し垂れたり 我がやどの軒の高葦霜枯れてくもりに立てり葉の音もせず 独居のものこほしきに寒きくもり低く垂れ来て我家つつめり ＊『左千夫全集』第一巻として刊行。
長塚　節	土	小説	16	「東京朝日新聞」一九一〇（明治四三）年六月一三日～一一月一七日	『土』一九一二（明治四五）年五月一五日、春陽堂	勘次の晩秋の収穫はみじめであった。おつぎと与吉を南の女房に頼み仕事に出た。おつぎは死んだお品にそっくりになってきた。 ＊二八章中、七章を抄録。
薄田　泣菫	ああ大和にしあらましかば	詩	3	「中学世界」一九〇五（明治三八）年一一月増刊号	『白羊宮』一九〇六（明治三九）年五月七日、金尾文淵堂	大和にいたとしたら今は神無月。秋の森の小道を歩く。斑鳩、平群へと。読経も聞こえ、魂に染み入る。夢殿、石回廊のたたずまい、高塔、九輪に入日

						がかげる。大和にいたとしたら今は神無月。
里見　弴	不幸な偶然	小説	13	「新潮」一九一七（大正六）年九月	『不幸な偶然』一九一八（大正七）年七月二〇日、春陽堂	彼女が汽車から乳糖の瓶を投げ捨てたところ、橋の下にいた赤ちゃんにあたり大出血になったような気がした。彼女は銭湯に行った。屋根上の仕事師の不注意でガラスが落ちてきた。あやうくガラスに刺さるところであった。彼女は狂人になった。
与謝野　寛	「ためらはず」其の他	短歌	1	「ためらはず」「木立みな」「爐上の雪」一九一二（大正一）年〜一九三〇（昭和五）年雑詠「ゆくりなく」「手を挙げて」「石榴集」一九二三（大正一二）年一一月「きはやかに」「箱根の秋」一九二二（大正一一）年一〇月	『与謝野寛短歌全集』一九三三（昭和八）年二月二六日、明治書院	ためらはず宇宙を測る尺度にわれ自らの本能を取る ゆくりなく諸手を広げ立つときに十字の形人に現はる 木立みな十字に尖り太陽も十字に光る冬枯れのうへ 手を挙げて天を拝すと見るよりも天を拒むと見ゆる冬の木 きはやかに黒と白との層をなし鯨の皮に似たる切圧
森　鷗外	仮面	戯曲	22	「スバル」第四号一九〇九（明治四	『我一幕物』一九一二（大正一）	医学博士杉村に知人の文科大学教授金井夫人が、義弟、山口の病状を聞きた

				二）年四月	年八月一五日、籾山書店	いと訪ねてきた。杉村は過去の胸膜炎の跡が悪化していると言う。夫人は結核ではないと安心した。山口が来て机に置かれた結核と診察された控えを見る。杉村は、うろたえる山口に自分も結核を治癒したと言う。善悪を超えた高尚の高みに身を置く者は、仮面を被るのだから結核を言わずに治せと説得する。 ＊一九〇九（明治四二）年六月一日から伊井一座により新富座で上演。鴎外自身は、六月六日に観劇した記録を残している。
武者小路実篤	彼が三十の時	小説	13	一～一二章「白樺」第五巻第一〇号一九一四（大正三）年一〇月 一三～二八章「白樺」第五巻第一一号一九一四（大正三）年一一月	『彼が三十の時』一九一五（大正四）年二月二三日、洛陽堂	彼は午前仕事をし、Tのところにカラマゾフ兄弟の訳を返しに行った。電車でそれを読み、愛の深さ、清い愛を感じた。Tの家ではトルストイの芸術の力を感じた。Tと植物園へ行く。Tはトルストイの「闇に輝く光」をほめた。家に帰った。彼は夕食のことで妻に腹を立てOの家に行った。ミケルアンゼロの素画やKの展覧会の話をして帰った。家では妻が怖かったと言って泣いていた。 ＊全二八章のうち、二〇章を抄録。
中塚一碧楼	「萍涼しく」其の他	俳句	1	「萍涼しく」「人の醜さ」「雪とけ果	『一碧楼第二句集』一九二〇（大正九）	萍涼しく家は動かじ 人の醜さ草餅をくらへり

				「つる」一九二〇（大正九）年 「犬が犬の」一九一九（大正八）年 「酢牡蠣の」一九一七（大正六）年	年一〇月二六日、海紅社 『一碧楼一千句』一九三六（昭和一一）年	雪とけ果つる一本の木の根なき 犬が犬の匂ひの露けさ 酢牡蠣のほのかなるひかりよ父よ
幸田　露伴	二日物語——彼一日——	小説	12	「文芸倶楽部」一九〇一（明治三四）年一月	『露伴叢書　前篇』一九〇二（明治三五）年六月二五日、博文館	長谷寺に着いた西行は仏前で寂然としていた。夜の更ける頃、女が一人やってきた。女が語るのを聞きながら、別れた妻であったことに気づく。あれからのことを語り合っているうちに御堂に差し入る光が二人の姿を闇の中に浮かび上がらせた。 ＊「新聞図絵」一八九二（明治二五）年五月一二日より「二日ものかたり」以後中絶、「文芸倶楽部」一八九八（明治三一）年二月号に「此一日」、一九〇一（明治三四）年一月号に「彼一日」を掲載。
斎藤　緑雨	金剛杵	評論	3	『めざまし草』まきの一　一八九六（明治二九）年一月三一日	『あられ酒』一八九八（明治三一）年一二月二七日、博文館	論評の声が高い。しかし、作家と同じ力で評しているか。今の批評家は、評を売っている。青年作家は、彼らに惑わされず、ただまっすぐに進め。

佐佐木信綱	「女の童」其の他	短歌	1		『新月』一九一二（大正一）年一一月二八日、博文館	女の童柄香炉ささげまうのぼる長谷の御寺の山ざくら花 朝風に八十帆にほへり津の国の敏馬の崎の初夏の雲 靄ごもる布留の川添とめゆかば昔少女に蓋し逢はんかも 櫓くべて翁ら語る、昨日過ぎし神のいくさの玉纒の太刀（大和回顧） ＊『新月』は、第二歌集。
木下杢太郎	絵踏	戯曲	8	一九一三（大正二）年七月 ＊作者自身未定稿としている	『南蛮寺門前』一九一四（大正三）年七月一五日、春陽堂	長崎の港を見下ろす聖山（サント・モンタニ）に、一人の侍が陸奥からやって来た。侍は自分の惑いを解くために長崎まで来た。幼い頃切支丹になった祖父を殺され、すべての愛欲を絶ち同役を殺害して、武勇の誉れも高禄も捨て国許を去ってきた。一人の僧が現れる。聖山のいわれ、悲惨な切支丹弾圧の行われた歴史を語り、もう一人の女に声をかけ自分たちの昔の物語を語れと言う。最後に言う。「我等は地獄を駆ける亡霊なり」。 ＊一九四九（昭和二四）年岩波全集には、「絵踏」のあとに「長崎殉教奇談（断片）」とある。
正岡　子規	歌よみに与ふる書	評論	16	新聞「日本」一八九八（明治三	『子規随筆続篇』一九〇二（明治三五）	（一）貫之は下手な歌よみで古今集はくだらぬ集である。（二）歌よみは和

				一）年二月一二日～三月四日「再び」は二月一四日、「八たび」は三月一日	年一二月五日、吉川弘文館	歌が一番善いと言うが、そうではない。調べも誤解している。（三）人丸「もののふの」は上三句は役立たず「月見れば」は下二句が理屈っぽい。八田知紀の「芳野山」「うつせみの」も理屈である。（四）春海の「心あてに」は、「麓」の語がおかしい。契沖の「もしほ焼く」は下品である。躬恒の「心あてに」は一文半文の値打ちもない駄歌である。（五）読者からの反応に対して客観主観感情理屈の誤解を解く。（六）善い歌をあげる。金塊和歌集の「武士の矢」は、名詞が多く助詞は少なく動詞も現在である。「時により」は、勢い強く恐ろしい歌である。「物いはぬ」は一気呵成のところが真心を現している。私は客観ばかりを取るように誤解されたがそうではない。＊一〇回連載のうち、第二～六、八回を収録。
佐藤　春夫	なみだ	詩	1	「改造」一九二一（大正一〇）年四月	『殉情詩集』一九二一（大正一〇）年七月一二日、新潮社	止めようとしても止まらない涙が切ない思いで一筋流れる、＊「抒情詩鈔」の一篇として掲載。
徳田　秋声	感傷的の事	小説	15	「人間」第三巻第一号一九二一（大正一	『籠の小鳥』一九二五（大正一四）年五月二〇日	私は母には少しばかり仕送りをするだけで振りかえらずにきた。その母に会いに十年余り振りに十六時間の汽車旅

				〇）年一月一日、人間社		で海辺を抜けた平野の懐かしい駅に降り立った。彼女に会っても車中で案じたことは何もなかった。三週間滞在し出立前の夜、彼女と枕を並べた。翌朝涙で見送りにきた母を見たのが私の最後だった。 ＊「人間」は里見弴、吉井勇、中戸川吉二らが中心となって推進した。
夏目漱石	スヰフトと厭世文学	評論	12	大学講義「一八世紀英文学」一九〇五（明治三八）年九月〜一九〇七（明治四〇）年三月（週三時間）	『文学評論』一九〇九（明治四二）年三月一六日、春陽堂	スヰフトは、英文学史中第一流と目されている。スヰフトと言えば諷刺家を連想する。諷刺とは何か。文学は趣味の表現である。それには好悪が伴う。太平の世の中では、写実であるが、不満のある時には諷刺となる。 ＊『文学評論』の「第四編　スヰフトと厭世文学」の冒頭部を抄録している。

表2・1　菊池寛編『新文芸読本』総目次

一

一	戯曲	猿と海月	小寺　融吉	一
二	小説	地蔵様	夏目　漱石	二一
三	戯曲	仏陀と孫悟空	武者小路実篤	三五
四	小説	少年斥候	三浦　修吾　訳	五七
五	戯曲	蝗	室生　犀星	七一
六	童話	踈忽の殿様	小島政二郎	七九
七	童話	蜘蛛の糸	芥川龍之介	九七
八	詩	山の歓喜	河井　酔茗	一〇九
九	童話	殿様の茶碗	小川　未明	一一三
一〇	随筆	蛇と雉	江口　渙	一二七
一一	童話	五郎三郎と二人の娘	吉田絃二郎	一四一
一二	小説	或る敵討の話	菊池　寛	一六七

二

一	戯曲	俊寛	倉田　百三	一
二	小説	笛を合はす人	室生　犀星	三九
三	詩	岡の上	野口　雨情	四七
四	随筆	蜂が団子をこしらへる話	吉村　冬彦	五一
五	小説	花見物語	田中貢太郎	六三
六	童話	蟻と地上	井上　康文	七五
七	戯曲	片眼の使者	巌谷　三一	八三
八	小説	村上先生と熊吉	加藤　武雄	一二一
九	小説	馬琴	芥川龍之介	一五七
一〇	小説	忠直卿行状記	菊池　寛	一六九

三

一	随筆	鉢の雑草	相馬　御風	一
二	小説	北畠老人	薄田　泣菫	一一
三	戯曲	初陣	大平野　虹	二三
四	童話	柘榴の実	中村　星湖	六一
五	戯曲	入鹿の父	岡本　綺堂	七七
六	戯曲	地主と乞食	トルストイ	一一七

四

一	小説	非凡なる凡人	国木田独歩	一
二	評論	自分と自分以外の人	安倍　能成	三一
三	小説	煙管	芥川龍之介	四三
四	随筆	雀	北原　白秋	六七
五	随筆	山の湯	久米　正雄	七九
六	詩	寂しき心	生田　春月	八九

七	小説	太郎に送る手紙	島崎　藤村	一二五
八	戯曲	西伯と呂尚	武者小路実篤	一六七
九	随筆	南国の町	吉田絃二郎	一八一
一〇	小説	英雄の器	芥川龍之介	一八九

七	戯曲	樹木の言葉	島崎　藤村	九五
八	小説	異端者の悲しみ	谷崎潤一郎	一一五
九	小説	握手	久保田万太郎	一二五
一〇	戯曲	乳	菊池　寛	一五五
一一	小説	山寒し	吉田絃二郎	一七九

五

一	評論	日本は何を誇るか	和辻　哲郎	一
二	評論	人生の熱愛者	安倍　能成	一五
三	童話	三人の訪問者	島崎　藤村	二三
四	評論	芭蕉翁と良寛和尚	相馬　御風	三五
五	小説	巡査	国木田独歩	六九
六	随筆	折にふれて	山本　有三	八五
七	小説	法律	菊池　寛	九三
八	詩	大地	タゴール	一〇一
九	小説	苦闘	小川　未明	一〇五
一〇	評論	芭蕉の歩いた自然の道	田絃　二郎	一一九
一一	評論	歌道小見	島木　赤彦	一二七
一二	詩	短詩三篇	野口米次郎	一四七
一三	評論	生存の歓喜と努力	木村　泰賢	一五五
一四	随筆	楠公の遺蹟	田山　花袋	一六五
一五	小品	『時』の言葉	長与　善郎	一七七

地主と乞食（トルストイ）　加藤　一夫　訳
大地（タゴール）　西条　八十　訳

＊□は芥川龍之介編『近代日本文芸読本』と共通していない作家

＊傍線は芥川龍之介編『近代日本文芸読本』と共通している作品

表2・2　菊池寛編『新文芸読本』収録作家と作品名

＊丸数字は収録巻数を示す。

あ	芥川龍之介「蜘蛛の糸」①
	芥川龍之介「馬琴」②
	芥川龍之介「英雄の器」③
	芥川龍之介「煙管」④
	安倍能成「自分と自分以外の人」④
	安倍能成「人生の熱愛者」⑤
い	井上康文「蟻と地上」②
	巌谷三一「片眼の使者」②
	生田春月「寂しき心」④
え	江口渙「蛇と雉」①
お	大平野虹「初陣」③
	小川未明「殿様の茶碗」①
	小川未明「苦闘」⑤
	岡本綺堂「入鹿の父」③
か	河井酔茗「山の歓喜」①
	加藤武雄「村上先生と熊吉」②
き	菊池寛「或る敵討の話」①
	菊池寛「忠直卿行状記」②
	菊池寛「乳」④
	菊池寛「法律」⑤
	北原白秋「雀」④
	木村泰賢「生存の歓喜と努力」⑤
く	倉田百三「俊寛」②
	国木田独歩「非凡なる凡人」④
	国木田独歩「巡査」⑤
	久米正雄「山の湯」④
	久保田万太郎「握手」④
こ	小島政二郎「疎忽の殿様」①
	小寺融吉「猿と海月」①
し	島崎藤村「太郎に送る手紙」③
	島崎藤村「樹木の言葉」④
	島崎藤村「三人の訪問者」⑤
	島木赤彦「歌道小見」⑤
す	薄田泣菫「北畠老人」③
そ	相馬御風「鉢の雑草」③
	相馬御風「芭蕉翁と良寛和尚」⑤
た	田中貢太郎「花見物語」②
	谷崎潤一郎「異端者の悲しみ」④
	タゴール（西条八十訳）「大地」⑤
	田山花袋「楠公の遺蹟」⑤
と	トルストイ（加藤一夫訳）「地主と乞食」③
な	中村星湖「柘榴の実」③
	夏目漱石「地蔵様」①
	長与善郎「『時』の言葉」⑤

の　野口雨情「岡の上」②
野口米次郎「短詩三篇」⑤
み　三浦修吾訳「少年斥候」①
む　武者小路実篤「仏陀と孫悟空」①
武者小路実篤「西伯と呂尚」③
室生犀星「蝗」①
室生犀星「笛を合はす人」②

や　山本有三「折にふれて」⑤
よ　吉田絃二郎「五郎三郎と二人の娘」①
吉田絃二郎「南国の町」③
吉田絃二郎「山寒し」④
吉田絃二郎「芭蕉の歩いた自然の道」⑤
吉村冬彦「蜂が団子をこしらへる話」②
わ　和辻哲郎「日本は何を誇るか」⑤

表2・3　文種別収録数

	小説	童話	戯曲	随筆小品	詩	評論	うち翻訳	合計
一	3	4	3	1	1	0	1	12
二	5	1	2	1	1	0	0	10
三	3	1	4	2	0	0	1	10
四	5	0	2	2	1	1	0	11
五	3	1	0	3	2	6	1	15
合計	19	7	11	9	5	7	3	58

表2・4　菊池寛編『現代文章軌範』総目次

抒情文			
山茶花の精	（多情多恨）	尾崎紅葉	二
安寿恋しや	（山椒大夫）	森　鷗外	五
雪の夜	（正直者）	国木田独歩	七
百年待つ	（夢十夜）	夏目漱石	一一
幻影	（幻影の盾）	夏目漱石	一五
古き代の恋	山彦）	鈴木三重吉	一六
町の騒擾を遠ざかる	（散文詩）	野口米次郎	一八
物言はぬ顔	（同）	小川未明	二〇
袈裟の独白	（袈裟と盛遠）	芥川龍之介	二三
都会の憂鬱	（同）	佐藤春夫	二七
湖畔手記	（現代日本文学全集）	葛西善藏	三二
蔵の中	（新選宇野浩二集）	宇野浩二	三四
或る夫婦	（無限抱擁）	滝井幸作	三七
鏡の中の顔	（雪国）	川端康成	四〇
妹	（網の上の少女）	片岡鉄平	四三
心ぎめ	（鞭を鳴らす女）	岸田国士	四六
藍子と宗輔	（「文藝」昭和一三年三月号、やがて五月に）	岡本かの子	五〇
叙事文			
レオナルドに逢ふ日	（太陽を慕ふ者）	八代幸雄	五四
山の話	（幻談）	幸田露伴	六〇
血だらけな布団	（高瀬舟）	森　鷗外	六四
踊りの夜	（土）	長塚　節	六八
再婚	（あらくれ）	徳田秋声	七二
嵐	（同）	島崎藤村	七七
京の女	（黒髪）	近松秋江	八〇
雲雀	（春琴抄）	谷崎潤一郎	八二
月	（蘆刈）	谷崎潤一郎	八四
裏切る男	（耶蘇）	武者小路実篤	八七
瓢箪	（沈丁花）	久米正雄	九〇
武士気質	（忠直卿行状記）	菊池　寛	九三
トロッコ	（同）	芥川龍之介	九六
蜂	（城之崎にて）	志賀直哉	一〇四
別れ	（波）	山本有三	一〇五
蚰蜒《げぢげぢ》	（或夜）	広津和郎	一一〇
少佐の家	（倫敦の宿）	水上龍太郎	一一三
泥のついた金魚	（女の園）	室生犀星	一一六
叙景文			
武蔵野を散歩する人	（武蔵野）	国木田独歩	一二六
鴉	（同）	森　鷗外	一二九
深山椿	（草枕）	夏目漱石	一三一
爽やかなる秋	（土）	長塚　節	一三三

序文

支那宋代の文章軌範は、官吏登用試験に応ずる特殊なる青年のために、軌範とすべき古文を集めたもので、いはば公文書的な、日常性に乏しい文集であった。しかしその名をとつて名とした本書は、新日本の将来を担なふ子女の為に、極めて弾力のある現代の文章を収載したものである。

現代の文章は口語文であらねばならぬ。徒に美辞麗句を連ねたクラシックな文語体が、生きた思想や感情や風景を描写するのは不適当である事は、こゝに改めて説くまでもない。

それ故こゝに、明治中期の口語文体創始時代より、最近に至る、斯の道一流人士の著作中、口語文を以て書かれた代表的文章を収めて、最も純正な文章道の指標を示さうとしたのである。

提出に際して、特に意を用いた点は、従来のこの種の文集の如く、形式を主として文章を裁断せず、内容に即して取捨したことである。それ故物によつては、殆んどその全文を掲げたものもある。

文章の理解乃至習得は、内容を無視して行はれるものではないからに他ならない。もとより筆者の個性にもあるが、ここでは主として内容の如何によって、文章の面貌の異なる所以を理解していたゞかねばならぬ。

しかもその事は又、本文集をして単なる文範たらしめず、近代名家の思想・感情にふるゝ好個の趣味読本たるの余栄を贏えしめてゐるのである。文末ながら、本文集への掲載を許容された諸家の寛容に対して感謝の意を表する次第である。

編者識

表2・5　菊池寛編『現代文章軌範』収録作家と作品名

＊情＝抒情　事＝叙事　景＝叙景

あ　芥川龍之介「加裟の独白」『加裟と盛遠』（情）
　　芥川龍之介「トロッコ」同（事）
う　宇野浩二「蔵の中」『新選宇野浩二集』（情）
お　尾崎紅葉「山茶花の精」『多情多恨』（情）
　　小川未明「物言はぬ顔」同（情）
　　岡本かの子「藍子と宗輔」「文藝」昭和一三年三月号
　　「やがて五月に」（情）
か　葛西善蔵「湖畔手記」『現代日本文学全集』（情）
　　川端康成「鏡の中の顔」『雪国』（情）
　　片岡鉄平「妹」『網の上の少女』（情）
き　岸田国士「心ぎめ」『鞭を鳴らす女』（情）
　　菊池　寛「武士気質」『忠直卿行状記』（事）
く　国木田独歩「雪の夜」『正直者』（情）
　　国木田独歩「武蔵野を散歩する人」『武蔵野』（景）
　　久米正雄「瓢箪」『沈丁花』（事）
こ　幸田露伴「山の話」『幻談』（事）
　　広津和郎「蚰蜒《げぢげぢ》」『或夜』（事）
さ　佐藤春夫「都会の憂鬱」同（情）
し　島崎藤村「嵐」同（事）
　　志賀直哉「蜂」『城之崎にて』（事）
　　志賀直哉「鞍馬の火祭」『暗夜行路』（景）
す　鈴木三重吉「古き代の恋」『山彦』（情）

た　滝井幸作「或る夫婦」『無限抱擁』（情）
　　谷崎潤一郎「雲雀」『春琴抄』（事）
　　谷崎潤一郎「月」『蘆刈』（事）
　　田山花袋「利根の夕陽」『田舎教師』（景）
ち　近松秋江「京の女」『黒髪』（事）
と　徳田秋声「再婚」『あらくれ』（事）
な　夏目漱石「百年待つ」『夢十夜』（情）
　　夏目漱石「幻影」『幻影の盾』（情）
　　夏目漱石「深山椿」『草枕』（景）
　　長塚　節「踊りの夜」『土』（事）
　　長塚　節「爽やかなる秋」『土』（景）
　　中村星湖「夏の農村」『少年行』（景）
の　野口米次郎「町の騒擾を遠ざかる」『散文詩』（情）
ふ　藤森成吉「霧」『若き日の悩み』（景）
み　水上龍太郎「少佐の家」『倫敦の宿』（事）
む　武者小路実篤「裏切る男」『耶蘇』（事）
　　室生犀星「泥のついた金魚」『女の園』（事）
も　森　鷗外「安寿恋しや」『山椒大夫』（情）
　　森　鷗外「血だらけな布団」『高瀬舟』（事）
　　森　鷗外「鴉」同（景）
や　八代幸雄「レオナルドに逢ふ日」『太陽を慕ふ者』（情）
　　山本有三「別れ」『波』（事）

表3.1 垣内松三編『国文学大系 現代文学』総目次（一九二六年一一月五日改訂七版）

一 小説	山路	夏目漱石	一	一五 小説 塩原の山水	尾崎紅葉	一三三
二 評論	金字塔	黒板勝美	一二	一六 童話 三人の訪問者	島崎藤村	一三五
三 短歌	短歌抄	金子薫園	一七	一七 評論 思ひ出の記	高山樗牛次郎	一四三
		尾上柴舟		一八 評論 象徴の真意義	西田幾多郎	一四九
		若山牧水		一九 評論 古典新眼	幸田露伴	一五四
		石川啄木		二〇 評論 東西の自然詩観	厨川白村	一六一
四 随筆	自画像	窪田空穂		二一 俳句 俳句抄		一七一
		前田夕暮		二二 評論 第二維新の機 子規・青々園・鳴雪・碧梧桐・虚子 三宅雪嶺		一七三
五 評論	頼朝	斎藤茂吉	二〇			
六 小品	小品四題	寺田寅彦	二三	二三 評論 感想十題		
	（一）十字街頭を往く	佐佐木信綱		（一）飯倉だより	島崎藤村	一七六
	（二）修善寺紀行	山路愛山	四五	（二）筆のすさび	大町桂月	
	（三）城の崎にて	厨川白村		（三）新らしき村の生活 武者小路実篤		
	（四）雀の生活	高浜虚子		（四）文芸往来	菊池寛	
七 小説	三右衛門の罪	志賀直哉		（五）墨汁一滴	正岡子規	
八 小説	クラウド	北原白秋		（六）内村全集	内村鑑三	
九 評論	新時代の権化	芥川龍之介	五四	（七）人格主義	阿部次郎	
一〇 随筆	樺の林	森田思軒	六九	（八）回光録	綱島梁川	
一一 評論	与謝蕪村	徳富蘇峰	七七	（九）仏蘭西紀行	島崎藤村	
一二 随筆	恩讐の彼方に	長谷川二葉亭	八三	（一〇）大戦後の世界と日本 徳富蘇峰		
一三 小説	残雪	藤岡作太郎	八六			
一四 日記	地獄渓日記	菊池寛	九〇			
		田山花袋	一二〇			
		幸田露伴	一二五			

二四	評論	文化の威力	得能　文	一八七
二五	評論	文芸の哲学的基礎	**夏目漱石**	一九六
二六	評論	大死一番	**徳富蘇峰**	二〇六
二七	評論	光あれ	姉崎正治	二〇九
二八	短歌	短歌抄	**長塚節・伊藤左千夫・正岡子規**	二一三
二九	戯曲	日蓮	**坪内雄蔵**	二一五
三〇	小説	木精	森　鷗外	二二七
三一	評論	ゴルスワアシイの社会劇	**菊池　寛**	二三四
三二	戯曲	名立くづれ	**岡本綺堂**	二三七
三三	評論	童話・童話劇・民謡	高橋禎三	二四三
三四	童話	童話二篇	**島崎藤村**	二四五
三五	戯曲	時に棹さす	正木不如丘	二五三
三六	詩	詩四篇		二六〇
		（一）小さき恐怖	**西条八十**	
		（二）月光	**島木赤彦**	
		（三）佐渡が島	野口雨情	
		（四）落葉松	**北原白秋**	
三七	評論	現代日本の文芸と世界思潮	太田善男	二六七

＊分類は、引用者による。ゴチックは、『近代日本文芸読本』との重複作家またはその作品。

表3・2　垣内松三編『国文学大系　現代文学』（初版）総目次（一九二一年九月一三日初版）

一	小説	山路	**夏目漱石**	一
二	評論	金字塔	黒板勝美	一一
三	短歌	紫にしづめる谷（短歌一〇首）	**尾上柴舟**	一六
四	小説	エパミノンダス	箕作元八	一七
五	小品	小品四題		二二
		（一）盲目	大塚楠緒子	
		（二）修善寺紀行	**高浜虚子**	
		（三）城の崎にて	**志賀直哉**	
		（四）霜月	吉江孤雁	
六	評伝	頼朝	山路愛山	二五
七	紀行	戦の跡	**徳冨健二郎**	三三
八	小説	クラウド	**森田思軒**	三七
九	評論	新時代の権化	**徳富蘇峰**	四五
一〇	随筆	樺の林	**長谷川二葉亭**	五二
一一	評伝	与謝蕪村	藤岡作太郎	五五

一二	俳句	子規句抄（二〇句）	**正岡子規**	五八
一三	小説	残雪	**田山花袋**	六〇
一四	小説	塩原の山水	**尾崎紅葉**	六五
一五	小説	海へ	**島崎藤村**	六八
一六	詩	偶感	**蒲原有明**	七一
一七	随筆	思ひ出の記	**高山林次郎**	七一
一八	随筆	愛	綱島栄一郎	七七
一九	小説	小さき者へ	**有島武郎**	八〇
二〇	評論	朱子学派の特質	井上哲次郎	八七
二一	評論	象徴の真意義	西田幾多郎	九一
二二	詩	海と人（ボードレエル―悪の華）	**上田　敏**	九七
二三	論説	古典新眼	**幸田露伴**	九八
二四	評論	文芸思潮論	厨川白村	一〇四
二五	評論	第二維新の機	三宅雪嶺	一一〇
二六	感想	感想十題		一一四
		（一）小さな灯	**有島武郎**	
		（二）筆のすさび	**大町桂月**	
		（三）**新らしき村の生活**	**武者小路実篤**	
		（四）文芸往来	**菊池　寛**	
		（五）墨汁一滴	**正岡子規**	
		（六）内村全集	内村鑑三	
		（七）婦人の友	**阿部次郎**	
		（八）回光録	綱島梁川	
		（九）仏蘭西紀行	**島崎藤村**	
		（一〇）大戦後の世界と日本	**徳富蘇峰**	
二七	評論	文化の威力	得能　文	一二三
二八	評論	国体・国是・思想問題	建部遯吾	一三二
二九	評論	大死一番	**徳富蘇峰**	一三六
三〇	評論	光あれ	姉崎正治	一三九
三一	短歌	南瓜（短歌一三首）	**長塚　節**	一四三
三二	戯曲	出家と其の弟子	**倉田百三**	一四四
三三	戯曲	日蓮	**坪内雄蔵**	一五四
三四	評論	近代劇と世界思潮	宮森麻太郎	一六五
三五	戯曲	ファウスト	**森林太郎**	一七一
三六	評論	ゴルスワアシイの社会劇	**菊池　寛**	一八二
三七	戯曲	名立くづれ	**岡本綺堂**	一八五
三八	評論	童話・童話劇・民謡	高橋禎三	一九一
三九	童話	幸福	**島崎藤村**	一九三
四〇	詩	かなりや（詩五編）	**西条八十**	一九七
四一	評論	現代日本の文芸と世界思潮	太田善男	二〇二

＊分類は、引用者による。ゴチックは、『近代日本文芸読本』との重複作家またはその作品。

表3・3　垣内松三編『国文学大系　現代文学』の「例言」及び「目次」（一九二六年一一月五日改訂七版）

例　言

編纂趣旨の大要を列記します。

一　本書は高等学校専門学校等の国文教科書として編纂したものであります。

一　在来、かやうな目的を以て編纂せられた教科書は政治史的・列伝的及び類型的分類を以て組織せられたる文集でありま す。本書も亦歴史・作者・類型に基く文集の形式に依らねばならぬのは当然でありますが、一般的教養として日本文学の全体を全景的に批評的に見る研究の境地を造るために、特に日本文学思潮の展開に基きて、材料を整理して編纂を試みたのであります。

一　全景的の見方というのは、年代・類型に囚はれず又一時代に現はれたる作品の分量に眩まされないで――精神的浪費を避くるために――作品の本質を基点として、日本文学の研究に於て思料し得らるゝ方法論的考察の上から、作品を統一することであつて、編者はかくして読者諸君がその全景を直視し得る視点に立たることを希望して居るのであります。

一　この目的から日本文学の全体を次のやうに序列して編纂しました。

(1)**古代文学より中世文学まで**――自然から人の心が目ざめた黎明に於て「いのり」も「かたり」も「働き」すらも旋律を帯びて、宗教・哲学・生活の全てが歌であつた時の文学を日本文学の原形　Protoplasmとし、日本文学の全体の包蔵せらるゝ文学原型と考へますので、在来日本文学史上の重要なる時期区分に属する作品に現はれたるその分裂及び分裂の極限に於て再び原型に還らんとする文化意識の持続的展開に基きて、文学思潮の主流を鮮明に現はすことを努めました。而して次のやうな序列を試みました。即ち、

合唱より抒情詩（個人的主観的）の生るゝ時（古代文学の一）
分裂より統一を求むる時（古代文学の二）
自照より奔放に赴く時（中世文学）

であります。これ等は自然の展開であり又特殊の文学型を見るのであるが、日本文学思潮の全体から見れば、これを次位的に序列しなければなりませぬ。

(2)**近代文学より現代文学まで**――あらゆる精神的堆積を潔く振落して直ちに魂の原郷、純真なる人性の原型に還らうとする意識が明になり、又それより以前の全ての文学の典型が反響して螺旋的に向上し、崇高・素朴・優雅・悲壮・牧歌的精神の高まりし時――恰も内外に亘れる国民生活の異常の亢奮に妨げられて、近代精神の自由なる展開を見

ず、却つて頽廃的享楽的の文学のためにその光を掩はれて現代まで持続したとはいへ――より現代までを一つにまとめて、中世文学を中心として、古代文学に対立するものとしました。

特に現代文学は歴史的に前代の文学の全てを包含するのみならず、評論・小説・劇・詩の全面に亘りて所謂International Intercourse の裡に在り且、最近に於ける国民生活の事情は文学の展開を促進して、新生の光景の歴然たるものがありますので、これを別巻としました。それは廣汎なる「世界文学」の研究の便宜を思つたからであります。

一　批評的の見方といふのは、訓詁的な客観的批評や主観的な印象的批評の弊穴に陥ることなく、批評主義論の立場から文学の本質を研究することであつて、か丶る境地を造るやうに編纂することが、本書の計画の他の一面であります。思ふに文学の本質は、所謂「内容」（文学的素材）が作者の個性の内面に於て統一せられて所謂「形式」（感覚的形態）を産出する表現作用の上に求めらる丶ものであつて、それを透視する研究の仕方は、何ものにも妨げられずに、先づ文学の形象を凝視することであると考へます。この点に於て、常にMorton 教授の主張する「文学の形態学的研究」の如き謙虚な厳精な研究的態度が「解釈」の根底であると考へますのでこれに私見を加へて、各時代の文学を学理的及び教授上の立場より

1　Description
2　Lyric-Philosophy
3　Presentation

の綱目或は順序に編纂することによりて、日本文学の表現作用の系列を明にし且研究の進路を清めて見たいと思ふのであります。

此の如き着眼点から作品を読む時に、言語学的諸研究・文学概論の学説等が一語一句の解釈の上にも連絡し、併せて「文化の自叙伝としての文学」の研究を着実に進めることができると信ずるのであります。

一　本書は日本文学の全体系に亘りてその研究の境地を造るのが目的であるから自ら進んで作品と作品との関係に言及することを避け、一々の作品を透して研究を深化し展開するために予料し得る種々の工夫を加へて編纂を試みたのでありますが、もし読者諸君が自ら（又は指導の下に）本書に於て日本文学研究の方向を発見せられ、併せてその立場から「世界文学」の研究に進展せしめつ丶、文学の研究を機縁として、文化の批判と個性の教養との上に留意せらる丶ことを得ば

実に欣幸とするところであります。

一　教課規程と適応するために編次・教材の選択按排・作文教授との連絡等に注意したことは申すまでもありません。更に今回改訂に際して長篇（黙読のために）及び多様の教材（鑑賞批評及び文献学的練習のために）を加へました。尚尽さざるところ到らぬところが多いことであらうと懸念に堪へませぬ。そは更に訂正増補につとめたいと思ひます。

一　文章は全て作家の原文のまゝを載せたのでありますが文章の省略又書き表はし方其の他に於てまゝあらためた点もあります、これは教科書として已むを得ざる用意に出るのでありまして諸家の諒察を切望いたします。又本書編集に就いては大川茂雄氏の助力に負ふところが少くありませぬ。特に記して感謝の意を表します。（大正十年八月三十日「現代文学」例言、訂正再録）

附言

「近代文学」（既刊）と本書の教材とを、その同一番号を透して結びつける時に、大体に於て、叙述（前三分）（の一）抒情・感想（中三分）（の一）劇（後三分）（の一）文学の文学活動の持続的展開の姿が現はれ、日本文学の各系列の展開の端緒を見ることから、日本文学の全体系の輪郭の一部が立体的に浮かみ出して来ることゝ思ひます。

教材は各文学類型の一二を挙ぐるに過ぎないのでありますが、その註記に依りて周囲前後に広大し、その深究に由りて各系列の文学の体系的展開を透見せらるゝならば実に欣幸とするところであります。近く「中世文学」「古代文学」の編纂を終ると共に更にこれ等の事項に就いて詳述する考であります。

大正十三年四月三十日　　編　者

表3・4　『国文学大系　現代文学』（改訂七版）作家と作品一覧

あ	芥川龍之介	「三右衛門の罪」
	阿部次郎	「人格主義」
	姉崎正治	「光あれ」
う	内村鑑三	「内村全集」
	太田善男	「現代日本の文芸と世界思潮」
お	尾崎紅葉	「塩原の山水」
	大町桂月	「筆のすさび」
	岡本綺堂	「名立くづれ」
き	北原白秋	「雀の生活」
	菊池　寛	「文芸往来」

菊池　寛「ゴルスワアシイの社会劇」
北原白秋「落葉松」

く
黒板勝美「金字塔」
厨川白村「十字街頭を往く」
厨川白村「東西の自然詩観」

こ
幸田露伴「地獄渓日記」
幸田露伴「古典新眼」

さ
西条八十「小さき恐怖」

し
志賀直哉「城の崎にて」
島崎藤村「三人の訪問者」
島崎藤村「飯倉だより」
島崎藤村「仏蘭西紀行」
島崎藤村「童話二篇」
島木赤彦「月光」

た
高浜虚子「修善寺紀行」
田山花袋「残雪」
高山林次郎「思ひ出の記」
高橋禎三「童話・童話劇・民謡」

つ
坪内雄蔵「日蓮」
綱島梁川「回光録」

て
寺田寅彦「自画像」

と
徳富蘇峰「新時代の権化」
徳富蘇峰「大戦後の世界と日本」
得能　文「文化の威力」
徳富蘇峰「大死一番」

な
夏目漱石「山路」
夏目漱石「文芸の哲学的基礎」

に
西田幾多郎「象徴の真意義」

の
野口雨情「佐渡が島」

は
長谷川二葉亭「樺の林」

ふ
藤岡作太郎「与謝蕪村」

ま
正岡子規「墨汁一滴」
正木不如丘「時に棹さす」

み
三宅雪嶺「第二維新の機」

む
武者小路実篤「新らしき村の生活」

も
森田思軒「クラウド」
森　鷗外「木精」

や
山路愛山「頼朝」

「短歌抄」尾上柴舟・金子薫園・若山牧水・石川啄木・窪田空穂・前田夕暮・佐佐木信綱・斎藤茂吉
「短歌抄」長塚節・伊藤左千夫・正岡子規
「俳句抄」子規・青々園・鳴雪・碧梧桐・虚子

表3・5 『国文学大系 現代文学』（初版）作家と作品一覧

あ	有島武郎「小さき者へ」
	有島武郎「小さな灯」
	阿部次郎「婦人の友」
	姉崎正治「光あれ」
い	井上哲次郎「朱子学派の特質」
う	上田　敏「海と人（ボードレエル―悪の華）」
	内村鑑三「内村全集」
お	尾上柴舟「紫にしづめる谷（短歌一〇首）」
	大町桂月「筆のすさび」
	大塚楠緒子「盲目」
	尾崎紅葉「塩原の山水」
	太田善男「現代日本の文芸と世界思潮」
	岡本綺堂「名立くづれ」
か	蒲原有明「偶感」
き	菊池　寛「文芸往来」
	菊池　寛「ゴルスワアシイの社会劇」
く	黒板勝美「金字塔」
	倉田百三「出家と其の弟子」
	厨川白村「文芸思潮論」
こ	幸田露伴「古典新眼」
さ	西条八十「かなりや（詩五編）」
し	志賀直哉「城の崎にて」
	島崎藤村「海へ」
	島崎藤村「仏蘭西紀行」
	島崎藤村「幸福」
た	高浜虚子「修善寺紀行」
	田山花袋「残雪」
	高山林次郎「思ひ出の記」
	建部遯吾「国体・国是・思想問題」
	高橋禎三「童話・童話劇・民謡」
つ	坪内雄蔵「日蓮」
	綱島栄一郎「愛」
	綱島梁川「回光録」
と	徳冨健二郎「戦の跡」
	徳富蘇峰「新時代の権化」
	徳富蘇峰「大戦後の世界と日本」
	得能　文「文化の威力」
	徳富蘇峰「大死一番」
な	夏目漱石「山路」
	長塚　節「南瓜（短歌一三首）」
に	西田幾多郎「象徴の真意義」
は	長谷川二葉亭「樺の林」
ふ	藤岡作太郎「与謝蕪村」
ま	正岡子規「子規句抄（二一〇句）」

正岡子規「墨汁一滴」
み　箕作元八「エパミノンダス」
三宅雪嶺「第二維新の機」
宮森麻太郎「近代劇と世界思潮」
む　武者小路実篤「新らしき村の生活」
も　森田思軒「クラウド」
森林太郎「ファウスト」
や　山路愛山「頼朝」
よ　吉江孤雁「霜月」

表3・6　垣内松三編『国文学大系　現代文学』の「附言」及び「目次」（一九二一年八月三十日初版、尚文堂）

例　言

一　本書は高等学校専門学校等の国文教科書として編纂したものであります。
編纂趣旨の大要を列記します。

一　在来かやうな目的を以て編纂せられた教科書は政治史的・列伝的及び類型的分類を以て組織せられたる文集であります。本書も亦教科書である以上は文集の形式に依らねばならぬのは当然でありますが、一般的教養として日本文学の全体を全景的に批評的に見る研究の境地を造るために、文学思潮の大勢の上から材料を整頓して編纂を試みたのであります。

一　全景的の見方というのは時代に囚はれず、又一時代に現はれたる文学の分量に眩まされないで――精神的浪費を避くるために――作品の本質を基点として、日本文学の研究に於て思料し得らる丶適当な準備の下に作品を整理することでありまして、編者はかくして読者諸君がその全景を直視し得る視点に立たることを希望して居るのであります。

一　この目的から日本文学の全体を次のやうに序列して編纂いたしました。

一　合唱 Ballad dance, Choral の頃――自然から人の心が目さめた黎明に於て「いのり」も「かたり」も「働き」すらも旋律を帯びて、宗教・哲学・生活も全て歌なりし時――の文学を以て日本文学の原形 Protoplasm とし、日本文学の全体の包蔵せらる丶文学原型と考へますので、在来日本文学史上の重要なる時期区分に属する作品に現はれたるその分化及び分化の極限に於て原型に選らんとする内心の連続に着眼して、文学思潮の流動を鮮明に現はすことを努めました。而して次のやうな序列を試みました。即ち、

1　抒情詩（個人的主観的）の生るゝ時

2　分裂より統一を求むる時

3　自照より奔放に赴く時

であります。これ等は自然の展開であり叉特殊の典型であるが、日本文学思潮の全体から見ればこれを次位的に序列しなければなりませぬ。

二　**文芸復興より現代まで**——あらゆる精神的堆積を潔く振落して直ちに魂の原郷、純真なる霊の原型に還らうとする意識が明くなり、又それより以前の全ての文学の典型が新たに生まれて螺旋的に向上し、崇高・素朴・優雅・幽玄・牧歌的精神の高まりし時——恰も内外に亘れる国民生活の異常の亢奮に妨げられて、この意識は偏狭固陋となり、却つて頽廃的享楽的の文学のためにその光を掩はれて現代まで持続したとはいへ——より現代までを一つにまとめました。

特に現代文学は歴史的に前代の文学の全てを包含するのみならず、評論・小説・劇・詩の全面に亘りて所謂International Intercourse の裡に在り且、最近に於ける国民生活の事情は文学の展開を促進して新生の光景の歴然たるものがありますのでこれを別巻としました。それは廣汎なる「世界文学」の研究の便宜を思つたからであります。

一　批評的の見方といふのは訓詁的な客観的批評や印象的な主観的批評の弊穴に陥ることなくして直接に文学の本質を研究することであつて、かゝる境地を造るやうに編纂することが、本書の計画の他の一面であります。わたくしは文学の本質を、所謂「内容」（文学的材料）が作者の精神の内に於て育てられて所謂「形式」（感覚的現象）に表現する個性の内面的流動の上に求めたいものでありまして、それを透視する研究の仕方は何ものにも妨げられずに先づ文学の形象を凝視することであります。この点に於て常にMorton 教授の主張する「文学の形態学的研究」の謙虚な精厳な研究的態度をこゝちよく感じて居りますので、これに私見を加へて各時代の文学を

1　Description

2　Lyric-Philosophy

3　Presentation

の綱目或は順序に編纂することによりて研究の進路を清めて見たいと思ふのであります。

　此の如き着眼点から文を読む時は言語学上の学説も文学創作の主義も全て一語一句の解釈の上にも生き、併せて「文化の自叙伝としての文学」の研究を着実に進めることができると信じます。

一　本書は日本文学の全体系に亘りてその研究の境地を造るのが目的であつて自ら進んで日本文学の思潮を説くことを致しませぬ。一々の作品を透して研究を深化し展開するために予料し得る種々の工夫を加へて編纂を試みたのでありますが、もし読者諸君が自ら本書に於て日本文学研究の大綱を組織せられ併せてその立場から「世界文学」の研究にまで進められ文学の研究を機縁として文化の批判と個性の教養との上に留意せらるることを得ば実に欣幸とするところであります。

一　教課規程と適応するために編次・教材の選択按排・作文教授との連絡等に注意したことは申すまでもありませんが、尚尽さざるところ到らぬところが多いことであらうと懸念に堪へませぬ。そは更に訂正増補につとめたいと思ひます。

一　文章は全て作家の原文のまゝを載せたのでありますが文章の省略又、書き表はし方其の他に於てまゝあらためた点もあります、これは教科書として已むを得ざる用意に出るのでありまして諸家の諒察を切望いたします。又本書編集に就いては大川茂雄氏の助力に負ふところが少くありませぬ。特に記して感謝の意を表します。

大正十年八月三十日　　編　者

表4・1　垣内松三編『国文選』総目次

巻一

一	童話	小さな旅人	島崎　藤村	四
二	小説	犬ころ	二葉亭四迷	八
三	小説	競漕	久米　正雄	二〇
四	小説	トロッコ	芥川龍之介	二九
五	小説	燕	鈴木三重吉	四四
六	童謡	詩二篇 （一）石工　（二）土掘れ	島木　赤彦	五四
七	紀行	静寂	高浜　虚子	五七
八	紀行	新緑	荻原井泉水	六八
九	小説	蛙	長塚　節	六一
一〇	小品	小話三題 （一）命令法 （二）扉の一語 （三）衝突予防法	薄田　泣菫	七五
一一	紀行	新高山	田村　剛	八一
一二	紀行	国境に立ちて	北原　白秋	九四
一三	小説	至急電報	下位　春吉	一〇六
一四	小説	墨痕	加藤　武雄	一二三
一五	随筆	凌霄花	吉村　冬彦	一二七
一六	紀行	千里の春	大和田建樹	一三三
一七	小説	苺	泉　鏡花	一三九

巻二

一	小説	噴煙	夏目　漱石	四
二	随筆	森の絵	吉村　冬彦	一七
三	紀行	伊勢参宮	五十嵐　力	二四
四	説明	海浜の草	柳田　国男	二九
五	紀行	トロール船より	芦田恵之助	三四
六	評論	無線電信	木村　駿吉	四二
七	小説	山の木と大鋸	志賀　直哉	五〇
八	小説	非凡なる凡人	国木田独歩	六〇
九	神話	国引	渋川　玄耳	八三
一〇	童話	蜘蛛の糸	芥川龍之介	八六
一一	評伝	マンブリノーの兜（翻訳）	片上　伸	九七
一二	戯曲	桜井駅	松居　松翁	一〇七
一三	随筆	湘南雑筆	徳冨　蘆花	一一九
一四	紀行	箱根路	正岡　子規	一三四
一五	詩	幼き日	柳沢　健	一四一
一六	評伝	普請奉行	（絵本太閤記）	一四二
一七	近世	鬼作左	新井　白石	一五二
一八	評伝	伊能忠敬	幸田　露伴	一六一
一九	評論	否の一語	中村　正直	一六八
二〇	評論	覚悟	嘉納治五郎	一七一

一八　報告　日本海の海戦　（公　報）　一五三
一九　小説　将軍　徳冨　蘆花　一六三
二〇　小説　リヨンの郊外　永井　荷風　一七一
二一　紀行　仏浜の月夜　大町　桂月　一七三
二二　説明　雲のいろ〳〵　幸田　露伴　一七九
二三　小品　小品三章　落合　直文　一八四
（一）巡礼
（二）水村
（三）銃声
語釈

＊各課文末の添え文

一　島崎藤村の文
三　新緑の庭（芥川龍之介）
四　尾上柴舟、尾山篤二郎の短歌各一首
八　俳句三句　子規、碧梧桐、井泉水
九　長塚節の短歌三首
一〇　薄田泣菫の詩
一一　柳田国男の文「沖縄の自然色」
一二　北原白秋の詩
一四　「追憶（一）」石川啄木の短歌四首
一五　「追憶（二）」土岐哀果の短歌二首　文章論（無署名）
一六　虚子、鳴雪、子規の俳句各一句

二一　古文　一寸法師　（御伽草子）　一七七
二二　詔書　一八四
語釈

＊各課文末の添え文

一　漱石の俳句三句
二　前田夕暮、大田水穂の短歌各一首
三　明治天皇御製
五　木下利玄、石榑千亦の短歌各一首
七　俚諺
一〇　日記抄　沼波瓊音
一二　落合直文の短歌各一首　文章論（無署名）
一三　斎藤茂吉、中村憲吉、島木赤彦の短歌各一首
一四　子規、伊藤左千夫、長塚節の短歌各一首
一六　豊臣秀吉、蒲生氏郷、伊達政宗の短歌各一首
一七　格言
一八　「学問の道」貝原益軒
一九　西郷南洲の文
二〇　徳川家康の文
二一　イソップ物語

一八　格言二文
一九　河合酔茗の詩
二〇　吉江孤雁「旅信」
二一　窪田空穂、松村英一、若山牧水の短歌各一首

巻三

一	評論	学者の苦心	芳賀　矢一	四
二	紀行	花影の中に	田山　花袋	一一
三	小説	山路の茶屋	夏目　漱石	二六
四	詩	詩二篇		三二
		（一）風景	百田　宗治	
		（二）小景	千家　元麿	
五	随筆	蓮	豊島与志雄	三四
六	評伝	灯を消して	桜井　忠温	四五
七	小説	銃	久米　正雄	五五
八	紀行	孤島より	窪田　空穂	六七
九	紀行	長江湖江記	遅塚　麗水	七九
一〇	紀行	海の旅	島崎　藤村	九〇
一一	小説	木精	森　鷗外	一〇五
一二	評論	廃れたる園	若山　牧水	一一五
一三	小説	轡十文字	菊池　寛	一二四
一四	評伝	近江聖人	橘　南谿	一三四
一五	紀行	野火止の用水	（国定読本）	一四一
一六	紀行	草の匂	薄田　泣菫	一四五

巻四

一	小説	槌の響	夏目　漱石	四
二	評伝	燈火	佐佐木信綱	一七
三	随筆	父の思ひ出	里見　弴	二四
四	紀行	先生への通信	吉村　冬彦	三一
五	詩	小諸なる古城のほとり	島崎　藤村	三六
六	紀行	松下村塾を訪ふ	下村　海南	三八
七	評論	練馬の名画	饗庭　篁村	四五
八	評論	川柳点	金子　元臣	五三
九	評論	障子の国	鶴見　祐輔	五九
一〇	随筆	鎮守の森	笹川　臨風	六五
一一	近世	四季の雨	松平　定信	七〇
一二	評論	椿落ちて（句評）	荻原井泉水	七五
一三	近世	露の世	小林　一茶	八二
一四	紀行	雪前雪後	幸田　露伴	八七
一五	評論	樹の根	和辻　哲郎	九三
一六	評伝	日蓮上人	高山　樗牛	一〇二
一七	評論	神国	徳富猪一郎	一〇九
一八	近世	誠の説	三浦　梅園	一一八

一七 随筆 撃滅 小笠原長生 一五二
一八 随筆 蚕 山本有三 一五七
一九 紀行 小品二題 一六一
（一）町外れ 国木田独歩
（二）漁村の秋 北原白秋
二〇 紀行 田園観興 大町桂月 一六七
二一 随筆 小園の記 正岡子規 一七五
*各課文末の添え文
一 新渡戸稲造の文
五 与謝野寛・晶子の短歌各一首
七 格言
八 窪田空穂の短歌二首
九 白帝城 李白
一〇 晋風の俳句一句
一二 若山牧水の短歌一首
一四 中江藤樹の文
一六 俚諺
一七 山鹿素行の文
二〇 大町桂月の短歌一首

巻五

一 随筆 文章の道 島崎藤村 四
二 小説 京の春 夏目漱石 一〇

一九 童話 杜子春 芥川龍之介 一二二
二〇 歴史 角笛の声 吉江喬松 一五五
二一 戯曲 亡兆 菊池寛 一六七
二二 勅語 一八二
語釈
*各課文末の添え文
一 青々、月斗、則天楼の俳句各一句
三 俚諺
四 加納諸平、佐久良東雄、平野国臣、佐久間象山、久坂玄瑞、野村望東尼の短歌各一首
七 橘南谿の文
八 川柳五句
一〇 大町桂月の文
一二 蕪村の俳句一句
一三 一茶の俳句三句
一四 芳賀矢一の文
一七 大島正徳の文による

巻六

一 小説 倫敦塔 夏目漱石 四
二 紀行 法隆寺の印象 和辻哲郎 一四

三　詩　汽車に乗りて　上田　敏　一五
四　小説　草蛙の紐　相馬　御風　二九
五　古文　熊野落　（太平記）　五〇
六　古文　おどろのした　（増鏡）　五八
七　紀行　鷺江の月明　佐藤　春夫　六八
八　古文　故郷の花　（平家物語）　七五
九　古文　鴨遊　（源平盛衰記）　七九
一〇　紀行　南欧の空　吉江　喬松　八七
一一　古文　有王島下り　（平家物語）　九八
一二　小説　塩原　尾崎　紅葉　一一〇
一三　古文　公卿会議　（平治物語）　一一六
一四　古文　鎮西八郎　（保元物語）　一二四
一五　近世　白峰の陵　上田　秋成　一三二
一六　近世　擬古文抄　一三八
（一）曇る夜の月を見る　村田　春海
（二）蓮を看る　加藤　蔭
（三）蚊遣火　中島　広足
一七　小説　心の置処　山本　有三　一四二
一八　紀行　米国の半面　厨川　白村　一四七
一九　随筆　月雪花　芳賀　矢一　一五二
語彙・枕詞・形容詞・動詞・副詞・辞書一覧
*各課文末の添え文

三　近世　京見物　十返舎一九　二七
四　詩　出盧　土井　晩翠　三八
五　古文　人臣の道　北畠　親房　四三
六　古文　徒然草十題　吉田　兼好　四八
七　評論　俚諺論　大西　祝　五六
八　評論　白楽天　野口米次郎　六二
九　評論　茶境　奥田　正造　六七
一〇　近世　奥の細道　松尾　芭蕉　七三
一一　随筆　自画像　吉村　冬彦　八五
一二　近世　玉かつま抄　本居　宣長　九五
一三　評論　物と名との境　丘　浅次郎　一〇一
一四　評論　読書と体験　阿部　次郎　一一六
一五　評論　大死一番　徳富　蘇峰　一二七
一六　評論　世界の四聖　高山　樗牛　一三二
一七　戯曲　長柄堤の訣別　坪内　逍遥　一四六
勅語　一五六
語彙・枕詞・形容詞・動詞・副詞
*各課文末の添え文
三　一九の短歌一首
七　俚諺十句
八　謡曲「高砂」
九　開田耕筆
一四　吉田松陰の文

一　加藤千蔭、村田春海の短歌各一首
二　香川景樹の短歌一首
四　良寛、平賀元義、橘曙覧の短歌各一首
一二　紅葉の俳句一句
一四　保元物語
一六　六樹園飯盛「鍾馗の賛」鍾馗
一七　村田春海の短歌一首
一八　厨川白村の文

一五　鶴見祐輔の文

巻七

一	評論	昭代の余恵	笹川　臨風	四
二	評論	国民文化の理想	清原　貞雄	一一
三	評論	国語の愛護	五十嵐　力	二四
四	評論	牧歌的精神	和辻　哲郎	三一
五	評論	雄大な気魄	伊東　忠太	四一
六	古文	日本武尊	（古事記）	四八
七	戯曲	入鹿の父	岡本　綺堂	五六
八	評論	純ぶる心	佐佐木信綱	八〇
九	評論	大和国原	武田　祐吉	九三
一〇	紀行	正倉院拝観記	藤代　祐輔	一〇一
一一	紀行	法隆寺	高浜　虚子	一〇七
一二	評論	聖徳太子	島地　大等	一一一
一三	評論	中道を歩む心	鶴見　祐輔	一一九
一四	紀行	西の京	田山　花袋	一二七

巻八

一	評論	文体の基調	五十嵐　力	四
二	古文	月の都	（竹取物語）	一二
三	古文	伊勢物語	（伊勢物語）	二〇
四	評論	永遠の恩恵	和辻　哲郎	二七
五	古文	春は曙	清少　納言	三三
六	評論	菅原道真	高山　樗牛	三七
七	古文	世継の物語	（大　鏡）	四七
八	古文	法成寺の造営	（栄華物語）	五五
九	古文	流泉・啄木	（今昔物語）	六〇
一〇	小説	長谷寺	幸田　露伴	六五
一一	古文	方丈の記	鴨　長明	八五
一二	評論	反省の記録	土居　光知	九三
一三	古文	大原御幸	（平家物語）	一〇四
一四	古文	待賢門の戦	（平治物語）	一一六

一五　評論　平安城　藤岡作太郎　一三四
一六　評論　二つの典型　尾上　柴舟　一四八
付録　国文学形態史図表
国文学年表　上

＊各課文末の添え文

一　賀茂真淵、本居宣長、香川景樹、大隈言道、大国隆正の和歌各一首
二　孝明天皇、平野国臣、梅田雲浜、僧月照、八田知紀の和歌各一首
三　新年祭の一節「延喜式」
四　本居宣長「玉かつま」
五　斎部広成「古語拾遺」
六　弘文天皇御製「懐風藻」
七　日本書紀
八　源実朝、賀茂真淵、楫取魚彦、良寛和尚、橘曙覧、正岡子規の和歌・短歌各一首
九　海犬養岡麿、作者未詳の和歌各一首
一〇　小野老の和歌一首、芭蕉の俳句二句
一一　笹川臨風の文
一二　高山樗牛「樗牛全集」
一三　金子馬治「欧州思想大観」
一五　「大鏡」
一六　小野篁、藤原敏行、大江千里の和歌各一首

一五　戯曲　名残の星月夜　坪内　逍遥　一二七
一六　評論　蘆の若葉　尾上　柴舟　一四七
付録　国文学形態史図表
国文学年表　上

＊各課文末の添え文

二　和辻哲郎の文
三　島崎藤村「藤村随筆集」
五　紀貫之「土佐日記」
六　竹田出雲「菅原伝授手習鑑」
八　藤岡作太郎の文
九　「剣」、「老鼠」、「早春」（「和漢朗詠集」）
一〇　西行法師「山家集」
一一　源平盛衰記
一二　「徒然草」
一三　高山樗牛「樗牛全集」
一四　蕪村の俳句三句
一五　源実朝「金槐和歌集」より和歌五首

巻九

一 評論 文学の新生 久松 潜一 四
二 古文 由利八郎の意気 （吾 妻 鏡） 一四
三 古文 新島守 （増 鏡） 二一
四 評論 史論三書 清原 貞雄 三〇
五 近世 東路の旅 源 親行 三七
六 評論 愚禿親鸞 西田幾多郎 四四
七 古文 良友 （十 訓 抄） 四八
八 評論 北畠親房 田中 義成 五三
九 古文 落花の雪 （太 平 記） 六三
一〇 古文 吉野の軍 （太 平 記） 六九
一一 古文 四季 吉田 兼好 八〇
一二 評論 謡曲の本質 五十嵐 力 八四
一三 古文 鉢木 （謡 曲 集） 九七
一四 古文 入間川 （狂 言 記） 一一四
一五 評論 永徳と山楽 中井宗太郎 一二三
一六 評論 俳諧の変遷 佐々 政一 一三七
付録 国文学形態史図表
国文学年表 下

＊各課文末の添え文

二 「吾妻鏡」

三 後鳥羽上皇、土御門天皇、順徳天皇、慈鎮和尚

巻十

一 評論 元禄文壇の三偉人 藤井 乙男 四
二 近世 幻住庵記 松尾 芭蕉 二二
三 近世 馬方三吉 近松門左衛門 二七
四 近世 水戸の学風 （大日本史） 三七
五 近世 百虫譜 横井 也有 四八
六 近世 柳生宗矩 新井 白石 五四
七 近世 芳宜園大人の霊を祭る 村田 春海 五九
八 近世 芳流園 滝沢 馬琴 六三
九 評論 史劇について 坪内 逍遥 七〇
一〇 評論 ハンニバル 矢野 龍渓 七九
一一 評論 新しい詩の生誕 高須芳次郎 八八
一二 小説 山路 夏目 漱石 九八
一三 小説 高瀬舟 森 鷗外 一一二
一四 評論 春を待ちつゝ 島崎 藤村 一二六
一五 評論 人生の目的 三宅 雪嶺 一三九
一六 評論 文化の威力 得能 文 一五〇
付録 国文学形態史図表
国文学年表 下

＊各課文末の添え文

一 山鹿素行「政教要録」

二 鬼貫、涼菟、大祇、蕪村、蓼太、一茶の俳句各

の和歌各一首
四　慈鎮和尚の長歌
五　阿仏尼「十六夜日記」
六　日蓮「類纂高祖遺文録」
七　「宇治拾遺物語」
八　北畠親房「神皇正統記」
九　「吉野拾遺」
一〇　後醍醐天皇、藤原師賢、後村上天皇、宗良親王の和歌各一首「新葉和歌集」
一一　「閑吟集」
一二　「世阿弥一六部集」
一三　「高砂」、「鶴亀」（「歌謡集」）
一四　「建武年間記」
一六　「絵本太閤記」

一句
三　貝原益軒「楽訓」
四　藤田東湖「述懐」
五　風来山人「六々部集」
六　新井白石「七言絶句」
七　香川景樹、大隈言道、太田垣蓮月の和歌各一首
八　滝沢馬琴「馬琴日記」
九　坪内逍遥「作と評論」
一〇　正岡子規「病床六尺」
一一　西条八十「詩作の傍より」
一二　鳴雪、子規、紅葉、漱石、碧梧桐、虚子、紫影、四方太、瓊音、井泉水、鬼城の俳句各一句
一三　高崎正風、落合直文、正岡子規、佐佐木信綱、与謝野晶子、石川啄木の短歌各一首
一四　芳賀矢一「筆のまに〳〵」

表4・2　『国文選』作家と作品一覧　現代文

あ
芥川龍之介「トロッコ」①
芦田恵之助「トロール船より」②
芥川龍之介「蜘蛛の糸」②
饗庭篁村「練馬の名画」④
芥川龍之介「杜子春」④

阿部次郎「読書と体験」⑥
い
泉　鏡花「苺」①
五十嵐力「伊勢参宮」②
五十嵐力「国語の愛護」⑦
伊東忠太「雄大な気魄」⑦

う

五十嵐力「文体の基調」⑧
五十嵐力「謡曲の本質」⑨
上田　敏「汽車に乗りて」⑤

お

荻原井泉水「新緑」①
大和田建樹「千里の春」①
大町桂月「仏浜の月夜」①
落合直文「小品三章」①
小笠原長生「撃沈」③
大町桂月「田園観興」③
荻原井泉水「椿落ちて（句評）」④
尾崎紅葉「塩原」⑤
大西　祝「俚諺論」⑥
奥田正造「茶境」⑥
丘浅次郎「物と名との境」⑥
岡本綺堂「入鹿の父」⑦
尾上柴舟「二つの典型」⑦
尾上柴舟「蘆の若葉」⑧

か

加藤武雄「墨痕」①
片上　伸「マンブリノーの兜（翻訳）」②
嘉納治五郎「覚悟」②
金子元臣「川柳点」④

き

北原白秋「国境に立ちて」①
木村駿吉「無線電信」②
菊池　寛「轡十文字」③
北原白秋「漁村の秋」③
菊池　寛「亡兆」④
清原貞雄「国民文化の理想」⑦
清原貞雄「史論三書」⑨

く

久米正雄「競漕」①
国木田独歩「非凡なる凡人」②
久米正雄「銃」③
窪田空穂「孤島より」③
国木田独歩「町外れ」③
厨川白村「米国の半面」⑤

こ

公報「日本海の海戦」①
幸田露伴「雲のいろ〳〵」①
幸田露伴「伊能忠敬」②
国定読本「野火止の用水」③
小林一茶「露の世」④
幸田露伴「雪前雪後」④
幸田露伴「長谷寺」⑧

さ

桜井忠温「灯を消して」③
佐佐木信綱「燈火」④
里見　弴「父の思ひ出」④
笹川臨風「鎮守の森」④
佐藤春夫「鷺江の月明」⑤
笹川臨風「昭代の余恵」⑦
佐佐木信綱「純ぶる心」⑦

し　佐々政一「俳諧の変遷」⑨
島崎藤村「小さな旅人」①
島木赤彦「詩二篇」①
下位春吉「至急電報」①
志賀直哉「山の木と大鋸」②
渋川玄耳「国引」②
島崎藤村「海の旅」③
島崎藤村「小諸なる古城のほとり」④
下村海南「松下村塾を訪ふ」④
島崎藤村「文章の道」⑤
島地大等「聖徳太子」⑦
島崎藤村「春を待ちつゝ」⑩
す　鈴木三重吉「燕」①
薄田泣菫·「小話三題」①
薄田泣菫「草の匂」③
せ　千家元麿「小景」③
そ　相馬御風「草蛙の紐」⑤
た　高浜虚子「静寂」①
田村　剛「新高山」①
田山花袋「花影の中に」③
高山樗牛「日蓮上人」④
高山樗牛「世界の四聖」⑥
武田祐吉「大和国原」⑦
高浜虚子「法隆寺」⑦
田中叢成「北畠親房」⑨
高須芳次郎「新しい詩の生誕」⑩
ち　遅塚麗水「長江湖江記」③
つ　鶴見祐輔「障子の国」④
坪内逍遥「長柄堤の訣別」⑥
鶴見祐輔「中道を歩む心」⑦
坪内逍遥「名残の星月夜」⑧
坪内逍遥「史劇について」⑩
と　徳冨蘆花「将軍」①
徳冨蘆花「湘南雑筆」②
豊島与志雄「蓮」③
徳富猪一郎「神国」④
土井晩翠「出盧」⑥
徳富蘇峰「大死一番」⑥
土居光知「反省の記録」⑧
得能　文「文化の威力」⑩
な　長塚　節「蛙」①
永井荷風「リヨンの郊外」①
夏目漱石「噴煙」②
中村正直「否の一語」②
夏目漱石「山路の茶屋」③
夏目漱石「槌の響」④
夏目漱石「京の春」⑤
夏目漱石「倫敦塔」⑥

	田山花袋「西の京」⑦
	高山樗牛「菅原道真」⑧
	中井宗太郎「永徳と山楽」⑨
	夏目漱石「山路」⑩
に	西田幾多郎「愚禿親鸞」⑨
の	野口米次郎「白楽天」⑥
は	芳賀矢一「学者の苦心」③
	芳賀矢一「月雪花」⑤
ひ	久松潜一「文学の新生」⑨
ふ	二葉亭四迷「犬ころ」①
	藤代祐輔「正倉院拝観記」⑦
	藤岡作太郎「平安城」⑦
	藤井乙男「元禄文壇の三偉人」⑩
ま	松居松翁「桜井駅」②
	正岡子規「箱根路」②
	正岡子規「小園の記」③
み	三宅雪嶺「人生の目的」⑩
も	百田宗治「風景」③
や	柳田国男「海浜の草」②
	柳沢　健「幼き日」②
	山本有三「蚕」③
	山本有三「心の置処」⑤
	矢野龍渓「ハンニバル」⑩
	森　鷗外「木精」③
	森　鷗外「高瀬舟」⑩
よ	吉村冬彦「凌霄花」①
	吉村冬彦「森の絵」②
	吉村冬彦「先生への通信」④
	吉江喬松「角笛の声」④
	吉江喬松「南欧の空」⑤
	吉村冬彦「自画像」⑥
わ	若山牧水「廃れたる園」③
	和辻哲郎「樹の根」④
	和辻哲郎「法隆寺の印象」⑥
	和辻哲郎「牧歌的精神」⑦
	和辻哲郎「永遠の恩恵」⑧

表4・3　『国文選』作家と作品一覧　古典

上代	古事記「日本武尊」⑦
中古	竹取物語「月の都」⑧

伊勢物語「伊勢物語」⑧
清少納言「春は曙」⑧
栄華物語「法成寺の造営」⑧
大鏡「世継の物語」⑧
今昔物語「流泉・啄木」⑧

中世

鴨　長明「方丈の記」⑧
平家物語「故郷の花」⑤
平家物語「有王島下り」⑤
平家物語「大原御幸」⑧
保元物語「鎮西八郎」⑤
平治物語「公卿会議」⑤
平治物語「待賢門の戦」⑧
源平盛衰記「鴨遊」⑤
十訓抄「良友」⑨
東関紀行「東路の旅」⑨
北畠親房「人臣の道」⑥
吉田兼好「徒然草十題」⑥
吉田兼好「四季」⑨
吾妻鏡「由利八郎の意気」⑨
増鏡「おどろのした」⑤
増鏡「新島守」⑨
太平記「熊野落」⑤
太平記「落花の雪」⑨
太平記「吉野の軍」⑨
御伽草子「一寸法師」②
謡曲集「鉢木」⑨
狂言記「入間川」⑨

近世

近松門左衛門「馬方三吉」⑩
松尾芭蕉「奥の細道」⑥
松尾芭蕉「幻住庵記」⑩
新井白石「鬼作左」②
新井白石「柳生宗矩」⑩
三浦梅園「誠の説」④
橘　南谿「近江聖人」③
上田秋成「白峰の陵」⑤
本居宣長「玉かつま抄」⑥
絵本太閤記「普請奉行」②
横井也有「百虫譜」⑩
十返舎一九「京見物」⑥
村田春海「芳宜園大人の霊を祭る」⑩
滝沢馬琴「芳流園」⑩
松平定信「四季の雨」④
「擬古文抄」⑤
「水戸の学風」⑩

表5　岩波編輯部編『国語』総目次

巻一

一	随筆	生きた言葉		一
二	随筆	桜	芳賀矢一	七
三	小説	曙の富士	小泉八雲	一三
四	短歌	明治天皇御製		一六
五	説明	春の使者	横山桐郎	一九
六	小説	峠の茶屋	夏目漱石	二九
七	小説	夕がたの遊	中　勘助	三七
八	詩	詩二篇 生長　海	千家元麿	四一
九	随筆	蜂の巣	吉村冬彦	四四
一〇	紀行	山寺	若山牧水	五五
一一	報告	八丈島行幸	藤原咲平	六四
	漢文	金言		七〇
一二	童話	蜘蛛の糸	芥川龍之介	七一
一三	小説	屋根	志賀直哉	八三
一四	随筆	水泳	飯田蛇笏	八六
一五	紀行	苺と茱萸	正岡子規	九一
一六	紀行	上高地	田部重治	一〇一
一七	説明	空の色	岡田武松	一一三
一八	随筆	湖畔　霧　道	杉村楚人冠	一一九
一九	伝記	良寛さま	北原白秋	一二五

巻二

一	詩	日本	山村暮鳥	一
二	随筆	明治神宮	溝口白羊	七
三	随筆	自然に対する五分時 大海の出日　相模灘の落日	徳冨蘆花	二四
四	紀行	小春の岡	長塚　節	三一
五	随筆	落葉	島崎藤村	四一
六	説明	渡り鳥	松本亦太郎	四八
七	詩	快晴	河井酔茗	六〇
八	随筆	潮待つ間	幸田露伴	六三
九	近古	父の物語	新井白石	六六
	漢文	白石朋ヲ薦ム	原　善	六九
一〇	近古	親心	柳沢淇園	七一
一一	随筆	カルサンと米	島木赤彦	七八
一二	小説	トロッコ	芥川龍之介	八六
一三	紀行	武蔵野日記	国木田独歩	一〇四
一四	短歌	時雨 前田夕暮　若山牧水	北原白秋	一一〇
一五	小説	吹雪	村井弦斎	一一四
一六	戯曲	勿来の関	岡本綺堂	一二四
一七	報告	両雄の会見	小笠原長生	一四〇
一八	伝記	人間エディスン	澤田　謙	一五〇

二〇 随筆 愛馬 桜井忠温 一三〇
二一 近古 用水 遭老物語 一三五
漢文 人 一四〇
二二 近古 かんにん 柳沢淇園 一四一
二三 近古 藤樹先生 橘 南谿 一四五
漢文 実語教 一五二
二四 伝記 野口博士の少年時代 野口英世 一五三
二五 説明 国旗 一七一

巻三

一 随筆 大和言葉 五十嵐力 一
二 詩 潮の音 島崎藤村 六
三 紀行 島四国 荻原井泉水 八
四 随筆 おたまじゃくし 島木赤彦 一六
五 小説 山の手の家 中 勘助 二〇
六 随筆 雨 山口青邨 二八
七 紀行 千本松原 伊藤左千夫 三一
八 説明 興国の樅 内村鑑三 四三
九 報告 日本海の海戦 官 報 五八
一〇 近古 天徳寺了伯 湯浅常山 六九
一一 近古 伊達政宗 新井白石 七二
一二 書簡 恩師へ 野口英世 七七
一三 報告 心の小径 金田一京助 八二
一四 小説 焚火 志賀直哉 九五

一九 説明 蜃気楼 橘 南谿 一六三
二〇 随筆 庭の黒土 相馬御風 一六九
二一 小説 犬ころ 長谷川二葉亭 一七四
二二 評論 国史に還れ 徳富蘇峰 一八七
古文 実祚無窮 日本書紀 一九二

巻四

一 小説 初旅 島崎藤村 一
二 随筆 暁鍾 奥田正造 一一
三 随筆 庭前の榧の樹 浜口雄幸 一五
四 短歌 あづさの紅葉 伊藤左千夫 長塚 節 島木赤彦 斎藤茂吉 二〇
五 随筆 師の言葉 武者小路実篤 二四
六 近古 青木新兵衛 室 鳩巣 二八
七 近古 板倉父子 板倉勝重 板倉重宗 新井白石 三二
八 伝記 将軍吉宗 菊池 寛 四一
九 小説 柿二つ 高浜虚子 四九
一〇 俳句 夜長 正岡子規 五八
一一 随筆 凩 徳冨蘆花 六〇

一五	紀行	金華山	長塚　節	一一〇
一六	随筆	雑草	斎藤茂吉	一一九
一七	説明	昆虫の本能	ファーブル	一二四
一八	短歌	石をきざむ 石川啄木 窪田空穂	木下利玄	一三八
一九	近古	霧島山	橘　南谿	一四二
二〇	随筆	鴉勧請	柳田国男	一五三
二一	説明	学者の苦心	芳賀矢一	一五九

巻五

一	評論	道	芳賀矢一	一
二	古文	道を知れる者	吉田兼好	九
三	随筆	極東に於ける第一日	小泉八雲	一二
四	随筆	春三題	吉村冬彦	一九
五	紀行	吉野の奥	吉田絃二郎	二七
六	古文	熊野落	太平記	三七
七	古文	正行の参内	太平記	四五
八	古文	熊王の発心	吉野拾遺	五一

一二	随筆	遠望	吉江喬松	六五
一三	小品	文鳥	夏目漱石	七二
一四	戯曲	夜叉王	岡本綺堂	八〇
一五	近古	誠	三浦梅園	九三
一六	近古	惜陰	貝原益軒	九九
一七	紀行	湖畔の冬	島木赤彦	一〇三
一八	随筆	銀線を描く	浦松佐美太郎	一一五
一九	近古	創始者の苦心	杉田玄白	一二七
二〇	伝記	二宮尊徳の幼時	富田高慶	一三四
二一	随筆	西郷の一言	勝　海舟	一四四
二二	評論	天	西郷隆盛	一四九
二三	小説	厨子王	森　鷗外	一五三
二四	随筆	神国の首都	小泉八雲	一六九

巻六

一	随筆	秋	綱島梁川	一
二	詩	神ほぎ	蒲原有明	四
三	評論	松下村塾	徳富蘇峰	七
四	小説	天寵	森　鷗外	一七
五	古文	芸能逸話	古今著聞集	三五
六	古文	芭蕉の臨終	花屋日記	四一
七	俳句	雑煮	与謝蕪村	五四
八	近古	不動智	沢　庵	五六

九　和歌　国上山　良寛　橘曙覧　平賀源内　五六
一〇　随筆　墨汁一滴　正岡子規　六〇
一一　紀行　山上の霊気　松本亦太郎　六四
一二　小説　非凡なる凡人　国木田独歩　七〇
一三　伝記　乃木大将の殉死　徳富蘇峰　九一
一四　古文　故郷の花　平家物語　九九
一五　古文　小枝の笛　平家物語　一〇三
一六　古文　扇の的　平家物語　一〇八
一七　随筆　水郷　北原白秋　一一四
一八　紀行　仏法僧　高浜虚子　一二六
一九　小説　仁王　夏目漱石　一四〇
二〇　詩　詩二篇
風　島木赤彦　一四六
風　北原白秋　一四八
二一　随筆　翼　吉江喬松　一五一
二二　随筆　隅田川の水　島崎藤村　一五七
二三　評論　ツェッペリン伯号を迎へて　一六二

巻七

一　随筆　結晶の力　島崎藤村　一
二　評論　日本絵画の特性　和辻哲郎　八
三　評伝　狩野芳崖　岡倉覚三　一三
四　随筆　法隆寺　高浜虚子　二三
五　評論　歌の響　島木赤彦　二七
九　評論　労働　内村鑑三　六〇
一〇　評伝　愛国者福沢諭吉　小泉信三　六四
一一　評伝　アインシュタイン　吉村冬彦　七六
一二　評論　米国の一面　厨川白村　八九
一三　古文　鎮西八郎為朝　保元物語　九五
一四　評論　元寇　三宅雪嶺　一〇三
一五　評伝　日蓮上人　高山樗牛　一一三
一六　紀行　檜原峠越　大島亮吉　一一八
一七　狂言　狐塚　続狂言記　一二四
一八　戯曲　井伊大老　中村吉蔵　一三四
一九　詩　出盧　土井晩翠　一五〇
二〇　評伝　人間の価値　安倍能成　一五六

巻八

一　評論　都市美論　佐藤功一　一
二　紀行　巴里通信　島崎藤村　一四
三　紀行　中宮寺の観音　和辻哲郎　二九
四　小説　東洋の詩境　夏目漱石　三六
五　古文　奥の細道　松尾芭蕉　四九

六	和歌	水の音	西行 源 実朝	三六
七	小説	戯作三昧	芥川龍之介	四〇
八	近古	源氏物語論	本居宣長	五五
九	古文	平重盛	平家物語	六一
一〇	古文	福原落	平家物語	七三
一一	小説	寒山拾得	森 鷗外	七八
一二	評論	随筆の説	五十嵐力	九六
一三	古文	ゆく川の流	鴨 長明	一〇一
一四	古文	法師の話	吉田兼好	一一四
一五	近古	学問	松平定信	一二二
一六	近古	雅文四篇		一二六
		隅田川の雨	橘 千蔭	
		曇る夜の月	村田春海	
		砧を聞く	清水浜臣	
		夜学	中島広足	
一七	評論	俚諺論	大西 祝	一三二
一八	随筆	ケーベル先生	夏目漱石	一四二
一九	評論	万物の声と詩人	北村透谷	一五二
二〇	詩	斑鳩宮	三木露風	一六〇
二一	古文	月の兎	良 寛	一六四
二二	随筆	龍安寺の庭	荻原井泉水	一六六

巻九

一	評論	読書に就いて	小泉八雲	一

六	俳句	陽炎	松尾芭蕉	六六
七	評伝	蕉風	藤岡作太郎	六八
八	謡曲	鉢の木	観世謡本	七二
九	戯曲	長柄堤の訣別	坪内逍遥	九五
一〇	評伝	象山と松陰	徳富蘇峰	一〇六
一一	古文	人臣の道	北畠親房	一一六
一二	評論	哲人の養成	安倍能成	一二二
一三	評論	浄火（翻訳）	阿部次郎訳	一三〇
一四	評伝	人間ゲーテ	茅野蕭々	一四一
一五	随筆	進軍	八代幸雄	一四六
一六	評論	大和民族の固有性	五十嵐力	一五六
一七	歌謡	舞へ舞へ蝸牛	梁塵秘抄	一六二
一八	評論	茶の宗匠	岡倉覚三	一六四
一九	近古	人道	二宮翁夜話	一六九
二〇	説明	手首の問題	吉村冬彦	一七五

巻十

一	評論	制作の方法	小泉八雲	一

二	評論	大和国原	武田祐吉	一一
三	古文	倭建命	古事記	二一
四	和歌	万葉集抄		三二
五	評論	平安京	藤岡作太郎	三八
六	古文	かぐや姫	竹取物語	五〇
七	古文	都鳥	伊勢物語	六〇
八	古文	宇多の松原	紀　貫之	六六
九	和歌	古今集抄		七四
一〇	古文	須磨の秋	紫　式部	七八
一一	古文	春は曙	清少納言	八二
一二	古文	道長の幼時	大　鏡	八七
一三	古文	法成寺の造営	栄華物語	九二
一四	古文	源信僧都の母	今昔物語	九七
一五	和歌	新古今集抄		一〇四
一六	評論	中世の文学	岡崎義恵	一〇八
一七	古文	光頼卿の参内	平治物語	一一八
一八	古文	大原御幸	平家物語	一二七
一九	古文	新島守	増　鏡	一三七
二〇	古文	日野の閑居	鴨　長明	一四四
二一	古文	只今の一念	吉田兼好	一五四
二二	謡曲	隅田川	宝生謡本	一六二
二三	評論	能面の表情	野上豊一郎	一七八

二	評論	近世の文学	藤村　作	一三
三	近古	馬追三吉	近松門左衛門	二〇
四	近古	大晦日	井原西鶴	三二
五	近古	幻住庵の記	松尾芭蕉	三七
六	近古	俳文二篇　奈良団賛　蓼花巷記	横井也有	四二
七	近古	みとり日記	小林一茶	四五
八	近古	物学び	本居宣長	五四
九	近古	月の前	上田秋成	六一
一〇	近古	芳流閣	滝沢馬琴	七一
一一	小説	五重塔	幸田露伴	七九
一二	小説	塩原	尾崎紅葉	八九
一三	随筆	山庵雑記	北村透谷	九六
一四	評論	自然主義の文学	島村抱月	一〇〇
一五	評論	肯定観の文学	岩城準太郎	一〇九
一六	随筆	秋露	夏目漱石	一一七
一七	小説	高瀬舟	森　鷗外	一二六
一八	評論	愚禿親鸞	西田幾多郎	一四三
一九	評論	国文学の精神	久松潜一	一四八
二〇	評論	生涯稽古		一六〇

表6　一九世紀・二〇世紀前半の「国語」読本、副読本一覧

【注】

・公文書（教科書検定記録）や諸資料の記録に残されている読本をなるべく網羅するよう努力した。しかし、本文でも述べたように、所蔵資料には、初版本、検定本、見本本、供給本が混在しているうえに、年度ごとの改版、修再訂などが頻繁に繰り返されている。また、なかには検定を通過しなかった読本もあり、所蔵が確認できたものでも、実際に中学生の手に渡って使用された読本は多くない。さらに、すでに所蔵の確認もできないものが少なくない。この一覧表は、本書刊行時点での調査結果を中間報告するための資料である。なかでも、本書で取りあげた文芸読本や「国語」教科書の位置づけが明らかになることを目的としている。参照した資料は次のとおりである。

「検定済教科用図書表」『教科書研究資料文献』第四〜九集、芳文閣、一九八六年一月一五日

眞有澄香『「読本」の研究』おうふう、二〇〇五年六月二六日

鳥居美和子『教育文献総合目録　第三集　明治以降教科書総合目録　Ⅱ　中等学校篇』小宮山書店、一九八五年二月一五日

『東書文庫所蔵教科用図書目録第一集』東京書籍、一九七九年一〇月一日

田坂文穂編『旧制中等教育国語科教科書内容索引』㈶教科書研究センター、一九八四年二月二四日

・原則として訂正再版の読本を一覧にした。訂正再版本が確認できない場合は、その他の版の「初版」「訂正二版」などの表記で、訂正再版とは異なった版であることを明示した。また、重要な教科書は、改版ごとに表記したものもある。

・検定本は＊、現存確認できない読本は×、一部のみ確認できる読本は△の表記を各読本末に記した。現存確認できない読本のうち、初版、他の版がある場合は括弧書きした。

・○は教科書、無表記は副読本である。

・鳥居の文献目録には、次の入試用問題集、参考書の記録もある。

『最新指導国文問題選』（木村武一郎編、弘道館、一九三六年）、『総合補習国文問題類選』（佐々木八郎編、修文館、一九三七年）、『現代文問題新選』（星野書店編集部編、星野書店、一九三八年）、『国文問題歴代選』（言葉社編集部編、言葉社、一九三九年）

一八九七（明治三〇）年

○中等国文読本　訂正　落合直文編　東京　明治書院＊×

一八九八（明治三一）年

○中等国文読本　訂正五版　落合直文編　東京　明治書院＊×

一八九九（明治三二）年　■「中学校令」改正

○中等国文読本　訂正六版　落合直文編　東京　明治書院＊×

○中等教科国文読本　関根正直編　東京　育英舎＊

一九〇〇（明治三三）年

○中等国文読本　二五版　落合直文編　東京　明治書院＊×

○訂正新編国文読本　種村宗八編　東京　富山房＊×

一九〇一（明治三四）年　■「中学校令施行規則」制定

○中学国文読本　訂正　大日本図書編　東京　大日本図書＊

○新体中学国文教程　訂正　大日本図書編　東京　大日本図書

○中学国語読本　坂本四方太　久保徳二編　東京　六盟館×（初版）

○新体中学読本　坂本四方太　久保徳二編　東京　六盟館×（初版）

○国文読本　新保寅次　内海弘蔵　横地清次郎編　東京　金港堂＊

○新選中等国文読本　西田敬止編　東京　集英堂＊

○新体国文読本　吉川編輯所編　東京　吉川半七＊

一九〇二（明治三五）年　■「中学校教授要目」制定

○中等国語読本　落合直文編　東京　明治書院＊

○中学国文読本　弘文館編　東京　弘文館＊×（訂正三版）

○中学国語読本　三土忠造編　東京　金港堂＊

一九〇三（明治三六）年

○中学読本　明治書院編輯部編　東京　明治書院＊
○中学国語読本　国光社編輯所編　東京　国光社＊
○中学国語教科書　和田万吉編　東京　文学社＊
○中等国語読本　訂正二六版　落合直文編　東京　明治書院＊
○中学帝国読本　武島又次郎編　東京　金港堂＊
○中学読本　訂正四版　明治書院編輯部編　東京　明治書院＊
○国語新読本　訂正四版　塩井正雄　大町芳樹編　東京　普及舎＊
○中等教科国語漢文読本　育英舎編輯所編　東京　育英舎
○中等教科国語漢文読本　乙種　育英舎編輯所編　東京　育英舎

一九〇四（明治三七）年

○中等国文読本　訂正二版　国学院編輯部編　東京　吉川弘文館＊
○訂正中学国文読本　訂正四版　弘文館編　東京　吉川弘文館＊
○中学国語漢文読本　国語ノ部　丸山正彦　丸井圭治郎編　東京　東洋社＊×（初版）
○中等国文新読本　大町芳衛編　東京　大日本図書＊
○国語漢文中学読本　訂正　東京　中学科研究会編
　高等国文読本　田沼編輯所編　東京　田沼書店△

一九〇五（明治三八）年

○新選国語読本　保科孝一編　東京　学海指針社＊
○中学国語　鈴木静　石戸石松　馬場節蔵　光藤泰次郎編　東京　目黒書店＊
○新選中学国文読本　関根正直編　東京　育英舎＊
○訂正中学国文読本　訂正六版　弘文館編　東京　吉川弘文館＊

○中等国文読本　訂正四版　国学院編輯部編　東京　吉川弘文館＊
高等国文読本　国語学会編　東京　興文社＊
高等国語読本　池山正隆編　岡山　渡辺聚散堂

一九〇六（明治三九）年

○新訂中等国語読本　再訂二版　落合直文編　東京　明治書院＊×（再訂三版）
○新定中学国文読本　畠山健編　東京　吉川弘文館
○中等教科明治読本　訂正　芳賀矢一編　東京　富山房＊×（訂正）
中等補習国文　大林徳太郎編　東京　元々堂書房
新体補習国語読本　佐藤仁之助　堀江秀雄編　東京　明治書院×（訂正三版）

一九〇七（明治四〇）年

○中学国文教科書　吉田弥平編　東京　光風館＊
○中学国語読本　再版　上田万年編　東京　大日本図書＊
○再訂明治読本　芳賀矢一編　東京　富山房＊×（訂正三版）
○帝国中学読本　池辺義象編　東京　啓成社＊
○中等教科明治読本　訂正　芳賀矢一編　東京　富山房＊
○中等国文読本　訂正六版　国学院編輯部編　東京　吉川弘文館＊
○訂正中学国語読本　訂正四版　三土忠造編　東京　金港堂＊△
中等補習国語読本　内海弘蔵編　東京　宝文館

一九〇八（明治四一）年

○新体国語教本　藤岡作太郎編　東京　開成館＊
○新訂中等国語読本　新訂改版　落合直文編　萩野由之　森林太郎補修　東京　明治書院＊
○中等教科日本読本　再版　保科孝一編　東京　鍾美堂＊

一九〇九（明治四二）年

○中学新読本　坪内雄蔵編　東京　明治図書＊

一九一〇（明治四三）年

○中学国文教科書　修正三版　吉田弥平編　東京　光風館＊

○再訂明治読本　訂正四版　芳賀矢一編　東京　富山房＊

　補習国文　鈴木忠孝編　東京　興文社

　国文講本　小原要逸編　東京　光風館

一九一一（明治四四）年　■「中学校令施行規則」中改正、「中学校教授要目」改正

○修訂中等国語読本　修訂再版　落合直文　萩野由之　森林太郎補修　東京　明治書院＊

○補訂新体国語教本　修正三版　藤岡作太郎編　藤井乙男補訂　東京　開成館＊

○中学国文教科書　修正四版　吉田弥平編　東京　光風館＊

○新選中学読本　池辺義象編　東京　啓成社＊

　国語補修読本　松平円次郎　沢村正吉　松山米太郎編　東京　興文社＊

一九一二（明治四五・大正一）年

○中学国文教科書　修正六版　吉田弥平編　東京　光風館＊

○中学読本　上田万年編　東京　大日本図書＊

○新定中学読本　芳賀矢一編　東京　富山房＊

○新撰国語読本　坪内雄蔵編　東京　富山房＊

○修訂中等国語読本　落合直文編　萩野由之　森林太郎補修　東京　明治書院＊

○国文読本　国語漢文研究会編　東京　自治館

○新編国文読本　国語漢文研究会編　東京　啓成社

一九一三（大正二）年

○新撰国語読本　訂正　佐々政一編　東京　明治書院＊
○中等国語定本　関根正直・深井鑑一郎編　東京　宝文館＊
○大正読本　藤村作編　東京　大日本図書＊
○改訂中等国語読本　改訂版　落合直文編　萩野由之　森林太郎補修　東京　明治書院＊
名著抄本国文教科書　板垣原次郎編　東京　金港堂
中学補習読本　上田万年編　東京　大日本図書
現代文補修読本　松山米太郎編　東京　歯科学報社
国文筌蹄　永井一孝編　東京　大日本図書
国文要領　永井一孝編　東京　大日本図書

一九一四（大正三）年

○中学国文教科書　修正九版　吉田弥平編　東京　光風館＊

一九一五（大正四）年

○改訂新撰国語読本　改訂再版　佐々政一編　東京　明治書院＊△（巻一のみ）
○中学国文教科書　修正一〇版　吉田弥平編　東京　光風館＊
○中学校用国語教科書　修正第四版　金沢庄三郎編　東京　弘道館＊
中等国語読本　上級用　上田万年・内海弘蔵編　東京　宝文館＊
現代文範　芳賀矢一編　東京　文昌閣

一九一六（大正五）年

○中等国文読本　藤井乙男編　東京　金港堂＊
○大正国語読本　保科孝一編　東京　育英書院＊
○増補大正読本　訂正四版　藤村作編　東京　大日本図書＊

一九一七（大正六）年

○中学国文教科書　修正一一版　吉田弥平編　東京　光風館＊
○校訂中等国語読本　校訂再版　落合直文編　萩野由之　森林太郎補修　東京　明治書院＊
○中等教育国語読本　新村出編　東京　開成館＊×（初版）
紀行文鈔　小原要逸編　東京　宝文館
近代文鈔　小原要逸編　東京　啓成杜
続近代文鈔　小原要逸編　東京　啓成杜
新選高等読本　佐々政一編　東京　明治書院
中等国文補助教科書　中興館編輯所編　東京　中興館

一九一八（大正七）年

○中学国文教科書　修正一二版　吉田弥平編　東京　光風館＊
○帝国読本　芳賀矢一編　東京　富山房＊
○修訂新選国語読本　修訂再版　佐々政一編　東京　明治書院＊
○改訂帝国読本　芳賀矢一編　東京　富山房＊
○大正国語読本　修正再版　保科孝一編　東京　育英書院＊
高等国語読本　明治書院編輯部編　東京　明治書院＊
現代文学読本　東京高等師範学校附属中学校国語漢文研究会編　東京　目黒書店
現代文鈔　小原要逸編　東京　啓成杜
歴代文鈔　小原要逸編　東京　啓成杜
現代文読本　永井一孝　原田鎗三編　東京　啓成社

一九一九（大正八）年　■「中学校令」中改正、「中学校令施行規則」中改正

○改訂中等国文読本　訂正四版　藤井乙男編　東京　金港堂＊
大正副読本　再版　保科孝一編　東京　育英書院＊

改訂新選高等読本　佐々政一編　東京　明治書院＊×（第三版）
近畿国語読本　訂正四版　郷土文学研究会編　東京　金港堂

一九二〇（大正九）年

評点現代文範　黒木植編　東京　金港堂

一九二一（大正一〇）年

○中等国文教科書　修正再版　松井簡治編　東京　三省堂＊△（初版）
○新定中等国語読本　新定再版　落合直文編　萩野由之　森林太郎補修　東京　明治書院＊
○国文新読本　藤村作　島津久基編　東京　至文堂＊×（初版）
○初級年用最新中等国語読本　再版　永井一孝　原田鎗三編　東京　啓成社
○校訂新選国語読本　佐々政一編　大町芳衛　武島又次郎　杉敏介補修　東京　明治書院＊×（校訂三版）
○中等国語教科書　吉沢義則編　東京　修文館＊
○中学国文教科書　修正一三版　吉田弥平編　東京　光風館＊×（修正一五版）
名著国文選　佐藤正範編　東京　山海堂出版部

一九二二（大正一一）年

○三訂帝国読本　三訂五版　芳賀矢一編　東京　富山房＊×
○中等新国文　三矢重松編　東京　文学社＊
○新制中等国語読本　開成館編輯所編　東京　開成館＊×（初版）
○中等新読本　再版　藤村作編　東京　大日本図書＊×
現代文学読本　訂正　明治書院編輯部編　東京　明治書院＊×
大正副読本　保科孝一編　東京　育英書院
現代文選　訂正　平林治徳ほか二名編　東京　明治書院＊
国文新選現代文抄　修正再版　松井簡治編　東京　三省堂＊×

日本文学読本　訂正　明治書院編輯部編　東京　明治書院＊×（第二版）
国文小話集　藤井乙男編　大阪　積善館

一九二三（大正一二）年

○中学国文教科書　修正一五版　吉田弥平編　東京　光風館＊
○大正国語読本　第二修正版　保科孝一編　東京　育英書院＊
○国文新読本　訂正三版　藤村作　島津久基編　東京　至文堂＊
○中等国文　広島高等師範学校附属中学校国語漢文研究会編　東京　六盟館×（初版）
○改訂中等国語教科書　吉沢義則編　東京　修文館
○三訂帝国読本　三訂六版　芳賀矢一編　東京　富山房＊×
○新訂中等国文読本　訂正六版　藤井乙男編　東京　金港堂＊×
国文読本　信濃教育会編　松本　松栄堂　水琴堂（初版）
現代文新鈔　改訂再版　吉田弥平編　東京　光風館＊（修正三版）

一九二四（大正一三）年

○現代国語読本　八波則吉編　東京　開成館＊×
○中等国文教科書　修正三版　松井簡治編　東京　三省堂＊×
○国語正読本　東京高等師範学校附属中学校内国語漢文研究会編　東京　目黒書店×（初版）
現代詩歌読本　尾上八郎編　東京　博文堂
新選現代文鈔　文語文の巻　小原要逸編　東京　啓成杜
新選文化読本　蘆田正喜　池原茂二　大武美徳編　東京　宝文館
新選国文講本　慶應義塾大学編　東京　慶応義塾大学出版局
修正現代名家文選　国語漢文会編　東京　山海堂出版部
修訂新選高等読本　佐々政一編　明治書院編輯部補修　東京　明治書院

現代文新選　三学社編輯部編　東京　三学社
新編現代文読本　三学社編輯部編　東京　三学社
新選現代文　精華房編輯部編　大阪　精華房
近代文新鈔　吉田弥平編　東京　光風館
現代文学読本　東京高等師範学校附属中学校国語漢文研究会編　東京　目黒書店
中等国語副読本　広島高等師範学校国語漢文教授研究会編　大阪　積善館
中等教科補充小読本　育英書院編輯部編　東京　育英書院
国文類選　随筆雑纂篇　鈴木敏也編　京都　金港堂
国文新副読本　藤村作　島津久基共編　東京　至文堂＊×（初版△）
中等国語概説　清水芳徳編　東京　六盟館
中等副読本　大島庄之助　黒羽英男編　東京　金港堂×
現代文新選　藤井乙男編　大阪　積善館

一九二五（大正一四）年

○中学国文教科書　修正一六版　吉田弥平編　東京　光風館＊
○国文新読本　訂正四版　藤村作　島津久基編　東京　至文堂＊
○国文新選　垣内松三　野村八良ほか編　東京　明治書院＊
○国語読本　上田万年　柴田猛猪　鹽野新次郎編　啓成社＊×
○改訂中等新読本　藤村作編　東京　大日本図書＊
○大正国語読本　第三修正版　保科孝一編　東京　育英書院＊
○帝国新読本　芳賀矢一編　東京　富山房＊×（初版）
○中等国文教科書　修正五版　松井簡治編　東京　三省堂＊×
○現代国語読本　東京高等師範学校附属中学校内国語漢文研究会編　東京　目黒書店＊

○新訂新選国語読本　訂正　佐々政一ほか編　明治書院編輯部編　東京　明治書院＊×

○新時代国語読本　東京開成館編輯所編　東京　開成館＊×（初版）

○国文新読本　訂正五版　藤村作　島津久基編　東京　至文堂＊×

○中等新国文　修訂版　修正四版　三矢重松編　鳥野幸次修訂　東京　文学社＊×（三版）

中学副読本　大島庄之助　黒羽英男編　東京　金港堂＊×

現代文学読本　訂正　明治書院編輯部編　東京　明治書院＊×

明治文学新選　永井一孝編　東京　三学社＊×

現代文学読本　吉沢義則編　東京　修文館＊

修訂新選高等読本　訂正　明治書院編輯部編　東京　明治書院＊×

国文新選現代文鈔　修正四版　松井簡治編　東京　三省堂＊×

国文新選現代文鈔上級用　修正再版　松井簡治編　東京　三省堂＊×

現代文学読本　東京高等師範学校附属中学校内国語漢文研究会編　東京　目黒書店＊×（初版）

現代思潮読本　訂正　佐々政一　明治書院編輯部編　東京　明治書院＊×

修再新選高等読本　佐々政一編　東京　明治書院×（初版）

修正現代文選　平林治徳ほか編　東京　明治書院＊×（初版）

現代文新選　鳥野幸次　笠原節二編　東京　文学社＊×（初版）

歴代国文選　友田宜剛　小山左文二　佐藤鶴吉編　東京　松邑三松堂

国文読本　神奈川県教育会編　横浜　神奈川県中等教科書特約売所（初版）

現代文盤　光風館編輯所編　東京　光風館

近代名家文選　阪倉篤太郎編　東京　積善館

新選国文読本　慶応義塾大学編　東京　慶応義塾大学出版局

現代文芸読本　国語教育研究会編　京都　金光堂

明治文新選　吉沢義則　木枝増一編　京都　文献書院
現代文鑑　訂正再版　光風館編輯所編　東京　光風館
模範現代文読本　今井彦三郎編　東京　日本書院
国語課外読本　橋爪謙二編　愛知　本多坦
現代詩歌選　国語漢文会編　東京　山海堂出版部
改訂現代文範　芳賀矢一編　東京　文昌閣
国文精粋　吉川秀雄編　東皐堂
近代日本文芸読本　芥川龍之介編　東京　興文社

一九二六（大正一五・昭和一）年

○新日本読本　吉沢義則編　東京　修文館＊
○国文新編　垣内松三編　東京　明治書院×（初版）
○新編国文読本　千田憲編　東京　右文書院×（初版△）
○中学新国文　大島庄之助　黒羽英男編　東京　金港堂＊×（初版△）
○帝国読本　新制第二版　芳賀矢一編　上田万年　長谷川福平訂補　東京　富山房＊×（初版）
第二読本　斎藤清衛編　京都　星野書店＊×（初版）
新文学選　修正再版　富山房編輯部編　東京　富山房＊×
大正副読本　修正版　訂正　保科孝一編　東京　育英書院＊×（修正版初版、四版）
現代文新鈔　修正五版　吉田弥平編　東京　光風館＊
現代紀行文鈔　光風館編輯所編　東京　光風館
現代伝記文鈔　光風館編輯所編　東京　光風館
海外名作戯曲鑑賞読本　古典上編　小山内薫・北村喜八共著　東京　新詩壇社△
現代文選　友田宜剛　小山左文二　佐藤鶴吉編　東京　松邑三松堂＊

歴代国文学新選　外編　吉沢義則編　京都　星野書店
現代文学大綱　平林治徳編　大阪　立川書店（初版）
補習教育現代文学読本　国分慎一郎編　東京　文教書院
新文芸読本　菊池寛編　京都　文献書院

一九二七（昭和二）年

○中等新国文　訂正　広島高等師範学校附属中学校国語漢文研究会編　東京　六盟館＊
○新選国文読本　松井簡治編　東京　三省堂＊×（初版）
○中学第一読本　斎藤清衛編　東京　育英書院＊
○国語新読本　新村出編　東京　東京開成館＊×（初版）
○現代国語読本　訂正四版　八波則吉編　東京　開成館＊×（修正版三版）
○改訂帝国新読本　改訂再版　芳賀矢一編　東京　富山房＊×
第二読本　斎藤清衛編　京都　星野書店＊
現代思潮読本　第二版　明治書院編輯部編　東京　明治書院＊×
日本文学読本　第二版　明治書院編輯部編　東京　明治書院＊
歴代国文学新選　吉沢義則編　京都　星野書店＊
新日本文学読本　岩城準太郎編　東京　成象堂

一九二八（昭和三）年

○国文　富山房編輯部編　東京　富山房＊×（初版）
○国文読本　吉田弥平編　東京　光風館＊（初版）
○新定国文読本　東京高等師範学校附属中学校内国語漢文研究会編　東京　目黒書店＊
○新選中等国文　藤村作　島津久基編　東京　至文堂＊×
○昭和国語読本　第四修正版　保科孝一編　東京　育英書院＊

○新日本読本　修正版　吉沢義則編　東京　修文館＊
○新選国語読本　昭和一版　佐々政一編　武島又次郎　笹川種郎　杉敏介補　東京　明治書院＊×（初版△）
○新国文大網　修正再版　平林治徳編　大阪　立川書店＊
○新日本読本　訂正三版　鈴木政雄　鈴木常松編　東京　修文館
現代文学読本　第三版　訂正　明治書院編輯部編　東京　明治書院＊×
新文学選　富山房編輯部編　東京　富山房＊×
昭和新読本　吉沢義則編　東京　修文館＊×

一九二九（昭和四）年

○昭和国語読本　訂正　笹川種郎　関根正直編　東京　帝国書院＊×（初版△）
○中等国文　藤井乙男編　東京　金港堂＊△（初版×）
○中等新国文　三省堂編輯所編　東京　三省堂×（初版×）
○純正国語読本　五十嵐力編　東京　早稲田大学出版部＊×（初版△）
○国語読本　改訂版　改訂再版　上田万年　柴田猛猪　鹽野新次郎編　東京　啓成社＊△
○昭和国文読本　高野辰之編　東京　宝文館＊
○中等新国文　三訂版　訂正六版　三矢重松　鳥野幸次編　東京　文学社＊×（修訂版）
現代文学新選　八波則吉編　東京　東京開成館＊×（初版）
現代文鑑　訂正　垣内松三編　東京　明治書院＊×
補修国文　人見六合夫編　神戸　宝文館
近畿国語読本　訂正八版　郷土文学研究会編　東京　金港堂
近世近古現代新選国文要抄　鈴木敏也編　大阪　京極書店

一九三〇（昭和五）年

○昭和新国文　修正再版　三省堂編輯所編　東京　三省堂＊×（初版）

○国文選　垣内松三編　東京　明治書院＊△（初版）
○新編国文読本　改修版　訂正　千田憲編　東京　右文書院＊×
○改新帝国読本　芳賀矢一編　上田万年　長谷川福平訂補　東京　富山房＊×
○帝国読本　新修二版　訂正　芳賀矢一編　東京　明治書院＊×
○新定国文　尾上八郎編　東京　東京開成館＊×
○大日本読本　高木武編　東京　富山房＊×
○新制中等国文　松村武雄編　東京　宝文館＊×
昭和第二読本　訂正　関根正直　笹川種郎編　東京　帝国書院＊×
新選高等読本　改修版　佐々政一編　明治書院編輯部補　東京　明治書院＊×
新編現代文新鈔　修正再版　吉田弥平編　東京　光風館＊×
現代文読本　桑原建雄　鈴木周作編　大阪　立川書店＊×
歴朝国文学選　明治文章編　修正版　鈴木敏也編　大阪　立川書店
歴代文新鈔　吉田弥平編　東京　光風館
新選現代文　三省堂編輯所編　東京　三省堂＊

一九三一（昭和六）年　■「中学校令施行規則」中改正、「中学校教授要目」改正

○改訂中等新国文　藤村作　島津久基編　東京　至文堂＊×
○昭和新読本　笹川種郎編　東京　帝国書院＊×
○大日本読本　新制第二版　高木武編　東京　富山房＊×（初版）
○国文　新制第一版　富山房編輯部編　東京　富山房＊×（初版）
○新編国文読本　訂正　千田憲編　東京　右文書院＊×（改修三版）
○中等大日本読本　新制版　藤村作編　東京　大日本図書＊×
○三訂新日本読本　訂正六版　吉沢義則編　東京　修文館＊×（三版）

○新編昭和国文　三省堂編輯所編　東京　三省堂＊×

○標準中学読本　修正版　國學院内国語研究会編　東京　中文館＊×（初版△）

○帝国読本　芳賀矢一編　上田万年　長谷川福平訂補　東京　富山房＊×

○新制昭和国語読本　修正　保科孝一編　東京　育英書院＊×

○新定国文　修正版　訂正四版　尾上八郎編　東京　東京開成館＊×

昭和副読本　修正　保科孝一編　東京　育英書院＊×

国文精選　日下部重太郎編　東京　弘道館＊×（初版）

現代文学読本　東京高等師範学校附属中学校国語漢文研究会編　東京　目黒書店＊

国語副読本　斉藤清衛編　京都　星野書店＊×

一九三二（昭和七）年

○国語読本　垣内松三　古城貞吉編　東京　六星館＊

○新選国語読本　昭和二版　佐々政一編　武島又次郎　笹川種郎　杉敏介補修　東京　明治書院＊

○新定国文読本　修正再版　東京高等師範学校附属中学校内国語漢文研究会編　東京　目黒書店＊

○中学新国文　笹川種郎編　東京　帝国書院＊×（初版）

○昭和新国文読本　高野辰之編　東京　宝文館＊×

○現代国語読本　新制度用　八波則吉編　東京　開成館＊×

○修正新国文大網　訂正四版　平林治徳編　大阪　立川書店＊×

一九三三（昭和八）年

○新制国語読本　修訂版　修正再版　東条操編　東京　三省堂＊×（三版）

○新国文読本　吉田弥平編　光風館＊

○新制中学国文　新村出　鈴木敏也編　東京　金港堂＊×（初版）

○新編中等国語読本　訂正　金子元臣編　東京　明治書院＊×（初版）

○改訂中等国文　訂正三版　藤井乙男編　東京　金港堂＊
○最新中等国文　松村武雄編　東京　宝文館＊
○帝国新国文　初版　藤村作編　東京　帝国書院（検定不許可か）
○国文読本　信濃教育会編　松本　松栄堂　水琴堂
○純正国語読本　新制度版　訂正四版　五十嵐力編　東京　早稲田大学出版部＊×
○国語読本　新制版　改訂四版　上田万年　柴田猛猪　鹽野新次郎編　啓成社＊×
○国文選　第二版　再版　垣内松三編　東京　明治書院＊
○最新国文読本　佐佐木信綱　武田祐吉補　吉川弘文館＊×

一九三四（昭和九）年

○中学国文教科書　修正二二版　吉田弥平編　東京　光風館＊
○五訂新日本読本　訂正八版　吉沢義則編　東京　修文館＊×（七版）
○改訂中等国文　訂正四版　藤井乙男編　東京　金港堂＊
○改訂中等新国文　訂正四版　藤村作　島津久基編　東京　至文堂＊×（三版）
○国語　岩波編輯部編　東京　岩波書店＊
○帝国読本　新制第二版　芳賀矢一編　上田万年　長谷川福平訂補　東京　富山房＊×（初版）
○新編国文読本　新制版　訂正三版　千田憲編　東京　右文書院＊×
　国文精華読本　京都府立桃山中学校国語漢文科編　同校金城会

一九三五（昭和一〇）年

○新国語読本　穎原退蔵　市川亮編　京都　星野書店＊
○改制中等新国文　訂正八版　三矢重松編　鳥野幸次　折口信夫修訂　東京　文学社＊
○国語読本　第二版　訂正三版・四版　垣内松三　飛田隆編　東京　六星館＊
○新制国語読本　修訂版　修正四版　東条操編　東京　三省堂＊×（三版）

○大日本読本　新制第二版　訂正　高木武編　東京　富山房＊×（初版）
綜合国文学読本　初版　吉田辰次編　東京　六星館
必修総合国文選　中等国文学会編　東京　昇竜堂

一九三六（昭和一一）年

○新編国文読本　新制版　第四版訂正　千田憲編　東京　右文書院＊×（第四版初版）
○新選国語読本　昭和三年版　佐々政一編　武島又次郎　笹川種郎　杉敏介補修　東京　明治書院＊×
標準補充国文　古文現代文　中等国漢文研究会編　東京　西東社出版部
長岡中学読本　人物篇　新潟県立長岡中学校編　長岡　目黒書店
山口県郷土読本　山口県教育会編　山口　白銀日新堂
類聚国文新選　吉田辰次編　東京　光風館

一九三七（昭和一二）年　■「中学校教授要目」中改正

○新制中等新国文　訂正一〇版　三矢重松編　鳥野幸次　折口信夫補訂　東京　文学社＊×（九版）
○中学国文教科書　修正二四版　吉田弥平編　東京　光風館＊
○新選国語読本　新制版　佐々政一編　武島又次郎　笹川種郎　杉敏介補修　東京　明治書院
○新編中等国語読本　新制版　訂正　金子元臣編　東京　明治書院＊
○純正国語読本　訂正五版　五十嵐力編　東京　早稲田図書＊
○新制国語読本　佐佐木信綱編　武田祐吉共著　吉川弘文館＊△（巻三のみ）
○帝国読本　改制新版　訂正八版　芳賀矢一編　上田万年　長谷川福平訂補　東京　富山房＊
○国語　改訂版　岩波編輯部編　東京　岩波書店＊
○大日本読本　改制第一版　高木武編　東京　富山房＊×（初版）
○新修国文　富山房編輯部編　東京　富山房＊×（初版）
○醇正国語　能勢朝次編　東京　文学社＊×（初版）

○新中等国文　藤村作　島津久基編　東京　至文堂＊×（初版）

○新制国語読本　東京開成館編輯所編　東京　東京開成館＊

○新制新日本読本　吉沢義則編　東京　修文館＊

現代詩歌読本　再版　尾上八郎編　東京　博文堂

行幸記念郷土読本　北海道中等学校協会編　札幌　日本教育出版社

国文選要　山本英夫　本田利時編　東京　光風館

郷土文学読本　和歌山県立和歌山中学校国漢研究会編△

一九三八（昭和一三）年

○中学国文　東京高等師範学校附属中学校内国語漢文研究会編　東京　目黒書店＊

○中学国文教科書　修正再版　吉田弥平編　石井庄司補訂　東京　光風館＊

○純正国語読本　改訂版　五十嵐力編　東京　早稲田図書＊△

○新国語読本　改訂版　穎原退蔵　市川亮編　京都　星野書店＊

○新制国語読本　修正再版　東条操編　東京　三省堂＊

○新制昭和国語読本　改訂版　保科孝一編　東京　育英書院＊×（初版）

○中等大日本読本　新制版　藤村作編　東京　大日本図書＊

○新制国語　広島高等師範学校附属中学校国語漢文研究会編　東京　東京修文館＊△（初版）

○国語読本　上田万年　柴田猛猪　鹽野新次郎編　東京　啓成社＊×

補習国語　中等国漢文研究会　東京　西東社

一九三九（昭和一四）年

○新中学国文　鈴木敏也編　東京　目黒書店（初版）

一九四〇（昭和一五）年

国民文学読本　明治期　斉藤清衛編　東京　倭書院

○国文　久松潜一編　東京　弘道館×（初版）

国文　大谷学院編　京都　法蔵館△（初版）

中学読本　池田亀鑑　岩田九郎編　東京　帝国書院

標準国文新選　中等国文研究会　大有社

一九四一（昭和一六）年

○純正国語読本　改訂版　訂正三版　五十嵐力編　東京　早稲田図書＊

○新制国語読本　修正三版　東条操編　東京　三省堂＊

○新編中等国語読本　新制版　修正　金子元臣編　東京　明治書院＊△

○新編中等国語読本　新制版　修正　増地広治郎編　東京　東京開成館＊×

○国語　改訂版　新訂第一刷　岩波編輯部編　東京　岩波書店＊×

○中学国文教科書　訂正三版　吉田弥平編　石井庄司補訂　東京　中等学校教科書＊△

精選補習国語　現代文篇　伊井松蔵編　東京　開隆堂

一九四三（昭和一八）年　■「中等学校令」公布、「中学校規程」制定

○中学国文教科書　訂正四版　吉田弥平編　石井庄司補訂　東京　中等学校教科書＊△

○新編中等国語読本　新制版　修正再版　金子元臣編　東京　中等学校教科書＊△

○純正国語読本　改訂版　訂正四版　五十嵐力編　東京　中等学校教科書＊△

○新制国語読本　修正四版　東条操編　東京　中等学校教科書＊△

○国語　改訂版　新訂第二刷　岩波編輯部編　東京　中等学校教科書＊×

○中等国文　東京　文部省＊

一九四五（昭和二〇）年

○国文　中等学校男子用　東京　中等学校教科書＊△

表7　二〇世紀前半の「国語」科に関する諸法令（抄）

【注】
＊二〇世紀前半の教育法令、「国語」科関係諸法令のうち、本研究に関係する事項を抄出した。各項目の注（＊）は筆者による。

〇一八九九（明治三二）年　「中学校令」改正

＊一八八六（明治一九）年に勅令をもって「中学校令」が定められた。その後、同令の改正や省令による細則規程によって中学校制度の試行錯誤が行われていく。そして、この改正と一九〇一（明治三四）年の施行規則の制定によって、これ以後二〇世紀前半における中等教育の基本が確立することになった。

第一条　中学校ハ男子ニ須要ナル高等普通教育ヲ成スヲ以テ目的トス
第九条　中学校ノ修業年限ハ五箇年トス但シ一箇年以内ノ補習科ヲ置クコトヲ得
第十条　中学校ニ入学スルコトヲ得ル者ハ年齢十二年以上ニシテ高等小学校第二学年ノ課程ヲ卒リタル者又ハ之ト同等ノ学力ヲ有スル者タルヘシ
第十二条　中学校ノ教科書ハ文部大臣ノ検定ヲ経タルモノニ就キ地方長官ノ認可ヲ経テ学校長之ヲ定ム但シ文部大臣ノ検定ヲ経サル教科書ヲ使用スル必要アルトキハ地方長官ハ文部大臣ノ認可ヲ経テ一時其ノ使用ヲ認可スルコトヲ得
第十三条　中学校ノ教員ハ文部大臣ノ授与シタル教員免許状ヲ有スル者タルヘシ但シ文部大臣ノ定ムル所ニ依リ本文ノ免許状ヲ有セサル者ヲ以テ之ニ充ツルコトヲ得

〇一九〇一（明治三四）年　「中学校令施行規則」制定

＊「中学校令施行規則」は、一八九九（明治三二）年四月から施行された新しい「中学校令」に基づいて公布されたものである。「国語科は理解力、表現力を身につけるとともに文学上の趣味を養い、人間形成に資する」と規定しており、「現在に至るまで、これほど的確明晰に国語科のねらいを宣言してしかも正鵠を得ているものは他にないと言ってよい」（増淵恒吉編『国語教育史資料　第五巻　教育課程史』一一頁）と評価される。それまで独立していた「習字」が「国語及漢文」に組み込まれた。毎週の授業時数は、一年から三年までは七時間、四・五年は六時間である。

第三条　国語及漢文ハ普通ノ言語文章ヲ了解シ正確且自由ニ思想ヲ表彰スルノ能ヲ得シメ文学上ノ趣味ヲ養ヒ兼テ智徳ノ啓発ニ資スルヲ以テ要旨トス

国語及漢文ハ現時ノ国文ヲ主トシテ講読セシメ進ミテハ近古ノ国文ニ及ホシ又実用簡易ナル文ヲ作ラシメ文法ノ大要、国文学史ノ一班ヲ授ケ又平易ナル漢文ヲ講読セシメ且習字ヲ授クヘシ

○一九〇二（明治三五）年　「中学校教授要目」制定

＊「中学校令施行規則」に従い、実施上の注意を掲げて、各学年の教育内容を規定している。教材例として作品名を具体的に明示している。第二学年では橘南谿「東西遊記」、頼山陽「日本外史」など、第三学年では室鳩巣「駿台雑話」、「保元平治物語」など、第四学年では新井白石「折焚柴ノ記」、「源平盛衰記」、「唐詩選」など、第五学年では「史記」などである。また、第五学年第三学期に国文学史を毎週三時間学習するように規定されている。

国語及漢文

第一学年　毎週七時

講読　毎週五時

読方　国語ノ発音ニ注意シ特ニ方言的発音ヲ矯正センコトヲ力ムヘシ漢文ハ成ルヘク国語ノ法則ニ従ヒ特ニ文字ノ用法順倒等ニ注意セシムヘシ

解釈　成ルヘク口語ト密接シテ語義、文義ヲ正確ニ解釈セシムヘシ

暗誦　読本中ノ佳句、格言、諷誦スヘキ詩歌等ヲ暗誦セシムヘシ

講読ノ材料

国語ハ小学校ニ於ケル国語トノ連絡ヲ図リ今文ヲ用ヒテ修身、歴史、地理、理科、実業等ニ関スル事項ヲ記タル現代作家ノ平生ナル記事文、叙事文等ヲ採ルヘシ又普通今文ノ外正確ナル口語ノ標準ヲ示スヘキ演説、談話ノ筆記並ニ現代名家ノ書牘文及新体詩ヲモ含マシメテ可ナリ其ノ程度ハ文部省編纂高等小学校用読本ノ第六巻及第七巻ニ準スヘシ

漢文ハ初ヨリ文意完結セル全篇ヲ採ルコトヲ要セス第一学期ニ於テハ単語単句を挙ケテ其ノ組織ト国語ノ組織トノ異同ヲ示シ第二学期以後ニ於テハ我国近世作家ノ用語平易ニ構造簡易ナル短章ニ句読、返リ点、送リ仮名ヲ施シタルモノヲ授ケ時々既ニ課シ了リタル国語ノ一二節ヲ漢訳シタルモノヲモ交ヘテ之ヲ対照セシムヘシ

国語漢文ヲ課スル此ハ国語八、漢文二タルヘシ

文法及作文　　毎週一時

文法

仮名遣附字音仮名遣ノ大要　国語品詞ノ分別　漢文品詞ノ分別ノ大要

国語文法ハ言文ノ対照ヲ主トシ常ニ口語ト今文トヲ関連セシメテ今文ニ必須ナル法則ヲ示スヘシ漢文ノ語法ハ漢文ヲ理解シ易カラシムル程度ニ止ムヘシ

作文

書取　仮名遣ヲ正シ漢字ノ字画ヲ正確ナラシメ且速記ノ慣習ヲ養フヘシ

復文　口語ヲ今文ニ若ハ今文ヲ口語ニ訳セシムヘシ

作文　書翰文、今文体ノ記事文、但記事文ハ予メ其ノ構造ヲ示スヘシ

作文ノ即題ハ凡隔週一回、宿題ハ凡毎月一回之ヲ課スヘシ

習字　毎週一時

楷書　行書

清書ハ凡隔週一回之ヲ課スヘシ

第二学年　毎週七時

講読　毎週五時

読方　前学年ニ同シ

解釈　前学年ニ同シ

暗誦　前学年ニ同シ

講読ノ材料

国語

今　文　前学年ニ準シ又現代作家ノ論説文ヲ加フ

近世文　今文ニ最モ近キモノ、例ヘハ橘南谿ノ東西遊記、伴嵩蹊ノ近世畸人伝、貝原益軒ノ訓戒書類、成島司直ノ徳川実記付録ノ類

漢文

前学年ニ準シ又我国近世作家ノ簡易ナル叙事文或ハ伝記、紀行等ノ文意完結セル短篇ヲ加フ、例ヘハ頼山陽ノ日本外史、大槻磐渓ノ近古史談、塩谷宕陰ノ宕陰存稿、安井息軒ノ読書余適ノ類

国語漢文ヲ課スル比ハ国語七、漢文三ニシテ国語ハ今文二、近世文一ノ比ヲ以テ之ヲ課スヘシ

文法及作文　毎週一時

文法

品詞各論

作文

書取　前学年ニ同シ

復文　前学年ニ同シ
作文　書翰文、記事文、叙事文、但叙事文ハ予メ其ノ構造ヲ示スヘシ
作文ノ即題ハ凡隔週一回、宿題ハ凡毎月一回之ヲ課スヘシ

習字　　毎週一時
前学年ニ同シ

第三学年　　毎週七時

講読　　毎週五時
読方　発音ノ外抑揚緩急ニ注意スヘシ
解釈　語義、文義ノ外文法上ノ句法ニ注意スヘシ
暗誦　前学年ニ同シ

講読ノ材料
国語
今　文　現代ノ思想及事実ヲ叙述論議スル今文
近世文　室鳩巣ノ駿台雑話、安藤年山ノ年山紀聞、新井白石ノ読史余論、本居宣長ノ玉勝間ノ類
近古文　鎌倉室町時代ノ文、例ヘハ保元平治物語、神皇正統記、十訓抄、樵談治要ノ類
韻　文　主トシテ今様歌
漢文
前学年ニ準シ又我国作家ノ論説文ヲ加フ、例ヘハ頼山陽ノ日本外史ノ叙論ノ類
国語漢文ヲ課スル比ハ国語七、漢文三ニシテ国語ハ今文三、近世文二、近古文一ノ比、漢文ハ記事文、叙事文一、論説文一ノ比ヲ以テ之ヲ課スヘシ

文法及作文　　毎週一時
文法

文章論ノ大要　係結ノ法則　文章ノ解剖

作文

書取　文章ヲ朗読シテ其ノ大意ヲ記述セシムヘシ

訳文　漢文ヲ訳セシメ又時トシテ外国文ヲ訳セシムヘシ且簡単ナル国文ヲ漢文ニ訳セシメテ用字ノ法ヲ知ラシムルモ可ナリ

作文　記事文、叙事文、伝記文、但伝記文ハ予メ其構造ヲ示スヘシ

作文ノ即題ハ凡隔週一回、宿題ハ凡毎月一回之ヲ課スヘシ

文法及作文ヲ授クル際便宜辞典、字書ニ就キ仮名引、画引、偏傍冠等ノ名称ヲ授ケテ国語又ハ漢字ノ検索方ヲ知ラシムヘシ

習字　　毎週一時

行書　草書

第四学年　　毎週六時

講読　　毎週五時

読方　前学年ニ同シ

解釈　国語ノ古文ハ口語ヲ以テ解釈スルノミナラス又之ヲ今文ニ対照シ漢文ハ之ヲ国文ニ対照シテ翫味セシメ修辞上ノ注意ヲ加フヘシ

暗誦　前学年ニ同シ又時トシテ名家ノ文章ヲ暗誦セシムヘシ

講読ノ材料

国語

今　文　前学年ニ準シ又勅書、上書等ヲ加フ

近世文　新井白石ノ折焚柴ノ記、太宰春台ノ経済録ノ類、但稗史ノ類ト雖モ教育上ノ目的ニ戻ラサル限ハ之ヲ採ルヲ可トス

近古文　源平盛衰記、太平記ノ類
歌　　古今和歌集ノ類
漢文
句読及返リ点ヲ施シ送リ仮名ヲ省キタルモノ
散　文　前学年ニ準シ又支那作家ノ簡易ナル伝記、紀行等ノ文ヲ加フ、例ヘハ清朝作家、唐宋八家ノ文、佐藤一斎、松崎慊堂ノ文ノ類
詩　　唐詩選ノ類
国語漢文ヲ課スル比ハ国語六、漢文四ニシテ国語ハ今文二、近世文一、近古文一ノ比、漢文ハ我国作家ノ文一、支那作家ノ文一ノ比ヲ以テ課シ詩歌ハ適宜之ヲ加ヘ授クヘシ
文法及作文　毎週一時
文法
前各学年中授ケタル事項ノ復習　近古以上ノ文ニ特有ナル法則
作文
書取　前学年ニ同シ
訳文　前学年ニ同シ
作文　記事文、叙事文、伝記文、論説文、但論説文ハ予メ其構造ヲ示スヘシ
作文ハ即題宿題トモ各凡毎月一回之ヲ課スヘシ
第五学年　毎週六時
講読　第一学期及第二学期　毎週五時
第三学期　毎週二時
読方　前学年ニ同シ
解釈　前学年ニ同シ

暗誦　前学年ニ同シ

講読ノ材料

国語

今　文　前学年ニ準ス

近世文　前学年ニ準ス

近古文　前学年ニ準ス

歌　　前学年ニ準ス

漢文

散文　前学年ニ準シ又史記、蒙求、論語ノ類ヲ加フ

詩　前学年ニ準ス

国語漢文ヲ課スル比ハ国語六、漢文四ニシテ国語ハ今文一、近世文一、近古文一ノ比、漢文ハ我国作家ノ文一、支那作家ノ文三ノ比ヲ以テ課シ詩歌ハ適宜之ヲ加ヘ授クヘシ

国文学史　第三学期　　毎週三時

主要ナル文学時代　顕著ナル文学者　顕著ナル著作物　各種ノ文体、歌体

国文学史ヲ授クルニハ我国ノ漢学ヲモ度外ニ置クヘカラス又上古文学ノ一斑ヲモ窺ハシムヘシ

文法及作文　　毎週一時

文法

前各学年中授ケタル事項ノ復習　単語ノ構造　国語沿革ノ大要

作文

書取　前学年ニ同シ

訳文　前学年ニ同シ

作文　前学年ニ同シ

各学年ニ於ケル講読ノ教授ハ国語、漢文ノ時間ヲ分タス之ニ用フル読本ハ成ルヘク国語ト漢文トヲ適当ニ交ヘテ組織シタルモノヲ採ルヘシ

読本ニ於ケル今文ノ材料ハ創作ノ必要少カラス又漢文、外国語ヲ今文ニ翻訳シタルモノニシテ其模範トナスヘキモノハ之ヲ採ルヘシ

口演ハ別ニ之ヲ挙ケスト雖モ常ニ生徒ヲシテ言語態度ニ留意セシメ又時々生徒ノ学習或ハ経験セル事項ニ就キテ談話解説等ヲナサシメ正シキ国語ノ使用ニ慣レシムヘシ

教授上ノ注意

一　読本中ノ事項ハ単ニ其意義ヲ解釈スルニ止メス之ニ関スル説明ヲ加ヘ成ルヘク地図、絵画、標本等ニ依リ生徒ノ理会ヲ明確ナラシムヘシ

二　故事古語等ハ之カ解釈出所ニ関シテ徒ニ生徒ヲ苦マシムルコトナク初ヨリ其ノ説明ヲ与フヘシ

三　国語ノ文法ニ於テ最モ誤リ易キハ活用語ノ用法ナルヲ以テ教授ノ際特ニ之ヲ注意シ常ニ其ノ練習ヲ怠ラサルヘシ

四　作文ハ其ノ文体、教授法等ニ関シテ一定ノ標準ヲ定メ難シト雖モ迂遠ニ流レス難渋ニ失セス簡易ニシテ実用ニ適切ナランコトヲ期スヘシ

五　漢字ノ字画ノ似タル爪、瓜、傳、傅ノ類ハ誤リ易キモノナレハ書取、作文ヲ授クル際特ニ之ニ注意セシムヘシ

○一九一一（明治四四）年　「中学校令施行規則」中改正

＊「国文学史ノ一班ヲ授ケ」が削除され、毎週の授業時数が、一年は八時間、二・三年は七時間、四・五年は六時間と変更された。

第三条第二項ヲ左ノ如ク改ム

国語及漢文ハ現時ノ国文ヲ主トシテ講読セシメ進ミテハ近古ノ国文ニ及ホシ又平易ナル漢文ヲ講読セシメ簡易ニシテ実用

ニ適スル国文ヲ作ラシメ国語文法ノ大要及習字ヲ授クヘシ

○一九一一（明治四四）年　「中学校教授要目」改正

＊「国語及漢文」科は「国語講読・漢文講読・作文・文法及習字ノ五分科トス」と定め、その内容と目標、教材の基本的な考え方を新たに立てた。一九〇二（明治三五）年の中学校教授要目に詳細に述べられていた具体的教材名は削除された。「国語講読」の毎週時間配当については、第一学年四時、第二学年三時、第三学年二時及び隔週一時、第四・五学年二時と漸減させている。次の事例は第一学年の国語講読の規程である。

国語講読

国語講読ノ材料ハ普通文ヲ主トシ口語文・書牘文・韻文ヲ交フ

普通文ハ現代文ヲ主トシ近世文・近古文ヲ交フ

何レモ平易ニシテ作文ノ模範トスヘキモノタルヘシ

口語文ハ簡明ニシテ方言ヲ雑フルコトナク口語ノ標準ヲ示スニ足リ話方・作文ノ模範トスヘキモノタルヘシ

書牘文ハ平易ニシテ繁縟ニ失セス日用書牘文ノ模範トスヘキモノタルヘシ

韻文ハ新体詩・短歌・今様・俳句等ニ亙リテ格調高雅ナルモノタルヘシ

右諸種ノ文章ハ我国体及民族ノ美風ヲ記シ国民性ヲ発揮スルニ足ルモノ、健全ナル思想ヲ述ヘ道義的観念ヲ涵養スルニ足ルモノ、忠良賢哲ノ事蹟ヲ叙シ修学ニ資スヘキモノ、文学的趣味ニ富ミ心情ヲ高雅ナラシムルニ足ルモノ、又ハ日常ノ生活ニ裨益シ常識ヲ養成スルニ足ルモノ等タルヘシ

漢文講読

漢文講読ノ材料ハ平易雅馴ニシテ成ルヘク我国ニ慣用セラル、熟語・成句等ヲ包含セルモノタルヘシ

右材料ハ句読点・返点・送仮名ヲ施シタルモノタルヘシ但シ送仮名ハ高学年ニ於テハ便宜之ヲ省クコトヲ得

右材料ノ内容ノ標準ハ略々国語講読ノ項ニ述ヘタル所ニ拠ル

作文

作文ハ現代文ヲ主トシ口語文及書牘文ヲ併セ課スヘシ

文法

文法ハ主トシテ現代文ニ通有セル法則ヲ説明スヘシ

習字

習字ハ楷書・行書・草書ノ三体トシ大字及細字ヲ練習セシメ又仮名ヲ併セ課スヘシ

第一学年

国語講読　毎週四時

読本ハ尋常小学読本トノ連絡ヲ図リ現代文ヲ主トシ口語文・書牘文ヲ交ヘ間々韻文ヲ加ヘテ組織セルモノタルヘシ但シ現代文・口語文ノ種類ハ記事文・叙事文トス

読方及解釈　発音ヲ明確ニシ句読ヲ正シクシ仮名遣、漢字ノ字画・用法及語句・文章ノ意義ヲ領得シテ全文ノ大意ヲ把握セシメ文意・文勢ヲ誦読ノ上ニ表サシメ材料ニ応シテ文章ノ妙味ヲ玩味セシメ布置・結構ヲ説明シテ思想排列ノ法ヲ知ラシムヘシ

○一九一九（大正八）年　「中学校令」中改正

＊「国民道徳ノ養成」が入れられた。また、第十条の「年齢十二年以上」という入学年限が撤廃された。

第一条　中学校ハ男子ニ須要ナル高等普通教育ヲ為スヲ以テ目的トシ特ニ国民道徳ノ養成ニ力ムヘキモノトス

第十条　中学校ニ入学スルコトヲ得ル者ハ当該学校予科ヲ修了シタル者、尋常小学校ヲ終了シタル者又ハ文部大臣ノ定ムル所ニ依リ之ト同等以上ノ学力アリト認メラレタル者タルヘシ

○一九一九（大正八）年　「中学校令施行規則」中改正

＊「中学校令中改正」に合わせ、各科目での「国民道徳ノ養成」の恒常的な配慮が求められている。また、入学年限規程「年齢十二年以上」の撤廃に合わせた第四十二条の但書きによって尋常小学校卒業以前でも入学できるようになった。「国語及漢文」科の毎週授業時数は、第一・二学年が八時間、第三学年は六時間、第四・五学年は五時間である。

第一条ノ二　中学校ニ於テハ中学校令第一条ノ旨趣ニ依リ生徒ヲ教育シ殊ニ国民道徳ノ養成ニ関連セル事項ハ何レノ学科目ニ於テモ常ニ留意シテ教授センコトヲ要ス

各学科目ノ教授ハ其ノ目的及方法ヲ誤ルコトナク互ニ相連絡シテ補益センコトヲ要ス

第四十二条　左ノ各号ノ一ニ該当スル者ハ第一学年入学ニ関シ尋常小学校卒業者ト同等以上ノ学力アル者ト認ム

一　他ノ中学校又ハ高等学校ノ予科ヲ修了シタル者

二　国語、算術、日本歴史、地理、理科ニ就キ尋常小学校卒業ノ程度ニ依ル試験ニ合格シタル者

前掲ノ試験ヲ受クルコトヲ得ル者ハ年齢十二年以上ノ者タルヘシ但シ尋常小学校第五学年ノ課程ヲ修了シ学業優秀且身体ノ発育十分ニシテ中学校ノ課程ヲ修ムルニ足ルコトヲ当該学校長ニ於テ証明シタル者ハ此ノ限ニ在ラス

○一九三一（昭和六）年　「中学校令施行規則」中改正

＊教科名が「国語漢文」科となった。授業時数は、第一学年が七時間、第二学年が六時間、第三学年は、一種二種課程を四年以上に編成する場合は六時間、三年以上に編成する場合は四時間、第四・五学年が四時間である。増課科目として一種・二種ともに一時間ないし三時間配当できることとされた。一種は卒後社会生活者、二種は上級学校進学者の課程である。教材では上古文まで拡大されたのが特徴である。

第一章　生徒教養ノ要旨

第一条　中学校ニ於テハ中学校令ノ旨趣ニ基キ小学校教育ノ基礎ニ拠リ一層高等ノ程度ニ於テ道徳教育及国民教育ヲ施シ生活上有用ナル普通ノ智能ヲ養ヒ且体育ヲ行フヲ以テ旨トシ特ニ左ノ事項ニ留意シテ其ノ生徒ヲ教養スベシ

一　教育ニ関スル勅語ノ旨趣ニ基キ学校教育ノ全般ヨリ道徳教育ヲ行ハンコトヲ期シ常ニ生徒ヲ実践躬行ニ導キ殊ニ国民道徳ノ養成ニ意ヲ用ヒ我ガ建国ノ本義ト国体ノ尊厳ナル所以トヲ会得セシメ忠孝ノ大義ヲ明ニシ其ノ信念ヲ鞏固ナラシメンコトヲ期スベシ

第七条　国語漢文ハ普通ノ言語、文章ヲ了解シ正確且自由ニ思想ヲ発表シ文字ヲ端正ニ書写スルノ能ヲ得シメ国民性ヲ涵養シ文学上ノ趣味ヲ養ヒ知徳ノ啓発ニ資スルヲ以テ要旨トス

国語漢文ハ現時ノ国文ヲ主トシテ講読セシメ進ミテハ平易ナル近古文ヨリ簡易ナル上古文ニ及ボシ又平易ナル漢文ヲ講読セシメ簡易ニシテ実用ニ適スル国文ヲ作ラシメ国語文法ノ大要及習字ヲ授クベシ

○一九三一（昭和六）年　「中学校教授要目」改正

*次の規程は「国語漢文」科の「国語講読」の目標である。「注意」では、第一項で「愛国的精神」、第四項で「国語愛護ノ精神」に留意させている。

国語講読ハ読方及解釈、話方・暗唱・書取ヲ課シ其ノ材料ハ総テ文章ノ模範タリ而シテ国体ノ精華、民族ノ美風、賢哲ノ言行等ヲ叙シ以テ健全ナル思想、醇美ナル国民性ヲ涵養スルニ足ルモノ、文芸ノ趣味ニ富ミテ心情ヲ高雅ナラシムルモノ、日常ノ生活ニ裨益アリ常識ヲ養成スルニ足ルモノ等タルベシ

注意

一　国語漢文ノ教授ニ際シテハ常ニ生徒ノ思想感情ヲ啓発陶冶シ之ニ由リテ高尚ナル人格ヲ成シ特ニ愛国的精神ヲ養ハンコトヲ期スベシ

四　文法ノ教授ニ於テハ国語ノ特色ヲ理解セシムルト共ニ国語愛護ノ精紳ヲ養ハンコトニ留意スベシ

○一九三七（昭和一二）年　「中学校教授要目」中改正

＊一九三一（昭和六）年の中学校令施行規則、教授要目「国語講読」の「注意」にあった国民性の涵養関連規程を教授要目「国語漢文」目標に組み込んでいる。

国語漢文ニ於テハ国語ノ理会及応用ノ能ヲ得シメ漢文ノ読方及解釈ノ力ヲ養ヒ特ニ我ガ国民性ノ特質ト国民文化ノ由来トヲ明ニスルコトニ注意シ国民精神ノ涵養ニ資スルコトヲ要ス

国語ニ於テハ国語ノ構造・特質ヲ知ラシメ国語ノ正確ナル理会ト思想・体験ノ明確自由ナル表現トニ就キテ指導シ国語ガ国民性ノ具現タルコト及国語ノ教養ガ国民ノ自覚ヲ促シ品位ヲ高ムル所以ナルコトヲ会得セシメテ国語愛護ノ念ヲ培フト共ニ美的・道徳的情操ヲ陶冶スベシ又漢文ニ於テハ漢文ノ語彙・構造等ノ特質ニ留意シテ国語トノ関係ヲ明ニシ漢文ノ正確ナル理会ニ就キテ指導スルト共ニ其ノ我ガ精神生活ニ封スル意義ヲ会得セシムベシ

国語漢文ハ国語講読・漢文講読・作文・文法及習字ヲ課スルモノトス

国語講読ハ読方及解釈、話方・暗誦・書取ヲ課シ其ノ材料ハ総テ醇正ナル国語ノ精華・国民ノ美風、偉人ノ言行等ヲ叙シテ国民精神ヲ涵養スルニ足ルモノ、世界ノ情勢ヲ知ラシメテ円満ナル国民的常識ヲ養成スルニ足ルモノ、文学趣味ニ富ミテ心情ヲ高雅ナラシムルモノ等タルベシ

漢文読解ハ読方及解釈、暗誦ヲ課シ其ノ材料ハ邦人ノ著作及漢籍中ヨリ平易雅馴ナルモノヲ選ビ我ガ国ノ徳教ニ関係アルモノヲ主トシ文学趣味ノ涵養ニ資スベキ詩文ヲ加フベシ尚数材ハ総テ返点・迭仮名ヲ附スルコトヲ原則トスレドモ高学年ニ在リテハ適宜迭仮名ヲ省クコトヲ得

作文ハ正確自由ナル表現ニ就キテ指導シ平明達意ニシ実用ニ適スル各種ノ文ヲ作ラシメ且其ノ添削批評ヲ為スベシ

文法ハ国文法ノ大要ヲ授ケテ国語ノ構造・特質ヲ理会セシメ正確ナル語法ニ練熟セシムベシ

習字ハ漢字及職名ヲ課シ間架結構ノ大要ヲ知ラシメ費用ニ適切ナル書写ノ能力ヲ得シムルコトヲ期スベシ但シ漢字ノ書体ハ楷書・行書ヲ主トシ草書ヲ加フルコトヲ得

○一九三七（昭和一二）年　「中学校改正教授要目の趣旨」制定

＊一九三七（昭和一二）年の「中学校改正教授要目」に関する文部省解説の「改正の方針」である。

一　改正の方針

今回の要目改正が、国体の本義を一層明徴ならしむる旨趣に出でたものである事はいふまでもなく、各科ともこの同じ目的の下に改正に着手したのであるが、その執る所の方針方法については、学科目の性質によつて多少異らざるを得ない。国語漢文は国民精神の涵養上極めて重大な学科目であると共に、他の諸学科目と密接な関係を有し、諸学科目の基礎をなすものであるから、此の際教授要目の全面的検討を行ひ慎重審議して改正を行つた。その改正の根本方針として挙ぐべきものは大体次のやうなものである。

一、祖先の精神的遺産たる国語漢文の資料に依つて、我が国体の本義を一層明に会得させること。

此の一項は、今回の改正に方つて、特に重要視した点である。国語漢文に於ては、祖先の遺した言語・文章其のものを通して、感情的に端的に、真の皇国の姿を会得させせんとするものである。万葉集を繙く時、そこに上代に於ける我が国の真の姿を見、詐らざる国民の声を聞く。「去年の今夜」の詩を誦する時、誰か菅公の誠忠に感激しないものがあらうか。千万言を費した知的の説明よりも、真心から迸り出るかうした感情的の表現が、如何に人の心を打つものであるかに重点をおいたのである。

二、我国民精神に立脚して、現下の世界に於ける我が国の地位を自覚させ、大国民としての自己完成に向つて志を立てしめること。

現下の重大なる世局に当り、将来の国家を担ふべき青少年に対して、日本国民たる自覚を与へ、寛宏にして他と協和し、質実にして実践力に富む大国民たるの資質を涵養するのが最も緊要であつて、よく他の長を採り、之を日本化し、醇化してゆく所に発展的な真の日本精神が存するのである。

三、国語愛護の熱意を喚起し、日常の言語及作文に於て明晰にして品位ある国語の使用を修練させること。

国語愛なくして国体観念の涵養は望み難い。我が国語は、国初以来一度も他国語に犯される事なく、健全に発達して今日に及んでゐる。祖先以来の精神感情は凡てこの中に融け込んでゐる。歩一度外国の地を踏んで、この国語に接する時、祖先以来の感情は蘇り、愛国的情緒が油然として湧く。国語が如何に愛国心と結び付き、国民的団結を強めて居る事か。これを愛護する熱意を喚起することは、国民教育として最も大切な事の一つであらねばならぬ。

四、国語漢文科に於て最も大切な形式内容不離一体の要旨を一層徹底せしめること。

以前は字句の解釈にのみ捉はれて、内容其のものの指導が不十分であつたが、近来はその反動として、兎角形式を忽諸にする傾向が著しくなつて来た。何れも偏つた考であつて、形式内容不離一体に進むべきはいふまでもない。

五、儒教の我が国民精神に及した結果、漢文の我が国語に与へた影響について公正な認識を持し、国語漢文が一科として我が国民の教養に提携する所以を徹底させること。

高等学校に於ける学科目名は国語及漢文であるが、中等学校では国語漢文となつてゐる。これは今日の情勢からみて、両者別々に取扱ふべきでなく、相連繋せる一科とすべしとの見地から来たのであつて、此の点を更に徹底させる事が必要である。

以上の根本方針は、改正要目の全般を貫通するもので、其の或るものは、要目の上に明記され、或るものは、明記されてゐないが、教授時数の配当、教材の指示等の上にその意図が表はれてゐる。

○一九四三（昭和一八）年　「中等学校令」公布、「中学校規程」制定

＊「国語」科は「国民」科の一部に改編され、「修身」、「歴史及地理」とともに一科目となった。配当授業時数は、修身は第一・二学年は一時間、第三・四学年は二時間、国語は全学年五時間、歴史及地理も全学年三時間とされた。教科

書は、一九四〇（昭和一五）年より五種の教科書に限定されていたが、この中等学校令より国定制となった。

中等学校令

第一条　中等学校ハ皇国ノ道ニ則リテ高等普通教育又ハ実業教育ヲ施シ国民ノ練成ヲ為スヲ以テ目的トス

第十二条　中等学校ニ於テハ文部省ニ於テ著作権ヲ有スル教科用図書ヲ使用スベシ但シ特別ノ必要アル場合ニ於テ文部大臣別段ノ定ヲ為シタルトキハ此ノ限ニ在ラズ

中学校規程

第三条　国民科ハ我ガ国ノ文化並ニ中外ノ歴史及地理ニ付テ習得セシメ国体ノ本義ヲ簡明シテ国民精神ヲ涵養シ皇国ノ使命ヲ自覚セシメ実践ニ培フヲ以テ要旨トス

○一九四三（昭和一八）年　「中学校教科教授及修練指導要目」制定

＊中学校規程の「国民精神ヲ涵養シ皇国ノ使命ヲ自覚セシメ実践ニ培フ」に従い、「実践」が繰り返し強調されている。その具体的提示として「発表」などの文言が見える。

国民科

教授要旨

国民科ハ我ガ国ノ文化並ニ中外ノ歴史及地理ニ付テ習得セシメ国体ノ本義ヲ開明シテ国民精神ヲ涵養シ皇国ノ使命ヲ自覚セシメ実践ニ培フヲ以テ要旨トス

国民科修身ハ教育ニ関スル勅語ノ旨趣ニ基キテ国体ノ本義ヲ開明シ皇国ノ使命ヲ自覚セシメ国民生活ノ諸相ニ於ケル皇国ノ道ノ実践ヲ指導シテ至誠尽忠ノ信念ニ培ヒ皇国民タルノ徳操ヲ涵養スルモノトス

国民科修身ハ神勅、聖訓ノ謹解、国体ノ本義、皇国ノ政治・軍事・経済及文化ノ大要並ニ礼法ニ付テ授クベシ

国民科国語ハ正確ナル国語ノ理会ト発表トノ能力ヲ養フト共ニ古典トシテノ国文及漢文ヲ習得セシメ国民的思考感動ヲ通ジテ国民精神ヲ涵養シ我ガ国文化ノ創造発展ニ培フモノトス

国民科国語ハ講読、文法、作文及話方ヲ課スベシ

国民科歴史ハ中外ノ歴史ニ付テ習得セシメ国体ノ精華ト東亜及世界ノ推移トヲ明ニシテ国民精神ヲ涵養シ皇国ノ歴史的使命ヲ自覚セシメ実践ニ培フモノトス

国民科歴史ハ東亜及世界ノ変遷ト皇国進展トノ大勢トニ付テ授クベシ

国民科地理ハ皇国並ニ東亜及世界ノ地理ヲ一体的関連ニ於テ習得セシメ我ガ国土国勢ヲ明ニシテ国土愛護ノ精神ヲ涵養シ皇国ノ東亜及世界ニ於ケル使命ヲ自覚セシメ実践ニ培フモノトス

国民料地理ハ日本東亜及世界ノ地理、我ガ国土国勢ニ付テ授クベシ

教授方針

一　国体ノ本義ヲ開明シ敬神奉公ノ真義ニ徹セシメ八紘為宇ノ精神ヲ体得セシムベシ

一　皇国ノ東亜及世界ニ於ケル使命ト国防ノ重要性トヲ自覚セシメ職分ヲ尽シテ皇運ヲ扶翼シ奉ルノ信念ヲ涵養スベシ

一　我ガ国文化ノ伝統ト発展トニ付テ知ラシメ皇国ヲ主体トセル文化ノ創造ニ力ムルノ精神ヲ育成スベシ

一　他教科及修練トノ関連ニ留意スルト共ニ国民科各科目ノ一体的関連ニ意ヲ用ヒ本教科ノ趣旨達成ヲ期スベシ

国民科国語

教授方針

一　国語ガ国民的思考感動ノ具現ニシテ且之ヲ形成スルモノナル所以ヲ明ニシ国語ノ正確ナル理会・発表ノ能力ヲ養ヒ国語尊重ノ精神ヲ涵養スベシ

一　古典トシテノ国文ヲ通ジテ皇国ノ伝統ト其ノ表現トヲ会得セシメ国民生活ノ発展ト皇国文化ノ創造トニ培フベシ

一　古典トシテノ漢文ヲ通ジテ皇国及東亜ノ思想、文化ト其ノ表現トヲ会得セシメ国民精神ノ涵養ニ資スベシ

教授事項

一　講読ハ皇国ノ道ノ具現タル各時代ノ国文ト皇国ノ発展ニ寄与セル漢文トノ中ヨリ醇正ナルモノヲ選ビ之ガ正確ナル読誦ト解釈トヲ課シ教材ニ依リテハ暗誦・書取ヲ課スベシ

二　文法ハ口語法・文語法ノ大要ト国語ニ関スル基本的事項トヲ授ケテ国語ノ正確ナル理会・発表ノ能力ヲ修練シ国語ノ構造及特質ヲ会得セシメ国語意識ノ確立ニ資スベシ

三　作文ハ書簡・日記・報告・記録・説明・感想及主張等各種ノ文ヲ綴ラシメ思想・体験ノ正確自由ナル発表ニ付テ指導シ醇正ナル国語ノ表現力ヲ修練スベシ

文体ハ口語文ヲ主トシ文語文・候文ヲモ併セ課スベシ

四　話方ハ各自ノ生活ニ即シテ思想・体験ノ正確ナル発表聴取ヲ訓練シ醇正ナル国語ノ使用ニ習熟セシメ敬語ノ使用ニ慣レシムベシ

＊増淵恒吉編『国語教育史資料　第五巻　教育課程史』（東京法令出版、一九八一年四月一日）所収の抄文より抜粋して作成した。あわせて、文部省『学制百年史　資料集』を参照した。表記にあたり現代漢字に改めたが、一部旧漢字にとどめたものもある。

表8　年表

・定期刊行物の日付は省略した。
・「教育・「国語」教育・「国語」教科書」欄の＊は橋本暢夫『中等学校国語科教材史研究』からの引用である。

【参考文献】

橋本暢夫『中等学校国語科教材史研究』溪水社、二〇〇二年七月三〇日
㈶教科書研究センター編『旧制中等学校教科内容の変遷』ぎょうせい、一九八四年三月二四日
井上敏夫編『国語教育史資料第二巻　教科書史』東京法令出版、一九八一年四月一日
上田博ほか編『大正文学史』晃洋書房、二〇〇一年一一月二〇日
岩波書店編集部編『近代日本総合年表』岩波書店、一九六八年一一月二五日
新井郁男ほか編『教育学基礎資料　第五版』樹村房、二〇〇八年一〇月一日
民間教育史料研究会編『民間教育史研究事典』評論社、一九七五年八月五日
家永三郎編『日本の歴史10』ほるぷ出版、一九七七年一一月
仲新ほか編『日本近代教育史事典』平凡社、一九七一年一二月一日
田近洵一・井上尚美編『国語教育指導用語辞典（第四版）』教育出版、二〇〇九年一月二五日
久保義三ほか編『現代教育史事典』東京書籍、二〇〇一年一二月一〇日
伊ケ崎暁生・松島栄一編『日本教育史年表』三省堂、一九九〇年六月二〇日
『現代日本文学大年表　明治篇』明治書院、一九六八年五月五日
『現代日本文学大年表　大正篇』明治書院、一九七〇年一月二五日
『現代日本文学大年表　昭和篇Ⅰ』明治書院、一九七一年九月五日

年	政治・外交・社会の動き	学術・文化の動き	教育・「国語」教育・「国語」教科書
一八九八（明治31）	4・30　函館にトラピスチン天使園大修道院設立 6・22　憲政党結党	2　『こゝろの華』（のち『心の花』）創刊 2・12　正岡子規「歌よみに与ふる	

	10・18 村井知至、安部磯雄、片山潜、幸徳秋水、木下尚江ら、社会主義研究会を結成	書」(『日本』、～3・4) 3 「金色夜叉」初演(市村座) 9 『中学世界』創刊(博文館) この年、写生文、社会小説おこる	
一八九九(明治32)	5・18 ハーグで第1回万国平和会議開催(26か国参加) 10・12 ボーア戦争起こる	1・15 『中央公論』創刊(『反省雑誌』改題) 3・14 正岡子規、根岸短歌会を始める 4・7 土井晩翠『天地有情』(博文館)	2・7 「中学校令」改正公布 2・8 「高等女学校令」公布
一九〇〇(明治33)	1・28 社会主義研究会を改め社会主義協会発足 3・10 「治安警察法」公布 9・15 立憲政友会結成(総裁・伊藤博文)	3・23 徳冨蘆花『おもひ出の記』(『国民新聞』、～01・3・21) 4 『明星』創刊(東京新詩社) 5・13 正岡子規「竹里歌話」(『日本』、6・9、18)	4 文部省に修身教科書調査委員会を設置(小学校修身教科書国費編纂着手) 8・20 「小学校令」改正公布 8・21 「小学校令施行規則」制定 *坪内逍遥「自然の音楽」「活版の由来」「都会と田舎」「エリザベス時代の英国」、森鷗外「うたかたの記」「埋木」「ふた夜」「該撒」教材化。
一九〇一(明治34)	5・20 片山潜、幸徳秋水、安部磯雄ら社会民主党結成(即日禁止) 10・23 田中正造、足尾鉱毒事件により衆議院議員辞職 12・10 田中正造、天皇に足尾鉱毒事件を直訴	1・2 幸田露伴「二日もの語《ママ》――彼一日――」(文芸倶楽部) 1・16 正岡子規「墨汁一滴」(『日本』、～7・2) 3・11 国木田独歩『武蔵野』(民友社)	3・5 「中学校令施行規則」制定 3・22 「高等女学校令施行規則」制定 7・12 デューイ『学校と社会』(上野陽一訳、松村三邑堂)

年	社会	文学	教育
		8・15 与謝野晶子『みだれ髪』（東京新詩社） 9・24 川上眉山『ふところ日記』（新声社） 12・11 上田敏『文芸論集』（春陽堂）	
一九〇二（明治35）	1・30 日英同盟協約、ロンドンで調印	5・5 正岡子規「病床六尺」（『日本』、〜9・17） 9・1 アンデルセン『即興詩人』（森鷗外訳、春陽堂） 9・19 正岡子規没（36歳）	2・6 「中学校教授要目」制定 3・28 広島高等師範学校などを設立 臨時教員養成所官制を公布 9・2 東京専門学校、早稲田大学と改称 12・17 教科書疑獄事件で一斉検挙開始（〜03・6・21） ＊徳冨蘆花「自然と人生」「名婦鑑」、島崎藤村「二つの声」（詩）教材化。
一九〇三（明治36）	10・12 『万朝報』主戦論に転換、幸徳秋水、堺利彦、内村鑑三ら退社 11・15 幸徳秋水、堺利彦ら平民社を結成し、週刊『平民新聞』創刊、非戦論と社会主義を唱える 12・28 臨時大本営条例改正公布、第1、第2艦隊をあわせて連合艦隊を編成	3 国木田独歩「非凡なる凡人」（『中学世界』） 5・11 一高生徒藤村操、日光華厳の滝に投身自殺（同世代青年に衝撃、1907・7までに華厳の滝投身者185名） 6 『馬酔木』創刊（根岸短歌会機関誌、のち『アララギ』に発展）	3・9 「高等女学校教授要目」制定 4・13 「小学校令」改正公布（国定教科書制度成立）
一九〇四（明治37）	2・10 ロシアに宣戦布告 3・13 幸徳秋水、『平民新聞』に「与露国社会党書」、「嗚呼増	5・5 落合直文『萩之家遺稿』（明治書院） 7 ガルシン「四日間」（二葉亭	2・22 「小学校令施行規則」改正 4・1 全国の小学校で国定教科書使用開始（『尋常小学読本』『高

	税」を発表 9・29 徴兵令改正公布 11・13 幸徳秋水、堺利彦訳『共産党宣言』（『平民新聞』）発禁	四迷訳、『新小説』） 9 与謝野晶子「君死にたまふこと勿れ」（『明星』） 11・13 正岡子規『竹乃里歌』（遺稿第一編、俳書堂）	等小学読本』）
一九〇五（明治38）	5・27 連合艦隊、日本海でバルチック艦隊を破る 8・10 ポーツマス講和会議 9・5 日露講和条約	1 夏目漱石「吾輩は猫である」（『ホトトギス』、~06・8） 4 尾上柴舟、前田夕暮ら車前草社結成 6 ヴェルレーヌ「落葉」（上田敏訳、『明星』） 9・20 窪田空穂『まひる野』（鹿鳴社） 10・13 上田敏『海潮音』（本郷書院） 11 薄田泣菫「ああ大和にしあらましかば」（『中学世界』）	4・7 「小学校教科用図書翻刻発行規程」確定 ＊坪内逍遥「長柄堤の訣別」教材化。
一九〇六（明治39）	2・24 日本平民党と日本社会党合同、日本社会党結党 9・28 新渡戸稲造、第一高等学校長に就任 11・26 南満州鉄道株式会社（「満鉄」）設立	1 伊藤左千夫「野菊の墓」（『ホトトギス』） 2・17 坪内逍遥、島村抱月らにより文芸協会発会式 3・18 国木田独歩『運命』（佐久良書房） 3・25 島崎藤村『破戒』（上田屋発売） 4・4 徳冨蘆花、横浜港を出帆、6・30トルストイを訪ねる（12・15 徳冨蘆花『巡礼紀	3・20 東京上野に帝国図書館開館

		行』、甕醒社） 4 夏目漱石「坊っちゃん」（『ホトトギス』） 5 鈴木三重吉「千鳥」（『ホトトギス』） 5・7 薄田泣菫『白羊宮』（金尾文淵堂） 10・11 漱石「木曜会」始まる	＊夏目漱石「吾輩は猫である」、森鷗外「即興詩人」教材化。
一九〇七（明治40）	1・15 日刊『平民新聞』創刊 6・15 第2回ハーグ国際平和会議	3 上田敏『文芸講話』（金尾文淵堂） 4・2 夏目漱石、朝日新聞社に入社 3 4 岩野泡鳴「自然主義的象徴詩論」（『帝国文学』） 5 山本鼎ら『方寸』創刊 6・23 夏目漱石「虞美人草」（『東京朝日新聞』、～10・29） 7・28 与謝野寛、吉井勇、北原白秋、木下杢太郎ら、九州旅行（のち「五足の靴」） 9 田山花袋「蒲団」（『新小説』） 10・30 二葉亭四迷「平凡」（『東京朝日新聞』、～12・30） 12 北原白秋、木下杢太郎ら、パンの会を起こす この年、自然主義文学全盛	3・21 「小学校令」改正公布（義務教育年限6年に延長） 7・18 「高等女学校令」改正公布

一九〇八（明治41）	6・22 荒畑寒村、大杉栄、菅野スガら逮捕（赤旗事件）	3・28 二葉亭四迷『平凡』（文淵堂・如山堂） 8・9 永井荷風『アメリカ物語』（博文館） 10 『阿羅々木』創刊（09・9・1『アララギ』と改題）	1・17 「中学校令施行規則」改正 4・1 奈良女子高等師範学校設置 9・7 「小学校令施行規則」改正（棒引きがなを廃止） 10・13 「戊辰詔書」発布 10・23 文部省、「戊辰詔書」にもとづき、人心の統一、国民道徳作興を訓令
一九〇九（明治42）	6・10 幸徳秋水ら『自由思想』創刊（発禁） 10・26 伊藤博文ハルピン駅で射殺される	1・1 内藤鳴雪『鳴雪句集』（俳書堂） 2・20 河東碧梧桐「俳句の新傾向」（『国民』〜21） 2 小山内薫、市川左団次、自由劇場を創立 2 木下杢太郎「南蛮寺門前」（『スバル』） 3・25 永井荷風『ふらんす物語』（博文館、発禁） 4 森鷗外「仮面」（『スバル』） 7 森鷗外「ヰタ・セクスアリス」（『スバル』、発禁） 10・20 田山花袋『田舎教師』（佐久良書房）	9・13 文部省、直轄学校に修身教育重視を訓礼
一九一〇（明治43）	3・13 立憲国民党結成 5・25 大逆事件の検挙開始 8・22 日韓条約締結（韓国併合） 8・29 韓国国号を朝鮮と改め、朝鮮	1 泉鏡花「国貞ゑがく」（『太陽』） 2 野間清治『雄弁』（大日本雄弁会編集）を創刊 3・1 夏目漱石「門」（『大阪朝日新	7・21 「小学校令施行規則」改正（理科教科書国定化） 10・26 「高等女学校令」改正（実科高等女学校制度の創設）

年	政治・社会	文学	教育
	総督府を置くことを公布 11・3 帝国在郷軍人会発会（軍国主義思想の浸透） 12・6 フランスの社会主義者、大逆事件抗議、日本大使館にデモ（世界各地で抗議声明）	聞』、〜6・12） 3・3 鈴木三重吉「小鳥の巣」（『国民』、〜10・14） 4 『白樺』、『詩歌』創刊 5 『三田文学』創刊 6・13 長塚節「土」（『東京朝日新聞』、〜11・17） 7 木下杢太郎「両国」（『三田文学』） 8 石川啄木『時代閉塞の現状』（稿） 9・7 吉井勇『酒ほがひ』（昴発行所） 9 第2次『新思潮』、『車前草』創刊 11 谷崎潤一郎「刺青」（『新思潮』） 12・1 石川啄木『一握の砂』（東雲堂） 12・1 河東碧梧桐『三千里』（金尾文淵堂） 12・2 自由劇場「夜の宿」（「どん底」ゴーリキー）初演 12・24 堺利彦ら、売文社設立	11・1 高等学校・大学予科の倫理を修身と改称
一九一一（明治44）	1・18 大審院大逆事件判決 1・24 幸徳秋水ら11名死刑執行 2・21 新日米通商航海条約調印（関税自主権回復）	1・30 西田幾多郎『善の研究』（弘道館） 1 有島武郎「或る女」（前編、『白樺』、〜1913・3）	7・23 「高等女学校及実科高等女学校教授要目」制定（「婦徳ノ養成」を強調） 7・31 「小学校令」「中学校令施行規

	3・29 「工場法」制定 8・21 警視庁、特別高等課を設置 10・10 辛亥革命起こる 10・25 片山潜ら社会党を結成（10・27結社禁止） 12・31 東京市電ストライキ（〜1912・1・2）	2・1 徳冨蘆花一高で「謀反論」講演 6・1 平塚らいてうら、青鞜社発起人会 6・5 北原白秋『抒情小曲集　おもひで』（東雲堂） 8・15 夏目漱石「現代日本の開化」講演（大阪朝日新聞社主催） 9 『青鞜』創刊 9 平塚らいてう「原始女性は太陽であった」（『青鞜』） 9・22 文芸協会、イプセン「人形の家」私演 10 立川文庫刊行開始	則」「中学校教授要目」改正（国文学史削除） 8・24 「朝鮮教育令」公布 12・10 谷本富『女子教育』（実業之日本社） ＊藤村の紀行・スケッチ、漱石の平明な文体が多く教材化されてくるようになる。漱石作品では「草枕」の採録が始まる。
一九一二（大正1）	1・1 孫文南京臨時政府（中華民国）樹立 1・18 ロシア社会民主労働党、プラハ会議（レーニン指導下のボリシェビキ中央委員会） 2・12 清朝滅亡 3・1 美濃部達吉『憲法講話』 3・29 呉海軍工廠3万人ストライキ 7・30 明治天皇死去、大正改元 8・1 鈴木文治ら、友愛会結成 10・17 第1次バルカン戦争起こる 12・19 憲政擁護大会開催（第1次護憲運動開始）	6・20 石川啄木『悲しき玩具』（東雲堂） 8・15 森鷗外『我一幕物』（籾山書店） 10 大杉栄・荒畑寒村ら『近代思想』創刊 12・6 夏目漱石「行人」（『朝日新聞』、〜1913・11・15） 12・20 島崎藤村『千曲川のスケッチ』（佐久良書房）	12・21 及川平治『分団式動的教育法』（弘学館書店） ＊「ヴェニスの商人」（逍遥訳）教材化。1906（明治39）年『早稲田文学』から1934（昭和9）年全集（全40巻）まで改訳されている。

一九一三（大正2）	1・24 東京で憲政擁護第2回連合大会 2・6 「軍隊教育令」公示 2・11 桂内閣総辞職 6・29 第2次バルカン戦争起こる 10・16 日本政府、中華民国を承認（「支那共和国」と呼ぶ）	1 『青鞜』1・2月号、「新しい女」特集 『大正婦人』、『大正婦女社会』、『日本之婦人』創刊 1・25 北原白秋『桐の花』（東雲堂） 2・23 有島生馬『蝙蝠の如く』（洛陽堂） 4・8 中勘助「銀の匙」（『東京朝日新聞』、～6） 5・28 森鷗外『十人十話』（実業之日本社） 7・8 島村抱月、松井須磨子「芸術座」創立 8・5 岩波茂雄、岩波書店創業 9 土岐哀果、啄木の遺志を体して『生活と芸術』創刊（東雲堂） 12 片上伸「文学思潮の一転機」（『中央公論』）	3・6 「高等女学校令施行規則」中改正（体操に教練） 3・18 芦田恵之助『綴り方教授』 6・13 「教育調査会」設置 7・12 京大総長沢柳政太郎、学内刷新を標榜し、谷本富ら7名の分科大学教授を罷免 7・16 「小学校令施行規則」改正（3学級2教員制、兵式体操を「教練」と改正）
一九一四（大正3）	6・28 オーストリア皇太子暗殺（サラエボ事件） 7・28 第1次世界大戦開戦 8・23 ドイツに宣戦布告 10・15 荒畑寒村、大杉栄ら『平民新聞』を創刊 11・8 日本軍青島占領	2 芥川龍之介、菊池寛ら第3次『新思潮』創刊 4・8 阿部次郎『三太郎の日記』（東雲堂） 4・20 夏目漱石「心」（『東京朝日新聞』、～8・11） 6・12 下中弥三郎、平凡社創業 7・15 木下杢太郎『南蛮寺門前』（春陽堂）	1・14 京大総長沢柳の措置に。辞職・休講の抗議（教官任免に関する教授会の慣行的権限公認）

		11・25 夏目漱石「私の個人主義」を学習院で講演 11 『少年倶楽部』創刊（講談社） 12 魚住折蘆『折蘆遺稿』	
一九一五（大正4）	1・18 日本が中華民国に21か条要求 12・4 東京株式市場暴騰、大戦景気始まる	3・10 西田幾多郎『思索と体験』（岩波書店） 4・25 坪内逍遥『テムペスト』（早稲田大学出版部、富山房） 4 正宗白鳥「入江のほとり」（『太陽』） 8・5 芥川龍之介、松江の井川恭訪問 10・3 阿部次郎・安倍能成『哲学叢書』（岩波書店） 11 芥川龍之介「羅生門」（『帝国文学』）	3・20 「高等女学校令施行規則」改正
一九一六（大正5）	1 吉野作造「憲政の本義を説いて其有終の美を済すの途を論ず」（『中央公論』）、民本主義」の提唱 大正デモクラシー始まる（諸説あり） 9・1 「工場法」施行	1 森鷗外「高瀬舟」（『中央公論』） 2 芥川龍之介「鼻」（『新思潮』） 5・26 夏目漱石「明暗」（『東京朝日新聞』『大阪朝日新聞』、〜12・14） 5・29 インドの詩人タゴール来日 5 菊池寛「屋上の狂人」（『新思潮』） 6 久米正雄「競漕」（『新思潮』） 9・11 河上肇『貧乏物語』（『大阪朝	1・1 雑誌『国語教育』（保科孝一）創刊 4・21 芦田恵之助『読み方教授』 6・10 エレン・ケイ『児童の世紀』（原田実訳）

		日新聞』、～12・26） 9 芥川龍之介「芋粥」（『新小説』） 9 長与善郎「項羽と劉邦」（『白樺』、～17・5） 10 芥川龍之介「手巾」（『中央公論』） 12・9 夏目漱石没 12 倉田百三「出家とその弟子」（『生命の川』、17・6・3）	
一九一七（大正6）	3・15 ロシア2月革命 9・10 孫文、広東に軍政府樹立 11・7 ソビエト政権成立（ロシア10月革命）	2・14 『主婦の友』創刊 4 鈴木三重吉『世界童話集』 5・23 芥川龍之介『羅生門』（阿蘭陀書房） 5 『思潮』創刊（岩波書店、同人阿部次郎、石原謙、安倍能成、小宮豊隆、和辻哲郎） 5 志賀直哉「城の崎にて」（『白樺』） 6・13 『長塚節歌集』（東雲堂） 7 有島武郎「カインの末裔」（『新小説』） 10・5 西田幾多郎『自覚における直観と反省』（岩波書店） 12・9 漱石全集刊行（岩波書店）	4 沢柳政太郎、成城小学校設立（新教育実験校） 9・21 「臨時教育会議」設置（『教育調査会』廃止） ＊島崎藤村「千曲川旅情の歌」教材化。
一九一八（大正7）	7・23 富山で米騒動、全国に拡大（～9・17）	1 有島武郎「小さき者へ」（『新潮』）	4 第3期国定教科書『尋常小学校国語読本』（ハナ・ハト

年	社会	文学・文化	教育
	8・2 政府、シベリア出兵宣言 9・29 原敬内閣成立、本格的政党内閣 11・9 ドイツ皇帝退位、共和国宣言（ドイツ革命） 11・11 ドイツと連合国休戦協定、第1次世界大戦終結 12(上) 東京帝国大学新人会結成	3 倉田百三「俊寛」（『白樺』） 6・15 カント『実践理性批判』（波多野精一ら訳） 7 武者小路実篤ら『新しき村』創刊 鈴木三重吉『赤い鳥』創刊 有島武郎「武者小路兄へ」（『中央公論』） 8 和辻哲郎「古寺巡礼」（『思潮』） 10・3 加納作次郎「世の中へ」（『読売新聞』、～12・4） 10 武者小路実篤が宮崎に「新しき村」建設 12・20 和辻哲郎『偶像再興』（岩波書店）	本）使用開始。 ＊島崎藤村「フランスだより」「響りんりん」教材採録。
一九一九（大正8）	1・5 ドイツ、国家社会主義労働者党（ナチス）結党 1・18 パリ講話会議 3・1 朝鮮独立運動（三・一運動、万歳事件） 3・2 モスクワでコミンテルン創立大会 4・21 堺利彦ら『社会主義研究』創刊 5・4 中国で学生、反日示威運動（五・四運動） 5・23 衆議院議員選挙法改正（選挙	4・3 山本実彦『改造』創刊 5・23 和辻哲郎『古寺巡礼』（岩波書店） 5・28 久米正雄『学生時代』（新潮社） 6・28 西条八十『砂金』（尚文堂、私家版） 7・3 木下利玄『紅玉』（玄文社） 7・15 菊池寛、芥川龍之介編『新思潮選』（玄文社） 10 鈴木三重吉『赤い鳥童謡集第一集』	1・4 「台湾教育令」公布 2・7 「小学校令」、「中学校令」改正（国民道徳の養成） 2・9 ジョン・デューイ来日 3・29 「小学校令施行規則」「中学校令施行規則」改正 4・27 山本鼎が長野で児童自由画展 7 山本鼎ら日本児童自由画協会結成 8・4 下中弥三郎ら初の教員団体啓明会結成 11・18 秋田喜三郎『創作的読方教授』

	権の拡大） 6・1 黎明会『解放』創刊 6・28 対独講和条約（ベルサイユ条約）調印 7・31 ドイツ国民議会、ワイマール憲法採択 10・10 大日本国粋会結成	10・16 武者小路実篤「友情」（『大阪毎日新聞』、～12・11） 12・10 木下杢太郎『食後の唄』（アララギ発行所） 『赤い鳥』の成功で、『金の星』、『おとぎの世界』、『小学生』など創刊相次ぐ	
一九二〇（大正9）	1・10 国際連盟発足 1・10 東大助教授森戸辰男「クロポトキンの社会思想」で休職、発行人大内兵衛助教授とともに起訴 2・5 八幡製鉄所職工1万数千人ストライキ 2・11 普通選挙促進大会に数万人参加 3・15 株価暴落、戦後恐慌 3・28 平塚らいてう、市川房枝ら新婦人協会設立 5・2 上野公園で日本初のメーデー 5・16 友愛会など15団体、労働組合同盟会を結成 6・15 カール・マルクス『資本論』（高畠素之訳）刊行 12・9 堺利彦、大杉栄ら日本社会主義同盟結成	1・18 佐藤春夫『美しき町』（天佑社） 4 『童話』創刊 6・5 有島武郎『惜みなく愛は奪ふ』（叢文閣） 6・9 菊池寛「真珠夫人」（『大阪毎日新聞』『東京日日新聞』、～12・22） 6・25 内田魯庵「切支丹迫害」（『読売新聞』、～6・26） 11・23 田山花袋・徳田秋声誕生五十年祝賀会開催	2・5 慶應義塾大学、早稲田大学、大学令により認可 4 木下竹次ら奈良高等師範学校附属小学校で合科教授 6・9 手塚岸衛ら千葉師範学校附属小学校で自由教育 7・6 「高等女学校令」改正（高等科・専攻科設置） 7・21 「高等女学校令施行規則」改正 12・26 山本鼎、北原白秋ら日本自由教育協会結成
一九二一	4・2 足尾銅山争議（～4・18）	1・1 斉藤茂吉『あらたま』（春陽	1・1 片山伸、北原白秋、山本鼎、

（大正10）	5・5 孫文ら広東新政府樹立 5・20 堺利彦訳『空想的及科学的社会主義』 7・1 上海で中国共産党創立大会 7・7 天王寺公会堂で大阪失業者大会 7・7 神戸三菱・川崎両造船所で職工3万人ストライキ 7・29 ヒトラーがナチス党首に就任 10・3 日本労働総同盟結成（「友愛会」を改称） 11・4 原敬首相、東京駅で暗殺される 11・12 尾崎行雄ら全国普選断行同盟を組織 11・12 ワシントン軍縮会議	堂） 1・25 武者小路実篤『土地』（新しき村出版部） 1 阿部次郎「人生批評の原理としての人格主義的見地」（『中央公論』） 1 有島武郎「暗夜行路」（『改造』、〜8） 2・5 カント『純粋理性批判』（上、天野祐吉訳） 2 『種蒔く人』創刊 3・23 倉田百三『愛と認識との出発』 6・15 日夏耿之介『黒衣聖母』（アルス） 6 恒藤恭「世界民の愉悦と悲哀」（『改造』） 7・12 谷崎潤一郎『殉情詩集』（新潮社） 10 『思想』創刊（岩波書店） 10 『日本詩人』創刊 11・1 長野県上田で信濃自由大学設立	岸辺福雄『芸術自由教育』（アルス）創刊 2・8 「中学校令施行規則」改正（定員制限緩和） 4・15 羽仁もと子が自由学園設立 8 芸術教育夏季講習会（主催・日本自由教育協会）開かれる 8・1 教育学術研究大会（「八大教育主張講演会」）開かれる 『児童の世紀』誌創刊 9・13 垣内松三編『国文学体系 現代文学』（尚文堂） 10 茨城県知事、郡市長会議で自由教育不可の訓示、以後自由教育研究会の禁止続く 山本鼎『自由画教育』創刊 小原国芳『全人教育論』、及川平治『動的教育論』（ともに大日本学術協会） 『コドモノクニ』創刊 この年、『赤い鳥』で北原白秋が児童自由詩を提唱 ＊夏目漱石「夢十夜」、芥川龍之介「蛙」「沼地」教材化。旧制高等学校入試問題に現代文出題。
一九二二（大正11）	2・6 ワシントン軍縮会議終了。海軍軍備制限条約 3・3 全国水平社創立	1 有島武郎「宣言一つ」（『改造』） 3 芥川龍之介「トロッコ」（『大	2・6 「台湾教育令」「朝鮮教育令」改正（日本人との共学基本） 4 奈良女子高等師範学校附属小

	3・21 大阪・名古屋・八幡などで官業労働者が軍縮に伴う失業問題でデモ 4・9 日本農民組合結成 5・20 カール・マルクス『共産党宣言』（堺利彦訳） 6・24 日本、シベリア撤兵声明 7・15 日本共産党創立（非合法） 7・18 有島武郎、北海道の農場を小作人に無償提供 11・7 新人会、文化同盟など参加して全国学生連合会結成 12・30 ソビエト社会主義共和国連邦成立	観』） 6・15 阿部次郎『人格主義』（岩波書店） 7・9 森鷗外没 7・25 土居光知『文学序説』（岩波書店） 7 芥川龍之介「藪の中」（『新潮』） 7 広津和郎「U君とエス」（『表現』） 9 野上弥生子「海神丸」（『中央公論』） 11・17 アインシュタイン博士来日、相対性理論ブーム 12・10 室生犀星『忘春詩集』（京文社） 12 吉田絃二郎「芭蕉」（『改造』） 菊池寛、里見弴、内容的価値論争 この年、東北自由大学（福島）、八海自由大学（新潟）設立、大阪労働学校、神戸労働学校開校	学校学習研究会『学習研究』創刊 5・8 垣内松三『国語の力』（不老閣） 5・17 日本女教員協会発足 9・10 片上伸『文芸教育論』（文教書院） 10・18 峰地光重『文化中心　綴方新教授法』 11・25 坪内逍遥指導の児童劇第1回公園（有楽座）
一九二三（大正12）	3・8 東京で初の国際婦人デー集会 4・5 日本共産青年同盟結成 6・5 日本共産党の徳田球一、堺利彦ら逮捕 9・1 関東大震災 9・2 戒厳令、朝鮮人迫害	1 菊池寛『文藝春秋』創刊 1 芥川龍之介「侏儒の言葉」（『文芸春秋』～15・7） 5・12 土田杏村『新社会学』（小西書店） 5・17 堀口大学『堀口大学選集　遠	3 木下竹次『学習原論』（目黒書店） 4 『芸術教育』（芸術教育協会）創刊 坪内逍遥『児童教育と演劇』（早稲田大学出版部）

	9・4 河合義虎ら10人亀戸署で殺害される 9・16 大杉栄、伊藤野枝ら3人甘粕憲兵大尉に扼殺 11・29 東京帝国大学で社会科学研究会結成	き薔薇』（新潮社） 6・9 有島武郎、軽井沢で女性記者と心中自殺 6・14 ケーベル没、『思想』8月号「ケーベル先生追悼号」 10 森田草平「輪廻」（『女性』、〜1925・12）	垣内松三『読方と綴方』創刊 5・9 臨時国語調査会、常用漢字表発表 8・5 山本宣治『性教育』創刊 10 下中弥三郎ら『教育の世紀』創刊 11 文部省「国民精神作興ニ関スル詔書」発布 この年、成城小学校でダルトンプランを実施 ＊島崎藤村「飯倉だより」、夏目漱石「文鳥」「虞美人草」、森鷗外「高瀬舟」「安井夫人」「曽我兄弟」、芥川龍之介「蜘蛛の糸」「尾形了斎覚え書」、寺田寅彦「新星」（『冬彦集』）教材化。
一九二四（大正13）	1・10 第2次護憲運動 1・20 中国、国民党第1次全国代表大会（第1次国共合作） 9・14 学生連合会、第1回全国大会開催 12・13 婦人参政権獲得期成同盟結成	1 芥川龍之介、菊池寛『新小説』顧問になる（〜25・12） 4 芥川龍之介「少年」（『中央公論』） 5 『国語と国文学』（藤村作編集）創刊 6・13 築地小劇場開場 6 『文芸戦線』創刊 9・20 『文芸講座』（文藝春秋社）刊行開始 9 宮本百合子「伸子」（『改造』、〜1926・4）	1 桜井祐男ら『教育文芸』誌を創刊 4 「ダルトンプラン」のパーカスト女史来日 8 岡田文相、自由教育禁止を訓示 9・5 松本女子師範附属小で川井訓導事件起こる 信濃教育会川井支援運動 9 岡田文相、学校劇禁止を訓示 11・7 文部省、奈良女子高等師範学校附属小学校に自由教育是正

		10 横光利一・川端康成ら『文芸時代』創刊 12・1 宮沢賢治『注文の多い料理店』（杜陵出版部）	を指導 11 津中学校事件（教科書の部落差別を告発）おこる ＊森鷗外「寒山拾得」「山椒大夫」、「難破船（愛の学校）」教材化。
一九二五（大正14）	1・20 日ソ基本条約調印、ソ連と国交樹立 3・19 治安維持法成立（4・22公布） 3・26 普通選挙法成立 12・1 農民労働党結成、即日結社禁止 12・1 京都府警、社研学生を検挙（京都学連事件）	1 『キング』創刊（講談社） 1 梶井基次郎「檸檬」（『青空』） 5 『家の光』創刊 7・10 細井和喜蔵『女工哀史』（改造社） 9・17 堀口大学『月下の一群』（第一書房） 11 坪田譲治「正太の馬」（『新小説』） 11 柳田国男『民族』創刊 12・6 日本プロレタリア文芸連盟結成 文芸雑誌さかん。『青空』（梶井基次郎）『文芸市場』（金子洋文）『辻馬車』（藤沢桓夫）『文芸日本』（岡田三郎）『主潮』（尾崎一雄）『文党』（今東光・村山知義）『不同調』（中村武羅夫）『朱門』（池谷信三郎、阿部知二） 明治文学の再検討始まる。3～26・4『早稲田文学』5・19宮島新三郎『明治文学十二講』26～27『明治文学名著全集』（東京堂）	4・1 「陸軍現役将校学校配属令」公布 4・13 「師範学校規程」改正（中学校以上の学校で現役将校による軍事教練開始） 6 『鑑賞文選』誌創刊（のち『綴方読本』） 11・25 芥川龍之介編『近代日本文芸読本』（全5集、興文社）

一九二六（大正15）	1・15 京都帝大生ら治安維持法違反で起訴 1・18 共同印刷争議 3・5 労働農民党結成 6・28 全日本学生自由擁護同盟（SL）結成 10・17 日本農民党結成 12・4 日本共産党再建大会 12・5 社会民衆党結成 12・9 日本労農党結成 12・25 大正天皇死去、昭和と改元	1・7 文芸家協会設立 1 川端康成「伊豆の踊子」（『文芸時代』、～2） 3 宮沢賢治、岩手県花巻市に羅須州地人協会 7・12 文芸家協会、東京出版協会、日本雑誌協会、発売禁止期成同盟会結成 （『サンデー毎日』、『改造』、『解放』など発禁） 10・30 『カント著作集』（岩波書店） 11・18 葉山嘉樹『海に生くる人々』（改造社） 12・3 改造社『現代日本文学全集』（全63巻、1巻1円）刊行開始、円本時代始まる。	4・22 「小学校令」改正（日本歴史を国史と改称） 4 菊池知勇『綴方教育』誌創刊、日本綴方教育研究会を結成 成蹊学園機関誌『新教育』創刊 5・29 文部省、学生・生徒の社会科学研究会禁止通達 12・23 菊池寛編『新文芸読本』（全5集、文献書院） この年、児童文学分野でプロレタリア童話問題を取り上げる機運
一九二七（昭和2）	3・1 全日本農民組合結成 3・15 金融恐慌始まる 5・28 第1次山東出兵 6・1 立憲民政党結成 6・20 ジュネーブ軍縮国際会議 6・27 対華方針決定のための東方会議 11・12 水平社員北原二等兵軍隊の差別改善を天皇に直訴	3・5 『世界文学全集』（新潮社、57巻、予約数57万） 3 芥川龍之介「河童」（『改造』） 3 『手帖』創刊（文藝春秋社） 4 芥川龍之介「文芸的な、余りに文芸的な」（『改造』） 6 アルス『日本児童文庫』と興文社・文藝春秋社『小学生全集』の新聞広告合戦（北原白秋と菊池寛の論戦） 6・15 『明治大正文学全集』（春陽堂50巻）刊行開始	5・22 全国小学校女教員会開催 7 教育文芸家協会創立 11・25 文部省「児童生徒ノ個性等及職業指導ニ関スル件」通達 11 中学校、高等女学校、高等学校の入学試験制度改正（内申書重視）

		7・10 岩波文庫創刊（漱石『こころ』ほか22点） 7・24 芥川龍之介自殺 9 蔵原惟人「マルクス主義文芸批評の基準」（『文芸戦線』） 10 芥川龍之介「或阿呆の一生」（『改造』）	
一九二八（昭和3）	2・1 日本共産党中央機関紙『赤旗』創刊 2・20 最初の普通選挙 3・15 日本共産党員全国的大検挙（3・15事件） 4・16 京都帝大教授河上肇ら大学追放 4・17 東大新人会に解散命令（18京都、19九州、東北各帝大社会科学研究会に解散命令） 4・19 第2次山東出兵 5・27 全国農民組合結成 6・4 張作霖爆死事件 6・29 治安維持法改悪（死刑追加） 7・22 無産大衆党結成 8・27 パリ不戦条約調印 12・20 日本大衆党結成 12・22 新労働農民党結成大会、24解散命令	2・5 『世界思潮』（岩波書店、三木清、羽仁五郎、林達夫編集） 3・25 全日本無産者芸術連盟（ナップ）結成 6・5 『マルクス・エンゲルス全集』（改造社） 8 野上弥生子「真知子」（『改造』、『中央公論』、～30・12） 10 三木清、羽仁五郎ら『新興科学の旗の下に』創刊 10 秋田雨雀ら国際文化研究所設立（11『国際文化』創刊） 11 小林多喜二「一九二八年三月一五日」（『戦旗』、～12）	4・17 文部省、思想問題に関し訓令 10・30 文部省、学生課を設置し直轄学校に学生主事、生徒主事を配置
一九二九	1・17 労農大衆党結成	3 河上肇「第二貧乏物語」（『改	5・12 教育文芸家協会、教文協会と

（昭和4）	3・5 労働農民党代議士山本宣治暗殺 4・16 日本共産党員大検挙（4・16事件） 6・3 中国国民政府を承認 8・19 ドイツ飛行船ツェッペリン号来日 10・24 ニューヨーク株式市場大暴落、世界恐慌始まる 11・1 新労農党結成 11・7 学生社会科学連合会解散 11・21 金解禁の大蔵省令	造』、～6） 『赤い鳥』休刊 4 島崎藤村「夜明け前」（第一部、『中央公論』） 5 小林多喜二「蟹工船」（『戦旗』） 6・10 戸坂潤「科学方法論」 6・29 内田魯庵没 6 徳永直「太陽のない街」（『戦旗』） 8 宮本顕治「「敗北」の文学」、小林秀雄「様々なる意匠」『改造』文芸評論各1、2等入選 10・13 国際文化研究所、プロレタリア科学研究所に改称（『プロレタリア科学』創刊） 11・2 『幸徳秋水思想論集』発禁 11・21 文部省・思想文献編纂調査会、日本古典刊行を決定 11 井伏鱒二「屋根の上のサワン」（『文学』）	改称（10　小学校教員連盟と改称） 6 北方教育社結成 9・10 文部省「教化動員ニ関スル件」を訓令 10 小砂丘忠義ら『綴方生活』創刊 11・24 西尾実『国語国文の教育』（古今書院） 12・1 東京で新興綴方研究講習会開催 ＊昭和4・5年から昭和11・12年ころまで中等国語教材史上「国民生活表現中心期」（西尾実説）。
一九三〇（昭和5）	1・11 金輸出解禁 1・21 ロンドン海軍軍縮会議 7・20 全国大衆党結成（日本大衆党、全国民政党、無産政党戦線統一協議会合同） 8・19 政府、農漁村救済に7000	5 田辺元「西田先生の教を仰ぐ」（『哲学研究』、西田哲学批判） 9 横光利一「機械」（『改造』） 12・17 阿部知二「主知的文学論」（厚生閣書店）	1 全日本教員連盟弾圧、3月に解散命令 2・20 北方教育社『北方教育』誌創刊 5・25 全日本教員組合準備会結成 8・19 新興教育研究所（『新興教

	万円融資決定 10・1 ロンドン条約無条件承認 10・26 台湾反日暴動 11・14 浜口首相狙撃され重症 12・15 都下15新聞社、政府の言論圧迫に対し共同声明	12・20 三好達治『測量船』（第一書房）	育』創刊） 8 日本教育労働者組合準備会結成 10 奈良女子高等師範学校附属小学校第1回学習研究会 11・25 垣内松三『国文選』（明治書院） 11 日本教育労働者組合（教労）創立大会
一九三一（昭和6）	1・26 日本農民組合結成 3・31 一部将校、大川周明らと軍部クーデター、未遂、3月事件 7・5 全国労農大衆党結成（社民、労農、全国大衆党3党合同） 9・18 満州事変起こる 10・24 国際連盟理事会、満州撤兵勧告を決議 12・13 金輸出再禁止、管理通貨制へ移行	6・10 『岩波講座日本文学』（岩波書店） 11・25 『大百科事典』（平凡社） 11・27 日本プロレタリア文化連盟（コップ）結成 11・30 『岩波講座哲学』（岩波書店）	1・10 「中学校令施行規則」改正（公民科の設置等） 2・7 「中学校教授要目」改正（教科名「国語漢文」） 4 『教育・国語教育』創刊 5・31 日本教育労働者組合、全協日本一般使用人組合結成に参加 6・17 「小学校令施行規則」改正（教員減俸） 7 槇本楠郎ら『小さい同志』刊行（発禁） 9 文部省、小学校教員の思想問題対策協議会を開催 10・15 岩波講座『教育科学』刊行（全20冊）
一九三二（昭和7）	1・28 日本人僧侶上海で殺害、上海事件起こる 2・5 関東軍ハルピンを占領	1 日本プロレタリア作家同盟機関誌『プロレタリア文学』創刊	2・19 「高等女学校令施行規則」改正（公民科設置） 5・12 文部省、検定不合格、未検定

	2・20 第18回総選挙（無産派5名当選） 3・1 満州国建国宣言 3・29 リットン調査団来日（10・1調査報告書） 5・15 陸海軍将校、首相官邸などを襲撃、犬飼首相らを殺害（5・15事件） 6・29 警視庁に特別高等警察部設置、各府県にも特高課を置く 7・24 社会大衆党結成（社会民衆党、全国労農大衆党合同） 10・27 大日本国防婦人会結成 10・30 熱海で共産党大会、大検挙	4・25 三木清『歴史哲学』（岩波書店） 5・5 蝋山政道・河合栄次郎『学生思想問題』（岩波書店） 5・20 大塚金之助・野呂栄太郎ら『日本資本主義発達史講座』 8・23 国民精神文化研究所設立 10・7 唯物論研究会創立、11『唯物論研究』創刊 10・10 唐木順三『現代日本文学序説』（春陽堂）	8 教科書の使用実態重視し、中等教科書協会に厳重警告 文部省、各地で思想問題講習会開催
一九三三（昭和8）	1・30 ヒトラードイツ首相に就任 2・20 小林多喜二検挙され虐殺 3・27 日本、国際連盟脱退 4・22 京都帝大教授滝川幸辰休職処分命令、36人辞表、滝川事件 7・25 京都帝大教授恒藤恭辞職（9大阪商科大学講師に就任） 9・15 政府思想取り締まり法案を閣議決定	4 『文学』創刊（岩波書店） 4 小林多喜二「転落時代」（のち「党生活者」）『中央公論』、～5） 5 石坂洋次郎「若い人」（『三田文学』） 8・10 三木清ら学芸自由同盟結成 10 『文学界』『行動』『季刊明治文学』創刊 12・10 岩波全書、田辺元「哲学概論」他 12・19 西田幾多郎「哲学の根本問題」 12 谷崎潤一郎「陰影礼讃」（『経済往来』、～34・1）	2・4 長野県などで新興教育運動への弾圧始まる（4月までに65校138名） 4・1 『教育』創刊（城戸幡太郎ら編集、岩波書店） 4 第4期国定読本『小学国語読本』（サクラ読本）使用開始 5・25 『国語科学講座』（明治書院、12部78冊）

一九三四（昭和9）	2・11 日本文化協会設立 6・1 文部省に思想局設置 8 戸坂潤、思想問題で法政大学講師解職 11・18 日本労働組合全国評議会結成 12・29 政府ワシントン軍縮条約廃棄を通知	3・20 和辻哲郎「人間の学としての倫理学」 3 徳永直ら『文学評論』創刊 6・5 『岩波講座東洋思潮』（〜36・1・15） 7・9 三木清『人間学的文学論』 7 室生犀星「あにいもうと」（『文藝春秋』） 9・7 亀井勝一郎『転形期の文学』（ナウカ社） 8・24 『世界歴史体系』（平凡社） 10 日本民族学会設立	4 西原慶一ら『実践国語教育』創刊 6 新興教育同盟準備会『教育科学研究』第1集刊行（発禁） 7 北方教育社第1回綴方教育講習会 伯西教育社結成（『国・語・人』刊行、〜40・1） 8・5 岩波編輯部編旧制中学校教科書『国語』（10巻、岩波書店、12訂正再版）発刊 11・3 東北各県の生活綴方教師、北日本教育連盟結成
一九三五（昭和10）	2・18 美濃部達吉の天皇機関説、貴族院で攻撃される 3・23 貴族院、国体明徴決議 4・9 美濃部達吉不敬罪で起訴 5・1 第16回メーデーに6200人参加（戦前の最高） 7・25 モスクワで第7回コミンテルン大会開催、人民戦線テーゼ採択 8・1 中国共産党、抗日救国の8・1宣言	1 菊池寛、『文藝春秋』で芥川賞・直木賞の創設を発表 1 山本有三「真実一路」（『主婦の友』、〜36・9） 2 湯川秀樹、中間子論を発表 3 中井正一、新村猛ら『世界文化』創刊 3 保田与重郎、亀井勝一郎ら『日本浪漫派』創刊 8・23 吉川英治「宮本武蔵」（『東京日日新聞』、『大阪毎日新聞』、〜39・7・11） 9 石川達三「蒼氓」で第1回芥川賞、川口松太郎「鶴橋鶴次郎」で第1回直木賞を受賞	1・17 文部省、和辻哲郎らに思想視学委員を任命、高等学校視察を始める 1 野村芳兵衛ら児童の村小学校、『生活学校』を創刊 3・25 国語審議会に「国語ノ統制ニ関スル件」などを諮問 4・1 石山修平『教育的解釈学』（賢文館） 4・10 文部省「建国ノ大義ニ基キ日本精神作興等ニ関シ教育関与者ノ任務達成方」を訓令 4 百田宗治ら、『工程』創刊（37・1『綴方学校』と改題） 10・20 波多野完治『文章心理学――

	この年、労働組合数893で戦前の最高	11・26 日本ペンクラブ結成（初代会長、島崎藤村）	日本語の表現価値――』（三省堂） 11・18 文部省、教学刷新評議会を設置 12・3 鈴木三重吉『綴方読本』
一九三六（昭和11）	1・15 ロンドン海軍軍縮会議、日本脱退通告 2・26 皇道派の陸軍将校がクーデター、内大臣らを殺害して、国家改造を要求（2・26事件） 2・27 東京市に戒厳令 3・24 内務省がメーデー禁止（以後、戦後まで禁止） 7・10 平野義太郎ら講座派学者、一斉検挙される この年、労働組合員数が42万を越える（戦前で最高）	2 北条民雄「いのちの初夜」（『文学界』） 10・27 広津和郎「散文精神について」（『東京日日新聞』、～29） 11 野上弥生子「迷路」初編（『中央公論』） 12 堀辰雄「風立ちぬ」（『改造』）	5・30 岩波書店『教育学辞典』刊行 11 西原慶一『解釈学的教授』 11 岩波講座『国語教育』刊行開始
一九三七（昭和12）	2・10 中国共産党が国民党に国共合作を申し入れ 7・7 盧溝橋で日中両軍衝突（日中戦争開始） 7・17 中国政府、中国共産党が対日抗戦を声明 11・6 イタリア、日独防共協定に参加 12・13 日本軍、南京を占領して虐殺事件を起こす	1・1 山本有三「路傍の石」（『東京朝日新聞』、『大阪朝日新聞』、～6・18） 1 川口松太郎「愛染かつら」（『婦人倶楽部』、～38・5） 2・15 近藤忠義『日本文学原論』（同文書院） 4・13 横光利一「旅愁」（『東京日日新聞』、『大阪毎日新聞』、～8・15）	3・27 「中学校教授要目」「高等女学校教授要目」改正 3・30 文部省、「国体の本義」を刊行 5・18 城戸幡太郎ら教育科学研究会を結成（『教育科学研究』創刊） 10 『生活学校』『教育』誌上で「生活教育」論争始まる

		4・16 永井荷風「濹東綺譚」（『東京朝日新聞』、『大阪朝日新聞』、～6・15） 6・12 川端康成『雪国』（創文社） 7 『文化評論』創刊 11・8 中井正一、新村猛ら『世界文化』グループ検挙 11・10 井伏鱒二『ジョン万次郎漂流記』（河出書房） 12 鈴木三重吉『古事記物語』（中央公論社）	
一九三八（昭和13）	1・16 政府、中国国民政府に和平交渉打ち切り宣言（第1次近衛声明） 2・1 大内兵衛ら労農派検挙（人民戦線第2次検挙） 2・13 唯物論研究会解散を声明（『唯物論研究』を『学芸』に改題） 3・28 中華民国維新政府、日本軍により南京に樹立 4・1 「国家総動員法」公布（5・5施行） 7・11 張鼓峰で日ソ両軍衝突 7 産業報国連盟結成 11・3 近衛首相、東亜新秩序建設を声明（第2次近衛声明）	1・1 坪田譲治「子供の四季」（『都新聞』、～6・16） 6 三木清「人生論ノート」（『文学界』、～41・1） 7・1 小宮豊隆『夏目漱石』（岩波書店） 9 本荘陸男「石狩川」（『槐』、～39・2） 9・11 従軍作家陸軍部隊（内閣情報局委嘱、久米正雄、丹羽文雄、岸田国士、林芙美子ら）、 9・14 海軍部隊（菊池寛、佐藤春夫、吉屋信子ら）漢口へ出発 10・5 河合栄治郎の4著書発禁 11・20 岩波新書刊行開始（津田左右吉『支那思想と日本』、斎藤茂吉『万葉秀歌』など）	3・4 「朝鮮教育令」改正 11・15 五十嵐力『国語の愛護』（白水社）

一九三九（昭和14）	3・9 兵役法改正公布（兵役期間延長） 4・12 米穀配給統制法 5・12 満州・外蒙古軍がノモンハンで衝突 5・22 「青少年学徒ニ賜ハリタル勅語」出される 6・7 満蒙開拓青少年義勇軍２５００人の壮行会挙行 7・8 「国民徴用令」公布 8・27 独ソ不可侵条約締結 12・26 朝鮮総督府、朝鮮人の氏名に関する件公布（日本式に創氏改名）	1 谷崎潤一郎『源氏物語』（〜41・7） 2・7 佐藤春夫『戦線詩集』 太宰治「富嶽百景」（『文体』、〜3） 2 三木清ら評論家協会設立 4 太宰治「女生徒」（『文学界』） 6・17 唐木順三『近代日本文学の展開』（黄河書院） 12・25 鹿地亘ら、桂林で日本人民反戦同盟結成大会（機関紙『人民の友』）	9・20 菊池寛『現代文章軌範』（非凡閣） 9・28 中等学校の学科入学試験廃止
一九四〇（昭和15）	7・6 社会大衆党解党（以後、8月にかけて、政友会・民政党も解党） 9・27 日独伊三国同盟調印 10・12 大政翼賛会発会式 11・10 紀元２６００年祝賀行事	2・10 津田左右吉の著書発禁 5・6 文芸銃後運動第1回講演会 5 太宰治「走れメロス」（『新潮』） 6 山本有三「新篇路傍の石」（『主婦の友』）が当局の干渉で中絶し、ペンを折ると声明 10・19 岸田国士、大政翼賛会文化部長に就任 10・25 『堀辰雄詩集』（山本書店）	2・6 山形で村山俊太郎ら生活綴方「生活学校」関係教員の検挙（約３００人） 8・4 教育科学研究会、第2回全国協議会開催 9・12 文部省、中等教育教科書の検定制を廃止して指定制とする（各教科5種選定） 10 教育科学研究会の城戸幡太郎ら大政翼賛会に参加
一九四一（昭和16）	4・13 日ソ中立条約調印 10・18 東条英機内閣成立 12・8 ハワイ真珠湾攻撃、米英両国	1・20 宮本百合子『文学の進路』（高山書院） 2 東京を中心に進歩的俳句運動	3・1 「国民学校令」公布 4・1 国民学校発足（教科書「ヨミカタ」など）

年	歴史	文学	教育
	に宣戦詔書 12・12 閣議、戦争の名称を、支那事変を改め大東亜戦争と決定	弾圧される 4・6 菊池寛、大政翼賛会第1回中央協力会議に出席 6・10 中村草田男『万緑』（鴨書林） 8・20 高村光太郎『智恵子抄』（龍生閣） 11・18 軍報道班員として多数の文学者徴用される（井伏鱒二、高見順ら） 12 開戦とともに宮本百合子ら多数の進歩的知識人検挙される 12・24 文学者愛国大会開催（座長・菊池寛、350人余が出席）	文部省の指導で教育雑誌を統合 11・28 波多野完治『文章心理学入門』 12・10 時枝誠記『国語学原論』
一九四二（昭和17）	1・2 日本軍、マニラを占領 2・2 大日本婦人会発会 4・18 米空軍機、東京・名古屋・神戸などを初空襲 6・5 ミッドウェー海戦 8・7 米軍、ガダルカナル島に上陸、攻防戦激化	1・10 大日本映画製作（大映）設立（43・3、菊地寛、社長に就任） 2 中島敦「山月記」（『文学界』） 3 坂口安吾「日本文化私観」（『現代文学』） 5・26 日本文学報国会創立（会長、徳富蘇峰） 6 小林秀雄「無常といふ事」（『文学界』） 10・10 新美南吉『おぢいさんのランプ』（有光社） 11・20 「愛国百人一首」を選定	1・24 文部省に国民練成所を設置 2・11 日本少国民文化協会結成 3・5 「中学校教授要目」改正
一九四三	2・1 日本軍、ガダルカナル島撤退	2 『少国民の友』創刊	1・21 「中等学校令」公布（「中学校

（昭和18）	4・28 連合艦隊司令長官山本五十六戦死 5・29 アッツ島日本軍全員戦死、自決 9・6 イタリア無条件降伏 10・21 学徒出陣壮行会（神宮外苑） 11・5 大東亜会議開催	3 谷崎潤一郎「細雪」の連載、非時局的として禁止 8・25 大東亜文学者決戦大会開催（横光利一、日本代表として挨拶） 9・25 太宰治『右大臣実朝』（錦城出版社） 10 正宗白鳥、日本ペンクラブ会長となる 11・13 芭蕉250年忌（文学報国会主催）	令」など廃止、修業年限4年、教科書国定化） 10・12 閣議「教育ニ関スル戦時非常措置方策」決定
一九四四（昭和19）	2・1 米軍、マーシャル群島上陸 6・15 米軍、サイパン島に上陸（7・7日本軍3万人全滅） 7・18 東条内閣総辞職 9・29 グアム・テニアンの日本軍全滅 10・10 沖縄空襲 10・24 レイテ沖海戦（10・25神風特攻隊）	1・29 『改造』、『中央公論』に対する弾圧始まる 6・14 壺井栄「柿の木のある家」（原題「海のたましひ」、大日本雄弁会講談社） 7 谷崎潤一郎「細雪上巻」（自費出版、200部限定） 11・12 第三回大東亜文学者会議（南京） 11・15 太宰治『津軽』（小山書店）	1・18 閣議、「緊急学徒勤労動員方策要綱」決定 2・16 「国民学校令戦時特例」公布 3 国語学会創立 4 『教育』、文部省・警視庁の干渉で刊行停止 6・13 教育科学研究会の役員検挙
一九四五（昭和20）	3・9 東京大空襲 4・1 米軍沖縄本島上陸 5・7 ドイツ降伏 7・17 ポツダム会議 8・6 広島に原爆投下 8・8 ソ連、日本に宣戦布告	3・28 三木清検挙、獄死 9 太宰治『惜別』（朝日出版社） 10・29 宮本百合子「新日本文学の端緒」（『毎日新聞』） 10 太宰治『お伽草紙』 10 『文藝春秋』復刊	5・22 「戦時教育令」公布 6・18 沖縄戦で看護女学生ら多数戦死、自害 8・15 文部省訓令「終戦ニ関スル件」 9・15 文部省、「新日本建設ノ教育方針」発表

	8・9 長崎に原爆投下 8・15 アジア太平洋戦争（15年戦争）、日本帝国主義の敗北で終結 12・29 第一次農地改革	11 『新潮』復刊 12 宮本百合子「歌声よおこれ」（『新日本文学』創刊準備号） 12 新日本文学会創立大会 敗戦後、民主主義文学運動起こる	10・22 GHQ、「日本教育制度ニ対スル管理政策」で軍国主義的。超国家主義的教育禁止を指令 11・1 文部省、公民教育刷新委員会設置 11・20 京都学生連盟結成 12・1 全日本教育組合（全教）結成 12・2 全日本教育者組合（日教）結成 12・15 GHQ、学校教育から神道教育排除を指示
一九四六（昭和21）	1・1 天皇、神格化否定の詔書（人間宣言） 1・4 GHQ、軍国主義者の公職追放、超国家主義団体の解散を指令 1・17 日本労働組合総同盟結成 1 恒藤恭、大阪商科大学学長（49・4大阪市立大学初代総長）就任 2・9 日本農民組合結成 3・6 政府、憲法改正要綱を発表（主権在民・象徴天皇・戦争放棄） 4・10 新選挙法による第1回総選挙（婦人参政） 5・1 メーデー復活（第17回）	1 『世界』『展望』『近代文学』『人間』『太陽』創刊 1 本多秋五「芸術・歴史・人間」（『近代文学』） 1 児童文学誌『赤とんぼ』『子どもの広場』『銀河』など創刊 2 『改造』、『中央公論』復刊 3・17 日本児童文学者協会結成（9月『日本児童文学』創刊） 3 『新日本文学』創刊 3 宮本百合子「播州平野」（『新日本文学』ほか、～47・1） 徳永直「妻よねむれ」（『新日本文学』、～48・10） 6 福田恆存「芥川龍之介論」	1・12 民主主義科学者協会（民科）創立 1・19 全日本教員組合第1回全国協議会開催 3・5 第1次米教育使節団来日 4・7 第1次米教育使節団報告書発表（国家主義・軍国主義教育や官僚統制の排除、6・3制など教育の民主化を勧告） 5・15 文部省、「新教育指針」第1分冊配布 8・10 教育刷新委員会（戦後教育改革理念の総理大臣諮問機関、委員長・安部能成）設置 9・5 文部省、国民学校用国史教科書『くにのあゆみ』（上下）

5・3 極東国際軍事裁判（東京裁判）開廷
10・1 ニュルンベルク国際軍事裁判最終判決
11・3 日本国憲法公布

（『近代文学』、〜12）
10 平野謙「政治と文学」（『新潮』）
11 桑原武夫「第二芸術論——現代俳句について」（『世界』）
主体性論争起こる
政治と文学論争起こる
文学者の戦争責任論争起こる
第二芸術論争起こる

発行
11・16 当用漢字表・現代かなづかい告示
12・27 教育刷新委員会第1回建議（①教育の理念及び教育基本法、②学制、③私立学校、④教育行政）

事項索引

あ

愛国 6, 202, 413, 430, 434, 435, 436, 465
アイルランド文学 213
アイルランド文学研究 219
アイルランド文学研究会 213, 219
あさ香社 101, 137, 152, 259, 260, 261
朝の読書の時間 115
朝日新聞 142, 186
アジア太平洋戦争 318, 478
新しき村 34, 35, 56, 67, 91, 125, 156, 165, 267
新しき村曠野社 165
あはれ 459
アララギ 152, 206, 207, 245
アルス 253, 298, 299, 302, 304, 319, 345, 346, 517

い

一元描写論 95, 96
一葉日記 233
一高 87, 115, 124, 129, 303, 485, 487
一燈園 124, 394
一般的教養 350, 353
イプセン研究会 107
異文化 16, 143, 151, 216, 254, 269, 270, 271, 272, 330, 341, 523, 525, 527, 529, 531, 532, 541, 542, 545, 548
陰影 47, 163, 164, 209, 326, 328, 329, 330
陰影論 328
韻文 42, 52, 59, 246, 286, 287, 332, 355, 506, 515, 529

え

英語詩 257, 258
詠嘆的無常観 490
演劇実践 266, 267, 528
円本ブーム 298
ＮＨＫ 103

お

大阪朝日新聞 145
大阪朝日新聞社 142
大阪毎日新聞社 116, 118, 119, 153, 218, 243, 253
王朝物 161
阿蘭陀書房 116, 298

か

怪異 56, 57, 166, 265, 266, 427, 523, 529
海軍機関学校 101, 213
海軍機関学校教官 99, 101, 243
解釈 6, 15, 23, 90, 148, 165, 247, 317, 352, 358, 360-364, 384, 386, 412, 473, 474, 484, 487, 496
解釈学 22, 365, 525, 543
革新論 507
花鳥諷詠 100
カトリック教 232
カノン 11, 15, 32, 53, 62, 70, 71, 246, 254, 273, 357, 522
カノン化 11, 50, 52, 53, 63, 64, 70
歌舞伎 108, 196, 197, 214-216, 228, 271, 399, 528
歌舞伎革新運動 81
歌舞伎座 266
仮面劇 149
仮面の会 219
歌謡 442, 446, 447, 459
元興寺 448
鑑賞批評理論 306, 348
鑑賞論 15, 38, 42, 47, 51, 445, 481, 544
感想文 311
関東大震災 93, 134, 198, 205, 262, 293
関東大震災後 76

漢文脈　82, 104, 105, 115

き

紀行　18, 19, 94, 96, 102, 103, 114, 135-137, 139, 152, 172, 183, 232, 254-256, 263, 264, 273, 354, 355, 367, 369, 370, 376, 382, 429, 431, 457, 459, 481, 483-485, 488, 489, 493, 495, 499, 500-504, 507-509, 511, 514, 515, 523, 526, 539

紀行実践　263, 265, 504

紀行日記　135, 530

紀行文　21, 82, 97, 172, 184, 248, 264, 265, 311, 316, 367-370, 375, 377, 378, 399, 414, 417, 421, 423, 424, 427, 431-434, 442, 446, 447, 455, 457, 458, 481, 482, 484, 485, 488, 495-497, 499-508, 510, 511, 513-517, 526, 531

紀行文学　485, 508

紀行文体　152, 500

擬似詩　44, 45, 61, 109, 114, 230

記事文　52, 141

記紀伝承　195

客観写生　100

行　389, 390, 393, 395, 396

教育勅語　430

教授要目　371, 381, 412, 429, 488, 489, 496, 521

行的　389, 390, 514

行的精神　389

行的認識　363, 389-393, 403, 407, 408, 413, 414, 417, 421, 424, 429, 433, 434, 437, 438, 440, 443, 450, 454, 456, 457, 459, 464, 466, 467, 470, 478, 492, 503, 513, 525

行的認識論　412, 453, 458, 479, 494, 526

行的方法　386, 389, 392, 403

共同実践　297, 320, 330, 523

共同の実践　273, 343, 524, 546

京都帝国大学　131, 164, 305, 403

教養形成　7, 11, 21, 29, 76, 271, 306, 325, 326, 340, 342, 348, 349, 354, 411, 412, 415, 478, 495, 516, 546

教養実践　14, 17, 19, 20, 22, 28, 254, 256, 273, 325, 345, 360, 361, 383, 481, 482, 484, 488-491, 493-495, 498, 499, 508, 511, 514, 518, 520, 522, 524-526, 532, 548

教養主義　10, 16, 32, 385, 392, 398, 403, 544, 546, 548

教養論　22, 29, 267, 363, 384-386, 392, 394-396, 398, 400, 402-404, 407, 408, 455, 479, 481, 525

キリシタン　232, 233

キリシタン弾圧　217, 238

切支丹弾圧　58, 198, 231

切支丹迫害　267

切支丹物　232, 263

キリスト教　56, 87, 88, 90, 91, 132, 133, 164, 198, 233, 237, 263, 264, 268, 270, 394, 527, 529, 531

キリスト者　437, 480

近代劇　266, 288

近代詩　103, 105, 115, 163, 164, 185, 209, 214, 242, 256, 371, 378, 483

近代俳句　141, 150

く

クリスト教　232

軍記物語　369, 370, 430, 437, 441, 459, 465, 489

け

芸術教育　290, 322

芸術座　94, 157, 183

芸術至上　213, 257

芸術実践　332

芸術的価値　150, 227

芸術論　132, 201, 267, 271, 272, 286, 438

形象　307, 352, 355, 362, 493, 526

形象理論　306, 348, 362

結社　66, 69, 256, 261, 273, 529

ケルト文学 213
幻覚 57, 79, 80, 265
研究座 196
元寇 436
言語活動 404, 446, 539
言語活動主義 407
言語活動論 406, 407, 411, 447, 479
言語実践 256, 273, 447, 522, 523, 532, 545
言語生活 544, 548
言語生活教育 543, 544
言語生活主義 357, 391
言語生活論 514
言語文化 543-545, 547
言語文化実践 514, 532, 548, 549
現実主義 190, 260, 436
見神の実験 394
幻想 19, 55-57, 59-61, 74, 91, 92, 94, 114, 160, 166, 168, 189, 190, 203, 204, 212, 231, 241, 254, 257, 265, 266, 324, 423, 427, 468, 523, 526, 529, 533
検定副読本 161, 166
言文一致 108, 109, 194, 269
言文一致体 214, 217
言文一致文体 193, 194
硯友社 59, 108, 135, 152, 190, 324

こ

校歌 115
郊外 61, 72, 73, 76, 77, 79, 96, 97, 113, 116, 122, 123, 125, 153, 291
後期浪漫主義 260
皇国 428, 466, 489
皇国史観 455, 466
口語詩 178
口語自由詩 105, 178, 184, 185, 243, 257, 258
口語自由詩実践 50
口語短歌 260
公職追放 314, 317, 318
構想 62, 82, 128, 166, 183, 246, 266, 267, 288, 300, 322, 361, 362, 386, 388, 485, 494, 496, 524, 526, 539, 548
講談社 26, 68, 116, 186, 187, 251, 253, 301, 303, 394, 515
興文社 22, 33, 34, 50, 63, 65, 126, 298, 299, 302, 304, 312, 356
皇民イデオロギー 489
「国語漢文」科 274, 317, 325, 385, 399, 411
「国語及漢文」 52
「国語」教育実践 10, 14, 273, 306, 342, 357, 378, 381, 387, 388, 478, 521-523, 526, 529, 539, 541
国語講読 52, 342, 362
「国語講読」 4, 32, 52, 382, 384, 412
国際婦人デー集会 134
国体 371, 376, 412, 443, 466
国土愛 418, 465
国民歌謡 103
国民国家 32, 535
国民国家論 22, 521
国民性 342, 403, 404, 430, 440, 446
国民精神の涵養 367, 371, 376, 413, 415, 418, 422, 426, 430, 435, 443, 450, 455, 464, 466, 489, 495, 521
国民精神論 340, 345
国民精神を涵養 412
国民性ノ涵養 494
国民性の涵養 543
国民性の自覚 345, 495
国民性ヲ涵養 406, 412
国民的教材 412, 413, 430
国民的自覚 429, 431, 457, 465
国民的情操 429
国民的陶冶 412, 430
個人主義 268, 536
個人主義実証主義 132, 267
国家愛 418, 465
国家主義 162, 268, 467
国権論 435
五人連れ 232

こまつ座 318

さ

作文教育論 495
さび 174, 490
散文翻訳 44, 45, 62, 178

し

詩草社 178
自己涵養 535, 536
自己涵養論 41, 494, 521, 535, 536, 538, 541, 543-545
自己の涵養 494, 521, 522, 526, 535
自己の衷 448, 494, 513, 514
詩実践 257, 258
自然主義 68, 86, 94, 132, 133, 156-158, 169, 172, 182, 184, 207, 213, 259, 260, 265, 272, 273, 325, 452, 453, 468
自然主義系 73, 77, 79
思想実践 20, 267, 273, 342, 522, 523
思想的価値 227
実践 8, 9, 14, 320, 322-325, 330, 331, 340, 342, 343
実践思想 20, 183, 489
実践知 14, 19, 20, 547
実践的教養論 404
実践的認識論 499, 503
詩的精神 84, 97
児童画 9, 323
児童自由詩 173, 185, 324, 331, 332
児童自由詩実践 332
児童読物 420
社会主義 34, 68, 91, 165, 166, 259, 260, 267, 268
写実 141, 231, 260, 326, 442, 533
写実写生 171
写実主義的 234
写生 73, 114, 127, 140, 141, 152, 163, 174, 184, 201, 206, 240, 244, 246, 262, 321, 322, 326, 328, 333, 334, 338, 339, 341, 346, 483, 507

写生主義 246
写生文 44, 45, 61, 73, 98, 99, 114, 126, 127, 269, 311, 321, 325, 328, 510
写生文体 150, 328, 524
写生文的小説 101, 127, 150, 152, 269
車前草社 172, 259, 260
自由画 9, 322, 325, 331, 337-339, 340, 346
自由画実践 28, 337, 338, 340, 341, 346, 524
自由画写生 339
自由画展 337, 338
自由劇場 94, 106, 108, 215, 266, 374
自由詩 8, 9, 177, 185, 323-325, 331-333, 337, 340, 341, 345
自由詩実践 28, 524
自由詩社 257
周密文体 179
自由民権運動 166
修養 16, 342, 385, 393-396, 439, 488, 495, 508, 513
修養運動 393
修養主義 15, 385, 394, 396, 398
修養団 394
修養論 392, 393, 492, 493
自由律 100, 175, 331
自由律俳句 59, 241, 261, 262
朱子学 537, 538
主題 15, 74, 75, 79, 83, 105, 113, 123, 124, 128, 156, 157, 189, 217, 221, 227, 254, 267, 361, 362, 386, 457, 466
主題・構想・叙述 24, 362, 543
主題単元 456, 457
唱歌 9, 323
生涯稽古 403
松下村塾 435
小劇場 157
情操の涵養 390, 391, 495
象徴 74, 106, 114, 175, 209, 213, 242, 297, 320, 385, 407, 415, 418, 437, 445, 465, 483, 485, 487, 533

象徴主義 95, 164, 209, 258, 533
象徴主義文学 164
象徴的散文詩 485
象徴文学論 156
象徴論 95
小品 49, 61, 62, 69, 77, 79, 86, 122, 145, 147, 150, 152, 180, 232, 269, 307, 310, 321, 354, 356, 367, 378, 424, 427, 452, 458, 510
浄瑠璃 197, 399
浄瑠璃体 196, 214
書簡 13, 35, 75, 88, 93, 106, 120, 121, 125, 139, 153, 154, 159, 185, 242, 279, 299, 304, 321, 344, 346, 399
書簡文 341, 421, 458, 460
叙景 73, 94, 99, 101-103, 114, 135, 137, 140, 152, 168, 172, 184, 254-256, 316, 326, 328, 333, 335, 355, 382, 485, 488, 495, 499, 506-511, 514, 515, 523, 526, 539
叙景歌 114, 137, 174
叙景文 73, 97, 316, 318, 377, 455, 458, 481, 487, 495, 499, 504-511, 514, 516, 517, 526
叙景文体 328, 507, 510
叙事 104, 152, 316, 328
叙事詩 115, 502
叙事文 52, 114, 141, 316, 318, 353, 377, 510, 511, 517
叙述 15, 224, 256, 352, 354, 361, 362, 387, 392, 483, 485, 487, 488, 496, 510, 516
叙述（前三分の一）抒情・感想（中三分の一）劇（後三分の一）352, 354
叙情 216, 352, 485
抒情 123, 137, 139, 152, 184, 232, 241, 328, 335, 354
抒情詩 42, 115, 264, 351
抒情文 316, 318, 353, 511, 517

書牘文 52
白樺派 16, 67, 105, 156, 182, 293, 325
白菊会 136, 137, 259, 260
人格形成 41, 345, 353, 393, 535
人格主義 394
人格的涵養 539
人格陶冶論 494, 526
新教育 322, 544
新教育運動 321
新教授要目 405, 406
新傾向 208, 261
新傾向俳句 262
新傾向俳句運動 100, 175
新劇協会 283
新現実主義 77, 227
震災 149
新詩型 109, 258
新詩社 78, 137, 139, 172, 173, 176, 232, 238, 245, 246, 260, 263
心象風景 58
新人文主義 403
人生相渉論争 62, 166
真・善・美 396
新体詩 105, 109, 110, 138, 164, 209, 214, 256, 261, 269, 325
新体詩型 105
人道主義 56, 68, 86, 182, 258, 272, 307
新富座 81, 108, 225
新早稲田派 80, 95
神秘主義 108
新浪漫主義 180, 260

す

すず伝説 321, 343

せ

西欧翻訳文体 324
生活第一、芸術第二 284
生活詠 152, 234, 259, 260

制作と鑑賞 393, 395, 396, 398, 528
生と死 58, 227, 228
青年団運動 394
生命主義 167, 468
西洋演劇 61, 112, 188, 196, 214, 215, 270, 528
西洋喜劇 202
西洋近代劇 106
西洋劇 215
西洋古典劇 148
説明文 378, 414, 417, 419, 421, 429, 442, 458, 507, 512
センテンス・メソッド 306, 348, 379

そ

総合学習 531
創作実践 9, 11, 305, 323, 331, 340, 342, 380
創作童謡 9, 323
創作童話 9, 323
創造的読方 358, 359, 360, 364
創造的読方論 28, 348, 349, 361, 524-526
添え文 381
素読 386, 387, 538
素読・解釈・批評 24
ソネット（一四行詩）212, 241, 257, 270
尊皇 430, 443, 465
尊皇思想 411-415, 418, 422, 426, 429, 430, 435, 443, 450, 455-457, 464, 466

た

第一高等学校 5, 16, 57, 124, 127, 131, 140, 200, 302, 395
大化の改新 81
大逆事件 169
大劇場 157
大正教養主義 15, 56, 344, 396, 542, 547, 548
大正デモクラシー 258
他者との共同 17, 20, 28, 182, 272, 273, 360, 371, 412, 481, 482, 493-495, 521, 523, 525, 526, 529, 532, 536, 538, 542, 544, 545, 547
他者との共同実践 322, 542, 546
他者との共同文芸実践 181
田端文士村 93, 294
短歌革新 239, 260
短歌革新運動 68, 137, 261
短歌革新論 171, 311
短歌実践 260
単元学習 531
耽美 139, 260, 272
耽美詩集 176
耽美主義 168, 260, 272
耽美派 156, 182, 184, 257, 258, 260, 272

ち

治安維持法 134
地域語（方言）328-330, 341
竹柏会 62, 137, 238, 260, 261
中学校教授要目 382
中学校教授要目改正 52, 341, 494
中学校令 4, 52, 521
中学校令施行規則中改正 494
中等学校教員検定試験 102
衷なるもの 362, 363, 393-396, 400, 404, 453, 464, 525
長歌 79, 116, 381, 442, 448

つ

追憶文学 85
ツェッペリン社 401
ツェッペリン伯号 400, 401, 433
月並宗匠 140, 483
月並俳句 140
綴方 8, 9, 13, 323, 325-331, 340, 341, 358, 359, 391
綴方教育 476
綴方実践 28, 229, 322, 341, 524
綴方創作実践 330

て

定型 100, 175, 241, 262, 325
定型俳句 152, 262, 263
定型文語詩 103
帝国 11, 36, 53, 70, 107, 246, 283, 318, 345, 371, 409, 411, 417, 418, 421, 434, 456, 466, 524
帝国劇場 81
テクスト 18, 360
天明俳壇 437
伝記 87, 301, 376, 414, 417, 418, 420, 424, 426, 429, 458, 469, 470, 471

と

東京女子高等師範学校 306, 348
東京新詩社 68, 259
東京帝国大学 32, 63, 106, 131, 176, 232, 246, 306, 321, 348, 365, 450
投稿メディア 330
同人 234
同人紙誌 66, 69
同人誌 5, 51, 66, 68, 69, 70, 182, 213, 229, 256, 273, 523
道徳 35, 38, 39, 41, 51, 52, 162, 267, 282, 288, 307, 311, 342, 390, 391, 393, 394, 397, 405, 429, 444, 449, 452, 540, 541
道徳的価値 227
童話童謡誌 9, 320, 323
童謡 9, 173, 176, 182, 185, 257, 322, 323, 331, 340, 344, 345, 378, 390
東洋的人間観 440
読者との共同作業 305, 306
読者との共同実践 15, 324
読者論 164, 306, 450
ドッペルゲンゲル 93

な

内容的価値 227
ナチス 401

に

日露戦争 105, 169, 415, 422
日記 33, 35, 45, 62, 69, 97, 136, 152, 169, 221, 226, 229, 233, 234, 248, 264, 265, 270, 354, 399, 419, 480, 482, 484, 497, 503-507, 516, 517
日記紀行 504
日本型教養 5, 7-9, 11, 14-17, 21, 128, 188, 199, 200, 228, 247, 306, 312, 324, 325, 330, 348, 349, 369, 374, 382, 384, 385, 444, 445, 464, 535, 547
日本型教養形成 4, 5, 229, 385
日本型の教養実践 542
日本共産党 134
日本社会主義同盟 123, 134
日本主義 345
人間的教養 398, 430, 440
認識的実践論 464, 478, 481, 482, 490, 491, 493-495, 543, 545
認識的な布置 500

ね

根岸短歌会 239, 259, 260
根岸党 508
根岸派 45, 62, 203
根岸派文体 269

の

能 216, 228, 402, 447, 490
農民労働党 134

は

俳句革新 141, 262, 483
俳句革新運動 141, 150, 152
俳文 19, 399, 452, 487, 488, 497
芭蕉俳諧研究会 228
パロディ 256, 261
反自然主義 156, 182, 273, 452
反道徳 36
パンの会 130, 139, 173, 176, 210, 257, 258, 266

ひ

批評 5, 7, 43, 44, 56, 70, 81, 99, 107, 110, 111, 125, 201, 230, 243, 285, 331, 340, 350-353, 358, 361, 362, 386, 392, 442, 472, 475, 496, 511, 537, 538
美文 136, 149, 510
ヒューマニズム 257, 307
評伝 49, 354, 367, 376, 434-436, 438, 440, 442, 445, 447, 457-459, 469-471

ふ

不安 52, 57, 83, 94, 160, 167, 265, 299, 303, 416, 419, 485, 533
風景 18, 19, 59, 76, 97, 192, 211, 236, 238, 308, 315, 330, 336, 428, 453, 481, 497, 500-502, 505, 506, 511, 514, 516
普通選挙促進大会 134
普通選挙法 134
婦人参政権獲得期成同盟 134
古き人文主義 403
プロレタリア 190, 291
プロレタリア作家 123
文学教育 23, 41, 64, 361
文学形象 386
文学趣味 488
文学的教養 539
文化的教材 412, 413
文芸鑑賞論 43, 55
文芸紀行 182
文芸教育 280, 289, 345, 521
文芸教育実践 70, 273, 522
文芸教育論 33
文芸協会 266
文芸結社 51, 59
文芸大講演会 292
文芸実践 4, 7-9, 11, 14, 15, 28, 31, 33, 46, 49, 59, 64-66, 69-71, 125, 156, 182, 183, 220, 246-248, 255, 256, 261, 263, 265, 267, 273, 274, 277, 280, 284, 295, 297, 302, 305, 306, 314, 316-318, 323, 328, 342, 344, 354, 355, 357, 380, 381, 454, 520-524, 526, 529, 533, 539, 548
文芸実践家 16, 28, 159, 278, 305, 325, 332, 356, 478, 523
文藝春秋社 220, 283, 289, 298, 302, 304
文芸叢書 48, 49, 51, 70
文芸的価値 42
文芸的教育 28, 37-43, 45-47, 55, 63, 65, 70, 254, 274, 325, 345, 522, 523
文芸的教材 412, 413
文芸的教養 246, 284, 291, 302, 306, 316, 317, 319, 332, 521, 523
文芸的素養 42, 46, 273, 522
文芸投稿誌 341, 344
文芸論 28, 33, 38, 42, 43, 47, 51, 164, 291, 354, 476, 524, 525
文語詩 74, 109, 257
文語定型詩 59, 243, 422
文体 44-46, 61, 74, 90, 103, 105, 114, 115, 127, 128, 133, 135, 145, 147, 151, 152, 178, 184, 185, 194, 201, 203, 217, 226, 233, 243, 246-248, 254, 255, 268-270, 273, 315-317, 324, 325, 328, 330, 341, 370, 436, 442, 501, 502, 504, 506, 507, 510-512, 521, 522, 532
文体意識 314, 316
文体形成 115, 245, 325, 328, 539
文明開化 197, 435

へ

平安期歌謡 446, 447

ほ

封建門閥制度 435
法語 399
報告文 414, 417, 421, 458
募集作文 320
本郷座 81
翻訳文体 74, 112, 115, 122, 128, 135, 152, 179, 181, 185, 254, 268, 269, 270

ま

マンダラ詩社 242
万葉学 59, 238, 246
万葉主義 246
万葉調 246, 439

み

三田派 229
道の実践論 459
明星派 101
民権論 435
民衆詩派 258

む

無意識 80, 533
無常観 490, 491
無中心論 142

め

明治座 81, 116
メディア 9, 216, 286, 288, 299, 323, 325, 331, 495, 539, 546

も

模範作文 321
模範綴方 9, 323
模範文 391, 495, 511
模範文綴方 391

や

倭建命説話 448

ゆ

幽玄 164, 459, 490

幽趣微韻 163
有楽座 67, 196, 266
夢 18, 19, 79, 80, 85, 94, 137, 166, 176, 177, 183, 190, 204, 287, 432, 436, 441, 483

よ

謡曲 371, 447, 459, 492
読み方 89, 345, 360, 365, 450, 513
読方 358, 359, 391
読方・解釈・批評 358, 360, 361
読方教育論 495
読み本体 62, 196, 214, 217
読む力 70, 309, 358, 360, 386

り

リアリズム 260, 307
理想主義 190, 211, 436
立身出世 55, 85, 87, 129, 161, 311
寮歌 115
臨画 338, 346

ろ

浪漫 243, 260, 322
浪漫詩 257
浪漫主義 88, 258, 260, 452
論説文 62, 316, 511

わ

早稲田詩社 257
わび 459

文 献 索 引

あ

嗚呼広丙号 "58, 108, 109, 112, 269, 294
ああ大和にしあらましかば 59, 242-244, 270, 271
愛国者福沢諭吉 435, 466, 470
愛子叢書 322, 343
愛読書の印象 82, 107, 117, 120, 230
愛と認識との出発 124, 153
愛に就て 165
愛馬 415, 465, 472, 473
あびゞき 506
アインシュタイン 435, 470
青い鳥 301
青木新兵衛 425
「青竹の」其の他 207
青猫 69, 177, 180, 187
「青麦の」其の他 101
赤い鳥 8, 9, 11, 13-15, 22, 28, 50, 94, 159, 173, 176, 182, 185, 310, 317, 319-326, 328-332, 336-345, 380, 520, 524
赤い鳥研究 13, 344
赤い鳥小鳥 322
『赤い鳥』総論 13, 344
「赤い鳥綴方」の研究 345
『赤い鳥』投稿自由詩の実態調査 345
「赤い鳥」の時代―大正の児童文学― 343, 344
『赤い鳥』の児童文学史的位置 13, 344
『赤い鳥』復刻版 13, 344
『赤い鳥』を見た日 344
赤い花 95
赤い船 180
赤い矢帆 79
朱き机に凭りて 119
赤頭巾 296
暁の誕生 103, 104
秋 435, 482, 484, 504

握手 56, 161, 182, 272, 309, 311, 312, 530
芥川君の戯曲 279
芥川とアイルランド文学 219
芥川の事ども 50, 71, 279, 312, 319
芥川龍之介 116, 369
芥川龍之介王朝物の背景 250
芥川龍之介君 60, 72
芥川龍之介全集 71, 116-121, 153-155, 185, 186, 217-220, 251-253, 304, 497
芥川龍之介追悼号 279
芥川龍之介童話論―神秘と自己像幻視の物語― 118
芥川龍之介と菊池寛 303
芥川龍之介と北原白秋―童心と神秘の視角から― 119
芥川龍之介とその時代 27, 71, 118
芥川龍之介の復活 27, 71
芥川龍之介を憶ふ 90, 118, 304
曙 59, 105
曙の富士 415, 416, 418, 458, 464, 465, 501, 502
朝の散歩 95
朝日新聞 142, 186
欺かざるの記 87
蘆の若葉 368, 370, 375
馬酔木 239, 259-261
明日の道徳 107
暖かい夢 147
新しい作品論へ、新しい教材論へ 515
新しい詩の生誕 371, 376
新しき小径 98
新しき村 35
新しき村叢書 165
あづさの紅葉 426, 429
吾妻鏡 371

阿部次郎『三太郎の日記』における教養
　の問題―唐木順三の教養派批判の再
　検討― 251
阿部次郎『三太郎の日記』の構成―資料
　を中心にして― 251
天草島 232
天草四郎 232, 263
雨空 179
雨 422, 504
「天地の」其の他 236, 244
雨にうたるるカテドラル 57, 59, 203,
　210-212, 216, 265, 270, 531
あめりか物語 168, 186
嵐 104
あらたま 59, 235, 236, 244
アラビヤ夜話集 300
アララギ 50, 59, 140, 206, 214, 234, 239,
　259, 261
アララギ叢書 252
あられ酒 230, 251
霰に霙 180
有明詩集 242, 244, 253
有島武郎集 71
アリス物語 300
或阿呆の一生 88, 107, 117
或る敵討の話 309, 310
或旧友へ送る手記 279
或日の大石内蔵之助 51, 84, 356
闇中問答 107, 279, 280
アンデルセン童話集 300
アンナカレニナ 164
暗夜行路 416, 467

い

飯倉だより 104, 354, 377, 438, 439, 512,
　517
井伊大老（戯曲） 436
家 133
家なき子 300
家なき娘 300
斑鳩宮（詩） 441

生きた言葉 399, 400, 413, 414, 511, 512,
　517
生田川 267
十六夜日記 507
十六夜日記鈔 515
意地 106
石叫ばむ 319, 363
石をきざむ 423, 424, 507
伊勢参宮 377
伊勢物語 370, 448, 462
イソップ童話集 300
板倉父子 470
板倉父子　板倉勝重　板倉重宗 425
『伊太利建国三傑』を読む 87
異端者の悲しみ 309
一握の砂 75, 84, 85, 112, 116
苺 372, 373
苺と茱萸 415, 482, 499
一郎次、次郎次、三郎次 310
一塊の土 224
伊藤左千夫の歌 252
「愛しげに」其の他 78, 102, 112
否の一語 375
犬 159, 167, 267
犬ころ 368, 372, 373, 419, 420
伊能忠敬 376, 470
祈りなほし 368
イマジズムとは何ぞや 294, 303
入江のほとり 55, 57, 222, 244, 530
入鹿の父 54, 69, 80, 81, 266, 271, 310,
　312, 370, 373, 374, 530
入間川 371
遺老物語 414
岩波「国語」の特色 403, 410
陰影 47, 55, 221, 266, 327, 328, 340, 341
イングリッシュ・レビュー 305
韻文講座・作詩論 286, 287
韻文講座・詩歌鑑賞序論 287
韻文講座・短歌講義 286, 287
韻文講座・短歌講話 287
韻文講座・俳句評話 287

う

初陣　309
上田敏全訳詩集　219
「上野山」其の他　43, 171
植ゑ忘れた百合の赤芽　59, 95, 103
魚河岸　99, 119
魚の世界・獣の世界　300
うき草　123
「萍涼しく」其の他　241
雨月物語　369
宇治拾遺物語　60, 368
牛部屋の臭い　222
鶉衣　452
歌の響　439
宇多の松原　448, 462, 503, 504
歌よみに与ふる書　43, 59, 69, 171, 180, 186, 239, 246, 260, 272
歌わぬ人　124, 153
内田魯庵全集　218
「鬱蒼と」其の他　43, 172, 181, 185, 272
宇野に対する彼の友情　279
馬　310
馬追三吉　452
生まれ出づる悩み　126
海へ　103
海幸彦山幸彦　191
海の科学・陸の科学　300
海の旅　377
「ウミヒコ・ヤマヒコ」について　191
海彦山彦　60, 67, 189, 191, 195, 266, 271, 530
海へ山へ　301
海辺より　77
埋れ木　537
運　295
運命　111
運命論者　86
雲母集　173, 174

え

永遠の恩恵　368, 370, 374

映画講座・映画脚本の書き方　287
映画講座・映画劇組織論　285, 286
映画講座・映画製作論　287
映画時代　220
栄華物語　61, 160, 223, 370, 448
永日小品　145, 147, 155
永徳と山楽　371, 376
英文学講座・英国の近代劇　287
英文学講座・現代の英小説　287
英文学講座・現代の英文学　285, 287
英文学講座・最近の英国劇場　287
英雄の器　309, 310
エゴ　144
江戸芸術論　201, 214, 219
画の悲しみ　86
絵踏　56, 58, 176, 182, 227, 231-233, 245, 248, 263, 264, 266, 270, 530
絵本太閤記　376, 470
エリスのえくぼ　森鷗外への試み　550
円右のやうな芥川君　219
縁起　33, 34, 38, 47, 51, 63, 126, 270, 356
園芸と小家畜　300
演劇講座・演劇論　286
演劇講座・劇場の実際　286
演劇新潮　220
演出法講座・戯曲の演出　286
遠望　426, 429, 504

お

生い立ちの記　502
笈の小文　17, 26, 397
鷗外全集　218
扇の的　430, 465
欧人の観たる葛飾北斎　201
欧米文明記　355
近江聖人　376, 420, 468, 470
大鏡　55, 60, 160, 370, 448
大阪毎日新聞　253
「大凧の」其の他　240
大原御幸　449
大判半裁紙　43, 74, 106, 107 112, 115,

152, 178, 184, 269
大晦日　452
尾形了斎覚え書　12, 52, 84
小川未明作品集　168, 186
翁草　194, 195
屋上の狂人　55, 160, 181, 182, 266, 272, 296, 310, 530
御国譲り　368
おくのほそ道　18, 19, 328, 482, 485, 488, 489, 495, 496, 500, 508
奥の細道　369, 378, 415, 446, 482, 485-487, 491, 494, 495, 503, 516
『おくのほそ道』の教材的価値について　497
奥の細道の底本について　496
幼きものに　104
幼き者の詩　324, 344
をさなものがたり　104, 372
惜しみなく愛は奪ふ　126
おたまじゃくし　422, 424
落葉　43, 59, 69, 164, 185, 189, 209, 214, 269, 419, 504, 505
おとぎの世界　13
縅の如く　205
尾上柴舟全詩歌集　120
尾上柴舟年賦　120
「おのづから」其の他　206
「己が名を」其の他　74, 84
思ひ出　85, 97
於母影　138
オモシロエホン　301
面白文庫　301
親心　417
音楽の話と唱歌集　301
恩師へ　422, 474
恩讐の彼方に　51, 305, 308, 355, 356
「女の童」其の他　238

か

飼犬　76, 77, 255, 530
海軍と海戦の話　300
改元紀行　516
蚕　377
海紅　262
外国文芸童話集　300
外国歴史物語　300
解釈の生長　475, 476
蒐集　293
快晴（詩）417, 420, 507
解説『有島生馬全集』219
解説『内田魯庵全集』218
解説『現代日本文学館12　正宗白鳥』250
解説国語教育研究　国語教育史の残響　23, 27, 64, 72
解説『佐藤春夫全集』253
解説『子規歌集』187
解説『樗牛全集』186
解説『土のふるさとの文学全集12』185
解説『定本小川未明小説全集1』187
解説『定本高浜虚子全集』153
解説『南蛮寺門前・和泉屋染物店他三篇』251
改造　16, 88, 118, 250, 326, 546
解題　153, 250
解題『葛西善蔵全集』218
解題『窪田空穂全集第1巻　歌集1』116
解体新書　428, 475
解題『高村光太郎全集』219
解題『真山青果全集』116
海潮音　69, 164, 186, 209, 219
改訂中等新読本　36, 71
改訂版　近代詩歌の歴史　120, 534
垣内松三著作集　363
海浜の草　378
解放　299
開目鈔　436
カインの末裔　126
蛙　12, 52, 106, 372, 373
柿　61, 145-147, 155, 474
柿二つ　10, 427
学苑　408

覚悟 376
学者の苦心 369, 374, 377, 423, 511, 512
学制 29
学生時代 88
学生版 小泉八雲全集 131, 153
擱筆の辞 127, 153
学問 442
学問のすゝめ 435
かぐや姫 448
鶴林玉露 537
花月草紙 442
陽炎（俳句） 446, 482, 486, 491
風 431
花袋秋声五十年記念「現代小説選集」 67
花袋秋聲生誕記念祝賀会について 249, 253
片瀬の回顧 59, 135, 152, 265
形 51, 163, 308, 356
「傾きし」其の他 175
片眼の使者 309, 310
学校の歴史 12
活動 328
河童 107, 121
家庭雑誌 87
花伝書 402, 455
歌道小見 311
香取の日記 516
悲しき玩具 74, 84, 85, 112, 116, 136
「悲しみて」其の他 139, 152
かなりあ 176, 322
蟹工船 130, 153
狩野芳崖 440, 470
樺の林 355
雅文 516
雅文四篇 442
家苞くらべ 368
神神の微笑 233, 263
上高地 415, 499
剃刀 157
神と愛と戦争——あるキリスト者の戦中日記—— 480
神ほぎ（詩） 435, 507
亀山の御池 430
仮面 55, 58, 176, 182, 213, 219, 224, 225, 227, 245, 266
「仮面」の人々 213, 219, 220
鴉勧請 423, 472, 473, 511, 512
落葉松 354
カリキュラムの歴史的変遷と競合するカノン 13, 72, 516
カルサンと米 418, 467
ガルシン全集 154
ガルシンの生涯 154
彼が三十の時 37, 55, 126, 225, 226, 248, 250
彼の詩 310
枯野抄 84
川端康成全集 303
感激 132, 151, 267
寒山拾得 439, 440, 475
寒山落木 141, 150
元日 147
感情 257, 258
鑑賞 日本現代文学 275
鑑賞指導 児童自由詩集成 345
感傷的の事 55, 226, 248
鑑賞文選 13, 344
観世謡本 447
邯鄲男 476
かんにん 414
漢文脈と近代日本 もう一つのことばの世界 26

き

季刊文芸教育21特大号 文学教育辞典 365
戯曲講座・戯曲研究 285
戯曲講座・近代劇講話 286
戯曲講座・独逸の戯曲家 285, 286
菊池寛 303
菊池寛全集 303

菊池寛の仕事　318
紀行文作法　508, 516
紀行文鈔　515
紀行文の諸相　516
紀行文編　515
雉子の炙肉　90
汽車に乗りて　378
鬼城句集　174
奇蹟　95, 293, 296
煙管　309, 311
北畠親房　371, 376
北畠老人　310
北原白秋　187
狐　85
狐塚（狂言）　437
綺堂戯曲集　69
綺堂年代記　116
気取半之丞に与ふる書　537
砧を聞く　442
城の崎にて（城崎にて）　58, 64, 65, 72, 227, 307, 355, 530
木下杢太郎年譜　改訂増補　251
木下利玄全集　186
樹の根　374
君のめぐみ　516
客中恋　252
脚本シリーズ　187
旧制中学校教科書　岩波編集部編『国語』全十巻をめぐって　480
旧制中等教育国語科教科書内容索引　252, 255, 275
牛乳屋の兄弟　88
教育　396, 476
教育映画物語　301
教育学辞典　72
鏡花全集　190, 218
鏡花全集に就いて　190, 218
鏡花全集の特色　190, 218
鏡花全集目録開口　190, 218
暁鐘　424
「狂人の」其の他　235, 244

競漕　87, 88, 368, 372, 373, 530
兄弟　55, 60, 160, 168, 182, 271, 272
峡中記　295
京の春　372
共鳴するリズム　250
教養主義の没落　26
教養とは何か　26
教養の再生のために――危機の時代の想像力　26
局外　281
極地探検記　300
極東に於ける第一日　432, 458, 499, 501
漁場より　55, 64, 129, 130, 151
漁村の秋　378
霧　57, 58, 159, 167, 182, 272, 368
切支丹圧迫　217
切支丹迫害　56, 58, 195, 198, 199, 203, 267, 270, 530, 531
霧島山　422, 503
ギリシャ神話　300
桐の花　69, 112, 172
桐一葉　58, 62, 63, 69, 195-198, 203, 214, 215, 217, 218, 266, 271 374
桐一葉　鳥辺山心中　修善寺物語　218
金華山　422, 499
金魚　250
金字塔　355
近世の文学　452
銀線を描く　428, 501, 502
近代国語教育論史　319, 364, 408
近代短歌集解説　明治・大正短歌小史　219, 275
近代日本における教養主義の成立　393
近代日本の象徴主義　534
近代日本文芸読本　5, 7, 11, 14, 21-23, 26, 28, 29, 31-34, 36-38, 43, 44, 48-50, 53, 57, 60, 63-71, 73, 76, 87, 91, 101, 108, 109, 117, 122, 156, 164, 183, 188, 192, 205, 219, 221, 222, 228, 230, 242, 248-250, 254-256, 261, 263, 265, 269, 270, 272, 294, 302, 311, 312, 314, 321,

331, 345, 356, 357, 450, 458, 468, 520, 522-524, 530, 531, 533, 534, 538
近代俳句集解説　明治・大正俳句小史 275
近代文学 350
近代文学研究叢書 179, 187
近代文学と熊本 252
銀の匙 416, 470
金の船 13, 338, 344
金の星 8

く

偶像再興 69, 200, 374
空腹高心「其の他」 162, 267
クオレ 300
国上山（和歌） 433
草の匂 368, 377
草枕 355, 371, 372, 416, 443, 446, 485, 491, 496, 502, 530
『草枕』―紀行文の側面から― 496, 515
草迷宮 191
「鏈して」其の他 174, 181
轡十文字 308, 356, 369, 372, 373
愚禿親鸞 371, 374, 452, 454
国貞画く 217
国貞ゑかく 55, 57, 189-191, 195, 203, 217, 530
国貞ゑがく 217
国引 372, 373
九年一月明治座評 116
虞美人草 162, 372
窪田空穂全著作解題 116
久保田万太郎君 186
久保田万太郎氏 161
久保田万太郎全集 250
熊王の発心 430, 465
熊曽健征討 448
熊野落 430, 465
久米正雄―倣久米正雄文体― 117
蜘蛛の糸 12, 51, 52, 84, 159, 309, 322, 356, 369, 372, 416, 467, 530
雲のいろいろ 378
曇る夜の月 442
クラウド 355
倉田百三選集 153
グリム童話集 300
桑の実 159, 321

け

芸苑 132
稽古論 402, 455
芸術家の喜び 119
芸術基礎講座・一般芸術学 287
芸術教育と児童自由詩 344
芸術自由教育 331, 345, 439, 479
芸術を生む心 119
形象論序説 349
芸能逸話 436
ゲェエテ研究 491
ケーベル先生 440
撃沈 368
撃滅 377
戯作三昧 84, 243, 253, 438-440
月下の一群 258
月光とピエロ 98
結晶の力 437, 438, 511-514, 517
月雪花 377
月前の雁 368
研究　露風・犀星の抒情詩 242
元寇 436
言語生活 517
源氏物語 370, 441
源氏物語論 441
幻住庵の記 378, 452, 482, 487, 495, 496
懸賞募集軍歌 109, 258
源信僧都の母 448
現代 218
現代戯曲全集 67
現代喜劇の経過 58, 62, 202, 203, 216, 266, 270, 272
現代詩の流れ 275

現代詩文 242
現代小説選集 249
現代小説全集 217
現代短歌全集 吉井勇編 155
現代日本漢詩集 212
現代日本詩集 212
現代日本文学全集 49, 75, 212, 298
現代の欧羅巴と日本と我々と 55, 132, 151, 267
現代文学新選 87
現代文章軌範 14, 22, 305, 314, 316, 318, 511, 517, 520
検定済教科用図書表 解題 24, 27
源平盛衰記 516
源平盛衰記物語 300
元禄文壇の三偉人 371, 375

こ

小泉先生 55, 130, 131, 151, 270, 450, 530
項羽と劉邦 58, 61, 189, 195, 203, 214, 215, 218, 266
講演 菊池寛の仕事 318
公園の薄暮 43, 203, 210
郊外小景 61, 64, 96, 97, 264
郊外の文学誌 72, 116, 153
郊外より 97
紅玉 169, 170
講座比較文学 第四巻 近代日本の思想と芸術Ⅱ 219
『紅子戯語』『恋山賎』『二人女房』解説 218
孝女白菊の歌 138
紅茶の後 69, 169, 186
肯定観の文学 452, 453
校訂紀行文集 516
高等学校の国語教科書は何を扱っているのか 120
幸福 250
興福寺の写真 54, 101, 126, 150, 152, 269
神戸の山 79
校本万葉集 246

高名の木のぼり 430
蝙蝠の如く 204, 213
鴻門の会 214
黄梁夢 84
小枝の笛 430, 465
「声ひそめ」其の他 152
こがね丸 420
凩 426, 504
故郷の花 430, 465
古今集 209, 375
古今集抄 448, 462
古今著聞集 436, 462
古今東西乗物絵本 300
古今和歌集 370
古今和歌集序 368
黒衣聖母 212
国学の実践性 490, 497
国語 10-12, 22, 24, 25, 29, 84, 117, 131, 235, 239, 255, 317, 325, 331, 345, 356, 361, 378, 379, 381, 382, 385, 399, 401, 403, 408, 409, 411-415, 446, 455, 457, 458, 464, 466-469, 471-479, 481-484, 488, 489, 491, 493, 495, 498, 500, 503, 504, 507, 513-516, 520, 523, 525-528, 534, 539, 541
国語 学習指導の研究 24, 361, 399, 412, 416, 418, 421, 429, 430, 433, 436-438, 440-442, 445, 450, 455, 465, 479, 480, 483, 486, 487, 492, 495-497, 515
国語 特報 345, 399, 403, 410, 471, 480
国語科教育 364
国語科教育はなぜ言葉の教育になり切れなかったのか 550
国語教育 72
国語教育研究 27, 319, 363, 364
国語教育史研究 29, 30
国語教育史資料 13, 345, 410, 496
国語教育における「言語活動主義」の成立〜西尾実「日本語の前線と銃後」」410
国語教育の構想 478

国語教育の諸問題　387
国語教育方法論史　29, 30
国語教科書の戦後史　479
国語教材における文芸性と国家性　404, 410
国語教材論　379
国語教授の批判と内省　言語形象性を語る　23
国語国文の教育　23, 28, 361, 362, 365, 385-389, 392, 395, 400, 403, 407, 408, 411, 457, 464, 481, 488, 494, 497, 525
国語女子用　407
国語新読本　233, 252, 275
国語総合　455
国語読本　こくごどくほん
国語と国文学　348, 363
国語の愛護　370, 374
国語の力　23, 27, 28, 306-308, 319, 348, 349, 352, 353, 355, 358-361, 363-365, 369, 375, 524, 525
黒日　232
国史に還れ　418, 465
国体の本義　407
黒鳥物語　300
国文　399
国文学解釈と鑑賞　496, 515
国文学講座　387, 392, 408
国文学史講話　486
国文学大系　現代文学　7, 14, 22, 23, 28, 63, 72, 255, 308, 319, 349, 350, 354-357, 361, 364, 366, 369, 520, 524, 527
国文学の精神　452
国文鑑　319, 379
国文鑒　349, 364
国文教育　363
国文新選　7, 23, 72, 319, 349, 356, 358, 364-366, 369, 377, 379, 381, 382
国文新読本　340, 495, 515
国文新編　84, 308, 349, 364
国文選　7, 14, 22, 24, 28, 84, 87, 255, 308, 319, 349, 355-357, 364, 366, 367, 376, 377, 379-382, 470, 520, 524, 528
国文学大系　350, 353, 356
国文読本　399
国民新聞　240
国民之友　132, 164
国民俳壇　239, 240
国民文学　259
国民文学読本　496
国民文化の理想　370, 375
午後三時　198, 213, 215
こゝろ　540
心　416, 502
心の小径　423, 501
心の置処　372
心の花　238, 252, 260
心の華　252, 260
心の径　501
五雑組　467, 507, 515
古事記　60, 191, 271, 368, 370, 445, 448, 450, 462, 466
古寺巡礼　491, 500
五重塔　226, 244, 452, 453
小僧　67, 125
五足の靴　139, 176, 182, 232, 237, 248, 251, 252, 263, 264, 508
五足の靴と熊本・天草　251
古代文学　350
木精　372, 373
国旗　415, 418, 465
国境に立ちて　377
孤島より　377
孤独地獄　296
ことばと学力――教室のことば、教材のことば、共有される世界とことば　550
ことばの教育と学力　550
子供技師　301
子供生理衛生物語　301
子供電気学　300
子供動物・植物学　300

小話三題　378
小春の岡　419, 499-501
湖畔　415
湖畔（霧・道）　504
湖畔の冬　428, 499
古文真宝　18
小諸なる古城のほとり　104, 378
ゴルスワアシイの社会劇　308, 355
五郎三郎と二人の娘　309
欣求　177, 178, 185
金剛杵　230, 231, 245, 248
金色夜叉　190, 372
今昔物語　370, 448
今昔物語集　490
昆虫の本能　423
ゴンドラの一夜　57, 59, 203, 204, 213, 216, 265, 270, 530

さ

西行妻の尼に逢ふ事　61, 226
歳月の川　79
西郷隆盛　84
西郷の一言　426, 470
西国立志編　15, 26, 85, 87, 432
最新女子国文　497
最中集　100
西方の人　107, 232, 251
西北紀行　516
西遊記　503
「冴え返る」其の他　99
沙翁全集―逍遥訳シェークスピヤ全集　148, 155
砂金　176, 177, 180, 187, 264
昨日の花　99
作文三十三講　445
桜　415, 418, 464, 465
桜井駅　373, 374
桜井の別れ　374

酒の酒　90
酒ほがひ　139, 150, 154, 176
佐々木の場合　65
定九郎　250
左千夫と節　472
雑誌講座・雑誌とその編集　287
雑草　422, 504
雑筆（草稿）　186
佐藤春夫氏の事　90, 118
佐藤春夫全集　253, 303
佐渡が島　354
寂しき城址　509
更級日記　507
猿　294, 296
猿蓑　485
猿蓑集　487, 495
山庵雑記　452, 454
三右衛門の罪　354, 356
三筋街より　119
塹壕の内　56, 58, 135, 151, 266
三国誌　81
算術の話　301
山椒大夫　106, 427, 530
山上の霊気　431, 499
三千里　209
三太郎の日記　56, 69, 228, 229
サンデー　67, 68
三人兄弟　310
三人の訪問者　354
山林に自由存す　86

し

死　58, 203
詩歌　177, 180, 259
Seen and unseen　143, 310
潮の音　424, 422, 476, 477, 507
塩原　372, 452, 453
潮待つ間　417
鹿狩り　86

しがらみ 206, 214
しがらみ草紙 537
史記 195, 214
子規遺稿第一篇竹の里歌 180
至急電報 372, 373
時雨（和歌） 419, 420, 507
史劇について 371, 375
地獄 108, 250
地獄渓日記 355
地獄変 243, 253
思索と経験 374
時事新報 96, 119, 133, 154
詩人 176, 178, 182, 257
地震 55, 157, 266
詩人の肖像 120, 121
市井にありて 103, 104, 120
自然主義的表象詩論 95
自然主義の文学 452
自然と人生 86, 230, 377, 419, 506, 530
自然に対する五分時 419, 504, 505
地蔵教由来 57, 168, 179, 182, 266, 272
地蔵様 309
思想と実行 56, 69, 228, 229, 267
十訓抄 92, 371
実語教 415
十本の針 279, 280
紫天鵞絨 252
児童芸術講座・児童自由詩鑑賞 287
児童芸術講座・童謡童話への希望 287
児童芸術講座・童話劇の書き方 287
児童芸術講座・童話について 287
児童劇集 300
児童工業物語 300
児童自由画展覧会趣意書 337, 346
児童自由詩鑑賞 332
児童スポーツ 300
指導と鑑賞 児童詩の本 345
児童物理化学物語 300
児童漫画集 300
死と永生 163
死と其前後 126

詩とは何か 186
支那人 143, 326, 340
支那童話集 298
信濃教育 234
詩二篇 378, 416, 431
詩二篇　風 507
詩二篇　生長　海 507
地主と乞食 310
師の言葉 425
渋柿 240, 262, 263
自分と自分以外の人 309, 311
自分は見た 105, 120
島木赤彦全歌集 250
島崎藤村全集 120
島四国 421, 499
島の秋 95
しみのすみか 368
社会思想講座 287
社会問題講座・社会集団と社会意識—行動の社会学の見地から 287
寂人芭蕉 95, 309, 496
石楠 261
邪宗門 235, 236, 252
赤光 172, 232, 263, 281
ジャングルブック 300
ジャンル・ジェンダー・文学史記述 516
銃 372, 373
週刊朝日 278, 279
宗教童話集 300
秋江随筆 96, 119
秋江文学と「随筆」の意味 119
十五少年漂流記 179
重罪囚の幼時 294
秋山の記 516
自由詩のひらいた地平 344
愁人 180
十人十話 106, 120
十年一月帝国劇場評 117
集の末に 170, 186
十八世紀英文学 231

修養絵本 300
修養論 394
秋露 452, 505, 506
受験生の手記 88
朱子公文集 537
侏儒の言葉 5, 6, 280-282, 319
侏儒の言葉（遺稿）107, 121
修善寺紀行 355
修善寺物語 80
主題把握指導論史 364
酒虫 296
酒中日記 86
出家とその弟子 124, 125, 153
出世 55, 129, 151, 530
出盧 378, 436
樹木の言葉 310
ジュリヤス・シーザー 148
俊寛 51, 84, 124, 125, 153, 295, 309, 310
「春月や」其の他 208
殉情詩集 69, 242, 243, 245, 253
春服 117
小園の記 377
浄火 444, 491, 492
生涯稽古 389, 390, 392, 399, 402, 455, 457
小学趣味読本 301
小学生全集 298, 300, 301, 304, 523
『小学生全集』と『日本児童文庫』の位置――教育界の動向を手がかりに―― 299, 304
「小学生全集」について 299, 304
小学生全集について 301, 304
「小学生全集」について（再び）300, 304
小学生徒 87
小学童話読本 50, 192, 300
小学読本と童話読本 192
小学読本瞥見 476
小学百科辞典 300
松下村塾 435, 470
松下村塾を訪ふ 377

蒸気のにほひ 232
将軍 372, 373
将軍吉宗 425, 470
小景 378
小公子 300
小公女 300
象山と松陰 442, 470
障子 142, 143, 151
正直者 85, 86
障子の国 375
少女世界 344
小説講座・小説内容論 286
小説講座・小説発達史 286
小説講座・小説論 285, 286
小説講座・小説論各論 332
正倉院拝観記 370, 378
昭代の余恵 370, 375
象徴詩 219
象徴詩集 242
粧蝶集 217
聖徳太子 370, 376
湘南雑筆 377
少年 85, 190
少年行 85
少年世界 344
少年斥候 310
少年探偵団 300
少年伝記叢書 86, 87
少年の悲哀 86
少年の笛 180
少年文学 420, 468
少年立志伝 300
小品三章 378
小品二題 378
蕉風 446, 470, 482, 486, 487
昭和戦前期における西尾実の学習指導観―岩波『国語』とその教授用参考書の分析を通して―― 466, 480, 495, 517
初学者のために 104, 517
諸家の眼に映じたる人及び芸術家として

食後の唄　176, 180, 187
続日本紀　368
植物園小品　43, 59, 69, 97, 112
叙景詩　101, 259, 260
叙景文　作法作例　509, 517
諸国物語　106
書斎に於ける芥川龍之介氏　279
女子国文教科書　25, 27
女子国文新編　349, 364, 379
女子新読本　12, 52
女性　67, 68
初対面　56, 164, 165, 183, 265, 270, 531
女難　86
ジョン・ガブリエル・ボルクマン　266
白樺　35, 50, 68, 91, 124, 144, 169, 182, 196, 204, 226, 227, 257, 258, 260, 261, 266, 272, 307
白樺叢書　204, 213
白　77, 116
史論三書　370, 375
人格主義　368, 374
神曲入門　444, 491
蜃気楼　419, 503
進軍　445, 505
新月　239, 252
新興文芸叢書　244
新古今集　19, 375
新古今集抄　448
新古今和歌集　370
神国　368, 376
深酷なる悲哀　177
神国の首都　428, 458, 499, 501
震災後句録　100
新思潮　5, 68, 87, 94, 95, 106, 118, 140, 160, 181, 182, 213, 266, 272, 293-296, 303, 305, 316, 317, 356, 372
新思潮選　5, 294, 309
新思潮と我々　295
新島守　449

深沙大王　191
真珠夫人　305
新小説　5, 77, 103, 180, 190, 218, 292-294
「新小説」解説・総目次・索引　303
新叙景文範　509, 517
人臣の道　443, 466
新制国語　399
新制国語読本　246, 253, 275, 496
新制新日本読本　233, 252, 275
新制中等国語読本　36, 71, 233, 252
人生の熱愛者　56, 200, 267, 311, 312
人生の目的　368, 371, 376
新選中等国文　64
新体詩抄　74, 109, 257, 258
新体詩見本　44, 61, 74, 103, 109, 114, 115, 230, 258, 269
新体中学読本　233, 252
新潮　77, 143, 144
信長記　81
新定国語読本　91
新定国文読本　36, 71
人道　443
新富座劇評　108, 117, 121
神皇正統記　369, 443, 489
人文科教育研究　497
新文芸辞典　305, 318
新文芸読本　5, 14, 22, 23, 28, 305, 306, 308-312, 314, 316, 319, 520, 523, 531
新聞紙学講座　287
新文壇　77
新編国文読本　84
新編ふらんす物語　372
新緑　377
人類愛について　37, 56, 126, 165, 166, 182, 184, 267, 272, 530
人類と生物の歴史　300
塵労　119

す

水郷 431, 504
随筆 299
随筆感想叢書 96, 119
随筆の説 439, 511, 512
スヰフトと厭世文学 62, 231, 270, 272
菅原道真 370, 376
厨子王 427
逗子の冬 87
すずきすず伝説から赤い鳥まで 343
薄田泣菫全集 253
鈴木三重吉追悼号 343
鈴木三重吉の童話 321, 343
鈴木三重吉編現代名作集 321, 343
「すずめ子の」其の他 172, 182, 272
雀の巣 61, 67, 77, 99
雀の生活 354, 355
雀の卵 173, 174
図説 教育人物事典 319, 364
廃れたる園（歌評）375
ストリントベリ 121
須永の話 343
スバル 68, 130, 139, 182, 198, 210, 214, 225, 257-260, 266, 272
すべての芽を培え 396
須磨の秋 448, 462
須磨の嵐 368
隅田川（謡曲）449
隅田川の雨 442
隅田川の水 433, 504

せ

生活綴方成立史研究 345
生活と芸術 136, 259
清作の妻 95
制作の方法 451, 453, 454, 459, 512, 513, 517, 526
静寂 377
聖書 89, 90, 132
聖書の愛読者 118
聖書マタイ伝福音書 89
精神界 394
精神の自由 62, 166, 184, 267
生存の歓喜と努力 311
青年文学 87
西伯と呂尚 310
生命の川 124
西洋偉人伝 300
西洋節用論 375
星落秋風五丈原 105, 115
世界一周旅行 300
世界童話集 300
世界の四聖 163, 376
惜陰 426
雪前雪後 377
前科者 294
一九〇〇年前後・中等教育の再編と国語教科の成立——文学言語の歴史的布置の探求 550
戦時彙報 376
撰集抄 61, 226
千住の市場 94, 95
戦場の小学生（書簡）（時局に関する教育資料）340, 495
洗心雑話 416
先生への通信 377
浅草寺のくさぐさ 114
戦争と平和 135
善の研究 124, 153
千本松原 423, 499
千里の春 377
川柳点 375

そ

相阿弥と遠州 475
層雲 175, 261
象牙島田 294
創作 112, 259
創作指導講座・戯曲の書き方 286
創作指導講座・創作の思ひ出 286
創作指導講座・描写論 286
創作指導講座・「私」小説と「心境」小説 286

創作論　495
荘子　538
創始者の苦心　428
騒擾　69, 177, 180, 272
漱石山房の秋　356
漱石全集　250, 409
漱石追慕号　296
窓前の木の葉（作文三十三講）341
創造された古典――カノン形成・国民国家・日本文学――　13, 72, 496, 516
雑煮（俳句）437
増補新版日本文学史　219
走馬燈　106
曽我物語　300, 368
続狂言記「狐塚（狂言）」437, 462
祖国時報　134
そぞろごと　233, 275
祖母　55, 158, 181, 182, 272, 530
空知川の岸辺　87
空の色　416, 467, 507, 527
曾良本『おくのほそ道』の研究　496

た

第一集の序　44, 99, 109, 114, 230
大愚良寛　372
太閤記物語　300
第五集の序　45, 233
泰西人の観たる葛飾北斎　201, 219
泰西人の見たる葛飾北斎　201, 214, 216, 219, 270, 271, 272
第三集の序　44, 168, 178
大死一番　376
大正期の文芸叢書　71
大正後期における「現代文」教授　51, 71
大正国語読本　131, 154, 218
大正時代を記念する集積―「文藝講座」解説―　303
大正児童文学の世界　343
大正八年度の文芸界　80, 90, 95, 116, 118, 119, 153, 218, 244, 253
大戦後の世界と日本　376
大地　310
第二集の序　44, 45, 122
第二読み方教授　378
代表的名作選集　213
太平記　369, 371, 430, 465, 489
太平記物語　300
太陽　68, 198, 218, 222, 250
第四集の序　45, 203
平重盛　441
平重盛論　163
高瀬舟　55, 58, 69, 106, 189, 194, 195, 203, 218, 371, 372, 452, 453, 530
高瀬舟と寒山拾得―近業解題―　218
高村光太郎における訳詩と創作詩　219
宝船　262, 263
滝口入道　163
たき火　87
焚火　423
啄木歌集全歌評釈　116, 117
たけくらべ　549
竹と芭蕉　64
竹取物語　370, 448
竹取物語「かぐや姫」462
竹の木戸　86
竹の里歌　171, 180, 281
多情多恨　190
Das Junge Japan　191
黄昏に　149, 155
只今の一念　449
忠直卿行状記　51, 309, 310
伊達政宗　423
谷崎潤一郎と古典　185
谷崎潤一郎の幼少期における読書体験―村井弦斎の「近江聖人」を中心として―　479
谷崎潤一郎論　160, 186
谷崎と古典―「誕生」の背景をめぐって―　250
種まく人　123
玉勝間　369, 516

「ためらはず」其の他 67, 237, 248, 264, 270
太郎 51, 356
太郎に送る手紙 309
短歌 145, 154
譚海 344
短歌研究 237
誕生 55, 61, 160, 223, 247, 266, 271, 530

ち

小さき者へ 36, 37, 54, 125, 126, 149, 150, 530
小さな旅人 368, 372, 373, 379
小さな鳩 343
千曲川のスケッチ 104, 419, 505, 506
千曲川旅情の歌 103, 104
乳 309, 310
父帰る 295, 305, 310
父の思ひ出 377
父の記憶 54, 57, 79, 80
父の模型 294
父の物語 418, 419, 470, 472
千鳥 321
茶境 375
茶の宗匠 446
茶話 243
中央公論 16, 26, 35, 100, 118, 165, 168, 326, 396, 546
中学国文教科書 10, 496
中学世界 86
中学校国語教科書（第三学年）における芭蕉の取り上げ方の変遷―紀行文教材を中心に― 497
中宮寺の観音 444, 446, 491, 499, 500
忠臣蔵物語 300
中世詩人としての芭蕉 481, 495
中世の文学 449, 451, 452
中世文学 350
中等学校国語科教材史研究 12, 23, 27, 72, 117, 120, 218, 364, 365, 382, 517
中等教育に餓ゑたる東京市 199, 218
中等教科明治読本 198
『中等国文』の編纂過程―「森下日記」の分析を通して― 480
中等国語 480
中等国語教育一三〇年の歩み 29
中等国語教科書 399
中等国語教材史研究――見本本と供給本との比較考察―― 27
中等国語読本 138
中等国語教育の展開――明治期・大正期・昭和期―― 29, 30, 71
中等国文 36, 71, 399, 407, 480
中等国文教科書 399
中等新国文（訂正） 71
中等倫理教科書 162
中道を歩む心 370, 375
潮音 104
長江湖江記 377
澄江堂雑詠 145, 154
澄江堂雑記 124, 153
弔古戦場文 18
蝶を夢む 177, 180, 186, 187
樗牛全集 162
樗牛の事 162, 186
鎮西八郎為朝 437
鎮守の森 377

つ

追憶文学の季節 85, 117
ツェッペリン伯号を迎へて 399, 400, 410, 433, 464, 474
月の兎 442, 472
月の前 452
月夜 177
月夜と眼鏡 322
月夜の美感 163
土 55, 223, 224, 245, 316, 372
『土』に就て 223, 250
槌の響 372
土を眺めて 78, 112
綴方運動における二つの「生活」―『赤

い鳥』にみる「方言」導入と「生活」の発見— 345
綴方教室 328, 345
綴方生活 13, 324, 344
綴方読本 13, 344
角笛の声 372
椿落ちて（句評） 375
翼 431, 504
燕 369, 372, 373
坪内逍遥研究資料第一集 218
妻の非難 251
つれづれ草 490
徒然草 369, 371, 430, 439, 441, 475, 477, 504, 512, 513, 516
つれづれに 94, 143, 144, 149

て

帝国文学 50, 104, 123, 164, 348
庭前の椰の樹 426, 465, 504
定本青猫 177, 180
定本上田敏全集 219
定本小川未明小説全集 168, 186
定本鬼城句集 187
定本　佐藤春夫全集 118
手首の問題 446
手帖 284
哲人の養成 444, 491
テラコッタ 144
寺田寅彦全集 72
「手をとりて」其の他 206
天 426
天下一の馬 322
伝記児童文学のあゆみ 117
典型 211
点心 119
伝説 107, 108
天地有情 63, 69, 436
天寵 435
伝統芸術研究 228, 251
天徳寺了伯 422
天平の伎楽面 294, 303
テムペスト 55, 128, 147-149, 152, 178, 185, 266, 269, 531
天文の話・鉱物の話 300

と

独逸文学講座・独逸文学史 285, 287
東亜之光 105, 120
燈火 376, 470
東関紀行 371, 507, 510
東関紀行鈔 515
東京朝日新聞 145, 223, 409
東京景物詩及其他 176, 210, 219
東京日日新聞 190
東京二六新聞 232, 516
峠の茶屋 416, 502
東行筆記 516
東国平定 448
東西の自然詩観 355
東西遊記 504, 516
藤十郎の恋 310
藤樹先生 415, 420, 470, 473, 503
動植物絵本 300
童心 378
藤村集 133
藤村詩集序 104
道中膝栗毛 369
動物園 356
東遊記 376, 470, 503
東洋城全句集 252
童謡童話への希望 332
東洋の詩境 443, 446, 485, 491, 502, 503
童話 13, 344
童話劇の書き方 332
童話について 332
遠き薔薇 98
遠き薔薇序詩 98
時折の歌 145, 154
時に棹さす 354
時の氏神 179
読罪過論 537
読書人 299

511-513, 517, 526
「読本」の研究　近代日本の女子教育
　　24, 27
独立講座国語教育科学　349
土佐日記　504, 507, 516
土佐日記鈔　515
杜子春　159, 322, 356, 372, 530
都市美論　443, 446
途上　372
土地　67
外山滋比古著作集4　エディターシップ
　　13
トラピスト　43, 56, 129, 133, 151, 270,
　　530, 531
鳥物語・花物語　300
努力（韻文）　341
トルストイ　165
トルストイ伯の飲酒喫煙論　164
トロール船より　369, 378
トロッコ　54, 64, 83, 84, 94, 113, 356, 368,
　　372, 373, 419, 420, 467, 530

な

中内敏夫著作集Ⅴ　綴方教師の誕生　345
長塚節　219
長塚節追憶号　294
長柄川堤の訣別　373, 374
長柄堤の訣別　196, 198, 444
亡き母へ　294
NAKIWARAI　136
勿来の関（戯曲）　421
名残の星月夜　370, 373, 374
夏草　104, 120
なみだ　69, 242-244
奈良と伊勢神宮（旅の書簡より）　341
南欧の空　378
南国の町　309
南蛮寺門前　176, 182, 232, 233, 263

に

新高山　377
匂ひと響き　144
仁王　432
逃げ水　104
西尾実国語教育全集　23, 72, 365, 387,
　　408, 409, 495, 497
西尾実と「国語科」教科書　413, 479
西尾実の行的認識の教育論の史的検討
　　497
西尾実の教養論と教材論　412, 464
西尾実の生涯と学問　408
西尾実の戦争責任　479
西の京　368, 370, 378
二十三のとき書いた戯曲　250
日用文　233, 255, 275
日蓮上人　163, 376, 436, 470
日記をつづるということ　252
日蝕　168, 179, 180
二人女房　55, 69, 193-195, 214, 217
二宮翁夜話　443
二宮尊徳の幼時　426, 470
二百十日　372
日本　114, 154, 174, 186, 239, 260, 415,
　　418, 465, 473, 496
日本偉人伝　300
日本一周旅行　300
日本及日本人　299
日本絵画の特性　438, 440
日本海の海戦　422, 465
日本型「教養」の運命　26, 385, 393, 408
日本近代文学大系　117, 275
日本近代文学大事典　253, 303
日本近代文学の起源　515
日本剣客伝　300
日本建国童話集　300
日本現代詩大系　187
日本現代文学十二講　376
日本語が亡びるとき——英語の世紀の中
　　で　549

日本語の特質 532, 534
日本語の歴史 532, 534
日本作文綴方教育史二　大正篇 345
日本詩人 144
日本児童文学 344
日本児童文学研究 343
日本児童文庫 298, 303, 304
日本主義 162
日本主義を賛す 162
日本書紀 81, 418, 445, 465
日本人の表現力と個性 532, 534
日本世界偉人画伝 300
日本童謡集 300
日本童話集 300
日本の近代劇勃興 285
日本の近代一二　学歴貴族の栄光と挫折 26
日本の詩　堀口大学 119
日本の庭 59, 69, 168, 169, 182, 184, 271, 272, 530
日本の魔法鏡 410, 464
日本俳句 208
日本俳檀 261
日本は何を誇るか 56, 69, 200, 267, 310-312
日本風景論 506
日本武勇談 300
日本文学案内 305, 318
日本文学史・明治小説史 286
日本文学史講座・日本戯曲史 286
日本文学史講座・明治小説史 285
日本文芸童話集 300
日本陸軍（日記） 340
日本歴史童話集 300
二老人 294, 296
庭の黒土 419, 504
人形の望 343
人間 67, 68, 186, 226, 227, 230
人間エディスン 418, 470
人間ゲーテ 445, 470, 491
人間雑話 119
人間の価値 434, 470
仁和寺の法師 368

ぬ

沼地 52

ね

葱買ひて 472
練馬の一夜 54, 81, 115, 264
練馬の名画 375

の

能楽に就いて 56, 228, 272
凌霄花 377
能と歌舞伎 228, 251
能面の表情 449, 451
「のうれんの」其の他 142, 152
乃木大将の殉死 430, 465, 470
野口博士の事ども 475
野口博士の少年時代 415, 416, 423, 470
野口英世 423
野地潤家著作選集 363
野地潤家著作選集 27, 319, 364
「のびあがり」其の他 169, 179, 182, 272
野火止の用水 368, 369, 377
ノルマンヂーの黄昏 509, 517
ノンちゃん雲に乗る 76

は

煤煙 149
俳諧史 375
俳諧大要 141, 154
俳諧の変遷 371, 375, 376
俳聖芭蕉像の誕生とその推移 496
佩文韻府 537
俳文二篇、奈良団賛、蓼花巷記 452
梅龍の話 294
蝿 310
破戒 133
博多の城 79

塵溜　178
萩之家遺稿　138, 154
萩原朔太郎研究　187
馬琴　309, 310
白秋がえらんだ子どもの詩　鑑賞指導
　　児童自由詩集成　345
白秋がえらんだ子どもの詩　指導と鑑賞
　　児童詩の本　345
白秋と『赤い鳥』自由詩―白秋が至り得
　　た境地と選評―　345
白石朋ヲ薦ム　418
白鳥の国　94
白羊宮　242, 244, 253
白楽天　376
歯車　107
化銀杏　190
箱根路　369, 377
箱の親子　36
芭蕉　495
芭蕉翁と良寛和尚　311
芭蕉雑記　491, 492, 497
芭蕉の歩いた自然の道　309, 311
芭蕉の研究　228, 251, 496
芭蕉の創作論　481, 495
馬上の友　86
芭蕉の風景　文化の記憶　26, 497, 516
芭蕉の臨終　437, 482, 483, 484
芭蕉俳諧研究　228, 251
芭蕉を訪ねて　496
長谷寺　370, 372
長谷詣で　69
破船　88
はためき　232
八丈島行幸　415, 464
鉢木　371
鉢の木（謡曲）447, 449
蜂の巣　416, 504, 527
八の馬鹿　321
初恋　104
初旅　427, 502
八宝飯　145, 154
発明発見物語　301
はて知らずの記　482, 496, 508
鼻　5, 51, 84, 281, 295, 296
花影の中に　377
花咲爺　36
花見物語　310
花屋日記　437, 482, 483
母　295
馬糞石　58, 199, 200, 203, 294
ハムレット　148
薔薇　252
ぱらるそ　232
パリ　211
巴里だより　500
巴里通信　443, 446, 499
春　123, 133, 250
ぱるさも　232
春三題　431
春の歌　103, 104
春の曲　103, 104
春のsuggestion（暗示）―植物園スケッ
　　チの一―　112
春の使者　416, 417, 473, 507, 527
春は曙　448
「春山や」其の他　208
春を待ちつゝ　104, 371, 375
馬鈴薯の花　206
手巾　107, 121
晩春の別離　103, 104
反省の記録　370, 374
番町皿屋敷　81, 108
半日　225
ハンニバル　371, 376
万物の声と詩人　439
万里長城　105
万里長城の歌　115

ひ

ピーターパン　300
氷魚　234
氷魚巻末記　234

「緋縅の」其の他 126, 137, 152
美学講座 287
僻見 236, 252, 533
飛行機の話・潜水艦の話 301
美術と図画 300
純ぶる心 370, 375
篳篥師用光 93, 118
羊の歌 5, 13
美的生活を論ず 162
人 415, 499
人及び芸術家としての徳田秋聲氏 251
ひとしづく 59, 241, 242, 244
一房の葡萄 322
一人と独り 294
日の出 86, 87
日野の閑居 449
火鉢 61, 145-147, 154, 155
檜原峠越 434, 482, 484, 499
非凡なる凡人 55, 63, 69, 85-87, 111, 113, 129, 309, 311, 312, 369, 372, 373, 432, 530
美妙の時事・世話小説に就いて 121
比牟呂 59, 234
百艸 117
病間録 484
病床六尺 141, 154, 427
評伝　北原白秋 219
病日 57, 167, 168, 179, 180, 182, 530
ひよつとこ 123
昼—祭の日— 56, 67, 229, 230, 270
灯を消して 376, 470
貧民倶楽部 190

ふ

フィリップと共に 475
「風雅の友との出会い」からみた『おくのほそ道』の教材可能性—尾花沢を中心に— 497
風景 378
風刺家としてのスヰフト 231
風刺をめぐって 251
笛と太鼓 93, 118
笛吹く人 93, 118
笛を合はす人 57, 60, 91-94, 114, 143, 271, 309, 310, 312
〈笛〉をめぐる作品群（一）—「龍の笛」「笛を合す人の考察—」 118
河豚和尚 296
福沢先生の著作について 476
福原落 441
嚢の女 57, 58, 195, 198, 203, 213-215, 266, 270
不幸な偶然 58, 226, 227, 244
富士川下り（書簡） 495
不思議 43, 166, 182, 272, 294
婦人公論 35
普請奉行 376, 470
布施太子の入山 54, 123, 266
附高瀬舟縁起 194, 218
二つの典型 368, 370, 375
豚の死 250
二葉亭全集 134, 154
二日物語 61, 69, 226, 244, 372
復刻鑑賞文選・綴方読本 13, 344
仏説阿弥陀経 235
仏陀と孫悟空 36, 37, 67, 91, 114, 126, 266, 271, 312, 530
仏法僧 431, 499
葡萄酒 250
不動智 437
不同調 299
ふところ日記 59, 135, 136, 149, 152, 265, 507
舟路 103, 104
吹雪 419, 420, 468, 470
ふゆくさ 140
プラトンの理想国 491
フランクリンの少壮時代 86
仏蘭西紀行 354, 355
フランスだより 103
仏蘭西文学講座・現代仏蘭西の劇作家 287

仏蘭西文学講座・創作家の態度 287
仏蘭西文学講座・フランスの詩に関する考察 287
仏蘭西文学講座・仏蘭西文学とは如何なる文学であるか 285
仏蘭西文学とは如何なる文学であるか 287
仏蘭西文芸叢書 49
ふらんす物語 168, 186
Blaubuchより 294
Prologue 250
噴煙 369, 372, 373
文化 476
文学 365, 409, 476
文学界 120, 133, 256
文学教育の回顧と展望 361
文学作品の読み方教育論 23, 27
文学序説 374, 515
文学好きの家庭から 190, 217
文学と教育研究報告 479
文学の形態学的研究 352
文学の新生 370, 375
文学のひろば 13, 534
文学反響 348, 363
文学評論 231
文化の威力 371, 375
文芸一般講座・文芸と人生 286
文芸一般論 42-45, 71, 285, 286, 289, 332
文芸往来 306-308, 319, 355, 369
文芸管見 227, 251
文芸鑑賞講座 42, 43, 46, 71, 155, 286
文芸教育論 521, 534
文芸倶楽部 292
文芸講座 5, 71, 284, 287-292, 332, 345, 523
「文藝講座」解題 303
文芸作品の内容的価値 227, 251
文芸雑談 233, 251
文藝春秋 5, 119, 218, 220, 279, 281-284, 288, 289, 291-293, 296, 299, 302, 317, 319, 523, 524
文芸創作講座 5
文芸的な、余りに文芸的な 75, 85, 99, 107, 111, 116, 117, 119, 121, 227, 251
文芸評論講座 286
文芸評論講座・文芸批評論 285, 286
文芸夜話 119
文芸論集 164
文章学講話 286
文章規範 515
文章倶楽部 77, 82, 115, 118, 120, 251
文章世界 68
文章読本 65, 305, 318, 532
文章読本　文豪に学ぶテクニック講座 534
文章の道 104, 377, 517
分身 106
文体の基調 370, 374
文鳥 427, 504

へ

平安京 448, 449, 451, 452
平安城 370, 374
平家雑感 163, 230
平家の都落 163
平家物語 369, 370, 430, 441, 449, 459, 462, 465, 474, 489, 490, 516
米国の一面 436
米国の半面 378
平治物語 369, 370, 449
平太郎の親 250
平凡 54, 63, 69, 82, 85, 113, 372, 467, 530
平凡人の手紙 126
碧梧桐句集 208
別離 172
ベテスダの池 43, 56, 132, 266, 270, 530
蛇 147
蛇と雉 294, 309

ほ

忘春詩集　94, 118, 143, 144, 149, 154
方丈記　370, 441, 490
法成寺の造営　448
宝生謡本　449
宝祚無窮　418, 465
亡兆　308, 356, 373, 374
「暼として」其の他　131, 136, 149, 152
暴徒の子　160, 181, 296
法律　309
芳流閣　452
法隆寺　370, 378, 441, 504
法隆寺の印象　378
ボートレース　88
ホーマー物語　300
墨汁一滴　433, 504
募集作文　320
保守主義者　416
ポチ　83, 467
暮鳥の「日本」に就いて　477
北海道文学全集　153
牧歌的精神　370, 374
墨痕　372, 373
帆綱　57, 241, 242
仏浜の月夜　377
ホトトギス　100, 101, 114, 120, 142, 152, 174, 181, 262, 263, 321
不如帰　372
炎　58, 199, 203, 212, 270
堀口大学選集「遠き薔薇」　98, 119
本書の綱領と特色　404, 410
本所両国　138, 154
本朝奇談選　293
本の中の世界　515, 538, 550
翻訳と日本の近代　532, 534

ま

毎日年鑑　253
舞姫　537, 538
舞へ舞へ蝸牛　446, 447

枕草子　370, 439, 512, 513
誠　426
誠の説　368
正岡子規　171
正行の参内　430, 465
増鏡　369, 371, 449
町外れ　378
真人間となるまで　95
まひる野　136
幻の田園　242
漫画絵本物語　301
マンダラ　59, 241, 242
マンブリノーの兜（翻訳）　376, 470
万葉集　116, 234, 235, 286, 368, 370, 375, 439, 441, 442, 448
万葉集抄　368, 448, 462

み

三重吉の小説其他　343
蜜柑　84, 227
短き手紙　495
水の音（和歌）　441, 462
水の面に書きて　98
水辺　229
水虫の列　431
三田文学　68, 98, 169, 182, 201, 272
みだれ髪　137
道　429, 438
道長の幼時　448
道を知れる者　430
みづの上　45, 62, 233, 245, 255, 265, 270, 530
光頼卿の参内　449
みとり日記　452
未発表の芥川龍之介書簡　253
都鳥　448
宮本武蔵　467

む

「麦畑や」其の他 43, 140, 150, 152
向島 44, 61, 98, 99, 114, 264, 269
武蔵野 76, 86, 87, 172, 233, 378, 504, 505, 506, 526, 530
武蔵野日記 419, 499, 505
虫の絵物語 301
虫の声 233
武者小路兄へ 35, 71
無線電信 375
陸奥守義盛 430
胸の上の孔雀 176, 177, 180, 182
謀反論 123
村上先生と熊吉 311
紫式部日記 61, 160, 223
紫の血 58, 192, 195, 199, 203
室生犀星研究 302
室生犀星―詩業と鑑賞― 154

め

明治神宮 418, 465, 504
明治大正文学全集 185
明治大帝 300
明治天皇御製 415, 464, 507
明治の紀行文 517
明治文学管見 62, 166
明治文学全集31　上田敏集 186
明・浄・直 368
鳴雪句集 240, 252
眼鏡 343
めぐりあひ 343
飯 157
メディアの中の子ども 304
眼に見るやうな文章 155
メンタルテスト集 301

も

孟子 538
「木蓮は」其の他 239
最もよき夕 56, 73, 74, 89, 90, 114, 132, 244, 270, 530, 531
物言はぬ顔 180
物と名との境 375
物学び 452
森下日記 480
森鷗外――文業解題　創作編 250
森鷗外――文業解題　翻訳篇 120
森の絵 377
文部省年報 12

や

夜学 442
薬草の花 54, 77
訳本「テムペスト」の読者の為に 148
椰子の実 43, 59, 69, 103, 104, 111, 115, 294
夜叉王（戯曲） 427
野人生計事 145, 154
八つの夜 343
屋根 416, 467
藪柑子集 377
「山ざくら」其の他 137, 152, 255
山寒し 309
山田美妙 108, 121
山寺 415, 499
大和懐古 59, 238
大和国原 368, 370, 375, 448, 451, 452
大和古寺巡礼 530
大和言葉 421, 511, 512, 517
日本武尊 370
倭建命 448, 450, 466
大和民族の固有性 445
山鳥 61, 145, 155
「山鳥」其の他 145, 269
山の木と大鋸 372, 373
山の声 87
山の手の家 422-424
山彦 321
山路 355, 372
山路の茶屋 369, 372, 373

山本有三全集 218
闇 180
「遣羽子や」その他 100

ゆ

夕がたの遊 416, 417, 470
U君とエス 159, 167, 182, 272
幽趣微韻 43, 163, 182, 184, 258, 272
友人芥川の追憶 279
雄大な気魄 368, 370, 375
夕の星 59, 63, 69, 104, 111, 115
雄弁 67, 68
雪女 57, 94, 114, 266
雪女五枚羽子板 81
雪国 530
ゆく川の流 441, 462
逝く子 58, 222, 227, 234, 244
夢十夜 12, 52, 147, 432, 530
ユリア 108

よ

夜明け前 104
謡曲の本質 370, 375
用水 414
幼年童話集 300
興国の樅 421
与謝野寛短歌全集 67
吉田と申す馬乗 430
吉野拾遺 430, 465
吉野拾遺物語 368
吉野の奥 432, 499
よぢり不動 368
与太郎料理 45, 62, 195, 203, 269
四日間 56, 58, 95, 133-135, 151, 152, 178, 185, 269, 294, 531
夜長 429, 437, 473, 507
世の中へ 158, 181
世の中への道 301
ヨハネ福音書 133
よみうり抄 249
読売新聞 68, 109, 158, 258
読方と綴方 348, 363
読み方教授 365

ら

落梅集 103, 104, 120
羅生門 57, 77, 90, 116, 198, 298
羅生門の後に 77
蘭学事始 51

り

陸軍と陸戦の話 300
俚諺論 375, 439
りすりす小栗鼠 322
龍安寺の庭 441, 505
琉球諸島風物詩集 144, 154
龍の笛 93, 118
柳浪日記 135
良寛さま 416, 417, 470
両国 59, 176, 180, 182, 264, 272
梁塵秘抄 446, 447
両雄の会見 418, 465
緑髪 180
リヨンの郊外 372, 373
林泉集 206
輪廻 54, 57, 127, 128, 149, 150
「輪廻」読後 128, 153
林野巡査の一日 55, 158, 182, 272

る

ルイ・フィリップ王の出奔 44, 62, 178, 181, 269, 531
ルーズウェルト初陣の軍旗 475

れ

冷笑 168, 186
令嬢ジュリー 108
れげんだ おうれあ 279
烈風中の飛行（日記） 340

ろ

老子 439, 513, 538

蘆花全集　186
鷺江の月明　377
露国文学の泰斗トルストイ伯　164
露西亜文学講座・露西亜文芸思潮概論　287
ロシア文学講座・露西亜文豪評伝　287
露伴全集　408
ロビンソン漂流記　301
浪漫古典　219
論語　439, 513, 538
倫敦塔　372

わ

若い人（旋頭歌）　252
若き日の三木露風　253
我が一九二二年　245
若菜集　103, 104, 120
わが俳諧修業　99, 101, 119
吾輩は猫である　230, 309
惑星　179, 180
忘れえぬ人々　87, 515
早稲田文学　50, 67, 68, 77, 94, 95, 196
私の作篇等について　159, 185
私の文壇に出るまで　91, 118, 120, 190, 217
私の踏んで来た道／『羅生門』の後に　116
私は懐疑派だ　117
渡り鳥　419
和辻哲郎全集　219
笑　51

人　名　索　引

あ

アインシュタイン，アルベルト　435, 542
饗庭篁村　45, 62, 108, 195, 203, 269, 375, 506
秋田雨雀　57, 94, 114, 266, 344
秋田喜代美　535, 536, 550
芥川龍之介　5-7, 11, 12, 14, 15, 22, 27, 28, 31-34, 36, 37, 39, 40-42, 44-47, 50-52, 54, 57, 60-65, 67-69, 72-75, 77, 79-88, 90, 91, 93-101, 105-111, 113, 114, 116-126, 128, 129, 131, 132, 135, 137-139, 143, 144, 147, 149, 153, 154, 159, 160-163, 170, 171, 177, 182-184, 188, 190-194, 200, 203, 213, 217-220, 223, 224, 227, 229, 230, 232, 233, 236, 238, 242, 244, 245, 249-255, 258, 261, 263-267, 278-283, 285, 286, 289-299, 301-305, 309-314, 316-319, 321, 322, 324, 325, 332, 344, 345, 354-357, 371, 372, 419, 420, 438, 440, 450, 458, 465, 467, 468, 492, 497, 520-524, 526-529, 533, 534, 538, 548
芦田恵之助　349, 365, 369, 378
アヂソン　231
アナトオル・フランス　288
姉崎正治　162, 186
浅川巧　434
阿部次郎　56, 69, 132, 228, 229, 247, 251, 267, 268, 293, 369, 374, 396, 444, 464, 491-493
安倍宗任　421
安倍能成　56, 132, 199, 200, 240, 245, 252, 267, 268, 293, 309, 311, 312, 321, 343, 396, 434, 441, 444, 464, 469, 491, 493
有島生馬　46, 57, 59, 203, 204, 213, 216, 219, 227, 265, 270, 324, 325, 530
有島武郎　34, 36-37, 54, 62, 71, 125, 126, 149, 150, 204, 227, 249, 292, 322, 344, 530
新井白石　418, 419, 423, 425, 459, 470, 472
在原業平　449
安東勘太郎　473

い

伊井蓉峰　225
井伊大老　436
飯田蛇笏　416
イエイツ　213, 220
家森長治郎　242, 253
五十嵐力　370, 374, 375, 377, 421, 439, 445, 511, 512
飯河安子　35
生田長江　55, 132, 151, 267, 509
井口一男　287, 303
井汲清治　285, 286
池内紀　251
池崎忠孝　153
池辺義象　138
石井庄司　319, 364, 365, 387, 388, 392, 408
石上好古　98
石川氏（興文社）33, 34, 63, 222, 356
石川啄木　59, 69, 74, 75, 84, 112, 113, 116, 117, 136, 172, 213, 246, 259, 260, 354, 423, 424, 507, 530
石田吉貞　472
石塚修　497
石橋思案　135
石橋忍月　537
石原純　473
惟然　488
板倉勝重　425

板倉重宗　425
泉鏡花　46, 48, 55, 57, 135, 189-191, 203,
　　　217, 218, 227, 250, 293, 324, 372, 530
市川荒次郎　108
市川左団次　106
伊藤左千夫　59, 140, 180, 207, 234, 236,
　　　237, 239, 244, 245, 252, 259, 260, 261,
　　　355, 423, 426, 429, 499, 530
伊藤慎吾　474
伊藤整　222, 250
伊東忠太　370, 375
伊藤野枝　134
井上敏夫　10, 13, 345, 410
井上ひさし　305, 306, 318
伊原清々園　286
イプセン　35, 266
井原西鶴　452, 487, 491
井本農一　26, 496
井村君江　219
岩城之徳　75, 84, 85, 116, 117
岩城準太郎　452
岩田九郎　472
岩波茂雄　234, 409, 471, 472
岩野泡鳴　43, 48, 59, 67, 68, 90, 95, 96,
　　　103, 125, 257, 266, 293
巌谷小波　135, 292, 344, 420
巌谷三一　309, 310

う

ヴィルジリオ　445
上田秋成　452, 516
上田万年　12, 109, 258, 261
上田敏　43, 56, 59, 69, 95, 132, 156, 163,
　　　164, 169, 172, 182, 184-186, 189, 209,
　　　214, 219, 243, 257, 258, 269, 292,
　　　305-307, 328, 378, 483, 530
臼井吉見　185
魚住折蘆　396
内村鑑三　421, 436
内田魯庵　56, 58, 131, 188, 195, 198, 199,
　　　203, 217, 267, 268, 270, 279, 293, 530,
　　　531
宇野浩二　54, 57, 79, 80, 116, 119, 249,
　　　293, 316
宇野四郎　286
宇野千代　293
浦松佐美太郎　428, 501
運慶　432

え

江口渙　79, 90, 120, 294, 309, 344
エジソン　542
エッケナー　400, 433
エディスン　418
海老井英次　153
蝦夷　81
エリオット　231
エルムス　201
遠藤早泉　344

お

小穴隆一　75, 99, 280
大岡信　13, 527, 534
凡河内躬恒　449
大島亮吉　434, 482, 484, 499
大須賀乙字　108, 174, 175, 208, 262, 530
大杉栄　134
大田南畝　516
太田善男　355
大伴旅人　448
大伴家持　448
大西克礼　287
大西祝　375, 439
大橋乙羽　516
大平野虹　309
大町桂月　54, 81, 82, 115, 136, 264, 265,
　　　377, 508, 509
大和田建樹　377
丘浅次郎　375
岡栄一郎　286
岡倉覚三　440, 446, 470
岡崎義恵　228, 449

768（37）

小笠原長生 377, 418, 465
尾形国治 292, 293, 303
岡田武松 416, 467, 507, 527,
岡本綺堂 54, 69, 80, 81, 108, 183, 266, 271, 286, 293, 310, 312, 370, 373, 374, 421, 427, 528, 530
岡本経一 81, 116
小川未明 48, 57, 167, 168, 179, 180, 182, 186, 187, 278, 309, 322, 344, 530
荻原井泉水 59, 175, 184, 261, 262, 287, 294, 375, 377, 421, 441, 476, 496, 499, 505, 530
奥田正造 375, 425
小国喜弘 410
奥村鶴吉 423
小栗風葉 135
尾崎紅葉 55, 69, 135, 190, 193, 194, 214, 217, 288, 292, 309, 316, 372, 452, 453, 468, 506, 510
小山内薫 43, 56, 74, 94, 106, 108, 112, 115, 122, 132, 152, 166, 178, 182, 184, 190, 222, 266, 267, 269, 270, 286, 294, 303, 324, 328, 374, 528, 530
小山内時雄 218
小沢碧童 59, 79, 99, 100, 108, 261-263, 530
小田切進 303
落合直文 62, 101, 126, 137, 138, 152, 184, 238, 259-261, 378
尾上柴舟 59, 101, 114, 120, 137, 172, 259, 260, 354, 370, 375
小原要逸 12, 515

か

カーペーンター 258
カーン・フリッツ 444
香取秀真 294
貝原益軒 426, 516
垣内松三 7, 12, 14, 15, 22, 23, 27, 28, 60, 63, 72, 84, 87, 117, 255, 306-308, 317, 319, 347-366, 369, 378, 379, 470, 516, 520, 524, 526-528, 531, 532, 549
柿本人麿 448, 471
形田藤太 474
葛西善蔵 58, 95, 199, 200, 203, 218, 294
片上伸 345, 376, 470, 479, 521, 534
片桐且元 196, 197, 444
勝尾金弥 87, 117
葛飾北斎 201, 202, 214, 216, 219, 270, 271
勝海舟 426, 470
桂正作 85, 432
加藤咄堂 394
加藤周一 5, 6, 13, 16, 26, 532, 534, 547, 548
加藤武雄 54, 77, 251, 290, 311, 372
金子明雄 121
金子薫園 101, 136, 137, 152, 259, 260, 261, 354
加能作次郎 55, 108, 158, 181, 182, 293, 530
嘉納治五郎 376
鴨長明 441, 449, 459, 510
柄谷行人 500, 505, 515
上司小剣 46, 48, 58, 192, 199, 203, 293
唐沢富太郎 319, 364
ガルシン 56, 58, 95, 133, 134, 151, 152, 154, 178, 185, 269, 294, 531
狩野亨吉 409
狩野芳崖 438, 440, 441
河井酔茗 178, 242, 417, 507
河合義虎 134
川上眉山 59, 135, 149, 152, 265, 293, 507
川路柳虹 176, 177, 182, 184, 185, 212, 257, 286, 287
河竹黙阿弥 38
川端康成 286, 293, 297, 304, 428, 530
河東碧梧桐 99, 100, 142, 175, 184, 208, 261, 262, 321, 355, 530
川本三郎 61, 72, 76, 116, 125, 153
蒲原有明 34, 59, 95, 109, 241, 242, 244, 245, 251, 257, 435, 507

蒲原春夫　34, 108, 121
カント　434

き

キーツ　143, 310
菊池寛　5, 7, 14, 15, 22, 23, 28, 34, 43, 46, 50, 51, 55, 71, 79, 87, 119, 124, 125, 129, 140, 151, 153, 160, 164, 179, 181, 182, 192, 220, 227, 243, 246, 249, 251, 260, 266, 278, 279, 287-310, 312, 314-318, 332, 344, 355, 369, 372, 373, 380, 425, 426, 470, 511, 520, 521, 523-528, 530, 531, 548
岸田国士　286, 287
岸田劉生　226
岸上質軒　516
岸谷誠一　472
岸辺福雄　345, 479
北川太一　212, 219
北沢喜代治　475
北住敏夫　219
北畠親房　371, 376, 443, 466
北原鉄雄　90, 298
北原白秋　9, 43, 59, 69, 85, 97, 106, 112, 130, 139, 156, 172, 173, 181, 182, 184-186, 203, 210, 219, 232, 233, 242, 246, 257-260, 263, 287, 298, 322-325, 328, 331-334, 336, 337, 340, 343-345, 354, 355, 377, 378, 416, 419, 431, 470, 479, 504, 507, 508, 516, 530
北原隆太郎　344, 345
北村透谷　48, 62, 133, 156, 166, 184, 267, 268, 439, 452, 454
衣笠正晃　13, 26, 72, 516
木下杢太郎　43, 56, 58, 59, 130, 139, 172, 173, 176, 180, 182, 184, 187, 210, 228, 231-233, 237, 245, 248, 251, 257, 258, 263, 264, 266, 270, 516, 530
木下利玄　62, 156, 169, 170, 179, 182, 184, 186, 238, 260, 261, 423, 424, 507, 530
紀貫之　448

紀友則　449
ギボン，エドワード　15
木俣修　173, 185, 187, 206, 219, 275, 322, 343, 473, 474, 533
木俣知史　533, 534
木村重成　196, 444
木村駿吉　375
木村荘太　165
木村毅　286
木村泰賢　311
清沢満之　394
清原貞雄　370, 375
キリスト　74, 89, 90, 133, 436, 479
金田一京助　423, 473, 501
金田一春彦　532, 534

く

楠本憲吉　275
国木田独歩　48, 55, 63, 69, 85-87, 111, 113, 117, 129, 162, 172, 233, 293, 309, 311, 312, 316, 369, 372, 378, 419, 432, 468, 499, 510, 515, 526, 530
窪田空穂　59, 78, 79, 102, 112, 116, 136, 259, 260, 287, 355, 377, 423, 424, 507
久保喬　344
窪田章一郎　116
久保田万太郎　43, 46, 47, 55, 56, 119, 145, 161, 179, 182, 186, 190, 221, 222, 229, 250, 266, 287, 293, 309, 311, 312, 332, 530
久保徳二　233, 252
熊澤蕃山　415
熊倉千之　532, 534
久米正雄　43, 46, 57, 68, 87, 88, 117-119, 124, 140, 161, 168, 179, 182, 227, 232, 249, 250, 266, 279, 280, 283, 286, 289-291, 293-295, 297, 303, 316, 344, 368, 372, 530
倉田百三　54, 123-125, 128, 153, 266, 309, 310
厨川白村　55, 130, 131, 151, 270, 355, 378,

436, 450, 530
黒板勝美　355
黒崎真美　93, 118
黒田重太郎　308
黒田鵬心　287
桑原三郎　321, 343, 344
桑原隆　27

け

ゲーテ　175, 396, 445, 450, 492, 542
ケーベル　7, 16, 306, 348, 396, 438, 441

こ

小泉信三　435, 466, 470, 476
古泉千樫　180, 206, 259, 261, 294
小泉八雲（ハーン，ラフカディオ）130, 131, 153, 270, 348, 415, 416, 428, 432, 448, 450-452, 454, 457, 459, 464, 481, 492, 495, 499-501, 503, 513, 514, 526, 541
小海永二　275
項羽　58, 61, 189, 195, 203, 214, 215, 218, 266
神代種亮　33, 356
幸田露伴　48, 61, 69, 111, 226, 244, 316, 355, 370, 372, 376-378, 417, 452, 453, 468, 470, 492, 510, 515
紅野謙介　535, 550
紅野敏郎　48, 49, 71, 96, 119, 204, 216, 219, 242, 250, 303
小島政二郎　46, 285-287, 293, 332
輿水実　364
ゴッホ　236
小寺慶昭　327, 345
後白河法皇　447
後醍醐天皇　443
後藤末雄　294
後藤恒允　364
後藤亮　474
小林一茶　452
小林多喜二　130, 153
小堀遠州　425
小堀桂一郎　106, 120, 225, 250
小宮豊隆　13, 56, 228, 247, 251, 252, 324, 325, 344, 496
ゴールズワージー，ジョン　288, 308, 355
ゴンクウル　201
ゴンス・ルイ　201
近藤経一　287
コンラッド　288

さ

西行　19, 20, 61, 226, 397, 433, 441, 486
西郷隆盛　84, 365, 426
西条八十　176, 177, 180, 182, 184, 212, 213, 257, 322, 340, 344, 530
斎藤清衛　72, 364, 476
斎藤昌三　212
斎藤信策　162, 186, 348
齋藤希史　26
斎藤茂吉　59, 140, 171, 180, 234-236, 244, 246, 252, 259, 261, 294, 299, 304, 355, 422, 426, 429, 472, 504, 530, 533
斎藤緑雨　44, 61, 74, 103, 109-111, 114, 115, 230, 231, 245, 251, 256, 258, 261, 269
最所顕文　475
佐伯梅友　473
堺利彦　68, 134
坂上是則　449
坂本四方太　44, 61, 98, 99, 109, 114, 233, 252, 264, 269
佐久間象山　443
桜井忠温　376, 415, 464, 469
笹川臨風　370, 375, 377
佐々木味津三　290
佐佐木茂索　46, 79, 249, 293
佐佐木信綱　59, 62, 221, 238, 239, 245, 246, 252, 253, 260, 261, 355, 370, 375, 376, 470
佐佐木弘綱　260, 261

佐々木靖章　251
佐佐木幸綱　137
佐々政一　12, 25, 27, 371, 375, 376
左団次　81, 183
佐藤一三　473
佐藤功一　443
佐藤惣之助　144, 145, 257, 258
佐藤春夫　43, 46, 56, 69, 73, 89, 90, 98, 114, 118, 119, 132, 154, 227, 242, 243, 245, 252, 253, 257, 270, 298, 304, 378, 530, 531
里見弴　58, 68, 119, 190, 204, 226, 227, 244, 251, 286, 293, 377
沢村胡夷　242
沢村宗之助　67
澤田謙　418, 470
サンド，ジヨオジ　288
山宮允　140, 176, 182, 219, 294, 295, 303

し

時秋　437
シェイクスピア　55, 128, 148, 149, 178, 184, 215, 266, 269, 374, 531, 542
塩田良平　108, 112, 121
志賀重昂　506
志賀直哉　58, 64, 65, 72, 131, 169, 204, 227, 283, 293, 307, 308, 316, 355, 372, 416, 423, 467, 530
式子内親王　449
渋川玄耳　372
渋谷孝　543-545
嶋岡晨　186
島木赤彦　58, 59, 206, 222, 227, 234, 235, 244, 250, 259, 261, 287, 311, 378, 418, 422, 424, 426, 428, 429, 431, 439, 458, 466, 497, 505, 530
島崎乾太郎　472
島崎藤村　43, 48, 56, 59, 69, 94, 103-105, 111, 115, 120, 129, 133, 151, 204, 205, 212, 249, 257, 266, 270, 293, 294, 309, 316, 324, 325, 341, 343, 345, 354, 355, 357, 368, 371, 372, 375, 377-379, 419, 422, 424, 427, 433, 438, 444, 458, 461, 474, 475, 476, 477, 499, 502, 504-507, 510, 511, 525, 526, 530, 531
島田謹二　243, 253
島地大等　370, 376
島津久基　12, 64, 495, 515
島村抱月　58, 62, 68, 94, 202, 203, 216, 266, 270, 452
清水浜臣　442
下位春吉　372
下島勲　280
下村海南　377
シモン　89, 90
釈沼空（折口信夫）261
寂蓮法師　449
周作人　165
朱子　537
俊寛　51, 84, 124, 125, 153, 295, 309, 310
庄野潤三　146, 147, 155
ショー　202, 307
丈草　492
諸葛孔明　436
舒明天皇　448
昇曙夢　287
浄蔵　92, 93
徐京植　26
シラー　175
白鳥省吾　258
シラネ・ハルオ　11, 13, 18, 20, 26, 52, 62, 70, 72, 246, 493, 496, 497, 516
シング　307
新村出　233, 252
親鸞　454

す

杉田玄白　308, 356, 428
杉村楚人冠　415, 504
スコット　288
鈴木すず　321
鈴木秀一　23, 27

鈴木信太郎 287
薄田泣菫 59, 106, 241, 243-245, 252, 257, 270, 271, 292, 310, 377, 378, 483, 530
須佐之男命 446
鈴木睿順 474
鈴木敏也 72, 364
鈴木登美 13, 72, 496, 516
鈴木範久 124, 153
鈴木三重吉 9, 13, 14, 22, 28, 46, 47, 55, 123, 158, 173, 176, 182, 185, 310, 316, 320, 322, 324-326, 329, 330, 331, 340, 343, 369, 372, 380, 520, 524
ストリントベリイ 74, 107, 108, 112, 115, 152, 178, 184, 269, 288
スマイルズ，サミュエル 15, 26
スヰフト 62, 231, 270

せ

世阿弥 228, 402, 455, 492
清少納言 449, 510
関口次郎 187
関口安義 23, 26, 34, 50, 64, 71, 72, 118, 324, 344, 345
関根正直 138
セザンヌ 35
雪舟 397
千家元麿 59, 105, 120, 144, 226, 257, 258, 378, 416, 507, 530
千田憲 84
千利休 397, 425

そ

相阿弥 441
宗祇 397
僧正遍昭 449
相馬御風 309, 311, 372, 419, 504
相馬義胤 423
相馬泰三 95
蘇我氏 81
蘇我入鹿 54, 69, 80, 81, 266, 271, 310, 312, 370, 373, 374, 530
蘇我蝦夷 81, 374
外山利雄 473
曾良 18, 20, 486, 488

た

平維盛 423
高市黒人 448
高須芳次郎 371, 376
高畠素之 281, 287, 294
高浜虚子 10, 43, 54, 59, 99-101, 114, 126, 127, 142, 150, 152, 153, 174, 175, 184, 240, 262, 263, 269, 294, 321, 324, 325, 355, 370, 377, 378, 427, 431, 441, 461, 468, 499, 504, 530
高村光太郎 57, 59, 144, 172, 203, 210-212, 216, 219, 257, 258, 265, 270, 530, 531
高森邦明 365
高山樗牛 56, 104, 136, 156, 162-164, 186, 230, 267, 348, 370, 376, 436, 468, 470
滝沢馬琴 309, 310, 440, 452
沢庵 437
竹内洋 16, 26
武田祐吉 246, 253, 370, 375, 448
タゴール 310
田坂文穂 252, 255
田沢義鋪 394
橘南谿 376, 415, 419, 420, 422, 459, 461, 470, 503, 504, 516
橘曙覧 433
橘高広 285, 286
橘千蔭 442, 516
辰野隆 285, 287
巽聖歌 185, 322, 343
伊達政宗 423
田中貢太郎 310
田中純 250
田中実 515
田中義成 371, 376
田中良 192
谷口琢雄 12

田辺爵　473
田辺元　403, 404, 410, 470
谷崎潤一郎　43, 48, 55, 60, 61, 65, 85, 90, 145, 160, 161, 168, 182, 186, 190, 223, 227, 247, 249, 250, 266, 271, 293, 294, 303, 309, 316, 344, 420, 530
谷崎精二　95
田村剛　377
田部重治　415, 499
田山花袋　48, 58, 106, 158, 203, 226, 248, 249, 251, 285, 286, 293, 343, 370, 377, 378, 510
ダンテ　288, 445

ち

チェーホフ　267
近松秋江　48, 61, 64, 79, 96, 97, 119, 251, 264, 265, 293
近松門左衛門　81, 124, 215, 452, 487, 491
遅塚麗水　377
茅野蕭々　445, 470, 474, 491
千葉亀雄　286, 287
千葉俊二　85, 117, 537, 420, 479, 538
中条省平　532, 534
中條百合子　293

つ

土屋文明　59, 132, 139, 140, 152, 162, 181, 187, 259, 261, 436, 453, 508
続橋達雄　322, 343
筒井清忠　15-17, 26, 385, 393, 395, 396, 408
綱島梁川　394, 396, 435, 464, 482, 484, 504
恒藤（井川）恭　131, 154, 171, 279, 303
坪内士工　82
坪内逍遥　12, 55, 58, 62, 63, 68, 69, 109, 122, 128, 134, 135, 147, 148, 152, 155, 178, 185, 195-197, 203, 214, 215, 217, 218, 266, 269, 271, 292, 309, 328, 370, 371, 373-375, 444, 454, 503, 528, 531
坪田譲治　322
ツルゲーネフ　123, 134, 288, 506
鶴見祐輔　370, 375

て

デッキンス　231
デュマ　288
寺田寅彦（吉村冬彦）60, 72, 240, 251, 354, 355, 357, 377, 416, 431, 435, 446, 461, 468, 475, 502, 527, 530

と

土居光知　228, 285, 287, 370, 374, 516
土井晩翠　59, 63, 69, 104, 105, 111, 115, 257, 378, 435, 436, 530
戸川秋骨　133
土岐善麿　78, 116, 131, 136, 149, 152, 155, 259, 260
徳田秋声　50, 52, 55, 226, 248, 249, 251, 286, 289, 290, 293, 301, 324, 325, 343
徳富蘇峰　132, 151, 267, 369, 376, 418, 430, 435, 443, 458, 464, 465, 468, 470
徳富猪一郎　376
徳冨蘆花　56, 86, 123, 156, 164-166, 186, 230, 265, 270, 372, 377, 419, 426, 495, 504-506, 510, 530, 531
徳永康元　65
得能文　348, 371, 375
ドストエフスキー　35, 134, 198
鳥羽僧正　437
富田高慶　426, 470
外山滋比古　7, 13
外山正一　109, 258
豊島与志雄　57, 58, 159, 167, 182, 287, 294, 295, 322, 377
豊田正子　328, 345
豊臣秀吉　196
トリップ・フレップ　377
トルストイ　35, 56, 82, 91, 134, 156, 164, 165, 183, 226, 265, 267, 270, 310, 492, 531

な

内野健児　472
内藤鳴雪　240, 241, 252, 262, 263, 355
直木三十三（三十五）283, 293
永井荷風　48, 59, 69, 85, 98, 161, 168, 169, 182, 184, 186, 201, 202, 214, 216, 229, 230, 270, 271, 293, 372, 507, 510, 530
中井宗太郎　371, 376
永井龍男　303
中内敏夫　13, 328, 344
中江藤樹　415, 503
中河督裕　120
中勘助　416, 417, 422-424, 468, 470
中島広足　442
中島真弓　489, 497
長田秀雄　56, 58, 130, 135, 151, 176, 210, 266
長田幹雄　409
長田幹彦　46, 48, 55, 64, 129, 130, 151
永塚功　237
中塚一碧楼　59, 241, 262
長塚節　43, 55, 180, 189, 205, 219, 222-224, 236, 239, 245, 250, 259, 260, 293, 316, 354, 372, 419, 422, 426, 429, 499, 500, 530
中戸川吉二　250
中臣鎌足　81
中大兄皇子　81
長野甞一　161, 186, 223, 234, 348
中野伝一　51, 71
中村紀久二　24, 25, 27
中村吉蔵　55, 157, 266, 436
中村憲吉　189, 206, 214, 259, 261, 294
中村星湖　48, 55, 85, 158, 182, 251, 293
中村融　134, 154
中村正直　15, 26, 375
中村武羅夫　287, 294
長与善郎　58, 60, 165, 189, 195, 196, 203, 214, 215, 218, 226, 266, 293
夏目漱石　5, 12, 16, 32, 45, 48, 52, 60-62, 69, 88, 99, 106, 122, 128, 132, 145, 146, 150, 152, 162, 186, 223, 224, 228, 230, 231, 240, 247, 250, 269, 270, 292, 293, 296, 307, 309, 316, 321, 325, 343, 355, 356, 369, 371, 372, 396, 416, 427, 432, 441, 443, 446, 452, 454, 458, 468, 485, 489, 504-506, 510, 524, 530, 533, 540
ナポレオン　58, 105
滑川道夫　13, 23, 27, 64, 72, 323, 344, 345
成瀬正一　87, 118, 294, 295, 297
南部作太郎　279
南部修太郎　251

に

ニーチェ　162, 225
新美南吉　322
西尾実　11, 12, 15, 22-24, 28, 52, 60, 72, 84, 235, 239, 317, 325, 341, 342, 345, 357, 359, 362, 363, 384-387, 389, 410-414, 416, 418, 422, 423, 430, 433, 438, 439, 443, 446-448, 450, 453, 455, 457, 458, 459, 464, 467, 468, 470, 471, 477, 478, 479, 481, 483, 487-495, 501-504, 506, 511-513, 516, 520, 523, 525, 526, 531, 532, 536, 539, 541, 543-545, 549
西川祐子　233, 252
西島九州男　409
西田幾多郎　16, 124, 153, 306, 348, 371, 374, 453, 454, 464, 474, 492, 542
西田天香　394, 396
二代目市川左団次　81
日蓮　163, 376, 436
新渡戸稲造　5, 16, 396
二宮尊徳　443

ぬ

沼波瓊音　492

の

野間清治　394

能因 437
野上豊一郎 324, 325, 449, 451, 476
野上弥生子 76, 255, 324, 343, 530
野口雨情 354
野口英世 415, 422, 470
ノグチ・ヨネ 143, 151, 310
野口米次郎 142, 151, 242, 257, 283, 310, 369, 376, 530
野田宇太郎 232, 251
野地潤家 23, 27, 29, 51, 71, 307, 319, 349, 352, 363, 364, 366
野村喬 77, 116, 198, 218
野村八良 72, 364
野山嘉正 120, 516, 533, 534

は

芳賀徹 219
芳賀矢一 12, 198, 369, 374, 377, 415, 423, 429, 430, 464, 511
萩野由之 138
萩原朔太郎 69, 144, 177, 180, 184, 187, 257, 258
橋本進吉 246
橋本暢夫 12, 23, 27, 52, 72, 103, 117, 120, 198, 218, 349, 357, 364, 365, 366, 512
蓮沼門三 394
長谷川天渓 106
長谷川伸 293
長谷川萬次郎（如是閑） 287
畑有三 117
波多野秋子 35
波多野完治 365
服部宏昭 299, 302, 304
バートン，ウィリアム 496, 515
花田清輝 110, 121
花田俊典 252
羽田寒山 508, 516
馬場胡蝶 133
浜口雄幸 426, 465, 504
濱名志松 251
浜本純逸 29, 118, 466, 480, 495, 505, 506, 515
原善 418
原國人 304

ひ

樋口一葉 45, 48, 62, 69, 233, 234, 245, 248, 255, 265, 270, 275, 530, 549
久松潜一 12, 52, 219, 246, 370, 375, 453
飛田多喜雄 29
日夏耿之介 58, 98, 176, 182, 199, 203, 212, 213, 219, 257, 270, 287, 483, 530
ヒューイ 306, 355
平賀元義 433
平川祐弘 211, 219
平田禿木 133, 287
平野万里 182, 213, 232, 263, 516
平林治徳 72, 364
広瀬雄 120
広津和郎 46, 79, 95, 159, 182, 279, 293
広津柳浪 59, 135, 152, 168, 265

ふ

ファーブル 423
フィールド・ノーマ 26
フィリップ・ルイ 44, 62, 178, 181, 531
福田清人 13, 323, 344
福田正夫 258
フーコー，M 535
藤井乙男 12, 348, 371, 375
藤岡作太郎 370, 374, 446, 448, 470, 482, 486, 487, 496
藤代祐輔 370, 378
藤田圭雄 185, 322
藤波隆之 196, 197, 218
藤原家隆 449
藤原幾太 120
藤原兼家 55, 60, 160, 161, 168
藤原兼通 55, 60, 160, 161, 168
藤原咲平 415, 465
藤原定家 449
藤原実定 449

藤原俊成 449
藤原敏行 449
藤原秀能 449
藤原道長 55, 61, 223
藤原良経 449
藤村作 12, 64, 71, 452, 495
藤森朋夫 473
藤森成吉 46, 119, 123, 293
二葉亭四迷 43, 44, 54, 56, 58, 63, 69, 82, 85, 95, 113, 117, 122, 133-135, 151, 152, 154, 178, 185, 269, 294, 355, 368, 372, 419, 420, 467, 468, 506, 530, 531
ブラウニング 243, 270
プラトン 153, 444
フランクリン 86
フリードリヒ二世 105
古田拡 365, 475, 476
プルデュー・ピエール 16

へ

ベイコン 288
ペテロ 89
ベルヂンスキイ 201
ベルレーヌ・ポール 156, 163, 164, 185, 209, 269, 542
ヴェルハーレン 258

ほ

ホイットマン 143, 258, 310
ポー 142, 288, 310
ボードレール 163, 164
北条時宗 436
朴貞蘭 413, 479
保科孝一 131, 154, 218
穂積重遠 472
堀切実 488, 489, 496, 497
堀口大学 98, 119, 176, 182, 257, 258, 483, 530
本阿弥 446
本多秋五 65, 72
ボンダレフ 165

ま

眞有澄香 24, 25, 27
前田夕暮 172, 189, 207, 259, 260, 355, 530, 419, 505
前野良沢 308, 356
正岡子規 10, 43, 44, 59, 69, 99, 100, 114, 127, 140-142, 150, 152, 154, 171, 174, 180, 184, 187, 206, 208, 239, 240, 241, 245, 246, 259, 260, 262, 263, 281, 311, 321, 328, 355, 369, 377, 415, 417, 427, 429, 433, 437, 461, 482, 496, 499, 504, 507, 530
正木不如丘 354
正宗白鳥 48, 55, 57, 94, 172, 222, 244, 249, 250, 283, 293, 530
松井簡治 12
松居松翁 373, 374
松岡譲 87, 88, 118, 279, 294, 295, 296
松尾芭蕉 17-20, 26, 64, 95, 96, 140, 143, 174, 228, 240, 243, 248, 251, 309, 310, 311, 328, 336, 337, 371, 378, 397, 415, 433, 435, 437, 446, 447, 452, 457, 458, 459, 481-497, 500, 503, 504, 508, 510, 516, 525, 526, 545
松崎正治 466, 479, 480, 492, 497
松瀬青々 59, 142, 152, 262, 263, 355
松平定信 442
松平信茂 436
松根東洋城 222, 239, 240, 245, 252, 262, 263, 530
松本克平 157, 185
松本亦太郎 419, 431, 499
真山青果 61, 67, 77, 99, 116
丸山真男 532, 534
馬渡憲三郎 177, 187

み

三浦梅園 426
三浦修吾 310
三浦仁 143, 144, 154, 242
三上勝夫 23, 27

三木露風（羅風）57, 72, 176, 177, 182, 229, 241, 242, 252, 257, 258, 344, 345, 441
ミケランジェロ 226
水村美苗 549
水守亀之助 251
水上滝太郎 56, 67, 190, 229, 250, 270
溝口白羊 418, 465, 504
道元 390, 400
源実朝 441, 442
源為朝 437
源博雅 57, 92
源義家 421
峯岸義秋 473
壬生忠岑 449
三宅雪嶺 371, 376, 436
三宅やす子 283
ミルトン 396

む

向井去来 292, 393, 487
武者小路実篤 34-37, 43, 55, 56, 62, 67, 71, 91, 105, 114, 125, 126, 144, 156, 165, 166, 169, 182, 184, 204, 225, 226, 248, 250, 266-268, 271, 283, 286, 292, 309, 310, 312, 316, 425, 466, 530
宗像和重 226, 250
村井弦斎 419, 420, 468, 470
村上鬼城 59, 174, 175, 181, 184, 187, 262
紫式部 61, 160, 223, 448, 510
村田春海 442
村松定孝 343
村松剛 105, 115, 120, 121
村松友視 193, 194, 218
村松友次 496
室生犀星 43, 46, 57, 60, 91-94, 114, 118, 143-145, 149, 154, 177, 242, 257, 258, 271, 293, 303, 309, 310, 312, 530
室鳩巣 425

め

メーテルリンク 213

も

モウルトン 306, 307, 352, 355, 358, 515
本居宣長 442, 452, 459, 516
百田宗治 258, 378
森鷗外 44, 48, 55, 58, 69, 73, 74, 105, 106, 111, 112, 115, 120, 122, 134, 138, 152, 160, 169, 172, 178, 184, 189, 194, 195, 203, 213, 218, 224, 225, 227, 235, 243, 245, 246, 250, 260, 266, 267, 269, 292, 309, 316, 324, 328, 342, 371, 372, 427, 435, 440, 453, 458, 468, 530, 533, 537, 538
森岩雄 287
モリエール 202, 288
守田勘弥 67
森田思軒 44, 45, 62, 156, 178, 179, 181, 185, 187, 269, 355, 531
森田草平 54, 57, 127, 128, 132, 149, 150, 153, 231, 324, 325
森下二郎 480
諸井耕二 413, 467, 480

や

弥吉菅一 345
八代幸雄 445, 505
安井亮平 117
安田保雄 219
柳沢健 378
柳沢淇園 415, 417
柳田国男 106, 378, 423, 511
八波則吉 87
矢野峰人 164, 219
矢野龍渓 371, 376
薮田義雄 219
山岸光宣 285, 287
山口青邨 422, 504
山口正 475
山口仲美 532, 534

山路愛山 62, 166
山敷和男 303
山下夏実 345
山室静 180, 187
山田昭夫 71
山田篤朗 108, 109, 121
山田孝雄 228
山田俊治 249, 253
山田美妙 58, 108, 109, 112, 121, 269, 294, 508
山田博光 86, 117
日本武尊 370, 446
山内義雄 49, 219
山根安太郎 29, 30
山上憶良 200, 448
山部赤人 448
山村暮鳥 418, 465, 472
山本栄次郎 516
山本鼎 9, 129, 139, 210, 323, 337-340, 345, 479
山本喜誉司 139, 154
山本健吉 127, 153, 493
山本修二 287
山本二郎 232, 251
山本有三 60, 67, 119, 140, 189, 191, 192, 195, 218, 266, 271, 279, 285, 286, 289-291, 294, 295, 301, 303, 372, 377, 523, 530

ゆ

湯浅常山 422, 516
ユーゴー, ヴィクトル 156, 178, 185, 269, 355, 531
湯川秀樹 504, 515, 538
湯地孝 230, 251

よ

余郷裕次 24, 27
横井也有 452
横光利一 290, 293
横山桐郎 416, 507, 527

与謝野晶子 59, 98, 137, 152, 172, 184, 255, 259, 343, 530
与謝野寛 56, 67, 68, 78, 98, 137, 172, 182, 232, 237, 238, 243, 245, 248, 259, 260, 263, 264, 270, 516, 530
与謝蕪村 433, 437, 472
吉井勇 57-59, 68, 77, 98, 126, 134, 139, 150, 152, 155, 172, 173, 176, 182, 195, 198, 203, 210, 213, 215, 227, 232, 250, 259, 260, 263, 266, 270, 293, 516, 530
吉江喬松 219, 372, 378, 426, 427, 429, 431, 495, 504, 510
吉沢義則 233, 252, 275
吉田絃二郎 94, 95, 309, 311, 432, 496, 499
吉田兼好 430, 442, 449, 459
吉田松陰 435, 443
吉田裕久 478, 480
吉田弥平 10, 12, 496
吉屋信子 283
与田準一 185, 322
米川正夫 287
ヨハネ 89, 133

ら

ラスキン 492

り

李華 18
劉邦 58, 61, 189, 195, 203, 214, 215, 218, 266
リリエンクロオン, フォン・デトレフ 58, 73, 105, 112, 115, 152, 178, 184, 269
良寛 311, 372, 416, 417, 434, 442

る

ルヴォン 201

ろ

ロティ・ピエル 163, 169

ロダン　35, 283
ロングウキル　288

わ

若山牧水　59, 172, 182, 184, 259, 260, 354, 375, 415, 419, 499, 507, 530

渡辺崋山　145
和辻哲郎　5, 16, 26, 56, 69, 188, 199, 200, 219, 267, 268, 293, 294, 303, 310, 311, 312, 369, 370, 374, 378, 396, 438, 440, 444, 464, 491, 499, 500, 530, 542, 543, 547

【著者】

武 藤　清 吾（むとう　せいご）

1954年岐阜県生まれ　京都大学教育学部卒業　神戸大学大学院総合人間科学研究科博士課程前期課程修了　早稲田大学大学院教育学研究科博士課程後期課程単位取得退学　博士（教育学）　愛知県私立春日丘中学校・高等学校教諭などを経て、現在、広島経済大学教授　日本児童文学者協会会員

専攻　日本児童文学　日本近代文学　国語教育

所属学会　日本児童文学学会　日本文学協会　日本近代文学会　日本国語教育学会　全国大学国語教育学会　国語教育史学会　教育目標・評価学会　日本教育学会

主要論文

「芥川龍之介童話に関する研究―特に神秘との関わりで―」（神戸大学大学院総合人間科学研究科修士論文、1999. 1)、「戦争・ことば・児童文学」（『教育』1991. 12)、「三木卓『ほろびた国の旅』の文学空間―自己批評の内在律としての「満州」―」（『児童文学研究』第28号、1995. 11)、「芥川龍之介と北原白秋―童心と神秘の視角から―」（『名古屋近代文学研究』第16号、1998.12)、「芥川龍之介「雛」の庶民感覚」（『浜本純逸先生退任記念論文集　国語教育を国際社会へひらく』同編集委員会編、溪水社、2008. 3)、「「羅生門」とRASYŌMONとを比較して読む」（『月刊国語教育研究』2010. 5)、「「かさこじぞう」の授業実践史」（『文学の授業づくりハンドブック』第1巻、溪水社、2010. 6)

芥川龍之介編『近代日本文芸読本』と「国語」教科書
教養実践の軌跡

2011年2月25日　発　行

著　者　武藤　清吾
発行所　㈱溪水社
広島市中区小町1-4（〒730-0041）
電話（082）246-7909／FAX（082）246-7876
e-mail: info@keisui.co.jp

ISBN978-4-86327-137-1　C3081
平成22年度日本学術振興会助成出版